C R I S I S

I N

C O N S C I O U S N E S S

THE COLLECTED WORKS OF

J.KRISHNAMURTI

[印] 克里希那穆提——

著

认识你的心

依 妮——

译

张海涛——

译审

九 州 出 版 社 全国百佳图书出版单位
JIUZHOUPRESS

图书在版编目（CIP）数据

认识你的心 /（印）克里希那穆提著 ；依妮译 ；张
海涛译审. -- 北京 ：九州出版社，2019.12（2021.8重印）
ISBN 978-7-5108-8695-9

Ⅰ. ①认… Ⅱ. ①克… ②依… ③张… Ⅲ. ①克里希
那穆提(Jiddu Krishnamurti 1895-1986)－演讲－文集
Ⅳ. ①B351.5-53

中国版本图书馆CIP数据核字(2019)第296807号

Copyright© 1991-1992 Krishnamurti Foundation of America
Krishnamurti Foundation of America,
P.O.Box 1560, Ojia, California 93024 USA
E-mail: kfa@ kfa.org. Website: www.kfa.org
For more information about J.Krishnamurti, please visit: www.jkrishnamurti.org

著作权合同登记号：图字01-2019-3865

认识你的心

作　　者	［印］克里希那穆提 著　依妮 译　张海涛 译审	
出版发行	九州出版社	
地　　址	北京市西城区阜外大街甲 35 号 (100037)	
发行电话	(010)68992190/3/5/6	
网　　址	www.jiuzhoupress.com	
电子信箱	jiuzhou@jiuzhoupress.com	
印　　刷	三河市国新印装有限公司	
开　　本	880 毫米 ×1230 毫米 32 开	
印　　张	20.5	
字　　数	600 千字	
版　　次	2020 年 3 月第 1 版	
印　　次	2021 年 8 月第 2 次印刷	
书　　号	978-7-5108-8695-9	
定　　价	98.00 元	

目录

出版前言

《克里希那穆提集》英文版由美国克里希那穆提基金会编辑出版，收录了克里希那穆提 1933 年至 1967 年间（38 岁至 72 岁）在世界各地的重要演说和现场答问等内容，按时间顺序结集为 17 册，并根据相关内容为每一册拟定了书名。

1933 年至 1967 年这 35 年间，是克里希那穆提思想丰富展现的重要阶段，因此，可以说这套作品集是克氏最具代表性的系列著作，已经包括了他的全部思想，对于了解和研究他的思想历程和内涵，具有十分重要的价值。为此，九州出版社将之引进翻译出版。

英文版编者只是拟了书名，中文版编者又根据讲话内容，为每一篇原文拟定了标题。同时，对于英文版编者所拟的书名，有的也做出了适当的调整，以便读者更好地把握讲话的主旨。

克里希那穆提系列作品得到台湾著名作家胡因梦女士倾情推荐，在此谨表谢忱。

需要了解更多克氏相关信息的读者可登录 www.jkrishnamurti. org，或"克里希那穆提冥思坊"的微博：http://weibo.com/ jkmeditationstudio，以及微信公众账号"克里希那穆提冥思坊"，微信号：Krishnamurti_KMS。

九州出版社

英文版序言

克里希那穆提1895年出生于印度南部的一个婆罗门家庭。十四岁时，他被时为"通神学会"主席的安妮·贝赞特宣称为即将到来的"世界导师"。通神学会是强调全世界宗教统一的一个国际组织。贝赞特夫人收养了这个男孩，并把他带到英国，他在那里接受教育，并为他即将承担的角色做准备。1911年，一个新的世界性组织成立了，克里希那穆提成为其首脑，这个组织的唯一目的是为了让其会员做好准备，以迎接世界导师的到来。在对他自己以及加诸其身的使命质疑了多年之后，1929年，克里希那穆提解散了这个组织，并且说：

真理是无路之国，无论通过任何道路，借助任何宗教、任何派别，你都不可能接近真理。真理是无限的、无条件的，通过任何一条道路都无法趋近，它不能被组织；我们也不应该建立任何组织，来带领或强迫人们走哪一条特定的道路。我只关心使人类绝对地、无条件地自由。

克里希那穆提走遍世界，以私人身份进行演讲，一直持续到他九十

3

岁高龄，走到生命的尽头为止。他摒弃所有的精神和心理权威，包括他自己，这是他演讲的基调。他主要关注的内容之一，是社会结构及其对个体的制约作用。他的讲话和著作，重点关注阻挡清晰洞察的心理障碍。在关系的镜子中，我们每个人都可以了解自身意识的内容，这个意识为全人类所共有。我们可以做到这一点，不是通过分析，而是以一种直接的方式，在这一点上克里希那穆提有详尽的阐述。在观察这个内容的过程中，我们发现自己内心存在着观察者和被观察之物的划分。他指出，这种划分阻碍了直接的洞察，而这正是人类冲突的根源所在。

克里希那穆提的核心观点，自 1929 年之后从未动摇，但是他毕生都在努力使自己的语言更加简洁和清晰。他的阐述中有一种变化。每年他都会为他的主题使用新的词语和新的方法，并引入有着细微变化的不同含义。

由于他讲话的主题无所不包，这套《选集》具有引人入胜的吸引力。任何一年的讲话，都无法涵盖他视野的整个范围，但是从这些选集中，你可以发现若干特定主题都有相当详尽的阐述。他在这些讲话中，为日后若干年内使用的许多概念打下了基础。

《选集》收录了克里希那穆提早年出版的讲话、讨论、对某些问题的回答和著作，涵盖的时间范围从 1933 年直到 1967 年。这套选集是他教诲的真实记录，取自逐字逐句的速记报告和录音资料。

美国克里希那穆提基金会，作为加利福尼亚的一个慈善基金会，其使命包括出版和发布克里希那穆提的著作、影片、录像带和录音资料。《选集》的出版即是其中的活动之一。

PART 01

什么是正确的教育，1958

什么是正确的教育，1958

我们认为，我们面临越来越多的问题和危机，因此我们迫切需要完全不同的道德和行为方式，需要从对生活的整体性觉悟中产生的行动。我们试图通过政治的和组织的手段，通过经济的调整，通过改革，来解决这些问题。尽管这些办法也许会提供暂时的缓解之效，但是它们从来都无法解决复杂的人类生存困境。所有的改革，无论多么广泛，影响似乎多么深远，它们本身都产生更多的混乱，以及更多的改革。改革，无论是多么迫切需要，但是如果人们对于人的整个生存方式没有认识觉悟，那么这样的改革就只是带来进行更多改革的混乱不清的要求。沿此途径下去，改革没完没了，也没有从根本上解决问题。

政治的、经济的或者社会的革命也不是解决之方，它们要么是制造了骇人听闻的暴政，要么是使政权转移到另外一群人手中。这样的革命无论发生在哪朝哪代，都无法结束混乱和冲突。但是有一种革命是完全不同的，如果我们想要终结无休止的冲突、焦虑和挫败，那么我们必须得有完全不同的革命。这种革命不是从理论、概念的层面开始——那样做最终被证明毫无意义——而必须是从造成心智本身的根本转变着手。这只能通过正确的教育、通过人的全面发展来实现。这种通过正确的教育而来的革命，必须是发生在人的整个心智中，而不是仅仅发生在思想上。思想毕竟是某种结果，而不是原因。一定得有一个在原因本身而不在于结果的根本转变。我们习惯于在症状层面、结果层面修修补补，我们没有造成关键的、根本性的改变，没有根除陈旧的思想方式、传统和习惯。这种改变正是我们所关注的，而只有正确的教育才能够实现它。

心智具有探索和学习的能力。我们说的学习，并不仅仅是培育记忆，积累信息。我们说的学习是清澈健全地思考，不受幻想的困扰，从事实出发，而不是基于信仰或者理想。如果我们抱着固定的结论，那么我们就无法学习。如果我们仅仅积累知识和信息，那么这根本就不是学习。学习意味着热爱觉悟，热爱亲身实践。只有当任何形式的强迫都不存在时，学习才是有可能的。强迫意味着每一种形式的影响：通过感情或者威胁，通过劝诱鼓励或者形式精妙的讨论，来施加影响。不是吗？

大多数人认为，比较可以促进学习，事实正好相反，比较，带来挫败感，并且只会点燃嫉妒，这被称为"竞争"。形式明显的或是隐蔽的劝诱，一定阻碍着学习，而且只能带来恐惧。野心也播植恐惧的种子。野心，无论是个人的，还是集体性的，总是反社会的。所谓的"高尚的雄心壮志"，所到之处总是具有破坏性的。

我们必须倡导人人拥有健全的心智，只有发展出健全的心智，才能整体性地应对生活中的重重问题，而不是从问题面前逃跑，逃避问题只会带来内心的冲突，带来挫败绝望、痛苦烦恼和愤世嫉俗。健全的心智应该能够洞察自己受到的束缚，能够洞察自己的动机，以及自己所汲汲追求的目标。

既然我们关注的重点之一是培养健全的心智，那么教师们怎么教，就是非常重要的。由于教师们首要关注整体性地培育健全的心智，而不仅仅是传递知识信息，所以他必须通过形式多样的讨论来传递知识或信息，鼓励学生提问，鼓励学生独立思考。在学习中没有知晓答案的权威。在这种相互的特殊关系中，不仅学生，而且教师，都在学习，但是这不意味着教师不重视思考的条理秩序。这种秩序并不来自对知识的照本宣科的单纯训练，然而如果教师们知道，他是在培育智慧，那么自然地就必须得有自由的意识。这种自由不是随心所欲，不是以单纯反驳的精神去思想，而是在这种自由中，心智得到帮助，觉知它自己的欲求和动机，这些欲求和动机通过学生自己的思想和行动，向学生展露出来。

一个被训练规制的心智，绝不是自由的心智；一个压抑欲求的心智，也绝不会是自由的。只有觉悟了欲望的全部运作机制的心智，才是自由的。训练规制总是鼓励人们在某种思想和信仰的体系框框内行动，不是吗？这样的心智绝不是自由地产生智慧的。这样的规训带来了对权威的屈从，或是在某个社会规定的模式中运转的能力，这种模式要求人具有符合模式的功能性的能力，而不是智慧，智慧具有它自己的能力。一个只是拥有记忆的心智，一个只是功能性地运转的心智，就像一台现代机器。在这方面，计算机具有令人震惊的运算能力和准确性。

权威只会劝诱人们在特定的方向中思考。在结论的束缚中思考，被人操纵顺着一定的线路思考，这根本就不是思考，这不过是像一台人体机器在运转罢了。这种"思考"导致愚昧的不满，给人带来挫败和痛苦，等等。我们关注的是每一个人的全面发展，达到他的最高最充分的能力——不是达到教师们心目中那种观念所指的"最高能力"，而是任何一个人都可以达到的如花绽放的能力。

任何比较的风气，都妨害一个人达到这种绽放。无论是一个科学家还是一个园丁，都是如此。在没有比较的时候，园丁的最高能力就是科学家的最高能力，然而比较一旦出现，蔑视便如影随形，嫉妒不请自来，人与人的冲突就这样被制造出来了。爱是没有比较的。同样的，痛苦也是无法比较的。你不能说这个痛苦比那个痛苦更痛苦。痛苦就是痛苦，穷人的痛苦，富人的痛苦是一样的痛苦，痛苦无法比较——就像爱无法比较一样。

个人的健全发展将为社会带来公平正义。目前人们仅仅为经济层面或者某种精神层面的平等而进行的社会斗争，完全没有意义。为实现公平而进行的社会改革，又引起其他形式的反社会行动。而如果有正确的教育，止息了因能力的比较而来的嫉妒，那么就不需要社会的或者其他的改革了。

在此我们必须明白"职务"和"地位"之间的区别。地位及其相应的所有情感的和等级的声望，只是由于把职务做了高低比较才出现的。当每一个人都能发挥最高的能力，这时候就没有了"职责"和"地位"之间的区分，而只有一个人作为教师或者作为国家总理的能力的表现，于是"地位"就不再刺痛人们。现在是在人的名字后面加上"学士"或者"博士"等头衔来认可受教育或者技术的能力；既然我们关注人的全面发展，那么这样的个人的名字后面加不加头衔都无所谓了，他将拥有实际能力，按其所愿来决定是否取得某个学位。他的能力不是靠某个学位来衡量，然而他本身会知道自己的才能。他的能力的表现，并不带来那种仅凭技术所造成的以自我为中心的自大；这样的自大是比较而来的，因此是反社会的。只有在功利目的的追求中才存在比较，而对于教育者来说，则不应该通过比较来分别学生的能力，并给予价值大小的评判。

既然我们关心个人的全面发展，那么就不应该让学生一入学就选择自己的主修科目。如果让他选择，他会按照一时的喜好和偏见来选择，并且是最容易的科目；如果让他选择，他会按照社会的即时需求来选择。但是如果我们关心的是个人的全面发展，并且培育这种全面发展，那么在这种培育过程中，学生就会自然地有所选择，他不会选择最轻松、最容易通过考试的科目，而是考虑怎样才能使他的才能最充分、最大限度地表现出来。我们关注于解决作为一个整体的生命的诸多问题，包括它的心理的、理智的和情感的所有问题。由于学生们从一开始就得到帮助来看待作为一个整体的生命，因此他们不会为它感到恐惧害怕。

把任何问题作为一个整体来解决，这种能力就是智慧。给学生打分数、划等级，并不能培养智慧，反而贬低了人的领悟力的尊严。这样的比较式的评估戕害了心智——这不是说教师不应该观察每一个学生的学习进程，并记录下来。学生的家长当然急于得到成绩单，知道孩子的进展情况；但最不幸的是，由于他们不理解教育者正努力所为的新理念，所以他们把成绩单当成了强迫孩子的手段，他们用柔情的或胁迫的方式促成他们所期望的结果，于是扰乱破坏了教育者努力进行的工作。家长们应当理解我们想要赋予的教育的本质意义。家长们通常只关心孩子能够得到某种学位，以保证能够谋生。很少有家长关心更高远的目标。当然了，家长都希望孩子们能过得快乐，但是在这个含糊不清的所谓"快乐"之外，很少有家长关心孩子的全面发展。大多数家长希望孩子能有一个成功的职业生涯，于是他们或者是柔情地迫使孩子，或者恐吓孩子，去获取书本知识，因此书本就变得非常重要了。由此，就只是培养了照本宣科，死记硬背，这里面没有真正的思想的品质。

我们的教师必须面对的一个困难自于，家长们只关心让自己的孩子学习肤浅的知识，以便在腐败的社会谋得一个体面的职位，因此他们对于更广阔、更深入的教育漠不关心。

因此教师不仅必须用正确的方式来教育学生，而且必须注意不能让家长在孩子回家后开学校教育的倒车。实际上，学校和家庭都应该是真正的教育中心，而不是相互反对——家长期望某个目标，而教师却教完全不同的东西。因此重要的是，家长应该充分了解教育者的所为，并且高度关心孩子的全面发展。理解这种教育，家长同样有责任去理解这种教育的本质，让它得到贯彻实施，而不能把这个责任完全留给教师，教师们的负担已经非常沉重了。只有当教师、学生和家长之间建立起正确的相互关系，这种全面发展才能充分实现。在任何情况下，教师都不能屈从于家长的设想，或者固执的要求，因此家长也必须理解教师的工作，不给他们的孩子带来冲突和混乱。

每个孩子从小就有自然的好奇心和学习的渴望。教育应该明智地激发这种渴望，这样，随着孩子的成长，他的学习渴望仍然生机勃勃，没有被扭曲破坏，并且会投入到各种科目的学习之中。如果孩子对学习的渴望一直受到鼓励，那么数学、地理学、历史、科学或者生物学，将不再是让孩子或教师头痛的问题。在一个充满体贴的爱和愉悦的关怀的氛围中，学习是一件顺利进行的事情。

学生只有在与教师们的关系中体会到安全感，才能发展出情感上的敏觉。孩子们最根本的需要，就是在相处的关系中感受到安全可靠。"安全可靠感"以及"依赖"之间有着巨大的区别。大多数教师都是有意或无意地培育学生的依赖感，由此而微妙地点燃学生心中的恐惧。家长也一样，他们用爱的方式，或者用侵略性的方式培育孩子们的依赖感。这样他们就拥有了权威或专断，来决定孩子应该成为什么和应该做什么。

依赖总是带着恐惧的阴影，恐惧驱使孩子服从、顺应和接受大人的号令与规定。在依赖的气氛中，情感上的敏觉被蹂躏，且不再得到培育。但是如果孩子感知自己是安全的，那么情感的绽放就不会受到恐惧的侵扰。这种安全的反面不是"不安全"。我们说的"安全"是指"家的感觉"——不是孩子的家庭住址，而是他可以自由自在的地方，他不被强迫做什么或者不做什么，如果他爬树掉了下来，他不会因此受到责骂，教师们和宿舍管理老师深度地关心孩子的整体福祉——这种关心是孩子甫一接触就感受到的。当孩子来到学校，他应该能立刻感觉到在"家"里了，立刻感觉到非常安全自在，不是几周以后，或者几个月以后才有这种感觉。第一感觉非常重要。但是如果教师试图通过各种手段去取得孩子的信任，试图经他准许让孩子做他们喜欢的事情，那么它就是在培养孩子的依赖，而不是给予孩子安全感，孩子不会感到是在"家"里——那个有人深切地关心他的所有福祉的地方。正是孩子从未经历的这种新型关系的第一冲击，才会带来一种自然的交流，孩子不把大人看作是某种威胁，敬而远之。一个感到安全的孩子将会用他自己的方式来表达对教师的尊敬，这种尊敬对于学习非常重要。在这种尊敬排除了一切权威和恐惧。在这种安全感中，孩子的行为不是受大人强迫而做的某种事情，而是成为学习的过程。因为孩子在他与教师们、与大人们的关系中拥有安全感，所以他会自然地行为得体，自然地考虑别人的感受，只有在这样的安全的氛围中，敏锐的情感之花才能盛开。在这样的家的氛围中，孩子可以做他喜欢做的事情，在做他喜欢做的事情的过程中，他将学会探明什么是该做的正确的事情——这可不是孩子的反抗行为、执拗行为，或者是压抑情感，或者服从直接的命令，所能得到的结果。

　　敏锐的感觉，是对周围所有的事物具有灵敏的觉知，对植物、动物、树木、天空、流水、飞鸟，对周围的人的心绪，对身边经过的路人，都有灵敏的觉知。这样的敏锐，带来没有算计的和无私的反应，这种品质就是真正的德行。因此他的行为是坦荡敞开、不遮不掩的。因为他敞开胸怀，所以他能够容易地接受教师的建议，没有任何反抗和抵触。

因为我们关心人的全面发展，人的情感要求比理智的推理要强烈得多；所以我们必须培育情感的能力，而不是想方设法压抑它。如果一个人有能力处理情感和理智的问题，那么面对这些问题时就不会感到恐惧了。

因为我们关心人的全面发展，所以独处作为培养敏觉的一种方法，就是必需的，"孤独"可以培育"敏锐"。就像一个人有必要懂得数学一样，他也有必要懂得如何独处、如何冥想、怎样死亡——而不是只在字面意义上知道什么是独处，什么是冥想。这些问题只有通过探索才能懂得。因此就必须学习"冥想""独处""死亡"的真实含义。这些含义是无法教授的，必须自己学习。教师可以描述什么是独处、什么是冥想，但是学生们无法通过描述得到真谛。学习什么是独处、什么是冥想，同学习数学一样，必须得有探索，探索在本质上即是学习之道。只有能够探索的心智才能够学习。但是如果探索被高高在上的知识或者高高在上的权威和经验压制了，那么学习就变成了模仿，而模仿只是制造出鹦鹉学舌的学生，他没有学习的体验。

教育不是只传授知识，而是要培养探索的心智。这种心智能够看穿宗教的问题，它不会只是接受现有的宗教、教堂和宗教仪式。真正的宗教是探索上帝，探索真理，或者无论你管这个探索对象叫什么，而不是仅仅接受信仰和教条。就像学生每天刷牙、每天洗澡、每时每刻不断地学习，他同样每天必须有一段时间安静地坐下来，或者是和别人，或者是独自静坐。但是静坐不应该是逃避无聊或是逃避日常生活的手段，也不应该是不常做的什么事情，而应该是生活的一部分。静坐的独寂，无法在别人的指示下产生，无法在传统的外在权威迫使下产生，那些很想静坐，但是又不能独处的人，也无法进入独寂。在这种独寂中，一个人也在学会理解他一直积累起来的、和生命相关的全部知识的含义，生命并不仅是意味着贪婪求取、自我设计和自我中心。静坐的独寂就像一面镜子，帮助心智清晰地观照，并且把自己从野心的徒然努力及其一切错综复杂的恐惧和挫败中解放出来，这些东西都是自我中心的活动的表现。

这种独寂给予心智安稳定笃,超越时间恒久持续。正是心智的这种清晰明净,成为它的特质。缺乏这种特质,心智就陷于自我矛盾之状。

敏觉的心就是爱。"**爱**"这个词汇并不是爱。爱不能被分割为对上帝的爱和对他人的爱;爱不能用对一个人的爱或对许多人的爱来测量。爱是一种充分给予的能力,就像一朵鲜花向任何人吐芬芳,只要你愿意把它放到鼻唇边。但是我们总是在人际关系中计算爱,因此我们毁掉了爱。爱不是社会改革家或者社会工作者的消耗品;爱不是政治人物用来发动群众的工具。当政治人物和社会改革家利用"爱"时,他们仅仅能够利用这个词汇,而永远无法触碰到真实的爱,因为真实的爱不可能被利用作为达到任何目标的工具,无论这个目标多么远大,或者多么迫近。爱是遍及一切处的,不是某个特别地方的爱。真实的爱不是由任何宗教所含有,当它被宗教组织利用的时候,它已经不再是爱了。社会、宗教组织、独裁的政府,在它们的各种活动中热衷于利用爱,其实是不知不觉地摧毁爱,爱则变成行动的狂热和激情。

我们关心正确的教育带来人的全面发展,因此从一开始就必须培育和护持爱的品格。爱不是多愁善感,爱不是盲目献身。爱是同死亡一样强烈的东西。知识无法换取爱,为了自己的目的而追逐知识的心智,行事冷酷无情,只是为追求效率而工作。

所以教育者从一开始就必须关注爱的品格。爱是谦逊,爱是亲切温柔,爱是体贴关怀,爱是忍耐,爱是彬彬有礼。受到良善的、正确的教育的人本质一定是端庄质朴、谦恭有礼的;这种品质一定表现为人对周围的所有事物——对于植物、动物、言行之道,都予以关切注意。

这意味着培育对万事万物的敏锐感知,不是吗?倾心关注一切事物——无论是一棵树,还是一个人,或者一件家具,或者最新式的发动机——从年幼的时候就培育这样的敏觉。着重培养爱的品格,能够造就敏锐的感知以及这样的心智,它不被野心、贪婪和攫取的欲望所缠绕。它养成了良好修养,这不仅表现出品位优良、值得尊敬,而且带来心灵的道德净化,此外还具有增强荣誉自豪的内驱力,不是吗?在服饰上、在言谈举止上的良好修养，不是出于自我强加的做作，或是外表装扮的需求，而是来自爱的品格。如果领悟了爱的品格，那么在应对性关系，以及所有其他复杂微妙的人际关系时，就能够明知得当，而不会激动不安和忧虑恐惧。

教师们如果把人的全面发展看作是最重要的事情，那么他们从一开始就必须关注性冲动的问题，不是引发孩子的好奇心，而是面对他们的好奇心。性冲动在一个人的生命中占有如此重要的地位，如果仅仅给青春期的孩子们讲授性生理的知识，而没有培育爱的品格，那么很可能会引起孩子们尝食禁果的淫欲。爱能够净化心灵的邪念。如果没有爱的净化，仅仅用铁丝网和禁令把男孩子和女孩子分隔开来，那样只会加强他们的好奇心和对异性的激情，以至于堕落为纯粹的肉体满足。因此男女生合校的正确的教育是非常重要的。

爱的品格必须体现在学生亲自动手做的事情中——园艺、木工、绘画、手工——以及透过眼、耳——看到树林、流水、丰饶的大地，以及人们在其自身中间制造的贫穷，听到鸟鸣、音乐和歌声。

我们不仅关注心智和情感的敏觉，而且也注重健康的体魄，因此就必须对此予以充分的考虑。如果身体不健康，不是生机勃勃的，那么它显然会扭曲人的思想，导致麻木迟钝。这是一个明显的无须细究的事实。为保持优良的健康，合理饮食、充足睡眠是必不可少的。如果身体的感官无法保持清醒灵敏，那么身体将会妨碍人的全面发展。为实现强健优美，就得开展多种形式的锻炼，比如舞蹈、瑜伽和体育竞赛。一个邋遢的、姿势不良的身体，无法承载敏锐的心智和情感。身体不是心智的工具。但是身体、情感和心智组成一个完整的人。如果它们无法和谐共生，那么生命注定冲突不休。冲突则促进麻木不仁。心智可以控制支配身体，心智可以压抑感觉，让身体反应迟钝。这样的身体就会阻碍心智展翅翱翔。对身体压抑，无助于探索更深层的意识——只有当心智、情感、体格没有矛盾冲突，不被任何观念、信仰或理想所驱使，而从容地共生，这种探索才是可能的。

在培养心智的过程中，我们强调的重点，不应该是"集中注意力"，而是"全神贯注"。集中注意力，是强迫心智集中于某个狭窄的点，而全神贯注是没有边界的。集中注意力总是一种受到边界限制的有限的能量。当我们要认识理解心智的完整性，那么"集中注意力"就是认识理解的一道障碍。反之，全神贯注则没有限制，没有知识划定的边界。知识是通过集中注意力而取得，知识的扩展仍然是在"集中注意力"的范围之内。我们说的"全神贯注"，能够并且是在使用知识，知识作为集中注意力的结果，还是必需的。但是片面的东西不是整体。把许多碎片拼接起来，也无法达成整体。知识是集中注意力所行的不断附加拼凑的过程，它无法带来对于那不可测度的无限存在的领悟。集中注意力的心智绝不是完整的。

　　我们关心人及其心智的全面发展，因此全神贯注是非常重要的。全神贯注不是来自努力地集中注意力，全神贯注这样一种状态，在其中，心智一直在学习，但没有一个中心点，知识不用作为经验，围绕这个中心来积累。一个注意力集中于自我的心智，把知识当作自我扩张的手段去利用，于是这样的行为就成为自我矛盾的，因此是反社会的。

　　我们关心一个人的全面发展，由此关心一个人和其他人的关系——人和人的关系就是社会——因此重点应该放在"全神贯注"而不是"集中注意力"。只有在全神贯注中，心智没有受到外界的或者内心的强迫，真正的学习才是可能的。这时。只有当心智不被传统和记忆绑缚的时候，正确的思考才可能产生。正是全神贯注，让宁静降临于心，它打开了创造之门。全神贯注是最重要的。

　　知识只有作为培育心智的工具，而不是作为目的，才是必需的。我们所关心的不是单单某种能力的发展，比如作为一个数学家、一个科学家，或者一个音乐家的能力，我们关心学生的全面发展，在全面发展中包含了每一个特定方向的能力。

　　怎样达到这种全神贯注呢？它不可能通过任何形式的劝说、比较、奖励或者惩罚来培养；所有这些形式都是压迫。消除恐惧是通向全神贯注的第一步。如果心怀成为某种人物的愿望，这被解释为"成功"，其中伴随着挫败和扭曲的矛盾冲突，那么就必然滋生恐惧。你可以教授如何集中注意力，但是你无法教授如何全神贯注，就像你无法教授如何摆脱恐惧一样。不过我们可以着手找出产生恐惧的原因，我们理解了产生恐惧的全部原因，恐惧就消失了。因此，当学生处在一个良好的环境中，身体健康，有安全感，有"家的感觉"——对此我们前面已经讨论过——和因为爱而产生的无偏无私的行为，那么，全神贯注就产生了。"爱"是不做比较的，于是让人备受折磨的"成为什么东西"的愿望止息了。

无论我们是年轻人还是老人，我们所有的人通常都有不满意的经历，我们总是迅速找到实现满意的办法，由此让心智安歇。心智时常会在痛苦中醒来，痛苦驱使我们再次去寻找令人满意的解决办法。心智就这样陷入满意和不满意的轮回之中，而被痛苦刺醒，是这种不满意的一部分。"不满意"开启探索之路，被传统和观念束缚，就无法探索。正是探索，成为全神贯注的燃烧之火。

我们所说的不满意，是指心智的这种状态：它明白"当下之是"①的含义，即现实如是，同时它又进行探索，想要发现更多。这种超越"当下之是"之局限的行动，就是不满意。如果你压抑不满意，或者是寻找办法和手段克服不满意，那么你就接受自我中心的行为的限制，接受你在其中找到你自己的存在定位的那个社会的限制。不满意是我们大多数人的命运，为了克服不满意，我们寻找各种各样的办法赶走它。但是不满意是一把火，它烧掉无用的知足满意感。为得到稍多一些而不满意，为得到更大的房子而不满意，等等，这种不满意属于嫉妒的范围，正是嫉妒支撑着这种不满意。但是我们不是在谈论这种贪求"更多"的嫉妒。我们所说的不满意，燃烧的不是贪求"更多"的欲望或体验，这种不满意是没有被污染的明净状态，如果我们不让它因为错误的教育或因为任何理想目标而受到贬损变质，那么它就必定存在且真实存在。当我们理

---

① 英文为 *"what is"*，用斜体并加引号标示。克氏多次使用"*what is*"，这是其思想的一个核心范畴。——编者注

解了这种不满意的性质，我们就会看到，这种火焰中蕴藏着全神贯注，这种火焰会烧掉生活中的狭隘渺小，意味着心智不再受自我封闭的追求和满足的限制。所以全神贯注只有在不以自我发达或满足为基础的探索中，才能产生。

从学生入学一开始，就必须培育心智的全神贯注。你会发现，当你心中有爱，通过谦逊、彬彬有礼、耐心、温和亲切表现出来，这时你已经拆除了麻木不仁所建起的边界。因此，从学生年幼的时候，就要帮助他培育全神贯注的状态。全神贯注不是靠传授学到的，但是教师可以让学生生活在一个没有强迫，因此也没有自我矛盾的环境中，这样来帮助学生达成全神贯注的状态。这样学生的注意力可以随时随地凝聚在任何特定的课题上，这与那种由于想要攫取或想要成功的强迫性渴望而形成的集中注意力，是完全不同的。

受到正确教育的一代人，将从他们父母的以及他们生于其中的社会的心理遗传中解放出来；因为他们受到正确的教育，所以他们不依赖财产的继承，这种继承的因素，给人没有可靠基础的自负，滋生虚幻的安全感，因此它败坏独立精神，束缚人的才智发展。虚幻的安全感是蒙蔽心智的阴影，在阴影中没有任何东西可以如花盛开。受到我们一直在谈论的这种全然不同的教育的一代人，将创造一个崭新的社会。这样的一代人拥有出于智慧的才能，这种智慧是没有恐惧包围的。

我们关注学生的全面发展，不是某一个特定方面，因此，面面俱到的全神贯注就非常重要。这种全面发展，不是概念构思上的——也就是说，没有关于人的心智的总体全面的图纸设计。心智越是对它自身加以运用，它的潜能就越大。心智的能力是无限的。

教育不是一个人的工作，而是众人共同的工作，既是教育者的工作，也是家长的工作，因此，这种合力工作的艺术是必须学习的。只有当我们各自都认识到什么是真相，这种合作才能实现。正是这种真相——而不是观点、信仰、理论——把我们团结起来。观念和实际真相之间有巨大的区别。观念可能暂时把人们聚集在一起——为了金钱或者别的理由。

然而只是因为某种信从而来的聚集，将会分离。如果人们看清了真相，那么虽然在细节上也许会存在争议，但是却不会分裂。只有愚蠢的人才会因为细节问题而四分五裂。我们可以为实现某个观念、某个理想聚集起来，但是它们并不是真实事物，它们需要信从、劝说和宣传鼓动，等等。我们大多数人都习惯于按照权威所树立的这些东西团结合作。

为了某个观念、理想而团结合作，与看清真实和行动中的真实必然性，从而产生行动，这两者是完全不同的。在某个权威的刺激驱使下的工作（无论这种权威是某种理想，或是代表理想的某个人），这不是合作。你有一个作为中心的权威，他无所不知，或者他强力地坚持某个想法，他使用权术或者其他手段迫使其他人，为他所谓的理想而合作。这肯定不是团结合作。如果我们每一个人都觉悟了某些问题的真相，那么对真相的觉悟会把我们团结起来，遵照真实性行动，这才是合作。当你如实看清真实是真实、虚假是虚假，看清虚假之中的真实，由此而学会了这种合作，那么你也将学会不合作——这与学会合作同样重要。

如果我们每个人都明白了彻底的教育革命非常必要，并且都觉察到我们已经讨论过的问题中蕴藏的真理，那么我们就会团结合作，而没有"同意"或者"不同意"，没有任何形式的劝说鼓动。只有当某人采取了一个立场，由此不愿改变，或者他坚信某个主张，固守某个观点，这时候才会有同意或者不同意，它造成了反对意见。当这样的情况出现时，一个人或其他人就一定会被说服或被影响或被诱导改变想法。如果我们每一个人都看清了事实真相，那就绝不会出现同意或者不同意。于是就不会只搞口头言辞的说服，或者理智的推理运用，而是靠对真相的认识理解。如果我们看不到真实性，那么就会争论，就会有同意或者不同意，伴随而来的是曲解和徒劳的努力。我们正在共同建造大厦，因此必须团结合作。如果我们有的人建设，有的人破坏，那么房屋就不会建成。因此我们每一个人都必须非常清楚这一点：我们要真正地懂得，必须培养造就全新的下一代，他们有能力整体性地，而不是离开整体性支离破碎地解决生命中的问题。

我们必须以这种合作之道一起工作，必须经常聚集在一起，还要警惕不迷失在细节之中。我们这些严肃认真地致力于获得这种觉悟的人，有责任不仅要把我们觉悟到的事情落实在行动中，而且还要帮助他人获得这种觉悟。教师是最神圣的职业，如果可以把教师称作一个职业的话。教育的艺术需要的不是多么高超的智力，而是需要无尽的耐心与爱。教育意味着觉悟与万事万物的关系，不是吗——与金钱的关系，与财产的关系，与他人的关系，与大自然的关系——在生命广大领域里的一切事物。

美不仅仅是美的比例、形式、品味和行为。美是心智的单纯质朴的热诚状态，在这里它已经抛弃了自我中心。只有当这种质朴不是出于精心算计的克制和有规约的自我追求，而是出于唯有爱才能带来的抛弃自我，这才是真正的单纯质朴。单纯质朴没有目的。我们创造的文化里没有这一切，在这种文化里，人们追求形式的美，没有那种完全放弃自我之后的内在生命力和稳实。如果是为了理想、信仰或者某种运动而奉献牺牲自己，那么这并不是"放下自我"。这样的"自我奉献"普遍存在，然而实际上，自我仍然在不同的标签遮盖之下继续活动着。只有清澈纯真的心智才能探究那无比宽广深邃的未知世界。但是有所谋算的简朴苦行，比如身着缠腰布或者僧袍，这样的行为永远无法企及放下自我后的热诚。在这种热诚之中包含着彬彬有礼、亲切温和，谦逊和耐心——所有这些都是爱的表达。

我们是通过做成的或综合而成的东西来知道美——一个人的外表形式的美或者一座寺庙的美。我们说那棵树、那栋房子、那条蜿蜒的河流很美，因为有所比较，我们知道了什么是丑——至少我们认为我们知道。美是可以比较的吗？美是被作成而显示出来的东西吗？我们说一幅绘画、一首诗歌、一张脸庞很美，那是因为我们所受的教育认可这样的标准，或者是这个事物符合我们熟悉的标准，或者是符合我们已经形成的一个观念。比较一经产生，美就不存在了，不是吗？美仅仅是一种已知的知识吗？或者说，它是一种存在，在这其中，含有或不含有被创造的因素？

我们总是追求美而躲开丑，这样的行为方式不可避免地滋长麻木迟钝。敏锐地感知人们所谓的美和所谓的丑，这对于领悟和感受真正的美，是必不可少的。产生一个感知，这无所谓美或丑，它就是一个感知。只是当我们按照受过的教育和社会的制约去看待这个感知的时候，我们才会说这个感觉很好，那个感觉很坏，于是就扭曲或者毁坏了这个感知。然而，没有被贴上"好的"或者"坏的"标签的感知，才能够保持原有的强度。我们追求领悟那个既不显现为美也不显现为丑的东西，在追求领悟中，这是这种感知的高度热情，是必不可少的。

我们要强调的是，保持不被扭曲的感知，保持高度热情，这有着极大的重要性。这种热情不是纯粹自我满足的强烈欲望。正是这种感知热情，创造了美，由于它没有比较，因此它也没有对立面。

我们关注人的全面发展，因此我们必须充分关注的，不仅是意识层面的心智，还有无意识层面的心智。不理解无意识层面，而只是进行意识层面的教育，这就给人的生命带来矛盾，带来挫败和痛苦。潜藏的心智远比浅表的心智更有力量，更为重要。大多数教育者都关注教育学生的浅层心智，给它被称为知识的信息，以便将来可以获得一份工作，可以调整自己适应社会。因此，隐藏的心智从来没有被触及过。教育者已经做的一切，就是塞给学生技术层面的知识，以及调整自身适应环境的能力。

但是由于我们关注人的全面发展，因此我们还须认识理解隐藏的心智状态。无论浅层的心智受过多少教育，具有多么大的调适能力，隐藏的心智都比它更有力量。隐藏的心智并不是什么神秘难知的东西，它无疑是一个种族的宗教、迷信、象征符号等记忆的储藏室，是某个特定种族的传统，有其文学作品（无论是神圣的或世俗的）的影响；是某个特定群体的集体性影响，包括它自己特殊的传统、渴望与挫折、象征符号、习性以及食物；还是它的公开的和隐蔽的欲求愿望，其中包含它的动机与挫折、它的希望与恐惧、它的隐蔽的快乐与伤痛，以及因为渴求安全而保持的那些信念，它们自己以各种方式演绎出来。深藏的无意识心智不仅具有贮藏过去所有这一切遗迹的非凡能力，它还具有预知或近或远的未来的能力。当表层意识被日常生活完全占据时，深层的所有这一切就通过梦、通过各种各样的暗示，把它自己向表层意识表达出来。深藏的心智无所崇拜，也无所恐惧，它不会要求精神分析专家来向表层的心智剖白它。深藏的心智具有巨大的力量，因此表层的心智无法按自己所愿去应对它。在处理和深层心智的关系上，表层心智显出彻底的无能为力。无论表层的心智出于自己当下的社会需求和追求，多么努力地试图支配、控制、塑造无意识，但是它只能碰触到无意识的表面，并因此在浅层和深层之间造成分裂和矛盾。我们力求通过训练、通过各种的做法、约束等等，来弥合浅层和深层之间的鸿沟，但却无法做到。因为意识层面是完全被当下的东西所占据——指有限的当前——而深藏的无意识层面却承载着千百年的重量，任何当下的需求都不可能撇开它们。浅层心智带着其时兴的文化，无法根据它的一时的急迫需求来左右深层心智。因此为了避免两个层面之间的冲突，浅层的心智必须理解这个事实，安静下来。这并不意味着无意识层面来处理无数的当前需求。如果浅层和深层之间没有抵触冲突，那么由于深层的无意识有着时间上的耐心，因此它就不会妨碍当前的需求。

正是这个深藏的、未被探索和理解的心智，连同它的表层的、受过教育的意识，来接触当下——当下的需求和挑战。浅层的意识足以应对当下的挑战，但是由于浅层和深层之间存在矛盾，因此任何浅层的经验都只会增加它自己和深层之间的冲突。这又带来进一步的经验，扩大现在与过去之间的鸿沟。如果浅层心智没有理解内在的、深藏的层面，那么其经验就只会产生更深更广的冲突。经验并不像我们通常以为的那样，使我们解放或者变得丰富。只要是经验强化了经验者，那么必定发生冲突。一个受到束缚的心智如果拥有经验，就只会强化它的束缚，于是又增加冲突和痛苦。只有当心智觉悟了它自身的活动的全部过程所有方式，经验对它来说才能成为解放的因素。

如果我们理解了心智深藏的诸多层次的巨大力量和能力，那么我们就能够聪明智慧地看待各种细节琐事。教育不能只是给表层心智灌输知识——这是必要的——重要的是理解深层面心智。这种理解把整个心智从冲突中解放出来，只有这样才能产生智慧。

我们关注人的全面发展，因此我们不但必须培育日常活动中的表层心智，得到充分能力，而且必须认识理解深藏的无意识层面。在这种认识理解中，将会有完整的生存之道，在这其中，像痛苦和快乐这样的矛盾也就消失了。在完满的生命中，冲突、痛苦和幸福，全部都止息了。觉知深层的心智的活动方式，并且熟悉了解它，这是非常重要的，不过同样重要的是，不要被它完全占据，也不要过度看重它。只有这样，心智，包括浅层的和深藏的心智，才能超越它自身的局限，发现那超越时间的天赐之福。

PART 02

印度，浦那，1958

认识自我便是一场革命

我想，如果我们能在演讲者和听众之间建立起一种正确的关系，那就好了。否则就可能产生很多误解误判。演讲者显然有话要讲，而你来也是要听讲。他说的东西可能没有太多意义，不过如果你注意倾听，它们就可能意义非凡。

懂得如何倾听是最为重要的。我们大多数人不懂得倾听，我们带着抵抗或反驳的倾向来听讲，或者把听到的东西，跟我们以前听说过的或在书本上读到过的东西加以比较。在此过程中显然就没有倾听，因为你在想着别的什么人对这个话题说过什么，你的心智只是在翻检过去的记忆——只是试图把听到的东西与你过去听过的或者读过的东西加以比较。所以如果我可以建议的话，请你专注于我讲的内容。

世界上有很多恐怖的事情，很多痛苦，混乱不堪，很多堕落、腐败、邪恶。我觉得，如果我们真正热切地想要认识理解人类的这些问题，那么就必须以严肃认真的决心去探索它们。在我看来，我要说的东西，也许与你以前熟知或相信的东西完全不同——我想会是这样。我这样说，不是自大或自负，而是因为我们大多数人，听到任何不熟悉的东西，都会轻易予以抵制或者嘲笑。那些专业人士——某个领域的专家，科学家、技术员、讲师、教授等等，尤其如此。他们把生命分割成许多领域，并且按他们专门化的领域的视角来思考，因此他们特别容易否弃解决我们的诸多问题的新方案。专家们不会解决人类生活面临的各种问题。如果一个人是经济学家，那么他往往认为某种经济体系将会解决生活的所有问题，将会为人的成功和各种获得提供平等机会；对他来说，任何其他形式的思想、研究、探索，都处于相对次要的地位，或者是不值一提。

我想，如果我们考虑到所有这些事实，而能够谦逊地倾听，哪怕是一个小时，在倾听中力求发现演讲者想要传递的东西，那就太好了。然后，你可以讨论、质疑、反驳你听到的东西，或者把它丢开。但是首先，如果要进行任何形式的交流，那么无疑的，在演讲者和听众之间必须得有确切的理解、必须得有双方建立的共同基础。倾听是非常困难的，它是一门艺术。我可以肯定，你从来没有真正地倾听过任何人，因为你的头脑总是塞得满满的，总在想着其他事情，不是吗？你从来没有真正倾听过你的妻子，你的孩子，你的邻居，因为你的心被你自己的恐惧和焦虑占据着，它装有数不清的"当务之急"，因此阻碍了充分的交流。如果你观察自己，你就会发现，倾听是多么出奇的困难，尤其是听一个人讲一些你并不喜欢的事情，或者是你无法很快听懂的事情，或者是看来好像矛盾的事情。这些东西容易造成很大的混乱，于是你倾向于把它们丢开。

因此，带着谦逊倾听是必不可少的。"谦逊"同"谦卑恭顺"是完全不同的。一个满心虚荣傲慢的人可以培养、积聚、达到"谦卑恭顺"，然而谦逊这种品质不是可以获取的，它是一种生命状态。你要么是谦逊的，要么就不是谦逊的。在我们接下来的讲座中探索诸多问题时，还会讨论这一切。不过现在我要建议，如果你想要学习，想要领悟另一个人说的东西，你就必须谦逊，谦逊地听，谦逊是既不接受，也不否定，而是探索。探索必须具备谦逊的品质，因为如果你认为自己已经知道了，那么你就不再探索。如果你采取同意或者拒绝的立场，那么你就不再探索了。只有心智拥有确定的自由，自由地深入演讲的内容，去探索，去发现，这时探索才是可能的。因此重要的是，我们要谦逊地倾听，自由地倾听，唯有如此我们才能彼此交流。

我不是在指导你做什么或者不做什么，而是我们正在共同探索我们的诸多问题。因此，思考不应该是单方面的，而你仅仅是接受。我们，你和我，应该努力探索人类生命的所有问题，探索活着、死亡、冥想、冲突、人的关系等全部问题。我们接下来将要探索所有这些问题。但是首先必不可少的是，一个想要探索的心智必须是适度柔软和自由的，它不能僵硬、怀有偏见，不能倾向某种立场，由此拒绝改变。

看看这个世界，存在如此多的冲突和痛苦，如此巨大的经济压力和辛劳，如此多的饿毙和堕落，这就要求我们必须进行这种探究。显然，一种变革，一种根本的变革是必需的。一场根本的变革之必需，是因为这个世界不能像这样继续下去了。当然，如果我们能够赚足够多的钱，如果我们能够聪明地让我们的生活没有太多矛盾，如果我们仅仅关心我们自己，那么我们并不在乎这个世界是否像这样继续下去。但是如果我们是严肃认真地进行彻底的探索，那么无疑地，我们就必须努力探明如何实现一场变革，不是吗？宗教的意义显然并不大，它们只是提供某种逃避。你可以求助于一位宗教导师，或者一位牧师，你可以重复念诵咒语或是祈祷，你可以遵从某种教条或者仪式，但是它们全部都是逃避。它们不会解决你的问题——它们也没有解决过你的问题。你的问题一直存在，逃避问题不会带来好处。无论你投身寺庙，或者归隐到喜马拉雅的高山之间当一个苦行僧，你仍然是在逃避。

世界上每一个地方都面临同样的问题，宗教失败了，教育也失败了。它们无法解决人类的问题。经过无数的考试，然后在你的名字后面加上学历头衔，这些并没有解决你的问题。任何教育体系、经济体系、政治体系、宗教体系或者哲学体系，都没有解决我们的问题——这是显而易见的，因为我们仍然处于冲突之中。世界上有骇人听闻的贫穷、动乱，人与人之间、团体与团体之间、种族与种族之间，冲突不休。共产主义运动没有，其他的社会的或经济的革命也没有解决这种问题，或者说将永远解决不了。人类是一个整体，我们必须整体性地看待它——而不是片面地、把它的存在分割成不同的层次。专家们只关心某个特定的层次——政治人物只关心统治，经济学家只关心金钱价值，宗教人士只关心自己的信条，等等。显然没有人整体性地看待人类的问题，并且着手解决它们，不是部分的解决，而是整体性的解决。宗教人物说："如果你真想要解决问题，那么放弃这个世界吧。"但是世界是在我们自身之内。

人们的眼泪、无数的奋斗挣扎和恐惧，它们全都存在于人自身之内。社会改革家说："忘记自己，去做好事。"你可以忘我地投入工作，但是你的问题仍然在那里。各种各样的专家提供各种各样的药方，但是显然他们不关心人本身的整体性的转变。他们所提供的，全是各种各样的思想模式。如果你离开一个宗教，加入另外一个宗教，你仅仅是改变了思想模式。没有人关心思想的品质，没有人关心进行思想的心智的品质。

我们面临繁多而严重的问题，你和我都清楚知道这一点——当我们走在大街上，当我们搭乘公共汽车时，当我们和朋友、和政治人物或宗教人士交谈时，只要观察，就能知道。我们可以看到世界败坏恶化继续进行的整个过程，可以看到种种的道德下降、腐败堕落、混乱增多。只有当心智能够用一种全然不同的方式思考问题，我们才能确信有望解决问题。心智本身必须有一场革命，而不仅仅是在人的生活的某一个部分进行改变；有了我们思想上的这种革命，有了心智的这种彻底改变，我们才能整体性地解决问题。问题是在不断变化的，不是吗？这些问题不是静止不动的，但是我们却用深受束缚，采取了预设立场，接受了特定惯例、教条、价值观的心智来处理这些问题。问题是个活生生的事物，它是变化着的、生气勃勃的，但是我们却用一个僵死的心智来处理它，所以导致冲突增多，混乱加重。

因此在思想方式上必须得有一场革命，在心智本身得有一场革命，而不是心智所想的东西需要革命。这两者之间无疑有着巨大的差别。我们大多是关注心智在想什么。共产主义者关心的是控制人心去思考被灌输的东西，所谓的宗教人士也关心这同样的事。我们大多数人只关注按照我们已经知道的和已经接受的思想去进行思考，显然这些思想进一步束缚了我们的心智。你的每一个思想——你作为一个经济学家，作为一个专家，作为一个信仰上帝者或无信仰者，作为一个追求美德者或不求美德者，这样的思想——都制约、塑造着心智。你的思想取决于你的生活条件，取决于你受到怎样的教育，你受到你的生活环境——宗教、社会、家庭、传统等等环境——怎样的压力。因此，如果我们是严肃认真的，那么我们就不应该关注把一种思想替换成另一种思想，或是关注把某个思想提升到别的某个层次。我们必须关注思想能力的根本转变，而不是仅仅关注选择思想什么。革命应该发生的地方是在这里，而不是人类生活的某个特定层面。希望我把这一点说明白了，如果没有，我们将在后面讨论它。思想方式的革命是必不可少的——不是选择思想些什么，不是追寻正确的思想，而是在思想能力本身、在心智本身的革命。除非心智本身发生根本性的改变，否则你无法找到解决你的问题的答案。你可以做你愿做的事情，阅读任何书籍，追随任何权威、任何宗教导师，但是除非心智本身发生根本性的转变，否则你永远无法解决你的问题。

现在是什么情况呢？你是一个印度教徒，一个穆斯林，一个佛教徒，一个天主教徒，一个美国人，一个俄国人，或者某个领域的专家，等等，你是以你特别的思想模式来看待生命问题。共产主义者希望用他的方式来解决生命的问题，天主教徒、印度教徒、佛教徒，都希望按照自己的方式，因此就产生了争论、冲突、痛苦、焦虑、战争，显然这些都不是解决人类问题的办法。只要你还是某种特定的什么人，那么你就无法解决任何根本性的问题。如果你是一个专攻科学的学生，你将来想当一个科学家，你希望科学能解决所有的问题，那么我向你保证，那是做不到的。你可以翱翔太空，你可以造出各种各样的人造卫星，但是我们人类生命中的问题还在那里——你怎样对待你的妻子，你怎样对待我，我怎样对待你，我们的野心勃勃，我们的贪得无厌，我们的挫败绝望，是否存在上帝，死亡之后是怎样的，什么是冥想，什么是美德，什么是真正神圣的生活。所有这些无疑都是我们的问题，而我们现在是作为专家，作为深受各种各样的希望、欲求、信仰束缚的人来面对这些问题，因此我们永远无法解决它们。

因此心智必须有一个革命。这一革命不是一个同意的事情，不是一个相信的事情，不是一个信仰的事情——它必须发生。如果你相信"心智必须有一个革命"，那么它就不会发生。"相信"仅仅指向一个概念、一个理想，它们空洞无益。你知道"一般词汇"和"动词"之间有巨大的区别。一个词汇除了作为交流的工具，它没有多少意义，而所有的思想、计划、理想、概念、理论、推理，以及对它们的追求，都是词汇层面上的东西。如果你仅仅生活在词语的层面上，那么它不会带来全新的思想方式。带来全新思想方式的是动词"**做**"，它所关联的不是概念，而是行动本身。这里也许有一点点难以理解，但是请你一定注意听，哪怕只把它当成智力游戏也好。你看，我们大多数人深陷在口号、观念、惯用语、概念这样的词汇中。这些东西与"动词"完全不同——动词不是和观念相关的活动，而是一种做、行动的状态。因为一旦你真正理解什么事——这不仅仅是"同意"，或者被人说服，或者顺从于压力，这些东西都是和"语言词汇"相关，并不带来理解——你就在行动。有一个作为"动词"的"理解"，那么就有一个"行动"，它是一个做的状态。如果你想一想，你会看到，动词与一般词汇之间，行动与行动的想法之间，"**爱**"这个词汇与"正在爱"之间，存在着区别。现在我们大多数人深陷在"我们应该有爱"这个想法中，把这当作一个高尚的、意识形态的、完美的事情，这仅仅是个词汇罢了。"爱"是动词，它无关任何活动，它是一种做的状态，爱的状态。顺便指出，这个例子最好地揭示了我们的心智是如何运作的。

我们的心智在词汇、概念、观念，在"应该是怎样"的想法中运转，这正是必须革命的地方。如果一个人不是把心智置于语汇状态，而是置于动词状态，那么心智就必定是处在做的状态，处在动词的状态。你能明白这两者之间的区别，不是吗？能够实现这种动词状态的就是革命。"做"，相比于"做的想法"，如果你仔细思忖，你会发现，它具有非比寻常的意义，具有怎样的重要性。

因此，如果我们是严肃认真的，那么我们所关注的就是要在心智中造就一场革命。我以前或多或少地讲过，"**革命**"这个词意味着什么。我也讲过，"严肃认真的人"是什么意思。让我们用一两分钟来探讨"**严肃认真**"这个词。谁是严肃的？这个词是什么意思？谁是严肃认真的？你是吗？一个穿上黄色长袍，放弃整个世界的人是严肃的吗？一个成为社会改革家的人是严肃认真的吗？一个追寻上帝的人——他是严肃认真的吗？一个靠听音乐以及所有其他催眠方式来自我催眠的人——他是严肃认真的吗？一个完全献身于某种观念的人，他说："我已经发过誓了，我将终生遵守它"——他是严肃认真的吗？或者一个牺牲自己的人，把自己奉献给某个国家的人——这样的人是严肃认真的吗？

让我们看看各种各样的所谓的严肃认真的人，包括那些自认为神志正常，实为疯狂的人，所有这些人是严肃认真的吗？这些人真正挚爱着他们正在做的事情吗？这无疑是个试金石，不是吗？挚爱是诚挚真心，诚挚真心不是狂热之情。狂热的人没有诚挚真心；他只是处在暂时性的高度热忱之中——就像是一个越吹越大的气球，然后砰的一声爆炸了。因此，任何在其追求的东西中并不关心探寻真理的人——这样的人不是严肃认真的。这不仅仅是一个定义，如果你深入地探索它，你会发现我之所说意义不凡。

挚爱，一定不是爱某物、爱某个神、爱某个宗教导师、爱一幅画，或者爱某个人。这样的热衷显然是一种逃避，试图通过某个东西忘掉你自己。无论这个对象是你的国家、你的国土、一幅画，或者是某种观念，这样的热衷仅仅是对生命现实的逃避。挚爱是完全不同的。挚爱是对心智的活动方式进行持续不断的探索的能力，因为如果不理解心智，那么无论你做什么——无论你想什么，或追寻什么，无论你有什么理想，无论你追随什么权威——全都没有意义。也就是说，如果没有认识理解你自己，那么你的所思所想、所作所为，或者试图改变你的所思所想、所作所为，都没有意义。你懂得这一点，不是吗？如果没有认识我自己，我怎么知道我之所想是正确的，我怎么可能认识真理，我怎么可能认识上帝、有没有上帝？如果没有认识我自己，我有什么权利企图改变他人，或者告诉别人应该怎样做？而且，就算是我认识了我自己，我就要告诉别人应该怎样做吗？

因此，没有认识自己，就不会有根本性的转变，由此也不会有彻底的行动，由此也不会有心智的根本转变。关于认识自己，我不是在说什么"超我"①、"超灵"（paramatma）②、"灵魂"（atma）③——这些东西全都是道听途说。在我看来，如果没有彻底地认识自己，那么这些东西全都是虚假的，它们不是生命的真实。说到底，如果你不知道你的所思所想以及为什么所思所想，不知道你的思想所由产生根源和行动所由产生的背景，那么你相信上帝，或者不相信上帝，都没有任何意义。由于你从小就被教育成为一个印度教徒，因此你信奉印度教的神；因为你的社会、你的邻居、你的传统告诉你，"相信吧"——所以你就相信了。但是当你到了俄国，那里的人会说你相信的东西全都是胡说八道，他们嘲笑你的愚蠢，他们认为你的行为疯狂荒唐。然而，俄国人同样是深受束缚的——他们相信没有上帝，他们相信追随国家是唯一正确的事情。俄国人和你一样，都是深受束缚的。因此，当你说你相信神明时，是没有任何意义的。理解这一点非常重要，请你一定要明白。因为如果你是真正地追寻上帝，那么你必须抛开所有这些东西，放下你的所有上师、你的知识、你的传统，不追随或接受任何权威。这意味着内心的革命。只有这样的人，他的思维清澈明净，他认识了自己所受的束缚，认识了他的完整的生命——不仅是意识层面，也有无意识层面，即它的整个心智——只有这样的人，才能真正地探索有没有真实、有没有上帝，无论你管"那个东西"叫作什么。这样的探索是艰辛的工作，但是没有人愿意艰苦地工作，无论是在办公室，还是在家里，还是探索真理；没有人愿意从事艰辛的工作；因此我们毫无成效，颓废堕落，而且我们希望毫不费力地认识理解真理。

---

① 原文 superself.——编者注

② Paramatma：印度神学或哲学中的"纯粹的、原初的灵魂""超灵""超我"，其特征是"无我"。——译者注

③ Atma：即 Atman。印度神学或哲学中的"自我""灵魂"。在《奥义书》Upanishad 中有一段对 Paramatma 和 Atman 的比较。Paramatma 和 Atman 就好像两只鸟儿是一对朋友，它们一起待在同一根树枝（身体）上，Atman 吃着自己的果子（Karma 因果业报），而 Paramatma 仅仅是超然地观察着它的朋友的行为。——译者注

认识理解自己，并不是认识理解超我、灵魂、超意识①，等等这一切。认识理解你自己，是认识理解你自身对事物的反应方式，认识理解真实的你自己，你的所思所想、你为什么这样想、你为什么这样做、你为什么这样说。认识理解，是对你真实的样子达到清醒的意识和觉知。你会发现这是异常困难的事情，因为我们大多数人不愿意认识我们自己。我们宁愿相信别人，让别人告诉我们怎样做，被别人推着走，被别人说服，被政治、经济或周围环境所驱使。在你和别人的关系中，在和你的雇员、你的妻子、你的丈夫或其他所有人的关系中，观察你自己；当你乘坐公共汽车的时候，观察你自己；当你眼望大自然，眼望树林、云朵的时候，觉知你自己；观察每一件事物在你内心引起的反应，并且觉知它——朋友们，这就是真正的冥想。于是，你将走得很远；你将不再为你自己制造任何幻影。

因此，必须得有对于自己的认识理解，在这其中才有革命。如果我不愿意检查探索我自己，那么我就不可能认识理解我自己。当你愤怒的时候——在怒火中烧时，你就没有觉知你自己——观察你自己，看着他，去发现你为什么愤怒。深入进去，深入愤怒的整个过程。我仅以此作为一个例子说明，这种认识理解需要充分的思考、透彻的洞察，然而这就是真正的挚爱——不是你向上师献上虚情假意，打算从他得到什么回报，那只不过是交易。真正的挚爱是深入探索你为什么愤怒，探索愤怒的源头，并获得觉悟。

要认识理解某个事物，就必须既没有接受，也没有谴责。在座的你们中有许多人，听我的讲座已经好多年了，非常不幸的是，因为反复听我讲，你就说："我知道他接下来会讲些什么。"因此你就不再倾听了。但是为了探明我们为什么接受、为什么谴责，其所含有的全部意义，就

---

① 超意识（superconsciousness）：即宇宙意识（cosmic consciousness）：来自于理查德·莫里斯·巴克（Richard Maurice Bucke）1901年的著作《宇宙意识：人类意识演化的研究》。巴克认为人类的意识从低级到高级演化的阶段是：动物意识、自我意思和超意识（宇宙意识）。超意识即人类意识的最高阶形式。在这一意识形式中，个体可以通过在宇宙中普遍存在的意识网络与所有的生命联系在一起。——译者注

需要不断地一再地去听，去领会。倾听，并不是只听我说些什么，而是倾听你自己，去发现你为什么谴责，你为什么关闭了心门，或者你为什么接受。关于这一点，我已经讲了好多年——如果你想要认识理解某事物，那么你必须既不谴责，也不接受，而是必须观察它。有好些人已经听我讲了十年或二十年，他们说："我同意你说的。"但是他们没有任何行动。他们停留在口头上、语词上，而不是动词的状态。动词就是做，而不是"做的想法"。

因此，认识理解我为什么接受或拒绝，为什么我谴责或比较，这需要对我自己进行大量深入透彻的洞察。你为什么接受权威呢？为什么接受任何方面的——政治的、经济的、社会的、宗教的权威——书本的权威或者你自己的经验的权威？你为什么接受？你又为什么拒绝？你为什么拒绝共产主义、社会主义、资本主义，或者无论是什么主义？难道你没有发现吗，除非你真正认识到它是什么——那个驱使你、推动你、影响你的东西，它造成你接受或拒绝，导致你去比较、去辩护、去认同或否定——否则你只能是权威的工具罢了。那些追随者，那些领导者，那些满怀理想抱负的人，他们不懂得爱。追随者怎么可能懂得爱呢？他只是追随罢了，追随就是受到"语言词汇"的奴役。那种领导者，他说"我知道，而你不知道，我是对的，而你是错的"——他怎么会爱呢？他可能献身于自己的国家，献身于某种观念，献身于某种改革运动，他可能会过一种最模范的生活，艰苦朴素，自我克制，但是他被权威欲占据了，被自己的知识、经验、观念占据了，这样的人怎么可能懂得爱呢？同样，理想主义者也不可能懂得爱，因为他永远想着"事情应该是怎样"。所以如果你没有认识你自己，那么你所做的，你所想的，都没有真实性，你的上帝没有真实性，你因为各种各样的理由而从事的乡村改革也没有真实性，其中很多理由也许是幼稚的、不成熟的，仅仅是"令人尊敬"罢了。

因此，为了实现我们的思想方式的根本性变革，就必须要从认识自己开始，认识你自己，认识你自己的思想方式，而不是从所谓关于上帝的认识开始。除非你认识了自己，否则，关于上帝的认识是虚幻不实的。所以虔诚严谨的人是这样的人，他是从认识理解他自己开始，而不是遵从某种传统或者什么书本，去过某种特定的生活。最重要的无疑是认识你自己，知道如何清晰地思考，不带偏见，不带恐惧，并因此而无畏地行动——这就意味着独特性。独特性不是指那种死板遵守律则的人——无论是社会的律则，还是他自己定的律则——而是指这样的人，他能清晰地思考，他的思想是经由自我认识而产生。自我认识是知晓你为什么愤怒，你为什么野心勃勃、残忍无情、性爱情欲，以及其他所有应当认清的事情。你必须认识了解你自己，而这种认识了解，和仅仅在已经知道的东西中进行改变，是完全不同的。我可以知道我为什么愤怒，我们都知道。如果你懂得一些心理学的基础知识，你就很容易知道你为什么贪婪、有野心、粗鲁无礼、野蛮残暴。但是知道它和真正地认识理解它是完全不同的。这正是这种认识理解的过程带来的改变，因为当你认识理解你自己时，就有清晰的思考，而在清晰中就有独特性。追随某个观念，坚持某个观念，并不能产生独特性，那只不过是固执。独特性意味着清晰性；只要不去认识你自己，你就不会有清晰性；如果你不去充分地觉察你自己，你就不可能认识你自己。正如我们已经说过的，在认识理解自己时，必须是不对你的真实样子抱以接受或辩白，不找借口，不说，"是因为环境才让我像这个样子"，不说，"我知道我深受束缚，因为我生活在一个小地方，所以我的思想土里土气"，等等。

要明白这一切，要觉知它，懂得它，深入探索并理解它的重要意义，这就需要诚挚真心，需要全力投入，艰辛劳作。唯有如此，我们的心智才能在它自身之内实现革命，这一革命将回答我们生命中的所有问题。当你认识了你问题的源头和你的问题的成因，当你认识到问题的解决方案寓于你自己的认识觉悟之中，那么你会发现，你不需要追随任何人，不需要宗教导师，不需要权威，不需要书本，不需要传统，因为你就是照亮自己的灯塔。我讲的这些，不是语言词汇。我讲这一切，是因为它们真实如是。但是你不可以因为这些是我说的，就接受下来，那样的话，你就仅仅是一个追随者，做追随者是很糟糕的，无论是政治上的追随者，还是宗教的追随者。相反，如果你开始去认识理解你自己，深入地探索你自己——这需要充分的全神贯注和满怀的挚爱真心——只有这样，你将能够解决我们每一个人都遭遇的重重问题。

1958 年 9 月 7 日

让心智从努力中解放出来

上周日，我们概括介绍了在这些不同的集会期间要讲到的内容，我还建议，我要举出某一观点、某一思想，充分研讨它，深入它的细节。但是现在我要再次指出，我们应当在彼此之间建立交流，这是多么的重要。这是一个真切的事实：我不是对一个大群体讲话，而是对每一个人讲话，因为在我看来，没有群众，没有团体，没有阶级，没有种族，只有每一个个人——他能够独立思考，并因此能够打破其所受到的制约束缚，由此带来创造性的心智。因此我就像是分别地亲自地在和你们每一个人讲话。既然你不辞辛苦地赶来听我讲，那么请你认真听。不要把我说的话转成你熟悉的语言，不要转成你的方言或是传统的语言。当我谈论"认识理解自己"时，不要把我的话转译成某个梵语词汇，不要把它变成某种奇异荒诞的东西，说这就是"自我领悟"①。当我说"认识理解你自己"，就是一种简单明了的意思，这比理解你所知道的各种各样的理论要困难千万倍。如果你不想听我讲，那也没有关系。但是如果你想要听我讲，那么请你投入地倾听。如果你把听到的东西转化成你自己的

① 自我领悟（self-realization）：在印度教及其他印度传统宗教中，"自我领悟"是指深刻的精神觉悟，从虚幻的自我中觉醒，进入真实、完美的神性。——译者注

术语，转化成你自己的思想方式，那么你就不可能是真正投入地倾听，于是你就不会真正理解我要说的意思。

在你开始表示接受、否定或者批评之前，你必须搞清楚演讲者要说的是什么。首先你必须搞清楚他的意思、他的意图。他也许夸夸其谈，他也许没有重点，但是你必须全都听进去。这样，你和我才能建立正确的关系。我想，我讲到的一些东西，会弄翻苹果车（the apple cart）[①]，会颠覆传统，以及你所知道的所有那些东西。但是在你真正听懂我说的之前，请不要建起抵御之墙。请不要急着做出反应，在听完以后，你有权利按照你的意愿批评、丢弃、接受，或者深入探索我说的内容。但是在听完讲座以前，我建议你们——和我一起坐在这间屋子里的每一个人——请不要很快做出反应。请你带着友善的态度，带着清醒的头脑来听，不要接受或否定，不要抓住我说的话，引用某个权威来反对——因为我不相信任何权威。真理不是来自权威。真实之相必须是每时每刻发现的。真实不是一个永恒不变、连续不朽、一直固定的东西。真实一定是在每分每秒中发现的。这就要求心智有高度的全神贯注，有高度的警觉机敏。如果你仅仅是引用权威观点，仅仅是推理"有没有上帝"，那么你就不可能觉悟真实之相，或者说不可能让真实向你来临。你必须作为一个个人去体验它，或者这样说，让那个东西向你来临。你不会有可能去到真实之相。让我们清楚地懂得这一点——没有任何流程、任何训练、任何冥想能够让你走进真实之相，走进上帝，无论你管它叫什么。真实之相如此浩瀚宏大，它无法被构思，任何描述都不能涵括它，任何书本都不能把握它，任何词汇也不能涵容它。因此，你不可能通过任何曲里拐弯的方法步骤，通过任何奉献牺牲、任何训练，或者通过任何宗教导师去找到它。你必须等待，它将向你来临，而你无法走进它。我们必须明白这个首要的基本事实：心智不可能通过任何智谋、任何控制、任何美德、任何强制、任何形式的抑制，来达到真实之相。心智所能做

---

① 苹果车（the apple cart）:《苹果车》是爱尔兰剧作家萧伯纳（George Bernard Shaw）创作的一部政治讽刺剧，反映一定的政治、社会关系和观念。——译者注

的，就是处于宁静——但是不能带有想要得到真实相的意图。然而这是最困难的事情，因为我们以为通过做些什么事情就能立即体验真实。真实无法交易而得，就像是爱无法交易得到一样。如果你和我都能够在一开始就非常清楚地明白这一点，那么我之所讲，就会有完全不同的、非常明确的意义。否则你会深陷在自我矛盾之中。你认为有真实之物，有上帝，有永恒不变的东西，而且你希冀着它，为此你实践、训练、做各种各样的练习，但是真实无法这样交易换取。更多的献身、牺牲、知识、美德，都无法唤来真实。心智必须处于自由——它必须没有边界，没有框框，没有局限，没有约束。任何意义的求取都必须停止，然而停止求取，又不是为了取得。

如果一个人真正地懂得了这一点，那么他会看到心智的创造性是多么的了不起。你将真正地懂得怎样让心智获得自由，从而处于机敏的警觉之状，绝无希求，绝无追求，绝无强求。

我已经说过，我是在对个人说话，因为只有个体才能转变，而群体无法转变。只有你才能改变你自己，因此个人的转变是最重要的。我知道现在时兴谈论团体，谈论群众，谈论种族，好像个人完全不重要，但是在任何创造性的活动中，都是个人起着重要作用。任何真正的行动，任何重要的决定，对自由的探索，对真理的探究，都只能来自觉悟的个人。这就是为什么我只对个人演讲。面对如此复杂混乱的世界，你也许会说："我个人能做什么呢？"——国家的和宗教的分裂、痛苦、饥饿、战争、失业等问题，迅速的腐败堕落、分崩离析——作为一个个体能对这样的现状做什么呢？他无能为力。一个人无法搬走一座大山。但是个人可以推动某种新的思想趋势，它将创造一系列不同的行动。一个人无法改变全世界的状况，因为历史事件一定是有它自己的残酷无情的运行轨道。但是如果有六七个人，他们能够整体性地思考探索整个问题，那么他们将会开启一种崭新的态度和共同的行动。这就是为什么个人是非常重要的。但是如果他想要改革这个极度混乱的世界，这座土崩瓦解的大山，那么他能起到的作用是十分微小的，事实证明根本没有用。反之如果我们任何一个人——真的这种意义上的个人——他力求认识理解他的心智的全部运作过程，那么他将成为一个创造性的主体、一个自由的人，不受制约束缚，有能力为真实而探寻真实，而不是为寻求一个结果。

我已经说过，真实之相是心智不可能构思的，是心智不可能思辨推测的或用语词涵括的，真实必定是向你、向个人来临；你无法走进真实。要知道，人类个体的心智也是人类集体的心智，它是狭隘、卑微、残忍、丑陋、自私自利、妄自尊大的，这是很明显的，不是吗？这样的心智怎么能够邀请"未知"来临呢？无论它想些什么，都是卑微琐碎的——甚至它所想的那些个神，也是卑微琐碎的。你的上帝是被你的心智发明出来的。你可以给它穿上华丽的外衣，但那是你的外衣；那是你的上帝，而不是真实，不是真实之相。无论你做什么，真实都不会得到邀请，它一定是向你来临。那么，你该做些什么呢？你怎么体验某种不是全凭心智创造的东西呢？只有当心智开始觉悟它自己的运作过程、运作方式，这种体验才有可能。我这里说的**"行动过程"**这个词，并不是指达到某个结果的手段。通常我们说的"行动过程"的意思是，如果你做某件事情，一定会达成某个结果——如果你给机器上油，它就可以顺畅地运转；如果你遵从某种训练,奉献牺牲,你就会得到某种报答。我说的"行动过程"完全不是这个意思。我是指心智工作时的，而非追寻某个结果时的运作状态。

心智如果从所有的努力中解放出来，那么它必定进入这种状态。今晚我想要讨论关于"努力"和"冲突"的所有问题，并且讨论，是否有一种状态，心智能够不带冲突而达到它，以便心智探寻到真实。因为只有当心智不再处于自我矛盾，由此不再处于冲突之中，它才能洞察，才能觉悟。一个冲突的心智无法觉悟任何事情，这是非常清楚的。因此我们希望探明心智为什么陷于自我矛盾。无疑的，如果我们能够认识理解心智本身内在的冲突，这将揭示一个人本身内在为什么会有这种矛盾，那么我们的探索会走得很远。如果我们能够徐徐渐进地深入这个问题，而且如果你真正地紧跟问题，不是反对，那么也许你就会来到一种完全没有冲突的心智境界。但是你不能仅仅接受我说的话，也就是说，你必须也要行动起来，而不是简单听听而已，你必须觉察你自己心智的运作情形。我仅仅是描述说明，而你则要观察自己的心智如何运行。

那么首先来说，我们的生命中为什么有冲突？通常我们理所当然地把冲突视为一定如此，不可避免，与生俱来，同时我们力求找到战胜冲突的方法和手段。在人际关系中，在政治中，或在其他任何领域中，都存在内在冲突，冲突带来自我矛盾；还有外在的矛盾："我们觉得我们应该是的样子"和"我们实际是的样子"之间的矛盾。我想要探明为什么存在这种冲突。我不认可说冲突是自然的、不可避免的，冲突没有解决办法，因此我们只得逃避它。这是不成熟的说法。我想要认识理解冲突，因此我不会逃避它、回避它，或是去找宗教导师，或是去电影院。在我看来，当你身陷冲突的时候，你转向一本书，或者是一位上师，或者是冥想，所有这些和借酒浇愁没有本质区别。但是我想弄明白，一个人能否消除这种内心的矛盾。如果这个问题清楚了，那么我们就可以继续讲下去。在讲座结束时，请不要说："你为什么不谈谈计划生育？"或者说："我来这里是想知道什么是宗教，有没有上帝。"一个矛盾的心智无法发现任何真实的东西。朋友们，请想一想这个问题，当你处于矛盾中，你怎么能知晓任何不矛盾的东西呢？你怎么可能知晓那个没有对立没有分别的、无可限量不可测度的境状呢？你要自己回答这个问题，找到其中的真理，只有当你消除自己内心的矛盾，而且消除矛盾是必不可少的，这时你才能找到它。你现在汲汲追寻的并不是消除矛盾，而是为你自己寻求平和安宁，寻找这种不让心智受到搅扰的状态。这就像坐在一座火山上说："让我获得平和安宁吧。"这样做毫无意义。所以我说，让我们检查火山里面是什么，让它显现，丑陋的、残忍的、可爱的，每一样东西——让它们都呈现出来，让我们好好观察它们。这就意味着心智不能有恐惧。让我们一起深入观察吧。我们的内心为什么有矛盾？让我们从最浅显的层面开始观察。我想要钱，但是同时我也不想要钱，因为我觉得安贫乐道是美德。我这里不是指那种一心一意地说，"我想要发家致富"，并且拼尽全力追求金钱的人，这样的人没有内心矛盾。他精力旺盛，他残忍、无情、好斗、堕落、暴力，他想要金钱，想要地位，因此他没有内心冲突。在希特勒、赫鲁晓夫等所有世界大人物身上，都没有矛盾意识、内心冲突，因为他们想要做这件事，他们运用正当或不正当的手段，去追求他们的目标。我们也想达到像他们一样的地位，但是我们做不到。于是我们处在矛盾之中，于是我们就想找一种永远平和安宁的心态，没有冲突，没有困扰。看看那种精神不太正常的人吧，他内心没有冲突，因为他只会说，"我是上帝"，或者"我是拿破仑"，或者沉溺于别的信念之中，因此他没有矛盾的感觉。他就是他所想象的东西，他在他的想象中显得精力旺盛。你在生活中没有碰到过这样的人吗？他们周游四方，做这做那，因为他们被某个理想占据了，所以他们能够全心全意。我们也想像他们一样，因此我们追逐各种理想，想要找到某种适合我们的东西，然后停驻其中。所以我们必须再次发问：我们的内心为什么有这种矛盾？矛盾就是冲突，不是吗？如果我是贪婪的，而我不想自己是贪婪的，那么内心矛盾立即产生，矛盾就导致冲突。但是如果我是彻底十足贪婪的，那么就没有冲突。或者如果我完全不是贪婪的，那也没有冲突。但是，如果我们是明智的，如果我们的心智是清醒警觉的，那么为什么会有这种矛盾，它变得越来越强，让我们难以摆脱？一个人的能力越强，越是积极进取，热情洋溢，他就会变得越发精力旺盛，那么矛盾也就变得越发强烈，直到最终形成一个深刻的、持久的矛盾，我们就试图逃避它，我们就说，生命是一个瓦解、幻灭的过程，我们还不断地进行哲学上的合理化。然而我认为，这种矛盾完全可以消除，不是部分地消除，而是全部消除。当你爱某个事物，当你热衷于某个事情，你投入其中，就没有那种为之工作的意识中才有的"努力"。对我们大多数人来说，工作就是努力；去办公室上班、做各种你不想做的事情、训练你自己，意味着工作，意味着努力。但是如果你能超越我们所使用的这个词，去理解这种矛盾，那么你会发现一种没有任何努力的生命状态。让我们看看暴力和非暴力吧。我们是暴力的，而我们说我们必须是非暴力的。非暴力在这里是一个理想，是心智感觉它自己的暴力之时所做的一个投影。因此你把非暴力变成了一个理想，然后试图把暴力转化成那个理想。但是那个"非暴力"不是真实的！很明显，任何理想都不是真实的。你不会轻易同意我说的话，首先是因为，从你心里驱除观念、理想是非常困难的。也就是说你的心智如此深度地被你的理想束缚着，以至于它很难接受新的观念了。就像精神病人执迷于他的幻觉，你也同样被你的理想迷住了。我无意侮辱你，我仅仅是指出，让沉溺于自己思维习惯的心智考虑一个新的观念，这是多么困难的事。我们可以很清楚地看到理想是如何被制造出来的。我是这样的人——暴力、贪婪，或者你愿叫它什么——而我想要把这种特征转变成所谓的理想，即它的对立面。因此我造出了与我的真实样子相对立的理想，我就开始产生无限的种种冲突。我是这个，而我必须是那个——这就是冲突之源。一旦心智说，"我不是，但我必须是"，那么你的整个冲突之旅就开始了。

你们多数人会认为，如果你不做出努力，你就会枯萎，会变得单调呆板；如果没有压力、冲突、强迫，你就会变得像一头母牛①。因此你就这样培养你的孩子——像这个社会、像整个世界那样——调教他们去努力成为某种东西，这就包含了这种无休止的冲突活动。于此可以见得，只要有理想，就一定有冲突，不是吗？只要心智还关心着将来，关心着"应该成为什么"，而不关心"当下之是"，那么就注定冲突不休。很明显，人不能有一个分裂的头脑，它的一部分想着非暴力，而别的部分想着暴力。因此你可以看到，只要心中怀有任何理想，就注定有矛盾的状态。这不是说，你只能接受"当下之是"，然后停滞不前，不做改变，因为这里就是开始真正革命之处，如果你能抛弃你所有的理想，就能开始革命，不过这种抛弃是多么困难的事情啊！你已经受到过种种的理想教育。所有的书本，所有的圣人、教授、饱学之士，每个人都说你一定得有理想，而且这种思想已经成为习惯。它纯粹是一个习惯。你紧紧抓着许多令人

---

① 母牛：英文"cow"，在英文里也蔑称子女多的女人，肥胖而不整洁的女人，经常怀孕的女人等。此处意指"没有出息"。——译者注

愉快的理想,现在有人告诉说,这些理想是何等荒谬,是何等毫无真实性,对于心智来说,如果它真正明白了理想实际上没有真实性,那么这就是知道了真实性。真理不是高不可攀的东西,它是对简单事物之中的真实性的洞察把握。如果你明白我们正在说的事情中蕴藏的真理,你就将打破你的习惯了。

但是千百年以来,我们生活在理想之中,你一定得成为什么人物,成为政府官员、商业领袖、国家总理,如果你无法成为这些人物,那么你就转而去当什么圣者。你总是想要成为什么人物,或者是世俗世界的,或者是所谓的精神世界的。因此你怀着这一边的理想和那一边的理想。于是你造成了一个巨大的冲突战场,且已经习以为常,它已经成为如此强大、坚不可摧的习惯,而你对此从来没有认真思索过。这是一个很难打破的习惯模式,因为你害怕没有这个模式你将会怎么样。如果打破这个习惯模式,你同所有人的关系都将会发生改变,对于人人都那么说的东西,你将不再轻易地接受;你将开始发问;你可能会丢掉你的工作。因此恐惧走了进来,并且开始发号施令。恐惧说:"不要放弃这些习惯模式,没有它们,你会变成什么?"你的妻子相信这些理想,如果你放弃它们,你的家里大概会天天吵架。你是什么人,凭什么反对确立已久的权威?你有什么权利这样做?于是社会将会让你窒息。你不自觉地被吓坏了,所以你说:"好吧,我只在口头上接受这些东西,因为我知道它们实质上没有意义。"但是你并没有解决冲突的问题。

冲突的产生,是因为我们从来没有抛开"应当是"来解决"当下是"的问题,不是吗?觉悟"当下之是",需要充分的全神贯注、热切的追寻、热切的探索,而追随某个理想,却要容易得多——但它并不意味着真实。如果你说,"我是暴力的,我要放下所有关于'非暴力'的无益的空想胡说,我要认识理解暴力",那么你的立场就很清楚了。不过问题是,你摆脱了理想,难道你就不再寻求改变"当下之是"吗?先前,理想是你用来改变"当下之是"的工具。你想着凭借非暴力理念的影响力,去消除暴力。也就是说,我们希望通过理想、通过冲突,来消除暴力,这已经制造了矛盾。我们从未成功地消除暴力。它继续残酷野蛮地向外表现，或是被压抑着，产生的结果是暴力本身。因此，我能不能只是让我的暴力留在那儿，而不同时还抱着它的对立面呢？如果这样，那么我就消除了冲突的一个方面的原因，而且这个也许是主要的原因。

但是从理想中解放出来是特别困难的事情，你也许在表面上离开了它们，但是内心却依然抱着它们——即所谓的内心经验，它告诉你应该怎样做。你也许反对外在的权威，非常聪明的人都这样做过，但是在内心，他们仍然希冀着成为某种重要人物，不仅希望成为一镇之长，或者一校之长，而且希望成为精神上的重要人物，达到彻底的心安。但是，对"心安"的希求，说明你是不安的，因此你就不得不处理这个真实境况。你看，这就是矛盾冲突的复杂本性！尽管在意识层面，你也许说这些理想多么荒谬，但是它们却深嵌在你的下意识之中。你的整个种族，都深深沉浸在理想之中。这不是消除几个荒谬愚蠢的念头就能解决的问题，你得要认识理解心智的全部运作过程。

我们多数人的困难之一是，我们似乎不能看到整体。我们只是看到局部。请不要马上就问："我怎样看到整体？"这不是问题。问题是，我们的心智如此狭隘，以致我们似乎不能一眼全收整体。我们无法看到整个山脉，整个山峰，因为我们的心智太小了，太卑微了，它被琐碎的细节塞满，就算收集了种种细节，也无法拼凑成整体。请问问你自己，你的心智为什么不从虚假不真的理想追求中解放出来，接纳完整的真实？我们有必要一个一个地消除理想观念吗？日复一日地、努力费劲地把它们撕扯掉，这会成为一番艰巨的工作，不是吗？一步一步地把一个又一个的理想观念扔掉，这无疑需要多年的功夫。那么，难道我就不能看到整个简单的真理吗：理想是完全不必要的；难道我不能一下子就看到这一真理的伟大意义，并让我已经明白的真理发生作用吗？

你完全明白这一真理：如果一条眼镜蛇咬了你，那么你就可能送命。这是一个事实。那么你会怎样做？当你夜晚出入森林时，你自然会时刻保持警惕。你不说："我得思考眼镜蛇的事情。"被蛇咬的恐惧，会让你警惕。在你的盥洗室里，也许会有一个小瓶子贴着"毒药"的标签。瓶子里的液体有毒，这是一个事实。因此你的头脑不需要思考，而总是保持警惕，即使是摸黑，你也不会去拿那个瓶子喝里面的毒药。因此你知道这个事实，眼镜蛇的毒液和瓶子里的毒药是危险的，你的头脑对此保持着警醒，不是某一时刻，而是时时刻刻的警醒。同样的，如果你能明白这个真理：理想没有真实性，你完全地透彻地明白了它，那么，对"理想没有意义"这个完全的真理的觉悟，将开始发生它自己的作用，会在你的心智中自然运行。你不必刻意行动，它会自然行动。

如果你觉悟了这个真理，那么你就不必做出努力去一个一个地打碎理想观念，真理会自然行动。因此我要探究的重点是：你不能立即明白关于某事物的全部真理吗，就像你明白一条眼镜蛇有毒的真理那样？如果你明白了这个真理——冲突必须停止，冲突来自"我应该是什么"和"我现在是什么"之间的分裂——那么你就无须做任何事情了。你的意识层面的心智是无法作用于无限深邃的无意识层面的，但是你已经明白的真理将会做到。现在，这样的事情发生在你身上了吗？也就是说，你明白这一点的完全的真实性吗？——不是指全部的含义，含义只是和研究、和时间相关的事情。如果你感知到这一点的真实性，那么现在就让我们把这个话题放下，来讨论"当下之是"的问题，因为我们的全部努力就是要消除自我矛盾。

对大多数人来说，矛盾冲突带来的压力越大，他们就越积极活跃。在矛盾中存在着压力，不是吗？我是暴力的，而我必须变成不是暴力的；二者之间的对立造成了压力，不是这样吗？而你基于这样的压力而行动——去写作一本书，或者试着做别的事情。这就是我们现在所有行动的状态。在印度，你说你们是一个非暴力的民族。天知道这是什么意思！据说你们正在搞军备，并且把你们 37% 的收入都花在军备上面。看看你们，不仅是贫穷的可怜人，而且整个民族，都在怎么做吧。你们嘴上说一套，而实际做着完全相反的另一套，这是为什么？你说，这是因为如果我们没有军队，巴基斯坦就会攻打我们；而巴基斯坦人也说着同样的废话，于是你们就把军备竞赛继续下去。不仅仅是印度，全世界都处在这样的矛盾之中——我们都是仁慈的人，我们满怀着对人的爱，可是又在准备战争！因此整个国家、整个种族、整个团体、整个家庭，每一个人都处在矛盾之中，矛盾越强烈，压力就越大，压力越大，就产生更多的积极行动。这样的行动有各种不同的方式，从写作一本书，到成为一个隐士。因此，处于矛盾的我们每一个人都有不同程度的精神分裂。因为不知道如何摆脱矛盾冲突，我们便转向宗教，或者药物，或者女人，或者参拜寺庙——任何能让我们逃避"当下之是"的活动。我们投入乡村改革，但我们从未解决这种根本的问题。

那么，我希望处理好"当下之是"，因为如果我不这样做，那么我知道，我将永远深陷矛盾之中。一个内心宁静的人不需要神明，因为他可以在自己的内心探索得很深很远，在那里，完全没有认知的边界，而且认知的边界必须破除，心智才能亲见那个永恒之物。请不要只是接受我说的话，因为事实是，做是最困难的，这需要对你自身下极大的功夫。这种劳作不是"努力"。只有当你还想着要成为什么东西的时候，这个劳作才会变成一个努力、一个矛盾、一个冲突。

我想要省察"当下之是"，也就是说，现在当下我是贪婪的，我是暴力的。我正看着这一点，而且我明白，必须不带任何冲突地看待它。我必须面对自己现在所是的样子，并且认识理解它，而不是把它和"应该是什么样子"相联系。我能做到这一点吗？你又会发现，这也是最难做的事情——不带任何判断、比较、接受、谴责地去省察"当下之是"，因为当你开始谴责的那一刻，你已经深陷矛盾冲突之中。那么你和我能够不引入造成矛盾的因素，或者接受或者排拒的因素，去看待暴力吗？我可以这样面对自己的暴力吗？以没有矛盾冲突的心智看待这个暴力时，它是怎样的状态呢？没有了矛盾冲突，我只剩下真实的自己，不是吗？只剩下这个简单的事实：我是暴力的，我是贪婪的，或者是有性欲的。我能这样面对它吗？

看一个事实时，心智是什么样的状态呢？你真实地看过任何事实吗?——一个男人、一个女人、一个孩子、一朵鲜花、一轮落日。当你看着这些的时候你在干什么?你在想着别的事情,不是吗?你说,那是个风度男,但我不要看他;或者说,那是一个美女,我希望她是我的妻子。你从未不带反应地看过。你看着夕阳西下,你只是说夕阳好美呀,或者说,今天的夕阳没有昨天的那么好看。因此你从未专注地看过夕阳。昨日夕阳的记忆毁坏了你对今天"当下之是"的觉知。简单地、开放地、清晰去看某个事物,这对我们来说是多么困难呀!现在让我们看另外一个事实。你为什么听我讲?很显然,你来听我演讲是因为我有名气。你认为我会对你有用。你认为你必须要来听我讲,因为这能带给你理智上的快乐,或者是为着其他各种理由,因此你没有真正倾听。在这里真正发生的事情是:我讲的东西和你心里想的东西是矛盾的,因此你并没有倾听。你所听到的,只不过是你以为你知道的我——而你没有真正知晓任何事情!重要的不是知道我,而是倾听我讲的东西,去发现它有没有根据、真实性、意义,或者说是不是无意义的、虚假的。这才是唯一重要的事情,而你所认为的我是什么样的人,完全无关紧要。

那么我来问你:你曾经好好看过一个事实吗?请你回家时真正地试一试,哪怕只是为了娱乐也好。如果你的房间里有一盆鲜花,那么就看着花,并且看着你的心在干什么;看看它能否就是看着鲜花,或者它是否立即说,"这是一枝玫瑰"或者"它已经凋谢了",等等。你也许可以注意地看一朵鲜花,看你的妻子或者小孩,但是看你自己则要困难得多,完全注意地看着你自己,而不引入抵触或接受的因素。我可以只是看着我的暴力,而不引入任何形式的接受或者否定吗?如果你试一试,你会发现这是异常困难的,因为心智习惯会进来,对所有事情说三道四。观看一个事实,无论是政治事实、宗教事实,或者饥荒的事实,这需要高度的注意力,心智不能处于矛盾的状态。只要心中怀有矛盾,它就无法全神贯注。

这个世界上很多地方都存在饥饿问题,也许不是在美国、欧洲,或俄国,但是在亚洲,到处都有饥饿。每个人都在谈论着饥饿,但是饥饿问题依旧。为什么呢？共产主义者、社会主义者、社会改革家、显赫的政治人物，全都在谈论饥饿问题，整个世界都在谈论它，但是饥饿问题依旧。事实是，存在饥饿问题。另外一个事实是，每个团体都想要按照自己的方式来解决饥饿问题，并说："我的方式比你的更好。"国家的区隔，权力的操纵，使得这种情形没完没了。因此事实是，没有人想去消除饥饿，他们只是想按照自己的方式来行动。这就是全部的事实。因此，你能发现你的心智是怎样观看事实的吗？你如何看事实，远比事实本身更重要。因为如果你正确地看待事实，那么事实就会发生巨大的转变。

我想我们今天就讲到这里吧，不过下一次我们仍将讲到这个问题，因为它还涉及很多方面，今天讲的只是基本的东西。当你说你还不累，要求我继续讲下去，我要说，你应该已经累了。如果你仅仅是接受我说的话，你没有进行思考，那么我所讲到的问题并不是你的问题，它没有在你心中真正起作用，这就是问题所在，所以你不会觉得累。你仅仅是听，然后你回家去告诉你的小孩，让他记住这些话，然而矛盾冲突还是老样子。因此我的话对你来说百无一用，如果它能够起到一点作用，那么你现在应该是疲惫不堪了。因为我讲的所有内容意味着一场彻底的革命。

下一次讲座，我将要探索恐惧、习惯和传统的整个问题，因为所有这些东西都妨碍你真正地面对事实。当心智能够知道它为什么不能面对事实，并把自己从堆积的矛盾和枷锁中解放出来，那么事实就会发生极大的转变。这时候就没有事实了，这时候你会发现自己的暴力完全消失了，彻底地消除了。这时候心智是完全自由的，它不再有矛盾冲突，因此它不再处于努力的状态，不再力求变成什么东西。

1958 年 9 月 10 日

思想无法打碎我们所受的束缚

上一次我们谈到关于"努力"的所有问题——通过努力，能够带来根本性的转变吗？一个自我矛盾的心智，有可能通过任何形式的强制训练，通过任何形式的压制，通过任何克服矛盾的努力，来终结那种矛盾吗？我们说了，一个处于矛盾的心智也一定是处于努力之中。我们探索了，内心的分歧、内心的冲突，会不会产生那种转变，也就是我们想要清晰地洞察事物并宁静平和地生活，就必须得有的转变。在我看来，真正深入地领悟这个问题是重要的：一个狭隘的、循规蹈矩的、卑微的心智，不可避免会在自己内部制造矛盾。生命不是狭隘卑微的，我们却力图把生命减低到我们自己的狭小卑微的层面。但是生命太宏大，太辽阔，要求太高，太迫切。于是它有意识或者无意识地制造出自我矛盾。那么，这样一个狭隘卑微的心智、循规蹈矩的心智，它能够通过努力来达到没有矛盾的境界吗？这是我们的问题。

很明显，生命的挑战要求太高，太宏大，太过复杂，以至于无法从任何一个局部片面的角度来回应。必须把它作为一个整体的东西来做出整体性的回应。我们不能仅仅从科学的视角，或者浪漫感性的视角，或者所谓宗教的视角，来做出回应。宗教的视角，归根到底只是一堆信仰、教条和仪式。但是狭小的心智却沉陷在这些逃避方式中，它把它的生活环境降低到社会层面，进入其中，它才得以安放自己。你和我都可以看到，生命是如此壮丽非凡，太过深邃，以至于它无法被轻易地领悟，但是我却力求用我狭小的心智去领略它。我的狭小的心智充满了恐惧、焦虑、贪求、暴力，它已经受到社会的、宗教的如此多的规定束缚，它必须照此生活。于是就总是存在"当下是什么"和心里认为"应当是什么"

这两者之间的矛盾。因为心智造出了这种矛盾，它也就造出了紧张，从紧张中又产生没完没了的积极行动；那么我试图改革这些行动，却不去认识理解制造矛盾的狭小心智。这就好像我试图修正我在太阳底下的影子；我发现这影子无比敏捷，因此我拼尽全力抓挠影子，我还认为我在做一件革命性的事情呢。但是真正革命性的事情是要在心智本身造成根本的转变，而不是仅仅转变思想，思想不过是矛盾状态的投影罢了。

我的心智显然深受局限，深受束缚，那么，这样的心智怎样转变它自己呢？心智是深受束缚的，不是吗？你的整个生活环境束缚了你的心智——气候条件、风俗习惯、传统、种族势力、家庭——无数的意识和无意识的压力，都在打磨塑造心智。你之所以是一个印度教徒，一个拜火教徒，一个穆斯林，一个基督教徒，或者无论你是什么，都是因为你受到你的生活环境的影响。因此你的心智深受束缚，由于受到束缚，你是对生命做出受到束缚的回应，这种回应总是局限在时间之内，而生命的挑战却不在时间之内。我们认为，饥饿、骇人听闻的社会不平等，这些挑战都可以在时间上解决，因为我们是在自己的束缚之内应对挑战。作为一个社会主义者、一个共产主义者，或者无论你作为什么主义者，我们的被诸多影响所造就的深受束缚的心智，面临一个超越时间的挑战。所有的挑战都超越时间。如果生命的挑战能够在时间的范围上把握，那么它就是成为熟悉的东西，那么我就认为我能够应对它。当挑战降临时，它绝不会呈现于已知领域。我下面将解释这些话的意思，希望我能够解释清楚。

让我来问你——什么是上帝？你作为一个规矩体面的印度教徒、基督教徒，或者无论什么信徒，你将会依据你所受的制约来回答这个问题。但是对于一个深受束缚的心智来说，上帝是不可言传、不可思议、不可想象的，上帝是全然未知之某物，但是你的心智却按照你所受到的制约去回答这个问题。因此来自"未知"的挑战总是被降低到时间的范围之内，因此你的回应永远处在时间之中。请你跟我共同思索，不要接受或者否定。倾听是一门艺术，倾听你并不熟悉的东西，是非常困难的。你的心智总是在转译、修正、引经据典，把听到的东西转化成你已经知道的东西——转化成商羯罗①、佛陀或者其他什么人说过的东西——在这个过程中就没有全神贯注。你已经走开了，你纠缠于你的思想。当你同意或者不同意的时候，你已经停止了倾听。但是如果你能够全神贯注地倾听，没有转译诠释，没有比较品评，而是把全部生命投入你所听的东西，这样的全神贯注，才是真正的倾听。我不知道你是否曾经这样投入你的全部生命去倾听过。在倾听中没有努力；努力和紧张意味着你或者是试图从演讲者这里得到什么东西，或者是心怀恐惧、逃避、抵抗，而这些东西都让你无法倾听。因此请允许我非常恭敬地请求你倾听，去发现演讲里面的真理。真理不是什么非凡的、神秘莫测的、浪漫的、思辨推理的东西。真理是：黑色就是黑色，真理是：云在青天。为了发现什么是真实，什么是虚假，你必须把心智从它过去的传统、从希望和恐惧中解放出来，然后如实去看。真理是在每时每刻中不断发现的东西，而不是累积而成的东西。

我不知道你是否考虑过关于"收集""积累""学习"的所有问题。一个已经"学过了"的心智是无法学习的。请允许我提问，朋友们，听到这句话你的反应是什么？这个讲座不是你随便听一听，并表示同意或者不同意，然后回家，一切照旧，而是在这里共同体验，在我的探索中，你要观察自己的心智。如果你这样观察你的心智，那么我想这些讲座将会有非常大的裨益，你将无所意识地看到事实发生，而不带有你对它的要求。

我在说，一个学过了的心智无法学习。一个积累了很多东西、有很多经验的心智，一个说"我知道"的心智，一个已经学到太多、已经塞满了别人的观点、意见、思想、表述的心智——怎么能学习呢？学习是刹那相续、时刻不断的，如果你的学习是为了积累，并且力求按照这一堆积累物来指导你的生活，那么你就停止了生机。你仅仅是积累，然后把堆积物投射成你认为生命"应该是什么样子"。由此就出现了你的生

---

① 商羯罗（Shankara）：生于公元788年，婆罗门哲学家，印度教改革家。——译者注

命（那是无限宽广深邃的）和你的心智（那是被束缚在它自己的环境影响之中）之间的矛盾。于是我们再次来到了这个问题：怎样把心智从自我矛盾中解放出来，这是我们的根本问题之一。我心里想着这个，而我的行动又是那个。如果审视你自己，你会发现这一点。一个人因为自己的种族身份，因为自己的成就而傲慢自大，但同时又希望拥有"谦逊"的美德。因此我处在矛盾之中，矛盾注定导致冲突，为了克服冲突，我竭尽全力，我说"我必须摒弃骄傲而求得谦逊"。因此我约束自己，献身上帝，把我所有的努力奉献给我心中最崇高的东西。我先是滋生出傲慢自大，然后因为感受到痛苦，我就把傲慢自大交给上帝。这就是我们的真实所为，不是吗？

现在事实是，自我的中心就是这种矛盾。我说的"自我"不是灵魂（Atma），不是超灵（Paramatma），不是任何关于"自我"的推理，在我看来这些东西都是不真实的。我说的是日常的自我——那个贪婪的自我，那个痛苦的自我，那个在自己的野心中挫败失落的自我，那个永远焦虑不安的自我，那个说"我必须得到，必须实现"，又明知为此奋斗只能带来挫败和失望的自我。那个自我是真实的。因此在就存在矛盾。我是傲慢的，同时我也想品尝"谦逊"的美德。这两方面，哪个是真实的？显然傲慢是真实的。那个"谦逊"，那个"我应该的样子"存在于对想象的未来之中，它可能会到来，也可能不会到来。

所以问题是：怎样不带入矛盾的观念，转变傲慢，我们总是希望以这种矛盾的观念消除傲慢。在我看来，懂得这一点非常重要，因为我们都有"努力"的问题——努力工作，努力思考，努力改变自己，努力建立一个新社会，努力忍住憎恨，努力消除恐惧，努力学会爱。我们的整个生命是没有尽头的"努力"。我们的心智从未体验过按照事物本身来理解事物，而不努力把**当下之是**变成别的什么东西。不知你是否注意过，只要你的思想背负任何压力和影响，那么它就注定无法直接见到事物中的真实。如果我认为我必须做某事是因为别人要求我去做，那么这个做就总是有偏向的。受到影响的思想绝不会率真不偏。如果我做某事是因为我心怀恐惧，或是因为我想要攫取回报，那么这个行为就是扭曲的，它不是明晰的、率真不偏的行为。同样的，如果一个思想背负着压力，那么它注定走向歪曲不当。所以，我们的问题是，怎样把心智从这种矛盾中解放出来，怎样把心智从傲慢中解放出来。只有当理想观念止息了，心智才能把它自己从傲慢中解放。因为理想不是事实，"心智傲慢"才是事实。因此我必须彻底摒弃"我应该是什么样子"的观念。这样我只剩下傲慢感，而且我可以注意观察它了。

我们可以看到，观念没有意义。你并不是真正的理想主义者，你只是口头上的善用言词者。一个理想就是一个逃避，从真正地做某个事情上逃避。我是傲慢的，我说："明天、将来我会不再傲慢。"你永远不会放下傲慢。那么，我怎么应对我傲慢、我恐惧、我妄自尊大这样的事实呢？我已经说过，重要的是每一个个人，而不是众人。如果每一个人彻底革新了，那么群体也就改变了，而不是相反。众人不可能是创造性的，众人不可能画一幅画，不可能创作一首诗歌，或创造别的任何事情。所以我问你：要怎样应对你傲慢这个事实？

那么，傲慢有什么错？你为什么不应该是傲慢的？傲慢是什么意思？你因为什么傲慢？因为你的家庭，你的财富，你的美丽，你的个性？如果一个人不感到傲慢，他感到自卑，此即傲慢的对立面，他说，"我什么也不是"，那么自卑就是傲慢的另一种微妙的形式。于是一个人再次落入傲慢。因此，在我探索"为什么心智必须把自己从傲慢中解放"之前，我必须首先明白傲慢有什么错。不过我们先从其他地方讲起。

我们大多数人都有某种恐惧，它藏在我们心里的一些角落处——恐惧死亡，害怕邻居的流言蜚语，害怕失业，害怕做事失败。那么，我们为什么要摒弃恐惧？在恐惧时我能清澈地思考吗？显然不能。如果我害怕邻居的流言蜚语，那么我就会按照邻居的观念来生活，因为我想要被社会认可为一个受尊敬的人。我害怕不被尊敬，因此我遵守和顺从。因此我总是活在非常非常肤浅的层面上，而同时我又想要思想深刻。于是我让自己再次陷入矛盾之中。然后我说"我必须摒弃恐惧"。你曾经试着摒弃恐惧吗？让我们谈谈对死亡的恐惧吧。不只是老年人恐惧死亡，年轻人也恐惧死亡，这个世界上所有的人都恐惧死亡，害怕消失，尽管他们中很多人也许认为死亡是合理的。你怎样解决这个问题呢？当你喜欢的某个人死了，当你面临死亡时，会发生什么？你转向某种信仰去寻求安慰——轮回或者复活，或者其他让死亡合理化的观念。但是恐惧依然存在，而你只是逃避了它。

现在如果我要解决恐惧的问题，而不是逃避它，那么我就必须探索关于死亡的所有问题——死亡是我认为具有某种延续性的那种东西的终结。我觉得我必须再活五百年，甚至永远活下去，只有这样我才能做成什么事，或者成为什么东西。但是事实是，就算我活上一千年，死亡时我也仍旧是老样子，因为我现在并未改变。因此问题不在于死亡，而在于有没有"延续性"这回事。不是吗？无疑的，如果我解决了"延续性"的问题，那么我就不再害怕死亡了。但是我们现在所做的，是力图依靠各种各样的合理化方式，来逃避死亡。但是尽管我依靠这种合理化，我还是感到恐惧。因此我透察了所有的逃避方式——收音机、书籍、宗教仪式、上帝、信仰——我看到所有的逃避本质上是相似的，没有哪个高明到哪里去。我看到逃避无法解决问题，因此我必须探明：有没有延续性这个东西？在我之中，有没有一个延续存在的恒久的实体？在生命之中，到底有没有什么恒久存在的东西？

你知道有什么永恒不变的东西吗？我希望和我的妻子、我的丈夫的关系永远延续，我想永远拥有我的财产，我想要永久的名望、永久的爱情，我想要永恒的天赐福寿康宁，但是真有这种事情吗？即使是你的财产现在也不能保险，如果你拥有的土地足够多，你就需要缴纳很重的赋税。有永恒不变的东西吗？共产主义者想要对国家永恒不变的崇拜，但是他们也不得不对此进行修改。到处都在不断的变化之中，只有把宗教信奉得固若金汤的心智，才能在任何变化的中显得岿然不动。生命一定是运动的，其中没有永恒不变。如果你仔细观看，你会发现，生命中没有永恒不变。即使是我们的思想，我们的信仰，我们的观念，也不是不变的。

你做的每一件事情都是无常的，你明天可能就会丢掉你的工作。由于世事无常，变化不定，因此我们想要延续性、永恒性，于是我们一再地陷入矛盾之中。我们必须认识理解的正是这种矛盾。如果我们能真正地了解这一点，那么我们就能够用全新的方式处理每一个问题——傲慢、恐惧、死亡，或者无论其他什么问题。

我们的全部生活都连接着矛盾，我们的整个生命，不仅是意识层面的心智，而且无意识层面，都陷在矛盾之中。然而我发现，如果我想要清澈地思考，如果我想要觉悟真实的东西，那么心智就必须是自由的、清晰的。那么，一个人怎样从矛盾中解放出来呢？我可以直接地观看任何事物，而不把它带进对立面吗？难道我懂得"爱"，仅仅是因为我懂得"恨"吗？我能不能彻底地洞察这种二元性，彻底地觉悟它，投入我的全部生命去觉悟其中的真理？你对自己有所觉知吗？你认识到你是谁吗？我们一定知道我们处在矛盾之中，我们口头说着这个，实际却做着那个，你必须明白这个矛盾的旋涡。那么你拿它怎么办呢？你是力求对它做些事情来摆脱它，也就是说你不是在解决问题本身，而是力求用另外一套观念来掩盖问题。那么，我能直接看着我的骄傲这一事实，而不用任何思想来掩盖这个问题吗？我上次建议你回家去试试这样的"看"，朋友们，你试过了吗？你能看着一朵鲜花而不叫出花的名字吗？你能看着自己内在的特性，而不力图对它做任何事情吗？你可曾看着自己的愤怒，而不对自己说"我一定不能生气"？如果你试过，你就会知道这样去看一个事实，是多么困难，因为心智总是横插进来，用"事情应该是怎样"来干扰"事实"。而我要说，如果心智能够看着事实，而不引入过去的经验、记忆，仅仅是觉知事实，那么正是对事实的觉知，将完全改变事实。对事实的觉知使冲突止息。

如果我知道我是一个说谎的人，同时我并不说"我必须得讲真话"，并不只是力求改变说谎，那么我就可以深入探索"我为什么说谎"的所有问题。因为我想要探究"我说谎"的全部背景，明白"我为何说谎"的真正意义，所以我深入地探索它。然后我看到，说谎是因为我的恐惧。

我或多或少地害怕自己做过的事情，或者说过的话被你发现，害怕丢掉我的工作——害怕没完没了的种种事情。那么怎样才可能把心智从恐惧中解放呢？如果我对恐惧做任何事情，那么就会存在矛盾，矛盾必将引发冲突，无休无止的战争就会继续。所以让我不要说"我不能恐惧"，而是让我去察看造成恐惧的全部过程。

让我们来看另一个事实：我们都逃避丑陋，追逐美丽。请你跟上我。我们认为，我们知道美，是因为我们知道什么是丑；我们知道的美是显而易见的，是人尽皆知的。我说这是一栋美丽的建筑，或者是丑陋的建筑，但是我怎样知道它是丑的，或者是美的呢？是因为观念，是因为别人告诉过我们，不是吗？我的心智按照什么是美、什么是丑的传统观念受到训练和束缚。美有对立面吗？请不要试图回答，且只听我说。美有对立面即丑吗？如果美有对立面，它还是美吗？

我可以说生命是虚无的，同时生命也是真实的；我知道什么是冷，因为我知道什么是热；我知道痛苦，是因为我知道没有痛苦的时候是什么样的；我知道有男人，有女人。这些二元性，是我们都知道的。也许它是不可避免的，但是我们为什么因为事物的二元性而制造冲突呢？我们正在探索的问题，不是有没有美和丑，而是为什么存在力求成为"这个"而非"那个"的冲突、紧张，存在这种大量的忧苦呢？这种忧苦和冲突的出现，是因为我想要"这个"，而不要"那个"，是因为"这个"是有利可图的，而"那个"百无一用；我希望成为我所选择的状态，我想丢弃另一个状态。于是，认定一个，而避免另一个，就成为矛盾的核心。这样的矛盾无法被任何形式的训练所克服。无论你做什么，遵从任何办法，你都无法克服它。把心智从矛盾中解放出来的方法，是从心智本身着手，去探明心智为什么让它自己追求某一个状态而避免另一个状态。这就需要自我认识，深度地探索自我，耐心地、深入地研读你自己。但是我们却不想那么做，我们想要快捷的结果。

因此我们探索的问题，不是在现实中有没有男人和女人，有没有邪恶和善良，有没有美和丑，而是：为什么心智会在这些二元分别中运转。

这就意味着真实地探索什么是思想的全部问题。我们总是在这样的模式下思维——这个是美丽的，那个是丑陋的，我想要这个而不是那个。因此我对自己说："这个让我说'我必须得到这个而不是那个'并由此在我内心制造矛盾的思想机制是什么？"然后我说："思想这个东西是什么？"我并没有偏离我们的主题，相反，我正在深入探究"思想是什么"的问题，你曾经问过自己这个问题吗？或者你只管思想，而不问它是什么？我们从来没有问过这个问题，不是吗？什么是思想？现在让我们来看这个问题，让我们深入这个问题。

思想无疑是一种反应。如果没有反应，那么也没有思想。我知道那些苦行僧和所谓的圣者，他们修习各种各样的苦行，希望截断反应，并因此而毁坏他们自身，我们不关注这些。思想本质上是一种反应。当我问你住在哪里，你会毫不犹豫地回答我，因为你对自己住的地方再熟悉不过了。如果我问一个复杂一些的问题，你就需要一些时间来回答。思想的过程造成了提问和回答之间的时间间隔，不是吗？请跟上我。因此提问和回答之间的间隔意味着你正在探寻，使你的记忆进行运转，然后你的记忆找到了答案。如果我问一个更复杂的问题，那么提问和回答之间的间隔就更长了，心智在这个间隔中高度活跃，在你的记忆中，在你读过的书籍中，在你积累的知识中探究搜寻，当它找到了想要的东西，它就给出了回答。如果我问一个特别复杂的问题，那么间隔就相当长了，在搜遍你的头脑以后，你说你不知道。请听好，这没什么好笑的。你说，"我不知道"，但这仅仅意味着一个犹豫，一个中断，你仍然在探索，等待头脑找到一个答案。也就是说，心智仍然在运转、寻找、要求、等待，所有这些都是反应，不是吗？所有我们的回答都是反应，这一点非常清楚。这就是我们都知道的思维的方式，它就是反应，复杂的或者不太复杂的、精细的或者不太精细的、扭曲的或者精确的反应。然而思想的整个过程是机械性的。思想仅仅是对我知道的某个事物的反应，或者我不知道这个事物，但是我能够找出答案。这就是计算机在做的事。在同样的联系和回忆的原则下，计算机能够找到你想要的任何答案。

因此，我们现在的思想完全是机械性的，我们用这种机械性的习惯来对待生命，而生命不是机械性的。生命可不是一台抛出消息的印刷机。我用自己机械性的思想对待不是机械性的生命，矛盾就这样产生了。我又试图通过思想过程这个同样的机械性习惯，来克服矛盾，因此我和生命之间的矛盾就绵延不绝。那么我能用完全不同的方式来对待生命吗？

　　让我们再次聚焦于思想，探索思想，因为这是我们的思想，很明显，是它造成了这种矛盾。世界上有真，有假，有美，有丑，我有性渴求，我不想自己有性渴求，等等，这些是不可否认的事实。思想为自己认定了一种状态，并且拒绝另一种状态。因此我必须认识理解思想的整个过程，不仅是在意识层面，还有深邃的无意识层面。这就引出了"意识层面的心智"和"无意识层面的心智"的问题。我问你：你是谁，"你"是由什么构成的？它包含着你所有的思想，所有你想要成为的——你的野心、希望、恐惧，所有这些的总和就是你。你是种族影响和过去传统的产物，你是人类已经延续了一个又一个世纪的东西，你同时也是你的肤浅的、世故的、受过教育的心智——在职业上训练有素的教授、律师、警察，无论你受训成为什么人，或者你缺乏训练，你是这些影响的结果。因此你不仅仅是过去二十年或者四十年的产物，你同时也是人类千百年历程的产物。你是所有这些的总和，但是你了解吗？我已经描述了这些东西，你现在可能说你知道了，但是听到和知道是不同的。也就是说，你听见并且理解了我说的字面的意思，所以你说，"我知道了。"但是还有另外一种状态，你体验到全部的意义。体验到你是什么这个问题包含的全部意义，才是真正的知道，否则你仅仅是接受描述。我们大多数人只是知道语言描述的意义，而不懂得体验的意义。如果你体验到"过去之产物的你"的总合性，你在这个意义上真正地认识你自己，那么你就能够打破这个总合，否则你就会让它延续下去。在这种体验里，你可以看到矛盾是如何产生的。这里有一种"知道"，它是一种体验，体验所有总合的你之所是，就是我刚才描述的那些东西，包含意识层面，也包含无意识层面。但是你不想去体验它，你说这样做太难了。因此你心里的一部分说："我就在话语上听一下了解一下你说些什么就好了，"而另外一部分说："我得试着体验他说的，那一定是不可思议的体验。"于是你制造了矛盾。你发现语言上的知道是没有意义的，所以你想要体验你的生命的总合，但是你又阻止自己进入体验，而满足于在语言层面的了解。我要说，除非你知道这一切的全部意义，否则你就无法把心智从矛盾中解放出来。你这个人的一部分是训练有素的或缺乏训练的，但是还有另外的部分是过去的传统，传统告诉你要负责任，心中要有上帝，要抹灰尘①，或者其他什么等等，所有的一切都局限在狭小的范围里，你生活在一个非常非常肤浅的层面上。因此就有了矛盾，因此你受困于梦想、焦虑、沮丧失望。除非你深入探索了你的全部背景，否则你不可能从这种矛盾中解放出来。

那么一个人怎样完全地觉知这一切呢？我必须一层层深入分析、一点点观察构成我自己的那一堆东西，就好像一瓣瓣地剥开一个洋葱吗？那将耗尽你的全部寿命，不是吗？你的整个心智是深受束缚的，你的整个生命是深受束缚的，无论你做些什么来消除这些束缚，你仍旧处在束缚之内。在束缚之内运转的思想无法使受到束缚的心智自由，因为思想是束缚条件的产物，是对束缚条件的反应。因此我们无法通过思想来打碎我们所受的束缚。

为了让心智从所有的束缚条件中解放，你必须不带思想地去看整个的心智。这不是一个难题，你去体验它，你就会有所发现。你曾经不带着思想地看着任何事物吗？你曾经去听、去看，在这中间不带入思想反应的活动吗？你会说"不可能不带思想地去看"；你会说"没有心智不受影响制约"。当你这样说的时候，你已经被思想锁闭了自己，而事实是：你不知道。

那么，我可以这样地看吗？心智可以察知它的制约条件吗？我认为它可以。请你去尝试。你能知道你是一个印度教徒、一个社会主义者、

---

① 抹灰尘（put on ashes）:《圣经》记载，头上抹灰尘，有显示对神的忠心等意义。——译者注

一个共产主义者，或者是这是那，仅仅是察知而已，而不要说这是对还是错。这样的看是如此困难，所以我们说它是不可能的。我要说，只有当你不带任何反应地察知你的整个生命时，这种约束条件才会完全彻底地消失——这就是从自我中真正地解放。

请不要立即把我讲的东西转译成你所相信或不相信的观点，因为所有这些转译都是自我的一部分，而思想作为自我的反应，它对自我的作用不可能不是加强自我。你明白这一点吗？而这就是我们每时每刻的所作所为。反之，如果你明白了这个真相：思想无法打碎制约的枷锁，因为所有的思想、分析、探究、自省，不过是你的现存状态的反应，那么你就仅仅是在察知你的制约束缚，在这种察知中，没有做选择的想法，因为选择会再度将思想引进来。因此在对于约束的察知中，没有选择，没有谴责，没有辩护，没有比较，就只是察知。当你这样察知时，你的心智已经从那种制约中解放出来了，通过对你受到制约束缚的全部过程的简单的察知，你会看到，你正在引入一种全新的东西，在它里面，没有对自我的认同或拒绝，那是彻底的自由解放，所有的制约束缚一扫而光。这就是为什么我建议你们去尝试体验，这样子观察和察知，直到我们下次再见。

1958 年 9 月 14 日

空无一物的心智才是创造性的心智

如果可以的话，今天下午我想要讨论一些比较难的问题，这些问题需要我们投入很多的洞察和理解的工夫。对我们大多数人来说，每天的生活是沉重的、费力的、紧迫的。无论我们是工人，或者是职员，或者是教师，或者无论你是什么职业，我们的职业占用了我们大部分时间，我们几乎没有时间来思考生命的更宽广、更丰富的意味。你也许严肃认真，你也许甘于奉献，你也许对事物有一定的洞察力，但是在我看来，你必须拿出一些时间，投入到对心智进行认识理解的全过程之中。——心智不仅仅是反应，不只是有联想的功能、记忆的功能，心智还是且必是虚空的，并且是从这样的虚空中产生功能。对心智的这种探索、理解将是困难的，因为你一定会把我说的话转换成你自己的经验、你自己的知识、你自己的传统，因此我说的话都白费了。如果我说一些全新的东西，你无法立即理解这些东西，那么你的心智就会把它们转换成旧的术语。这就像是把新酒装在了旧瓶里。当我们第一次听到某些东西时，我们的心智马上就开启联想的活动，把听到的东西转换成它自身背景中的某种东西，因此它毁掉了听到的东西。

因此在我看来，倾听，而不要用传统去理解，这是非常重要的，因为传统无助于带来清晰。传统总是受尊敬的规矩体面的，而中规中矩的体面的心智与生命的真实相距千里——这并不是说不守规矩的心智就更靠近真实。守规矩的心智是在传统的领域内运作，无论是古老的传统，还是现代的传统、共产主义的传统、天主教的传统、印度教的传统、佛教的传统，或者无论是什么传统——这实际上意味着心智是把自己奉献于它听到的、读到的，或被人告知的东西，这意味着在别人的批准下、在别人的观点和经验中生活。如果你想体验任何全新的东西，你就必须把所有这些放到一边，必须这样做，而这正是我们的困难之处。心智是如此顽固地要求确定性，以保证它走在安全的路上，在那里不会有冒险，没有风险，没有评估，没有观察，没有新的体验。因此心智就逐渐跌入传统的桎梏，于是除了它所受束缚的那些东西之外，它不再体验任何其他东西。但是那种束缚并不是新颖的体验，只有新颖的体验才能真正理解心智所受的制约束缚，并使你能够亲自察看某种事物。真正用自己的心灵去看，这将打破心智的约束。即使是路边的一朵小花，如果你真正地去看它，它将带给你非比寻常的体验。如果你能新颖地去看事物，新颖地体验事物，那么它将打碎心智狭小卑微、陈规陋习的枷锁。

如果你好好省视你自己的思想、你自己的行为方式，你会发现，你几乎没有任何创新性。年轻的心智是有行动决心的心智，年轻的心智总是在探索、查究、观看、体验。遵从传统的心智是老迈的心智，虽然它可以引用《吠陀经》，可以整篇地背诵圣书，但是它是僵死的心智。我们是一个非常老迈的种族，我们在因循传统的教育中长大，我们只知道重复、重复，而没有任何创新性。你没有任何自己的东西，没有任何创新的东西。如果你有一点点创造，也只是在科学的领域里，在实验室里，你没有内在的创造性的生命状态，只有这样的生命状态才能体验某种新颖的东西，体验某种将解决世界种种问题的东西。但不幸的是，我们这个国家同其他国家一样，我们的心智是老迈的，要我们打碎传统的枷锁，不按照商羯罗、佛陀、耶稣基督或者你喜欢的宗教上师所说的话去思考问题，那可是超乎寻常的困难！要抛弃这一切，就得下大力气认识理解心智为什么寻求权威、寻求传统。很显然，心智寻求这些东西是因为它想要安全感，但是有安全感的心智却无法体验任何新的东西，它只能够重复，而重复则不是体验。所以要当心那些言必称《薄伽梵歌》或其他教条的人，他们会败坏你的创造力。创造性的个体对社会来说是危险的，因此社会就约束并毁掉那些开始觉醒、不满、探索和体验的个体。任何形式的权威都是邪恶的，我使用"邪恶"这个词汇，并不包含任何谴责的意思。就像是一条眼镜蛇是有毒的一样，权威也是有毒的。你笑了，但是你的笑表示你是一笑而过，你并没有真正明白权威的本性是有毒的。权威带给你安全、保障，至少你认为权威能带给你这些东西，但是事实并非如此——权威会毁坏你的心智。

对我来说，虽然我讲了所有这些问题，但是这里只有讲说，而没有讲师。如果你对讲说有了领会和体验，那么你就知道，讲说者完全不重要，讲说的内容才是唯一重要的；如果你只是重复讲说的词句，或者把它同其他东西加以比较，那么这个讲说就成了死的东西。因此请你把演讲者从这个讲座中搬开，这样你就可以不受任何影响，直接洞察演讲的内容。这样你就摒弃了所有权威，直接面对这个事实：演讲内容是真还是假。如果在观察中你引入了演讲者和他的所谓的成就，还有他的姿态，以及他所属的传统，那么你就败坏了讲说的内容。如果你真正得到了演讲的核心——重要的是演讲的内容，而不是演讲的人——那么你就会发现你的心智发生了多么非凡的变化。然后你会发现你很乐意去看看这个讲说中有什么真理，这个讲说是真还是假。这需要真实的、不带感情的、有判断力的观察和检视。

我通过我的描述来讨论的事情，是你能够体验的。"描述"并非真实，只有你的体验才是真实的。所以请不要把你听到的东西当成是真实的，请不要把自己的体验当作是不真实的。

现在讲讲行动和动因，这两者都是有约束的，因为没有动因的行动是不成立的，没有行动的动因是不完全的。如果没有认识理解心智的整个运作过程，那么行动和动因都是受到约束的。不是吗？我也许可以像律师那样特别有逻辑、特别机巧地进行理由推论，但是如果对于我的推理所产生的背景根源，我从未触碰过，从未探索过，从未揭示过，那么我就受着我的背景的束缚。如果一个人行动而没有动因理由，只是凭着种种神秘性、幻想、妄念、幻觉，很显然这样的人同样是受到束缚的，并且会造成痛苦伤害。所以除非我们能够认识理解心智的全部运作过程，否则我们的行动和动因都是深受束缚的。我们必须生活，也就是说，我们得有行动，得理解动因，但是首先你要认识理解你的生命存在、你的趣向、思想方式和生活制约条件等整个背景，否则你在行动理由推理上越聪明，行动上越聪明，你造成的痛苦伤害就越大。这是非常明显的。我们大多数人关注行动，我们想要做些事情，我们不能静坐或者隐居山林，我们觉得我们必须有所行动，进行改革，造就一场革命，建立一个新的世界、一种新的生命方式。我们认为通过逻辑的、严谨的推理，通过辩证的方法等等这些东西，就可以带来如上一切。但是真正的根本革命只能由个人造就，而不是群众，因为根本就没有"群众"这回事。个人必须认识理解心智的整个运作过程，这是指你自己的心智，不是我的。

你在这里听讲，不是要认识理解我，你听讲，是为了认识理解你自己。认识理解你自己——在这其中既有行动也有动因理解——这就是冥想。让我们深入这个主题。

首先，在冥想中没有"分心"这回事。只有刻意集中注意力才会有分心。你知道全世界所谓的宗教人士们是如何刻意集中注意力的，他们住在修道院里、洞穴里，他们参拜寺庙，他们在太阳升起时独自静坐，对他们来说，集中注意力是非常重要的。但是刻意集中注意力是破坏性的，刻意集中注意力就意味着分心，分心就是心神的漫游。请你观察自己的心智。我不知道你是否曾经有一定时间的刻意集中注意力，如果你这样做过，你就知道会发生什么。你的心智的视角逐渐变窄，聚焦到一点上，完全停止其他的想法、愿望、影响，完全专注在某个事物上。让我们深入探索，观察这种专注的状态。你一定见过一个小孩子被玩具所吸引；这玩具是令人心醉的、全新的，有复杂巧妙的机械结构，小孩完全被它迷住了。这是集中注意力吗？是的，因为玩具俘获了小孩的整个存在，他全神集中在这个玩具上了。对这个小孩来说，玩具是重要的。对你来说，那些书本、那些词语、那些咒颂、那些宗教导师的物器——一幅画、一个影像——是重要的，你希望它们能吸引你；如果它们不能，你就专注理念并且活在其中。要么是影像吸引你，要么是你专注于影像，并相应地生活。如果你能被一个理念、传说、神话彻底吸引，并且进入某种冥想的幻觉，那么你就认为你知道了真实。但是被某个东西迷住的心智是无法见到真实的。这样的心智是有害的，它毁掉它自己。你这样去看事物，它并不是真实存在的东西，它是幻觉，或者你看到真实存在的事物，但是你把它们转释成符合你自己愿望的东西，变成幻想。

因此，如果你察觉了集中注意力的危险性，你就会发现一个与之完全不同的"全神贯注"的状态。你无法通过集中注意力来学习，但是通过全神贯注，你总是能够学习。全神贯注的视野不会变窄，相反的，它是宽广开放的。心智把注意力仅仅集中到你要的东西上，那不是进入冥想状态。有的人修习冥想二十多年，他们已经来到一个无法超越的状态，因为他们的冥想对象成了他们的障碍，成了他们的牢狱，他们无法突破。他们看到幻影，看到上帝，看到各种各样的东西，他们成了广受欢迎的大师。但是他们看到的仅仅是自己投影出来的东西，是自己的思想，是这些东西的具象成形。他们深陷其中无法自拔，可我们还以为那是奇迹呢。这是最愚蠢不过的事情了——我是在字典的意义上使用"愚蠢"这个词的，其中不包含谴责的意味。

你能明白吗，你能体会这个真理吗：集中注意力对心智是破坏性的？心智是一个灵动的东西，它广大无边，生机勃勃，蕴含着巨大的能量；它蕴藏着你尚未理解的创造性；它可以透彻地洞察极端复杂的未知之物；它可以深入无意识层面，去发现非凡的东西。而你却把它集中限制在一点上，因为你认为这一点就是上帝，就是生命的真实，因此你毁掉了心智。看看那些圣人们、那些僧侣们，看看他们对印度这个不幸国家的人民做了些什么吧！他们用戒律限制了人民的愿望，控制了他们的头脑，压抑了每一种形式的美，因此人民没有热情，没有生命品质，没有真实的源头活水。

所以如果你明白了这个真理——集中注意力是破坏性的，那就像是在你自己周围建起了一道围墙——那么你会怎样做？那么你必须探索是否有其他不同的注意力凝聚的状态，不是吗？不过首先你必须觉悟到集中注意力无法让心智获得自由；相反的，它让心智变成囚徒。即使是小学生也知道，在学习的时候，你必须清醒，必须倾听。学习，并不就是背诵什么令人生厌的书本，直到通过考试。学习意味着探索、发现和觉悟，为此，你的心智必须迅捷敏锐，具有洞察力。

因此一个有力量集中注意力的心智，也就是说可以完全控制思想的心智，是愚蠢的心智。如果是这样，那么你就得找到一种不是通过集中注意力而来的探索方法。集中注意力就意味着分心，不是吗？心智找到了一个立足点，就把所有其他事情都当成是"分心"。它说，我必须想着这个，同时拒绝所有其他事情。对我来说，根本就没有"分心"这回事，因为根本就没有那个中心点，让心智可以站在这一点上说："我要追求这个，而不要那个。"所以让我们除掉"分心"这个词汇吧，也除掉与它相关联的谴责情绪。请你体验我所说的东西。除掉"分心"这个词汇，不只是在语词上除掉，也在内心、在情绪上除掉。这样你将看到你的心智发生什么。现在对我们来说，存在着集中注意力和分心，一个是集中于一点的关注，一个是分神漫游。于是你看到，我们制造了这样的二元性，并因此造成了冲突。你把生命都耗费在你所选定的想法和分心之间的战争上了，当你守住一个意念保持一个小时不动，你就觉得你获得了什么东西。但是如果你完全除掉了"分心"的概念，那么你就会发现你的心智出现反应之状——一种联想之状，你称之为"分神漫游"。这就是事实，这时你已经拔除了冲突的根源。现在你可以自由地应对心智的漫游了；你可以探索心智为什么会漫游，而不是一味地努力阻止它，控制它。

既然你除掉了"分心"这个词汇，除掉了"被分心"的感觉，那么现在心智就可以全神贯注于心神漫游，全神贯注于它的反应。不是这样吗？我去掉了对分心的感觉，现在我的心智对于思想的每一个活动都非常的警觉，因为它不再站在一个点上，不再因此而把思想的每一个活动叫作"分心"。希望你在听我讲的同时进行体验，而不试图去学习什么东西或是拒绝、控制、压制，这样你的心智就处于全神贯注之状。

让我们来探索"全神贯注"这个词。不过我希望，它的意思目前为止是清楚的。我们正在试图理解什么是冥想——而不是如何冥想。如果你学习各种各样的冥想方法，那么就不是冥想；你仅仅是学习技巧。我要说，全神贯注可以是集中注意力，但是集中注意力却不能成为全神贯注。因此探明什么是"全神贯注"，这一点非常重要，这可以让想要学习的人获益匪浅，如果他要极为深入地学习的话。现在的问题是：一个集中注意力的心智能够学习吗？你曾经观察过你的正在学习的心智吗？我正在讲某种全新的东西，而你正在学习它。我们已经看到集中注意力是破坏性的，那么什么是正在学习的心智状态呢？它是专注的，而没有强制，它是专注的，而没有顺从，不受任何形式的影响，不受操控，既不为追求奖赏，也不为逃避惩罚。你正在注意观察自己的心智吗？因此一个学习的心智，是全神贯注的心智，它不受任何影响。你是在这样的全神贯注中学习。只有在这样的状态中，而不是在任何其他状态中，你才能真实地体验。现在你和我已经确认了，或者更确切地说，已经理解了什么是全神贯注，在这里没有任何形式的强迫，因此你在全神贯注中，而不带任何努力，不是吗？因为你正在学习。我没有给你施催眠术。我没有强加给你任何东西。你想要探索发现，你想要学习，这与我强迫你学习，是完全不同的。我们正在探索进行学习的心智状态，我们认识到这种心智状态是全神贯注。

请深入探索它，你会发现这种心智状态没有边界，没有尽头。这句话对你来说有意义吗？请你不要"同意"我的说法，因为这不是一个"同意"的问题，这是一个要亲自体验的问题。在集中注意力或者在被什么东西吸引的心智状态中——就像是狂热的信徒追随者被他所追求的东西迷住了——在这样的状态中有着清楚的关注界限。你注意到了吗？当你集中注意力的时候，你几乎可以触摸到心智的边界。你的所有功能——情感的、精神的、语言词汇的功能————聚集到特定的一点，当你有所聚焦，就没有伸展，就有边界。一个全神贯注的心智，一个真正懂得了什么是全神贯注的心智——我刚才已经描述了它——是没有边界的。心智可以进入这样的境界。朋友们，你明白吗？这一点对你来说是一个重要的发现；它是一种体验。

让我换一种说法。我们的心智是认知的器械，它是记录认知的机器。你认出了树、光线、寺庙、男人、女人、小鸟；你知道你的思想、你的倾向、你受过的侮辱、你受过的伤害——所有这些记忆都是认知的记录，不是吗？因此我们的心智是一台认知的机械性运转的机器，而且我们总是试图扩展这种认知——认知更多，经历更多，阅读更多。这样的获取全部都在认知的领域之内。这个认知机制本质上就是自我中心，并不是虚幻的超我，而是这个怀着野心的、恶毒的、残忍的、无情的自我，是这个想要成为大人物或成为圣人的自我，或者只想做一个小人物的自我。正是这个自我，它通过认知来扩张。因此心智可以认识它的认知的边界。

朋友们，你明白这一点吗？请不要同意，因为你并没有认识它。你从未与它共舞，你从未深入探索过它。如果你深入探索它，你会发现你可以扩展认知的过程，扩大范围，延伸边界，不断地扩大、再扩大。这就像是家庭观念、团体观念、种族观念、国家观念以及超国家之感等观念——所有东西本质上都一样，不过是极大地扩展罢了。

如果你理解并体验到全神贯注的境界，那么你就会发现，心智能够超越认知的边界。让我再换一种说法。心智在"已知"的边界内运转。我知道浦那、孟买、伦敦、纽约；我知道我的家庭、我的美德、我的好恶倾向；我知道我想要什么东西；我知道我的传统，其中有上帝，或者没有上帝；我的记忆里全是这类东西。因此我的记忆是在已知的领域内运转，你可以扩大这个领域，知道得越来越多，这就是对于那些聪明的、博学的、学术的、知识颇多的心智所进行的无休止的活动。这样的心智有一个中心，它从中心走到边界，然后再返回。它在中心和边界之间循环往复，但是它总是处在已知的领域之内，当一个人谈论"未知""不可知""不可思议"的时候，心智的中心就迁移到它的边界，并试图通过推理推测来窥视边界之外的情形，但是它被固定在已知之内。它的所有的神明都是它已知的东西。你的圣书已经告知了这些东西，几千年前一些谦谦君子体验了神明，而你是在重复他们之说，并希望经验神明。因此你有一个中心，这个中心希望到达某个你认为存在的境界；也就是说，你的心智把它已知的东西投影成了未来。但是无论思想能够投影多远，它仍然处在已知的领域里。

所以当你知道了所有这一切——知道了思想的方式、招数、它的微妙和狡猾之处——那么心智如何彻底突破思想呢？不是通过几个世纪，不是通过几生几世，而是像一个饥饿的人渴望食物一样，立刻就实现。你不能对他说，"等实现了社会主义，你就有吃的了"，他现在就需要吃的。同样的，心智必须看到，在已知的范围之内没有答案。心智可以走到已知的边界上，游走到可认知的边界上，可以做出关于"未知"的投影，但是它无法突破边界。心智并不想突破他，大多数人并不想突破它，因为未知的东西太危险了。这就像是进入航海图未标明的海洋,你害怕会被淹死。所以你说:"我最好待在这里吧,把整个世界带进我狭小的心中。"那么,心智如何突破自己的边界呢?

这就是真正的冥想。朋友们,你明白吗?从这个讲座,我开始探索传统,理解了传统是对安全的渴求,由此放弃传统;然后放弃所有的教师,而只是领悟教说;然后摒弃所有的权威,专注地看"不安全";然后理解"集中注意力"及其破坏性;然后探索、体验全神贯注的心智状态,在这些时刻,就已经是在冥想了。

这样的心智不是念念有词的心智。全神贯注的心智不是喋喋不休的心智。如果你看到了它的美丽,如果你真实地体验到它,那么你就能够看到你自己的心智的运行。那么当心智在传统之中运作时,当它达到已知的边界时,心智就能观察它自身这些情形。

我们从这个演讲的一开始直到现在的探索,就是一个冥想的过程。冥想不是怎样让心安静下来,不是怎样进入宁静,不是怎样达到一个结果。这些都是幼稚的、不成熟的追求。你可以吃一粒药丸,让你彻底地安静。你可以玩所有的花样,让心安静。但是这样的心仍然是卑微、狭隘、渺小的。因此对心智本身的这个探索的全过程、这种彻底的觉醒,就是冥想。任何对于"未知"的研究都是思辨推测,一个搞思辨推测的心智就不是全神贯注的心智。那些哲学家,那些饱学之士,那些理论家,那些说"上帝是这个,是那个"的人,他们仅仅是咬文嚼字而已。一个全神贯注的心智没有受社会敬重的体面的"美德"。它具有美德,但是你认不出这样的美德。它的美德无法把握,就像你的手抓不住风。你无法把美德当作财产保存在心中,这就是它的美之所在。当你意识到你具有美德的时候,你就不再有美德了,一个不再全神贯注的心智就不再是具有美德的心智。全神贯注的心智不是被人和玩具或信仰或观念迷住——这样的心智是空无一物的心智。朋友们,你看上去很吃惊,那是因为你没有完全融入我们的整个探索旅程;如果你深入进来,意味着你有所体验,那么你就会发现你的心是空无一物的。让我再换一种说法吧。

我们的心智现在被思想占据着，飘忽不定的思想，不停地来来去去，或者是心智在追逐某些特定的思想。不是这样吗？或者是思想在心中游荡，就像是微风在房间里吹动，或者是心智在追逐思想。现在我打开了心智通向全神贯注的一扇门，而你必须自己走进去。你无法通过在心中搜寻来达到它，全神贯注的心是空无一物的——并不是没有头脑的白痴。只有一只空的杯子，而不是装满东西的被子，才能有用。如果心智清除了我们已经谈到的所有那些东西，没有了冲突，那么这样的心是空无一物的，它可以接受未知，可以保持虚空，并且在虚空中起用。如果你深入了这一切，探索了这一切，体验了这一切，那么这可是真正神圣的革命，是这个世界上唯一真正值得去做的事情——而不是共产主义的、社会主义的，或者任何其他形式的革命。真正的革命是心智的革命，而真正空无一物的心智状态是创造性的状态，因为虚空之境没有边界，深而无底，高而无顶。正是人类个体心智的这种创造性，将要建立一个新的世界，这是唯一的解决方案，是唯一的拯救之途。

1958 年 9 月 17 日

自由无法通过意志的努力而得来

我想，我们的一个重要问题是必须懂得什么是自由，我们有必要弄懂这个问题，这种必要性的意义是相当广大而持久的，因为这个世界有来自如此多的专家的如此多的宣传鼓动，有如此多的形式各样的内心和外在的强迫，以及所有混乱的、矛盾的劝说和影响。我相信，我们一定已经问过自己这个问题：什么是自由？我们都知道，独裁主义正在这个世界到处盛行，不仅仅是在政治、社会、经济的层面，而且在所谓的精神层面也是如此。到处都弥漫着非常强烈的环境性影响；报纸告诉我们思考什么，到处都有如此多的五年计划、十年计划或者十五年计划。又有这些经济的、科学的、官僚政治的专家们；有关于日常活动的一切传统，规定我们必须做什么，不能做什么；还有所谓的圣书的广泛全面的影响；还有电影、广播、报纸——世界上的每一样东西都在力图告诉我们做什么、想什么、不能想什么。不知你是否注意到，独立思考已经变得越来越困难。我们变成了拾人牙慧的专家。在独裁主义的滚滚洪流中，自由在哪里？我们说的"自由"是什么意思？有没有自由这回事？我说的"**自由**"这个词是它最简单的意思，这里面包含着解放，即心智得到解放，获得自由。今天晚上，我想要探索这个问题。

首先，我认为我们必须认识到，我们的心智是不自由的。我们看到的每一个东西，我们拥有的每一个思想，都在塑造着我们的心智。不论你想什么，不论你过去想什么，将来想什么——它塑造着你的心智。你是按照别人告诉给你的东西来思想，他们或者是宗教人物，或者是政治人物，是你的学校老师，或者是书籍报纸。你周围的每个事物都影响着你的思想。你吃的食物、你看到的东西、你听到的声音、你的妻子、你的丈夫、你的孩子、你的邻居——都塑造着你的心智。我想这是很明显的。甚至你认为有上帝，或者没有上帝，你的思想也仍然是受着传统的影响。因此我们的心智是许多矛盾的影响相互交战、相互反对的场地。

请你一定注意倾听这一切，因为，如我一直所说的，除非你本身有直接的体验，否则你来听这样的讲座就毫无意义。请相信我，除非你体验到我讲的东西，不只是听到一堆描述，而是觉知、察知、了解到你自己的思想，从而有所体验，否则这些讲座就没有任何意义。毕竟，我只是描述在一个人的生命中、在其生活环境中真实发生的事情，以便我们能够觉知它，看看我们能否突破它，看看这种突破意味着什么。很明显我们现在都是奴隶，是印度教的奴隶，是天主教的奴隶，是俄国的奴隶，是这种或那种奴隶。我们都是某种思想的奴隶，我们陷于其中，去询问我们能不能自由，去谈论自由和权威的构造，等等。

我想，我们大多数人一定十分显然地知道，我们的所思所想是受到制约的。无论你想着什么——无论它多么高尚、博大，或者它多么狭隘、卑微——都是受到制约的。如果你进一步深入，你会看到，思想不可能有思索的自由。思想本身是受到制约的，因为思想是记忆的反应，而记忆是你的所有经验的滤剩物，经验则是你的生活制约条件的结果。如果我们认识到无论什么层次的所有思想都是受到制约的，那么我们就会明白，思想不是突破制约局限的工具——这并不是说我们必须大脑一片空白，或者停止思考。实际上事实是，每一个思想、每一丝情感、每一个行动，都是有所遵从的，受着制约的，受到影响的。比如一个圣人出现在你身边，通过他的巧言、形象和姿势，通过引用这个，引用那个，他影响了你。而我们也想要受到影响，我们害怕离开各种各样的影响，害怕去看看我们能否深入探索和发现，是否存在一种生命状态，它不是受到影响而产生的结果。

　　我们为什么受到影响？如你所知，在政治上，政治人物的工作就是影响我们；每一本书，每一个老师，每一个宗教导师都在影响我们——他们的影响力越强大，越雄辩滔滔，我们就越喜欢他们——把他们的思想、生活方式、行为方式强加在我们身上。因此我们的生命是思想观念与思想观念的战争，是影响与影响的战争，而你的心智就是它们的战场。政治人物想要影响你的心智；宗教导师想要影响你的心智；那个圣人说，"去做这个，不要做那个"，他也想要影响你的心智；每一种传统，每一种风俗习惯，都影响、塑造、指导、控制着你的心智。我认为，这是非常明显的，否认它则是荒谬的行为。事实就是如此。

　　请允许我岔开一下。在我看来，重要的是懂得欣赏美。湛蓝的天空之美，日上山巅之美，一个微笑、一张脸庞、一个姿势的美，水面上的月光之美，飘飞的云朵之美，小鸟的歌唱之美——重要的是看着它们，感受它们，与它们融为一体。我认为，对于一个探索真理的人，懂得欣赏美是首先的要求。我们大多数人对于我们周围万事万物的奇丽非凡视而不见，我们从来不看树叶在风中舞蹈；我们从未注意过一片草叶，用手去触碰它，了解它的生命特性。我不是在诵诗，因此请不要进入某种抒情的、推理的状态。我要说，重要的是深刻地感觉生命，而不是陷入枝枝杈杈的理论、繁复的讨论、通过考试、引经据典；对于某种新事物，不要说"已经有人说过它了"，于是置之不理。理智不是办法。理智不能解决我们的问题；理智无法恒久地滋养我们。理智可以推理、讨论、分析、从推论中得出结论，等等，但是理智是受限制的，因为它是我们生活制约条件的结果。然而敏觉却不是。敏觉是没有制约条件的。它能够带你离开恐惧和焦虑的海洋。一个对周围每一事物——高山、电线杆、电灯、声音、笑脸，所有事物——不敏觉的心智，是无法发现真实的。

但是我们耗费经年累月的时间精力来培育理智，来辩论、讨论、战斗，奋力要变成什么东西，等等。而这个世界如此壮丽非凡，地球如此丰饶——这不是孟买的地球，不是旁遮普的地球，不是俄国的地球，也不是美国的地球——这是我们的地球，你的地球，我的地球，这不是多愁善感的胡言乱语，这是一个事实。但不幸的是，我们的狭隘、我们的地方观念，使地球四分五裂。我们知道我们为什么这样做——为了我们的安全感，为了更好的工作，为了更多的就业岗位。这样的政治把戏在世界每一个地方上演着，我们因此忘记了人的意义，忘记了我们应该快乐地生活在属于我们的地球上，并且为它做些什么。因为我们没有美的感受，美不是多愁善感，不是颓废堕落，不是性感，美是一种关怀之心；因为我们失落了美的感受——或许我们从未拥有过它——所以我们相互争战、争吵，我们对任何事物都没有直下的理解领悟。看看你们正在印度做些什么吧——你们分疆裂土，互相征战和屠杀——世界上到处都在发生这样的事情，这是为了什么呢？为了获得更好的工作、更多的工作机会、更多的权力？因此在这种争战中，我们失去了自由地、快乐地、没有嫉妒地看待事物的品格。如果一个人开一辆豪华轿车，很快乐，我们就不知道怎样理解他，不知道怎样看待他，快乐地与他相处；我们也不知道怎样去同情那些非常非常贫困的人。我们嫉妒坐豪华轿车的人，我们避开那些一无所有的人。因此，我们的生命中没有爱，而如果没有爱的品格（这实际正是美的本质所在），那么无论你做什么事情——朝拜世界上所有的圣地，参拜所有的寺庙，培育每一种你能够想到的美德——你都会一无所得。请相信我，就算你盘腿冥想、屏住呼吸一万年，你也不会拥有爱和美的感觉。你笑了，你没有看到其中的悲剧。我们没有那种敏觉的心智状态，它能接纳并即刻理解某种真实之物。你知道敏觉的心智是不设防的，它是开放柔软的心智，为了接纳真实，心智必须是开放柔软的——这个真实就是：你是嫉妒的；这个真实就是：你没有同情心。

那么，拥有美感是必不可少的，因为美的感受就是爱的感受。我说过，这有点儿岔题，不过我认为，它和我们正在谈的主题休戚相关。我们在说，一个受到影响的、被塑造的、受到权威束缚的心智，显然绝不会是自由的，无论它想什么，无论它的理念多么高尚，多么深邃精微，它依然是受到制约的。我认为，非常重要的是要懂得，心智通过时间，通过经验，通过千万个昨天，而被塑造，受到制约，还要懂得，思想并非出路。这不是说，你必须无思无想；相反，如果你的认识理解能够非常深入、非常深邃、宽广、宏大，精微，那么只有这时，你才会充分理解思想活动是多么狭隘，思想是多么的渺小，这时，那种制约束缚的枷锁就破散了。

难道我们无法明白这个事实——所有的思想都是受到制约的？无论是共产主义的思想、资本主义的思想、印度教的思想、佛教的思想，还是正在说话的这个人的思想，都是受到制约的。显然，思想是时间的产物，思想是过去千百年的反应结果，是昨天的反应结果，是上一秒钟的反应结果，是过去十年的反应结果；心智是你在其中学习过和受苦过的时代的产物，是你过去和现在受到的所有影响的产物。这样的心智显然不可能自由，而自由是我们所追寻的，不是吗？你知道，即使是在俄国，在所有的极权主义国家，所有事情都被控制着，但是人们仍旧追寻自由。我们所有的人，在开始的时候，在我们年轻的时候，都追寻自由，那时我们是革命者，我们对现状不满意，我们好奇，我们想要求知，我们努力奋斗；但是很快，我们的不满意通过各种渠道流散了，渐渐消亡了。

因此，我们的内心总是怀有得到自由的要求和渴望，但是我们从未理解过这种渴望，我们从未深入探索过它，我们从未探明这种深沉的本能要求。年轻时，我们不满意，对事物如其所是的样子不满意，对愚蠢的传统价值观不满意，当我们年纪越来越大，我们逐渐进入社会已经形成的老模式，迷失于其中。保有一份纯净的"不满"是非常困难的，"不满"说，"这还不够，一定还有其他东西。"我们都了解这种感觉，这种对"他者"的感觉，我们把他者翻译成"上帝"或者"涅槃"，我们读了一本关于这些说法的书，然后迷失于其中。但是我认为，对他者的感觉，对它的追寻和探究，是我们渴望得到自由的真正的开端，这种自由是从政治、宗教和传统的一切影响中解放出来，是突破这种障碍。让我们来探索它。

自由无疑有很多种类。有政治的自由；有知识给你的自由，让你知道如何去做事；有富人的可以周游世界的自由；有能力给你的自由，你可以写作，自由地表达，清晰地思考。还有从某个东西里面解放出来的自由：免于压抑苦恼的自由，免于嫉妒的自由，免于传统约束的自由，免于野心的自由，等等。还有通过努力而获取的自由，我们希望在最后——在持律守戒之最后，在求取美德之最后，在努力之最后——我们希望通过某些特别的行为来获得终极的自由。这些就是我们所知道的自由的类型——能力带来的自由、从某个东西里面解放出来的自由，以及我们认为的通过美德生活最终获得的自由。所有这些自由不都是反应吗？当你说，"我想从愤怒中解放出来"，那仅仅是一种反应，是对不能免于愤怒的反应。你认为通过奋斗、通过戒律而来的美德生活将获得的自由——它也是你已有的生活现状的反应。朋友们，请注意听，我将要说一些稍微难懂的事情，它们在你熟悉的范围之外。有一种意义的自由，它不由任何东西产生，它没有因由，然而它就是一种自由的状态。你看，我们所知道的自由总是由意志而生，不是吗？我要自由，我要学习一种技术，我要成为一个专家，我要学习，那样将带给我自由。这样我们是把意志作为获得自由的手段，不是吗？我不想做一个穷人，因此我运用我的能力、我的意志，去做任何事来变得富有。或者，我是虚荣的，于是我运用意志不要虚荣。因此，我们认为可以通过意志来获得自由。但是意志不会带来自由，恰恰适得其反，我将要让你看到这一点。

什么是意志？我想要成为什么，我必须是什么，我一定不能是什么，我要努力奋斗实现什么，我要学习——所有这些都是意志的运用形式。那么这种意志是什么？它是怎么形成的？很明显，是由欲望所形成。我们的很多欲望，伴有它们的压力、挫败和成就，这些东西可以说形成一串绳索。这就是意志，不是吗？你的许多相互矛盾的欲望，编结成为一条非常粗壮结实的绳索，你想攀爬这条绳索获得成功，获得自由。那么，欲望会给予自由吗？还是说，不就是对自由的渴望否定了自由吗？朋友们，请你观察自己，观察自己的欲望、自己的野心、自己的意志。如果你没有意志，你只是被推着走，那也是一种意志，也就是要抵制，但却被推着走——所有这些都是意志。我们在意志的压力下，我们通过意志之绳，希望爬到上帝面前，希望获得老天保佑，或者无论你管它叫作什么。

那么我要问你，你的意志是解放之因吗？自由是通过意志得来的吗？还是说，自由是某种完全不同的东西，它和反应没有任何关系，通过能力、思想、经验、训练、遵从，都无法达到自由？而所有的书本却这么说，遵从这个模式，你最终将获得自由；去做这些事，遵守规矩，你最终将获得自由，不是吗？对我来说，所有这些都是废话，因为自由是一开始就存在的，而不是在最终才有的。我将让你看到这一点。

真实地去看某个事物，这是可能的，不是吗？你可以看到天空是蓝色的——成千上万的人都说过天是蓝色的——但是你要自己看到它。如果你是敏觉的，那么你可以自己看到树叶在风中舞蹈。正是从一开始，就存在本能地觉察真实之物的能力，这种能力并非来自强迫、调整、遵从。朋友们，现在我要让你看到另一个真理。

我认为，领导者、追随者、有美德者，并不懂得爱。我这是对你们说，你们是领导者，是追随者，是努力培育美德的人——我是说你们不懂得爱。请不要着急跟我争论；不要说："证明给我看。"我将向你说明，向你展示，但是首先请你听我讲，不要带着抵抗、好斗、赞成或者否定。我说，领导者、追随者、努力培育美德的人——这样的一个人不懂得什么是爱。如果你真正倾听这句话，不带着挑衅或者顺从的心态，那么你就能够理解其中实在的真理。如果你无法看到其中的真理，那是因为你不愿意看到，或者因为你如此看重你的领导身份，你的追随者的身份，或是你的所谓的美德，以至于你拒绝所有其他东西。但是如果你是敏觉的探索的、开放的，就像从一个敞开的窗口往外看，那么你一定会看到这个真理，你一定会这么做。现在我要告诉你这个说明推理，因为你们都是十分理智的、讲究推理的人，你们可以被推理说服。但是你永远无法通过理智或者推理来真正地认识真理。你可以被推理说服，但是"被说服"不是觉悟真理，两者天壤之别。一个在什么事情上被说服的人无法看到真实的东西。一个被说服劝信某个东西的人，会一阵子不信一阵子相信。而看清真实之物的人不是"被劝信"的人，他所看到的即是真实的。

我已经说过，一个领导者说，"我知道正确的道路，我知道生命的全部，我经验了终极的真实，我有真东西"，显然他完全是关心他自己以及他的愿景，他关心如何把他的愿景灌输给可怜的听众。领导者想要把人们引导到他认为正确的事情上去。所以领导者，无论是政治领导、社会领导、宗教领袖，或者是你的妻子、你的丈夫——这样的人没有爱。他也许谈论爱，他也许向你展示爱的方式，他也许做出"爱"会做的所有事情，但是他没有真实的爱的感情，因为他是一个领导者。如果你有爱，你就不再是一个领导者，因为爱不是权威的操作。这也同样适用于追随者。当你追从什么东西时，你就在接受权威，不是吗？——权威给你安全感，在天堂里给你一个安全的角落，或者在这个世界上给你一个安全的角落。当你追从什么东西，为你自己，为你的家庭，为你的种族，为你的国家，追求安全感时，这种追从就意味着你想要安全，而一个追逐安全感的人不懂得爱的品格。同样的，培育美德的人也不懂得爱。一个培育"谦逊"的人肯定不是具有美德的。谦逊不是可以培育的东西。

因此，我正在努力向你展示，一个敏觉的、探索的心智，一个真正倾听的心智，它可以立即洞察事物中的真实。但是真实是不能被应用的。如果你看到真实，就会看到它是按照自己的规律运行，而不受你的意识所左右。

因此，不满是走向自由的第一步。一旦你试图控制不满，你接受权威，以便让不满消失，而进入安全的轨道，那么你就失去了质朴的真情实感。我们大多数人都是不满的，不是吗？或者对工作不满意，对人际关系不满意，或者对所做的事情不满意。你希望有什么事情发生、改变、消除、突破。但是你并不知道它是什么。于是你不断地探索、寻找，尤其是当你年轻，头脑开放、敏锐之时。然后你逐渐变老，你停驻在你的习惯之中、你的工作之中，因为你的家庭需要安全，你不能让你的妻子跑掉。因此，你内心这种非凡的火焰熄灭了，你变得中规中矩，琐碎狭隘，无思无想。

因此，如我已经说过，从某个东西里面摆脱出来，这不是自由。你想要摆脱愤怒；我并不是说不要你从愤怒中摆脱出来，我是说这不是自由。我也许可以摆脱贪婪、狭隘、嫉妒，或者许许多多这类的东西，但是这些不是自由。自由是一种心智状态。小心翼翼、循规蹈矩的寻索，小心拘谨的分析，或者把各种观念汇集起来，这些做法都无法带来这种自由的状态。这就是为什么认识如下真理是很重要的，这个真理就是：我们不断寻求的自由都是从什么东西中解脱出来的自由，比如说从痛苦中解脱出来的自由。不是说不应该摆脱痛苦，而是说从痛苦摆脱的要求，只不过是一种反应，因此无法把你从痛苦中解放出来。我说清楚了吗？我因为各种原因而痛苦，于是我说我必须要自由。摆脱痛苦得到自由的要求，是由痛苦而生。我因为我的丈夫、儿子或者其他事情而痛苦；我不喜欢处于这种状态，我想要摆脱它。这样自由的渴望是一个反应，它不是自由。它恰恰是我想要的与"当下之是"相反的另一种合我心意的状态。一个有足够的金钱而能周游世界的人，不一定是自由的，一个聪明的或有效率的人也不一定是自由的，因为他对自由的渴望仅仅是一个反应。难道我无法明白这一点吗：自由、解放，无法通过任何反应来学到、求得或追寻到？因此我必须对反应有所觉悟，我还必须觉悟到：自由无法通过任何意志的努力而得来。意志和自由是矛盾的，就如同思想和自由是矛盾的。思想无法带来自由，因为思想是受到制约的。你也许可以在经济层面安排这个世界，让人们过得更舒服，有更多的食物、衣服、栖身之所，你也许认为这就是自由。这些东西是必需的、不可少的，但却不是自由的全部。自由是心智的一种状态和品性。我们正在探索这种品性。如果没有这样的品性，无论你做什么，就算你培育世界上所有的美德，你也无法获得这种自由。

那么，这种他者意识，这种心智的品性，是怎样产生的呢？你无法培育它，因为当你使用大脑的那一刻，你是在使用思想，思想是有限的。无论它是佛陀的思想还是其他任何人的思想，所有的思想都是有限的。因此，我们的探索必须是无为的，我们必须间接地达到这种自由，而不是直接达到它。朋友们，你明白吗？我正在做出说明，或者我什么都没有说？你无法通过积极有为的行动求得这种自由，你无法通过克制、戒律，通过压抑自己、折磨自己，通过做各种训练或者所有此类事情，去培育这种自由。它一定是没有你的意识认知而到来的，就像美德那样。刻意培育的美德并不是美德；真正的美德是己所不知的。一个培育谦逊的人，一个人由于他自负、虚荣和傲慢，于是他让自己变得谦卑——这样的人一定不具有真正的谦逊。谦逊是这样的心智状态，心智并未意识到它自己的品格，就像一朵鲜花不知道自己的芬芳。因此这种自由无法通过任何训练而来，同时一个未经训练、任性不拘的心智也是不会懂得这种自由的。你通过训练达成某个结果，而自由不是一个结果。如果自由是一个结果，那么它就不是自由，它就变成其他东西的产物了。

因此，我们的心智充满纷繁的影响、强迫、各种矛盾的欲望，它是时间的产物，这样的心智怎样获得自由的品性呢？朋友们，你明白吗？我们知道，我一直在谈的所有东西都不是自由。它们都是心智在各种各样的压力、强迫和影响下的产物。所以，如果我能用无所作为的方式来对待心智，这时我觉察到所有这一切都不是自由，那么心智就已经得到了训练——不是为了得到某个结果而受训练。让我们扼要地探讨一下这一点。

心智说："我必须训练自己达成一个结果。"心智显然会这样说。但是这样的训练并不产生自由。它产生的是一个结果，因为你有一个动机，一个产生结果的原因，但是这种结果绝不是自由，它仅仅是一种反应。这是很清楚的。如果我开始认识理解这种训练的运作，那么，正是在这个认识理解它、深入探索它的过程中，我的心智得到真正的训练。不知道你是否能立即明白我的意思。运用意志去产生某个结果，这种运用叫作"训练"。相反，要对意志、训练以及我们称为结果的东西的全部含义有所认识理解，则要求心智具有非凡的清晰，并训练有素，这不是靠意志，而是靠无为之觉悟。

在无所作为中，我觉悟了什么不是自由的全部含义。为了懂得自由的意义，我检视它，我潜入我的心灵、我的生命的深处。我发现，我们谈论的所有这些东西都不是自由，因为它们全部建立在欲望、强迫和意志的基础之上，建筑在我最终要得到的东西之上，它们全都是反应。我真实地看到，它们不是自由。因为我对这些东西有了觉悟，于是，我的心敞开了，由此发现或者迎接自由之物。

这样，我的心智拥有了一种品质，它不是被训练去追求某个结果，也不是一个缺乏训练、散漫游荡的状态；它是在无为中觉悟了"当下之是"和"应当之是"，因此它能觉察、能懂得那种不是从什么东西中产生出来的自由，那种不是结果的自由。朋友们，这需要付出艰苦的探索。如果你只是重复说"有一种不从什么东西中产生的自由"，那就没有意义。所以请不要重复说它了。或者你说，"我想要得到这种别样的自由"，那么你还是走在错误的道路上，你无法达到它。宇宙无法进入卑微狭小的心智；不可称量的东西无法来驻于一个只知道比较测量的心智。所以我们的整个探索就是如何打破这种比较测量——这不是说我就得遁世去往一个静修之处，成为神经质的、虔诚的信徒，这些都是胡闹。

请允许我再次强调这一点，重要的是教，而不是教师。现在这个演讲的人不重要，把他抛开。重要的是他所讲的内容。一个只知道比较测量，只盯着自己的罗盘，困守着自己的边界，怀着野心、希望、绝望、痛苦、烦恼和喜悦的心智，这样的心智无法邀来自由。它能够做的，唯有觉识自己，不谴责看到的东西，不谴责丑陋，不执着美丽，而是看到"当下之是"。简单地看到，这就是打碎心智的比较测量，打碎它的边界和模式的第一步——仅仅是按照事物的样子去看事物。这时你会发现，心智在不知不觉中达到自由。心智本身中的这种转变就是真正的革命。所有其他的革命都是反应，虽然它们都举着"**自由**"的旗号，承诺实现一个乌托邦，建立人间天堂，等等。只有心智品质的革命，才是真正的革命。

1958 年 9 月 21 日

恐惧关联着达成的欲望

这是最后一次演讲了，我要尽可能多讲一些。我想，我们大多数人，从儿时到成年，甚至直到走进坟墓，我们习惯于按照别人说的去思考，去行动。不仅是我们周围的社会、我们的宗教书籍、我们的政府，每一个人都告诉我们应该怎么想和怎么做。如果你指望从我得到相同的东西，那么你就大错特错了。重要的是由你自己去探明一个人应该怎么想，由此而探明应该怎么做。认识自我实在是太重要——不是那种推想的、超意识的自我，等等，各种书本对此做了描述——而是那个在意识的局限和边界之内的自我。认识理解日常生活中的意识，展开那幅奇特的画卷，在袒露的自我之海上冒险探索，发现它的全部意义，从而做出正确的行动，这才是真正的使命。但是，如果我们不懂得自己的心智的运行方式，不了解自己的思维方式，如果我们不能洞察自己面临每一个挑战的第一反应、思想形成行动要求的第一个活动，面对每一个要求的第一个念头，如果我们从未探究查问心智的第一活动，从未发现做出反应的背后的原因，那么我们就会完全迷失在心智的语言和理论的活动中。

我们大多数人关注行动，关注怎么做。世界上有太多痛苦、悲伤、饥饿，当人类意识到这一切，应该怎样做？我们应该完全期待政府负担起改革的责任吗？或者我们作为个人，应该加入一个组织，更公平地分配土地，带来多一点秩序，为生活带来多一点快乐和美好？这是我们面对的问题之一，不是吗？真正的宗教和改革有什么关系吗？真正的宗教人物和政治、和政府有什么关系吗？还是说他应该全身心地投入**"宗教"**这个词的全部含义中？——这和有组织的宗教、信仰、教条、仪式、读经全然不同，毫不相干。后面的所有这些东西仅仅是语言词汇层面的娱乐罢了。问题在于，当一个人看到这个世界上的痛苦，看到失业、饥饿，看到令人震惊的糟糕状况，他应该怎样做，不是吗？我们应该加入一个组织来造就改革吗？还是说这些完全是政府的责任？朋友们，我并不要求你做任何事情。我们只是在省察关于行动的全部问题，因为我们大多数人都想要在这个世界做些事情，或者是意义有限、狭小的事情，或者是意义广泛的事情。想要做些事情，是人的本能的反应，但是这里存在着严重的混乱，现在我要扼要地探讨一下这种混乱——你不是必须听从我说的任何东西，因为如果我们成为领导者或是遵从者，那就将会败坏人们之间的关系。领导者和遵从者都无法产生能慈能爱的心。

因此，我们的问题是行动。我们看到周围有痛苦不幸，我们应该怎么做？我们应该加入一个组织来推动改革吗？或者我们应该敦促政府制定法律、法令、规章，以实行正确的改革？那些热衷改革的人们为什么与政治人物联手？是因为他们认为同政府合作可以加速改革进程？或是因为他们想通过政治、通过改革来实现自我？推动实现社会改革，可以给我们机会去扩张自我，不是吗？它给我们机会变成重要的人，于是我们不仅在政治上，也在宗教上成为一个人物。然而，难道这就是真正的宗教人物的职能吗？朋友们，我希望你明白这个问题。政府的职能是制定法律、反贪污腐败、消除饥饿、消除战争、消除贫富悬殊，当政府没有去做的时候，你作为个人，你有责任敦促政治人物去做吗？为什么你或我应当对政治感兴趣？我并不是建议你不去参加选举投票，不去参加所有政治事务。我在问，参与政治领域的活动是宗教人物的义务吗？政治只关心眼前的结果——建造一个水坝，把电力输送到全国各地，等等。参与这个范围的活动，是宗教人物的义务吗？是他的使命吗？现在我们想要两者兼顾，不是吗？我们想要严肃的，或者说所谓宗教的生活，而我们又想要涉足政治。所以我要力图探明，宗教人物的真正的职责是什么？我们知道政治家的职责——不是那些无耻的政客，而是真正的政治家，他的职责是，他明白有些特定的事情要做，要推进落实，同时保持自身清正廉洁。但是一个宗教人物，如果他是真正的宗教人物，他要参加政治吗，要参与眼前事务的改革吗？让我们探索这个问题：我们说宗教、宗教人物，这是什么意思？显然我们不是指每天去寺庙三次的人，不是指背诵大量词语的人，也不是指遵从某种教条的人，他们像野蛮人一样为自己收集所有种种的信念。一个满嘴重复商羯罗或者佛陀或者耶稣基督的话的人，肯定不是宗教人物，这样的人只不过是咬文嚼字，这样的心智是败坏的心智。一个真正神圣的人觉悟了自己深受束缚的枷锁，他打碎了自己深受束缚的枷锁。宗教人物是认识了他所受的束缚，是突破这种束缚的人。这样的人不属于任何宗教，他没有信仰，不遵从仪轨和教条。因为他觉悟到，所有的教条、仪轨、信仰，都不过是束缚的枷锁，都是来自他周围的影响。无论它生活在俄国、意大利、美国，或者其他任何地方，社会环境都制约着他、影响着他去相信什么，不相信什么。然而宗教人物是通过自我认识，着手发现他所受的制约，并将它突破的人。这种突破不在时间的领域之内。

那么我们说的时间是什么意思？朋友们，我是在描述，而你则要体验。因此请不要对你自己说，因为想看看我讲的东西与商羯罗、耶稣基督或者佛陀说的是不是一样，所以你才认真地听我讲。我们是在探讨，你和我，作为两个个人，在由我们自己进行努力探索，如果你是把听到的东西与你已经读过的东西做比较，那么你就没有倾听，你就没有随着我们的探索进行体验。我们正在求探明什么是宗教的含义，一个宗教人物是否关注把时间作为一天天积成美德的手段，或者作为一天天战胜自己的缺点、烦恼的手段。我们正在探索这个叫作"时间"的过程，时间是我们所是的样子和我们想要的样子之间的距离，在这里我们说时间是必需的。我们说时间对于培育美德是必需的，时间对于把心智从它的约束中解放出来是必需的。我们需要时间从一个观点走到另外一个观点，到达理想。我们说的时间就是从一个点到一个点的距离，无论是日历表上的时间，还是心理上的时间——日历表上的时间意味着整整一生，或者是生生世世的时间；心理时间意味着"我将要达到"，意味着"我将要"的心理状态。"将要"就是时间，不是吗？

那么，对于觉悟来说，或者对于觉悟当下的某种事物、某种与时间无关的事物来说，时间还是必需的吗？当你真正倾听时，时间就停止了。不知你是否体味过时间的问题，如果你体味过，你就会发现，觉悟是发生在即刻当下。我说的当下，不是与过去或者未来相对立的现在，而是心智的没有因果关系的、不期望达成什么目标的全神贯注。我正在力图向你揭示当下瞬间对于心智所受约束的觉悟，在这种觉悟中，心智的约束就会被打破。这就是我们正在探索的。我认识到我的心智受到社会的制约，我想知道对于突破这种制约来说，时间是否必需。为了认识理解某事物，时间是必需的吗？在两个小时之后，或者是一天结束时，或者是许多年以后，我将觉悟吗？还是说，对于某事物，我是即刻产生觉悟？每天花两个小时能够觉悟？我们通常认为，时间对于觉悟是必需的。我们依赖时间的进程，我们说："给我时间，给我机会。让我训练、成长、变成，然后最终我将会觉悟。"这就是传统的、宗教的、所谓的人性的方式。现在我问自己，就得这样吗？觉悟真的是时间中的事情吗？还是说觉悟是当下即刻的事情？如果觉悟是当下即刻的事情，那么心智必须从那种认为将来会觉悟的观念中解放出来。当心智说"我将会觉悟"，"将会"就是在时间的范围之内。那么那个时间之内实际会发生什么呢？你继续过着一如既往的日子，不是吗？你继续你的快乐和痛苦，因为你真的不想要觉悟；但是如果你想要觉悟，你就会立即行动。朋友们，请注意，我讲的东西不需要你花时间去考虑是真是假，而是要求你进入确定的全神贯注状态。不知你是否想过，昨天、今天和明天意味着什么。在日历表上，我们知道，昨天是星期二。但是昨天还意味着昨天发生的所有事情，以及许许多多个昨天的记忆、经验、欢乐和悲伤，那是受到制约的昨天。我们说的明天意味着什么？我们是指的过去穿过今天进入将来，这个将来虽然有着某种改装，但是它和昨天具有相同的东西。这就是我们说的昨天、今天和明天。昨天带着它的全部奋争、努力和伤痛，穿过今天，到达作为未来的明天。那么，今天是什么？今天仅仅是昨天去往明天的一条通道吗？

朋友们，请注意听，然后你会明白这个问题。今天仅仅是一条通道，昨天通过这个叫作今天的东西继续到明天吗？或者说今天是完全不同的某种东西？难道没有超越时间的今天，也就是感受到今天是和过去或将来分离无关的？但是如果你无法让昨日死亡，那么你不可能与过去分离。如果你背负着昨日的重担，穿过今天走向明天，那么昨天就没完没了。你就只知道延续，而不懂得终结。我不知道你是否努力抛弃过某种东西，就是终结它？你曾经努力抛弃愉快吗？我知道你曾经努力抛开痛苦，抛开焦虑，抛开不愉快的、气恼的事情，但是你从未抛弃愉快，不是吗？我们想要得到某种东西，想要得到不一样的明天的愉快，这样的愿望成为我们从昨天穿过今天向明天延续的动因；真相就是如此简单。那么让昨天死亡是可能的吗？我不能今天就死亡，今天就抛弃我的财产、我的欲望、我的美德、我的野心，以及所有的卑微琐事吗？我不能把它们统统放下吗？你曾经这样试过吗？恐怕没有吧，你满怀恐惧地谈论垂垂老死，但是如果你让昨天死亡，那么你就不会害怕明天的死亡了，因为你所执着的这些东西，没有一样可以带到明天。如果你真正地倾听，你就已经体验到了让昨天死亡的心智状态。不幸的是，你们大多数人只是听我讲得很起劲儿，但是如果你真正让昨天死亡，哪怕只有一秒钟的体验，那么这样的体验是对某种真实之物的洞察，它将会发生作用。就像毒药自己会在你的身体里发生作用一样，真理也会对你发生作用，引起你的与这种洞察相关联的行动。

因此，如我刚才所说，一个教徒要从知识的约束中解放自我是需要时间的，因为这些约束不只是意识层面的，还有无意识层面的，这里包含种族的、家庭的和人类普遍的经验的积留物。那么，我们必须经过时间过程吗？还是说存在一种方式，能立即觉悟并突破约束？这是问题的真正关键。在我看来，这种即刻做到的方式是有的，而且别无他途。希望改天做到的想法，就是把心智禁锢在时间之内，它只是继续玩着"从约束中解放"的概念把戏罢了。认识到心智是受制约的，是这种制约的囚徒，这需要全神贯注。正是这种全神贯注，它在当下即刻觉悟，使心智获得解放。这样的人不关注改革，因为所有的改革都局限在时间之内。这样的人对于官僚机构、行政管理、所有眼前的改革以及法令布告都不关注，但是他关注真理——无论他可能遇到多少错误挫折——真理是他的根本要务。这样的心智没有权威，既没有统治其他人的权威，也没有统治它自己的权威。这样的心智不会去指导人们，不会去告诉别人怎样思想、有上帝还是没有上帝。这样的心智只关注帮助他人从其所受的约束中自我解放。在我看来，这样的人才是宗教人物。你也许会问，对于一个需要改革、需要净化的社会，这样的宗教人物应当做些什么？我要说，这种宗教人物是最重要的因素，因为他本身就是革命。不是说他将会带来一场革命，而是说他本身就是革命的状态。我想让你去思考这两者的区别。

我们大多数人都或多或少地察觉到束缚的问题，但是我们同时也发现，如果一个人没有了束缚，又出现恐惧的问题。不是这样吗？恐惧无法单独存在，而只是与其他事情相联系。我害怕公众舆论，我害怕别人发现我的蠢笨；我害怕死亡，害怕丢掉我的工作，我害怕不能成重要人物。正是这种恐惧感，而不是别的，造成了心智的混乱惶惑。在混乱中我们试图解决混乱造成的问题。我们不是深入问题的原因，而是试图改变结果。相反，如果我们非常缜密地检查问题，我们就会发现，原因和结果不是割裂的。不是原因在这里，而结果在那里，因—果总是连为一体的。因此，混乱，或者说心智的缺乏清晰，是由恐惧造成的。

让我们再次探索恐惧。混乱由何而来？举一个很简单的例子。我必须行动，我想要对社会做点好事。我知道政府应该对社会做好事，但我想做一个宗教人物，同时我又想拥有权力，我宣称想要帮助他人。实际上我想要一辆劳斯莱斯汽车，等等这类的奢侈品，不是吗？因此我的野心，我的想要实现野心的欲望，就成为混乱的原因，它不只造成宗教领域的混乱，也造成政治领域的混乱。对成就感的追求是恐惧和混乱的原因。混乱不是突然凭空生来的；它是有种种原因的。我们的心智混乱，它的原因是什么？如果我们能够清澈地思考，那么就没有混乱感了。如果我的心智清明，不是说对某个事物清楚了解的清明，而是清澈明净的心智状态，那么混乱就没有了。希望你能够明白"心智明了某个事物"和"心智本身清澈明净"这两者之间的区别。因此，混乱是有原因的，不是混乱先来了，然后它的原因才来。我们正在谈论恐惧，我说，恐惧的产生，是因为我们想要成就。我想我无须解释什么是成就感——我的家庭感、自我重要感、我是小池塘里的一条大鱼、我是有权势的政治人物、我是大圣人，等等，我利用任何手段，由此我能实现自我扩张。只要你想要在一个小镇上成为重要人物，那么和你想要的东西相伴的恐惧注定如影随形。因此我们开始竞争，因此我总有焦虑以及其他一切不安，于是恐惧就开始了。只要怀有成为什么东西的欲望，就必定有恐惧。而恐惧就引起混乱。我不说它是主要的原因，但是它是原因之一。

我将要探索恐惧是什么意思。请你不要只是听到一堆词汇。你知道你害怕什么，不是吗？你害怕丢掉工作，害怕妻子生病，害怕自己爱上了一个人，而那个人并不爱你，你害怕死亡。如果你是警觉的，那么你一定能够看到自己害怕什么。请你在我的描述中观察自己的恐惧。恐惧对我们意味着什么？让我们以死亡为例。对死亡的恐惧意味着什么？它意味着我害怕未来，我害怕可能发生的事情，我害怕终结到来。这种恐惧存在于时间之内。关于明天的想法，关于明天、将来我不再是某种东西的想法，带来了恐惧。也就是说，思想通过思考明天，造出了恐惧。不是这样吗？我是一个不诚实的人，我把这一点遮掩起来，我不希望你发现它，我害怕你会发现它。我害怕有一天你会把我看穿——这也是对未来的恐惧。恐惧和时间相关。反之，如果我可以说，"我就是一个不诚实的人，我不介意你现在就看穿我"——那么，我就终结了时间，恐惧也就不在了，而只有事实存在。当我知道了事实，就不会有恐惧。但是当我对事实感到混乱迷惑，当我试图按我的想象把事实改变成我认为应该是的样子，那么恐惧就降临了。如果我知道自己是一个说谎的人，是一个贪婪的人，那么我没有恐惧。事实就这样简单。但是如果我试图掩盖谎言，装成别的什么样子，那么恐惧就降临了。因此，没有认识理解真正的事实，没有透彻地看清事实，而只是希望它变成某种别的什么东西，而想要改变它，这就是恐惧的开端——恐惧关联着时间，关联着达成什么东西的欲望。因此你就有了引起混乱的恐惧。除非你根除恐惧，否则你无法从混乱中解放出来。认识理解恐惧，就是认识理解心智的运作过程，就是认识理解自我，以及它是怎样造出这个叫作"时间"的东西的。也就是说，思想制造了时间。我不是说日历表上的时间，例如这趟火车九点半发车。我在说恐惧的过程、自我的过程，自我为了在将来变成某种东西而造出了时间，在这个过程中挫折和痛苦如影随形。为了逃避这种痛苦，你造出了一大堆胡说、神话，同时你生活在幻想和恐惧之中。

现在我们来到问题的关键：心智可以不带着改变事实的欲望去看事实吗？试图改变"真相"吗？我是贪婪的，我是嫉妒的——嫉妒是贪婪的一部分，不是吗？我能看着"我是嫉妒的"这个事实吗？朋友们，请你看着它。请不要只是听我讲，而要看着这个事实，如果你能做得到的话。那么你会发现，看着任何东西，比如你知道你是暴力的，只是在你看到你是暴力的这个意义上去知道它，这是多么出奇的困难啊。当你对事实不做比较、不做谴责、不为自己做辩解时，不就出现了对于事实的认识理解，并因此带来事实本身的转变吗？也就是说，我是暴力的。我可以不带任何回避意识地看着这个事实吗？我可以对它全神贯注吗？我前面已经解释过"全神贯注"的含义。全神贯注无关时间，全神贯注不会说，"我必须注意"，不会说，"我要培养注意"，这些事情都要求时间。全神贯注的心智说，"我必须看清这事"，它去行动，它去看。当你真的对什么东西感兴趣，当你的全部生命都和它联系在一起，你就会倾心投入全神贯注。

因此，心智能够使自己从其所受的约束中解放出来，也就能够使它自己从已知中真正解放出来，不是吗？心智就是堆积在一起的"已知"，在其中有痛苦、快乐和追求成就的欲望。心智就是这一大堆东西；它是时间的产物。心智在已知的领域内运作。这些都是明显的心理事实。思想只能在已知的领域内起作用，因为思想是已知的东西的结果，即对过去的反应的结果，是已被储存的经验的结果。心智是记忆的储库，是联想的储库，并且从这里产生反应，这种反应就是思想。

因此思想处于已知的领域之内，它力图在这领域内，从这领域内，去发现什么是"未知"。这是不可能的。我坐在这里，我想要知道面前这座山那边是什么。有人见过山那边的东西，并且描述了它。我坐在这里阅读关于山那边事物的书籍，我说那是佛陀、商羯罗、耶稣基督，然后我开始推理推测。因此所有的知识都局限在已知之域，你想要从"已知"之中达到"未知"。你做不到。你不可能把那不可思议的未知之物、不可称量之物邀请到已知领域。这就是为什么心智必须把自己从已知中解脱的原因。"已知"是全部的记忆、经验、痛苦、悲伤、欲望和意志——所有的心理堆积物。从这里解脱之后，你将明白，从自己的束缚中解脱，并不是时间之内的事情，束缚是即刻就打碎的。觉悟只能是当下立即发生。如果你没有觉悟，那是因为你没有投入高度的全神贯注。不要说，"我怎样才能高度地全神贯注？"如果你这样问，你就走在了错误的道路上，那样，你会去寻求一套方法，这将使心智更进一步受到损害。任何方法都无法让心智获得自由，认识理解心智面对一个挑战时怎样做出直接的反应，这样的认识理解才会把心智从它自己的知识中解放出来。如果我问你，"你相信上帝吗？"你的反应是直接的。深入探索这个反应，去发现你为什么这样应答。如果你深入探索一个反应，你将会发现全部的真理。如果你要觉悟"当下之是"，觉悟了不可称量之物，那么必不可少的前提是，你的心智要从已知中解放出来——从已知的商羯罗、佛陀、耶稣基督，从已知的每一本书、每一个思想、每一个经验中解放出来。心智必须空掉，但不是呆板空白，不是被催眠进入茫然空白。心智必须涤清以往的全部东西，不仅是它的伤痛，还有它的欢乐，这是非常艰苦的工作——比践行世界上的任何修持方法都要艰苦得多。因为它要求每时每刻的全神贯注，这样心智才不再堆积任何东西。你看到美好的夕阳，产生了无法形容的美好感觉，于是心就抓住这个经验，把它堆积储存。如果你没有全神贯注，你就给了经验扎根安住的土壤，因此它变成已知的东西。除非你保持高度的全神贯注，否则每一次经验都会形成它能安住期间的土壤。

这种全神贯注无法通过任何训练、任何冥想来达成。它就在那儿，如果你对它有兴趣，如果你有可以看的眼睛，如果你说，"我必须发现"，那么你就会发现，这样的心智是未知的。我说的所有东西都不是理论，不是让你学习和重复的某种东西。你必须要深入探索它们，在这个领域里你得要付出劳作；你无法从我这里学到，这里没有老师，没有宗教导师。你得去发现，去亲历，你要靠自己在这未知的海洋，在你自己内心的未知海洋探巡，这需要付出大量的工作，需要全神贯注，哪里有全神贯注，哪里就有爱。

1958 年 9 月 24 日

PART 03

印度，马德拉斯，1958

倾听是一门艺术

我想，如果我们要互相理解，那么在我们之间建立正确的交流渠道是非常重要的，如果我们彼此没有这种交流方式，我们就无法充分领会谈话的内容，我们就只能肤浅地"同意"或者"不同意"。我想，对我们来说，明白我们所说的"倾听"是什么意思，这是相当重要的。难道只有在紧要关头时，或当环境逼迫我们去听时，当情势必需时，我们才能真正倾听他人吗？如果我们把生命的觉悟看作是至关重要的，那么我们就会投入全部的生命，我们就会热切关注地倾听，这时说者和听者之间就建立了真正的交流。你来这里显然是为了听到某种东西，而我也想要讲点东西，但是你本身与我本身之间怎样建立正确的交流呢？这个真的非常重要，所以请不要满不在乎地说，"好，你讲吧，我们要看看能不能听懂。"我认为倾听不是这样容易的，因为重要的不仅是我说些什么，也在于对我的所说你怎样听，重要的是你我之间能否建立真正的交流。

如果你把我讲的东西按你自己的观念和观点来转译，或者按你自己的偏见和约束局限来转译，那么这里显然就没有交流。你是在听你自己的观念和想法。因此，如果你想要倾听，那么首先就必须弄明白说者要说的是什么。你必须弄明白，他说的是否合乎逻辑，是否合情合理，是否能够应对我们遇到的问题；或者他的讲话是否基于特别的偏见，或者他的推论是否基于某种观点，等等。然而，我已经在此地、在全世界演讲了三十多年，看来倾听是非常困难的，就我所讲的东西进行交流，好像几乎不可能，这个现象很常见。

那么，是什么障碍了我们听懂别人说的话？我们之间能够互相理解吗？对我们大多数人来说，"听"只是一种习惯，不是吗？你来参加集会，你在听，但是在你听的过程中发生了什么？首先你对演讲者抱有一定的观点、一定的结论，演讲者有某种名声，你喜欢他的脸庞，或者你不喜欢他的什么东西；因此你实际上不是听他演讲，而是在听你的关于演讲者的观点，或者是在听你自己的想法。如果你观察自己，观察自己听的方式，你马上会发现，你实际上根本没有倾听，你把听到的东西转译成你最容易理解的东西或者你希望听到的东西，等等。因此这里有一堵墙，当你说你在听时，实际上你根本没有倾听。

因此在我看来，重要的是我们要拆掉这堵墙。倾听他人，不带任何精神上的障碍，不带任何解释、翻译、比较；仅仅是倾听——我确信，这是最困难的事情之一。只有这样倾听，我们才能彼此交流，我们才能抓住问题的核心，而不仅仅在语言词汇层面争论不休。因此我希望我们能够这样彼此倾听，因为在倾听的正确行动之中蕴藏着奇迹。如果我懂得怎样倾听别人要讲的东西，那么我就能够超越语言词汇，领会他的意思。首先我必须要听；然后我才可以同意或者不同意，进一步，我才可以明白他讲的东西中蕴藏的真理或者谬误。我不能把自己的思想观点、结论、经验投射于其中，它们只会变成理解的障碍。因此，倘若我可以建议，如果你能够倾听，请你这样倾听。这是最难的事情之一，这是一门艺术。

你不可能在一天之内学会拉小提琴，同样的，你不可能在短期内立刻学会正确地倾听，因为你以前从未倾听过。不知你是否曾经试着倾听过任何人——你的妻子、你的丈夫、你的邻居、政治人物、权威人物——你真正倾听过吗？如果你真正尝试过倾听，你会发现，倾听是多么出奇的困难。在倾听中，你开始发现讲者所讲的东西是真理和谬误，你会发现演讲者的思想背景或渊源，他的思想是否成熟、合理、理智，或者他是否只是投射了他的偏见，投射了他对事物的当下反应。

倾听不需要强行集中注意力；当你强行集中注意力的时候，你无法领悟；当你强行集中注意力的时候，你正在强迫自己去听，不是吗？只有在自由的氛围里，只有心智自然放松，处于观察时，你才能倾听。只有这样，才能够学习。我要说的，不只是某种知识、信息的交流，而是说，如果我们能够学习，我们就有能力处理我们的全部问题，我们就能够从问题中得到学习。在我看来，我们的生命中有如此多的问题，除非我们从问题中学习，否则我们永远无法解决它们。我们不仅必须学会如何面对问题，还必须学懂问题本身的本质。

那么，学习的心智是什么样的状态呢？就是说，如果我有一个问题——经济问题、社会问题、宗教问题，多得数不清的问题——如果我知道如何从问题中学习，那么我就可以解决这个问题。但是如果我的心智抱着通过某种特别的方法来解决问题的要求，或者如果这个问题非常复杂，有很多我没有看到的方面，那么我就无法彻底解决问题。只有当我能够完全学懂了问题，我才能够解决问题。不知道我是否把我想说的说清楚了。

希望你能够明白，一个积累知识的心智，和一个学习的心智，两者是不同的。学习是一个活生生的过程，它不是堆积的过程。我将要深入细致地探索这个问题，不久你将看到，一个积累知识的心智无法学习。学习的心智必须是自由的、能够敏捷运动的心智，而一个积累知识的心智是不可能敏捷运动的，它只能够围绕固定的一点运动。在我们的探索中，你将会看到，为了应对我们生命中的重重问题，我们必须整体性地解决问题。我使用"**整体性**"这个词，意味着我们不能片面地、支离破碎地面对问题，不能从一个技术员、一个工程师、一个科学家、一个律师、一个学者、一个政治人物等等的视角，来面对问题。我们必须整体性地面对生命，因为生命是所有这些东西的总和。生命是为生计奔波，生命是人际关系中没完没了的斗争，生命是丑的，同时也是美的，生命是对所有事物进行调整的意识。因此我们必须整体性地面对一个问题，而不是把它作为某一个专业的对象来应对。为了做到这些，让我们来看看这个世界上正在发生的事情，因为你是怎样的，世界也就是怎样的，你内心的念头，造出了这个世界；你是这个世界的一部分，你和这个世界不是割裂开来的；你的问题就是这个世界的问题——这个世界就是你的邻人，他跟你隔一个门，或者跟你隔一万里。

这个世界上正在发生着什么？正在真切地发生着什么？这个世界上组织机构庞杂，人口过剩，信息爆炸。由于这些事情，人们的心智受到控制。因为人口过剩，不可避免地就有剥夺、束缚、钳制思想的乱象——这就是印度正在发生的事情。印度是一个人口过剩的国家，并因此而腐败堕落、乱象丛生，为了控制腐败堕落，就必须有一个专制政权来控制人们的头脑。庞杂的组织机构也会导致对人及其思想的钳制；通过大众传播——广播、报纸、电视、政治人物的言论——你受到这些东西的影响，并因此受到控制。这样，经由现实存在的每一个途径，经由传播的每一个管道，我们不断地被塑造、制约和控制。社会、宗教、书籍、报纸、杂志、组织——无论是世俗的组织还是宗教组织——经济、政治，所有东西都无时无刻地影响人们，按照某种观点、观念、概念去塑造人们。不知道你是否察觉到所有这一切。如果你是深入思考的，你一定能看到这些情形，不仅发生在俄国或者中国，而且遍布世界。你的所思所想——作为一个印度教徒、一个佛教徒、一个基督教徒、一个天主教徒，或者无论什么教徒——其实都是把你的心智束缚在某种特定的思想模式、习惯、意象符号系统、活动和社会关系中。这是很明显的，不是吗？我们如此自然地接受它，把它们当成不可避免的。因此这是一个无可辩驳的事实，你的所思所想，你的情绪感受，全都受到你的环境的塑造。所有东西——书籍、老师、环境、食物、天气——都塑造着你的思想。而且随着社会变得越来越组织化，人心受到的束缚也越来越深重。无论你喜欢与否，这是一个事实。

当你洞悉了这个事实，接下来的问题是，与这种束缚的过程相关联的个人，处在什么位置上。请注意，我们不是在争辩这个事实；我们正试着从它学习——学习这个事实：你受到所有事物的影响，受到过去影响，受到现在影响，现在造出了未来。在这个事实中，个人处于什么位置？有个人的地位吗？洞悉这一点非常重要，对我们每一个人来说，学习这一点非常重要：你是一个真正的个人呢，还是说仅仅是受着制约的思想的一个投影，你受到千百年的影响，因此按照某种特定的方式来思想，于是，个人就彻底消失了。我希望你明白这一点。

独裁者想要消灭自由思想，不仅是俄国或中国的独裁者，印度的以及全世界的独裁者都是一样。因为在他们看来，如果你能够独立思考，那么对于社会来说，就是危险的。因此，教育、宗教、社会影响、广播、电视，都在告诉我们如何思想，而我们就重复他们的观点、论点，重复他们反驳别人的话。你阅读《薄伽梵歌》或者《圣经》并且鹦鹉学舌，你阅读马克思并且鹦鹉学舌，你选定了立场，然后赞成或者反驳。

那么，当你洞悉了这一切，这里还有个人吗？如果没有，那么，这种个人怎样被创造出来呢？不知道我把这个说明白了没有。在我看来，我们根本就不是"个人"。虽然你和别人有不同的身体、不同的脸庞、不同的外形，但是你不过就是"群众"。你是一个共产主义者、一个社会主义者、一个资本主义者，你属于某个特别的类型、行业、职业。你拥有某种技能，你用你的技能、工作、能力来定义你自己，因此你不再是一个个人。作为一个个人，显然你必须有自由，彻底的自由。这意味着行动不是任何束缚的反应。我希望你理解了这一点。

那么，什么是自由？我们只知道从什么东西中解脱的自由，不是吗？从愤怒、奴役、压迫中解脱的自由，从妻子、丈夫的束缚中解放出来的自由，等等。我们只知道从什么东西中解放，而变成别的什么东西的自由，不是吗？我仅仅想要从愤怒中解放，变成与愤怒不同的什么。这就是我们所知道的自由。因此自由仅仅是一个反应，不是吗？就好像我是一个监狱里的囚徒，我想要逃跑。想要逃跑的愿望，是囚徒状态的反应，我把这种反应叫作自由。因此我们所关注的自由，是一种反应。但是真正的自由本身并不是反应。如果它是，那么它就不再是自由了。请你想想这个问题，不要说，"你说的都是废话"，让我们共同探明这个问题，学习这个问题。

我们看到这个世界上正在发生的事情，我们意识到个人已经不存在。我们的问题是，怎样再创造个人？人们看到了这种需要。改革者、社会主义者、很多的人都说我们必须建立一个崭新的社会，它将带来新型的个人，我们必须建立良好的环境，它将产生这样的个人。也许我把他们的观点过分简化了，不过所有的改革家、社会革命家都说过："让我们创造一种环境，它将产生这种个人，他是自由的并因此而具有创造性的。"在我看来，这样的观点完全是错误的。因为无论社会环境多么高尚、和谐、美好，如果人类个体仅仅是环境的产物，那么他仅仅是一个产品，一个结果罢了。他可能更聪明，更亲切，更这个，更那个，但是他本质上仍然是一个产物，因此他就不是个人。如果你观察，你就会发现，真正的个人绝不是环境的奴隶，他掌握环境，或者他离开那个环境择处而居；他不是环境的玩物，环境无法塑造他的思想。我们看见过这样的人，但是我们说他们是一些特例，于是我们并不关注他们。这只是一个好借口罢了。说这样的人是特例，是上天所赐，是其他一些什么，但我们不可能像他们那样——这都不是真正面对问题的办法。

因此，改革者没有解决问题，而且永远不会解决问题。他关心改造社会，造就良好的个人，但是良好的个人不是社会的产物；他完全独立于社会而自由。他掌控并冲破了他的环境的束缚；他可以改变社会，社会不能改变他。

所以当我们洞察了这一切——心智被社会、宗教、经济的影响所塑造；每一种形式的独裁都包含着暴政；社会改革家和经济革命家希望创造良好的环境来造就良好的个人——当你洞察了这一切，你是否会问自己：良好的个人怎样才会诞生？不是环境玩物的个人怎样才会诞生？也许这是你第一次问自己这个问题，如果你真实地探索这个问题，你的答案是什么？我希望你理解这个问题，因为除非你非常清楚问题，否则你的答案不会清楚。

也许我可以换一种说法。我们的心智是深受束缚的，这是一个事实。我们受到束缚的方式是多种多样的，仅仅对束缚加以改革，无法产生真正的个人。任何一个运作高效、组织良好的社会都必然束缚思想，无论是使用残忍野蛮的手段，还是戴着文明和善的白手套，实质都是一样，它们必然束缚思想。当你洞察了这一切，你怎样成为一个个人呢？因为如果你不是一个个人，就不可能有一个创造性的社会。

你看，如果你不是个人，你必然为自己、为社会造出更多的混乱、痛苦和问题——这是一个明显的事实。那么，你怎样成为一个个人，成为一个不被环境所驱使的个人，一个不被社会影响的个人，一个不受政治人物等等其他一切控制的个人？这样的个人如何才能诞生？如果这是你的问题，你怎样回答它？如果你对这个问题感兴趣——你一定是感兴趣的，因为你说你应该是有才智的，应该是关注宗教问题、关注社会等等问题的，那么你怎样回答这个问题？你怎样做那样的个人呢？这真是一个非常重要的问题，因为只有这样的个人，才能发现真实；只有这样的个人，才能发现是否存在上帝；只有这样的个人，才能超越时间之限制，才能发现那不可测度的无限存在。其他人可以谈论"不可测度的无限存在""上帝""永恒"等等所有这类东西，但是他们仅仅停留在语言词汇层面。他们说的话没有意义，因为他们只会鹦鹉学舌。

所以我们的问题是心智。心智受到制约，受到塑造，它是所有影响、所有文化的玩物，它是"过去"的产物，它背负着数不清的经验和记忆——这样的心智如何才能把自己从所有这一切中解放出来，成为一个完全的个人？在我看来，只有严肃认真地、热切地探索我们的自我，这才是有可能的——自我不是"个体灵魂"或者所谓的"高我"①，这些东西仅仅是词汇。我说的是每天生活中的自我，那个会发怒的自我，那个野心勃勃的自我，那个会受伤的自我，那个想要被别人注意的自我，那个满怀热望的自我，那个说"我必须安全；我必须考虑我的地位"的自我，等等。这是我们真正的唯一的自我。而"高我""超灵"②，仅仅是一种意识形态、一个概念，不是现实。我们不应该追逐不现实的东西，它们只能带来幻觉。我知道所有的圣书都谈论"超我灵魂"，无论这个说法意味着什么，对于一个陷于日常自我中的人来说，那都是一种精妙的逃避。他越是思

---

① 原文为"higher self"。——编者注
② 原文为"super atma"。——编者注

辨推理，越是著书立说，他就越认为自己是神圣的。然而我认为，如果你能够探索这个我们都知道的自我，这个日常生活中的自我，那么通过自我认识，通过仔细分析、仔细观察，你就会发现你能够冲破所有制约思想的影响。

我们的另一个问题是思想，正是思想的过程束缚了它自己。不是这样吗？无论你想些什么，你的思想都会影响你的心智，我们必须明白这一点。无论思想是善良的、邪恶的、丑陋的、美好的、微妙的、狡猾的——无论什么思想，都塑造着你的心智。那么，什么是思想？思想无疑是反应——你已知的东西的反应。知识所做出的反应，我们把它叫作思想。朋友们，请观察它，并且思考它；我们将会反复探索这一点。如果你足够警醒，如果你对自己的思想过程保持觉知，那么你就会发现，无论你想些什么，你的思想都已经塑造了你的心智；一个被自己的思想塑造的心智不再是自由的心智，因此它不是个人的心智。

那么，自我认识不是思想过程的延续，而是思想的缩小、终结。但你无法通过任何技巧，无法通过否定、控制、训练等等这些东西来终结思想。如果你这样做，你仍然深陷在思想的领域里。只有当你认识理解了思想者的全部内容，思想才会终结，如此你才开始发现，自我认识是何等的重要。我们大多数人满足于肤浅的自我认识，满足于表面隔靴搔痒，满足于知道些心理学的 ABC，读几本心理学的书籍，浅尝辄止，然后你就说你知道了。你只是把学到的东西套用于心而已。因此你必须探索什么是学习。朋友们，你们明白自我认识和学习之间的关系吗？一个自我认识的心智是在学习的心智。反之，一个只是把获取的知识套用于自身，并认为这是自我认识，这样的心智只不过是在进行堆积而已。一个只是搞堆积的心智永远无法学习。请你不要同意我，而是要亲自探索，亲自观察。你曾经学习过吗？你是否发现过，你是学习什么东西呢，还是仅仅积累信息？

我刚才说：没有自我认识，就没有个人的特性。我已经解释过什么是个性、个人。我说：没有自我认识就没有个人。听到这句话，你的反应是什么呢？你说："你这句话是什么意思？"你不是这样反应的吗？你说："请你解释你的话，然后我或者同意，或者不同意。"然后你说你学到了一些东西——但是这是学习吗？"学习"是同意或者不同意吗？你可以不带着同意或者不同意来探索我讲的内容吗？你想要做的，实在应该是探明我的话是真理或者是谬误——而不是你同意或者不同意。没有人在乎你同意或者不同意，然而如果你自己发现我的话中是否含有真理，那么你就开始了真正的洞察，真正的学习。

因此，一个表示同意或者不同意的心智，一个抱定某个结论的心智，是不能学习的。也就是说，一个被专门化的心智不可能是创造性的心智。一个搞积累的心智，一个浸泡在知识中的心智，这样的心智无法学习。学习的心智必须是清新的；学习的心智一定说："我不知道，但是我愿意学习。请展示给我看。"如果没有人向他展示，他就会自己着手探索。他不会从一个固定点出发，走向另一个固定点。而我们则经常这样做，不是吗？我们得出一个结论，然后我们从这个结论的固定点出发，继续思考，走向另外一个结论。我们把这个过程叫作"学习"。但是如果你深入观察，你就会发现，你是被绑在一根柱子上，然后不过是移动到另一根柱子上罢了，我要说，这根本就不是学习。学习，要求有一个愿意学习的心智，而不是为了扩张自我。因为当你致力于自我扩张时，你已经停止了学习。因此自我认识不是一个增加自我的过程。你正在学习关于自我、关于心智的活动方式。你正在学习它的灵巧、它的精妙、它的动机、它的非凡能力、它的深邃、它的广阔；为了学习，你必须具有极大的谦逊。一个已经堆积知识的人，永远无法懂得谦逊。他可能会谈论"谦逊"，他可能会引用"谦逊"，但是他没有谦逊之心。一个学习的人，本质上是谦逊的。

我们的问题是创造真正的个人。这样的个人只能从自我认识而生，于是你必须学习自我。在学习中，你不能谴责或者认同你所发现的东西，因为任何认同、辩护或者谴责，都是堆积物的结果，这样你就停止学习了。请你一定要明白这一点的重要性。这也许听起来有点矛盾，但是不然。

如果你深入观察，你就会发现，这一点对于学习是多么的重要，而你必须要彻底地谦逊才能够学习，如果你对于你看到的自身的东西进行谴责，你就不是谦逊的。同样的，如果你看到自己的一些好的东西，你表示认同，那么你就停止学习了。因此一个能够学习的心智是真正的个人的心智，而不是有所堆积的心智。而我们现在总是在增添我们的堆积物。

举一个例子来说，你曾经探索过什么是经验吗？朋友们，请观察，不要只是听我说，而在我说的时候，观察你的心智，对她进行探究。当你说"我有过某种经验"，你说的是什么意思？经验意指一种感觉，一种可认知的反应，不是吗？我认知到我有一个愉快的经验，或者一个痛苦的经验。我能够认出它，是因为我以前有过类似的经验。因此过去的经验制约着现在的经验。它不是一个新鲜的经验。如果它是一个新的经验，那么它马上就被认知，并且被转换、归入旧的经验。于是每一个经验都制约着心智，因为所有的经验都是被过去的经验所认知的。因此经验从来不是自由的因素。

当整个世界都在发展技术专家，当每一个思想都被塑造、被束缚，任何人就没有可能成为个人。只有当你开始学习并懂得你自己，你才可能成为个人，这不是通过书本来解决的，因为对自我——即你所是的样子——的认识理解，无法通过其他什么人而得到。你必须亲自观察，而且你只有在各种关系中，带着清晰专注，带着力量和指向明确的意图，才能对自我进行观察。观察你的行为方式、说话方式，你怎样看一朵花、一棵树，你怎样对你的雇员说话，你的手、你的眼睛怎样动作——如果你是敏感的，那么你观察到的每一个细节都展示了你的心智在怎样活动。心智就是自我。它可以发明"超我"，也可以发明地狱，但它还是心智。

所以只有心智认识理解它自己，它才能够自由。自由无法从积累而来。你必须学习懂得心智是多么不可思议的东西。它是我们所拥有的最神奇的东西，但是我们不知道怎样应用它；我们只在一定的层面上，在专门化的、自我中心的层面上利用它。它是一个宏大精微的器具、一个充满活力的事物，但是我们对它仍然知之甚少。我们只知道肤浅的片段，我们只知道意识表层，我们不知道心智的全体，不知道它的无比深邃；你无法仅凭思辨推理来知道它。你只能通过学习来了解它，为了学习，你就得全神贯注。全神贯注不是集中注意力。集中注意力仅仅是让心智变得狭窄，而全神贯注则包容万事万物。

因此对一个宗教人物来说，重要的不是重复他从书本上学到的东西，或者他的制约条件下投射的经验，重要的是认识理解他自己——不带任何幻觉，不带任何偏见，不带任何扭曲——看清自己所是的样子。看清真实所是的样子，是一项艰巨的工作。不知你是否做过。不知你是否这样观察过任何东西，不戴着任何有色眼镜，不带任何扭曲，不给它们加上名称。我建议你试着变换一下，这样看看被你叫作是"贪婪"和"嫉妒"的东西，然后体会这样去看它们是多么困难的事情，因为**"贪婪"**和**"嫉妒"**这些词汇本身就含有谴责的意味。你也许是一个贪婪的人，是一个野心勃勃的人，但是看着你的野心，看着这种感觉、这种情绪，不带谴责，就是看着它，你会发现，这样做需要非凡的能力。

所有这些都是自我认识的一部分，没有自我认识，无论你做什么，进行改革，进行每一种革命，做超级领袖、超级政治家，你永远无法建立一个世界，让个人成为完整的生命个体，并由此能够影响社会。如果你对此感兴趣，那么我们将非常非常严肃认真地探索它。但是如果你只是想浅尝辄止，那么请你不要来了，最好不要来了。只有很少几个严肃认真的人，远远胜过许多的追随者。重要的是诚挚恳切，是着手向它自身内在进行探索的诚挚恳切的心智。这样的心智将会亲自发现真实的东西。

1958 年 10 月 22 日

崇拜权威的人永远无法获得自由

我想，如果我们——你和我——作为两个人，能够平静地待在一起，谈论我们的问题，那就太好了。我想，如果我们有这种感觉，而不是把这个讲座看成一个听众在听一个演讲者说话，那么我们将会有深入得多的收获。也就是说，如果你和我能找一个房间，找安静的一隅，共同探索我们的问题，那么我想我们就能够非常深入。但不幸的是，这不可能。有太多人来听演讲，而时间又很有限。当你对着人数众多的听众时，你总是要概括地讲述，而一些特殊的精微的细节，在概述中自然就得略去。然而对我们大多数人来说，这种概述似乎没有太大作用，而细致的问题、细致的节点、详细的冲突，才显得十分重要。因为我们被迫地要面对自己的日常生活的细小问题，故而忽略了更广大、更深刻的问题。

因此在我们共同探讨的过程中，我想我们必须考虑这两个方面的问题，不仅是一般概括性的大问题，也包括细节的问题。我们大多数人避开广大的、深刻的问题，但是如果不理解这些问题，那么处理日常生活的冲突、小问题、琐碎事务，就没有意义。我想，我们从一开始就必须非常清楚、正确地认识到——解决日常生活中的问题，无论是什么问题，我们都必须首先理解更为广大的问题，然后再回到具体细致的问题。要知道，最伟大的画家、最伟大的诗人，都是洞悉全貌的人——他看到整个天象景色：湛蓝的天空、灿烂的落日、树木、飞鸟——他可以一眼尽收一切，一切全在一瞥之中。这样的艺术家、诗人，与整个美不胜收的世界有着当下直接的交融。然后他开始绘画、写作、雕塑；用细节将美展现出来。如果你和我也可以做到这些，那么我们就有能力处理我们的问题——无论怎样的矛盾，无论怎样的冲突，无论怎样的烦恼——我们都可以更自由、更明智、更深入、更富有生趣和情感地处理它们。这不是一个浪漫的夸夸其谈，而是事实，这是现在我想要谈到的，也是每一次我们共同探讨的主题。无论细节的问题多么紧急，多么有压力，多么令人焦虑，我们都必须首先抓住全体，而不是被细节卷走。我认为，这就是革命开始之处。请记住，我不是在向一大群听众演讲，如果我可以恭敬地说，我是在对你讲，对每一个人讲。我希望我们能懂得上面这个处理紧要的根本问题的第一原则。

要知道，我们有重重问题，不仅是个人的问题，还有集体性的问题，如饥饿、战争、和平问题，还有可怕的政治人物。我是在语言词汇意义上使用"**可怕**"这个字眼，我并不是谴责他们。政治人物是肤浅的，他们谈论这些问题，好像他们可以轻而易举地全部地解决它们。我们有个人的问题，包括人际关系、我们的工作、成功与挫折、恐惧、爱、美、性生活，等等问题。

那么，当我们大多数人试图逐个地、分别地去解决这些问题时，会怎么样呢？比如我有恐惧的问题，我试图解决它。但是我永远无法单独解决它，因为它关联着非常广泛、非常复杂的问题，如果没有认识理解更深刻的问题，仅仅是处理某一个特别的问题——那是整体中的一隅，而不是处理整体——这样做只会造出更多的问题。我希望我把这一点说清楚了。如果我们能够建立这种交流——你和我作为两个人的相互交流——那么我想，由于我们有了理解，因此我们应该已经解决了很多问题，不是吗？理解某事物是什么意思？理解意味着总体地把握了事物的意义，不是吗？相反，没有理解，只有思维，那就只是语言表达、是智力游戏了。如果你没有对你的生命的总体的理解，处在和整体隔绝的封闭状态，只是着眼某一个层面的问题，试图割裂地解决它，那么你只能带来更深的混乱，更深的痛苦。如果我们能够真正懂得这一点，真正体会其中的真理，那么我们将会懂得怎样解决我们个人的急迫问题。

朋友们，让我们打个比喻。从一扇窗户往外看，你永远无法看到整个天空，很明显你只能看到部分天空。为了看到无比辽阔的地平线，看到无边无际的天空，你必须走到户外。但是我们大多数人是透过窗户来看天空，我们透过这样狭小有限的视角来看世界，我们认为这样不仅能够解决个人的特定的问题，还能够解决我们全部的问题。这是社会的祸根，是一切组织的祸根。但是如果你明白了认识全体的必要性——无论这个全体是什么，我们将要在后面讨论它——那么心智就已经具有了不同寻常的视角、不同寻常的能力。

　　如果你我之间极为明确地建立了交流关系，是作为两个人，而不是一个演讲者和一个听众，不是一个宗教上师和一个门徒——所有这些荒谬把戏，至少在我关注的范围内已将其摒弃——那么我们就可以共同探索。现在的问题是什么，最广大、最深刻的问题是什么？如果我可以看清它的全体，那么我也就有能力去处理细节问题。现在让我用语词来描述问题，但是语词不是事物本身。"**天空**"这个词汇并不是天空，不是吗？"**门**"这个词汇并不是那扇门。我们必须非常清楚地知道词汇和事实、词汇和事物本身之间的区别。"**自由**"这个词汇并不是自由的状态，"**心智**"这个词汇并非真实的心智，真实的心智是完全无法用语言形容的。如果你清楚地知道词汇不是事物本身，那么我们就可以继续我们的交流。我想要传递一些东西，而你想要理解它；但是如果你仅仅执着于语言词汇，而不是词汇背后的含义，那么我们的沟通就会出现障碍。

　　那么，那个我们要理解、要探索的东西是什么？如果我们充分掌握了它的意义，就可以帮助我们解开和解决具体问题，那个东西是什么呢？无疑的，它就是心智，不是吗？当我使用"**心智**"这个词汇时，你们各人根据你的教育、文化以及各自的制约，对这个词汇有不同的理解。当我使用"心智"这个词汇时，显然你必定对这个词有所反应，而这种反应，取决于你的阅读、你的环境影响、你是深思熟虑还是漠不关心，等等。那么心智到底是什么呢？如果我能认识理解这个奇特非凡的叫作心智的东西的作用，整体地理解它，理解它的情感、它的本质、它的惊人的能力、它的深邃、广阔以及特质，那么无论它如何反应——都不过是它的文化、环境、教育、读物等等这些东西的产物罢了——我就可以应对自如了。因此，如果我们能做的话，那么我们要做的就是探索这个叫作心智的东西。但是如果你已经对它抱有预设观点，那么显然你就无法对它探索。如果你说，"心智就是灵魂"，那么你的探索就结束了。你停止了所有的勘查、了解、探究。或者如果你是一个共产主义者，你说心智仅仅是某种影响的产物，那么你也无法探索了。如果你抱着已有的想法去看待问题，那么你就听治疗对问题的探索了解，并因此妨碍了对问题的觉悟。明白这一点非常重要。那些社会主义者、资本主义者、共产主义者都抱着自己的一套方法、一套理论来解决饥饿问题，结果怎么样呢？他无法继续深入地探索饥饿问题。生命不会停息，它是一种运动，如果你抱着一个僵硬的头脑来看待它，你就无法理解它。这一点非常明显，不是吗？让我们继续探索。

当我使用"心智"这个词汇时，我是没有任何结论地看待它，因此我可以探索它。或者说，心智对自己没有结论，它就能够观察它自己。一个从结论出发开始思考的心智，不是真正的思考。要求心智不带任何结论地探察问题，这是一桩巨大的事情。不知你是否意识到——我们大多数人都是从一个结论出发，开始思考有上帝，还是没有上帝；有轮回，还是没有轮回；共产主义制度将会拯救世界，还是资本主义制度将会拯救世界。我们从这样的一个结论出发，然后走向另外一个结论，我们把这种活动叫作思考，如果你观察，就会发现，这根本不是思考。思考意味着一种持续不断的活动，一种持续不断的探察，一种对思考活动的持续不断的觉知，而不是从固定的一点出发走向固定的另外一点。

我们要探明这个叫作心智的非凡的东西是什么，因为这是唯一重要的问题。心智是所有问题的源头，思想是所有问题的源头，正是心智制造了问题。正是思想，即受到制约的心智，它是狭隘、卑微、顽固的，它造出了信仰、观念、知识，而它又被它自己的概念、虚荣、贪婪、野心和挫折所戕害。因此我们必须认识理解的正是心智。心智就是"我"，心智就是自我——并不是"高我"。心智造出了高我，然后说自己只是高我的一个工具。这样的想法荒谬而幼稚。正是心智造出了所有这些逃避的路径，并且深陷其中不能自拔。

　　因此，我们要探明心智是什么。你无法只是通过我的描述来发现它。我将要描述它，但是如果你只是通过我的描述来认识它，那么你就不能认识你自己的心智状态，你没有觉悟自己的心智。希望你能明白这一点。现在我要说，心智的状态是美的。如果你不了解美，如果你对美感没有充分的领悟，如果你并未拥有美，那么你永远无法理解心智。我已经描述了，你已经听到了。那么发生了什么？你的心智问："什么是美？"不是吗？然后你开始和自己争论，你去寻找词汇，以便通过"美"的定义，使你可以感受到美。因此，你是依靠词汇去激发感觉，不是这样吗？我正在探究这个非凡的东西是什么，它是时间的产物，它是千万年历史的产物。请不要搬来"轮回"的观念。心智是许多个昨天的产物，不是吗？它是成千上万的"影响"的产物，它是传统的产物，它是风俗习惯的产物，它是各种文化的综合物。它知道希望和绝望。它知道过去，它就是现在，而且它造出未来。它已经积累了知识，科技知识、物理知识、医学知识，以及无数种其他职业的知识；它可以做出令人惊讶的发明。它还有能力探索自己，有能力寻求自由，打碎自己的枷锁。它是所有这些东西，并且比之还要多得多。如果心智没有了解自己的非凡的复杂性，而只是集中关注某种细节，关注某个特殊部分，那么它将毁掉整体。

　　请你们，希望你们注意倾听。如果你不是正确地倾听，那么你会走掉，并说："他到底都说了些什么呢？"如果你能够正确地倾听，这可是一门艺术，那么你已经发现了心智是一个多么非凡的事物。这不是你听过了以后才发现的事情，而是你在倾听的过程中就探明了心智。你听别人说心智是一个令人惊异的事物，和你亲自发现它，这两者天壤之别。当你说"我知道饥饿"时，你是直接体验过饥饿，但是一个人从未饿过肚子，他也可以说，"我知道饥饿"，这两种"知道"的状态天壤之别，一个是真实的体验，另一个则是描述性的知识。

　　那么你能直接地体验到这个复杂的令人惊异的心智的品性吗？——体验到它的广阔巨大，它的无穷无尽？并不是某个特别的心智，比如一个律师的、一个国家总理的心智，或者一个厨师的心智，而是一切都包含其中的心智——律师、总理、厨师、画家、惊恐的人、嫉妒的人、焦虑的人、野心勃勃的人、挫败失望的人——是所有这一切的心智。正是心智根据环境的影响，不断制造着问题。因为印度的人口过剩，因为种姓制度，因为饥饿和过剩的商业，就业就成为重要的、急迫的。那么，心智这个复杂的事物，因为问题的压力，因为迫切的要求，它就只是在一定的层面上做出回应，并希望在那个层面上解决问题。一个不关心急迫的、重大的饥饿问题或者战争问题的人，他会避而转入其他某种形式的紧迫问题。但是需要我们做的是探索心智的全体。为了这么做，我们必须得有自由，而不是权威。我认为，明白这一点实在是非常重要，因为正是权威毁坏了印度这个不幸的国家。不要说，"其他国家不是也被毁坏了吗？"它们同样是的。但是你和我现在是在关注印度这儿，这是一个偶像崇拜的国家。这里崇拜权威，崇尚成功，崇拜大人物。看看你怎样对待你的厨师，怎样对待成功人士、内阁部长、有学识的人、圣人等等所有这类人吧。你崇拜权威，因此你永远无法获得自由。对于一个说"我必须探索，我必须探究，我必须发现"的心智而言，自由是首先的要求，而不是最后的要求。心智要探索自我，探索它自己所造成的问题，探索怎样超越自己的局限，它就必须在一开始而非终点，就是彻底自由的。现在如果你真实地体会到了这一点，如果你明白了它的必然性，那么当下就发生了革命。革命并不是你想象自己获得了自由，然后就为所欲为；而是当你觉悟了心智一定要有自由的必然性，这就是革命。然后心智就能够从自由中，而不是在奴役之下、在权威之下发出行动。我把这个说清楚了吗？

让我们再看看这个问题。因为人口过剩，因为组织过度膨胀，因为大众媒体的宣传，因为害怕丢掉工作，害怕不能达到要求，因为拥有惊人技术的现代文明带来的所有压力，以及战争的威胁、仇恨，等等所有这一切，我们的心智必然变得混乱困惑，所以它寻求一个权威——希特勒那样的权威，首相的、宗教上师的、书本的或者苏俄人民委员的权威。

这就是你正在做的事情，因此，你盲目崇拜权威，你被权威所束缚。你也许不崇拜一尊塑像、一个手工雕塑的东西，但是你崇拜成功人士，崇拜饱学之士或富有之人。这一切说明这是一个盲目崇拜的心智，它从本质上被榜样、被英雄人物给被败坏了。英雄人物就意味着权威，而一个崇拜权威的心智不会觉悟的。

现在让我们看着心智的这种非凡的能力，它可以造出人造卫星或火箭——这都是心智的能力。正是，因其教条而造出了屠杀，杀戮成千上万的人，就像教会和独裁者们已经做的那样。正是有所恐惧。正是心智说，"我必须知道有没有上帝。"为了认识理解，你必须首先要有自由。但是心智得到自由是非常困难的，因为心智既想要明澈清晰，同时又害怕自由。毕竟大多数人都想要安全，安全的人际关系，稳定的工作，一成不变的观念。在其职业中，在其专业中，在其信仰中得到安全。请你观察自己的心，看看正在发生什么——你想要安全，但是同时你也知道必须要有自由。因此就有了一种争战不休的矛盾。一个高喊和平，同时却支持和制造战争的心智是自相矛盾的，是精神分裂的。在印度，你们谈论着和平、非暴力，同时你们却又准备战争。心智有和平的一面和暴力的一面，因此它内在就是冲突的。

因此，对于所有的探索，对于所有的崭新生活，对于所有的理解和觉悟来说，自由是第一件事。但是你不想要自由，你想要安全。你想要身体上物质上的安全，你设法创造安全——这就意味着你造出了各种形式的权威、专政、控制，然而，与此同时，你又想要自由。因此心中就开始了冲突。当心智意识到它的冲突，它就得搞清楚——自由或者安全——哪个更重要。说到底，究竟有没有安全这回事呢？你也许想要它，但是有这样的东西吗？事实告诉我们，没有安全这回事。但是心智却执着于这个观念。如果心智把自由作为第一要求，那么安全感将会随着自由而生。但是如果你把安全作为第一追求，那么你永远都无法获得自由，因此你永远陷落在各种各样的冲突和痛苦之中。这无疑是显而易见的。

因此，为了认识理解心智的品性和它的浩瀚无边，我们必须得有自由——摆脱一切制约，摆脱一切结论——只有这样的心智才是年轻的心智。只有年轻的心智才能自由地活动、探寻，只有它才是纯真的。

在我看来，对美的欣赏之感是超越自由的。我们中几乎没有人对于我们周围的事物有所觉知。夜色之美，一张脸庞、一个笑颜之美，河流与黄昏的云霞之美，月光倾泻在水面上的美；我们是如此麻木迟钝，以至于我们对这些不可思议的美视而不见。要得到自由，敏觉就是必不可少的。但是如果你的头脑里塞满了知识，你不可能是自由的。如果背负着知识的重担，心智不可能是敏觉的。

在我看来，另外一件超越自由的事物是爱——非常不幸，这个词汇已经被多愁善感地、荒谬空洞地滥用了——爱不是多愁善感。爱坚如磐石，就像是清澈透明的水晶，清澈纯净的爱坚如磐石。你想象中的爱，并不是爱，它仅仅是多愁善感。

如果我们在探索之旅中有所感受和觉悟，我们就会发现，对于探索来说，真正重要的是自由、美、爱——而不是知识，不是经验，不是信仰，不是从属于任何组织。不成为任何东西，这是自由的起点。如果你深入探索，如果你能够觉悟，随着你变得敏觉，你就会发现，你是不自由的，你受到诸多不同事物的束缚，而与此同时，你的心智又渴望着自由。你可以看到这两者是矛盾的。因此你必须要探索心智为什么执着于什么东西。所有这些探索都是艰辛的工作。它比任何办公室工作，比任何体力活儿，比所有科学研究加在一起，还要艰难得多。一个谦逊的、智慧的心智，它关注自己，但不以自我为中心，因此它必须出于超常的警醒、觉知，这意味都在进行真正辛苦的工作。因为我们不愿这么做，所以我们才有独裁者、政治人物、宗教导师、社会领袖以及所有其他此类废物。自由并不会轻易到来，因此需要坚持工作。所有事情都阻碍着你——你的妻子、你的丈夫、你的儿子、你的邻居、你的上帝、你的宗教、你的传统。所有这些东西都阻碍你，但是是你制造了它们，因为你想要安全。一个寻求安全的心智永远无法找到安全。如果你对这个世界有一点观察，你就知道根本没有安全这回事。你的妻子会死去，丈夫会死去，儿子会离开——总有什么事情会发生。生命是变化不息的，尽管我们想要让它一成不变。在变化不停的生命中，没有任何人际关系能够一成不变。这是一个必须领悟的事实，一个必须明白的真理，而不是什么用来争论的话题。当你开始探寻，你就会明白，这就是一个真正的冥想之旅。但是不要被"冥想"这个词迷惑。清醒地觉知每一个念头，了知它的源头和它的动因——这就是冥想。了知一个念头的全部内容，也就揭示了心智活动的整体过程。

现在，如果你能自由地活动，那么你会发现心智的那些极为非凡的东西，接着你会发现心智本身就是生命的全部真实。心智所要探索的真实，不在别处，而就是心智本身这个非凡的事物，当它自身内部没有矛盾、没有焦虑、恐惧，没有成功的渴望——这时心智本身即是永恒的、不可言说之物。如果不认识理解心智的整个运作过程,而去思辨推测"永恒"，那就只是小孩子的游戏了。这就是那些学者们——你崇拜他们——在玩的幼稚游戏。所以如果你和我能够真正地探索，摒弃所有戏剧性的英雄主义，摒弃所有思辨推力的废话，而是作为两个人来关注解决我们面对的问题，那也是整个世界面对的问题，这样就很好。个人的问题就是世界的问题。如果你和我能谦逊地探索，了知我们的状态，亲身体验地进行探究，那么你将发现，那个不请自来的、无法操纵的、不可名状的、无路可达的真理。只有当着手进行探索，你才会发现，你是多么轻而易举地就能够解决你的问题，包括如此重大的饥饿问题。但是如果你对于心智没有认识理解，你就无法解决这些问题。因此在下次讲座之前，请你回去观察自己的心，深入它，不只是在你无所事事的时候才这么做，而是从早上起床到晚上睡觉，从早晨睁开眼睛到夜里进入梦乡，都这么做。当你和你的雇员说话，和你的老板说话，和你的妻子、你的孩子说话时，观察你自己；当你坐公交车，看到售票员，看到司机时，观察你自己；当你看着月亮、树叶、天空时，观察你自己。你会发现生命令人惊讶的丰饶——不是知识的丰富，而是心智本性中的丰饶。在心智中也存在着愚痴无明①。最重要的是消除无明，而不是获取知识，因为消除无明需要无所作为，而获得知识则是积极作为。一个能够无为思考的人具有最高的思想能力。一个能够消除无明而非积累知识的心智——这样的心智是纯真之心，只有纯真之心才能发现那不可度量的真实。

1958 年 10 月 26 日

受到束缚的心智无法创新

我想知道像我们这种讲座的作用、意义是什么？如果你能这样问自己，并且不是用肤浅的、信手拈来的答案敷衍，而是找到真实深刻的回应，那么我想，这个问题是非常有意义的。如果我们非常深入地观察自己，我想我们会发现，我们总是想要得到什么东西。我们到这里来听演讲，因为我们认为讲的东西有可能会帮助我们，帮助我们深入理解，或者其他什么。然而我想问，这是不是一个正确的动因？我正在问我自己——我想你们也应该问问自己——我们是否期望着受到影响，然后按照某种特定的方式来思考。我想，如果我们怀着这样的目的——得到什么东西，受到什么影响——来开始，那么你和我就无法真正相遇，我们无法相互交流。我肯定是完全无意通过任何方式来影响你这样或那样地思考，因为我认为，这样做是幼稚愚蠢的，这些仅仅是宣传鼓动，让我们把它留给政治人物、共产主义者和其他给别人洗脑的人去做吧。我不希望影响你的思想或你的行动，我不想让你这样做或者那样做，如果你抱着接受影响的目的而来，那么我们两人无法真正相遇。但是如果我们能够探明，

---

① 无明：英文 Ignorance，梵文 Avidya，指不通达真理，不能明白事物的真相，不能理解道理，不达、不解、不了的精神状态。泛指无智、愚昧、烦恼。——译者注

为什么心智愿意受到影响，为什么我们的整个社会、文化、环境、教育全都致力于影响人心，使心智受到约束，那么这个讲座就具有重要意义。这是一个事实，不是吗？每一件事情都影响着我们——我们所吃的、我们所读的、报纸、电影、广播、政治演说——每一样东西都有意识或无意识地影响着我们。我们无意识地受到的影响，比有意识的层面要多得多。由于心智被其他东西占据，因此你读到某种东西时也许很快地掠过，但是你读过的东西却会留在心里，对心智浸泡、渗透。这也是一种宣传鼓动，是一种极致的广告手腕，让你的心智不经意地接受顺应某种模式的观念、思想、建议。我们对这种东西是再熟悉不过了。

那么，为什么会发生这一切呢？为什么心智不可避免地被束缚、被塑造，然后又不得不冲破束缚？这毕竟就是正在发生的情况，我们的整个文化，我们生命中的全部挑战，都包含于这样的过程：有一种被约束的状态，然后我们面临一个挑战，我们根据自己所受的制约条件来应对挑战，然后应对挑战的结果是改变我们的制约环境。这就是世界上真实发生着的情况，不是吗？

朋友们，请注意，我已经说过，这不是一个演讲，我们是在沟通，你和我在相互交流，在有声思考。不是仅仅让你听讲，然后表示同意或者不同意，然后回家。觉悟不是来自同意或不同意。对于一个事实，你不能说同意或者不同意。只有当我主张什么东西或给出一个观点的时候，你才可以同意或者是被说服。而我们现在所做的是真实地细看一个事实。因此我们必须清楚地知道，细看事实，并不要求你对它表示同意或者不同意。

事实是，心智受到极为深重的影响，不是吗？环境、宗教、社会、文化、气候、饮食的影响制约着心智。当心智面临一个挑战时，它凭着它的能力回应这个挑战。它的能力必然是有限的、不能胜任的，因此在挑战和回应之间就存在着冲突。如果我们无法全面地、深入地、强有力地回应挑战，那么我们的文明、我们的种族就会慢慢消亡。这是在历史中反复发生的事情，并且正在我们每天的生活中发生。为什么心智是环境的奴隶，是文化的奴隶？因为一个受到这样的束缚的心智，显然必定受到破坏。也就是说，我无法继续做一个印度教徒，我无法每天去寺庙，去参拜圣人，等等，这变得不可能，我无法做到这些，因为生命的运动不断地冲毁这些模式。所有文化都被摧毁了——罗马人的、希腊人的，这是一个历史事实——因为它们不再胜任对挑战的回应，于是它们都沉没了。而我们的整个趋势是服从某种文化。因为服从，所以当挑战来临，我不能应对它。我说我必须继续当一个印度教徒或者一个穆斯林、一个基督教徒、天主教徒，或者一个共产主义者，因此我自身与挑战，我自身与崭新的观念，我自身与关于何为生命的崭新看法，这之间就发生着不断的调整交战。这就是真实发生的事情，不是吗？这没什么好争论的，没什么好评判的，这是印度正在发生的事实。整个西方文明，西方人带到印度的所有东西——议会制度、黩武主义、科学研究，等等——这些东西已经到来，而且带来了挑战。西方世界把它的文化强加在印度文化之上，而西方的文化更有活力和效率，印度文化则正在逐渐沉没。你可以穿着礼服每天做礼拜，坚守着传统的生活方式，但是它的结局是不可避免的，更有活力的文化将会摧毁较虚弱的文化，我们要么遵从新的模式，要么将被摧毁。而现在普遍的事实是我们正在被外来的更强势、更有活力的征服者所摧毁。这就是正在发生的确凿事实。

现在我们想要弄明白心智为什么愿意让它自己受到影响。你曾经问过自己这个问题吗？这不是"好的影响"和"坏的影响"的问题，而是任何种类的影响。我们可以看到，心智受到每一个思想、行动和反应的塑造，这种反应无论是有意识的还是无意识的，心智都是在被塑造，它是被我们周围的每一种影响所制约。这是为什么？显而易见，如果你不遵从社会的模式、特定的文化模式，你就会被社会摧毁，这种文化会把你驱逐。你依靠这种模式，是为了你的生机，为了你的家庭，为了你的婚姻，等等其他一切。因此你害怕，如果你不遵从，如果你不愿意让自己接受影响，如果你成为一个革命者，那么你将无法立足，你将被看作叛徒，被看作不正常的人。因为你害怕——害怕丢掉工作，害怕没有稳定与安全，这是求得幸福的一种合情合理的意识——所以心智让自己接受影响，愿意服从。这又是一个明显的事实，我们服从，是因为我们害怕失去安全。这种游戏我们已经表演了千百年。

因此我看到，为了所谓的生存，服从、模仿、调整，是绝对必需的。但是我也非常清楚地看到，深知，一个仅仅追求生存的心智，肯定不是创造性的。请你们，我希望你们注意这一切，不仅仅是在理智层面上去听，因为词汇和理智对这里的内容没有用处。只有真实去感知的人，无论他的感知多么微弱，无论他是怎样踌躇摸索地前行，只有他才能突围而出。所以我们要问，在这个调整自己适应环境的世界中，在这个服从的世界中，心智能够有所突破，并发生创造性的革命吗？我认为，这是一个切当的问题，希望你思问这个问题。心智总是必须服从，然后逐渐摆脱，然后服从，然后又摆脱，如此没完没了地进行吗？在这个循环中完全没有革命，因此没有创造性的解放。真正的突破，完全不是调整性的修修补补，不是吗？请注意，我正在进行有声的思考。我觉得，创造性的解放是进入未知领域，在未知领域里，会爆发出新的创造性思想——这种解放不是渐进的。技术是渐进的，但不新的创造性的解放，这种解放能发现某种新鲜的、没有限制的事物。技术员、专家，只要他属于某个系统，他就不会是创造性的人。他可能会这样那样地使技术越来越优秀，越来越这样或者那样，但是他无法发现某种全新的事物。只有真正创造性的心智才能实现整体性的突破，并真正发现是否有上帝，等等。渐进性的、精于计算的心智，博学的心智，专门化的心智，无法真正发现——我是在广义上使用"**发现**"这个词，而不是指狭义的、做出某种新发明的意思。我所关注的是这种解放，这种发现，我认为，这是真正的宗教的心智。宗教的心智不是那种参拜寺庙、重复圣书、遵从权威的赝品心智。这些根本不是宗教。在我看来，真正的宗教是彻底看穿了这种渐进性和不道德的美德，如果可以的话，那么我使用"不道德"这个词汇，它只是指心智的循规蹈矩和狭隘，这里没有解放。归根到底，如果你的心智不是敏锐的、强大的、生机勃勃的、清晰明净的，那么，它怎么能冲破层层枷锁呢？一个迷惑混乱的心智是不可能实现突破的。

为了实现突破，心智显然必须具备一定的品质。不过让我们不要强调这些品质，因为如果你能首先觉悟到突破的必要性，那么你就会拥有这样去做的生命力量，与此同时，你将会拥有相应的美德——不是理智层面的而是实在的美德。

让我们再次审视这个问题。我正在问我自己：什么是真正的革命？因为很明显共产主义革命不是一场革命，它是一个反应。所有曾经发生的革命、所有形式的宗教复兴都仅仅是反应而已。我们卑微狭小的心智做出反应，而我们为此变得兴奋激动。在我看来，这些根本没有什么重大意义，因为如你所能看见，这样的革命只是给心智加上了一种新形式的约束。那么什么是真正的革命呢？不知道对你来说，这是不是一个重要的问题。要我说，我认为它应该是。因为我们现在的生活方式——渐进地培育崭新的美德，在这里或那里修修补补，读一点圣书，听一点讲座，每天早晨冥想或者祈祷，重复念诵某些词句——所有这些在我看来完全没有意义。这些仅仅是自我改善，自我调整，进而适应某个模式。一个宗教的心智不会去适应任何模式，因此正是这种突破，才是如此的重要。

我想知道，我们彼此理解了吗？我觉得，请允许我指出，如果你能真正地听我讲，真正倾听，那么你将看到你自己实现突破。你将会突破，你挡不住的。积极地主张什么观点，会破坏心智的觉悟。但是我们都在积极地主张观点，不是吗？所有的圣书，所有的政治人物所言，所有你相信的东西，无非都是积极主张某种观点，我们的心智塞满了各种观点，以至于它无法倾听了。它可以争论，但是在服从的领地里，无论争论得多么合乎逻辑，多么聪明，多么正确，而你如果想要发现什么全新的东西，那么这里就不会有。因此，如果你想要倾听，你就要放下所有这一切。你首先必须要听，就像是听音乐一样地听。听完以后，你才可以说你喜欢它或者不喜欢它。首先，你的心必须有容纳的能力，这样的心智说："我将听你说，我将会探究你所说的，我将放下争论，放下所有我的观点、经验、知识，我不会让这些东西淹没你，我将会首先倾听。"

如果你可以这样倾听，那么我就感到万事大吉了。不知道你是否曾经倾听过任何人。事实上，我们总是带着防御，我们很少倾听别人。我正在讲的东西既不讨人喜欢，也不令人生厌，所以不必要采取防御。我仅仅是指出事实，你可以在听过以后决定你是否喜欢它，但是你首先必须要倾听。宣传鼓动和倾听是完全不同的过程。政治的或宗教的宣传，并不希望你真正地倾听。它们仅仅想要强化你的偏见、你的观点、你的特定倾向，等等。而我希望你全神贯注地倾听，听过以后，我希望你运用你全部的批评能力、全部的怀疑、全部的探究能力，把这种心智的全部活力投入其中。

现在我问你：什么是心智品质的根本革命？——而不是仅仅运用新的一套观点来塑造心智。你可以这样来听吗，在倾听中感受这种革命的品质？它不是给心智添加附加物，而是彻底突破环境的制约。这些东西很难解释，我正尽我所能解释它。这就好像对一个人说，"保持安静，倾听"，而这个人说："我为什么要保持安静，我为什么要倾听？"但是只有保持极度安静的心智才能倾听——不是被强迫的安静，不是被训戒的安静——只有这样的心智才能为达到理解而倾听。这样的心智不受到任何强迫而进入高度的全神贯注。

我在说的是——有一种革命，它不是某种反应，不是添加许许多多的知识的细节，它是使整个问题得到解决。把一大堆车轮上的辐条绑在一起，你也无法做成一个车轮。你必须首先对车轮有所理解和感知，然后辐条才是有用的。因此，心智的突破不是思想观念层面的问题，不是突破一种形式的约束，又转到另外一种形式的约束。如果你很仔细地观察我们的思想，你会发现，它就是从已知到已知的运动，不是吗？请你观察自己的心。已知就是结论、经验，就是你所拥有的思想、观念，等等，而你就是从已知向已知活动。说到底，所谓的宗教人士有着他自己的关于上帝的观念，关于真理的观念，关于这个和那个的观念，他是从以前的知识移动到现在的知识，而他管这个叫作进步。过去所有的革命也都是这样。人们审视已知的事实，对之做出反应，造出一个新的模式，并称之为一场革命、一个新社会、理想的美好社会，然而这不过是从已知向已知的运动。我们都熟悉这种过程。

而我所说的革命，或我所感知的革命，与此完全不同。它是对已知的东西总体全面的洞察和理解，然后离开它，不再背负着它。心智觉悟了自己的内容，觉悟了自己储存的知识。凭它自己的自我批判能力，看清了自己从已知走向已知的，从结论走向结论的活动——它彻底离开这种活动，仿佛是纵身一跃，进入未知之域。但是如果你问，"我怎样才能跃入未知之域？"你就把自己捆住了，你又回到想要知道道路、方式、方法的老路上。没有这回事的。当你说我应该怎样做，怎样修习，什么样的美德，什么样的行动，将会让我产生这种飞跃、这种突破，你这是造成了转入另外一个已知的突破。你还是在请求别人引导你从已知到已知。当你询问突破"已知"的药方时，你就没有离开已知。我要说，你必须彻底明察已知。你必须彻底察知心智的整个运作过程，认识它的错综复杂、它的反应方式，包括意识层面，以及深深隐藏的无意识层面。如果我完全彻底地认识了自我，认识了自己所有的心眼儿、诡计、狡猾的手腕，以便获得安全，以便成为这个或者那个，当我认识了所有这些东西，然后我却找不到任何出路——那么心智就会丢开它们。因此自我认识是非常重要的。

为了实现突破，心智必须认识自己的运作过程，就像一个数学问题一样。我相信，一个真正的数学家是极为敏锐地、详尽地思考问题，他深度地探索，以求得一个正确的解答，但是他找不到。然后他就放下问题，有一天当他登上一辆公共汽车，或者当他走路时，整个问题突然解开了。然而重要的是，我必须认识自我的全部内容，我为什么这样想，我为什么这样做，我为什么受到影响，这个非凡的心智的意图是什么。我不能在理智层面上探究，而是必须以亲身感觉去探究。语言文字上的探究和感知上的探究，这两者不同。语言问题层面的探究只是好奇而已，或者只是关注调整、服从、改变。这样的心智没有真实的感知。对我们大多数人来说，理智层面的探究能力、语言词汇层面的吸收能力是非常强的。

我们的所有教育、社会教养、宗教书籍、宗教格言和戒律，都只是在语言文字层面上。不知道你是否注意到了这一点，它们没有真实的感知。当你读《圣经》《薄伽梵歌》《可兰经》，它们只不过是印着文字的纸张而已，但是你带着对这些文字的感知，这些文字本身并没有感觉。因此探索心智的全部运作过程，不是要求从语言、理智上进行，而是必须真实地感知它。

我想知道，朋友们，你对什么事情有过怎样的感受？你对什么事情，有过强烈的感受吗？请你正视这个问题，考虑一下，然后你将有所发现。除了你对自我改善、你的自私自利、你的琐碎卑微的希望和焦虑的并不那么重要的感受外，你对什么事情有强烈的、生死攸关的感受吗？如果你有过，那么它是多么迅速地被转变为狭隘卑微的行动呀！我说清楚了吗？除非你满怀热忱，带着强烈的感知，否则自我认识就没有任何意义。那样，自我认识就只是助长自我宣传的工具。因此，看清你有没有切身的感知，是极为重要的。请你严肃地、渴切地问问自己，你对什么事情有强烈的感知吗——或者我们都是如此的死气沉沉，如此的循规蹈矩，如此的狭隘卑微，如此的沉湎享乐，以至于从来没有过强烈的、迫切的感受？去看看你的感受是真正慎重紧迫的，还是仅是琐碎细微的？我知道如果你的邻居向你的墙上扔脏东西，你会非常可怕地生气，你偶尔会有一点性的激情，但是这就是全部吗？我说的热情，是彻底放下了自我，由此而来的质朴率真——不是刻意做出来的裹上一条缠腰布那样的朴素。因此，如果心智能够以最强的感受去充分地觉知它自己，那么你将发现，你可以彻底放下自己，你将发现，你可以冲破所有枷锁。这种感知是在内心练就的，反之，所谓的宗教人士已经破坏了他们的感知，克除了内心的渴望。他们的神明是廉价的神明。他们对神明一无所奉。然而，一个以强烈的感知——不是被窒息的感知——深入探索的心智，将会着手创造它自己的训练。一个混乱困惑、纷陈无序、备受影响的心智，永远无法清楚地为自己找到出路。相反，在深入地探索自己时，极为强烈的感知将会解开束缚，冲破束缚。

非常不幸，你们没有谁体尝过我说的话，因此我就好像是在说希腊语。我试着在一次讲座中讲了这么多东西。我想说的是：心智是深受束缚的，无论你是否承认这个事实。你是必须深入探究每一层束缚，全面地分析它们、解剖它们呢，还是，有一种方式可以立即冲破所有的束缚？我认为有这种方式。我要说，如果你察知心智是受到束缚的，如果你意识到，受束缚的心智，无论它做什么，无论它信什么样的神，有什么样的宗教仪式、思维过程、美德，全都是依然受到局限、受到约束的——那么你将看到，心智就能实现突破。但是你必须首先领会这个全貌，感知它的整体意义，而不是陷落在细枝末节里。这就像是眺望远方整个的广阔地平线，一眼尽览它的美丽、它的生命力、它的纯净、它的远处和近前。这不过就是深切的感知，如果你充分地体味到它，它就会行动。但这不是一种花招把戏，不是什么神秘经验，也不是诗意的浪漫想象。如果我能认识到我的心智是狭小的，我的神明是狭小的，我的《薄伽梵歌》、我的《可兰经》、我的《圣经》是狭小的，我建造的寺庙、愚蠢的偶像，这些东西除了狭小的心智赋予它们的意义之外，是没有意义的；如果我不带着失望情绪、不愤世嫉俗地认识到我的全部生活和思想都是狭小的——那么正是这种认识的真实性，使心智变得全然的安静、全然的宁静，而宁静对于实现突破，是必不可少的。你可以重复念诵一些词句，把自己催眠，让心智安静下来，你也可以吃几片安眠药达到这样的效果。但是如果你洞悉你受到的束缚是如此广大，就好像看到了某种无不美妙的东西，看到了一片壮丽辉煌的天空。当你洞悉自己的心智如此完全地被束缚着，当你如此认识自我，你的心智就变得全然地宁静了——不仅是意识层面，也包括无意识层面。于是你将发现创造性的解放来临——不是因为你想要它，而是因为它就是生命之流。

1958 年 10 月 29 日

年轻的心智才能产生觉悟

有一种倾向，把大多数事情简化为程式，然后力求按照这些程式来生活，不是吗？我们认为如果能够找到一个正确的教育程式，一个好的生活程式，一个让我们理解大地之美的程式，我们就能解决我们的问题了。我们大多数人都在寻求一个让我们可以依照它来生活的程式，不是吗？——一个好的程式，一个能够适应的程式，一个合理的、合于生命的程式。在我看来，任何那种程式都不仅毁坏生命的丰富意义，是不恰当的，而且使人变得极度肤浅，不负责任。我们认为遵从某个程式——和平的程式、冥想的程式、修行的程式、养成某种观念的程式等等——我们就会变得很负责任，很诚挚，很认真。我很怀疑这样的心态，因为我觉得，这样的人不是真正的诚挚认真，他仅仅是向权威鹦鹉学舌，遵从权威，受权威的摆布罢了。一个权威追随者肯定不会是一个诚挚认真的人。只有诚挚认真，而不是成为程式的追随者，生命才能真实展现。只有诚挚认真的人才拥有生命。诚挚认真的人不会只是逃避冲突和痛苦，逃避生命中各种各样的问题、意外、事变。诚挚认真的人不依靠现成的答案去应对生命的问题。真正诚挚认真的人，是探索者，他亲自追问生命的全部问题，他不会仅仅按照某个哲学家、心理学家或者宗教救世主的观点来生活。当你追随任何人，你就实际上不再是诚挚认真的。但不幸的是，我们的倾向，我们的教育，我们内心的恐惧，生活的变故，痛苦烦恼的侵袭——所有这些都让心智变得僵硬，僵硬的心智只懂得逃避生活，我觉得，这样的心智不是诚挚认真的。

在我看来，拥有这种真挚的品质是非常重要的，但又不是凭努力去得到它，希望你能明白我的意思。你不可能努力去欣赏灿烂的落日。欣赏落日之美，需要充分的理解力、敏感性，以敏觉的眼光观看树林、鸟儿、云朵、自然，包括人们的美和自己的美。你不可能突然决定欣赏灿烂的云霞，对美的欣赏不是这样发生的。要看到美，不仅仅是要有视觉，还必须有对美的整体感知——它绝不是静态的，它没有程式，不能够习得——对美的感知是艰辛的工作。你可以阅读文学作品，阅读诗作，参观所有的画廊，参观博物馆，但是你并不一定懂得欣赏美。真实地看某个事物，并且感觉它的美，这需要内心付出大量的工作。

同样的，要真正地拥有真挚，并不是要求你努力地变得真挚——这是极其愚蠢的——而是要求你认识理解你自己的能力、你自己的各种努力、你自己的行动和追求的意义。这意味着对于自己的言辞，对于自己的情感、姿势，保持觉知，观察自己怎样同别人说闲话，等等之类。保持觉知，是为了改变这些东西，纠正它们，使你自己更加坚定地生活。如果你看着夕阳说，"我必须非常认真地欣赏夕阳的美"，你这样说就没有任何意义。但是如果你看到并觉知到路边的一片树叶之美，看到并觉知到擦肩而过的一张脸庞之美，同时也看到并觉知到腐败堕落、丑陋、肮脏。如果你拥有这样的敏锐之心，你这样看夕阳，那么夕阳就具有了某种意义和深度，它拥有它自身的不凡，它成为它自己的诗意。同样的，我认为诚挚认真对所有人都是非常重要的，尤其是那些试图探索真理、探索生命意义的人。但是不幸的是，对我们大多数人来说，诚挚认真仅仅意味着惊人的努力、极大的奋争，如果一个人实际是肤浅的，那么他就会持续不断地努力变得认真。

我认为，持续不断地努力去成为某种东西，变成某种东西，是使心智受到破坏并老化的真正原因。看看我们是多么快地走向老化呀，不仅是六十多岁的人，而且年轻人也老化了。他们在精神上已经老态龙钟了！很少有人能够保有一颗年轻的心。我说的年轻，并不是指那种仅仅想要快乐、想要一段好时光的心智，而是指不受污染的心智，不被生命中的意外和变故损伤扭曲的心智，不被挣扎奋斗、痛苦悲伤、不停的努力等衰耗的心智。保有一颗年轻的心实在是必不可少的，因为老迈的心智遍布记忆的伤痕，以至于它无法生活，它没有热诚真挚，它是死了的，它是被自己的决定束缚的。已经做了决定并按其决定不变地活着的心智，就是死气沉沉的。而年轻的心智总是有新的决定，永远在新生，它不会背负着数不清的记忆。年轻的心智可能会穿越痛苦的峡谷，但是它不会背负着痛苦的阴影，不会受到伤害。我们必须拥有这样的心智。这显然是必不可少的，因为有这样的心，才有真正的生命——不是肤浅的生命，不是享乐的生命，但它也懂得快乐，不是患得患失、追逐利益、焦躁烦恼的生命。你知道，这些就是我们背负着知识重担的生命的全部内容。

现在你肯定明白了一个人拥有年轻的心智的必要性。在我讲的过程中，你必须去体会，一个人必须有这样生机勃勃、未受污染的心智，才会有真实观察、直接观察的能力。我现在就深入这个主题。当我们明白了年轻的心智的必要性，我们问，"我怎样才能获得它，需要学习什么学科，通过什么考试，什么样的冥想，什么样的戒律，什么样的奉献牺牲，我才能得到它？"——我们只晓得问这些问题。我认为，这种年轻的心智无法获得。你无法通过努力奋斗、奉献牺牲来交换它。没有金钱可以购买它，它也不是可以卖出的东西。但是如果你明白了它的必不可少的重要性，如果你明白了它的真理，那么有某种别的东西就会出现，这就是我在这个讲座中尽力想要传递的东西。这不是一个如何获得它的问题，因为所有的做法、所有形式的自我规训、心智用以征服它自己以换得某种东西的所有种种方式，都是培植、堆砌记忆之山，它只是增加心智的重担，让心智变得老迈，衰败无用。但是如果你能明白生机勃勃的心智的必要性，如果你能体会到它的含义对你产生的影响作用，而不只是问怎样才能得到它，那么思考的过程就完全不同了，不是吗？如果你说"我怎样才能得到它"，那么你又走在老路上，你不会有瞬时即刻的体察，不会有超越时间的觉悟。

我想知道，我们可以通过时间来觉悟任何事情吗？我可以在明天、后天、一年以后、十年以后觉悟任何事情吗？实现觉悟是时间范畴的事情吗？明了事物的真理、真实或者谬误，是时间范畴的事情吗？还是说这是时间之外瞬时即刻的体察觉知？你一定发生过这种情形：一下子明白了什么事情。这种瞬时性的意思无关乎时间范畴——即昨天、今天、明天这种时间。我们可以不从时间来理解年轻的心智的必要性、紧迫性及其非凡生命力吗？我使用**"年轻的心智"**这个词，不是指时间之内的某种东西。年轻的心智超越时间，它清澈天真、生机勃勃，如果你觉悟到必定有这种生命，那么你对待生命的整个方法就焕然一新了，不是吗？让我换一种说法。也许我们可以从另外的层面理解它。

心智为什么衰老？它陷落在自己的习惯中，性生活的习惯、宗教习惯、工作习惯，或者各种各样野心勃勃的习惯，在其中重复生命本身，变得衰朽、退化，在这个意义上说，它是衰老的，不是吗？我们的心智背负着经验和记忆的无穷重担，积累了痛苦忧伤的层层伤痕，以至于它无法看到任何新鲜的东西，而总是把看到的东西都翻译成自己的记忆、结论、程式中的东西，它永远鹦鹉学舌，它被权威绑缚；这就是一个衰老的心智。你可以看到为什么会这样。我们全部的教育仅仅是培育记忆；大众媒体通过杂志、广播、电视强化我们的记忆；教师们拿着讲稿照本宣科，一遍一遍重复同样的东西，直到你的大脑浸泡在他们重复的东西里面，你把听到的东西吐出来，写在考卷上，拿到你的学位，然后继续这种程式——你参加工作，每天例行公事，没完没了地重复。不仅如此，还有我们自己怀抱的野心，相伴着其挫折而来的挣扎，还有不仅为工作职位，也为上帝而发生的竞争，争抢靠近上帝身边的座位，争抢通向上帝的捷径。所有这些持续不断的努力奋斗、挣扎，伴随着失望、痛苦、忧伤，以及无法解决的问题，这些东西侵蚀着我们的心。我们想要超越这一切，我们试图从书本里面寻求所谓的智慧，那不过是废话连篇。还有无数传授"智慧"的学校，实质上也是一堆垃圾。

因此正在发生的是，我们的心饱受重压和紧张，它是有意识或无意识地被各种影响和苦恼充塞淹没。如果我们意识到这些东西，那么我们就能够努力消除它们，但是在无意识层面，那里堆积了深刻的种族矛盾、各种文化相互争斗的层层印痕、失落感，所有这些东西无疑正在使心智衰老。所有这些都是记忆，它们毕竟只是记忆，它们使心智迟钝，当我们的年纪越来越大，我们的记忆就把我们抓得越来越紧，于是我们回忆过去的美好时光，或者期盼某种未来的事情。我们把心用在错误的方向上，这就是衰朽的重要原因。我们是在损毁心智，而不是正确地使用它。

现在我们明白了是什么造成心智衰朽，麻木迟钝，冥顽不灵，无法接受新的观点、视角、品格。在这其中，时间起着极其重要的作用，时间是着眼过去、现在、未来，它永远是某种有限之物，不是这样吗？我们可以深入探索它吗？这实在是一个含义非凡的主题。有日历表上的时间——昨天、今天、明天；你的火车在某个钟点开车，等等。日历表上的时间不重要，让我们把它放到一边。那么什么是时间？对于未受侵蚀的心智来说，存在时间吗？对于经历过时间但又处在时间之外的心智来说，存在时间吗？不过对于经历了时间并保留下快乐、痛苦或各种各样记忆的心智来说，就存在着时间。就心智的本性、它的结构而言，就它受到教育的整个过程而言，它毕竟是时间的一个产物。你所是的一切，你心智中的一切，从你呱呱坠地，从你豆蔻年华，直到现在，你所有的获得、学得、经历、遭受、所见所知，你有无法计数的经验，这一切都与时间紧密相连。这样的心智是时间的产物，因此它总是从二元性的视角，或者是某种专门的身份，顺着某种特定的方向去进行思考。

我希望你来听我的讲座，不是把它当作一个无论多么枯燥你都必须听的东西。我希望你把我的讲座当作一块回声板，当作一面镜子，通过它，你可以看到自己的心，看它是否像我描述的那样活动。否则，我讲的这些东西就没有意义。

我们正在探索时间。心智是时间的产物，是许多个昨天的产物，是经验、痛苦、打击、快乐、问题、喜悦的产物，是一个人已经学到的东西的产物，他把这些东西带到今天，然后又带到明天，虽有修修补补，但还是继续着同样的过程。现在，这个植根在时间中的心智问："我可以找到超越时间的某种东西吗，存在永恒吗，有什么东西是不受时间影响的吗？如果有，那我应该怎样做？"然而当你说"我应该怎样做"时，你就已经引进了时间的全部过程。现在我们知道了什么是心理的时间，内心的时间，它就是延续下去的感觉，是我是什么，或者我不是什么，或者成为什么的感觉。所有的成为什么，都是在时间的范围内，而且都是心智所知道的。

那么，有没有一种状态，一种生活，一种探索——无论你把它叫作什么——它不是时间的投影，不是时间的产物，不被时间的阴影所覆盖？难道心智不可以让时间死亡吗？这样它就可以当下即刻洞悉某种全新的东西？"过去"的死亡就是"即刻当下"的新生。"即刻"和"当下"不在时间的范围之内，虽然它们在字面上与时间有着联系。当我们说"当下"时，心智马上就想到了过去或将来，当我们说"立即"或者"现在"，心智也会想到过去或将来。然而我们就不能直接体味现在，体味此刻当下吗？在这样的状态中，"过去"或者"未来"的意识——所有这些都是我们已知、已经验的东西——就像秋天的落叶一样片片消失。在这样的状态中，心智是生机勃勃的，超越时间而永恒。但这意味着，心智必须从不可计数的影响中，从所有遗传的文化中，从所有的传统中，从所有已经知道、体验和享有过的东西中解放出来。这意味着，当即地而不是渐进地与之决裂，因为渐进性仍然是在时间之内。

朋友们，我们正在讨论的问题是最困难的问题之一。我已经说过，真理不是在时间之内被发现的，而是在刹那中呈现的。它没有常驻之地，它没有延续性。学识无法换得它，经验无法使你得到它。你必须让你所知道的一切东西死亡——你的大师、你的上师、你的学问、你的社群，每一样东西。因为认知的积累存在于时间之内。年轻的心智不做积累，只有衰老的心智才累积了一大堆东西，并且持续堆积着。我们必须要让衰老的心智死亡，那么怎样做到呢？我这里说的"怎样"，并不是指一种方法。要知道，如果你领悟任何事情，你必定是当下立即间领悟，否则根本就没有领悟。这个当下即刻也许是在明天发生，但是它仍然必定是一种当下即刻。这是如此微妙，不知道我说清楚了吗？这不是非黑即白的事情，这不是一个做出结论，然后记在大脑就完事的问题。

觉悟不发生在时间之中。觉悟发生在当下瞬间。举例来说，我觉悟了苦恼的全部含义，这是一下子样悟到的——这不是指对苦恼的解释，多苦恼的原因的解释。你可以解释苦恼，你可以展示苦恼的原因。但是对苦恼的感知，对它觉悟，从其中解放出来，这些完全不发生在时间之内。朋友们你看，我们生命中的大部分都不断有痛苦相伴。我们因为不成功而流泪，或者因为我们是这个样子，但却认为应该成为那个样子而哭泣。我们总是处在挫败失望之中；生命中有死亡、衰老、疾病，我们还成为某个人或者某个观念的附庸物。我们知道不可计数的各种苦痛，有微小琐碎的苦恼，有深刻巨大的伤痛。我们不断地受到老板的欺压，受到丈夫或者妻子的控制，然后死亡悄然降临。我们都知道痛苦的滋味——永远无法治愈的深刻伤痛，每次触碰都让我们恸哭不止。我们很多人——年轻人、老年人、重权在握的人、独裁者——都懂得这样的痛苦。这时心智开始剖析痛苦，确立某种评判裁决，建立某种程式，力求排拒痛苦，它说："这个是对的，那个是错的，我必须这样做，我不能那样做。"这样，我们的内心仍旧冲突不休、挫败绝望，我们的痛苦忧伤绵延不绝。无论我们怎样做，痛苦似乎都如影随形。

　　那么很显然，从痛苦中解放，不是能在时间中实现的事情。不仅仅在语言层面、理智层面，而是在深刻的内心，彻底消除生命的创痛，这样的疗愈不是时间中的事情。所有意识和无意识层面因生活而留下的创伤——受辱、曲意奉承、向往和挫败、希望和失望，心中塞满的记忆的重负——这些都无法通过时间而治愈。你可以给它们加一个盖子，把它们密封起来，但是你无法经由时间消除它们。如果你试图这么做，那么你又回到了你应该做什么、不做什么的程式之中——这是一个轮回——你重新陷入令人厌恶的奋斗挣扎的相同事务之中，溺毙于无休无止的希望和失望之中。

　　显然，必须得有一条路使我们离开这一切——就像是脱掉一件衣服，然后不再转身回头看——就像是一阵强风，吹散一片乌云。我认为，这样的路是有的。但是显然你不能执着走在老路上，否则你无法找到这条路。你别无选择，必须放下一切。朋友们，你明白吗？如果你以为你知道其他道路——怎样来涤清心智——那么你就不会放下一切了。反之如果你别无选择，而是明白了，时间作为疗愈伤痛的手段，作为解脱痛苦的手段，是虚妄的，如果你明白了根据记忆进行的整个思维过程是虚妄的，那么你的心智就不再四处张望寻求出路；它将因此而获得自由，它就有能力实现即刻瞬间的洞悉和觉悟。

不知道我把这些说明白了没有。让我换一种说法。你曾经试过让快乐死亡吗？你想要让痛苦死亡，但是你曾经试图让一段快乐死亡吗，是自愿的而不是被迫这样做的？通常当死亡来临，你不愿意死亡；但是死亡来了，把你卷走；这不是一个自愿的事情，除非自杀。但是你曾经试过轻松地、自愿地死亡，感受那种放下的快乐吗？显然你没有！你现在的思想、你的快乐、你的野心，所有这些所谓给予生命意义的东西，它们根本就没有意义。只是这个"你"对它们赋予了意义。生命是活跃的、丰富充盈的、无拘无束的，不是"我"有重要性这样的意义。那只是思想观念罢了。如果你试着体会让一些小的事情死亡——这样做就够好的了，只是让小小的快乐死亡——笑一笑，轻松地、舒坦地放下它——这样就够了，然后你将发现，你的心里能够让很多事情死亡，让所有的记忆死亡。机器——计算机——正在代替人类的记忆功能，但是人类心智却是比机器的联想、记忆性态更为丰富的某种东西。然而，如果它不让所有它知道的东西死亡，那么它除了记忆，就不可能是别的某种更为丰富的东西。

为了觉悟这一切的真理，一个年轻的心智，一个不只是在时间范围活动的心智，就是必不可少的。年轻的心智让一切东西都死亡。你能够立即明白这其中的真理吗？你能够一下子就感触到这其中的真理吗？也许你还没有明白它的全部的非凡意义、它的无比深广的精妙、那种死亡之美、死亡之丰富充盈；但是只要倾听它，你就已经种下了种子，这些话语的意义已经扎下了根——不仅仅在你的意识表层面，而且深入到无意识的底层。

因此，如果你能够正确地倾听，那么你会发现，倾听本身就已经足够了。你不需要做任何事情，因为正是倾听，就像一粒种子植入土地，进入子宫一样——它拥有生命，它将会成长。那么，你现在明白了吗：觉悟不是在时间中实现的，不是一个解释、一个结论的结果。关于你为什么痛苦，你可以有一百万种绝妙精微的解释，但是对痛苦的解释无法终结痛苦。然而如果你能觉悟到痛苦可以终结，不是在时间的领域里终结，而是让痛苦死亡——不思虑任何报偿，不做任何解释——就像你可以让愉快死亡一样，那么你就会发现，对于一个诚挚认真的人，时间几乎没有意义。那么生命就是一件事：活在当下即刻的丰富充盈之中。我不知道这样的事是否曾经发生在你身上——看着一只夜晚的萤火虫，在它的一点萤火中，看到整个宇宙的光明、真实、美。这不仅仅是浪漫的、诗一样的观念，而且是要切实地感受它，这意味着所有记忆的残渣已被涤除——这不是说你忘记了你住在哪里，不是说你要变成疯子，而是说心智对于经验的认同、依附，接受它的极其有害的影响，并依赖它生存、支撑，变得衰朽败坏——把所有这一切彻底涤清。朋友们，你很可能经常有这种情况：你被别人，被你的丈夫、你的妻子，或者不论是谁，对你做了什么事情，伤害了你，侮辱了你，你难道不能不需要任何理由，不需要任何计算，不需要任何原谅，让这个伤痛死亡吗？你是觉悟的，就不会需要原谅。难道一个人不能让伤痛彻底死亡，让这件事随风而逝吗？如果你是在听我讲，而不是被催眠了，那么无疑的，你一定已经明白，心智——这个被时间组装的产物——可以让它自己死亡。

也许你从未这样体验过，但是如果你愿意这样做，那么你会发现，所有的洞察，所有的觉悟，都发生在时间之外，这就是解放——从时间中解放。这就像是爱。爱没有时间。你不会说，"我昨天爱过了"或者"我明天将会爱"。爱是超越时间限制的，当你这样爱，就不存在过去或者将来。这是完满的爱，这是充盈的爱，时间无法束缚，空间无法分割。如果你真正地倾听了，哪怕只听一点点，那么这就足够了。这颗种子如果是真实的，它就一定拥有自己的生命力。心智需要做的，是不断清扫自己的尘埃。但是即便如此，倾听还是要求全神贯注。全神贯注不是一种心智本有的，全神贯注来自爱。毕竟你对你所爱的人，才会全心投入，并全神贯注倾听。爱不是一种心智本有的，爱的品格是超越时间限制的。

不幸的是，我们不懂得永恒这些东西，所以我们的心智做了我们的主人。我们的心智支配了我们的行为，决定了我们的生活方式，因此我们的行为只是出自习惯，出自所谓的道德。一个仅仅遵从道德的心智永远无法认识真理。只有那种敏觉的人，那种总是失去，从不积累的人，只有这样的人才能觉悟，而这种觉悟是在时间之外的。

1958 年 11 月 2 日

生命真的有意义吗？

我想，如果我们自己能搞清楚，生命中究竟有没有老师，有没有教导，那么这种探索是很有趣的。我们大多数人认为我们是向生活学习，我们给生活加上特定的意义。我们说，我们通过生活中各种各样的经验、事件和变故来学习。我们积累经验，而这积累物进一步束缚了我们的思想，进而束缚了未来的所有的经验。因此我们说，我们从生活中学习，而且我们给生活赋予意义，我们赋予的意义越重要，我们就认为我们追求那种意义的生活就越丰富。不知你是否注意到，我们大多数人是多么渴望对生活赋予意义；我们说生活必须有一个目标，必须有一个可以达到的目的；否则，我们活着为了什么？我们渴望确立某种更加完满、更加深刻、更加广阔的意义，从这种欲求中就一定会产生这些问题，不是吗？同时我们又说我们从生活中学习，这种收集被称为知识或经验。于是，我们或者是满足于收集知识、经验，并且继续堆积它们，或者是试图对生命赋予意义。因此我们总是在寻求某种目的、某种重要性、某种意义。

那么，生命真的有意义吗？即那种我们可以求索的意义？另外，生活中真的有教导吗？有老师吗？当然，对于机械性的东西，一定有老师，有学校里的老师，比如机械学的老师，他们追求专业化、专业技术和专业知识。所有这样的知识，无疑是获取技能并将它储存，然后利用这些记忆实现谋生目的的一种过程。但是我现在问自己，是否有什么东西从生活中学得？关于生活，是否有什么人能够教授给我吗？别人可以教给我生活中的机械性知识，不过我已经洞察到，只要我们积累知识，我们就无法超越这些知识的束缚。显然我们必须得有知识——懂一些数学，知道怎样开汽车、飞机，怎样做某种工作，等等——为此，必须得有老师。但是在此之外，还会"教学"吗？如果在这种领域之外，没有教学，那么我们现在这个讲座有什么用处？如果你向自己提出这个问题，那么它实在是一个很重要的问题。你可以学习舞蹈，学习拉小提琴，学习阅读和写作，学习操纵一台机器，学习飞向月球，以及其他所有这类东西，显然你必须向别人学习。但是，我们正在从这个讲座中学习吗？我们所说的"学习"，是什么意思？如果我说我正在学习开汽车，它的意思非常明确——我正在积聚知识，我开汽车的时间越长，我就越熟练，到后来我几乎不用想就可以开车。在这里，知识是必不可少的。为了掌握一门技术，我必须存储知识。那么我们在这个讲座中的学习，也是这种机械意义的学习吗？你从《薄伽梵歌》或者《圣经》中学习吗？你学的是什么？怎样解释这些圣书，或者说怎样让你的生活符合圣书中的话，不是这样吗？这些还是机械性的。也就是说，你认为你能够在那里找到生命的意义，这就意味着，除了你选择找并且加在生命之上的那个意义，生命本身是没有意义的。

请允许我提醒你，希望我这样提醒没有让你感到厌烦：你来这里不仅仅是听别人讲。如果我们能够做的话，我们是在共同探索生命的全部问题。我不是在教你，你也不是在向我学习。所有那些把戏太幼稚愚蠢了。我们正在努力做的，实际是、确实是，亲身体验对于"学习"的整个过程的探索，并且探明心智能否让自己从知识和经验的束缚中解放出来，或者说心智能否学到某种超越知识领域的东西。我将做出努力，并且探索得稍微深入一些，因为如果我能够的话，我想现在来谈谈我们所说的"创造"是何意谓。让我们来深入探索"创造"这个主题。

我们说的"学习"是什么意思呢？或者说在机械性的学习之外，完全没有学习这回事吗？的确是没有其他学习了。因为我们可以十分清楚地看到，所有的经验只是束缚进一步的经验；所有的经验都让下一个经验变得机械性。比如我有了对于落日、愤怒、贪婪，或这或那的经验，这种经验在我的心里留下陈迹，不是吗？心智就是这些陈迹；心智和陈迹是同一个东西，它们不是割裂开来的，心智就是经验的陈迹。于是，我就立即按照先前的经验来翻译这种经验。所以心智翻译、修改每一个经验，给它加上意义。所有的经验实质上是机械性的过程，心智根据自己的愿望和记忆来翻译经验，把它们叫作"愉快的"或"痛苦的"、"丰富的"或"不足的"、"悲伤的"或"美好的"。

现在你可以看到，在和机械性的事物相关的地方，才存在学习，你还可以看到，所谓的"从经验中学习"或者"从某种教学中学习"，还是对心智的机械性的束缚。那么有没有别的形式的学习呢？除了这两种机械性的学习，我可以从你那里学到任何东西吗？你已经明了这两种学习是机械性的，不是吗？从经验中学习有一点微妙之处，不过它仍然处在习惯的范围之内——习惯就是记忆。那么，有没有别的形式的学习呢？

你正在听我讲。我想知道你为什么听我讲？是希望学到什么东西？是要找到生命的目的？是要弄清你的问题？或者是要丰富你的记忆？或者我们都处在全神贯注之境，正在其中极为清晰地观察事物，而并不使用"学习"这个词？希望你明白我的意思。在全神贯注状态中，你不是在学习——你仅仅是全神贯注。只有不能全神贯注的心智才想要学习，想要被别人教授，这种过程仅仅是培育记忆。于是这种过程成为机械性的，并且形成习惯——思维的习惯、观念的习惯和价值的习惯。因此我们要探明：什么是全神贯注。全神贯注不是积聚性的，机械性地积累堆积物的心智无法全神贯注，它只是机械性地运转。这是我们大多数人所想要的，因为那种方式使生活容易得多。这就像安装在两条铁轨之上，沿着铁轨一直向前跑，不受任何干扰。因此我们的心智总是在培育习惯，以求得到安全。为了得到安全，我们力求学习——向老师学习，向书本学习，向这个或者那个学习——学习就是一个建立习惯的过程，寻找安全感的过程。如果你观察自己的心智，如果你觉知你自己，你将发现就是这样的。我们想要在一切环境中的安全——在我们的观念、我们的工作、我们的经验、我们的情绪状态，等等之中的安全。我们想要永远这样活下去，也就是说，实际上是我们的习惯永远延续下去。那么，有别的形式的学习吗？或者说只有全神贯注？

你看，这个问题非常重要。因为人们正在用化学的方法对自己的身体做惊异的事情。你可以吃各种各样的药片——让你的头脑注意力特别集中的药片，让你的头脑特别警醒的药片，让你的感觉特别敏锐，产生明亮色彩和强烈效果的药片。因此心智可以被化学的方法塑造成它想要的任何样子。你可以达到任何一种情志状态，或者所谓的精神境界，或者在极端警醒的状态下对周围每个事物保持高度敏感。据说，人们也可以用化学的方法擦掉无意识层面的沉积。这些事情正有人在做，如果人的心智可以被化学药物如此控制——你不必接受我的这个说法——那么这种对心智的探索，让心智解放，这种对于超越心智的某物的探寻，去往上帝，达到永恒——所有这一切意义何在？如果我可以吃一片药，让我的心智停止烦恼，让我的心智注意力特别集中，那么我肯定已经解决很多难题了。我可以用这种方式造出各种形式的体验，看到各种景象，等等。

那么，知道这一切时，你问："有永恒这回事吗？有真实这个东西吗？有超越习惯束缚的心智之上的东西吗？"因为你知道，一个人可以被人为控制相信任何事情；他们也有这样的药片。既然你可以被人为控制相信任何事情，那么信仰、知识、经验这些东西就不再有太大意义了。我们进行一种真正深入的探索，我们怀着一种希望有所发现的精神，一种进入未知的摸索精神，来思考这一切，观察这一切，这里有什么学习吗？或者说只有一种全神贯注的状态，它不是任何药物所造成的？你可以吃一片药，或者通过各种手段让自己集中注意力，这样的集中注意力，还是会再次成为一种习惯。

既然你能够以机械的方式，通过吃一片药来消除冲突，得到彻底的放松，那么心智还有什么用处呢？我们活着，就只是吃一片药来调整自己适应环境、从事工作、不再焦虑吗？而这就是真正发生的事情。如果心智可以在药片的作用下安静下来，平和、沉默、不再焦虑、忘记过去，那么心智有什么用呢？难道心智仅仅是药片的玩物吗？不仅是瓶子里装的药片，还有习惯的药片、记忆的药片、经验的药片。如果一个人可以冲破所有这一切，那么心智的作用是什么呢？

当你从心智的枷锁中有所突破，当你通过自我认识和极为细致的观察而实现突破时，你一定只会问这个问题，心智的作用是什么？当你丢掉了一些既定的思维习惯、态度和信条，即使是在这样自由的状态下，你仍然可以吃一片药，让心智更加紧张起来。看到人类的机体如此惊人地被化学药物控制，你一定会问自己，到底有没有真实、有没有上帝，无论它叫什么，还是说这一切都只是人类捏造出来的？它们仅仅是心智的逃避到某种持续的、永恒的、颠覆不破的安全感的渴望吗？这正是我们大多数人所想要的东西——我们都想被别人带到这样的境地中。心智怎样才能自我净化，摒弃所有这些观念、这些习惯、这些机械性的、化学的东西，并且探明到底有没有真实？我能学习察看真实，并觉悟它的重要意义吗？还是说我完全无法学习关于真实的任何东西？或者说心智只能够观察真实，而无法把观察转化成行动？不知我把这个说清楚了没有。恐怕我没有说清楚。

你看，关于"创造"，我们一直在进行许多思索。当我说"思索"的时候，我们应该明白，对我们大多数人来说，思索仅仅是反应。思想仅仅是"已知"的反应，是你的经验的结果。因此，思想不可能是自由的。但是我说的"思索"这个词，它的意思是探索。我一直在思索，什么是"创造"，创造不仅仅是天赋、天才或者说是做出发明的能力。没有创造，心智就会被永远束缚在机械性的、习惯的领域里，这种创造的状态是怎样的呢？让我换一种说法。

我们的生活是机械性的，是从已知到已知的运动，在其中没有创造，感受不到无比宽广的、不可测度的无限之境，那是机械性的心智无法企及的。如果你对这个事实没有觉知，没有洞察，没有关注，那么你的生命必定会停留在机械性的老样子。那么，机械性的心智怎样突破自身，去认识、感受到另外一个境界呢？很显然，它必须冲破所有边界，终结所有思想，因为思想仅仅是记忆的反应，是知识的反应，它永远局限在已知之域。因此我看到，必须终结思想，冲破边界，必须放下目的意识，心智必须具有非凡的全神贯注。这不是"围绕"某种东西而活跃。而我们大多数人的心智总是"围绕"某种东西而活跃。心智必须具备非凡的全神贯注。我发现，这些条件都是必不可少的，而且它们不可能通过诱导、通过化学药片、通过任何信仰的手腕、行为的模式或者美德的范式而产生——所有这些都形成习惯。

那么，心智怎样觉识这些机械性习惯，而不陷入其中呢？心智怎样不靠任何诱发刺激而扫清"已知"的污染呢？朋友们，也许你还没有问自己所有这些问题吧。而我向你们提出这些问题，以便你能自己回答它们。因为只有这样探索的心智才可以即刻觉悟，在超越时间的瞬间，觉悟不可测度地无限存在。它超越时间，就在那里，永远在那里。但是心智无法找到它，因为它只知道积累性的学习，它只知道在时间之内的习惯。无论它在想什么，仍然局限在时间范围之内。那么，心智怎样终止这一切呢？朋友们，希望你明白我这个问题的意思。因为除非你冲破一切枷锁，否则无论你做什么，无论你的社会地位多么高，你的生活多么富足，你所在的组织机构多么完美，你的生命就像一栋富丽堂皇的房子，里面却空空如也。这就是我们正在变成的样子——健康的身体、良好的智力、激发的心情，全都被药片所控制，且无力摆脱它。

那么，心智怎样让这事来临呢？很显然，心智无法走进它。它必定到来，那么它怎样到来呢？你无法邀请它到来，你无法把它变成一个习惯，你无法奉献牺牲自己来换取它，或者使你成为这个或者那个来得到它。它必定到来；至于"怎样"到来，如果"怎样"是指通过什么行为、什么道路、什么系统、什么思想过程——那就不是问题之所在。如果要严肃认真地问自己这个问题，你就必须透彻地认识这个问题的全部含义。当你认识到心智的全部习惯，认识到你可以通过药物让心智做任何事情，而这将毫无意义，那么你一定会觉悟：如此受到影响的心智，无法接受那不可测度的、不可名说的存在。如果没有这个他者，那么你徒有健美的身躯，徒有精美的机械性的心智，但你不过是一具空壳。那么，那种"未知"怎样到来呢？你无法诱发它，你无法通过任何手段来交换它。它太广大，它无法测度，它如此飞逝，以至于心智无法捕获它。它无法在时间的领域之内把握。

请注意听好这一点。已经建立自己的边界的心智，怎样冲破这些边界呢？只是在知识的习惯中运转的心智——它怎样立即放下这一切，而不是在未来才放下？我希望你是真正在倾听——不是为了学习某种东西而听我讲，然后带回家去思考，这样你永远无法发现。因为"以后再去想它"，这就又陷入在了时间之内。但是如果你可以在当下非常单纯地倾听，那么你的心智就可以自己发现，问题的答案正寓于问题之中。你不必再寻求什么答案——问题就是答案。

创造是心智无法利用的某种事物，心智无法利用它来创作绘画，来写诗，或做出发明，或产生想象，来拓宽视野。创造远远超越这些。为了这种非凡的事物发生，心智必须马上获得自由。

因此朋友们，重要的是高度的全神贯注，在这其中没有边界，没有尽头，没有限制，所有的集中注意力都是以限制为前提的——这不是全神贯注。全神贯注不是以任何办法诱发的，当你全神贯注之时，你将发现它是没有限制的。但是心智无法捕获全神贯注，时间的道路也无法带你通向它。当你懂得了这一切——它有太多的义涵——懂得了心智不可思议的全部运作过程，那么心智能做的一切就是——就像是面对一座巍峨壮丽的大山，就像是面对任何美丽非凡的东西——高度的全神贯注，同时，思想上的语词活动、理智活动全然止息了。正是在全神贯注中，问题消失，因此时间也不存在。

因此，朋友们，这就是为什么我如此强烈地感知到心智品质革命之必需。不是仅仅改变观念、思想和信仰，而是心智品质本身的一场革命。这种心智品质无法学到，无法培育，它只能在当下一刻发现，同时又在当下一刻忘却，不能积累。不过心智一旦发现了这种品质，发现了它自身这种革命，就不会再丢失。这就是为什么不一味循规蹈矩，不安于琐碎狭隘，而是中止所有这种作为，甩掉循规蹈矩的巨大包袱，是多么的重要——这并不是说，我们要变得放浪不羁。正是这种高度的全神贯注，能在当下瞬间突破一切事物，从而让心智始终活在非连贯的状态之中。

1958 年 11 月 5 日

让心智从语词中解放出来

这个讲座我们将讨论下面这些有趣且有益的问题：语词、意象符号、还有名称。语词在我们的生活中有着十分重要的作用，意象符号和名称有着非比寻常的重要性。也许，如果我们能够通过认识理解心智的全部内容（它塞满了如此多的语词、意象符号和名称），从而打破这种重要性，那么也许我们就能够理解思想的整个运作过程。我觉得，如果我们不知道怎样既有推理又有洞察地、理性地、理智地进行思考，我们的思考就无法把我们带到很深、很远。进一步说，为了超越理性，我们必须首先明了理性活动的全部过程。你不可以轻易地跳过它，说它不重要。你必须知道理性活动的根源。你必须知道制约条件是什么，所有的理性活动都由此而产生。我不是在谈论语词层面的理性活动，而是基于实际经验、基于真实生活而来的理性活动。如果我们可以从这里开始探索，我想我们就可以非常深入地探索什么是"自我"的整个问题，探索思想的整个领域。

不过，为了能够非常深入地探索，我想我们必须从语词开始，并且了解：一个语词是怎样具有非常强大作用的；我们是怎样把语词、语词的意义、我们所感觉的含义等搞混了。我觉得，如果我们每一个人都能明白这一点就太好了：在我们的思想、行为方式、生活方式中，语词都具有着神经意义和身体意义的惊人重要作用。在我看来，除非我们可以冲破语词的高墙，把心智从语词的束缚中解放出来，否则我们将不能发现谁是那个"经验者"，我们将不能确知，有无可能把心智从所有的经验中解放出来。这话听起来也许很奇怪和疯狂，但是在我们的探索中，我们将会明了它的意义。

不知道你是否洞察了语词在我们生活中的作用。首先，我们知道语词并不是事物。"树"这个语词并不是树，这是很明显的。"时间"这个语词，并不是作为昨天、今天和明天，作为距离，作为进行性这样的时间——这个词并非所有这一切。我们必须把语词和真实事物区分开来，把语词和它所激起的内心情感区分开来。不知你有没有亲自尝试过这样做——把情感和语词区分开来。让我们看看"爱"这个词，和实际的爱的情感。"爱"这个语词激起了爱的情感吗？还是说先有爱的情感，然后才有"爱"这个语词、这个意象符号？除非你对此有了非常细致的亲自体尝，否则你的思想将是深受限制的，你被圈禁在语词的层面上活动。由于所有的语词、意象符号、名称都塑造着我们的思想，因此在我看来，看清语词、意象符号、名称是如何塑造了思想，这就非常重要。"印度"这个词——如果你是一个印度人，你对印度有强烈的感情，如果你是一个国家主义者，国家主义毫无意义——那么这个词就会立即掀起你的情感波涛；这个词激起某种莫名的、充沛的、不相干的情感。它在你的内心唤起印度的画面、地图、国土、海洋、污垢、贫穷、美丽的山脉、灿烂的夕阳，还有四分五裂的人民，他们的冷漠、他们的迷信、他们的传统——整个的情形。显然，这个词唤起了一种不寻常的情感。语词不是情感，而是你给语词加上意义，然后它绑缚了你。"**基督**"这个词、"**佛陀**"这个词——它们立即引起你的精神反应和身体反应。还有"**冥想**"这个词，同样立即引起你的反应。一听到它，你的心智立即进入某种状态、某种态度；这个词唤起了童年以来的某些回忆，唤起了你读过的某些书籍，唤起了你的传统，于是你立即产生必须做什么或者不能做什么的想法。因此每一个语词都引发并塑造心智，每一个思想都塑造心智。

　　要知道，这就是宣传鼓动的整个过程。除非心智把语词和情感区别开来，并探索把情感从语词的束缚中解放出来，否则你永远都是语词的奴隶，因此你也是暴政的奴隶，是宣传鼓动的奴隶，是所有宗教喧嚣的奴隶。"**宗师**"这个词对你来说有着多么重要的意义，一听到这个词你马上毕恭毕敬。然而，不知你是否注意到，"**婆罗门**"这个词对于反婆罗门者具有非常糟糕的意义；而"**俄国**"这个词立即让人联想到某种政治信仰。我正在指出，心智是如何被语词所深度奴役的。

　　现在问题是：心智可以把它自己从语词中解放出来吗？如果没有语词，没有意象符号，还有思考吗？要知道，因为除非你能够把语词和情感区别开来，否则你就不能认识你是什么。以"灵魂"（Atma）这个词为例——这是所有虔信宗教、华而不实的人都热衷的语词，他们以为使用这个词，他们就解决了所有问题。但是为了探明它是不是事实，它是否具有真实性，你必须从我们加在这个语词上的情感意义中解放出来。这样你才能探索它，才能非常敏锐地思考它，这样的思考才有意义。

　　如果心智可以把语词和情感区分开来，那么心智就可以探索自己实际上是什么。心智仅仅是我们所积聚的一堆语词吗？——这些语词有着意义，包括意识层面的意义和无意识层面的意义——或者心智与语词是不同的？离开了语词，心智还存在吗？离开了意象符号，思想还存在吗？不知道你是否沿着这些线索思考过，而我倒是愿意让你一道深入探索，看看心智能否从语词中解放出来，当它从语词中解放出来，那时心智是什么样的状态？那个省察心智的观察者，仅仅是另外一堆语词吗？当思想从语词中解放，还有思想吗？不知道我是否表达清楚了，但是除非你非常认真地探索——深入地向内心探索——否则自我认识就没有多少意义。

那么，什么是自我？——请记住前面说过的，语词必须和思想、情感区别开来。我认为，深入探索"自我"是非常重要的，因为如果我不知道我实际是什么，如果我不知道自己思想的源头，为什么我这样做或者那样做，为什么我有这样的信仰、理想、野心，为什么我奋斗不休，如果我不知道这一切事情的源头和原因，那么显然无论我怎样想，无论我怎样做，都只是在生命的外围加加减减。如果心智的品质要发生巨大的、革命性的转变——这个品质，不是心智的各个层面，不是思想，不是心智的活动，而是心智本身的品质——如果心智的核心而不是外围要发生革命，那么我必须认识理解所有这一切，我必须认识理解我自己。

显然我们必须变革，但不是通过环境的影响，不是通过标语口号，不是通过宣传鼓动，或者是从外部对心智进行限制的机械性手段来实现变革。因为如果心智要在其自身内部具有崭新的品质，那么它必须认识理解所有这一切，不仅是觉察意识层面的、日常的状态，而且还要觉察无意识层面，在这里，语词也许具有比意识层面丰富得多的意义，因为在无意识层面中，堆积了所有历史的传统，种族的遗传，堆积了多年的思想、结论、希望和恐惧。为了认识理解这个非凡的叫作心智的东西——它具有无限的能力，它又是如此狭隘、琐碎、死气沉沉——心智必须察知它自己，察知它的特有的制约条件。

那么，心智是什么？让我们不要从心智着手，而是从我们所说必须了解的自我开始。我们必须有自我认识，不是吗？我们必须完整全面地理解我自己，而不仅仅是在外围理解某些肤浅直接的反应。我认为，我们必须有这样一种理解，如果我们非常细致地探索思想和语词的反应的全部过程，那么我们将发现，一场心智品质的革命是当即发生的——当即意味着摈弃了时间。希望你跟上我所讲的一切，而不是仅仅学到几句语词，在下次开讲时对我引用。如果你认真地思考我说的内容，不是仅仅听到语词，而是通过我的描述去应用它，去洞察你自己，看你自己的心智在怎样运行——那么我们就能走得很远。

那么什么是具有这样一种非凡重要性的自我？不要说自我不重要，而唯一重要的东西是"高我"，这些全是废话。因为如果自我不重要，那么我们就不会为了工作而争斗，我们就不会彼此杀戮，我们就不会在这种孤独的苦恼和寂寞境地中表现出野心勃勃、挫败失望，郁郁寡欢。所以，朋友们，什么是"我"，什么是"你"？不要费心去寻找"你"是从哪里来，"你"将要往哪里去，而是实实在在地问：什么是现在这个"你"？你是你拥有的那点东西，一所房子、一个银行户头（如果你有的话）、一个名字、一个身体、某些习惯倾向、某种性情、你的恐惧、希望、抱负、成就、某种技术知识、能够在这个世界上谋生的本领——你就是这堆东西，不是吗？但是你还想要往这堆里面加上其他东西，你称之为灵魂（Atma），或者是高我、永恒、精神实体。但是这种东西仍然在思想的范围之内，不是吗？既然你可以思考它，那么它就和思想相关，因此它就还是在时间的领域之内。我希望你明白这一点。你无法思考你所不知的某种事物——那不可测度的、超越时间的存在——不是吗？它无法度量，它在思想可以企及的范围之外。你可以推测推理，你可以围绕它造出一大堆理论，但是理论不是真实。

因此，我所能思想的东西，都联结着时间，不可能超越时间。这无疑是很明显的，不是吗？你是一个印度教徒，你会想到神，因为别人已经把这些东西告诉了你。共产主义者不信神，因为他的意象符号是国家，国家就是他的上帝。因此你的上帝是你自己的思想的产物，它不是真实的。如果你真正察识到的就是如此，这就是真相，那么你的上帝就不再有任何意义了。这时你才可以着手探索世界上有没有上帝。这是有趣的事情，这种探索才具有生机、深度、丰富、活力，然而如果你是重复"存在上帝"的说法，并且参拜寺庙，或者无论你做什么事情，那么它们都没有意义，这是虚幻不实的、死气沉沉的、不断衰朽的生活。如你所知，这就是印度这个贫穷不幸的国家正在发生的事情，我们让美死亡，我们在理智上、艺术上、道德上而衰朽死亡，在每一个层面上走向死亡，因为我们是生活在语词的层面上，它完全没有意义。

因此，自我就是那个带着其全部记忆的"我"，在浅表的意识层面有许多记忆，我们把现代科学技术知识等等添加在这个层面。在它下面是无意识层面，埋藏着所有的动因：性的欲求、种种颠倒错乱的欲望、恐惧、家族和种族的遗传、神祇、信仰、理想、千百年的文化——所有这些都是"我"。

那么，这个"我"仅仅是一个语词吗？你明白我的这个问题的意义吗？你说自己是一个印度教徒，一个婆罗门，一个基督教徒，一个佛教徒，或者无论是什么；你说的这个词与你的意识毫不相关吗？或者这个词表示着你的意识？或者这个词根本就没有意义？你没有觉察到作为了意识的你自己吗？你明白我的意思吗？我不想举更多的例子了，我们可能会迷失在例子里面；我们必须有一般的、抽象的思维，然后我们才能进入特殊个别。如果你能领会一般总的表述的意义，那么你自己就能够弄懂个别具体的细节了。朋友们，要知道，我们不仅是丰富悠长的过去，它正进入与现时代的交汇点——在这里，西方文明正在把它自己强加到东方文明之上——我们还在创造着新的行动。但是所有这一切仅仅是一堆语词吗？

让我换一种说法。你用什么来探索呢？显然是用你的思想，不是吗？当你说，"我将要观察，我将要探索"，这是什么意思？你总是使用语词在语言层面来观察，或者你对自己说："我知道语词的危险性，不过我就只是通过语词来观察。"你的观察可以不带语词吗？也许这个听起来太抽象了，但是我想，如果你在紧跟并理解我讲的话，那么它就不是抽象的。我们说我们想要探索"我"，我们想要得到自我认识，但是显然我们必须探明，我们是用什么来探索。你是通过一系列的语词或者意象符号来探索吗？实际上你就是在这样做。你有一个关于自我的概念，一个关于自我的画面、意象符号，然后你用另外一套语词来探索自我。难道离开了语词、意象符号，心智就无法审视自己吗？我能让心智从语词，从思想中解放出来吗？思想是记忆的反应，是一堆语词，不是吗？记忆中有一座各种事情相互关联的储藏库，我们根据这些关联来做出反应。举一个简单的例子，我问一件你非常熟悉的事情，比如你住在哪里，你叫什么名字。你立即就能回答，因为你对它如此熟悉——所以你的答案脱口而出。心智甚至不需要借助于思想，答案瞬间出现。但是如果我问一个有点复杂的问题，在提问和回答之间会有一个时间间隔。这个间隔是思索、探究的过程，是记忆在花费时间寻找答案。因此在一个问题和回应之间存在的这个间隙就是时间，思想在这个时间中产生出来。问题与回答之间的间隔越长，思想的运作就越多。这个简单，你可以向自己试试，看看它怎么发生。无论回答是不假思索的还是延迟的，它总是根据记忆、根据语词的储藏库做出的反应。

现在，请你在听的同时观察自己。因为现在我正在问你一个问题。当你思考时，在发生什么呢？你是通过语词，通过意象符号来思考吗？有不带语词、不带意象符号的思考吗？有这样的状态吗？你看，我是想要更深更远地探索它，但是如果你没有跟上我，我就无法进行下去。

我问自己："我仅仅是一堆语词的集合吗？"如果我剥掉我的名字、我的财产、我所拥有的特定的东西，那么我是什么？你曾经探索过这个问题吗？如果你曾经探索过自己，剥掉你的专长、你的知识、你的抱负，你所拥有的千百种东西，那么你是什么？你一定曾经经历过这样的时刻，你感到一无所依，彻底的孤独。这种深刻的孤独仅仅是语词上的吗？还是说它是真实的？请注意听。如果它是真实的，那么我们能不能直接面对它，探索它，而不带任何语词？这是可能的，不是吗？如果你摒弃了语词，那个状态就不仅仅是探索了，不是吗？显然，如果你摒弃了语词，那么探索者就不是和那种苦恼、那种彻底的自我孤独割裂开来的某个人。因此，如果不是用语词，探索者也就消失了。不知道我把这个说明白了没有。让我们举一个更直接的例子。我愤怒了。在我发怒的时候，大量的肾上腺素注入我的血液，这时没有一个在发怒的分开的"我"的觉知或意识。这时候只有愤怒的状态。一秒钟以后，出现对于愤怒状态的自我认同，于是我说："我发怒了。"那么，如果你不把自己和那种状态做认同，如果你让心智从**"愤怒"**这个语词中解放出来，会怎么样呢？愤怒还会持续吗？朋友们，希望你跟上我，哪怕你只跟上一小点儿也好。我可不是在做智力体操，但是如果你能这么做，那就意味着心智品质发生了非凡的、根本的转变。

愤怒这个词具有重要的社会和道德含义，这个词本身是谴责性的。一听到这个词，你马上就对它产生某种心情，而你从未探索过这种心情本身。因为你已经给它加上了语词的意义，所以你就无法探索它了。那么，你可以让心智从语词中解放出来，直接面对这种心情吗？当你把愤怒这个语词抛开以后，愤怒还在那里吗？

现在我们开始明白语词具有多么不同寻常的重要性。如果你经历过孤独，那么你就知道心智在孤独中发现自己所承受的恐怖、痛苦、绝望、与外界隔绝的状态。但是如果心智能够把自己从语词中解放，那么你就可以不带语词表达地面对孤独。于是你的观察就开始进入全新的境界。

如果明白了这一切，那么什么是经验者、观察者、思想者呢？经验、知识对他是如此重要吗？**"经验"**这个词是什么意思？它还仅仅是一个语词吗？或者是指一种真实体验的状态，在这个状态中，没有独立存在的经验者？恐怕我在一个讲座里面装了太多内容，但是除非你非常深入地探索这一切，否则你将发现经验者总是把自己和经验分隔开来，由此，这两个虚幻的东西永远冲突不休。这是最具破坏性的事情，是让我们走向退化的主要原因。我讲得很快，希望你们跟上。

存在着没有经验者的经验吗？显然没有。除非我意识到我正在经验，否则就没有经验者。当我把自己和经验区分开来，并且意识到"我正在经验"时，我会说，我喜欢这种经验，不喜欢那种经验，这种经验是愉快的，那种经验是不愉快的。然后我追逐一种经验，而避免另一种经验。就这样，我的心智把它自己分裂了，它处于矛盾状态，陷入愉快和不愉快的二元性之中，我就这样消耗着我的生命，直到死去。因此我想要探明，是否存在没有经验者的经验？这听起来好像显得荒谬，但是并不荒谬。

因为我发现，只要我意识到"我正在经验"，我就会把经验全都划分成"愉快的"和"痛苦的"，然后我追逐一个，避免另一个，由此制造出无休无止的冲突。我还发现，对于一个想要保持机敏、健康、生机、活力的心智来说，任何形式的冲突，外在的或内心的，都是致命的。因此问题是：会不会存在没有经验者的经验？同样的问题是：会不会存在没有语词的思想？请你不要回答，这不是一个让你点头同意或者不同意的问题，你必须得深入探索它。

当我非常深入地探索这个问题时，我发现一种没有经验者的经验状态是会有的，在那里完全没有经验。这不是麻木迟钝的、死气沉沉的、昏庸呆滞的心智状态，而是因为心智彻底理解我所描述的它自身的全部内容和全部运作过程，由此而来的对自己的彻底觉醒、充分觉知的状态。当心智彻底理解自己、认识自己全部的错综复杂性时，你将发现存在一种完全没有经验的状态。只要还有对经验的意识，那就一定有对观察者和被观察者的划分，并因此而产生冲突。所以你必须探明，有没有不带语词的思想这回事；有没有一种不带经验者的经验；有没有一种完全觉醒的心智，它不带有经验感受，不带有对经验的认知活动。

当心智不感觉在经验，而是彻底觉醒，只有这样的心智才能够发现不可知的东西。但是你看，这些都是语词。现在正在发生的事情非常有趣。我想要告诉你什么事情，我想要向你传递什么事情，但是我只能告诉你某种你所知道的东西，我无法告诉你某种你所不知道的东西，我倒是想告诉你，让你知道，但是你只知道奋斗挣扎，只知道这种感受体验的"经验者"。你不知道单纯的体验状态，而没有经验者根据其记忆去理解翻译体验。你当然也不知道——尽管你们中有些人也许知道——完全没有经验者的心智状态。我想要告诉你这种状态，但是看来很困难！没有语词可以描述它；没有意象符号可以包含它。你的圣书中没有适合于它的含义，圣书只不过是故纸一堆。

因此我要说，深入透彻地探索你自己，独自造就崭新的心智品质，这种独自就是真正的革命。于是就产生创造性的心智，这就是创造。现在你看到了它对于自我认识是多么重要，这不是陈词滥调的自省，而是真正的自我认识，不是语词层面的探究，而是真实地领悟你自己的全部存在状态。如果你深入探索它，那么你一定会来到这样一点，你能够不用语词地思想，你能够真实体验，而没有经验者，这里只有一种没有经验的境界。怎么才能够体验这种充满活力的、光明的东西呢？为了知晓它，你必须探索关于思想的全部问题，这样你将看到它的真实存在的不可思议的美、它的深邃、它的丰盈。这样的心智不需要神明，不需要宗教仪式，不需要典礼，不需要国家，不需要书本。对这样的心智来说，整个事情从开始到结束，就是冥想之道，是生活之道。

1958 年 11 月 9 日

心智如何发生根本性的转变？

我想，几乎所有严肃认真的人，对于造就心智品质的根本转变的必要性，一定都有过很多的思考。我们看到现在的世界，人类的心智并没有根本性的改变或变革。当然，因为经济和社会的压力，因为各种形式的宗教恐惧，因为新的发明等等，人类的心智是有所改变，但是这种改变总是发生在心智的外层，这样的改变显然并未带来心智品质的深度的、根本的转变。你一定已经注意到，社会总是遵从某种模式、某种程式，同样的，每个人都追随某些观念、理想，总是在某种模式内活动。你一定已经注意到，不仅你自己和社会是这样，而且所有我们的关系交往都是这样，你一定提出过这个问题：怎样造成深刻、恒久、彻底的转变，从而使外在世界与我们内心之间的相互作用，不再带来衰朽堕落。我说的"内心"没有任何神秘莫测的含义。它是我们正在谈论的心智的内在品质，而不是心智所想象、推测的东西。整个社会、人类的存在，就是外在世界和内心世界之间的变动不居的相互关系。如果可以的话，我想要谈谈人类心智根本转变的可能性，因为我认为这是非常重要的。毕竟我们是社会性的个体，我们必须通过行动而生活。生活就是行动。你不可能只是坐而论道；你也不能只是继续过着衰朽堕落的生活，因为如我们所知，这只是在我们的内心滋生更多的矛盾冲突，带来无休无止的挣扎和折磨。

那么，心智怎样发生转变呢？心智怎样在整个意识上发生根本性的转变呢？这种转变不仅是心智的上层，还包括更深的层面，而且不是遵从一套模式。遵从某种模式，就根本不是转变，它仅仅是对已有状态的一种修补延续。一个人怎样真正实现心智的品质，即它的整个意识的本质的改变呢？不知道你是否考虑过这个问题，或者你只是关心由每一次社会的和经济的革命、每一种发明带来的外在的改变？如果我们关注意识的、心智品质的完全转变，那么我认为，我们的思想必须无所作为。因为无为之思是思考的最高形式，而不是所谓积极的思考。积极的作为仅仅是追求某种程式、某个结论，所有这样的思考都是有限制的、受到束缚的。

希望你是在倾听，而不光是在听，因为我想要探索某种非常困难的问题，如果可以的话，希望我们能够共同推进。但是如果你只是听一听，而不是倾听，那么你就会陷落在语词的层面上，于是语词就成为意义重大的东西。语词不过是就某事进行沟通交流的手段。我希望你能够倾听，而不是想要懂得些许观点。我没有任何观点，因为我认为它们是最愚蠢的东西，它们没有实质，没有真实性，它们就是一堆语词。我希望你是在力求看清问题这个意义上来倾听——就是看清问题，不是奋力地要懂得它，或解决它，而是看清我们面临的异常复杂的问题——怎样在意识中、在心智中实现完全改变的问题。

我已经说过，无所作为的思想是思考的最高形式。我们从未无所作为地思考过，我们只是积极有为地思考。也就是说，我们的思考是从一个结论出发，走向另外一个结论；从一个模式走向另外一个模式；从一个系统走向另外一个系统——我们说，我必须这样做，我必须获取某种美德，我必须遵从这条或者那条道路，遵守某些戒律。这些积极作为的思想总是因循于我们本身的深受束缚的思想——我希望你正在观察自己的思想、自己的心智——这种思想方式只能导致心智更深重的限制，使心智更狭小，使行为更琐碎；它总是强化着自我中心的行为。无所作为的思想是完全不同的，但它并不是积极思考的反面。如果我能懂得必定导向自我中心的行为的积极思考的局限性，如果我不是仅仅在语词层面、理智层面知道了这一点，而是作为人的思想的整个过程来认识理解它，那么在无所作为的思想中，就有了一种新的觉醒。

我们大多数人都执着于某种东西——执着于财产，执着于某个人、某种观念、某种信仰、某一段经历——不是吗？你执着于你的家庭、你的好名声、你的职业、你的宗教导师，执着于这个或者那个。这样的执着不可避免地带来冲突和痛苦，因为你所执着的东西显然是变化不停的。但是你不想它变化，你想要永远地抓住它。当你意识到执着产生苦恼、悲伤、痛苦，于是你努力培育"不执着"。显然，执着和培育不执着都是积极作为的思想方式。这种不执着并不是拒绝执着，只不过是在另外一个语词的掩盖下继续执着。如果你曾经注意过，你会发现这两者的心理过程是完全一样的。比如，我执着于我的妻子。在执着中，注定有痛苦、挣扎、嫉妒、挫败，为了逃避所有这些，我说，"我必须放下执着，我必须有一种超越个人的爱"——不管这话什么意思——我说，"我的爱必须没有边界"，然后我努力培育不执着。但是执着或不执着同样完全是自我中心的行动。因此我们所说的积极作为的思想，是相互对立的两方面的冲突，或者是一种逃避这种冲突的努力，我们试图把对立的两方面整合成某种"合成体"来消弭冲突，但是这种努力又造出某种。以共产主义为例，共产主义是资本主义的对立面，共产主义者希望通过斗争，最终创造一个合成体，但是因为这种合成体是由对立的两方面斗争而来，所以它注定会造出另一种对立，这种过程就是我们所说的积极作为的思想，不仅发生在外部世界，社会领域，而且也发生在内心世界。

如果你理解了这一切的整个过程，不只是在理智层面理解，而是真实地理解，那么你就会发现一种新的思想方式降临。它是一种和积极作为无关的无所作为的过程。积极作为的思想方式导致幼稚愚蠢，给心智带来束缚，使它受到塑形，这种情形正在我们所有人当中发生。当你说你想要快乐，你想要真理，你想要上帝，你想要创建一个完全不同的世界，这些全是在积极作为地行事——遵从一套办法，它将产生你所期望的结果，而这种结果总是已知的，然后它又变成原因。原因和结果不是两个不同的东西。今天的结果将是明天的原因。只造成结果的单独的原因是不存在的，原因结果是相互连接的。没有原因和结果的法则这回事，也就是说，实际上并没有我们所说的"因果报应"那回事，我们认为因果报应意味着过去的原因造成了现在的结果。但是在原因和结果之间，已经有了一个时间间隔。而在此时间间隔中，已经发生了大量的变化，因此结果绝不是一成不变的。而结果进一步造出另一个原因，新的结果，此原因绝不会仅仅是上一个结果之结果。不要说，"我不相信因果报应"，这根本不是要点。因果报应的意思很简单：行动然后结果，结果又进一步成为原因。种下一颗杧果种子，一定会长出一棵杧果树——但是人类的心智并非如此。人类的心智可以在它自身内部造成转化，可以在当下觉悟，由此常常打破原因的作用。

因此，无所作为的思想没有任何思维定式，因为定式就是一个原因，它会造成一个结果，心智可以控制、操纵、改变这个结果。我们很熟悉这个定式的过程。我想要传递的是没有因果关系的无为之思。这可能听上去十分荒谬，但是我们将深入探索它，你也将会明白。让我们换一种说法。

我们大多数人都心怀不满，不是吗？我们对自己的工作不满意，对自己的妻子、丈夫、孩子、邻居、社会，或者不管是什么，有着不满意。我想出人头地，我想要很多钱，我想要爱。我们都熟悉这一切。对某事不满意，属于积极作为，但是不满意本身却是无所作为的。"清净无为"。

我要解释一下。当我们不满意的时候，实际会发生什么呢？如果我对我的工作不满意，对我自己不满意，会发生什么？我会转向别的东西寻求满意。于是，我的不满意被引向别处，直到它找到某种满意的东西，它才消退。这就是我们说的积极作为的行动——寻求能让我们高兴的东西。但是如果没有真正的不满之火焰——不是指对什么东西的不满——那么生命就没有意义。你可能有很棒的工作，有优秀的头脑，卓越的学历，你可以引经据典，雄辩滔滔，但是你的不满意只是用在了塑造聪明上，你的生命仍然是一片贫瘠的土地。你的生命怀着不满出发，在学校你也许是好学生，但是随着你的长大，你的不满逐渐沉积为你的聪明，或者成为某种技能，此时你认为你是有能力的，是有用的人，因此你感觉心满意足。这还是积极作为的思想。相反，无所作为的心智只是处于不满状态，这样的心智是极为不安的。它不感到满足，同时它并不寻求满足，因为它明白，这种满足只是导致人们都追求的积极作为的行动。寻求恒久不变的满意，就意味着死亡。这正是你想要得到的，你把它叫作内心的宁静，你说，"看在上天的份上，在这个世界中给我一个安稳的角落吧，让我安静地死去。"所以积极作为的行动都是在导致死亡。如果你能明白这一点，你就会看到无为的思想之道正在降临。无为的思想之道决不以某个结论作为出发点，因为它清楚结论的破坏性。

无为的思想之道保有着不满足的品质——是其本身的不满，而不是对什么东西的不满。请你不要陷落在语言语词的层面上，而是明白它的重要意义。我们必须明白：积极作为的思想是受到束缚的思想，在其中没有转变，只有修修补补，而没有根本转变。只有无为之思中才有根本转变，正如我们在谈到执着和不满时所看到的。这种积极作为的思想只会带来麻木迟钝、昏庸呆滞的心智，它不具有容纳能力，它只考虑自己的安全——个体的安全、家庭的安全、团体的安全、种族的安全，当今世界政治中可以非常清楚地看到这样的现象。

要知道，这是我们的地球，你的地球，我的地球。我们的地球如此美丽，如此富饶，我们应该在它上面快乐地生活，而不是四分五裂，不是被分割成叫作英国、德国、俄国、印度的不同碎片。然而我们却为了保持这种分割而争战，没有人想到"我们就是整个世界"，没有人说，"让我们携起手来为此做些什么。"相反，我们奉行分裂的思想方式，我们把这种思想方式叫作积极作为，或者我们追求国际主义的理念，这同样愚不可及。如果我能明白这一点，那么我就会有不同的态度、不同的心理情感，无论这颗心是俄国人的，还是德国人的，或者无论哪国人的，那么就没有废话连篇的爱国主义者这回事，只有对地球的爱——不是你的地球，不是我的地球，不是你种你的那一小块地，我种我的那一小块地，并且为之争战不休，而是我们的地球。

那么，当我们明白了积极作为的思想方式是破坏性的，这时无所作为的思想方式就产生了。要无所作为地思考，就得有敏觉——对美和丑都有敏觉。一个追逐美而避开丑的人不是感觉敏锐的。一个人追求美德，而不懂得什么是不德，仅仅是逃避不德，这样的人一定是麻木迟钝的。请你跟我一起仔细思考这一点，探明这一点，你就会理解。欣赏一棵树的美、一片绿叶之美、水平如镜的倒影之美，如果你仅仅是这样，而不能觉知生命中的卑劣悲惨、肮脏污秽，不能觉知你的吃喝方式、你的说话方式、你的思考方式、你的行动方式，那么你就不是敏觉的。

我们坐在树下，这片树荫恬静而优美，阳光穿过树叶的间隙投下斑驳的阴影。而在不远处就是破败的村庄，一贫如洗、污秽遍地，那里住着命运悲惨的可怜人，但是你对那里却没有觉知。我们总是想要美丽、真实之相、上帝，而避开别的东西，如果我们对别的东西没有觉知，那么我们的追求就是积极作为的，并且导致麻木不敏。以积极作为的方式，建造华丽的舞厅，建立特别的舞蹈学校，所有这些事情都是个人的逐乐，让这个只知道积极有为地想事儿的心智得到满足。"创造"从来不是积极作为的。正如我们所知道的，创造性是心智的这种状态，在其中不存在积极作为。

因此，只有当无为之思出现，心智才能发生根本的转变。我前几天讲过，我们所了解的思想总是在语词和意象符号中活动。不知你是否注意到，有一种没有语词的思想，但是这种思想仍然是积极的语词的产物。我要解释一下。你总是通过语词、通过意象符号来思考，不是吗？你看，语词、意象符号对于思想变得非常重要。它是我们所有思想的基础；思想连接着记忆，记忆是一幅画面、一个语词，我们基于这些记忆来思考，也就还是通过语词和意象符号思考。这就是我们所了解的一切，如果你有足够的机敏和觉知，那么你还能看到没有语词、没有意象符号的思想。我不想列举相关的例子了，那样你可能会迷失在例子里面。请你领会"没有语词的思想"的意义，因为无为之思和以语词进行的思想是不相干的。除非你领悟这个含义，否则你无法听懂下面要讲的东西。我正在以发声方式来思考，我不是在家里打好草稿，然后来这里演讲。所以请你明白这一点，不是只在语词上或思辨推理上明白，而是真实地体验到，思想通过语词、通过意象符号来实现，也体验到，思想不通过语词和意象符号来实现，这两者都是积极作为的思想方式。让我换一种说法。

你一定观察过你的心智，它是多么变化无常，它是怎样地一个念头接着又一个念头，到处游荡。你正在察看一个念头，另一个念头又来了。因此，心智充满了这种活动，这种思绪的搅动不宁。心智总是被思想活动占据。思想是心智的工具，因此心智总是无法安宁。请不要马上问："我怎么才能让心智安宁？"这个问题太幼稚愚蠢了，因为它还是在积极作为地追随某种模式。当心智意识到不断地活动造出思想的机制，通过记忆、通过联想造出思想，当心智觉察到这一点，心智不能清空它自身这种机制吗？别问"怎样清空"，就只是倾听，因为觉悟是瞬间发生的，而不是通过一个过程，最终使你得到一个清空了思想的心智。如果你看到心智这种积极作为的、具有破坏性的方式——心智造出思想，然后被它控制，然后力图清空心智——如果你能看清这里的谬误或者真相，那么你也将看到，心智可以自己清空自己，清空它的局限性，清空它的自私自利，清空它的自我中心的活动。请跟我一起做一点探索。

心智总是积极活跃的，不断地造出思想，并且控制思想。它意识到这一点，它说，"我必须安静"。但是这通常意味着通过控制而安静，仍然是积极作为的、破坏性的和有所限制的。然而，如果你深入一点探索，你会发现，心智可以清空思想，可以把自己从"过去"中解放出来，不再背负着"过去"的重担。这不是说，没有记忆了，而是说记忆不再塑造或控制心智。上述这些仍然是积极作为的思想。如果你明白了其中的虚假性，那么心智一定会探索得更深，也就是说，心智不再是思想的奴隶，它可以自由地按其所愿进行思想。我不知道该如何表达这一点。我说过，我正在和你进行有声思考，你得原谅我试图使用不同的表达方式。

我不知道你可曾试过不作为思想奴隶地进行思考。对于我们大多数人来说，心智是思想的奴隶——它追逐思想、矛盾的思想，以及所有其他此类东西。如果你觉悟了这个，并且清空心智，那么它就可以自由地思想，从与记忆相连的思想中解放出来。如果你更深入地探索它，你就会看到自由的心智——这个"自由"不是和"受奴役"相反对的意思，而是自由本身——它清空了记忆，于是能够以无所作为的方式进行思想。这样，你会看到，心智清空了关于方法系统、程式、思辨推断、与记忆或者经验相连的思想，等等，它就可以理解存在这样的心智境界，在这其中有这样的行动，它不是出于塞满东西的心智，而是出于空灵。

你看，现在我们是带着一个塞满东西的、拥挤不堪的心智来行动，这个心智总是积极活跃着，处于矛盾冲突、奋斗挣扎、调整改变、羡慕嫉妒、野蛮或者高雅，等等。你明白吗？我们正是在这个层面上行动。塞满东西的心智在行动。这样的行动绝不会产生一种崭新的心智、一种崭新的心智品格，一种鲜活的心智、一种纯真的心智——只有鲜活纯真的心智才能进入创造之境，才能进行创造。心智懂得了这一点，然后如果心智能清空自己，那么它的出于空灵的行动，才是唯一真正积极有为的行动，而没有别的。唯有这样的行动，因其出于空灵，才是真实的、积极有为的、创造性的行动。如果你曾经画过一幅画，写过一首诗，写过一支歌曲，那么你就会有那种来自空灵的深切感受。但是一个塞满东西的心智永远无法体会到那种空无，因此它永远无法拥有敏觉。

你看到了，心智的品质可以发生根本的转变，这种转变在当前是绝对必需的，因为现在的社会是一个衰朽死亡的社会，它是通过对它自身施加各种形式的麻醉剂和刺激的举动来改变自己。如果你作为一个独立的人类个体，要实现深刻的、彻底的、根本的转变——你的转变将改变社会——那么我所描述的这整个事情就必须实现。这时候，美对你来说具有全新的意义，丑也具有全新的意义，因为美不是丑的对立的反面。一张丑陋的脸可以是美的，然而这样的美，对于那种避开了丑的心智来说，是领受不到的。

如果你一直在真正地倾听，而且并不打算为这种听做什么事情——因为无论你做什么，都是所谓的积极作为，由此又都是破坏性的——那么就足够了。这就像你看到了美好可爱的东西，你欣赏它，然后让它留在那里，而不是试图去抓取它，把它带回家，用你的想法溺毙它。

如果你亲自领会了这一切，而不是通过我的说服，不是通过我的话语、我的影响，如果你感知到了美，感知到了心智的不可思议的空性品质，那么从这样的空性中，就有一种崭新的东西诞生。

这样的新生正是我们所需要的，不是回到《摩诃婆罗多》(*Mahabharata*)、《罗摩衍那》(*Ramayana*) ①，不是回到马克思、恩格斯，不是回到信仰复兴 (revivalism) ②。真正具有创造性的心智是空灵的，而不是空洞呆板的，或那种只是期望具有创造性的心智。只有空灵的心智才能领悟我讲的所有东西——思想的不可思议的运作过程，思想本身将它自己的羁绊加以清空的不可思议的过程。这时你将看到深刻的、根本性的转变出现，它不是由影响力、环境、文化或者社会带来的。正是心智将会创造一个新社会。而新的社会一经建立，就已处于衰败。所有的社会都是处于衰败的，因为被创造的东西总是走向死亡。因此，当我们承认，任

---

① 《摩诃婆罗多》(*Mahabharata*) 和《罗摩衍那》(*Ramayana*)：古印度两大史诗，用梵语写成。——译者注

② 信仰复兴 (revivalism)：信仰复兴一般指这样的历史时期，在某个地域，或者在全球范围内，社会大众对精神信仰的兴趣显著提升，宗教的影响力显著加强，宗教的生活方式复兴。——译者注

何社会、传统、知识都不会永垂不朽，我们就会明白，空性的心智才处于创造之境，才是创造性的。

1958 年 11 月 12 日

谦逊是学习的开始

在我看来，我们大多数人是如此渴望在智力上聪明伶俐，在技术上训练有素——这些实质上都是培育心智的机械性习惯——以致宗教成了我们生活中肤浅的东西。但是无论一个人多么聪明伶俐、博学多才、雄辩滔滔，他绝不会真正满足于自己的聪明伶俐，他必定转向他认为更深刻的某种东西，他开始探索，开始寻找，因为他的理智显然不能完全令他满意。于是他转向宗教，皈依天主教，或者佛教，或者印度教，或者无论哪种宗教形式，他在这里找到安全感，他的理智不再用四分五裂的视角来看待事物了。这是在全世界到处都发生的事情。人们把宗教当作一种神秘之物，具有"彼岸世界"的性质——因此理智寻求在"彼岸世界"得到庇护，在信仰里获得满足。对于智力不那么发达的我们而言——虽然说起来我们也许十分聪明，但是智力大概是一样的——宗教意味着传统，或者信仰复兴，意味着参加宗教仪式，参拜教堂，参拜寺庙，等等。我们能够引用圣书上的陈词滥调，这其实没有意义，它让我们觉得自己很虔诚。然而真理、真实之相，无论管它叫作什么，它一定不会被上述这些做法所把握，也不会被狭小的心智所把握，无论这个心智是多么的聪明。对于一个琐碎狭小的心智，无论它做什么，无论它崇拜什么神明，拥有什么美德、视角、程式、概念、思辨，它必定还是琐碎、狭隘、渺小、有限制的。你也许并不承认这一点，但是我认为这是非常明显的事实。

一个狭小的心智无法看到自己的边界限制之外的东西，它更无法跨越自己已知的边界。

我们总是生活在已知的领域之内——我现在就要深入探索这个主题——我们的神明，我们的真实，永远处在时间的局限之内，永远是需要通过各种形式的纪律、控制、压力、道德净化来获得的东西。不知你是否注意观察过自己的心智是怎样运行的，如果你注意观察过，你一定会发现它是多么出奇的狭小有限。你也许是一个技术专家，一个高级管理人员，一个银行主管，或者一个职员，但是在你的职业知识的外表后面，你的生命有太多不满足的地方。这种不满促使你投身宗教，泪流满面地虔诚，或者一本正经地假装神圣；这样一个心智是琐碎、卑微、狭隘、有限的，因此它的表现，它对上帝的追寻，对真理的追寻，显然是非常非常有限的。如果你问原始人，什么是上帝，他只能用非常有限的、狭窄的视角来描述它，比如原始的图腾崇拜。如果你进入所谓文明、文化的较高阶段来看，你会发现人们心目中的上帝同样是有限的，是以别人告诉他的东西，或已经显示的不多的探寻为基础的。因此狭小的心智总是在它自己已知的边界内运作。我们大多数人不都是这样的吗？我们遵从固定的规范，遵从标准化的美德，我们的行动中规中矩，我们的整个视野受限于已知的或公认的东西。如果你观察自己的心——我说你有一颗狭小的心，并没有侮辱你的意思——你会发现它只是在已知的边界之内运转，在你所认知的范围内运转。在它眼里，质朴就是身着缠腰布。它的热情、爱、恨、动力、能量，总是要得到认可，总要和大多数人认为可敬的规矩相关联。不是这样吗？如果你观察你自己，你就会发现自己总是在一个认可的范围内、边界内、界限内运动，因此也总是在时间的领域之内。我们的上帝、我们的美德、我们的爱、我们的奋斗、我们的热望、我们的善，全都备受限制，极其狭隘。

我们大多数人并不愿意看到这些。我们指责社会，指责我们受到的教育，或者我们说，是生活环境迫使我们成为这个样子。我们拒绝真诚地向自己承认，我们的心智是琐碎狭隘的。而一个只能在时间的领域内，也就是只能在昨天、今天、明天之内运作的心智，显然是琐碎狭隘的。无论"昨天"回溯多么悠久，无论"明天"展望多么深远，无论"今天"怎样聚焦于当下——它们仍旧局限在时间的范围之内，因此是非常狭隘的。一个人想要当经理，当老板，他野心勃勃，汲汲追求权力，无论他的追求看上去多么高尚、宽广、富有思想——他仍然局限在时间的范围之内，因此是非常狭隘的。

请你注意听我讲的这一切，不是仅仅在理智层面听，然后轻率地同意或者不同意；不是把听到的东西纳入你固有的思维模式。如果你真正倾听，你会看到自己的心智运行，就好像听到一只钟表嘀嗒作响；如果你足够敏锐到能够感知自己心智的动机和行动，那么你可以看到它，听到它，观察它；不论你是否向自己承认，这都是一个实事：我们力图调整自己，再造社会，实现复兴，或者寻求新的思想观念体系，但我们总是局限在心智的已知领域之内，我们的大师、我们的宗教导师、我们的视野，全都局限在"已知"的领域之内，因此没有新鲜的东西。你所认知的东西，都不会是新颖的。无论你认识到什么，都是你已知的东西。已知的东西是过去就已经确立的，它是记忆，是时间之物，因此它是陈旧的。

那么，真正想要认识理解整个生存问题的极为认真的人，一定会问自己这个问题：怎样打破这种障碍？它不仅仅是意识层面的，还是更隐蔽、更深入的无意识层面的，如果你非常深入地探索，你会发现无意识层面同样也局限在时间和已知的领域里。我使用"已知"这个词，最简单的意思是，我以前见过你，所以我认得你，你在我的已知范围内。否则，显然我就不会认得你。我使用这个词就是这个意思。

对于狭隘的心智——尽管它拥有理智，因此而在已知领域内十分聪明地活动——对于狭隘的心智来说，没有任何东西是新的。它总是在已知之内活动，尽管它把"已知"叫作未来。所有的社会活动者、社会改革者、乌托邦追求者、共产主义者、反共产主义者、社会主义者、资本主义者，他们全都在已知的领域里、在他们已经建立的标准规范里活动，这种规范总是以时间为基础的。因此他们不可能带来真正的革命。根本性的革命意味着彻底的新生，我们迫切需要这样一场革命，因为所有其他形式的革命——经济的、社会的、宗教的——都已经失败了。它们其实只是已成的现实的对立面，是从已成的现实而来的反应。

那么，当我们洞察了自己的以及那些知识分子的、空想家的、社会活动者的、所谓的圣者的心智的这种惊人的活动过程，我们一定会问自己，怎样突破这个狭隘的、琐碎的、传统守旧的心智呢？科学家的心智同样是传统守旧的心智，也是在已知领域内活动。科学家不会带来一场革命；他将发明新的生活方式或方法，但是这些新发明只是创造新的环境，心智必须调整自己去适应新环境，因此这并不是革命。你可以使用电冰箱，你可以开飞机，你可以登上月球，但是心智仍旧是琐碎狭隘的。

当我们看清了这一切，知道了心智运作的全部过程，那么心智怎样突破、怎样摆脱狭隘性呢？不知道你是否问过自己这个问题。如果你问自己这个问题，你怎样回答，你的答案是什么？如果你没有对这个问题感到厌烦，如果你真的想要找到这个问题的答案，就像饥饿时想要找到食物一样，那么你怎样回答它？为了打碎某种事物，为了造就绝然不同的行动，无疑必须得有热情。对于某事心怀强烈的情感，本身就蕴藏着行动，不是吗？如果街道上的肮脏污秽让我感受强烈，迫不及待，那么我一定会做些什么事情。我会建立一个组织，做出某些行动。我不会坐下来论证污秽的合理性，然后丢给别的什么人去处理它。如果你对什么事有深切强烈的感受，你就会行动，不是这样吗？但是不幸的是，我们已经绑缚了自己的情感，千百年来，别人一直告诉我们说，欲望是很糟糕的，它只能带来痛苦忧伤，你必须摒弃欲望，然后你将发现上帝——通常是一个死了的上帝。无论你发现的是什么——一个僵死的心智显然无法发现任何有价值的东西。只有生机勃勃的心智才能有所发现。

千百年来，人们一直在说："消灭、控制、改变、征服你的欲望。"社会——它不过就是人类个体之间的相互作用——一直在帮助维持和支撑对所有情感的压制。你不敢拥有强烈的情感，因为如果你拥有强烈的情感，你也许会全情投入去行动，你可能变成一个危险分子，一个危险的公民。因此你开始按照社会的要求，压迫、控制、改变你的情感，或者你寻求情感的升华，也就是说，寻求某种方法来逃避强烈情感带来的深痛煎熬。这就是我们正在做的，不是吗？于是，我们逐渐毁掉了所有的情感，只剩下一点非常非常肤浅的性的激情，生活无非是养家糊口，只限于非常狭小的圈子。于是，我们琐碎狭隘的心智把所有情感都消减到相同的层面，没有了激情——你可能不喜欢"激情"这个字眼，但是我要使用它，因为我认为它是一个正面的语词——没有激情，你就不可能创造任何富于生机活力的事物。

"激情"这个词意味着什么？我认为它非常重要，所以我要深入探索它。我们大部分人，这儿的和其他地方的人，虽然人们以惊人的积极性肤浅地活着——建造工厂，修筑更多水坝，做出更多科学发明——但是如果你去观察，你会发现全世界的人，大部分都是没有生机的人。只有濒死的人才是易于腐朽的，生机勃勃的人不会腐朽。一个没有生机的人——尽管还没有彻底死亡——怎样获得新生呢？我们内心深处还有一点激情的火花、一点热望的火花、一点雄心的火花，但是它却非常微弱。你们都想得到轻而易举的成功，但是你怎样冲破这样的狭隘性，获得新生呢？这是我们的问题，不是吗？不知你是否探索过这个问题。立法无法解决这个问题。显然将会有更多的法律、更多的规划、更多的国家福利，涉及人们从子宫到坟墓的生命全程，而在此过程中，人们的心智也将变得越来越受限制。那么，当你洞察了这一切，你怎么办？

显然你必须得有激情。问题是怎样重新点燃激情。让我们不要彼此误会。我所说的是每一种意义的热情，不仅仅是性激情，那是一个很小的事情。我们大多数人都沉溺于性激情，因为所有其他的激情都被毁掉了——在办公室、在工厂，由于遵从职责，墨守成规，训练技能，被这些东西毁掉了——因此我们没有了激情，没有创造性的冲动和释放。因此性生活对我们才变得重要，于是我们迷失在这种卑微的激情中，对于我们狭隘的、追求"美德"的心智来说，这种激情造出了巨大的问题。

又或者性激情很快变成一种习惯，然后消亡。我所说的"**激情**"，意味着生命的完整的热情。一个有强烈情感，满怀激情的人，他不会仅仅满足于某种有限的职务——无论是一份首相的工作，还是一份厨师的工作，或者无论是其他什么工作。充满激情的心智总是在探索、探寻、观察、追问、要求，不是仅仅因为它的不满意而努力寻求某个对象来使自己充实，然后可以睡个好觉。充满激情的心智总是会在摸索前行，有所追求，有所突破，它不会接受任何传统约束；它不是固执不变的心智，不是已经停驻的心智，而是年轻的、永远前行不停的心智。

那么，你怎样拥有这样的心智呢？你必须拥有这样的心智。显然狭隘的心智无法做些什么来达到它。一个想要变得有激情的狭隘的心智，只能把所有东西变成狭隘的。你必须拥有激情的心智，只有当心智洞察了自己的狭隘性，而不试图做任何事情来改变它，激情才能发生。我把这个说清楚了吗？也许没有。我在前面说过，一个琐碎狭隘的、受到限制的心智，无论做什么，无论它多么热切地去做，它的所作所为仍然是琐碎狭隘的，这无疑是明显的事实。一个狭小的心智，尽管它能飞向月球，能获取科学技术，能聪明地雄辩滔滔，但它仍然是一个狭小的心智；无论它做什么，它仍然是狭小的心智。因此，当这个狭小的心智说，"我必须得有激情，这样我就能做些有意义的事情"，显然它的激情是非常狭隘的，不是吗？——比如说，看到一点细小的不公平就义愤填膺，或者看到一点微小的改良，就认为整个世界正在改变。如果狭小的心智洞察了这一切，那么这一点细小的洞察就已经足够了，它的全部活动将发生改变。

朋友们，你看，如果我不承认自己是个瞎子，那么我做的所有事情将会是痛苦不幸的。但是突然之间，我承认了自己看不见，那么会发生什么？我的生活将会完全地转向，我开始用全新的方式来感知世界，不是吗？我的触觉就变得非常敏锐；我知道靠近我身边的任何东西；我对世界有了全然不同的反应；我的全部意识变得惊人的机灵敏锐。我们大多数人都是瞎子，昏庸呆滞，狭隘琐碎，渺小肤浅，但是只要你能够承认这一点，不仅仅是在理智层面、语词层面承认，而是真实地看清它——并且不为它感到失望，失望仍然是狭隘心智的固定程式，狭隘的心智永远攀附于希望，然后跌落于失望——那么我们就会发现有了全新的反应。你看到接下来发生什么吗？这种承认带来谦逊。不谦逊的心智会说，"我看到我是狭隘的，我希望我原是宽大的"——这仅仅是虚荣心的扩大延伸。我所说的谦逊是，心智真实地洞察了自己的所有行动都是狭隘的，谦逊之心就在这个洞察中立即降临。谦逊是无法培育的。一个培育谦逊的心智，只不过是把自己弄成谦逊的样子；这就像披上一件谦卑的斗篷，在斗篷之下掩盖着虚荣心。

因此，当我承认了自己的心智是狭小的，无论它做的是什么，仍旧是狭隘的；当我认识到这一点，感知了这一点，领悟它；当我领悟了现在所讲的一切的意义，这时我的心就是谦逊的。谦逊非常重要，只有这时真正的学习才能开始。一个已经学完了的心智是不能学习的。一个背负着学习负担的心智，一个已经堆积了知识的心智，怎么可能自由地攀登山峰呢？它必须卸下重担，才能攀登。当心智卸下它所知所学的负担之时，它就开始了学习。

当一个人洞察了自己的心智只是在已知的领域内劳作运转，对这种狭隘的洞察就是一种突破，在这一瞬间，谦逊就出现了，因此学习的行动也开始了。如果没有热情，你就无法学习，只有彻底放下自我，才会产生激情。希望你明白这一点。如果你没有放下自我，那么显然你就不可能充满热情。没有诚挚真心。也就是说，如果你不能彻底忘记自我，如果你不能彻底放下自我，如果你不能彻底摒弃时间因素，它就是自我，那么你就没有热情。放下自我正是谦逊的核心。在谦逊之心中，有着学习的热情，这不是积累性学习的热情——这种学习毫无意义，充其量是变成一本百科全书——而是满怀热情地探索、探寻、领悟、发现；只有当"我"不在了，这样的热情才会出现。当你对某个东西兴趣盎然，你就会有这样的热情；当你爱一个人的时候，你完全忘掉了自己。我所说的爱，不是那种会产生嫉妒的爱，不是那种会产生憎恨的爱，不是那种被自我占据的爱，也不是那种想要积德行善的愚蠢的同情心。爱绝不是想要积德行善。爱绝不是想要搞改革。爱是一种恒久不变之物，在时间之网内你不可能获得它。

因此，如果没有学习的热情，就不可能有谦逊；如果没有放下自我，就不会产生热情。当你放下自我，才会有质朴纯真，才会有节俭清廉——心智说，"我必须每天只吃一顿饭，我只要两条缠腰布"，并且向别人展示自己的苦行，这并不能培育节俭。你会发现，放下自我带来的俭朴是不可思议的丰饶。而禁食、戒律、祈祷和控制性的减缩，这种所谓的简朴中没有丰饶，没有美，没有敏觉。而对于放下自我而了知激情的心智来说，它拥有的简朴却含有巨大无边、没有尽头的丰盈。这样的心智是极为灵敏的，是富于创造性的；它是没有冲突。如果没有自我认识，你就不会放下自我，也就没有心智全部的美和丰饶。如果你并不认识你自己——如果你不了解你的所想、你的所感、你的念头、你的行事动机的源头，你为什么这样想，你为什么那样做——如果你不了解你的心智在怎样运行，那么显然你就无法放下自我。你可能会扔掉自己的一两块碎片，你可能会从整个意识中切除你所不喜欢的那一部分，但这不是自我认识。为了认识你自己，你就得觉知你的谈吐方式、你的姿势、你怎样待人接物、你的恐惧和野心、你的喜悦和内心闪现的爱意。如果你洞察了所有这些——不是作为积累的知识，而是按照它每天真实发生的样子去看它、观察它——在这种整体性的觉知中，你已经放下了自我。只有这时，激情才会出现。

朋友们，你们不可能一无所获地抵达真实。如果你压制了你的所有情感、所有热情，如果你把它们完全驯服，变得循规蹈矩，那么真实就不会走近你。你也不必把自己当成罪人。也许罪人更接近真实，因为他是活跃的，他怀有情感。你在你的空无中必定含有惊人的丰富。而现在你的丰富仅仅表现为死灰一般的"美德"，表现为争斗，表现为你的渺小的热望、野心和挫败失望，而你背负着所有这些重担，却想要找到上帝。你显然是找不到的。只有空无一物的心智，它没有追求，没有要求，没有请求，只有对这样的心智，真实才会呈现——不是《奥义书》《薄伽梵歌》《圣经》或者任何圣书中的真实。那些东西是词汇，是故纸一堆，只是你的狭小的心智给它们加上了意义。你必须放下心中所有的思想，因为思想属于时间；你必须放下心中所有昨天的知识、所有的经验，这样你的心智才会变得鲜活、新颖、年轻、纯真，而又完全是空无的。只有空无一物的心智具有无限的空间，才会含有无限的丰富。

但是这些意味着艰辛的工作。认识到自己的心智是琐碎狭小的，这需要艰辛的工作。观察这个事实，面对这个事实，而不是试图从它面前逃走，这需要艰辛的工作。这样的工作比你每天去办公室，比你通过考试，要困难得多。因为它要求你时时刻刻保持警醒，时时刻刻保持觉知，每分每秒都在观察你的琐碎细微的行动。我们大多数人不喜欢艰辛的工作，因此《圣经》《薄伽梵歌》提供了很好的逃避处所，我们认为引用这些圣书让我们变得很神圣；或者我们逃避到社会工作中去。这些东西不会通向真实。只有放弃其追求，这样的心智才是空无而富足的，并因此是宁静的；只有这样一个心智才知道寂静，但不是依靠认知活动而知道，只有对这样一个心智，那不可测度的存在才会呈现。

1958 年 11 月 16 日

PART 04

印度，孟买，1958

奋力拼接碎片是不必要的

沟通总是非常困难的，尤其是沟通我们生命中非常复杂的问题、沟通我们日常生活中纷繁交错的问题时，就非常的困难。要谈论这个问题，要沟通涉及生命过程中的所有复杂问题，那是非常非常困难的。如果你想要跟其他什么人沟通一个观点，这事儿本身就很复杂，然而如果要应对我们所谓生命的问题，那就更是特别的复杂了。生命包含每一个细微的思想、生活中每一个细小的行动，包含种种细微差别、种种不同、奋斗挣扎、种种快乐、无限深邃的思想。要沟通所有这一切，是极度困难的。更何况我们大多数人并不习惯按照这种特殊的方式思考问题。

我有些东西要对你们说，你在听我说，当然要求你从语言上听懂我说的话，你必须懂得英语，懂得这些词汇，以便实现语词层面的沟通。然后语词层面导致理智层面的理解。通过语词的媒介，我讲的内容传递给理智。然后理智接受或者拒绝我所讲的内容。但是在它接受或者拒绝之前，它自然必须进行评估、权衡、推理，尽其所能去发现，哪些是真理，哪些是谬误，这就需要时间。而在这期间，演讲者已经继续讲出一些新的观点，新的思想，因此你被落在了后面，你就很难听到他下面讲到的东西。他总是在前面讲，而你总是落在后面，因此沟通就变得非常困难了。

这样，就有语词层面的沟通，有理智层面的沟通，还有情感层面的沟通；情感层面的沟通要容易得多。当一个人诉诸情感时，你很轻易地就被感觉的波涛卷走了。

沟通的问题是惊人的困难，我们必须认识这种困难，而且要能够穿透语词，因为只有那样才有交流。沟通带来交流，交流意味着共享、分享。这个讲座不是要告诉你应该做什么，不做什么，它是一种彼此交流的体验。我们要在所有层面彼此交流——语词的、理智的、情感的层面——因此它意味着分享、共享演讲者所讲的内容。这并不意味着你必须同意或者不同意所讲的内容。你只能同意或者不同意一个意见、一个观点。当你面对事实时——展示真相之事实——就没有"同意"或者"不同意"。当你和我都能够洞察事实时，我们就能够彼此分享，共同看到事实中的真理和谬误。我希望，在这种彼此交流的过程中，我们能够丢掉谬误，十分清晰确切地看到真实。这种洞察力，和行动一样的重要。在我看来，洞察就是行动。

我现在要讲的和后面接着要讲的，不是概念问题，不涉及观点、结论，以及心智的理智层面的所有堆积物，不是让你对之接受或者反驳的东西。我们在这里是彼此交流，共同分享生命的全部过程。生命如此广大深邃，它包含工作、快乐、痛苦、死亡、喜悦、冥想、思想的全部过程、追随、恐惧、层层堆积的记忆、记忆的反应，同时包含着美，比如黄昏时分，落日在地平线上映红了灿烂的云霞。这一切就是生命。生命并不仅仅是你个人的欢乐、你的小家、你的雄心抱负、你的性快感等等狭小的内容。生命是世界上所有的欢笑、所有的泪水、悲伤、痛苦、艰辛、冲突、挣扎，以及看到美好事物时无比的喜悦。这一切都是生命，我们必须要分担它，彼此交流它，不是在理论上、在思辨推理上，抽象地空谈，不是引用某些愚蠢的说法或者所谓的圣书。这些全都没有意义。我们是直接面对生命，而不是关于生命的概念，这两者天壤之别。我们不是面对任何思想或者理论，我们真实地面对着生命——生命包含丰饶的大地，包含每天的生活，我们的艰辛、我们的抱负、我们的诡计心术和腐败堕落。这是一个事实，如果我们带着观点、看法或理论来看待它，那么我们看不到事实，如果只是收集关于这个事实的观点看法，显然毫无意义。

我们要讨论的问题已经很清楚了，因此我们还须建立彼此间的正确关系。在很多的听众中，要挑出一个人来对之交流，几乎是不可能的，但是这正是我想要做的。我想要跟你交谈，把你作为一个个人，而不是作为有着不同的观念，有着许多观点、许多结论的一大堆听众的一个部分。如果你和我，我们两个人，作为两个个体，能在各个层面上彼此交流——理智层面、语言层面、情感层面——那么我们就能够相互理解。这就是理解的意义，不是吗？如果我们是用整个生命，而不是用我们自身的某个碎片去彼此倾听，那么就会实现交流。你可以用你的整个生命倾听吗——理智、情感、身体、语言——投入你的全部感官，全部的对美的感知和对恶的觉察？如果能够这样做，那么就会有沟通，就会有理解。

　　但是困难的是，我们从来没有这样倾听过任何东西，不是吗？我们只是有心无心地听鸟儿歌唱；我们只是有心无心地看着山顶的月亮；我们从未真正看过一棵树、一朵花——我们对之匆匆一瞥，然后走过，脑子里在想着其他事情。我们从未完全投入地、完整地看过任何东西，但是只有完全投入，才能实现交流。因此，对于我们打算讨论的问题，我们需要投入全部生命，需要全神贯注。如果你仅仅在理智层面、语词层面听讲，那么显然不会有交流；如果你仅仅做出情感上的反应，那么也不会有交流。你这是在用你的感情、观点、语词竖立障碍，因此我们无法彼此领会。如果你想要认识理解什么事物，你必须向它投入全部的生命——你的身体、你的心智、你的感情、你的一切——唯有如此你才可能全然领悟。然而这是一件极其困难的事情，因为你们大多数人已经存储了大量累积的观点、结论、概念、经验，你学习过的东西，你经历过的快乐和伤痛——所有这些都成为障碍。我们要做的是省察这些障碍，不仅是意识层面的障碍，还有无意识层面的障碍，因为它们妨碍全然的理解领悟。

　　我已经说过，我正在对你，即对个人讲话，因为我认为，非常重要的是，你应该自己去发现你在怎样思考，怎样感觉，怎样对事物做出反应。这种独立的个体的存在，具有迫切的重要性，正如我们看到的，在这个世界上，个体个性正在遭到彻底摧毁。我们稍后将会讨论我说的"**独立的个体**"这个词是什么意思，以及你对它的理解。但是我们首先必须看到在这个世界上正在发生的事情，必须看到当权者怎样想方设法控制人心。这是世界各地都在发生的事情——控制人心。宗教已经这样做了——

基督教、天主教、佛教、印度教、伊斯兰教，等等，这些宗教捕获了人心，灌输特定的思想、观点、信仰、教条，灌输什么是真理，什么是谬误，什么是上帝的观念。它们已经捕获了人心，这是一个明显的事实。如果你观察自己的心智，你会发现它要么是被某个宗教所控制，要么是被某个政治口号所捕获，或者是被某种思想体系等等所控制。我们在世界上所有地方都可以观察到，不同的政府正在通过各式各样的手段，掌控人们的心智，由此独特的个人实际已不复存在。

你并不是一个独立的个人，对吗？你只不过是被宗教、政党、书籍、报纸、所有的宣传所灌输的一堆思想观念，你只不过是一堆观念，一堆记忆。我们还可以看到，这个世界人口过剩，组织机构庞杂，大众传媒发达，这三样东西都在毁坏自由，因此在摧毁独立的个人。我们对于周围这些正在不断发生的极为敏感的事情却视而不见。印度这个国家人口过剩，充满着无尽的饥饿、贫困和痛苦；所以人们显然要反对这个制度，要求建立一个新制度来满足人们的需要，提供食物、衣服和住所。于是你得到了大量的宣传信息，这些东西控制了你的头脑。因此，通过各种各样的手段——意识层面的和无意识层面的——通过微妙的宣传鼓动、心理的施压，人心就被捕获了，就像以往已经发生的那样。不过现在的做法要更狡猾、更专业得多，他们知道所有心理学的招数，心理学家们帮助当局控制人心。不知道你作为一个个人，是否察觉到这一切。不要说，"是的，我知道，但是我能拿它怎么办？"也许你对它无能为力。但是首先重要的是，你真正察觉到它了吗？如果你觉察了正在真实发生的事情，那么你也许不会问"怎么办"，因为你会直接去做正确的事情。当你面对一条毒蛇，你一定不会问怎么办，你会马上跳开。现在的困难是你并没有看清这个世界正在不断发生的惊人的事情，没有看清正在不断进行的控制人心的努力，要把它变成服从于某个思想系统、某个宗教、某个固定模式的奴隶。

因此，我们的问题是怎样使个人的能量获得解放，不是吗？因为很显然，当你的心智没有自由时，就没有被解放。缘于此，一个人才会只在习惯中运转，习惯于固定的一套思想体系、固定的观念和结论，习惯于重复同样的语词，以同样的方式思考人生，追逐同一种快乐，落入同一种绝望。你熟悉周而复始的生活模式，显然心智已经变成一台机器，一遍又一遍地做着同样的事情。这样的心智不可能发生创造性的反抗。我们现在真正需要的，不是更多的科学家、更多的农学家、更多的桥梁设计师、工程师和技术专家——虽然他们在某一个层面上显然是必不可少的——但是这个世界真正需要的是迸发创造性的个人，他不是机械性的，不是无休止地鹦鹉学舌，不是不断重复地仿做同样的事情。这就是为什么印度现在如此死气沉沉。虽然你们可以拥有新的机器、水坝、工厂，制订生产更多更好食物的计划，但是你的内心却是死气沉沉。因为你不是一个活力迸发的个人，所以你逐渐被环境裹挟着成为某种思想模式的奴隶。于是，宗教的、经济的和政治的暴政比比皆是。

我们的一个主要的困难是，你我从未想过去探索什么是真正的个人。我说的个人，不是与社会对立的个人，不是那种只为实现野心而四处冲撞的狂放之人。然而，我们能够真正探明我们所说的个人是什么意思，并且探明心智有无可能把自己从所有这些强迫和影响中解放出来，获得自由吗？显然，如果心智没有自由，它就没有创造的可能性，你就只能像一台机器一样持续运转。那么，你作为单个的人类存在体，有可能亲自真实地发现，成为独立的个人是什么意思吗？——也就是说，去探明心智能否获得自由？

过去，你们心中怀有某个理想，比如"印度独立"——你为了理想奉献牺牲，去蹲监狱，无论做什么你都在所不惜。现在你们大概不会再做那样的事了，因为你已经看到那些理想带来了什么——蹲过监狱的人，是怎样地无法得到工作——你看到了这样一些理想的虚伪性，不是吗？于是你不再追随那些满口荒谬诺言的领袖，因为你的头脑已经开始思考、观察和探索。在全世界范围内，理想、牺牲、乌托邦，对于深思熟虑的、明智的人们不再有吸引力。

洞悉了世界上真实发生的事情，那么问题就是：你要亲自清楚地、深入地探明，心智能否获得自由，不是吗？你只有首先承认，心智是社会的奴隶，是特定文化的产物，这样才能探明问题。朋友们请看，你也许是一个桥梁设计师，一个工程师，一个科学家，一个作家——无论你从事什么职业，它就是你的全部生活，不是吗？你的生活中也许还有一点点小快乐、一点点小烦恼、一个小家庭，还有性生活等等这些，但是你生活的绝大部分是一个这样或者那样的技术人员。现在，当如果你移除你的技术，当你的心从你那一点烦恼中解放出来，这时，你是什么？你什么都不是，对吗？你是一具空壳。因为是一具空壳，所以你感到害怕，所以你追随宗教导师，阅读书籍，去电影院，打开收音机，或者去做千百种其他事情。虽然你陷于惯常的生活，但你的内心却充满个人野心，而这都在毁坏你的心智。

因此重要的显然是让心智获得自由。如果你不首先深入认识理解你的心智，那么你就无法让它获得自由。这是非常艰辛的工作，然而这才是真正的冥想，是真正的修行。因为认识理解心智的全部运作过程，须得全神贯注，全神贯注本身就是修行。你无须为了自由，给心智强加某种修行。没有自由，你就无法发现什么是真理，什么是谬误；没有自由，你就无法发现是否有上帝，或者是否没有上帝。当然你可以做推理，你可以相信有上帝，或者相信没有上帝，但是所有这些完全是幼稚愚蠢的。如果心智想要亲自探索自由的全部问题和自由的全部意义，有所发现，有所探明，那么你必须为之投入全部的生命。但是如果你没有自由，那么你无法投入全部生命。因此心智必须获得自由，这就需要自我认识——认识你自己，认识心智的每一个反应，认识你的思想以及思想的源头——不是搞推测推理，不是主张有灵魂或者所谓的"高我"，这些东西不过是另一种逃避。真正地了知你自己——了知你的野心抱负，你的贪婪，你的嫉妒、虚荣、打拼、残忍、鲁莽行为、说话方式、看待别人的方式——要认识所有这一切，是非常困难的。它意味着时时刻刻警醒，时时刻刻观察；它意味着了知你为什么认同，为什么谴责，为什么断定。但是这不意味着你必须分析自己，因为分析无法揭示真实。只有真实地体验你是什么，才能带来洞察了知。

朋友们你看，你相信有上帝，不是吗？如果你是一个严格意义上的、中规中矩的、狭隘的印度教徒或者基督徒，那么你相信上帝，是因为从小别人就教给你要相信。而"探明"与"相信"则完全不同。"探明"完全无关信仰，无关书本，无关别人告诉你的说法。为了发现是否存在真实，你必须从自己关于真实、关于上帝的观念中解放。为了从这些观念中解放出来，你必须首先省察自己为什么有这些观念，你必须洞察。当你诚挚热切地探索它，答案就在那里了，解说就在那里了。我将要让你看到这是什么意思，希望我能够清晰地传递给你。

我们大多数人想希望有安全——经济上的安全、社会的安全感、观念上的安全——如果找不到它，我们就试图在另一种层面，在信仰的层面去寻找。我们声称有一个恒久不变的实体叫作上帝，我们在这种理念中获得安全和慰藉。我们为什么这样做呢？因为我们的内心想要得到某种持久不变的东西；我们的内心一贫如洗、饱受折磨、无比空虚，所以我们把我们的全部的思想、虔诚、热爱、希望都投入这个叫作上帝的东西。至于这个上帝的理念是真实的，还是虚幻的，我们并不去探究它。因为它使我们满意，它给我们安全感，所以我们从不去省察我们如何相信上帝、我们为什么相信上帝，而只是接受了它，因为我们的内心想要彻底的安全。

现在如果你看清了这一点，如果你真实懂得了这一点，而不是搞分析，那么你就已经觉悟了这个事实：心智总是追逐安全感，而事实上根本没有"安全感"这回事。那么，心智就获得了自由，只有这时，自由的心智才可以去探明，有没有上帝？有没有真理？然而这需要艰辛的工作，不是吗？你相信上帝，对你来说，从这个信仰中解放出来就是艰苦的工作，不是吗？因为如果这个信仰不在了，你在哪里？你找不到自己了，你就像一片落叶凄惨地随风飘走，于是你想要找一个庇护所。你不在乎这个庇护所是真实的，还是虚幻的，因此你陷落在关于宗教上师、救世主、道路、系统等等这些东西的迷宫里面——陷落在所有这些可悲的奴役里面。现在你因为我的描述，真实地看到了这一切，无论你喜欢还是不喜欢它。你不用依靠深入分析，就能在一瞥之中立即看清它。但是如果你执着于一个信仰、一个结论，那么你就无法看清任何事情。因此我的建议是，为了探明有没有真理、有没有真实，有没有超越心智测度之外的某种事物，心智必须获得自由。

如果你非常深入地探索你自己——你的终极深度包含整个宇宙——那么你就会发现永恒之物。如果你深入探索一个思想，一个细微的思想，深入到它的尽头，投入你的全部生命，完整地、彻底地探索它，那么你将会达至永恒之物——因为在深入探究你自己的过程中，心智解放了自己。这意味着你必须时时刻刻觉知你的思想。但是不幸的是，你们大多数人被日常生活占满了，你精疲力竭地度过每一天，以至于无暇顾及其他任何事情。因此你吞下一粒药丸，吞下一个信仰，你以为它能够让你发现真理，但是它仅仅是一副让你入睡的镇静剂。社会希望你安静昏睡，因为社会不想要危险人物，社会不想要活力迸发的革命者。经济的革命者和社会的革命者——他们不过是反动守旧者。他们并不考虑人类的整体性；他们只是抓住一个局部，并把这个部分看作是最重要的。局部是有用的，但是过分强调局部，对它赋予全部的重要性，这样的做法绝不会带来人类的福祉。

所以我们的困难之一是，要看到完整的真理，不是吗？——不只是看到一片树叶、一根枝条，而是看到完整的树。一旦你看清整体，那么你就能看到个别部分。如果你盯住个别，没有对整体的洞察，那么这样的行为就没有意义——这就是世界上到处正在发生的行为。乡村改革家、科学家、官僚、技术专家、政治人物——他们全都关心小的改革，关心近迫的问题，关心局部的问题，他们把世界搅得一团糟。世界是整个地球，它广大、丰盈、美好——它包括每一小块土地，这些小地块叫作俄国、美国、英国、印度、等等。但是如果看不到它的全体，仅仅盯着一个小地块，并且为它群情激昂，这样就导致破坏。

因此，我们的问题是怎样看到整体，不是吗？朋友们，希望你明白我所说的"完整"的意义。这意味着人的整体、人的全面性，不仅仅是他那一点点舒适的生活，他的住房的安全，而是整个他的努力奋斗、野心抱负、挫败失望、快乐悲伤。洞察这一切并且超越这一切，就需要高度的全神贯注。我确定，你从未完整地看到过任何东西。你从未投入全部生命，倾心去看过一朵花，不是吗？你从未真正看着你的妻子、你的儿子、你的邻居——投入你的全部生命。你或者是从肉欲上看妻子，或者把她看作给你做饭、对你有用的人，看作给你生小孩的人，或者看作一种安慰。你的全部时间都被工作、被挣钱糊口占用了。你的全部生命被弄得支离破碎，而每一个社会、每一种系统、每一个团体都费尽心思，试图解决支离破碎的生命造出的问题。它们的行为过程只能制造更多的问题。请你一定要注意这一点，你会看到它是多么简单明了。

所有的政治人物和改革者只关心局部片段的改善、改良，而不关心整体。而这也是你所想要的，因为你是如此紧迫地关心你的面包和黄油、你的安全感、你的挫败失望，以及你的琐碎的快乐。那么，一个如此支离破碎、四分五裂的心智——这样的心智怎么可能看清生命的整体呢？朋友们，你明白我的意思吗？你的思想是局部片面的，不是吗？你的思想是四分五裂的——你的工作、你的家庭、你的房子、你的国家，不是吗？你从未考虑过地球本身，这是我们的地球，在地球上，印度或者你的国家只是涂了颜色的一小块。你从未考虑过人类，你只想到"我"，你只想到你的妻子，但并不考虑妇女问题。你想到某种美德，想到"不贪婪"，但你并不思考总体的美德，以及它的真正意义。

我们所有的思想都是支离破碎的，这样一个碎片的心智怎么能够看清整体呢？如果你听懂了我的问题，你怎样回答呢？你看，我们正在相互交流，我们正在共同分担对问题的理解。你不仅仅是在听到我说的话语，而是我们真正地共同分担这个问题。因此你不是等着我告诉你答案，告诉你解决方案；我们正在共享、分担这个问题。我说清楚了吗？这个问题是：一个支离破碎、四分五裂的心智，它在互不关联的碎片里活动——他向往上帝，同时也殴打他的仆人，他向往仁慈善良，实际上穷凶极恶——这样的心智怎么能看清整体？我确定你以前从未问过自己这个问题，而现在你正在问这个问题，那么你的第一反应是什么？

我想，你的第一反应是，怎样把碎片拼接起来，不是吗？你认为把所有碎片拼接起来，你就能得到整体。你认为你可以收集被打破的碎片，把它们归拢在一起，完整就形成了。但是完整绝不会这样形成的，因为那个收集、检查、拼接碎片的主体，他是一个破碎的主体。朋友们，请你跟上我。心智说，"我必须收集这些碎片，拼接起来，让它们变得完整"，但是它自己不过是一块碎片呢；它不是完整的心智，不是吗？当你明白了这个真理，那么会发生什么？你看，我们正在彼此沟通，除非你在体验我讲的东西，否则它完全没有意义。

你的存在是碎片状态，你的心智也是一个碎片。现在，你打算怎么办？你的反应是什么？我正在跟你，跟个人交谈，我希望你正在省察自己的心，省察你的生活，从整体去看它——你的妻子、你的孩子、这个社会、你的野心抱负、你的怨天尤人、你的焦虑忧愁、你的空虚、你的喜悦——所有这些小小碎片，而你是怎样看重一块碎片，无视其他碎片的。这就是你真实的生命，不是吗？我这里谈到的是你的个人的生命。那么这样支离破碎、四分五裂的心智，这样的心智怎样看清巨大的整体——即作为一个整体的生命呢？除非你看到了整体，否则生命的碎片问题就没有答案。你若要理解这个问题，那么无疑的，整体就非常重要。除非你看清了自己的整个生命，看清了它的全部——这里包含喜悦、快乐、愤怒、悲伤、痛苦、奋斗，所有事情都包括其中，除非你把地球视为一个整体，而不是分割成叫作印度或者叫作其他名字的碎片——否则你从这块碎片中寻找某个答案的努力就没有意义，它只能带来更多的痛苦。只有那种看清整体的人，才拥有恒久不变的答案。这种照看整体的能力，就是真实，就是上帝，就是宇宙中的一切。

那么碎片的心智怎样看到整体呢？我们首先要明白这个事实：碎片的心智绝不会看到整体。那些乡村改革者、政治人物、技术专家、宗教导师、真理寻求者，如你所知，他们全部都是碎片的，他们各自运转在自己的限定的模式中，并力图给自己的碎片加上重要性，他们永远看不到真理。他们都有局部片面的答案，然而局部片面的答案却是深具破坏性的。只有完整的心智，才能找到完整的答案。

如果你懂得了，只有完整的答案，才是唯一的答案，那么你就不会再为你现在奋争的所有东西奋争了——你的家庭、你的地位、你的权威、你的土地、你的国家。于是，你已经发现，把碎片拼接起来无法得到整体；碎片虽然具有相对的重要性，但并不是完整的答案；上师和老师的所有的教导、所有的信仰，都是对一些小的碎片赋予重要意义，其实它们毫无意义。这样你就不再是一个追随者——这是一件了不起的事情，一件荣耀可赞的事情，由此你开始明白自由的心智的品质。你正在着手体验、感受这种心智的品质，这个心智看到那些不完整的部分之所在，但是并不把它们看成至关重要的。这样，你的心智已经把自己从碎片中解放出来。希望你跟上我，把全部生命投入进来，这样你会发现，你会说："天啊，千真万确！"

当你看到美轮美奂的月亮，当你看到灿烂绮丽的夕阳，你的整个生命都同它合一，你不会为它争论。如果你看到了这里所讲的真理，你会有同样的反应。当你把全部生命投入去靠近真理——真理就在那里。如果你懂得，通过局部的碎片，不会有答案，如果你真正深刻地感知这一点，就像是看着夕阳，看着美丽的花朵、可爱的笑脸、飞翔的小鸟——那么将会发生什么？

重要的不是奋力把所有的碎片拼接起来，而是明白这一真理：在碎片中没有答案。要明白这一真理，你必须投入你的全部生命。当你投入全部生命，你就是作为一个完整的生命在行动——当你这样做时，你就能看到事物的真相。那么，洞察真相需要有热情，需要专心致志，需要一种蓬勃的能量，而不是被恐惧、被戒律、被令人厌恶的"培育美德"败坏了的心智，这些都是碎片的心智汲汲追求的碎片。当你看清此事，你的整个生命就寓于其中。只有热情的心智，只有懂得酷爱自由的心智，这样的心智才能发现那不可测度的无限存在。

1958 年 11 月 26 日

爱是无法用行动衡量的

　　学习的行动要求谦逊。如果心智积累了大量知识，认为自己很懂得了，那么它就无法学习，因为它已经被观点、结论、偏见、信仰和教条占据了；这样心智就没有谦逊。为了学习，你必须具有非凡的谦逊。拥有谦逊之心、谦逊之情，是必不可少的，但是当心智只是像机器一样运转，它为了行动、为了运转而收集知识，收集经验、信息，这时它就否弃了谦逊，这样的心智绝不是在学习。生命不是某种结论，它不是从一个固定点出发，走向另外一个固定点，不是从一个经验走向另外一个经验。它的在总体上非常广大，它是生机勃勃的东西，实际上是心智无法测度的。为了学习生命，你需要充分的谦逊。但是当心智仅仅是在搞收集时，积聚知识，它就拒绝了谦逊。这种收集、这种累积成为扭曲心智的基点，心智从它发出，进行活动，进行思考，做出行动。不知道你是否注意过自己心智的活动。如果你有过，那么你已经看到，当心智有所收集——收集经验、知识、信息、任何类型的思想观念——这时在收集的行为中，就出现一种积极进取、扩张积累的特有品性。一个声称自己显然知道的人，是无知的，显然他是不具谦逊的。但是谦逊是无法培育的；如果你可以培育它，那么它顶多不过变为虚荣自大的对立面的谦卑。心智无法造出谦逊，然而就在学习的行动之中，这是一个持续不断、永无止境的过程，在这种状态中就存在谦逊。谦逊不是一件你可以披上的斗篷，不是一件你方便时可以穿上的外衣。

　　在我看来，学习是极其困难的事情，亦如倾听是非常困难一样。我们从来没有真正倾听过任何东西，因为我们的心智没有自由，我们的耳朵塞满了我们已知的东西，因此倾听变得异常困难。我认为——或者不如说，这是一个事实——如果你能够投入全部生命去倾听什么东西，投入全部热忱，投入全部能量，那么正是这个倾听的行动，就是一种解放的因素，但不幸的是你从来没有倾听过，因为你从来没有学过倾听。要知道，只有向什么东西投入全部生命，你才能够学习。正如你把全部生命投入数学，你就能学习它；但是如果你处在矛盾中，你不想学习，但是你被迫去学习，那么学习就变成只是一个积累的过程。学习就像是读一本有无数角色的小说，它要求你全神贯注，而不是矛盾状态的专注。如果你想要学习一片树叶——一片春天的嫩叶，或者一片夏天的树叶——你必须真实地看着它，看到它匀称的结构、它的质感、它生机勃勃的品性。在一片小小的树叶中，蕴藏着美，蕴藏着活力，蕴藏着生命力。因此，要学习树叶、花朵、云彩、夕阳，或者学习一个人，你必须聚焦全部的专注，去看它。

如果你能用同样的方式来倾听，不只是听到别人说的话，而是同时听到周围每一点声响——孩子在哭闹，波浪滚滚而来，飞机从头顶飞过——那么深度的倾听将会带来非凡的觉悟。觉悟不是出自收集，不是出自信息的堆积。觉悟总是瞬间发生。你和我正在相互沟通一个极难沟通的主题。我想要告诉你某种东西，不是作为一个演讲者，指示你去做什么、不做什么，那样太荒谬了——难道你和我，作为两个个人，不能共同探索这个问题吗？演讲者可以解释、展示更多其中的细致之处、细微差别之处、困难之处，但是如果你没有投入全部生命倾听，你就不能理解，那么这个讲座就只剩下语词层面的意义，语词是不能满足一个渴求的人的。

因此你和我将要共同探索。你不要想从我这里学到任何东西，你不要想从这里收集到什么东西，然后把它带走，因为如果你那样做，那就仅仅是一种堆积，就成为你积储记忆的某种东西。这个讲座就退化成了积聚的过程，你把它积聚起来形成记忆。所以在我讲的时候，请你投入全部的生命，投入全部热忱，请你全神贯注，就像是倾听你真切热爱的东西——如果你真的有所爱的东西。在这里，你不是一个小学生，你不是在接受指导。你是在学习一门艺术——我实际所指就是这个意思。我们正在共同学习，因此完全没有导师和门徒的区分，没有分裂。把一个人奉为导师，认为他知道，而你自己不知道，这是幼稚愚蠢的想法。在那种关系中，双方缺乏谦逊，因此双方都没有学习。如果你来听讲，不只是要寻求做什么、不做什么的指示，那么你将亲自领会，我以上所说，并非只是一个语词层面的表达，不是一种权宜之计的说法。你无法在一连串的指示中觉悟生命。你可以把指示应用于一台发电机、一台收音机，但是生命不是一台机器；它永远生机勃勃，永远在自我更新。这里没有指示——而这就是学习的美好之处，学习的美丽之处。狭小的、被指导、被指教的心智，仅仅是强化记忆而已——现在所有的大学和学校都是这样，你在那里仅仅是培育记忆，以便通过考试，找到工作。这样的教育无法增进智慧。智慧是从学习而来。在学习中没有止境，这是生命的美丽之处、神圣之处。现在，你和我就要一起来学习、探索、思考，并彼此沟通关于行动的问题。

对我们大多数人来说，生活就是行动。我们说的行动，是指某种已经做了的、正在做的、或将要做的事情。如果没有行动，你就不可能生活。"行动"不仅意味着身体的运动，比如从这里走到那里；而且还有着思想的活动、观点的活动、情感的活动、环境的活动、舆论的活动、野心志向的活动、我们吃的食物的活动、心理影响的活动——而我们大多数人对这些毫无觉知。有心智的意识层面的活动和无意识层面的活动。也还有埋藏在泥土中的种子的活动，不是吗？有得到一份工作，并靠着它度过余生的活动，有浪花拍打岸边的活动、温和天气的活动、下雨的活动；有大地和天空的所有的活动。因此"行动"是没有边界限制的某种东西。行动是在时间之中和时间之外的一种运动。我正在与你进行有声思想；我来这里，带着一个思想、一个行动，我想和你安静、缓慢、平和地讨论它，探索它，深入它，以便你和我共同理解它。

但是如果你把行动减低成"我应该怎样做？我应该做这个而不做那个吗？这个是正确的还是那个是正确的？"那么行动就变成了非常狭小

的东西。我们自然是必须在时间的范围内行动；我必须按时结束演讲；你必须按照确定的钟点去办公室、去工厂、去吃饭。我们必须在时间的范围内行动，这是我们都知道的，不是吗？离开已知范畴的行动，离开在时间之内的行动，你和我实在不知道别的事情了。我们说的时间，是指昨天、今天、明天。明天是无限的未来，昨天是无限的过去，今天是当下现在。过去与未来之间的冲突造出了一个我们称之为"行动"的东西。因此我们总是探寻怎样在时间的范围内、在已知的范围内行动。我们总是在问，应该怎样做，是结婚，还是不结婚，屈服于诱惑，还是抵抗诱惑，是努力发家致富，还是努力寻求上帝。无论时代怎样变化，人们所处的社会环境实际上非常相似，它迫使我承担工作，因为我有家庭，我得吃饭，那么冲突、动乱、辛劳就由此而来。因此我的心智陷于时间范围的行动。我只知道这样的行动，每一个行动造出自己的结果，结果还是在时间之内。看清我们被时间范围内的行动所束缚，这是觉悟的第一步，不是吗？

然后是紧张压力下的行动。请你跟上我，我们正在共同探索它。这是自我矛盾状态下两个对立面之间的紧张而产生的行动，这种自我矛盾即是——想要做这个，实际上却做完全相反的事。你熟悉这样的情况，不是吗？一个声音说，"做这个"，而另外一个声音说，"不做这个"。你感到愤怒、暴力、残忍，但是内心有一个声音告诉你要仁慈、善良、温和。对我们大多数人来说，行动出自紧张压力，出自自我矛盾。如果你观察自己，你会发现这个事实，我们内心越挣扎，矛盾冲突越剧烈，我们的行动就越激烈、越强暴。野心勃勃的人在紧张压力的驱动下冷酷无情地行动——以上帝的名义、以和平的名义，或者以政治的名义、以国家等等的名义。这样的内心压力驱动着源源不竭的行动；一个被自我矛盾深度折磨的人可以创作一首诗、一本书、一幅画；内心的压力越大，他就越活跃，越多产。

然后，如果你观察自己，你会发现，还有意志的行动。"我必须做这个，我必须不做那个。我必须训练自己，我必须这样思考。我必须拒绝什么，我必须保护什么。"意志所产生的行动，有积极的行动和消极的行动。我在这里仅仅是描述，如果你真正倾听，你会发现，出现了真正的理解之行动——我正在探索这样的行动。意志所产生的行动是抵抗性的，它是积极的或消极的。因此行动是各种各样的。我们大多数人所知道的是意志的行动，因为我们不是伟大的人，所以我们没有伟大的紧张压力。我们不是伟大的作家、伟大的政治家、伟大的圣人。所谓圣人，其实他们根本不是圣人，因为他们恪守某一种生活方式，所以停止了学习。我们是普通人，不是太聪明。我们偶尔会看一棵树，看夕阳西下，并展现快乐的笑颜，但是我们大多数人的行动都出自意志，我们是在抵抗。意志是许多渴望的结果，不是吗？你知道意志的行动，不是吗——"我很懒，我想在床上再躺一会儿，但是我必须约束自己，必须起床；我感到性的欲望，心潮荡漾，但是我不能这样，我必须抵抗它。"这样我们就动用意志造出了一个结果。这是我们都熟悉的；我们要么屈服，要么抵抗，屈服造出很大的痛苦，痛苦即刻又变成抵抗。因此我们使自己内心的争战延绵不绝。

因此，意志是欲望的产物，就是"想要"和"不想要"。这一点就是这样简单，让我们不要把它复杂化——让那些哲学家、思辨者去复杂化吧。我们知道，意志是从对立的两种欲望之间产生的行动。我们培育美德，就是在培育抵抗。你把抵抗嫉妒叫作"美德"。我们的内心冲突永不停息——一个欲望造出了它的对立面，从对立面又造成抵抗，这个抵抗就是意志。如果你观察自己的心智，你会发现这个事实。因为我们必须在这个世界上行动，所以我们运用这种意志，而这就是我们所知道的全部。以这种意志，我们说，我们必须发现，有没有什么东西超越意志。以这种意志，我们克制自己，折磨自己，否定自己——你越是有能力否定自己，你就越被别人当作是圣洁的。你的所有圣人、上师、上帝，全都是这种否定、这种抵抗的产物；而那种热切的追随者，他抱定自己所投射的虚幻的信念，拒绝一切，否定一切——你认为这样的人是伟大的。

如果你看看生命中的"行动"——生长的树木、飞翔的鸟儿、流动的河水、变幻的云彩、电闪雷鸣、机器的运转，还有波浪拍打着岸边——

那么你会发现，生命本身是无有之境的行动，没有开始，也没有尽头，不是吗？它是某种永在运动的东西，它是宇宙，是上帝，是天恩，是真实。但是我们把这无比广阔的生命行动减低为我们自己琐碎狭小的生活行动，我们问，我们应该怎样做，应该遵从什么书本、什么方法。看看我们都做了些什么吧——我们的行动如此琐碎、渺小、狭隘、丑陋、残忍。请注意听讲这一点！我和你一样知道，我们必须生活在这个世界上，我们必须在时间内行动，我们说"生命如此广大，我要让它行动，它会告诉我怎样做"，这样的说法没有意义，它不会告诉我们怎样做的。因此我们必须看清我们的心智发生的惊人的现象，它把生命无比宽广、无比深邃、没有边界的、没有尽头的行动，减低到怎样得到一个工作、怎样成为一个高官、过不过性生活这样的狭隘行为——你知道生活中所有这些琐碎卑微的小小挣扎。我们总是把生命的浩大运动减低为已知的和在社会上体面的行动。你看到这些了，朋友们，看到了吗？——一种是已知范围内和时间范围内的行动；一种是超越"已知"的行动，是生命的永无止境的运动。

现在的问题是：我能不能带着这种无限深远的行动意识，生活在这个世界上，做我的工作，等等？还是说我必须经过我的狭小的心智，把行动降低到仅在已知的范围之内、在时间的范围之内？我把这个说清楚了吗？

让我换一种说法。爱是无法用行动来衡量的，不是吗？不知道你是否考虑过这个问题。现在我和你正面对面地交谈，我们都对此怀有兴趣，都想有所发现。我们知道美的感受、爱的感受是什么。我们现在谈论的是爱本身，而不是关于"爱"的解释，不是语词的表述。"**爱**"这个词汇并不是爱。尽管我们的理智把爱分割成"**世俗的爱**"和"**神圣的爱**"，但这样的划分毫无意义。这种美好的情感，无法用语言传达，无法由心智所认知——我们知道这种事情。它实在是最让人惊奇的事；在这其中没有"他者"意识，没有观察者，就只有情感。这不是说，我感受到了爱，然后我握着你的手说"我爱你"，不是我为你做这个做那个。**爱就**

是爱。如果你已经拥有这种情感，如果你生活在爱之中，如果你已经懂得它，传递它，哺育它，如果你已经投入全部生命充分地感受了它，那么你就知道，你可以怀着这种情感生活在这个世界上。你可以用最优秀的方式教育你的小孩，因为这种情感是行动的源头，哪怕是在时间的范围之内行动。但是如果没有这种情感，没有它的全部的广阔的爱、热切的爱、生机勃勃的爱，那么我们就把爱降低到仅仅是"我爱你"，仅仅是活动在时间范围之内，仅仅是努力吸引他人的注意力。

现在你明白这个问题了。爱是不可以测量的，是不可以被心智累积而成的，是不可以被培育的，爱不是多愁善感，不是滥情，与"做好事"——去做乡村改革，等等——毫不相关。这样的"好事"。当你有了爱的情感，那么生命中每一件事物都是重要的、有意义的，因而你做的所有事情都是好的。反之如果不懂得爱的美好、爱的深沉、爱的活力，那么我们就会努力把爱降低成心智所能理解的某种东西，变成"受人尊敬"的东西。这个道理，同样适用于行动，我们现在正试图认识理解行动这个问题。

行动是一种永无止境的运动，它没有开始，没有结束，它不被原因—结果的链条所控制。行动关乎万事万物——大海的行动、杧果种子长成杧果树的行动，等等。但是人类的心智不是一颗种子，不是通过种子的行动，只是变成它原样的一定改变的复制品。在我们的生活中，有着持续不断的环境压力，虽然环境总在变化之中，但是它们一直在塑造着我们的生活。过去的东西，到现在变得面目全非，现在的东西，又会被打破。难道我们不能感受到、触摸到生命无比宏大的行动吗，从泥土里一只蚯蚓的蠕动，到疾风掠过无限宽广的天空？如果你真的想要知晓这种不可思议的东西、这种行动，那么你就必须深入它，你必须打碎在时间范围内的行动的枷锁。这样你就可以洞察它，这样你就可以怀着这种感受去行动，去做你的工作，去做所有时间范围之内已知的事情。但是如果你立足于时间领域的已知，那么你就不可能发现这种另外的他在。无论你做什么，都是琐碎狭隘的，你永远无法触摸那不可测度的无限存在。

一旦你真正看到了真相——在时间领域内运转的心智永远无法理解

那超越时间的永恒之物——如果你真正看清了它，感知到它，那么你就会懂得，对爱进行思辨，把爱划分成肉体的爱、世俗的爱、庄严的爱、神圣的爱，这样的心智绝不可能发现他在。但是如果你能够感知这种不可思议的行动之流——繁星、林海、江河、海洋的运动，还有动物的、人类的活动——如果你能领略春日里一片嫩叶的美，如果你能领略从天而降的雨点的情绪，那么怀着这种宽广无边的感知，你就可以在"已知"之域内、在时间之域内行动。但是在时间之域的行动，却永远无法导向那个他在。如果你真正领悟了这一点，而不是在语词层面，不是在理智层面，如果你真实感知了它深邃的含义，真正理解了它，看到了它不可思议的美与爱；那么你就会发现，在它之中，意志完全没有立足之地。所有由意志驱动的行动本质上都是自我中心的，是利己主义的，然而当你彻底领悟了他在，当你真正感受到自己活动于它之中，当你的整个心灵浸润于它之中，那么意志的行动完全消失了。这时你会发现，意志在这里根本是多余的，这里有着完全不同的行动。意志就像一段打结的绳索，你可以解开它们。意志可以丢掉，但是他在却不会丢掉，它是不可增不可减的。

那么，如果你正在投入全部生命倾听，你正在倾尽全心地学习，这意味着深刻地感知，而不仅仅是在理智层面听到语词，那么你就会感知到不可思议的学习活动、神明的活动——不是人们用手造的或心智幻想的神，不是寺庙、清真寺或者教堂中的神，而是无始无终的、永恒的、不可测度之无限存在。这样你将发现，我们可以异常平静地在这个世界上生活，没有诱惑，没有美德之类的东西，因为美德只是社会的事物。一个人如果觉悟了这一切，生活于其中，他的生命就有条不紊，他的内心宁静安定，由于他的内心没有混乱，没有矛盾，所以他的行动完全不同，更加有效得多，容易得多，清晰得多。

执着于结论的心智绝不是谦逊的。已经完结学习的人，背负着他的知识的重担。而正在学习的人没有负担，因此他可以登上山巅。你和我，作为两个独立的人，我们已经讨论了某种靠言词无法理解的东西；但是依靠相互倾听，探索它，领悟它，我们已经发现某种不可思议的东西、某种永恒存在的东西。如果证明被减低到执着于"我"的生命，这样的生命就容易腐烂；但是如果你能够觉悟生命从始至终的非凡意义，一旦你深入其中，感受到它，畅饮它的甘泉，那么你就可以过一种普通的生活，同时又是崭新的生活，你就能够过真正地活着。循规蹈矩的体面的人，并不是活着的人——他已经死去——真正的生命是不被死亡光顾之物。生命是我们进入它并且忘却它，因为没有一个"我"记得自己曾经活过这段生命。只有当心智处于彻底谦逊之境，只有当这样的心智不再关心琐碎狭隘的小我，当它不再从一个固定点移动到另外一个固定点，从经验移动到经验，从知识移动到知识——只有这样的心智，完全地、彻底地、整个地停止了所有追寻，它才能知晓生命存在的无限之始和无限之终。

1958 年 11 月 30 日

生命是对自我永不止息的学习

在所有形式的沟通中，语词自然是非常重要的。如果我们要沟通一些抽象、复杂的问题，语词的作用就更大了，每个人都根据自己的理解，把语词转化成自己所理解的意思。所以想用语词来沟通无比复杂、微妙的生命问题，是非常困难的。如果我们能够准确掌握语词在字典上的意思，并且又让我们自己超越它所传达的仅有的定义和结论，那么语词就变得真正有意义了。

以"**自由**"这个词为例吧。每个人根据自己特定之必需、要求、压力和恐惧，对它都有自己的理解。如果你是一个野心勃勃的人，那么你会把这个词理解为实现你的野心、满足你的欲望所必不可少的东西。对于一个死守传统的人来说，"自由"则是一个可怕的词语。对于一个沉溺于自己的幻想和热望的人来说，这个词意味着更加深度地纵情幻想的可能性。因此语词在我们的生命中具有惊人的重要意义，不知你是否意识到语词所具有的多么深刻而重大的意义。**"上帝""自由""共产主义""美国""印度教徒""基督教徒"**，等等——这些语词不仅仅影响着我们的神经，而且它们从语词上令我们的生命都为之震动，产生一定的反应。不知道你是否意识到这一切，如果你真正意识到了，那么你就会明白，把心智从语词中解放出来是非常困难的。我将和你探讨一个非常复杂的问题，我想我们应该小心翼翼地探索它，我们要有清醒的头脑，它不仅明白语词及其含义，而且还能超越语词。

我们可以看到现在这个世界到处都在发生的事情。无论何处的暴政，都在禁止自由；无论何处的强势的教会组织、宗教组织，也都在禁止自由。所有的政治组织和宗教组织，虽然它们也喊着**"自由"**的口号，但是它们都拒绝自由。我们还可以看到，人口过剩、组织机构庞杂、信息爆炸，都不可避免地拒绝自由。当我们察觉了这一切，你或者我，作为一个个人，怎样理解自由呢？我们必须生活在这个世界上，必须生活在一个社会中，社会是完全被组织束缚的，在这里，技术专家异常重要，于是心智变成了某种技术形式的奴隶、某种方法的奴隶、某些生活方式的奴隶。那么我们在何种层面、何种程度上理解"自由"一词呢？如果你逃离你的办公室，这并不意味着自由，你只会失去你的工作。如果你驾车在公路上逆行，警察就会来抓你，你的自由会被剥夺。如果你为所欲为，或者你变得非常富有，这种境状就会控制你。我们周围有这种种的规定、法律、传统、各种形式的强制约束和控制，所有这些都在阻碍着自由。

你作为一个人，如果你要理解这个问题——这是一个实实在在的问题——那么你在什么样的深度上进行探索？或者你根本就不关心？恐怕我们大多数人是并不关心；我们只关心我们每天的面包、我们的家庭、我们的细小的麻烦、嫉妒、抱负，我们不关心更加广阔、更加宏大的问题。如果仅仅关心问题的解决方案，那将于事无补。你也许能找到一个缓解眼前问题的药方，那会制造新的问题。那么你是在什么样的层面、在什么样的深度，对自由一词做出回答呢？

我们无疑还必须知道，词汇不是词汇指向的事物本身。**"真理"**这个词汇并不就是真理。但是我们大多数人仅仅满足于词汇，我们从来不会超越词汇去探究词汇背后的意义。请你仔细思量这一点。**"穆斯林"**这个词汇阻碍你看到词汇指向的真实的人。这个词汇带来的心理反应和精神反应是非常深刻的，它在你心中唤起了所有各种的观念、信仰、偏见。但是如果你能非常深入地思索，那么这一点就是显然的：你必须把词汇和真实的事物区分开来。我们给词汇赋予了错误的意义，它造成了我们人际关系中的很多误会。因此很重要的是，你和我，作为两个独立的个人，要建立正确的沟通，以便我们在相同的时刻、在相同的层面，相互理解。不知你是否注意到，如果你爱一个人，你们两个人之间的交流沟通是直接通畅的。同样的，如果我们能够建立这样的沟通，那么我想我们就可以非常深入地探索异常复杂的问题。词汇是建立沟通的严重障碍，如果我们想要彼此交心，共同分享、分担我们准备展开、揭示和讨论的问题，那么你和我就必须穿透词汇，超越词汇。

问题在于心智。当我使用**"心智"**这个词时，它在你我心目中也许有着完全不同的意义。你从未考虑过什么是心智，你从未探索过心智全部的内容。心智显然是一种状态，一个存在，一个丰富的东西，一个深邃的东西，一个广大的东西，但是所有这些词汇并不表明真实的心智，它们仅仅是描述性的词汇，真实状态并不是词汇。希望你明白。这一点不是很困难，但是在我们的探索行进中，你和我必须清楚这一点。因此我们必须明白应该怎样探索心智。心智就是大脑吗？心智与大脑是分隔开的吗？心智是大脑的产物吗？请你面对这个问题，请你跟我一起探索。

我们可以看到，大脑是我们所有感觉的反应中心。神经系统把感觉传递到大脑，同一个神经系统，也传递愉快的感觉和痛苦的感觉。大脑通过感觉，区分冷和热、愉快和痛苦，等等。思想在这样的区别之上滋生出来。思想的过程是记忆的反应，记忆是心智的一个组成部分。请跟上我，我将要做非常详细的描述。我被一条蛇咬了，有一种痛苦的感觉，然后有了记忆。所以从此以后，我总是害怕蛇。被蛇咬的记忆，已经存储在大脑中的某个部位，所以无论何时我看到蛇，都会害怕得发抖。再举一个例子，我问你住在哪里。你对这个问题太熟悉了，因此你立即就回答我，你不需要思考。神经系统把这个问题传给大脑，大脑中已存储了你住处的记忆，它立即做出回答。如果我问你一个有些复杂的问题，那么在提问和回答之间就会有一个时间间隙。在这个时间间隙中，大脑在它的记忆中搜寻，它需要花一点时间找到答案。在这个时间间隙中，思想在进行活动，不是这样吗？我问你想要什么。你想要的东西太多了，所以你犹豫了。在回答之前，你左顾右盼，寻找、探查，你考虑自己想要什么，这个过程造成了提问和回答的间隔。现在我问你一个更加复杂的问题，那会怎么样呢？请你观察自己的心智。这里还是由语词的振动提起问题，然后大脑做出回应，它说："我无法马上找到答案；我得继续在记忆中寻找。"在提问和回答的间隔中，你的思想飞快地转动，间隔的时间也就长得多。如果我问你一个特别难的问题，那么，你在记忆中搜寻了好一会儿，最后说："我不知道。"但是这个"我不知道"意味着，你仍然在四处搜寻，期待找到答案，等待你自己或是别人告诉你答案，不是这样吗？现在，有这样一种"我不知道"的状态，在其中没有左顾右盼，没有寻找，也不等待答案，我们接下来要讨论它。首先我们必须明确思想的过程。它就是一个挑战，以及对挑战的回应，不是吗？如果它遇到的挑战是它熟悉的问题，那么回应就是即刻的；如果遇到的挑战是它不熟悉的，那么回应就需要一点时间，你在这个时间间隔里思考，这意味着整个思想机制都被动员起来了，在记忆中搜寻不仅是语词的振动，还有记忆的振动——然后你做出回答。这就是我们一直在做的事情，不是吗？

　　记忆就是储存起来的经验、传统、积聚的知识，记忆总是在进行堆积，又总是在做出回应。你碰见一个你认识的人，你对他会有所反应；但是如果你碰见一个你不认识的人，没有认知，就不会有反应。这非常简单，没什么复杂的，如果你观察自己的心智，你就会发现。我们可以看到，这个叫作大脑的东西，它对多种多样的感觉做出回应，如果它要对每一个反应和行动做出回应，那么显然它必须非常敏锐、警醒、有活力、有强力。我们大多数人没有敏锐的回应，因为我们的忧愁烦恼、冲突斗争、放任无度、沉湎欲望，使大脑变得昏庸呆滞。整个大脑中只有很小的一部分在起作用。

那么，我们看到思想的过程是记忆的反应，它总是像机器一样机械性地运转。因此你问："自由意味着什么？"希望我把这个问题说明白了，希望你理解这个问题。如果我的整个心智是时间的产物，是传统的产物，是各种各样的文化、经验、制约条件的产物，总是以家庭、种族、信仰作为背景，总是运转在已知的领域之内——那么，自由在哪里？如果我总是在自己心智的局限之内活动，它塞满了记忆，它是时间的产物，那么心智怎样超越它自己呢？对这样的心智来说，"**自由**"这个词毫无意义，不是吗？因为它只会把自由转化成另外一种汲汲追求，它说："我怎样才能获得自由？"请你仔细听，你将会发现。我有意识或无意识地认识到：我的生命十分狭隘渺小，有着永不止息的焦虑、挣扎、恐惧、痛苦、烦恼，等等。于是我说，"我必须自由，我必须得到内心的宁静，我必须逃出这种局限。"这就是我们每一个人都在追求的事情。在外部世界，在各种各样的专制统治下，我们没有自由；有人告诉你应该怎样做，你就照着去做。在我们的内心世界，继续着同样的问题。在印度这个所谓的民主国家，你在外部世界或多或少有一些自由——或多或少——但是在你的内心，你是一个囚徒，所以你在寻问自由的问题，宗教组织或者社会组织越强大，大众传媒越高效，我们的冲突和混乱就越剧烈。因此我们永远处在与我们的外部环境的斗争中，处在我们自己内心的斗争中。斗争无休止地进行着，就存在矛盾和痛苦："我的妻子不爱我；我爱上了别人；我相信有死亡，我不相信"——我们的生命总是处于混乱和不安，宛如大海一般动荡。

你曾经看过大海吗？有时候海上风平浪静，海面上映出满天繁星，万籁俱静，一切都祥和而宁静。但是在海底下却存在着深隐的涌流，深隐的运动；海水覆盖着广阔的面积，实际上它从来不是静止的；它永无止息，永远在运动；每一阵风吹来，都打破它的宁静。我们的心智也是一样，我们永远躁动不宁。当我们看到了这一点，于是我们说："给我安宁吧。让我找到上帝。我想要逃离痛苦烦恼的生活，我想要找找看，有没有永恒的安宁，有没有上天福佑。"这是我们都想要得到的，因此我们才会陷于这样一种可怕的斗争，限于这样一种矛盾的紧张，一种欲求总是与另一种欲求争战不休。我们的野心滋生了挫败失望和空虚，然后这种想要实现的欲望，又再次地带来挫败失望的阴影。我在描述我们的状态，仅仅描述是没有用的——我们都明白自己是这样的，不是吗？——我们处于困惑混乱、痛苦、烦恼、悲伤的状态，偶尔也感受一点短暂的喜悦，偶尔抬头仰望天空，说："真美，真好看！"偶尔也尝到爱的滋味。但是这都是短暂的、转瞬即逝的、不稳定的。于是心智说，"难道没有恒久不变的宁静吗？"所以心智开始把自己投入永恒性的上帝、真理的观念。而所有的宗教都鼓励你投入这种永恒性的观念。世界上所有的宗教都说，有永恒之物，有"上天福佑"，你必须追寻它，而且有一条道路通向它。它们说，有一条道路从痛苦混乱通向真实的永恒。朋友们，你明白吗？只要你在追寻永恒之境，你就必须找到一条通向它的道路——一个信仰、一个方法、一套规制、一种修行。在我看来，既没有永恒，也没有达到永恒的道路。没有什么方法可以发现真实。让我们来探索、理解这一点。

我充满了恐惧——害怕死亡，害怕没有爱，害怕社会舆论，害怕这么多事情。我看到自己是焦虑的、恐惧的，因此我说，我必须找一个方法，帮助我不再恐惧。我们都想找到这样的方法，不是吗？所以我去参访某个说有上帝、有"上天福佑"的人，他告诉我怎样做才能得到它；而我接受了，有一条道路、一个方法，从我这里到达那里。我想要探索这种观念，但是如果你真实地探索它，你会发现它没有意义，现在让我们共同探索它。不过如果你以为有什么路子，你紧抱着这种观念，如果你被一个方法、一套办法，或者被你的千百年的传统所迷惑，那么你就无法探索。丢掉所有这些东西，用崭新的视角来省察事物，这需要非凡的能量、非凡的活力。我们现在不是探索"有没有永恒的老天福佑"；我们是探索那个叫作"道路"的东西，就是一个方法，让我从贪婪变成不贪婪，从恐惧变成不恐惧，从嫉妒变成不嫉妒，从无常变成永恒。也就是说，我们想要知道，希望从现在这一点，沿着某个特定的方向，达到另外一点。不是这样吗？如果我想要当一个工程师，我的方向很明确，方法也很明确——我需要学习高等数学等等学科，我知道必须走的路。如果我想要学习一门语言，我知道从这门语言的第一课开始学习，一直学到第十五课，等等。也就是说，学习一门技术，我需要从一个点移动到另外一点，我需要一段时间间隔，我在时间中学习，一段时间之后，我掌握了它。学习一门技术是从已知移动到已知——这是简单明了的。相似的是，你的所有宗教书本和老师也告诉你：你可以去从痛苦混乱的现实生活达到"上天福佑"的终点，有一条道路从无常通向永恒。他们说你必须相信，必须实践，你必须抵抗邪恶，练习控制，这样你才能从这一点走到那一点——这意味着确定了一个特定的方向，即你认为你所知道的去往"上天福佑"的方向，就像你知道现实生活的混乱痛苦一样，你也知道有一个据说是达到"上天福佑"的方向，为了到达那里，你必须修行。

这个修行的过程包含着什么呢？首先，"上天福佑"是一个静止的东西吗？是一个固定不变的状态吗？你可以走向你的房子，因为你的房子是固定的。但是上天福佑、真实、上帝，无论你愿意管它叫作什么，它是一个静止的东西吗？还是说它是一种运动的东西、是活的东西、是生生不息不会固定的东西？我们总是想要一个固定不变的状态，这样的愿望来自我们的混乱痛苦，不是吗？因为我的混乱困惑，所以我创造了一个叫作"永恒"的东西，然后我说，我必须找到一条路通向它。

那么我们所说的方法、修行、规戒，是什么意思？在我看来，所有形式的规戒都侵蚀心智，毁坏理智，限制思想，降低心智的非凡的能力。我并不要求你接受我的说法，但是既然我们正在力求彼此沟通，那么我告诉你我看到了什么，同时希望你也看到它。**"规戒"**这个词汇是什么意思？它来自一个拉丁词，意思是"学习"——而不是控制，不是征服，不是强迫，而是学习。当你强迫自己时，你就停止学习了，但是如果你明白了，比如说，你明白了你必须彻底认识恐惧，你不能只是抵抗它，控制它，或者找个方法逃避它，那么在探索恐惧的过程中，你就是在就恐惧问题进行学习。因此规戒并非必需。不知道我把这个说明白了没有。我们说，我们必须彻底认识恐惧，那么我们就必须探索它，必须学习它所包含的东西，看到它的深刻的根源。恐惧必定与什么东西相关联；它不可能独自存在。我会有意识或无意识地害怕某种东西；因此我必须去省察，去探索，在就恐惧问题进行彻底学习的过程中，我的恐惧就彻底止息了——不是仅仅站到恐惧的对立面，即所谓的勇敢，而是彻底终结了恐惧。不过，认识理解恐惧，需要非常努力的探索和思考。

现在我将简要地探察恐惧。首先，比如说，我害怕死亡。我说的害怕死亡是什么意思呢？其实，我对死亡一无所知；我不知道死了以后，还有没有任何延续性；我对未知之域一无所知，所以我的心智总是在"已知"的范围之内运转。那么我害怕的是某种我并不知道的东西。不是这样吗？你害怕明天，不是吗？你害怕丢掉工作，害怕家里有人生病，害怕未来的不确定性，害怕未知。对于恐惧的那种感觉、那种焦虑，那种未知的不确定性带来的折磨感，你是太熟悉不过了，不是吗？但是你从来没有真正面对过它，不是吗？你从来没有对自己说："让我看看它。"现在，你怎样看着恐惧呢？首先，你必须把恐惧这个词汇和真实的恐惧区别开来，和恐惧感区别开来，不是吗？因为词汇障碍了你去看恐惧的状态。希望你完全跟上我，如果你真的愿意探索它，并且去观察，那么你将会从恐惧中、从嫉妒中、从贪婪中——从心智陷入的这些东西中彻底解放出来。如果你透彻地探索它，那么你会发现，心智将从所有这种挣扎中彻底解放出来，不过你要能够超越词汇，你才能做到这一点。因此，首先我必须承认有恐惧，然后我必须明白不能从恐惧面前逃跑，逃离到某个结论中去——逃离到寺庙、上师、酒精、收音机、书籍中去。所有的逃避必须停止，不是强迫自己这样做，而是因为我真正地想要学习，想要觉悟。很明显，如果我选择逃避，那么我无法学习任何东西。于是我做到了不逃避恐惧。那么我只剩下"**恐惧**"这个词汇所指示的恐惧的状态。现在我不就可以把词汇和真实状态区分开了吗？

如果你能够这样做了，如果你真正能够懂得词汇不是真实事物，"**恐惧**"这个词不是恐惧；如果你能够区分它们，那么你就会发现你拥有的恐惧感完全不同了。那时，你就第一次实现了对它的探索；你第一次把词汇从恐惧感中除掉了。因此你的心智就具有了能力去认清恐惧感，去探索它，拥抱它，领悟它，学习它。

这样，心智把自己从方法中、从"怎样做"中解放出来，从向着一个特定目的点的运动中解放出来。这个特定的点意味着一段距离，意味着一段时间，意味着你最终将会到达那里；但是生命不是固定的点，真实的东西不是固定不变的，它是一个活的东西，就像一条河流的水一样。你不可以从河里捧起一捧水说，"这是一条河"；一条河是从源头到尽头的全部运动。同样的，你不可能把生命的真相抓在手里，生命无法被圈禁，它没有方向。

因此，没有方法可得。无论你做什么，修习所有愚蠢的方法，重复念诵"om"①，从早到晚地苦修，你永远无法掌握这种不可测度的无限存在。这些做法只是把心智催眠，让它变得昏庸呆滞、愚不可及。但是如果你想要就心智进行学习，那么你会发现，正是学习，会带来精微的全神贯注，学习会带来全神贯注。学习没有开始，也没有尽头，生命就是对自我、对"我"进行学习，永不止息的学习，而不是搞累积，不是装模作样，不是费力挣扎。如果你真实地这样学习，那么你会发现，心智彻底清空了已知，创造也就随之而来。

1958 年 12 月 3 日

---

① om：起源于古印度的一种咒语。被称作万音之母，咒语之母。——译者注

美是心智的一种状态

我们大多数人都关注眼前的行动，不是吗？——怎样做，怎样想，应该做什么——我们的注意力聚焦在这样的需求之上，为此付出我们所有的思索。对眼前的行动的关心变成了我们的主要问题。"我应该做这个，还是应该做那个，什么是必须做的？"我们把大量的生命精力聚焦于眼前的事情。这样的聚焦无疑是始于某种核心的愿望、渴求、要求或动因，始于我们想要解决这种眼前迫近的问题，不是吗？如果你观察，你就会发现，当你聚焦于一个眼前迫近的问题时，你对问题的解决方案的要求以及这一聚焦的过程，总是来自一个核心点。一个核心点会使注意力的整个领域缩小，限制在从一个固定点到另一个固定点的狭小范围内。这就是真实发生的事情，不是吗？我必须得做某件事情，我把全部心思都放在这件事上，然而把心思聚集到一个点上，这是某个行为的动机这个中心点所产生的结果，是某个核心的要求所产生的结果，它要求根据快乐和痛苦、根据虚荣自负、根据失望挫折等等解决问题。这就是一直发生的情形；只要心智集中注意力，背后就总是有一个中心。因此集中注意力是一个排他的过程，它把所有的心思聚焦到一个点上。当你不得不学习时，当你不得不干活时，你就得集中注意力，你说，你必须专注，于是把所有的心思聚焦在一个点上，你基于这样一个点来行动。

我认为，强行集中注意力和全神贯注是不同的。全神贯注是觉知思想活动的全部领域；全神贯注是广阔的；如果你观察，你会发现，它没有边界，没有局限。全神贯注是对整体的洞察，在全神贯注中，如果你关注一个问题，那么你能够看到思想活动的全部领域，也能够领悟问题的全部含义。"强行集中注意力"则相反，它把全部心思缩小到某个点上，所以它具有排他性。而我们的行动是出自集中注意力，因此它们是受到限制的。在集中注意力之中，就没有全神贯注。但是在全神贯注中——心智没有边界的限制，它的感觉无限宽广——注意力却可以高度集中。渺小的东西无法包含广大的东西，但是广大的东西却可以包含渺小的东西。

现在，如果你全神贯注投入这个讲座，那么你就不是只听到并理解语词的意思，而是还发现演讲者要说的意义，深入语词背后，超越理智层面，领会更宽广的含义。但是如果你带着一个动机强行集中注意力，那么这种整体的全神贯注和领悟力就不存在了。

你知道，当你欣赏美的时候，它的实际的状态是匀称的比例，是对称性，是美丽的颜色、美丽的形状、美丽的运动、是生机勃勃的品格。欣赏美的时候，你不仅在理智层面极为机警敏锐，而且沉浸在一种整体性的全神贯注和感受之中。但是如果你仅仅是要集中注意力去欣赏某个美的东西，那么你就没有对美的感受。理解这一点非常重要，希望我把它说明白了。在我看来，没有感知美，你就不可能懂得真。真不仅仅是一个理智上的概念、一个程式，它是一种存在状态。它是心智整体觉悟的状态，而不是心智带着某个动机，强行聚焦于某个观念。我觉得，感受这种美的品格是非常重要和迫切的，美不是否定丑，不是丑的对立面。所有的对立面都是强行集中注意力的状态中的动机的结果。而美是心智的一种状态，在这之中，有着全神贯注，它没有限制约束。我们大多数人偶尔能感受到美，我只是把你感受到的东西用语言描述出来。你知道的，当你说什么东西"多么美丽，多么可爱"，你的全部生命是寓于其中的；在这些话语里面有真实的情感，你的心智并不是把注意力集中于一个你认为"美"的概念中。

我觉得，如果心智不能整体性地看到和感受大地之美、天空之美、棕榈树之美、地平线之美、美丽的线条、美丽的脸庞、美丽的姿势，那么它就永远无法领悟美和自由这种非凡之物。对我们大多数人来说，自由仅仅是"被约束"的对立面，因此仅仅是一种反应。但是想要懂得情感、美丽、可爱，这种并非约束之对立物的非凡状态，这就要求心智具有看到事物的整体性的能力。我们大多数人无疑已经失去了真实的感知，或者说我们从未有过真实的感知。我们所受的教育，我们的生活方式，我们的日常习惯、传统、风俗，这些东西夺走了心智的感知力。如果你观察自己的心智，非常努力地深入观察它，你会发现你的感知本身并无动机意图——对一棵树的感觉，对一个开着华丽汽车的富人的欣赏之感，看到村民们日复一日地挨饿、挣扎、做着苦工。如果你有情感觉知，那么从这种感知本身就会产生某种行动，这样的行动比理智上的"做好人""做改革者"的行动要更广泛、更有效得多，因为在这其中有着领悟，有对美和丑的感知——但不是把两者看作对立面。如果我们要认识理解我们生命的全部过程和我们的思想方式，那么就必须具有这样的感知力。它意味着懂得生命的深度和广度，懂得那个叫作自我，叫作"我"的奇特的东西。为了认识理解这个"我"、这个自我，了解它的全部喜悦、它的奋争、它的痛苦、目的意图、希望、恐惧、野心抱负、羡慕嫉妒等等，你必须有深度的感知力，而不仅仅停留在理智层面。你知道，当你对某件事物有情感，你的洞察会有更多的敏锐、清晰、理智。不知道你是否注意到，当你爱某个人，当你察看他的某种非常奇特之处，这时候你变得更为理智、敏锐、机警，不是吗？强行集中注意力也能够带来敏锐和机警，但是在其中没有情感，没有爱。

如果你能够真实地领会这一点，不仅是在语词层面，或者在理智层面，而是真实地、认真地领会，那么你就可以怀着这种情感觉知的品质去观看——看一棵树，看一个男孩、一个女孩——你还能够洞察自己心智的全部内容，不仅是心智浅层的显见的意识，而且包括无意识层面的数不清的冲突挣扎、种族的遗传、种种的动机、经验和储积的知识。在这种充分的情感和觉知中，你将发现与过去完全不同的行动。

也许我讲的这些东西，完全超出你的经验范围，也许你想要我讲得实际一点，告诉你应该做什么，不做什么，不要含糊不清。但是你看，这就是我们的难点所在：除非你这样去看——除非你看到整个天空，看到夜晚之美、清晨之美、黄昏之美，否则在苍穹之下，大地之上，你无法做任何有价值的事情，你只能每天过着琐碎狭小的生活。除非你可以理解生命的整体，否则你的生活将依旧充满痛苦忧伤。但是如果你看到了这个无比广大的叫作生命的东西，如果你怀有对生命的情感，那么你就可以实现精确的、清晰的、深度的行动。但是我们大多数人仅仅关心眼前的利益，关心迫近的结果，关心即时的快乐或者痛苦。所以在我看来，要追求对于自我的觉悟，那么具有这种感情觉知是最为重要的。但是我们的大部分情感已经死了，当你每天看到同样的贫困、肮脏、痛苦、挣扎，以及同样的习俗习惯，心智已经变得昏庸呆滞、麻木迟钝、死气沉沉，它几乎无法感知任何东西了。因此，如果可能的话，我想要深入探索一些东西，如果我们能够深入理解，那么它将帮助我们认识这种情感——它与多愁善感完全不同，与激动情绪、眼泪以及狂热献身完全不同。如果我们拥有这种情感，那么天堂之门将向我们敞开。

让我岔开一下，我要声明，我是在对你，对作为一个个人的你交谈。你和我，两个朋友，我们真心关注生命的问题，关注人类经受的混乱痛苦，因为我们关注，所以我们谈论它。希望你不仅仅是听我说，或是想要从我这里学习什么东西。只有在我的描述中，你观察自己，你才能够学习。但是如果你依赖语词描述，迷失其中，那么你只是在听讲，而不是学习。如果你在倾听——那是一种全神贯注的行为，而不是强行集中注意力——并且在倾听中直接地体验自己的状态，那么你就会发现一种非凡的热爱学习的情感在形成，这样的学习不是从书本中学习，不是从讲座谈论中学习。这些学习仅仅学习知识，这是死板的学习，它没有意义，它只是培育记忆，而记忆不是智慧。如果你和我能够真正地倾听，真正地学习，那么你就会看到情感的喧动出现，我是在恰当的意思上使用"喧动"这个词——这是丰富的情感的喧腾和释放，没有它就不会有觉悟。

让我们回到先前的探索。我想要和你一起探究"执着"的问题，要想理解执着，那么这种探究就非常重要。你是执着的，不是吗？你或者执着于东西，或者执着于人，或者执着于观念。你执着于种种东西——

一辆汽车、一些财产、一件衣服，或者无论什么东西；你执着于一个人——你的妻子、你的孩子、你的朋友；或者你执着于有上帝或没有上帝的观念、国家的观念、轮回的观念。那么，"执着"是什么意思呢？对于物品的执着比较容易理解，执着于一块手表或一栋房子，虽然它们是死的东西。但是执着于一个人或者一个观念，这种执着就要复杂得多。在我看来，执着就总是执着于死的东西。你执着于妻子、丈夫、儿子——那是一个活的东西呢，还是说其实是死的东西？你执着于一个活生生的人，或者说是执着于活人在你心目中的印象？难道印象不是死的东西吗？我们正在共同探索，共同深入。你执着于什么？你不是执着于活生生的人，而是执着于观念，执着于你和这个人在一起的经验和愉快的记忆。请跟上我——你能执着一条河吗？你可以拥有你所知道的某一条河的一幅画面、一个记忆，但是你无法执着于活生生的水流；河流汹涌奔流，永不停息地运动，而你执着的对象，是"**河流**"这个词汇在你心中唤起的一种画面——某时某地你在河边度过的一个恬静、惬意的夜晚，但是你无法执着流动的河水。如果我们仔细地追寻，那么我们将发现，我们是怎样因为执着而毁掉我们的情感，因为所有我们执着的都是死的东西。你永远无法执着活的东西，就像你无法执着河流、大海，因为活的东西永远在运动，永远不停息。所以，当你说你执着于你的儿子、你的女儿、你的丈夫，如果你十分留意地观察自己，你会发现你无法执着于活生生的人，因为人是在不断变化运动的，处在扰动的状态中。你所执着的是心目中那个人的画面。比如当我说我执着于我的儿子时，那是因为通过他，我可以让自己不朽，让我变得兴旺，我希望他把我的名字流传下去。我说，我的人生也许已经失败，但是我的儿子将会成功，他会比我更有志气，因此我在他身上看到了我自己——他就是一个画面。但是这画面是一种死的东西！看看心智在做什么吧——它在制造画面，然后让它自己执着于死的东西！

当你说你执着于一个观念，观念是什么呢？朋友你看，你是一个印度教徒，一个印度拜火教徒，一个穆斯林，一个基督徒，一个佛教徒，一个无神论者——无论你是什么，这样的观念在你的心目中根深蒂固。同样的，社会主义者、共产主义者，或是资本主义者，他们的观念也是根深蒂固的。但是观念永远不可能是活的东西——它们是一堆结论、反应、教条，这堆东西从你小的时候就通过宣传鼓动、强迫、教育和各种形式的传播，强加在你心中。难道你没有发现吗，把心智从某种观念中解放出来是何等惊人的困难？把一个印度教徒的心智从"轮回""因果报应"以及所有其他观念中解放出来，几乎是不可能的。这里你又一次发现，一个执着于观念的心智，是执着于死的东西，结论是死的东西，信仰也是死的东西。所以你是执着于死的东西，但是放下执着却又非常困难，因为在执着中，我们也怀有对人的爱。但是在有执着的地方，会有爱吗？或者说爱是某种活生生的、创造性的、活动的东西——是一种不可能与死物共存的情感？明白这个事实是多么艰难呀！只有投入大量的观察，投入大量的精力和思悟，才可能明白心智总是在让自己执着于死的东西，因此这样的心智本身就是死的。因为是死的，所以我们只能在火葬台①上运转。这样的人怎么会拥有情感？

现在你开始看到，爱是不知道执着的。接受这一点是一件难事，但是它是事实。因为我们的心智如此深度地执着于死的东西，所以它造成了很多问题。于是我们就试图培育"不执着"——它是披上不同外衣的执着，因此仍旧是在死物之中。请你深入观察自己的内心，我们是怎样的死气沉沉呀，我们是如何毁掉了生气蓬勃的情感。大地不是死的东西，但是当你执着于某个叫作"印度"的东西，它只不过是大地的很小一部分的一个符号，那么你就是执着于某种死的东西。因此你的"爱国主义"只不过是与死物调情，它没有深度，没有生命力。而对大地本身的情感——不是我的大地、俄国的大地、美国的大地、英国的大地——才具

---

① 火葬台（burning-ghat）：印度人有在恒河及与恒河相连的河流岸边沐浴、朝拜、火葬的传统。burning-ghat 是建在河边的焚尸台。火葬前人们把恒河水洒在死者身上，火葬后，人们把骨灰撒入恒河。人们相信这是人生的结局，死者的灵魂将会永生。——译者注

有生机勃勃的品格。

那么，难道我们不能理解、感知、看清了吗，哪里有执着，哪里就是死灭？要知道，当你日复一日重复同样的生活，每天在同样的时间起床，重复着同样的程式，去办公室，等等，这成为一种惯例、传统、习惯，于是你的心智变得迟钝呆滞了。你也许路过无限美好的日出或者日落，路过旷野中一棵孤独的树，但是你的心中没有升起任何深刻的情感，因为习惯占据了情感的空间，你的心智执着于习惯，反对改变习惯。心智抗拒任何变化，它执着于死的或垂死的东西，由此毁掉了它自己。

现在，如果你真实地领悟了所有这一切，不只是在语词层面或者理智层面，而是和我一起真实深切地感知到它，这是一个十分严重的事实，那么你就会发现，你可以每天去办公室，坐公交车，过日常的生活，但是你具有了不同的品格，一种崭新的心智品格。毕竟你不可能停止日常的工作，停止每天的生活；但是现在这是一种老套惯例，你执着于它们。当你执着于拥有水流的源泉，你却无法与那鲜活的水流共同奔流。要看到这其中的真理，不仅需要思想的清晰、洞见，以及心智的精确，而且需要有对美的感觉。如果你真正觉悟了，你会发现，执着不再有任何意义。你无须为摆脱执着而斗争，它就像落叶一样随风飘逝。那时你的心智变得惊人的生机勃勃、敏锐、精确，不再混乱困惑。但是如果你没有领悟这一切，那么你就只会说，"让我拥有它吧"，或者说"我有些事情，我必须去做"。你执着于行动，你想要眼前问题的答案。你得决定明天该做什么，对你来说，你那点事儿，比起上述这种探索，比起这种求索，比起感知心智的这种领悟、理解、美和爱的整体的品质，要紧迫得多、急切得多。因此你的行动总是导向死灭——死灭就是混乱、痛苦、烦恼和苦工。如果你看到一个人只关注眼前的行动，只关注眼前的解决方案，对于这样一个追逐死灭，固执于此的人，你能够做些什么呢？恐怕我们大多数人都是这样的人。这就是为什么这个国家的人内心已经死灭的原因。他们可以建造水坝，灌溉农田，发展工业，控制人口，让人吃得更好，如此等等，但是这就好像是建造一栋外表华丽的房子，里面没有住一个人。这就是正在发生的事情。科学技术是一门艺术，但是我们已经把它降低成了一个机械性的东西。

如果你和我真实而诚恳地问自己：怎样唤醒这种情感？那么我们就会发现，任何形式的执着都是死的东西，执着于物品，执着于人，执着于观念——执着的这种致命性质，必然让生命走向坟墓。在这样的觉悟中你将发现，你的对眼前行动的渴求，会在完全不同的层次上得到回答，而这答案将是正确的，是切实可行的。

希望我已经表达清楚了，对我们大多数人来说，日复一日的习惯行为已经成了最重要的事情，所以我们总是有做不完的事情，我们从来不去眺望无边无际的地平线。只有当你认识理解了你自己的活动的全部过程和你的执着的全部过程，你的情感才会爆发出来。如果你能够探索、省察、探究这个叫作"执着"的东西，那么你就开始了学习，正是学习，将会打破死的东西，正是学习，使人产生行动的情感。在那种行动中，你也许会犯错，但是这种错误是不断学习的进程的一部分。行动意味着你在努力观察、发现、领悟，而不是仅仅力求造出一个结果——那是一个死的东西。如果你没有领悟这个核心、这个行动者，那么你的行动只能是狭隘琐碎的。我们把行动者和行动割裂开来了；是"我"总在行动，并因此变成死的东西。但是如果你开始理解你自己，也就是认识自我，对你自己进行学习，那么这种学习就成为美好的事情，就像潺潺的活水，如此的微妙。如果你理解明白了这一切，并带着这种行动，理解本身就是行动——不是思想之行动，而是经由学习的进程而来的行动——那么你就会发现心智不再是死的东西，它不再执着于死的和垂死的东西。那么你的心智就是一个非凡之物，它就像地平线，广阔无边，就像天宇，无法测量。这样的心智可以进入极为深邃的探索，并成为宇宙，成为超越时间的永恒。在这样的境界中，你能够在时间之内行动，但是你已经具有了完全不同的情感。实现这一切，并不需要日历表上的时间——一天、一周、一年——而是要求觉悟你自己，你可以在当下一刻觉悟。这样你将会知道什么是爱。爱没有嫉妒，没有羡慕，没有野心，也没有停泊止歇；在爱之中，没有时间，因为没有时间，所以我们在日常生活中的行动具有了完全不同的意义。

1958 年 12 月 7 日

宁静的心智如何到达

我们大多数人的心智塞得满满当当，因而忽略了我们必须转变。我们的心智总是处于活跃状态，处于混乱骚动之中，总是被这样或者那样的事情所占据，被生活的重重问题所缠绕，不只是外部世界的问题，还有我们内心的问题，这种在意识层面和无意识层面都持续不断的充塞，不让任何转变的空间出现。在我看来，非常深入地探索转变，是非常重要的问题。这是因为，各种事变的冲击，环境的冲突和矛盾的影响，社会剧变带来的压力，以及各种暴政、军人独裁等等，这些东西让"转变"成为外在的修修补补。因此问题是：真的有"转变"吗？如果有，我们在什么层面上转变？我们说的"转变"是什么意思？你和我显然都看到，这个世界必须转变，不仅仅政府必须转变，经济和社会结构必须转变，而且我们的生活方式、我们的思想和愿望的方式也必须转变。所有这些层面都必须有某种革命，必须有某种转变。我们需要的是不断修修补补式的转变呢，还是完全不同的转变，超越时间范围的转变？

如果可能，今天晚上我将要探索这些问题。在我看来，所有在压力下、在影响下、在社会变革裹挟之下发生的转变，实际上根本就不是转变；它们仅仅是为适应环境而做的修补调整。而这就是一直不断发生的情形。一个新的政府、一个新的社会秩序、一个新的思想方式——通过宣传鼓动，通过各种各样的大众传播，得以形成。因为压力，我们自动地调整自己，适应它们。这就是这个世界真实发生的事情，这种努力调整，努力遵从，同时我们也总是渴求服从、追随什么东西，所有这些显然磨损了我们的心智，我们的思想是在这种过程中发生这种转变。

那么，你怎样转变呢？是什么东西使你说，"我必须转变。我不能再做这个或者那个了"？不知道你是否考虑过这个问题。如果你感觉到是羡慕、嫉妒、野心，或者无论是什么，使你想要终结它——那么你真的在做吗？不知道你是否审视过这个问题，或者你继续和你的嫉妒心生活在一起——嫉妒心有时候像火山爆发，有时候处在休眠状态，但是嫉妒的小火苗永远在你的内心角落燃烧。如果你想要根本的转变，想要将嫉妒连根拔除，那么你怎样行动呢？

我们大多数人总是依靠环境而发生改变，但是根本的状态从未改变；环境可以变化，但是嫉妒永远隐藏在内心的一角，嫉妒的成因一直在那里。你可能把嫉妒掩盖起来，你可能通过各种形式的戒律和排斥来逃避它，但是它仍然在那里，一有机会，它又浮现出来。你一定常常经历这样的情形。那么，是什么促使你或我转变呢？我们说的"**转变**"这个词是什么意思呢？当心智被各种东西塞满时，它还有能力转变吗？我们大多数人的心智都被塞满了，不是吗？我们的心智被日常活动、养家糊口、社会问题、性生活、娱乐消遣、邻里话语、政府规定等等塞满了。如果你是一个富人，那么你关心如何隐匿你的钱财，少交一点税，等等。你的心智通常是被塞满的，无论你是否察觉到这一点。心智永远处在扰动之中，总是被什么东西占据着，当它面对一个问题时——比如现在提出的这个转变的问题——心智就给它自己放上了这个问题。难道这不是一直在发生和此刻正在发生的事情吗？我问你，你说的转变是什么意思，你在什么层面上转变，是什么迫使你转变。这时候你的心智说："天啊，这是一个问题。我必须面对它，我必须把它放在心上。"但是一个被问题占据的心智，它察看问题，反复思虑，琢磨问题，迫使问题沿着这样或者那样的方向发展——这样的心智不会发生任何转变。

我认为，转变是以完全不同的方式发生的。现在让我们共同探索它。

转变意味着从一个点向另外一个点——向着某个观念，或某个特别的愿望的运动。有社会革命的转变，从既定的条件转变为新的条件。还有情感的转变，我是贪婪的，我必须要变成不贪婪的，我是暴力的，我必须要变成非暴力的，这样的转变也是这种过程：从一个既定的点移动到另外一个点，从一种品格变成另外一种品格。这就是我们所说的转变，不是吗？希望至少我们两个人非常明确这一点，以便我们共同精确而清晰地思考。我是无知的，因此我必须变得博学有识；我是痛苦的，然而我必须努力变得快乐；我处在扰动不安之中，我必须找到宁静。这种活动是从某种状态到另外一种状态的转变。这样的转变包含了什么？它一定包含了时间，不是吗？不仅仅是时钟上的时间，而且包含心理时间。也就是说，从一个点移动到另外一个点，意味着一段距离，一个时间间隔，一个间隙，必须由思想、行动来覆盖；这需要时钟上的时间，也需要心理时间，心理时间是"有一天我将要做它"或者"我真的必须不同"。希望我把这个说清楚了：无论哪里需要转变，无论是外在社会条件的转变，还是内心的转变，时间都关联其中。所以你说时间是必不可少的。

我们说的"时间"是什么意思呢？它不仅意味着间隔，意味着从一个点到另外一个点的运动，而且意味着从现在到明天、到未来的运动，不是吗？我们总是按照时间来思考，因为我们的全部心智都建立在时间的基础之上，我们的心智是时间的产物，不是吗？你昨天存在，你今天存在，不出意外的话，你明天依然存在。所以你永远在时间的范围内运转，不是吗？我们总是用时间的术语来思考，过去怎样，现在怎样，将来会怎样。在时间的领域之内，我们说我们必须要转变。但是在时间的领域内，有转变吗？还是说只有**"事实是怎样"**和"应该是怎样"之间的冲突？毕竟，我不可能顷刻就转变我的心智，我也无法立即转变社会现实，因为社会中有太多的矛盾冲突，太多的针锋相对的愿望，太多的法律法规控制和塑造众人的行为。整个社会结构不可能在明天一下子完全颠覆。所有的改革者和革命者都力图实现转变，或者是以暴力的方式，或者是以渐进性的方式，然而他们都需要时间。当我对自己说，"我过去是，我现在是，我将要是"，我同样是被束缚在时间之内。因此我问自己，时间是不是造成转变的要素、动力、催化剂？或者说实现转变，需要完全不同的要素？只要我是在时间的范围之内进行转变，我就仍然是在自己思想的范围之内活动。"我现在是什么""我应该是什么"以及"我一定不能是什么"，所有这些全都局限在我自己的意识范围之内，不是吗？当你愤怒了，或者嫉妒了，你开始约束、修正、控制自己，然而总是那个"你"在进行控制，在做出努力不要发怒。总是那个自我在运转，而自我显然是在时间之内的。自我就是时间之域。我把这个弄得太复杂了吗？我不这么认为，毕竟，我们大多数人就是这样运转的。我们的内心是持续不断的斗争，我们在此过程中被毁坏了。于是我问自己，既然在意识范围内的转变根本就不是转变，那么转变是可能的吗？这就像是戴上了一副不同的面具：我也许不再是愤怒的，但是那个控制愤怒的"我"仍然在那里。那么转变是怎样造成的呢？我已经看到，只要我是用时间的术语来思考，就不会有转变。不知道我是否清晰地传递了这个事实的意义：只要我在思考转变，我就必须诉诸时间。时间是一个非常难以理解的东西，所有的努力、奋斗，都意味着时间和自我意识。在时间的范围内有真正的转变吗？还是说真正的转变是完全超越时间的？

让我们换一种说法。如果你没有对你自己进行学习——作为一个社会实体、一个经济实体、一个个人的你自己——那么显然你就不会有根本的转变。如果你没有认识你自己，那么你所做的事情仅仅是改变、调整自己，以适应特定的模式。因此，如果没有认识你自己，就不会有根本性的转变。那么，学习你自己是时间范围之内的事情吗？你可以在当下立刻完全地认识你自己吗？还是说这是一个时间的问题——即慢慢地分析、探索、解析、审视？在时间的过程中，如果你错过了任何一个特别的角度、任何一个特别的层面，那么你的省察、你的结论，将会是模糊不清的、被歪曲的。你的分析将会是一个没完没了的过程，不是吗？在此过程中，任何一个极小的错误都会带来进一步的混乱。所以问题是：我能够立即地认识我自己吗？心智能够对它的全部运作过程、对它的全部深度进行学习，在顷刻之间发现它的广阔无边、它的惊人的丰饶吗？

在我们继续讲之前，我想你需要以不同的方式来听。你正在听我讲，不是吗？你想要知道你怎样才能超越时间，由此实现转变。我已经说过，在时间的范围之内，根本就没有转变，一个拼命想要变得"不嫉妒"的心智仍然是嫉妒的。然后我问，一个人能不能不经过分析的过程，而对他自己进行彻底的学习认识。现在我问，你是在怎样听我讲。你正在问自己"怎样得到那种根本性的转变"吗？如果是这样，那么你又回到了时间的老路上，不是吗？或者你正在听我讲，并且正在学习，而没有时间的屏障？我把这个问题讲清楚了吗？还是说这更难理解了？也许是更难理解了，因为这是一个非常复杂的问题，如果你没有在内心理解那么你就会发现，我接下来讲的东西更是难以理解了。

请安静，只有安静之运动，在这其中才有转变；那是唯一恒久之境，于此，转变才会发生。

朋友们你看，问题是这样的：我看到，社会影响、压力、环境，这些东西使我发生一定的改变，微小的转变；我跟妻子吵架了，所以我需要做出一定的调整。我的一生都在不断地调整，我在肤浅的层面上不停地变来变去，但是我的内心一直不变。我们的问题是，我怎样深刻地转变，而不受到任何影响，不受到任何强迫，没有任何动机——因为动机就意味着时间。我看到我必须转变，因为我认识到，我是迟钝的、愚笨的、嫉妒的、焦虑的、恐惧的，每一丝快乐都流走了，所以我想要根本性地转变，彻底地转变，让我的心智焕然一新。如果这也是你的问题，那么我们之间就建立了关系，我们就可以彼此沟通，我们必须建立这样的关系，才会对于我们正在探索、正在揭示的东西有所领悟。如果你只是在别人的影响下、在压力下转变，那么你会发现，你仅仅是调整、遵从、模仿，这些显然不是转变。在这些事情的背后，你的内心本质依然如故。

"转变"这个词意味着，从这个转变成那个，不是吗？现在让我们放下"转变"这个词汇，问一问：我是怎样处于一个稳定之状，它是不变的，而不仅仅是指永恒之状？

朋友们你看，我们必须把"永恒之状"和"稳定不变的东西"区分开来。永恒之状是，我想要永垂不朽，想要永恒的宁静、喜悦、老天保佑——事实上这是我们大多数人都想要的东西，不是吗？我们能够得到它吗？或者说，有一种状态无关任何转变，在那里，总是有着新鲜品质，有着新颖，有着生命存在的感觉？转变意味着，不是永恒的东西在寻觅永恒。但是有一种状态是没有任何转变的，在其中，运动具有不留影迹的性质——这种运动与时间无关，不带着"现在是这个""要变成那个"的观念。那么，心智是如何从这个状态移动到那个状态的呢？使我们烦恼不安的行动都是基于"不是永恒的东西"力求要变成"永恒"——政治上的、经济上的、社会上的、心理上的永恒。我还可以十分清晰地看到，有一种心智状态，它没有任何变化，只有不带任何动机的、恒定的心智才能够进入它。这样的没有动机的状态是静寂的心智状态，而不是死亡的心智状态，它既不知道"非永恒"也不知道"永恒"。这样的心智全然宁静，它不要求任何转变，它的所有行动源自那种静寂。只有在这样的境地，烦恼的心智的厌倦和冲突才会彻底止息。那么，我们有可能从这里转变到那里，但又不是在时间范围之内吗？

让我换一种说法，我知道憎恨，我知道嫉妒、野心，等等，我可以控制憎恨，我可以克制它，但是我看到有一种完全不同的心智状态，它从不知道憎恨，它从未体味过憎恨，因为它是清新纯净的，它具有完全不同的品格。心智可以一下就变成不知憎恨的状态吗？毕竟憎恨的心智不会懂得什么是爱。那么，憎恨怎样立刻地完全终结，由此出现另一种只有爱的境界呢？这是一个彻底的、根本的转变。怎样才能发生这样的奇迹呢？我们说这样的奇迹只能够来自上帝的恩赐，或者靠某些神秘的手法。如果你这样说，那么它永远都不会发生。为了实现这样的奇迹，我们首先必须十分明白，在时间的范围之内没有转变，只有戴上不同面具的事情。

让我们换一个角度批评以上观点。你曾经意识到身处宁静吗？你经验过宁静吗？如果你经验过宁静，那么它不是宁静，不是吗？如果有一个正在观察宁静的观察者，那么这样的"宁静"就是经验者的投影——经验者想要一个宁静的状态。因此它就不是宁静。你绝不可能经验真实之相；如果你刻意经验真实之相，那么它就不是真实之相，因为那样做，就出现经验者和经验之间的分离。这样的分离意味着二元性以及所有的二元性的冲突。因此你永远无法经验宁静。

如果你真正领悟了这些，如果你在倾听，并学习到这个事实：宁静绝不可能被经验，那么，不去经验宁静的心智是什么状态呢？这"**就是**"宁静吗？我开始领悟到，宁静的心智不会意识到自己的宁静。同样的，谦逊的心智不会意识到自己的谦逊。如果你意识到你是谦逊的，那么这并非谦逊。如果我意识到我是神圣的、高尚的，那么我就不是这样的；如果我意识到我懂得，那么我是无知的。如果我意识到我的心是宁静的，那么它并不宁静。所以宁静是这样一种心智状态，在其中没有经验者。你能够在那种宁静状态中听我说吗，并且是浑然不觉自己的宁静？

朋友们，要做到这样，需要投入大量的精力，进行充分的明细的思考，如果你以如此不留影痕的清晰性，进行了非常非常清明的思考，非常深入而敏锐地观察了你自己，那么你将发现心智具有了宁静的品格，在其中，时间以及时间的流动已经终止；所有关于转变的问题全部消失，因为没有转变的要求和必要了。

这个事情太难传达，因为语言词汇无法描述它。如果你仅仅是等着经验它，那么你不会得到它；你将会永远等待。但是如果你深入地探察了关于转变的所有问题，探察了从一个状态走向另一个状态、从一个点走向另一个点的全部运动，如果你非常非常深入地探索了它，理解了它，领悟了它，并且放下了它——在放下之中既不怀希望，也没有绝望——那么心智就出现宁静之境，而且这种宁静并不被心智所认知，因为所有的认知都是一种经验的过程。因此，转变仅仅意味着一种在时间之内的运动，这就好像用一把刀剑砍切空气——徒劳无益，只是产生许多动作而已。但是，当你认识理解了转变的全部过程，明白了它的全部意义和内涵，然后丢开它，那么你将会看到心智处于宁静之境，在其中，时间的流动不被认知，因此也不被经验。这样的心智之境不再要求转变；它处于永恒的运动，因此它是超越时间的。因此在任何情境之中，它总是有着正确的行动、真实的行动。

1958 年 12 月 10 日

思想肯定是肤浅的

我想知道，我们为什么如此看重思想？对我们来说，思想具有非常重要的意义。我们的思想越精细，越灵巧，越复杂，我们认为它们越重要，我想知道，思想真的具有深刻的根本的重要意义吗？我们是靠思想而活吗？我们是靠思想来掌管我们的生活吗？在我们的生活中，思维能力——思想观念——有着深刻的重要的作用吗？或者说我们是漫不经心地思想，我们的观点非常肤浅，我们的思想并不深刻？思想可以非常深邃吗？还是说思想总是肤浅的？我认为如果我们能深入探索这整个的问题，并探明，是非常有意义的，我们将要发现，神圣的生活是否建立在思想的基础上，那么这会很有意思。我说的神圣的生活，并不是去寺庙，去教堂，并不是教条、信仰、宗教仪式等等这些东西。所有这些东西显然是社会的方便工具，它们没有意义。但是，对于真正神圣的生活，思想是有益处的吗？思想能够发掘美，能够发掘真实深邃的、神圣的情感吗？思想是发掘真理的工具吗？如果不是，那么思想在我们的整个探寻中有什么作用呢？

如果你和我，我们可以缓慢地、深入地、真切仔细地探明这些问题，那么也许我们能够发现生命的真实意义，我们将不再赋予思想无比重要的地位。也许我们还能发现：思想没有对与错，思想本身就是非常肤浅的。

思想其实是一种反应，不是吗？——是对于任何给定的问题的反应，无论是一个数学问题、物理问题，还是一个人际关系的问题。被我们叫作"思想"的东西，总是问题、挑战与回答之间的一种反应，不是吗？如果你观察，你会看到，思想是集合的经验，它们作为记忆储存起来，并对所遇到的挑战做出回应。一个人通过每天的经历，收集和累积而成的所有经验背景、知识背景，形成巨大的记忆蓄水池，这种记忆就以或者语词的方式，或者情感的方式，或者从理智上，对挑战做出回应。

　　希望你听我讲，不是在听一场谈话或者一个演讲，而是你和我两个人一起讨论问题，力求发现思想的真实含义价值。

　　在我看来，思想不是带来真实发现的工具；思想不是探索的工具；它没有能力探察或发现。如果你和我要相互理解，要就思想的义涵达到相互交流，相互沟通，那么我们两人都必须在观察中不带接受或者否定的态度，不带任何防御性的心理，也不把任何东西看作理所当然。你和我所要做的，就是察看思想，不是从语言词汇上或理智上着手，而是把思想作为一个事实去察看。不知道你是否察看过一个事实，而不用任何观点的阴影去遮蔽那个事实？我觉得，如果我们能够观察这个非常复杂的叫作"思想"的东西，而不带着任何观点和偏见，不说思想是必要的，或是不必要的，而只是观察它，那么我们将能探究思想的全部内容和思想的整个运作机制。

　　思想肯定是肤浅的；思想是记忆的反应，是堆积的经验的反应，是心智所受制约的条件的反应；思想根据那种条件，即我们的生活背景，来回应它遇到的任何挑战。思想永远被绑缚在堆积的经验之上。那么问题是：思想能够自由吗？因为只有在自由之中，我们才能够观察，只有在自由之中，我们才能够发现。只有在自然自发的状态中，没有强迫，没有迫近的要求，没有社会影响的压力，才可能有真正的发现。要观察你在想些什么、你为什么这样想、你的思想的源头和动机，就一定得有自然自发的感觉、自由的感觉，因为任何影响都会扭曲观察，如果所有的思考都带有强迫或压力，那么思想就会变成畸形。

思想能够让人获得自由吗，能够让心智获得自由吗？如果我们要发现什么是真实，那么自由是绝对必需、必不可少的吗？有两种不同形式的自由——一种是从什么东西中解放出来的自由，或者说自由地实现什么、自由地成为什么；另外一种是纯然的自由，就是自由。我们大多数人想要的是从什么东西中解放出来的自由——从时间中解放出来，或者从一段关系中解放出来，或者我们想要自由地实现心中所想，或者我们想要自由地表达自己。我们关于自由的全部观念都限定在这两个方面——从什么东西中解放出来，或者自由地实现什么。这两者都是反应，不是吗？它们都是思想的产物，是某种形式的内在的或者外在的强迫压力的结果。思想陷于这个过程之中，思想寻求从暴政中解放出来，从腐败的政府中解放出来，从某种关系中解放出来，从焦虑的情绪中解放出来。一个人在让自己解脱时，他还希望在其他什么事情上实现心中所想。所以我们总是在这两个方面思考自由，从什么东西中解放出来的自由，或者自由地实现什么、自由地成为什么。只着眼于这两种自由的思想是非常肤浅的。

　　那么，有没有这样一种自由呢，它不仅仅是反应，它既不是从什么东西中解放出来的活动，也不是成为什么东西的活动？思想能够捕捉这样一种自由，将其生成一个观念吗？心智能够产生这样的自由吗，并且把它变成一个思想？如果你仅仅是从什么东西中解放出来，那么你并没有真正获得自由。如果你自由地成为什么，那么你的焦虑、恐惧、挫败、痛苦永不停息。思想能够让心智获得自由，由此彻底终结痛苦、焦虑吗？自由就像爱，就像真正的仁慈善良，是思想不能培育的，它们是真实的生命状态。而这种状态不是如果心智对自己说，"我必须要善良"，然后就可以产生的。因此当你找遍思想的种种门道，你能发现什么是自由吗？思想能够揭示生命的真实意义，展现真实吗？或者说，为了让真实呈现，思想必须彻底止息？

　　让我换一种说法。你在追寻某种东西，不是吗？如果你是一个所谓的宗教人士，你在追寻你所说的上帝；或者你在寻求更多的金钱，更多的幸福，或者你想要做个好人；你在寻求实现你的抱负。每一个人都寻找某种东西。

那么我们说的"寻找"是什么意思？寻找意味着，你知道你正在找什么。当你说，你在寻找内心的宁静，那么你也许已经尝到过宁静的滋味，你想要回到宁静的状态，或者你的心智在投射一个语词概念，它不是真实的东西，而是被你的思想造出来的一个东西。所以，"寻找"意味着，你已经知道了或体验过你所寻找的东西。你不可能寻找你并不知道的什么东西。当你说你正在寻找上帝，这就意味着你已经知道了什么是上帝，或者你所受制约的条件已经投射出了存在上帝的观念，于是思想强迫你去寻找被自己投射出来的东西。思想是肤浅的，思想是经验堆积的产物，这些经验形成你的背景——你从思想中投射出一个观念，然后你就去寻找它！在寻找上帝之中你经验到了幻影，这只会增强你的追寻，并促使你更强烈地追随你的背景做出的投影。因此，寻找仍然是思想的运动。你处在冲突之中，处在骚动不安之中，为了逃避不安，思想就投射出一个观念："一定有宁静之处""一定有永恒的上天福佑"，然后思想开始寻找它。这是我们每一个人真实发生的事情。我们不理解这种痛苦悲惨的生命和这种永不止息的混乱冲突，我们想要逃避到一个永恒的老天保佑的境地。这个境地是心智投射出来的，因为投放了它，心智说："我必须寻求帮助，去达到它。"——于是心智就去遵从一些方法、一套系统、某种修行。思想造出了问题，然后又想要通过各种各样的方式来逃避问题，来实现自己投射出来的"永恒之境"的观念。所以思想在追寻它自己的投射、它自己的影子。

现在，真正的问题是：心智能够终止思想的活动，以完全不同的品格来面对每天的经历吗？这并不意味着忘掉或忽略心智中集合的记忆、集合的经验。技术专家、桥梁专家、科学家、职员，等等，当然是必需的，但是，当我们认识到思想不能解决我们的问题时，我们有可能终止思想，不带任何思想地观察问题吗？不知道你是否真正好好看过一个问题，而不带着躁动的、不安的、喋喋不休的思想。思想造出了一系列躁动不宁的行动、焦虑、没完没了地寻求解决方案的要求。你曾经试过抛开思想，终止思想，就只是观察问题吗？朋友们，在我讲的同时，请你这样试一试。留神倾听，以便你能够没有思想躁动地观察问题。

你有很多问题——人际关系问题、家庭问题、工作问题、职责问题、社会问题、环境问题、政治生活中的问题——无论是眼前的紧迫的问题，还是长远的问题。请你选取一个问题，观察它，你过去总是带着躁动的思想去看待它，不是吗？你说："我必须解决这个问题。我应该怎样做？这样做对呢，还是那样做？这样做合乎规矩吗？这样是可能的吗？"等等。你带着这种躁动不宁、喋喋不休的思想来看待问题，显然地，通过这种躁动不宁，你所找到的解决方案，不是正确的答案，而且只会造出更多的问题。这就是我们每个人真实发生的事情。那么，你能够终止思想，来看待问题吗？思想是堆积的经验的产物，是经验的记忆在回应问题，但是你能够终结思想吗，以便在这一刻，你的心智释放压力，不再背负着一千个昨天的重担？这不仅仅是说一句"我将不再思考"就能解决的事情，那是不可能的。但是如果你明白了这个真理：一个躁动的心智只是根据它的制约条件、它的背景、它的知识、它的堆积的经验来回应问题，是不可能领悟问题或解决问题的——如果你彻底明白了这个事实的真理，那么你就懂得了，思想不是解决我们的问题的工具。

让我换一种说法。人能做的所有事情，似乎某种适当的电子机器也能做到。一二十年来，以下情形正在被发现并将得到完善：人脑能做的事情，机器也能做，而且极有效率。将来机器也许能够写作，创作诗歌，翻译书籍等等。用化学的方法制出的药物，可以让人镇定，获得抚慰，从焦虑中获得解脱，获得安静。所以，朋友们，你知道接下来会发生什么吗？机器会不会夺走你的工作，可能比你做得更好？药物能不能给你心智的宁静？你吃几粒药丸，它能让你的心智非凡地安静，这样你不必训练克制，控制自己，修习呼吸法，不必去玩所有这些花样。于是，狭隘的、肤浅的、受限制的心智，只是想一想，它就不再有忧愁焦虑，它将获得宁静。但是这样的心智仍旧是狭小的；它的边界是可见的，它的所有思想是肤浅的。虽然吃了药丸，它非常平静，但是它并还没有突破自己的局限，不是吗？狭隘的心智思考上帝，崇拜一尊又一尊雕塑的偶像，讲说一大堆言辞，念诵一大堆祈祷，但是它仍旧是狭隘的。我们大多数人的情况就是这样。

因此思想永远是肤浅的，永远是狭隘的，永远是受到局限的，这种思想怎样才能停止，由此不再有局限的边界，由此获得自由？——不是从什么东西中解放的自由，不是要成为什么东西的自由。希望你明白这个问题。

你看，一个人可以时常地改进自己——你可以思考得更多一点，把自己投入自我改善中，更和善一些，更慷慨一些，或者这样，或者那样，但是这些总是局限在自我的领域之内，局限在"我"之中。正是这个"我"在获取，在变成什么，而这个"我"总是作为一堆经验、记忆的东西被认知。我们的问题是，怎样解决、怎样突破"我"的边界。我说的"怎样"，不是意味着一个方法，而是意味着探索。因为所有的方法都陷于思想的运作、思想的控制，只不过是用一个思想代替另一个思想。所以当你仅仅是抱着方法、系统、戒律，你就无法探索。

当你明白了所有这一切——思想是记忆的产物，是极其有限的集合的经验的产物；对于真实之相、上帝、真理、圆满、美的追寻，其实是和当下现实发生冲突的思想做出的投影，是追求一个未来的观念，而对未来的追求造出了时间——当你明白了这一切，那么这一点无疑就是清楚明显的了：思想必须停止。肯定是存在某种事物，这是思想不能把握并存入记忆的，它是全新的，完全未知的，未被认识的。那么，你的心智塞满了躁动不安的思想，你怎样领悟这样的境状呢？

觉悟是时间范围之内的事情吗？你能够依靠思考某事，然后在明天觉悟它吗？你知道，如果你有一个问题，那么思想是如何研究它，分析它，把它拆解，尽力去研究每一个碎片，仍然没有答案，因为它永远怀着对这个问题的焦虑。然后它放下这个问题，随它去，因为思想丢开了这个问题，所以这个问题不再压迫你的心，无论在意识层面，还是在无意识层面。这时候，问题的答案出现了。你一定经历过这样的事情。

那么，由此我们不能看清思想的整个作用吗？你看，你是多么崇拜有智识的人，他学问丰富，然而那不过是一堆词汇和观念而已，他仍然生活在肤浅的层面。你没有发现自己本能地被那种说"我知道"的人所吸引吗？那么当你明白了这一切，问题就是：能够让思想停止吗？如果你明白这个问题，那么你就能够跟上我对问题的更深入的探索。我们有死亡的问题、上帝的问题、美德的问题、人际关系的问题；我们有陷入冲突的问题、工作的问题、缺钱的问题；我们有贫困的问题、饥饿的问题，因希望和绝望而痛苦的所有问题，你无法一个一个地解决这些问题；这是不可能的。你必须作为整个一件事，整体性地解决它们，而不是一点一滴地逐渐解决；否则，你永远无法解决它们。因为如果你把一个问题看作是孤立的，不是与其他问题休戚相关的，那么你在解决一个问题时，只会制造又一个问题。问题都不是分离无关的、孤立的，每一个问题都和另一个问题或深或浅地相互关联，因此你必须从整体上去认识理解它。思想无法整体性地理解，因为思想是片面的、支离破碎的。因此心智怎样解决问题？你不能把它当作孤立的问题去解决；你无法通过理智的抽象思维来找到解决方案；你无法通过积累的记忆来解决问题；你无法通过逃避到寺庙、酒精、性生活或其他任何东西中去解决问题。必须整体性地理解问题、整体性地领悟问题，而这只有当思想停止了，才能做到。当心智寂然不动时，问题将会在心智中呈现出完全不同的面貌。当湖水全然静寂，你可以将它一眼望穿，你可以看见每一条鱼、每一棵水草、每一丝涟漪。同样的，当心智全然静寂，你可以非常非常清澈地洞察。只有当思想停止了，静寂才会出现，这不是为了解决问题，而是洞察思想的意义，洞察它的支离破碎的本质，那么心智本身的思想就会变得寂然不动，不仅在意识层面，而且在深邃的无意识层面。

这就是为什么自我认识必不可少，为什么对你自己进行学习必不可少的原因。如果你不去观察自己，或者是用一个塞满了知识堆积物的心智去观察自己，那么你就无法对自己学习。你必须有自由，这样你就不仅仅从表层去观察问题，你就能从思想无法企及的深度，去回应每一个问题，每一个挑战。

一个寂然不动的心智，不是死亡的、衰败的、腐烂的心智，不是通过药丸、通过呼吸法，或者任何自我催眠法来获得安静的心智。它是充满生机的心智，它自身中每一处未被触及的地方，都被光明照亮，它是从那光明的中心做出回应——它不会制造阴影。

1958 年 12 月 14 日

创造性是生命的真实

我想知道你为什么来听这些讲座。如果你想要求证自己的生命理论，或者你想寻找一套更高级、更精妙的理论，那么我想，这些讲座就没有意义。因为我们在这里努力所做的，如果可能的话，是突破理论的障蔽，变得明智。我们在生命的所有层面都充满了问题——身体问题、心理问题、理智问题，等等——显然没有任何理论能够解决这些问题。理论总是造成服从，然而对事实的觉悟，能让心智获得自由，带来智慧，照亮生活之路。如果心智饱受理论、程式、意识形态、知识观念的折磨，那么它显然无法照亮自己的生活。我认为——我非常谦逊地这样说——如果可能的话，我们这些讲座的作用是唤醒智慧，由此，你作为一个个人，将能够应对各种各样的情境，在那其中，你看到自己拥有光明照耀，拥有清澈明净的心境，以及深度的内心觉悟的意识。

如果你和我都清楚这一点，即我们正在力求突破这堵无知之墙，这堵理论、信仰、教条、迷信之墙，那么我们将在这个突破中唤醒那种智慧，它是对生命的整个过程的一种醍醐灌顶的彻悟。这样，这些讲座才有真正的意义。如果我们仅仅把讲座中的东西转化成一个程式、一种理论，那么我们就丢掉了所有的要点。一个思想观念，无论它多么精致，多么巧妙，多么细致，它都无法解决我们生命中的问题。任何理论教条，任何新的或旧的体系，都不会解决我们生命中理智方面的、心理方面的以及身体方面的问题。我们所需要的是把彻悟的智慧应用到日常生活中，这就需充分的观察思考，需要深入内心的充分的探索。如果我们只是依据某种理论或者程式行动——无论是资本主义的、社会主义的，还是宗教的——那么显然就不会有深入内心的探索，那只能带来服从。但不幸的是，我们大多数人都深陷在种种的理论之中、程式之中、思想体系之中。我们首先得到一个思想体系，然后我们力图使事实去适应那个体系——这是不可能的事。我们总是反复做这样的事。我们接受了某种理论，然后我们就力求遵从那个理论、那个教条、那个信仰，这显然导致一种最为荒谬的生活方式。

现在你和我，作为两个个人，我们身处生命的河流中，我们就是它的一部分——带着我们的痛苦混乱、忧愁焦虑、恐惧烦恼、我们的短暂喜悦和情感——难道我们不能觉悟我们的问题，不能把我们的心智应用于问题，通过应用，让它敏锐起来吗？敏锐不是狡猾，而我们大多数人都想要狡猾——我们为了生存而不择手段，我们在政治中，在生意中，在人际关系中使用各种各样狡猾的手段。在我看来，如果我们对这个非凡的叫作"生命"的东西变得有敏锐感知，不是寻求把生命变得符合我们自己特定的思想模式，而是对生命的整个过程——对自然、对人、对思想观念，都有敏锐感知——那么我们也许就能够发现什么是真实的，什么是虚假的。

这种敏觉的能力当然就是智慧，不是吗？智慧就是对生命的所有运动具有深度敏感的能力。我们不能继续支离破碎地、独自地、分隔地——作为一个商人、一个金融家、一个政治人物、一个宗教人士、一个共产主义者，作为这个、作为那个——生活下去了，因为你是一个完整的生命，你具有惊人的能力。只有真正的智慧是生机勃勃的，是机敏的，对生命的运动是敏感的，当你具有了这种智慧，你就能够在任何层面的任何行动中，全面地应用这种智慧。因此，在我看来，不可缺少的是对生命的敏锐感知，对丑、对美、对天空、对自己心智中杳无人迹的领域，以及对自己心智的动荡不宁、心中怀有渴求、痛苦和焦虑——对这一切都敏锐感知。我们不是要努力找到问题的答案，而是对问题保持敏觉。以这种智慧的敏觉，我们就能认识理解问题，并因此而解决问题。所有层面的问题都没有答案，但是只要我们足够敏觉，足够智慧，我们就有办法解决问题。但不幸的是，我们大多数人都在寻找问题的答案，寻找问题的解决方案，于是我们对问题绝不会有敏觉，因为当心智寻找答案时，它显然回避了真正的问题。但是通过敏锐的觉知，智慧被唤醒，这样你就可以应对问题，无论它是什么问题。如果你对生命的整个过程具有敏觉能力，那么所有的仪式主义、信仰教条，以及所有那些愚蠢的废话就完全没有意义。如果心智仅仅在习惯中运转，那么你就不可能具有这种敏觉。我们大多数人的心智就是在思想的习惯——我们已经得出的结论、我们的经验、某种我们已知的特有状态中运转；这些东西成为我们的习惯，我们就根据它们来行动。

现在请允许我岔开一下。希望你不仅仅在理智层面听，或者只听到字面的意义，因为如果那样，你就不是应用你所听到的东西，你就不能进行学习。你和我正在共同努力学习，在这种探索中没有老师，也没有学生。生命不是一个被老师教授的东西。每一件事都得要学习。如果你能以敏觉去看肮脏的马路上的一片枯叶，那么这片落叶就具有非凡的意义。你可以从这片落叶中学习，因为它有过生命，它经历了春夏，现在它知道了死亡。你可以从每一样事物、每一个事变、每一个体验中学习，你可以从每一个姿势、每一张脸、每一句话中学习。因此我希望，你和我可以这样彼此倾听。这就需要谦逊；一个不懂得谦逊的心智无法学习，它只是获取信息。这样的一种心智其实是因它自己的知识而自大；它积累知识，变得狡猾，但是它永远无法学习。尽管我在做演讲，但我希望你们是以那种学习的心智状态在倾听——对你的思维习惯进行学习，它是模仿的、遵从的、正经体面的、狭隘的心智状态。正是这种心智对生命的感知麻木迟钝。正是这种狭隘的心智造出了问题，同样还是它，在寻找它所造出的问题的答案，因此又增加了更多的问题。这就是我们必须对之进行学习的心智。

如果你观察过自己的心智，你会发现它是多么惊人地迅速跌入思想的沟槽中去。你可以看到，不是吗？心智是怎样受到制约，沿着某些特定的轨道运转，形成所谓"好的习惯"，避免"坏的习惯"。实际上，没有好的习惯和坏的习惯，只有习惯。正是习惯，使我们呆滞、愚蠢、沉重，对生命的挑战失去了敏锐觉知。你知道，这就是在我们所有人所发生的事情，不是吗？我们想要建立习惯，这样我们就不需要费脑子。我们想要建立好的习惯，这样我们就可以像一台机器一样自动地运转。机器是没有敏锐感觉力的，所以根据习惯模式运转的心智也是没有敏锐感知的。一个官吏生命中的三十年或四十年都用在签署文件上，他怎么可能对生命保有敏觉呢？他是以受到局限的头脑来活动。所有的专业人士、技术人员、我们所有的人，都处于同样的状态，我们学会做一个工作，然后就活在其中。所以问题是，怎样让习惯死亡，我想非常深入地探讨这个问题，这就要引入死亡的问题。

我想谈论关于死亡的整个问题，但是如果你和我不能首先理解心智怎样造出习惯，心智怎样造出一个中心，并且基于这个中心来运转，那么我们就无法理解死亡的问题。那个中心就是"我"，不是吗？那个中心就是自我，它带着它积累、组织的经验，它的所有行动、思考、爱、恨，都是从经验中生发出来。正是这个中心——显然它是习惯、思想、知识等有组织的经验——在起作用，而这个中心与思想、与自我不可分离。只有有思想的人才制造出自我。我觉得，如果你和我不能彻底洞察这个习惯的中心、模仿的中心，如果这个中心没有被打碎、被消解，那么我们永远无法觉悟何为死亡。

我将要深入探索这个主题，我将和你就此问题进行有声思考——也许说"思考"它，不如说谈论它吧。但是，如果你只是来听，而没有真实地观察，没有觉知你自己的那个中心——它是焦虑的中心、痛苦的中心，它想要爱，却又不知道怎样去爱，它在寻求某种自我实现，寻求某种幸福、快乐，寻求身体上、心理上生存下去的某种形式——如果你没有觉知这一切，（它本质上是一捆昨日的仿制品），那么我关于死亡这个问题的探索，就无法回答你的问题。我已经说过，所有问题都没有答案，只是有对问题的领悟。同样的，对于死亡没有答案，只有对于死亡的领悟——领悟死亡的非凡的深邃意义、它的美、它的广阔性、它的新意——这样的彻悟带来崭新的心智，它将让你从死亡的痛苦中，从死亡的恐惧中解脱出来。但是如果你没有明智地理解习惯、模仿、遵从、体面等等这些东西的真正含义——那么你就无法觉悟死亡的恐惧、孤独的恐惧，这种孤独来自对死亡的不解。

现在，我们怎样让这个中心消散呢？我使用"怎样"这个词汇，不是意味着寻找一个答案，或者一套新的体系，而只是意味着深入探索这个问题。我想要知道怎样打破这个中心。而不只是换一种方式，在共产主义体制下，或者社会主义体制下，或者资本主义体制下，或者其他体制下，让这个中心延续下去，这些体制带着它固有的痛楚、苦难和悲伤。我想要认识理解这个中心，打破它，我看到，时间不是解决方案。把未来延长不是解决方案；延续过去已有的东西不是答案。我希望你明白我的意思。你已经意识到，是吗？这个中心就是自我，就是"我"——它在渴望，在要求，它在汲汲追求权力、地位、声望，它总是深陷斗争、调整、痛苦、哀伤的梦魇，它的喜悦转瞬即逝。它就是那个在我们生命的所有层面上磨损败坏我们的东西。所以我问：怎样打破这个中心？我们说，时间，在很多很多天之后的未来，问题将会解决。或者我们相信轮回。然而那仅仅是让已有的东西得以修补，在未来延续下去，不是吗？这个中心依然存在，带着它的所有问题、焦虑、恐惧，带着它的习惯和模仿的渣子，不是吗？问题是：现在就让这个中心死亡，是可能的吗？——不是在未来死亡，不是等你老了，衰朽不堪，身体的死亡来临，它才死亡。我把这个问题说清楚了吗？朋友们，我能让自己现在就死亡吗？要知道，死亡是伟大的虚无。所有那种深层的虚无都是神圣的、意义深远的。这就是为什么无为的思想是最高超的思想形式，而所谓的积极作为的思想，实质上只是遵从、模仿而实现延续。所以我问你怎样死亡——怎样让习惯死亡。朋友们，你明白吗？你所知道的有野心欲望的习惯——你可以让它死亡吗？在这个社会层级中，从最伟大的领袖，到最穷困的人，每个人都是心怀强烈欲望的。你总是想要实现什么，成为什么，不是吗？由此带来奋斗打拼、痛苦忧伤、挫败失望、残忍暴虐、冷酷无情——你熟悉这一切，但是你仍然想要实现欲望。现在你可以让这种思想习惯死亡吗？不是在明天死亡，而是在此时此刻就紧急停止它？因为当它止息时，心智就变得惊人的敏锐。这种特有的习惯止息了，彻悟就会出现。当你洞察了野心欲望的全部含义，你的智慧因此而产生，并唤醒那种彻悟。我这里举野心欲望作为一个例子，此外还有嫉妒、贪婪、骄傲，还有美德，我将要探索它们。一个人可以让所有这一切东西死亡吗？如果你无法让它们死亡，那么你显然就具有某种延续性——延续痛苦和死亡——那么这个死亡就是可怕的事情。要知道，美德也具有某种延续性，你想让你所认为的真、善永垂不朽。对你来说，美德是一种积极有为的境界，美德是作为与恶德对立面的东西培育出来的，它意味着延续性。如果你是暴力的，那么你就培育非暴力，你日复一日地追逐"非暴力"的观念。你践行它，你克制你的心，但是显然所有这些都只是延续某种观念、某种思想，如此而已。对于你所成为美德的某种特定观念，你想要它延续下去，这只不过是遵从社会要求的某种特定模式罢了。真正的美德是彻底放下野心、嫉妒、贪婪、骄傲——而不是把某种特殊心态转变成另一种心态。如果你能够终止习惯，让过去已成的东西不再延续下去——那么这才是真正的美德。彻底地终止、完全地没有骄傲，这和意识到骄傲，而去培育谦逊，是完全不同的。培育谦逊，不过是以不同的形式延续骄傲。彻底地终止骄傲，就在此刻终止它，这一定是可能的。

看看我们这个世界吧！从社会顶层到底层，每一个人都怀着强烈的欲望抱负。一个人只要获得了某个职位，他就不会放弃它；他说为了国家，为了人民，为了社会，他必须掌握权力。你知道这样的空话连篇。不要说，"如果我没有抱负，我会成个什么样子？"如果你放下了野心抱负，你一定会看到发生什么。你的生命将会焕然一新。你也许适应，也许不适应这个腐败的社会，但是你已经觉悟；你将拥有美德，它不知道什么是不关心明天。美德是当下瞬间的生命的存在之境，它在当下一刻包含了无限深度的美。因此你必须让所有你的昨天死亡。但是如果你没有真正认识理解已经积累许多东西的心智的所有问题，没有真正认识理解自己的习惯、偏见、野心欲望、挫败、快乐和痛苦，如果你对这一切并无知觉，那么"让所有的昨天全部死亡"，这句话就会变成一个理论，只是一个口头说法而已，没有意义。你可以重复这句话，你可以转达这句话，但是它没有意义。相反，如果你能抓住自己的一个念头、一个习惯，让它死亡；那么你就会发现，死亡与你过去所知道的所有事物都截然不同。

如果我可以让我的骄傲死亡，如果我可以让我的野心死亡，如果我可以让我所经受的所有伤害，还有侮辱、失望、希望、恐惧，我已经滋养它们太久了，如果我可以让它们死亡，那么我的心智就不再按照时间来思考，那么死亡就不仅仅是出现在生命的终结处，那么死亡不只是在生命的终点，也是在生命的起点。这不是一个理论，这不是一个诗句，如果你重复它，它就没有意义。然而如果你让自己的一个习惯死亡——任何一个习惯——只要让它死亡，只要彻底放下它，就像一片落叶，自然而然，随风而逝；那么在这样的死亡中，你将感知到新的呼吸出现、新的生命之道来临。不是你用另外一种活的方式来代替死亡，而是让习惯死亡带来了崭新的、创造性的生活。朋友们，对于我讲的东西，请你倾听，同时就应用它——不是等你回家以后，不是在等公交车的时候，不是找一个安静的时候才去做，而是现在就做。你不能现在就让什么东西死亡吗？你不能让你的对某个人的不喜欢、对某个人的恐惧死亡吗？你不能让你的信仰死亡吗？——让信仰死亡要困难得多，因为你的宗教导师、你的信仰给你希望，给你一个未来。但是如果你可以让自己的绝望死亡，那么你就不再需要宗教导师了，这就是说，你不再需要希望，不再需要明天。让绝望死亡，即是死亡之无所作为；它是最伟大的创造性。

接着我们还有进一步的问题，什么是我们日常生活的延续性。我们都关心，都想知道，死亡以后还有没有任何形式的延续性，不是吗？你希望，你们中很多人都希望，你能够轮回转世，你可以继续完善自己，变得越来越有价值——这意味着你一直在攀爬成功的阶梯。如果这一世，你是无名小卒，那么你希望下一世，自己成为大人物。因此我们总是关心延续性的问题。那么，延续性到底意味着什么，你为什么要执着那个延续性呢？心智为什么执着于延续性，为什么把它自己绑缚在已有的过去的东西之内？朋友们，你明白这个问题吗？你害怕死亡，所以你说，你死后将会延续下去。现在，在你窥测未来之前，你为什么不能想想当下现在的问题呢？延续性是什么东西？你执着的是什么东西？你执着的是自己作为一个职员、一个政府部长、一个牧师、一个商人的身份地位——你执着于这个腐败堕落、欺诈无信的个体吗？你执着的是这个东西吗？或者你执着的是你的家庭、你的财产、你的名声？你想要所有这些东西在死亡以后延续下去？仁慈的上帝啊！所有这些东西根本不值一提，不是吗？你的名声、你的财产、你的观念、你的经验、你的快乐，所有这些东西都在迁流变化，它们同时包含着无常、恐惧和绝望。那么你想要这些东西延续下去吗？这些东西有可能延续下去吗？任何东西有可能延续下去吗？还是说每一件事物都是自然而然地走向死亡？现在你的心智拒绝接受死亡，不是吗？但是具有延续性的东西肯定无法具有创造性，这里肯定无法找到创造性的非凡的心智状态。显然，延续的东西只是过去已成的东西，它在现在被修补改良，以便延续到某种未来，这样的延续性——带着它的痛苦、失败、希望和绝望的全部意味——它不过是自我，"我"这个中心的延续。这个自我虚构了超我、灵魂以及所有其他的理论。

现在，这种延续性可以得到终结吗？不是只能等到有一天终结于疾病、衰老或者事故？不知你是否深入考虑过这个问题。传统的方法显然无法解决这个问题。因此，实际上问题是：心智带着它的记忆和有组织的经验，它可以让它的记忆死亡吗？而且这样的死亡不是变得愚蠢、呆笨，没有创造能力。我们不能让记忆死亡吗，以便记忆不影响心智——尽管我们事实上仍然保留着记忆？因为如果你在事实上忘记了昨天，那么你就无法生活下去。但是当昨天影响了今天——正如在我们每个人身上所发生的那样——那么你就失去了敏锐觉知，你就无法让昨天深度地真正地死亡。

如果你真正地倾听了这一切，那么你是在学习死亡，这种死亡就发生于当下，而不是在未来。死亡之美寓于当下，因为它是无所作为的，所以一个积极作为的方法绝不可能发现它。但是当过去已有的东西的延续性终止时，一种崭新的心智品质就会出现；虽然它拥有一千个昨天积累的知识，但是它们对心智全无影响，因此心智是崭新的、鲜活的、单纯的。如果你问，"我怎样才能有这种单纯？"那么你是在提一个极其愚蠢的问题。这里没有方法，没有系统；方法、系统、训练和美德，只是使过去已有的东西、已修补的东西得以延续。只有在死亡中，才有创造性的心智出现。你还会发现，自我中心的心智越强大，它的自我中心的行动越强劲，自我也就越是精力旺盛，越是强暴地奋斗挣扎。而且显然它会一直继续这样，因为心智与大脑是有区别的。虽然心智是大脑的产物，但是心智是超越大脑的，就像思想是超越大脑的一样。思想作为一种振动而延续，它可以随后显示自己的效用，但那仍然是一种延续的形式，而且那个延续的主体永远无法具有创造性，无法理解这种创造性的非凡之境。所以朋友们，我们这个世界现在此刻需要的，不是更多的技术专家；世界上将会有越来越多的技术专家，但是他们不会在他们的层面上解决人类的问题。他们可以建造更多的水坝、更好的公路、更好的通信手段、更舒适繁荣的生活——这些东西当然是必需的——但是仅此而已。在这一切之中，我们丧失了信仰，生命对我们大多数人来说，不过是物质的东西而已。通过科技手段，你可以拥有舒适的物质生活，但是物质无法解答我们的根本问题。

因此我们需要心智具有创造性的状态，而不是延续性的状态。而只有在死亡之境，我们才能真正学习、认识、体验、觉悟创造性。创造性是生命的真实，是你称为"上帝"的东西——但是"**上帝**"这个词汇并不就是那种创造性；词汇只是一个符号，它没有意义。重复念诵上帝的名字，向上帝祈祷，去参拜寺庙、教堂，这些行为都没有意义。但是如果你让所有的词汇死亡，让所有的意象符号死亡，那么你就会亲自发现——不是去阅读任何书本，不是去拜访任何宗教导师，不需要任何宗教仪式，也不需要任何的支持——你将发现那种创造性的状态，一切事物都存在于其中。但是你无法通过反复背诵这个词语来领悟这种状态。只有让你的野心欲望死亡，让你的焦虑死亡，让你的腐败堕落死亡，这种状态才会到来。那时你将看到，在那无所作为的死亡之境中，有一种全然不同的积极作为状态，那就是创造性。

1958 年 12 月 17 日

冥想之美在于它没有结局

今天晚上我想谈谈冥想。不过为了真正深入地探索这个主题，我们必须明白，冥想不是和我们日常生活不相干的某种东西，冥想紧密地连接着我们每天的活动、我们每天的思想、我们的冲突斗争、我们短暂的快乐和喜悦。冥想不是你一个人在静室中做的事情，不是同日常生活割裂开来的。为了真正深入这个主题，我想我们必须从理解"影响"这个问题着手。

我希望，你作为一个独立的个人，你不会在任何方式上受到我这些讲座的影响。因为在我看来，除非你充分理解了影响的意义，否则影响就是一杯毒酒，它会束缚、恶化、败坏心智。而我们的生活中充斥着各种各样的影响，不是吗？天气情况，你吃的食物，你头脑里的思想，你受到的压力，你受到的教育，你读到的报纸，来自教堂、寺庙的影响，还有家庭的影响，丈夫对妻子的影响，妻子对丈夫的影响，还有千百年传统的影响。你周围的每一件事物都在影响你的心智，塑造你的思想，影响深入到意识层面和无意识层面，而你对这些影响却浑然不觉。觉知所有这些影响，从它们中解脱，这就是冥想的过程。但是这要求有深度的、很大的觉悟，因为你带着肤浅狭隘的心智，坐在那里冥想，那么它只能窃窃私语，喃喃自语，循环往复，这种过程完全没有意义。

为了理解关于影响的全部问题，理解经验的影响、知识的影响、内在的和外在的动机的影响——为了发现什么是真，什么是假，为了在所谓的虚假中发现真实——所有这些都要求非凡的洞察力，要求内心的深度觉悟，觉悟事物真实的本质，不是吗？这整个过程，确实就是冥想之道。冥想对我们的生命必不可少，对我们的日常生活必不可少，就像美必不可少一样。对美的感知，对事物的高度敏觉，不仅敏锐地感知美，也敏锐地感知丑，这是必不可少的——看到一棵风姿卓越的树，看到夜晚流光溢彩的天空，看到广阔的地平线上太阳西沉，霞光映红了满天云彩。对美的感知，对冥想之道的理解，这一切都是必不可少的，因为它们就是生活，也就像你每天去办公室，有争吵、痛苦，有不断的负担压力，有紧张焦虑、深深的恐惧、深深的爱，有饥饿现象。觉悟生命存在的全部过程——觉悟影响、痛苦、每天的重负、权威的观点、政治行动，等等——所有这些都是生命，觉悟所有这些，并让心智获得自由，这个过程就是冥想。如果你真实地觉悟了这个生命，那么你常处在冥想之中，常处在静观默想之中——不是"关于"某个东西的静观默想。觉知生命存在的整个过程，观察它，冷静无偏地探索它，让生命获得自由，这就是冥想。

如果可以的话，我将要探索所有这些问题。但是首先，如果可以的话，我要建议，请你不要被"冥想"这个词汇迷惑；不要立即就站定一个立场，无论是身体上还是心理上的立场，不要抱定一个态度。因为一个选定了立场、态度的心智，它永远无法冥想。冥想是让心智展示、呈现出它不可思议的活动过程，有它的细致精微，有它的散乱漫游，有肤浅的行动，也有意识层面的心智全无觉知的深层活动。对所有这些深入地探索，从整体上觉悟，这就是冥想。

我希望你明白，我是在把你作为一个个人，而不是作为一个听众，与你谈论。你和我，正安静地、自由地、心平气和地努力，我们正在领悟这个叫作生命的东西。如果我们要共同探索，你就不能受到影响，不能采取某种受了影响的态度。你需要倾听，这意味着真正的学习。如果你选定一个态度，那么你就停止了学习；如果你说你已经知道了什么是冥想，那么你就停止了学习冥想；如果你说，"我一直在修习冥想，我已经得到了冥想中的境界，我已经得到了清澈明晰，我已经体验过了，这样对我来说足够好了"，那么你已经停止了冥想，停止了学习。冥想不是一种结局，冥想之美在于它没有结局，冥想是永恒之物。如果你仅仅在我的劝说下这样想，或者那样想，那么这又非常不幸。但是如果你洞觉知了自己周围的所有影响，包括我的影响，由此觉知，你知道你吃的食物、你头脑里的想法、你阅读的书籍，你知道它们无时无刻不在塑造你的心智，那么你就会发现，虽然这些影响环绕着你，但是你将突围而出。我认为，在一开始就明白这一点非常重要，因为我们的生命活在绝望的山谷中，我们心怀的希望，是一个理想，是乌托邦，是你奋斗挣扎，约束心智，以求获得的东西。我们永远在攀登这座叫作希望的陡峭山崖，复又跌回绝望的深谷之中——因为无法实现梦想而绝望，因为自卑，因为孤独，因为不能"成为什么人""达成什么事"而绝望。我们永远生活在希望和绝望的钟摆之间。我们接受一个希望，然后把它变成我们的哲学，我们围绕它编织自己的生活。世界上的所有宗教都建立在希望的基础之上——有些宗教把它叫作"复活"，另外的宗教给它另外的名字。我们总是生活在希望之中，我们希望在外部世界获得成功，希望在内心世界获得丰实。

还有绝望。不知道你是否强烈地体尝到过绝望的滋味，彻底失去希望，彻底的孤独，不被社会认可的悲哀，感觉自己完全没有用处，感觉自己什么都不是。毕竟，当历史的洪流席卷而来——战争、革命、暴力变革、经济压力、社会剧变——在这其中，个人渺小得如同草芥。共产主义的或者无论什么样的专制暴政完全禁止个人的思想。当你洞察了这些，当你被裹挟其中，你一定会感到绝望。因此你造出了某种绝望的哲学，你接受现有的事情，并使之变成最好，有人把这叫作唯物主义。或者你仍然抱有希望，你仍然奋斗着要取得什么，要达成什么，这叫作灵性主义。这两者处于同样的深谷；它们是一个硬币的两面，而我们就生活在这种状态中。我们的天堂，我们的上帝，我们的典礼，这些是我们获得一个更好生命的许诺、奖赏、希望。因此我们要么是肤浅地活在希望之中，要么是同样肤浅地活在绝望之中。

现在我要问你，你是否极为深刻地感受过绝望，感受过彻底的孤独，你感觉找不到答案，感到自己和所有事物都没有关系——心智没有寻求逃避、没有寻求任何解释地这样感受。我认为，这是一个要问问自己的非常重要的问题。因为我们通常总是求助于一些解释，不是吗，我们想知道它的原因，我们说这是因果报应，我们说是因为这个，或者是因为那个。因为绝望，我们建立了某种哲学，它不过是使我们走到了希望的对立面。而我们接受了这种状态，因为对我们大多数人来说，希望给行动带来巨大的动力——希望你能赚更多钱；希望有上帝，他将会保护你，帮助你——你知道所有这些喧嚣。所以或者有一种绝望的哲学，或者有一种希望的哲学，或者你接受了世界现在的样子，就这样生活。这是我们中大多数人的状态：就这样生活。虽然我们口若悬河，虽然我们谈论理想、真、善、美，以及所有这些东西，但它们仅仅是词汇，是肤浅的反应，而我们真正所做的，仅仅是活着。很少有人想要离开，从绝望和希望的枷锁中解放。这两者都意味着时间的过程，不是吗？——不仅是日历表上的时间，而且还有心理时间。"绝望"想要走向终结，那是在时间之内；"希望"想要达成某种东西，也是在时间之内。

有的人绝望，有的人希望，有的人只是活着——不关心任何事情，日复一日这样活着，没有思想，没有同情心，不做探究——这就是我们大多数人的状态。我们就这样活着，在我们的工作中腐烂，在我们的家庭生活中腐烂，在我们对金钱、地位、知识等等的汲汲追求中腐烂。我们谈论上帝、真理等等所有这些东西，同时我们又接受生活事态的现状。这就是我们大多数人真实的状态。理想和希望总是存在的，可以实现的，如果你非常强大，富有活力，那么你会努力奋斗，你会推动生活向某个方向发展。而如果你具有更多一点的活力与清醒，那么你也会看绝望，看到这个世界是怎样的不可救药，我们是怎样的甚少改变，每一次革命，每一场战争，怎样以和平的名义，以爱的名义，以乌托邦的名义，来造成毁灭，生灵涂炭。

所以我们的生命浸泡在泪水的深渊中，而心智怎样从中彻底突围，获得新生？因为我们现在的状态显然是死气沉沉的。希望、绝望，以及接受现状，这些状态确实是显示着死气沉沉，不是吗？因为在这些状态下，心智背负重担，它被时间塞满，它正在衰朽腐烂。如果你观察自己的心智，你就会发现，这是真实发生的事情；我们深陷于希望之中，或者深陷于绝望之中，或者深陷于苟且活着；这就是事实。现在，心智怎样从这一切中突围呢？冥想的确就是实现突围的过程。冥想不是为了获得宁静，一个没有自由的心智怎么可能获得宁静？没完没了地追逐心智的宁静，这完全是荒谬无用的。腰缠万贯的富人谈论"心智的宁静"，生活在痛苦不幸中的人也谈论"心智的宁静"。但是只有在自由之中，才有宁静。

那么，当你洞察了希望、绝望和仅仅是活着的状态，你必定得问自己这个问题：心智能不能突围而出？朋友们，我希望你明白这个问题。我们总是在问，"我应该怎样做？我可以在哪里找到帮助？我可以依靠谁？我应该遵从什么办法？"这是我们永远不变的呼喊，我们不仅仅在绝望的眼泪中呼喊，我们也在高兴的笑颜中这样追问，追问。

首要的是，你必须明白，没有人能够帮助你——没有人。你必须完全独自挺立。当你看到，心智是怎样塞满了交替而来的希望和绝望，你看到心智是怎样被传统、被知识、被所有已知和未知的影响所束缚，怎样被占有、渴望占有、失去希望无所寄托；当你开始探索、觉悟所有这一切，毕竟你会发现，不是吗，心智必须要独立自处，不受污染，不受影响，变得单纯、鲜活、崭新。现在，这样的事情怎样能够发生呢？

首先，你可以看到，任何修行，任何训戒，任何习惯，无论好坏，这些东西仅仅是带来或者绝望或者希望的延续，不是吗？你修习，你行持戒律——为了什么？你在早晨坐禅，进行各种仪式，重复念诵某些词句，祈祷——为了什么？因为你希望，不是吗，你希望带来内心的宁静，你希望达到某种境界，你希望开悟，所以你重复念诵《薄伽梵歌》，或者《圣经》，或者做其他事情，你希望让塞满东西的心安静下来——这只不过是用文字来自我催眠。你仍然深陷在希望的罗网之中。你可以看到，不是吗，每一种意在达到催眠结果的控制系统都意味希望的永存，因此绝望也就总是潜伏在背后。那么，你怎样实现突破，获得自由呢？因为只有在自由中，才有平和安宁。平和安宁只是一个副产品，就像美德是一个副产品一样，它本身不是目的，它是次要的问题。然而如果心智能够觉悟，并获得自由，那么就会有平和安宁。心智怎样获得自由？我使用"**怎样**"这个词汇，不是要问遵从什么方法系统，行持什么戒律，而是要深入地探索自由，认识心智必须获得自由这一事实。这是须了解的首要的至关重要的一点。但是如果你诉诸祈祷，那么你就拒绝了自由。祈祷的力量是在时间的范围之内，总在追寻、恳求、祈求的心智，显然是不自由的。通过祈祷的力量，你也许能够得偿心中所想，但是你想要的东西是如此琐碎狭隘，因为它仍然局限在希望和绝望的范围之内。因此，祈祷不是冥想，然而明白祈祷的真相，并因此从祈祷中解放出来，这就是冥想。同样的，重复念诵某些词句仅仅是一种对心智催眠的过程；如果你不断地重复念诵一个词汇或一个句子，那么显然你一定能够安静下来，但是你同时也让心智变得迟钝呆滞，在这之中没有自由。然而觉悟心智在重复念诵中、在习惯中、在宗教典礼中变得迟钝呆滞，觉悟心智重复字语是为求得心理上的安全感——这就是冥想。

在这一点上，问题变得复杂得多，因为我们必须同时查究冥想和冥想者。如果我可以建议，请你注意倾听。你不能只是听听，以便批判或者接受，而是要学习。一个热切学习的心智，不做接受或者否定；它在倾听中去发现。查究冥想的问题和谁是冥想者的问题，要求非凡的洞察力。那么，谁是那个冥想者？谁是那个思想者？谁是那个"我"，他说"我必须冥想"？谁是那个实体，它进行体验并说"我已得到一个体验"？你观察，就得有被观察的东西；有思想者，就有思想。现在，谁是那个思想者？请不要引用权威的说法来回答问题；不要说商羯罗、佛陀、耶稣基督这样说过，那样说过。一个引用权威的人就终止了智慧；如果你仅仅重复你的记忆，那么你已经停止了思考。我们正在亲自努力探索和觉悟，如果此刻你引用别人的话，那么你停止了思考、观察、学习、觉悟。不要相信引用者，他们只不过是记录仪、留声机，他们把知识当作自我扩张的手段。所以请你在倾听中学习，因为我们在共同探索思想者的问题中，会发现这个叫作"恐惧"的不可思议的东西。如果没有觉悟恐惧，就没有冥想。冥想是对恐惧如何产生的整个过程的觉悟。

谁是那个思想者？它是一个名字，一个形式，是做出反应的头脑，不是吗？头脑通过反应和重复的刺激，形成心智，心智与头脑相关联，如同头脑与心智相关联，它们互相作用。但是心智是独立于头脑的；而思想虽然依靠头脑，但是它也是独立于头脑的。我问你住在哪里；你听到这个问题，头脑中发生了一系列反应，然后你想起了你的住址并且回答我。因此思想者是一个名字，一个形式，就是头脑。头脑造出了心智，心智与头脑相关联；两者之间总是发生着相互作用。但是心智却是独立的，与头脑不相同的，而正是心智，它是那个"我"、那个思想者的核心。正是心智——头脑的结果——它在思考，它说："我想起来了，我的名字是，我的住址是，我的工作是，我感到痛苦。"所以思想的过程是头脑的结果，而思想的过程造出了自我中心，根据它你说："我知道，我不知道；我快乐，我不快乐。"这个中心是一堆东西，是所有记忆的、所有经验的、所有传统的、意识层面的和无意识层面的残留物。思想意识即是心智，它与头脑相关联。这两者之间有着不断的相互作用，但是心智尽管与头脑相关联，却又是独立的，与头脑分离的。

因此，只要在思想意识中存在这个中心——就存在进行积累的观察者，以及被观察者——那么冲突就不可避免。请理解这一点；我将深入探索它。只要有一个思想者、有一个经验者，以及被经验的东西、被观察的东西，那么两者之间必然有冲突。就是这样，不是吗？我经验到了快乐，我想要更多快乐；我经验到了痛苦，我不想要痛苦；我是邪恶的，我必须变好；我想要实现梦想，所以就有挫败失望。因此在经验者和被经验的对象之间，就有不断的冲突、斗争、努力。这个中心是贪婪的，所以它说，"我必须不贪婪"，于是就有了冲突。我们对这些都熟悉，不是吗？正是这种冲突，在耗尽我们的心智；正是这种内心不停进行的争战，成为是心智败坏、扭曲、麻木的因素。那么心智应该怎样做？因为心智中存在观察者和被观察者的二元性进程，所以就有冲突、痛苦、悲伤、烦恼、希望、绝望等所有情形。这一切情形都是由这个中心——这个主体，这个思想者、观察者造出来的；只要这个中心还存在，痛苦就必定存在，因为这个中心是阴影制造者。这个中心是被思想制造出来的，思想是被记忆的反应——记忆又是头脑的一部分——因此它们全都相互联系着。现在的问题是：怎样让那个中心死亡？怎样让它消失？这样它就不再是阴影制造者，不再是那个说"我痛苦，我希望我能快乐"的主体。这样，意识、觉察就没有了中心，头脑也就能够纯然映照事物，转化事物，做出行动。朋友们，希望你明白这个问题。希望我把它表达清楚了。只要有思想者和思想，只要有经验者和被经验的东西，那么就一定会有冲突，它是败坏心智的因素，在冲突中，我们一事无成，在冲突中，没有创造性。只有当心智全然静寂，才会有创造性。头脑可能有种种问题，头脑可能会冒出很多东西，但是只有当心智——它与头脑相关联——进入完全不同的境界，在这里，没有中心，只有当心智寂静不动，头脑所拥有的解决问题的办法才会出现。但是心智的寂静不动的状态，不是被你的头脑积累、捕获、达成的。狡猾的心智会说："我必须得到这种状态,这样一切都会好的。"但是狡猾的头脑永远无法懂得这种状态。相反,如果你认识到,只要有任何形式的冲突,在无意识中就一定有一个中心,它在制造所有的混乱、痛苦、努力和艰难——如果你认识到它,感受到它,彻底地觉悟它,那么你的心智就进入非凡的觉知状态,在其中没有中心,所以也没有边界。这样的心智拥有充分的觉知、纯然的光明,心智中所有杳无人迹的地方都被了解,因此它是全然静寂的。在这种状态中,不存在经验者。

如果你从这个讲座一开始,就一步一步地领会理解,如果你已经深入探索,如果你已经和我一起真实地感知、领悟,不是接受,而是在你的探索中看到其中的真理,那么你将发现,有一种无可否认的、真实的、纯正的、无中心的心智状态。

现在出现一个问题,它真的要复杂得多——这种状态是什么样的?体验到这种完全寂然不动的那个心智是什么样的?如果没有一个中心,由它认知心智的寂静不动状态,你怎么知道这样的心智真的存在?朋友们,你一定要明白这个问题,因为它同你每天的生活密切相关;它不是存在于远山远海之处的东西,它不是埋藏于深深的海底。如果你觉悟了它,你就能够觉悟你的日常关系、你的日常生活、你的日常思想;这样你将以富有意义的方式,更有活力地应对生活。毕竟你只知道一种经验,因为你体验过它;你知道痛苦,因为你经验过痛苦。因此有一个经验者,他经验了痛苦,并且把这个经验认作痛苦。

现在的问题是:如果意识没有中心,只是一种觉知的状态,在其中没有边界,没有尽头,没有时间——因为它是超越时间的、永恒不朽的某种东西——那么心智怎样知道这样的状态存在?如果它无法被认知,你怎么知道它存在?朋友们,这不是一个谜语,但是请你搞懂它,请你在面对一个问题时,就像这个问题出现时一样,观察自己的心智。这个问题超越了你的已知范围,你从未经验过,因此经验者永远无法触碰到它。经验者只能够经验它所认知的东西,而已知只是由于你有记忆。因此这个没有边界、没有中心的觉知状态，是无法被经验者所经验的某种东西。那么，是什么东西知道这个状态存在呢？朋友们，请你观察，思考。当你说"我爱"的时候，你知道爱的状态吗？如果你已经体验过爱，而有一个经验者说，"我爱你"，那么，这已经不是爱。让我们换一种说法。在对美的感知中，不存在欲求。当你看到某种东西很美时，对美的直接感知驱散了所有的欲望。你没有注意过这一点吗？一个漂亮的人、旷野中一棵孤独的树向天而立——在对这种美的感知中，不存在欲望。欲望是在后来才发生，那时我说："我想要明天再来看这棵树，我想要再次见到那张美丽的脸。"于是欲望的整个过程启动了，时间的过程开始了。如果你懂得了这些，那么你就会发现，有一种心智作为经验者、作为中心所无法经验的状态，它是不受时间限制的永恒，而不是在时间中延长的某种东西。那么，我们的这个讲座，从刚开始一直到现在，全部都是冥想。对心智运作过程的了解，是对自我的揭示，不是收集关于自我的知识。我不是在谈论超我，根本就没有这样的东西；那是心智的发明，是为求得安全感，求得长生不朽。我们所知道的全部真实就是，我们怀着绝望和希望，活在泪水浸泡的深谷；从这里，我们发明了一种天堂、一种永恒的自我，等等；所有这些都不是真实的。但是对这全部过程的理解，要求非凡的洞察感知、敏锐的全神贯注、对自我的真正觉悟、抓住每一个思想并观察它、深入探索它。即使对一个念头，如果你能够深入进去，彻底穷尽它的源头，那么你将会明白关于思想和思想者的问题，明白什么是没有中心的心智状态。所有这些，都是冥想，如果你不能觉悟这些，那么你的生命将仍旧是空虚、肤浅、痛苦的老样子，无论你做些什么——阅读任何书籍，追随任何导师——你仍然深陷在黑暗的深谷之中。只有当你开始觉悟这全部的过程，你才能获得自由，在自由之中，才有静寂与安宁。

1958 年 12 月 21 日

爱只能来自于感知的热情

我们都确切地看到，这个世界上存在难以解释的差异不同，极端的贫富悬殊，大量的痛苦不幸，人类付出惊人的努力，但是似乎毫无结果。我们的生活充满冲突和艰辛，直到我们死去的那一天。我们看到这一切，在我们的痛苦、绝望、挣扎中，我们求助于被我们叫作上帝的东西，我们求助于信仰、支撑或信条。如果可以的话，我想要和你讨论这个被称为宗教的东西。但是在我们深入探索之前，我认为我们必须非常清晰地知道词汇、意象符号和情感、事实之间的区别。词汇是一回事，事实是另外一回事。但是对我们大多数人来说，认识这一点极不容易。词汇绝不是真实的东西。不把词汇、意象符号和事实混为一谈，这需要非常精确的思考。知识是一回事，而爱是另外一回事；觉悟是一回事，而知道是另外一回事。了解并不是真切的感知，你真切感知到的东西，永远无法用语言词汇描述出来。仅仅是一种交流的手段，但是词汇、意象符号并不意味就是你所感知的真实的东西。所以在词汇和事实之间，在知识和爱之间，在知道和感知之间，存在一种区别。我认为，理解这一点是非常重要的。如果我们想要清晰地彼此沟通，那么我们必须觉察到词汇符号和事实之间的不同。

我在所有的讲演中一直在说，独立的个体是最重要的——尽管社会、宗教、政府并不承认这个事实。你是极为重要的，因为只有你，才能开启生命真实的创造性。你是你自己的环境条件，真实只能够来自这里。但是你将会看到，所有的政府，所有有组织的宗教和社会，它们虽然嘴上承认个人的重要性，但是它们却力图消灭个人的精髓、个人的情感，因为它们想要集体情感，它们想要群众反应。但是那种只是按照特定的信仰模式而组织的、被习惯、传统、知识的沉重包袱所压倒的心智，就不是个人的心智。只有当你深思熟虑，真正觉醒，怀着情感把所有这些影响抛在一边，才会形成个人的心智，因为你已经明白了它们的含义、它们的肤浅价值。唯有如此，你才会拥有个人的创造性的心智。

把个人与大众分开，这是异常的困难，然而没有这个分离，生命的真实就不可能得到。那么，真正的个人，不仅仅是指他的名字、他的特别的情感反应、特别的习惯反应、某些特性，等等。真正的个人是这种人，他致力于穿越思想观念的混乱迷宫，穿越传统习惯的深重泥沼，抛弃所有这些，努力找到人类痛苦的原由、核心的根本的原因。这样的人不求助于书籍、权威、众所周知的惯例，而是抛开所有这些，着手进行探索——这才是真正的个人。但是我们大多数人却是沉溺于重复、接受、遵守、模仿、服从，不是吗？对我们来说，服从已经成为法则——服从家里人，服从书籍，服从宗教导师，服从老师，等等，服从使我们感到安全稳当。但是实际上生命并不是安全的，从来都不是稳当保险的；相反，生命是极不确定的"无常"。同时因为它是不确定的，所以它又具有深邃的丰富性和不可测度性。但是心智追求安全与稳当，所以它就服从、遵守、模仿，这样的心智根本就不是个人的心智。

虽然我们每个人都有一个独立的名字、一个独立的身体，但是我们都不是独立的个人，因为我们的内心被时间所束缚，被习惯、传统、权威的重压所慑服——政府的权威、社会的权威、家庭的权威。因此这样的心智不是一种个人的心智；个人的心智是超越那一切的，它不会落在社会的模式之中；个人的心智是叛逆不驯的，因此它不追求安全稳当。追求外部世界革命的心智，不是这种叛逆不驯的心智，因为它只是想要根据一定的模式改变事物，这不是叛逆不驯的心智，不是一个本质上不满的心智。

不知道你是否注意过，不满是多么令人惊奇的事。你一定知道很多年轻人是不满的；他们不知道应该怎样做；他们是痛苦的、不快乐的、叛逆的，他们追寻这个，试验那个，他们永不停止地追问。但是当他们长大成人，他们找到了工作，结婚成家，一切也就结束了。他们的不满平息了，接着苦恼也开始了。当他们年轻时，他们的父母，老师、社会都告诉他们，不要不满；社会告诉年轻人，要找他们喜欢的事情去做——但是这总是在一定的模式之内。这样的心智并不是真正的叛逆性的。为了找到真理，你需要叛逆性的心智，而不是遵守服从的心智。叛逆性，意味着激情。

因此，成为这种个人，是极为重要的。只有通过自我认识——认识你自己，知道你为什么模仿，为什么遵守，为什么服从，才能获得个性。你服从是因为你恐惧，不是吗？因为你想要安稳，所以你遵从，以获得更多的权力、金钱，或者这个，或者那个。但是，为了找到你所说的上帝，为了探明到底有没有这种真实，你必须成为这种个人，他让过去死亡，让知识死亡，让经验死亡；你的心智必须是完整的、全新的、鲜活的、单纯的。宗教是发现真实，这意味着你必须去探明，而不是追随某个人，他说他已经找到了，并要告诉给你。你必须拥有这样的心智，它接纳真实，而不是只接受语言词汇上关于真实的表述，并且因为希望得到安稳，而遵从这种关于真实的观念。

所以知道和真切的感知是不同的，我认为明白这一点非常重要。我们满足于解释说明，也就是"知道"。我们说，我知道我野心勃勃；我知道我贪婪；我知道我心怀憎恨，但是这样的知道并没有从那种事实中解放出来。你也许知道你心怀憎恨，但是，真实地感知憎恨，并且从中解放出来，这和寻求关于憎恨及其原因的解释，两者是完全不同的，不是吗？也就是说，我知道我是迟钝愚蠢的，这和清醒自觉地洞察到对我的迟钝愚蠢的感知，两者是完全不同的。真实地去感知，意味着非凡的力量，非凡的生命力、活力，而仅仅是知道，只是对生命片面的回应——而不是整体性的回应。你也许从植物学上知道一片叶子的结构，但是真实地感知一片绿叶，闻它的味道，真实地看着它，这需要非凡的洞察力——亲自去深入洞察。不知你是否曾经拿起一片树叶，好好看着它。你们都是城里人，你们已经被你们自己塞得满满的，被你们的上升、成功、野心、嫉妒，被你们的领导、你们的部长，以及所有其他毫无意义的东西塞满了。朋友们，不要笑。这是可悲的，因为如果你知道怎样深入地去感知，那么你就会富有同情，你就会去做些什么，那么你会投入全部生命去做。然而如果你仅仅是知道有贫困，你仅仅是作为一个政府职员，或是一个乡村改革家，在理智上进行工作，去消除贫困，而没有情感，那么你的行动，意义就很微小。

你知道，为了觉悟真理，热情是必需的。我是在"**热情**"这个词汇的充分意义上使用它，因为投入全部生命去深入地、强烈地感知，这是必需的，否则那个就做"真实"的奇特之物就永远不会在你身上降临。但是你的宗教、你的圣人说，你不能有欲望，你必须去控制、压抑、战胜、摧伏，这意味着，你把自己弄成一个烧尽的、耗尽的、空虚的、死气沉沉的东西，才能得到真理。朋友们，为了与这个叫作"生命"的奇特之物相会，你必须要有热情。如果你被社会、被习惯催眠了，如果你陷落在信仰、教条、宗教仪式之中，那么你无法拥有热情，无法拥有热切的情感。因此，为了见到那种光明，为了觉悟那种真理，觉悟那个不可测度的真实，我们首先必须觉悟被我们叫作"宗教"的东西，并从其中自由解放——不是在语言词汇上，不是在理智上，不是通过解释说明，而是真实地自由解放，因为自由——不是你的思想理智的自由，而是真实的自由状态——带来生机活力。当你穿过所有这些没有价值的东西，当你抛弃所有混乱的、传统的、模仿的东西，那么心智就是自由的，心智就是机警的，心智就是热情的；只有这样的心智才能前行。

那么，让我们作为独立的个人，因为正是你和我，这种个人，而不是群众，在有所关心——根本就没有群众这么回事，它不过是一种政治实体——让我们来探明，我们所说的宗教是什么意思。宗教对我们大多数人意味着什么呢？它是对某种东西的信仰，不是吗——信仰一个超人的神明，它控制我们，塑造我们，给我们希望，给我们指示——我们把我们的祈祷、我们的礼仪奉献给这个神明；我们以它的名义奉献牺牲，获得安慰，我们向它祈祷，向它哀求，我们指望它像父亲一样，在困难的时候帮助我们。对我们来说，宗教不仅仅是寺庙里的塑像、清真寺里的经文，或是教堂里的十字架，不仅仅是手工制造的塑像，而且还是心智、观念制造的塑像。所以对我们来说，宗教显然是用来逃避我们每天的痛苦烦恼、每天的混乱困惑的手段。我们无法理解这个世界的差异不平、不义不公，无法理解死亡、痛苦、挣扎、无望、绝望，所以我们求助于某种神明，求助于宗教典礼、宗教信团和祈祷者，由此希望找到某些慰藉与安适。在这个过程中，圣人、哲人、圣书，用其特定的解说、用习俗、用传统，来造成我们的沉重负担。这就是我们的生活方式，不是吗？如果你深入地观察自己，你就会同意，这就是宗教的一般的概况，不是吗？宗教是心智为了安慰自己而造出来的东西，它不能给生命以丰富和充实，不能给生命以热情。我们懂得，这里再次显示，知道和感知是不同的两回事。知道宗教组织的虚伪性是一回事，但是看清它，放下它，丢开它，这得要有充分的深刻的感知。所以问题是——这个问题没有轻松的答案——怎样放下一个东西，怎样让它死亡，怎样让所有的解释说明死亡，怎样让所有虚假的神明死亡——因为所有被人类的和心智制造出来的神明都是虚假的。你无法通过解释说明让它死亡。那么你怎样让它死亡，你怎样才能说，"现在我就放弃它"？我们通常因为想要得到更好的东西，而放弃某个东西，我们把这个叫作放弃。但是这个肯定不是放弃。放弃意味着弃绝，不问未来，不问明天会怎样。如果你是因为知道明天会怎样，而放下现在的东西，那么这仅仅是一个交换，是一种交易行为，它没有意义。当身体的死亡来临时，你完全不知道接下来会怎样；死亡终结了一切。同样的，让我们称为宗教的东西死亡，完全彻底地放弃它，抛开它，而不问将会怎样——你曾这样试过吗？我不知道这对你是不是个问题，但是对于那些警醒的、具有充分觉知力的人来说，这一定是个问题，因为这个世界有着极大的不公平。为什么有人坐车，而有人只能徒步？为什么有饥饿贫困，又有巨富大亨？为什么有权有势有地位的人，残忍野蛮地使用权力？为什么小孩会夭折？为什么到处都是无法忍受的痛苦不幸？提出所有这些问题的人，一定是被这些问题真实地煎熬，他不是寻找某种愚蠢的原因解释——经济的、社会的或者政治的原因。一个有智慧的人，显然一定会致力于远比解释原因更有意义得多的办法，而这就是我们的问题所在。

因此，首要的、最重要的事情是，不要满足于解释说明，不要满足于"因果报应"这种说法，不要满足于巧妙的哲学，而是认识到，充分地感知到，存在着这种严重的问题，它们不是仅靠解释说明就能抹去的。如果你能够像这样感知，那么你就会看到，你的心智发生了一场革命。通常，如果你无法找到解决痛苦的方案，你就会怀恨在心、愤世嫉俗，或者基于自己的挫败失意，编造出一种哲学。但是，如果我直面遭受痛苦的事实，直面死亡，直面腐化堕落，如果我的心智丢掉所有的解释说明、所有的解决方案、所有的答案，那么心智就是直接面对事情本身。不过奇怪的是，我们的心智从来不允许这种直接的洞察。

因此，看见、知道，与感知、爱是不同的。感知和爱并不意味着献身。你无法通过献身得到真实。献身通常意味着，将自己全情投身于某种信念，但是它排除了真实，因为当你把自己完全投入某种事物时，你仅仅是把你自己和那个事物等同为一。你热爱你的神明，你给你的宗教导师献上花环，你重复念诵某些词句，在导师出现的地方，你欢喜陶醉，流下热泪——你可以继续这样生活几千年，你永远无法找到生命的真实。能够洞察、感知、爱一片云、爱一棵树、爱一个人，这需要非凡的专注。当你的心智被知识搅动得心神纷扰时，你怎么可能专注呢？知识在技术层面是有用的，不过仅此而已。如果一个医生不懂得怎样执业，你最好躲他远一点。知识在一定的层面、一定的方向上是必需的，但是知识不是我们生命中痛苦不幸的完整答案。完整的答案寓于这种感知、这种热情，它们来自你终结了自我，全然忘掉你的一切。为了感知、觉悟、爱，这种热情的品格是必不可少的。生命的真实不存在于理智层面；但是我们从小以来经过教育，经过各种形式的所谓的学习，这让我们培育了精明的心智、竞争的心智，背负着知识重担的心智——那些律师、政治人物、技术专家、专业人士们，就是例子。我们的心智变得聪明伶俐，我们把这些看成是必须保持的最重要的东西；所以我们的情感凋谢了。你看到一个贫困不幸的人，不会感到悲伤；你看到一个富人开着华丽的汽车，绝不感到高兴；你看到一张美丽的脸，绝不感到为之一亮；你看到天上的彩虹或美丽的草地，不会怦然心动。我们被我们的工作、我们的痛苦深深占据了，以致我们从来没有片刻的闲暇，去感知怎样爱、怎样慈悲、怎样慷慨——然而缺少了这一切，我们却想要知道什么是上帝！这是多么不可思议的幼稚愚蠢呀！所以对于真正的个人来说，最重要的是活出生机勃勃的生命——不是复活；你绝不可能让死亡的情感复活，让已去的辉煌复活。但是难道我们不能充实地、热情地、丰富地生活吗？哪怕只是这样活上一天？因为这样活上一天，等于活了一千年。这不是诗意的想象。如果你真实地度过丰盈的一天，它没有时间，没有过去，没有未来，那么你就会懂得这一点；你就会知道这种非凡的状态中蕴藏的充实丰富。这样的生命无需知识的用场。

我们的问题是，为了我们能真正地生活，怎样让我们所知道的每一种东西死亡，让不公平死亡，让快乐死亡，让痛苦死亡。不知道你是否试过让什么事物死亡。我可以向你保证，只有当你死亡，你才能拥有鲜活的心智，但是如果你没有热情，那么你就无法死亡。只有虚空的心智才是丰盈的，而不是塞满了知识、信仰、经验、希望和绝望的心智——这样的心智已经衰朽不堪，这样的心智不是崭新的心智；它被自己的经验所束缚，而一个受限于经验的心智永远无法学习。只有虚空的心智，它让过去死亡，让所有事物死亡，它才是富有的，因为这样的心智充满热情，它能够接纳，因而它懂得怎样去爱。

朋友们，你可曾深刻地感知过生命的不平等——为什么你拥有，而另一人没有，为什么你天资极佳，而别人不是？如果你心怀热情真实地感知这些，那么你就会知道，爱是不懂差等分别的。爱是看到一个富人开着他华丽昂贵的汽车，为他的快乐而快乐，没有妒嫉；爱是看到一个乞丐沿街乞讨，为他的不幸感同身受——这是懂得了真正的爱，对于不平等来说，爱是唯一的答案。

毕竟，宗教是要发现爱，而爱是一刻接一刻地被发现的某种东西。你必须让自己先前所了解过的爱死亡，这样你才能重新认识什么是爱。爱只能来自感知的热情。于是，从那种情感之中自然流淌出行动，这样的行动不会束缚你，因为爱永远都不会是束缚。因此宗教不是我们现在拥有的那种东西，现在的宗教是可悲的、暗昧无知的、致命的东西。宗教意味着清澈明晰、光明、热情；它意味着这样的心智，它是空无一物的，所以它能够接纳那种不可度量的、永新不腐的丰盈。

1958 年 12 月 24 日

拥有完全了解自我的心智，生命的真实才会到来

　　这是最后一次演讲了。我想知道的不是你们每一个人从听讲得到了什么，而是你们每一个人已经在怎样的深度、怎样的广度，真正地深入探索了自己，并亲身发现了什么东西。这不是仅仅关乎我已经说过的，或将要说的东西，而是每一个人是否经过自己诚挚的努力，已经揭示了心智的复杂得不可思议的运作过程，我们每一个人在发现思想意识的运作方式上走了多远，对于我们讨论过的内容，你在自己身上体会了多深。在我看来，如果你仅仅是重复背诵一些词语或你读过的东西，那么这仅仅是给心智催眠，让心智变得迟钝呆滞。一个诚挚的心智不会简单地重复，无论是重复宗教圣书上的话，还是重复最新的同样的圣典，比如马克思、资本主义、社会主义或者心理学之类。简单的重复，无法打开直接体验之门。让直接的体验说话，让直接的领悟说话，让直接的认识说话，这是完全不同的事情，因为直接的体验使一个人的所想所感达到真确与深切。如果一个人仅仅是重复他的记忆，重复他学过的、听过的或

者读过的东西，这样的人肯定不是严肃认真的。一个沉溺于理论的、抽象的思想的人，也不是严肃认真的。一个诚挚认真的人，一定会深入地探索自己，洞察自己的痛苦悲伤，用敏锐的心去感知饥饿、腐败、战争、不公平，从外部世界的洞察，转而进行内心的探索。这样的人是诚挚认真的，他不会仅仅满足于解释说明，他不会没完没了地引用他人，建立理论，或者追寻生命的目标。追寻生命目标的人，只是想使他自己的生活具有某种意义，而他所给予的意义，是以他自己所受制约的条件为基础的。而一个诚挚认真的人会通过观察每天的意外事件，观察日常的人际关系，观察每天的活动、遇到的挑战，从而进入他的内心探索，深入再深入，去揭开隐藏的东西。因为，毕竟这里才是必须发生至关重要的彻底转变的地方。虽然外部世界的无数的转变显然是必不可少的——结束战争，等等——但是只有内心的转变才是根本性的。

所以我们的一个主要问题是：是什么让你转变？是什么让这个传统的、受制约的、深陷痛苦、羡慕、嫉妒、野心的心智发生转变？是什么让这样的心智抛开所有这一切，变得鲜活、崭新、清明？如果你是在压力下转变——新的技术发明的压力、法律的压力、革命的压力、家庭的压力，等等——那么这种具有指向的转变，根本就不是转变，不是吗？这类转变仅仅是一种调整，调整自己遵从法律，或遵从一个生存模式。如果你观察自己的内心，你会发现，在压力下的转变，被焦虑驱动的转变，仅仅是把过去已有的东西修修补补，延续下去，不是吗？我认为，弄明白是什么使一个人彻底转变，这是极为重要的。科学技术知识显然无法带来人类内心的转变，它可以转变我们的观点，但是它无法带来人类内心的转变，在这种转变中，没有斗争，而是闪耀着启迪之光，有着活跃的智慧。

不知道你曾否问过自己，是什么让你转变。当然，如果医生告诉你，你继续抽烟，就会得肺癌，那么是恐惧让你戒了烟。恐惧的压力，或者是回报的诱惑，可能会让你停止某些行动，但这是真正的转变吗？如果你因为压力，因为恐惧，做出改变、修补、调整，那么这不是转变，这不过是换一种形式让过去已有的东西延续下去。那么是什么会使你真正地转变你自己呢？我认为，这样的转变不会来自任何的努力，不会来自任何斗争，不会来自奖惩的压力，它是当你洞察、领悟生命的全体之时，在当下瞬间自发地出现。我将要深入探索这个主题。但是我反复说过，仅仅是听到所说的词汇，无法帮助你学习所说的东西。你必须看到人类的整个存在，而不是某个片面，你必须看到并感知生命存在的全部深度，当你这样洞察，这样觉悟，你就有了根本的改变，彻底的转变。现在我们仅仅是有支离破碎的转变——控制自己的羡慕嫉妒、戒烟、节食，参加这个团体或者那个团体，以推动某种改革——但是这些都是片段，是碎片，和整体不关联。这种行动与整体的洞察无关，显然必定带来形式多样的失衡、矛盾和扭曲。所以我们真正的问题是，怎样领悟和感知生命的整体，由此来完整地而非支离破碎地行动。

让我换一种说法。不知道你是否观察过自己，我们大多数人都处于自我矛盾的状态，不是吗？你想着这个，却做着那个，你对某个东西有了感觉，但是不一会儿你又排斥了它——不仅仅作为一个人是矛盾的，而且作为一个团体、一个种族，也是矛盾的。你们说你们必须要有和平，你们谈论着非暴力，但是你们的内心一直是暴力的，你们拥有警察、军队、轰炸机、军舰，等等这些东西。因此我们的内心是矛盾的，我们的外面也是矛盾的。我们的矛盾越大，紧张压力就越大，直到最终导致神经病式的行为，并因此导致心智的失衡错乱。因为我们大多数人都处于自我矛盾状态，所以我们总是生活在紧张和扭曲之中，于是产生失衡错乱的行动。如果我们意识到这种矛盾带来的紧张压力，我们就试图调和矛盾对立的两个方面，比如调和爱与恨，这样的调和只能造出四不像的结果，你把它叫作"非暴力"等诸如此类的东西。然而问题在于，要明白这个关键的事实：心智自身之内是矛盾的，而且不要力图通过增强矛盾对立的某一方的力量，来消灭矛盾。

因此，当你看清了，心智是在自我矛盾之中，并且明白了自我矛盾带来的压力和紧张——带来痛苦、悲伤、烦恼和斗争——当你理解了、懂得了、觉悟了处于矛盾状态的心智的全部活动，那么这样的整体性的觉悟就会带来完全不同的心智状态和完全不同的行动。毕竟，透过一扇狭窄的窗口，你一定无法看到无限开阔的整个天空。同样的，从自我矛盾中生发的行动，一定是深受局限的，只能带来痛苦烦恼。

关于这种整体性的感知，我希望我能把它讲清楚。整体性地感知印度的性状、整个世界的性状——不是作为一个印度拜火教徒、印度教徒、穆斯林，不是作为社会主义者、共产主义者，不是作为国会议员，不是作俄国人、英国人、德国人、美国人，而是完整地感知人的全部痛苦，他的挫败失望，他的矛盾，他的悲苦，渺小的存在，他的热望——拥有这样的感知，这样的洞察，它将带来心智彻底的转变。

让我换一种说法。政府、社会、每一种形式的压力和宣传鼓动都说，你必须转变。但是又总是存在对转变的抵抗，于是总是存在现实和理想之间的冲突。现实和理想是矛盾的，从出生到坟墓，我们永远在现实和理想之间奋斗挣扎，我们从来没有达成过任何事情，我们从来没有得到自己一直执着的东西，而且我们永远追求"不执着"。因为执着总是带来痛苦，所以我们想要培育不执着。那么问题来了，怎样让自己不执着？如果你考虑修持一套什么方法来实现不执着，那是非常愚蠢的。反之，如果你能觉悟执着的整个运作过程以及不执着的整个运作过程，了知这两者的含义，那么你既不会执着也不会不执着；这是全然不同的境界，是心智的真正转变。毕竟你执着的只是死的东西，因为你无法抓住那种完整的东西、那种活生生的东西，比如活的水流，不是吗？你执着于你的妻子的形象，执着于你的丈夫的形象，而形象只不过是记忆。你执着于特定的经验记忆，愉快的经验、痛苦的经验的记忆，这意味着你执着的是过去，而不是活生生的当下，不是眼前这个正在努力、正在奋斗的女人或者男人。执着的对象显然是垂死的和已经死了的东西；你执着于你的房子，房子不是活物，但是因为你有获得安全的欲望，所以你给房子赋予了生命。这种欲望，就是对死的东西的欲望。你无法抓住活生生的东西，你无法抓住当下一刻，你只能执着于过去，过去即是死的东西。我们没有觉悟这些，我们却要努力变得不执着，不执着是什么意思呢？不执着什么东西呢？你不可能放开对活生生的东西的执着，因为你从来就没有抓住过活生生的东西；你力求不执着的是记忆，是你所想的东西，它们给你带来痛苦。你并没有根本性的转变。所以你被陷于执着和不执着之间。反之，如果你真正极为深入地探索自己，并探明引起你的执着的根源，那么你会发现执着显然来自欲望，渴望得到安适，得到安全，等等；那么你也就懂得了培育不执着的全部过程和不执着的含义。对此二者的彻底觉悟，就是自我认识的过程。如果你极为深入地进行自我认识，以此作为揭开你自己的觉悟的手段，那么你就会发现智慧的回应；那么你就会看到，发生的不是碎片的改变，而是根本的改换。

看看这个世界，它充满了焦虑、战争，它逐渐走向腐败堕落。极其严肃认真的人们一定诚挚恳切地希望找到一种方法、一种手段，让心智摆脱机械性的活动，让心智永远是新颖的、鲜活的、年轻的。但是如果你陷落在无尽的冲突之中，你就无法拥有这种鲜活的心智。直到现在，你一直接受着冲突，认为它就是生命之道，不是吗？但是如果你觉悟了斗争之道的全部过程，那么你就会看到真正的转变，就会看到，心智不再陷入冲突斗争的车轮。

朋友们，让我换一种说法。单纯质朴是至为重要的，但是我们大多数人心目中的单纯质朴仅仅是外在的东西。如果你只拥有很少的财物，那么你就认为自己是朴素的、圣洁的和有美德的，比如你只拥有一条缠腰布。一条缠腰布并不表示心智的质朴单纯，也不意味着觉悟了生命的无限丰盈、无限的美、生机勃勃。但是你却把这一切降低到了缠腰布的层次，而这并不是质朴单纯。一个背负着知识、学问、信息的重担的心智，不是质朴单纯的心智。现在，电子计算机几乎可以做你能做的所有事情——它不过是机械性的回应。一个总是在摸索、渴望、寻找的心智，一个穷竭欲望，同时迫切渴求实现欲望的心智，不是质朴单纯的心智。朋友们，请注意听这一切，在我讲的时候学习它，因为如果你真的跟上我了，那么你就会从这里看到真正的质朴单纯。不过首先你必须要知道什么不是质朴单纯。一个人如果沉迷于宗教仪式，总是重复别人的话，念诵上帝的名字，做所谓的好事，他显然不是质朴单纯的人。那么什么是质朴单纯呢？质朴单纯的心智是转变自我的心智，质朴单纯的心智是转变的结果。如果心智说，"我必须质朴单纯"，那么这是愚蠢的心智。但是心智如果觉知了自己的大量的诡诈欺骗、忧愁焦虑、幻想、热望，以及所有欲望的混乱躁动——那么这样的心智就是质朴单纯的。当你完全地觉知了这一切——就好像你看到一棵树的全貌，一眼望尽天空——那么非凡的质朴单纯就会出现。我所说的**"质朴单纯"**，是指纯真、清明，是已经抛弃了自我的心智。一个精明算计、培育美德的心智，一个设定目标，永远追逐目标的心智——这样的心智没有抛弃自我。质朴单纯只能来自彻底地抛弃自我，而彻底觉察心智的大量的虚妄信念、幻想、神话、渴望和要求，这就是自我认识。那是彻底了悟生命存在所是的样子，而非应该是的样子。然而没有抛弃自我，就不会出现质朴单纯之美。抛弃自我，确切地意味着丢掉制约心智的所有羁绊，就像一片枯叶从枝头飘逝；如果你没有热情，你就无法让某种东西死亡。"死亡"意味着感知进入无可超越之境，意味着心智的一种境状，在那里，你不会运用所有的狡猾手腕和脑筋思辨，去做任何事情。在那里，没有希望也没有失望，所有问题的追寻都止息了。这是完全的死亡境界，如果你没有全然地让过去死亡，你怎么能够学习呢？朋友们，如果你总是背负着昨日的重担，你怎么能够学习呢？

不知道你深入自己内心探索过这个问题没有，怎样从昨天中解放出来，从一千个昨天中解放出来，从成千上万的经验与反应中解放出来，从无休止的所有混乱骚动中解放出来？你怎样从所有这些东西中解放出来，由此使心智变得超乎寻常的宁静、单纯、明净？只有你觉悟了自己的全部存在，你才可能拥有这样的心智——觉悟了你的所做，你的所想，你怎样沉浸于日常活动、你的工作，你怎样和你的妻子、丈夫说话，你怎样对待你的所谓下属，你怎样教育你的孩子，等等。如果你仅仅把这一切态度看作是暂时的反应，看作是某种可以原谅和调整的东西，那么你没有觉悟生命的整体。我要说，在对自己的全面的认识中，会出现当下即刻的转变，而跟时间毫无关系。你的探索也许需要时间，但是转变是在瞬间发生。不要混淆时间的过程和转变的瞬间。在我说话和你听讲之间，存在着时间间隔，声波振动到你听见，需要时间，神经的反应和头脑的反应一样，也需要一刹那的时间。虽然演讲的内容传递到你的头脑需要时间，但是一旦你领悟所说的一切，那么你就从过去中彻底解脱出来。革新不是来自外部世界，而是来自内心，这种革新不是一个渐进的过程，不是一个时间的事情。

因此，个人的转变只能来自对心智活动方式的全面了悟，这就是冥想。自我觉悟是一种进程，其中没有谴责，没有辩解，只有洞察真实的自己，只有洞察，没有评判、抑制、控制或者调整。这种不带任何品评的对于真实自我的了知，将心智导入一种超乎寻常的深度，只有在那种深度中，才有转变出现；从那种深度的觉悟中自然发出的行动，与进行调整的行动是截然不同的。

所以我希望你，作为一个个人，你听了所有这些讲座，不仅仅是收集信息，或是获得理智上的消遣刺激，或是受到情感上的波动，而是在此过程中对你自己进行了学习，并因此而使你自己获得了自由解放。因为从这些讲座开始直到现在，我们一直在讨论心智的真实的日常状况，如果你漠视这些东西，如果你说你只对上帝感兴趣，只对死后会怎样感兴趣，那么你会发现，你的上帝和你的"死后"，仅仅是一堆推理层面的概念，它们全无效用。为了探明什么是上帝，有没有上帝，你必须投入全部生命，你必须有清新鲜活的心智，而不是腐坏的心智，背负着自己的经验重担的心智，因戒律克制而萎缩和毁坏的心智，被欲望之火烧毁的心智。一个真正热情的心智——热情意味着热烈与丰沛——只有这样的心智才能接受那不可测度的无限存在。除了进行越来越深入的内心自我探索，你不可能发现那不可测度的无限存在。你如果嘴上重复念诵"永恒"，那不过是小孩的空谈，你如果追求"永恒"，这也没有意义，因为永恒是心智不可知的、不可想象的。心智必须了解它自己，必须打碎它的学习的基础，打破它的认知边界，这就是自我认识的过程。你现在需要的是一场内心的革命、一种全新的生命态度，而不是新的方法体系、新的学校、新的哲学。这样，从这种转变中，你将看到，由于时间终止了，心智也就静止了。毕竟时间就像大海，是永远不会安静，不会沉默，它永远在搅动，永不安宁。我们的心智以时间为基础，它就被时间的运动所挟持。

因此，只有当你在意识层面和无意识层面完全了解了自己，只有这样你才能获得宁静，才有安然不动的创造性。这种宁静就是行动，是真实的行动。我们从来不知道真实的行动，我们从来没有感知过真实的行动，因为我们总是在肤浅的事情上浪费我们的精力，浪费我们的时间，浪费我们的痛苦，浪费我们的努力。

诚挚认真的人，他通过在自我认识而打破时间的障碍，带来心智的安然不动。这样，天赐福运就不请自来，生命的真实、仁慈善良不请自来。如果你渴求它们，你就得不到它们，如果你寻找它们，你将找不到它们。只有当心智完全地了解自我，广泛地觉悟自我，由此而无所障碍，让它已知的所有东西死亡——只有这样，生命的真实才会来临。

1958 年 12 月 28 日

PART 05

印度，新德里，1959

宁静之境来自于自我的觉悟

在我看来，十分重要的是首先在我们之间建立正确的交流沟通和理解。对我们大多数人来说，沟通仅仅意味着在意识层面，在语言词汇或理智层面的沟通。然而如果沟通局限在这种层面，那么要想理解任何事情，那可真是相当困难。我认为，有一种形式的密切交流，它不仅仅包含意识层面，还包含无意识层面，而且进入更深，超越无意识层面；在我看来，只有这三个层面之间达到完全协调，才有真正的交流沟通或者密切交流。对于语言词汇的意义，在意识上或字面上的理解后面，有一种无意识层面的理解，它不仅仅是字面上的理解；此外还有一种形式的融合交流，它超越前面这些，它不用意象符号、词汇、语言作为交流的工具。正是这三个层面完全融为一体，才使我们对于任何事情的透彻理解成为可能，不是吗？换一种说法吧，只有当我投入全部生命，这包括意识层面、无意识层面和超越这二者的无言之境，我才能够对某种事物达到完全的、充分的、透彻的理解。当我们有了这种完整的理解、这种完整的方法，那么就一定会有两个人之间完满的密切交流。

我认为，在我们之间建立这种密切交流是非常重要的。不过困难在于，我们大多数人只是在语词层面，或者理智层面，接受易于沟通的东西，拒绝不易沟通的东西，并且在这个层面上争吵辩论。我们大多数人都是这样。然而进入更深的层面，超越话语层面，超越文字和意象符号，这需要非凡的全神贯注，需要非凡的洞察力，需要非凡的觉知力。在我看来，如果我们仅仅在语词层面沟通和理解，那么这些讲座就没有太大意义。就一定的概念来谈论和争论是极其容易的，但是我们考虑的不是概念。概念无法带来心智品性的真正的根本转变。概念影响我们，让心智做出某些行动，但是它们不能深刻地根本地转变心智的品性；而应该有这样一种转变——心智品性上的彻底转变，实在才是极为重要的。因为只有心智品性本身发生革命，我们才能解决我们面临的重重问题。

希望我们现在就达到彼此理解。这里没有老师要教什么东西。我想我们必须非常明确这一点——演讲者不是老师，你也不是门徒。如果你把自己看作门徒，或者你是个听者，对听到的东西接受或者拒绝，你想要得到一定的理解，以便解决你的一定的问题，那么我恐怕你要失望。你和演讲者之间真正的关系是一种彼此的理解，在这种关系中我们双方都在学习。如果你一本正经，抱着宗教的态度，接受或拒绝所讲的东西，那么显然你就停止学习了，因此我们之间就不可能沟通了。我们正在努力做的，确定地说，是觉悟生命的最重要的问题——探索它们，学习它们，看清心智在与所有事物的关系中的所有反应。如果我们不是直接地学习自己，而只是热衷于得到指导，那么指导就不是一种学习的过程，而只是积聚知识，积聚知识并不解决我们的问题。根本地彻底地解决我们的问题的是那种心智，它具有探索、查究、学习的能力。如果你和我，作为两个人类个体，我们共同探讨，共同探索，共同发现，那么我们的关系就截然不同了，那么你不会接受或者拒绝，那么演讲者不是高高在上，你也不是低矮在下，我们双方都在学习。

为了能够学习，显然心智必须放下它已经学过的所有东西，这是非常困难的。为了学习，心智必须处于自由。当我们想要探明，想要知道，想要理解或发现某种东西，这时我们是处于自由的；然而，一旦我们开始把我们的发现，按照我们所受到的制约束缚，按照我们所确立的道德观、我们所受的环境影响等等，来进行解释，那么我们就摧毁了这种自由。

所以，请允许我指出，如果你我之间没有从一开始就建立正确的关系，那么我们这些讲座完全没有意义。毕竟，重要的不是社会，而是创造社会的个人，是那个在思想、在感觉、在痛苦、在探索、追问、寻求的个人。因此你和我，作为个人，我们正在探索，通过这种探索过程，我们将进行学习。

但是，当你积聚所学，那么学习就停止了。让心智保持学习的状态，真是极其困难的事情，因为这要求具备十分谦逊的品格，不是吗？如果你的内心深刻地、强烈地想要知道什么东西，那么这种迫切感就要求心智是真正谦逊的。但是我们并不谦逊，这是我们的困难所在。

为了学习，谦逊是必需的。但是谦逊是无法被培育的，当你培育谦逊时，你是在培育傲慢自大，你培育出的谦逊是虚假的。但是，当你真正开始探索、查究、追问，那么谦逊就出现了，因为处于探索的心智不抱着任何假设，它不接受任何权威，它没有传统的束缚，没有背负知识的重担。确定地说，一个谦逊的心智是通过自己来获得认识，它本身没有权威，它也不接受外在的某个教导者作为权威。这样深度的谦逊感，对于学习的进程来说是必不可少的。真正谦逊的心智，不会背上学习的重负，不会背上经验的重负，不会背上圣书的知识的重负。一个总是引用的人，不是谦逊的。一个读了很多书的人，知识是他的重负，他不会有谦逊感。

因此在我看来，最最重要的是从一开始，我们就建立我们之间、你我之间这种关系，你不是来寻求指导，或者指望别人来解决你的问题。除了问题本身，没有任何解决问题的方案。如果我们能够真正深入地彻底地懂得这一点，那就好了。没有解决方案，只有问题，各种问题的解决方案寓于问题本身之中。我们应当从开始就充分理解这一点。我们在生命的所有层面有着数不清的问题——社会的、经济的、智力的、道德的、性的问题。还有死亡的问题，什么是真理的问题，有没有上帝的问题，生命的整个要义是什么的问题。面对一个问题，我们总是想要寻求解决方案，这就意味着，我们的注意力不在问题上，而是从问题中移开去寻求解决方案。如果你和我能直接明白这一点，问题的解决办法寓于问题本身，那么我们就能对问题倾注极大的注意力。

请你注意听我说。我知道你有着一切的各样的问题，因为人类心智接触到的每一种东西，都被变成了问题——这是多么可怕。由于造出了问题，我们想要解决方案，所以我们没完没了地寻求解决方案。我们从这个行当，转到那个行当；从一个老师，转到另一个老师；从这个宗教，转到那个宗教；直到有一天，我们发现我们所思想的东西就是解决方案——而这让我们受到折磨，因为它根本就不是解决方案。这是一种欺骗，于是滋生出更多的问题。

现在你和我正在共同揭开问题，觉悟它们，但是这要成为可能，我们之间的沟通，就不能只在语词层面，而且也在无意识层面进行，这是非常重要的。因为任何根本性的转变，一定不是来自决定，而只能来自对问题的全部意义的深度觉悟——这样的觉悟与决定无关。

我们在这些讲座中想要做的是，作为两个个人，彼此建立正确的沟通交流，这样来推进揭开我们的诸多问题。当你作为一个个人觉悟了你的问题，那么心智将获得自由。因为个体是心智三个层面的总体存在——意识层面、无意识层面，还有超越前者的人迹未至之域。

毕竟你的心智是由它学到的东西、由一定的现代科技所组成，这些东西帮助你生活下去；还有，在心智的无意识层面，堆积着过去的残渣，传统的残渣，无法计数的影响、印记、强迫、恐惧的残渣。除此之外，还有意识层面的渴求，还有野心抱负、挫败失望、造成自我矛盾的巨大分裂的互相冲突的欲望。

因此，个体的转变是最最重要的转变，因为你是什么，世界就是什么。作为一个个人，你必须在你本身造就根本的转变，因为你的思想，你的行为模式和社会关系，你的野心抱负，你的挫败失望，你的痛苦忧伤——所有这些东西造出了你的世界；那么除非心智本身的品性发生转变，否则仅仅是在外部世界修修补补，也就是所谓的革命，无论是共产主义革命，还是其他什么革命，都永远无法造就根本的转变。个人可以调整自己适应特定的环境，他可以成为一个共产主义者，一个社会主义者，一个资本主义者，或者无论成为什么，但是在内心深处，他依然如故。正是因为这样，我们必须关注个人的核心的转变。然而这就需要非凡的全神贯注，非凡的穿透的洞察力；这意味着心智必须超越传统，进行无限深入的探索，这是深入的自我认识；然而由于这样的转变需要付出巨大的精力，所以我们宁可引用圣书语录，或者追随精神导师，参加所谓的宗教的团体，我们以为这样就能让心智获得自由，但是它只能让我们的痛苦永远延续。

在我看来，我们必须关注学习的过程，只有让昨天的所有东西死亡，我们才能学习。只有清新的没有经验的心智才能学习，背负着过去的累积的心智，无法学习。所以我们的问题是，认识理解我们自己，没有自我认识理解，就不可能认识理解什么是真，什么是假，就不可能探明是否存在某种永恒的、不可测度的东西。除非我们能够彻底地觉悟自我，否则生命就只能永无方向地漂泊游荡，没有太多意义。因此，自我认识是必不可少的。

我知道，对于你必须认识自我这句话，你们都会点头称是。因为这句话已经被重复了千百年，已经听厌了。但是真正地深入探索自己，观察心智的全部结构，这需要对每一个思想、每一丝情感都有非凡的超脱。因为思想和情感毕竟是心智的反应，为了认识自我，我必须不带任何谴责或评判地，觉察我在与所有事物的关系中的反应。我必须觉察我的反应——不仅是意识的反应，还有无意识的反应——对人、对物、对思想的反应；否则我就无法认识自己。我不能把这些反应看作是理所当然的，也不能仅仅在语词层面、理智层面接受它们，我必须真实地觉察自己的每一个反应，这就需要非凡的全神贯注。

不知道你是否试过这样觉察，不仅仅觉察你的反应，而且觉察反应背后的原因——这不是进行反省，因为它完全没有自我。它倒是在揭示自我，是通过探索，直接体验自我的全部结构。为了深入探索你自己，就不能有权威、不能有心理学家、不能有宗教导师来教你。为了认识心智的无比微妙之处，认识它的自我矛盾、它的强烈愿望、野心抱负、挫败失望、痛苦忧伤——认识这一切，你对你所看到的东西，就不能抱有谴责或评判的意识。你必须纯粹地观察，这是非常困难的。

不知道你是否真正观察过什么东西——看一只飞虫，看一幅画，看落日，看美丽的树叶，看静夜中月光映照的水面。也许你从未真正觉察过这些东西。我们大多数人从未这样过，因为我们一看到什么东西，马上就叫它的名字，马上就用一个符号将它覆盖，按照我们的已知来指说它——这些都是心神分散，阻碍着直接的洞察感知。看着一个事物，而不叫它的名字，完整地看着它，只有当你不做比较评判之时，也就是说，只有当心智真正宁静、静默之时，才可能做到。

为了探明你自己，这样的心智是必需的——它能够纯然地看，没有解释说明，没有谴责，没有辩护。请你哪天这样试试，你会发现，这是一件多么异常困难的、多么艰难的事情。我们的传统，我们的教育，我们所有的道德和宗教的训练，已经制约了我们，去做出谴责、辩护、掩饰，而不是去洞察。只有当你的心智能够在观察中不为任何评价过程而分心时，你才会有透彻的洞察，深入的洞察。除非你认识了你的思想的源头，否则你根本没有正确思考的基础，那样你就只不过是一台机器，不断地重复某些预先设定的思想。

因此，深入地洞察你自己，不是自我反省，它不是给自我中心的行为增强力量，而是打开一扇门，从这里，你能够认识到自己心智的全部过程。如果你深入地探索心智，并让你在这个认识了解的进程中发现的一切东西死亡，那么你就会发现，心智没有被强迫，没有被训练，自然而然地获得了宁静的状态、机敏的状态；只有这样，才能发生根本的革命。

在所有这些讲座中，你和我将要探索发现心智的活动方式；我们要探明它是怎样被束缚、被塑造成一个印度教徒或一个穆斯林、一个印度拜火教徒或一个基督徒、一个共产主义者或一个社会主义者，我们将看到心智是怎样紧抱着某些信仰、某些观念或者热望。我们将学习这一切，由此让我们的心智通过直接的洞察感知而获得自由，这样我们和社会的关系将会与过去完全不同。我们无法抛开关系而孤立存在，只有在关系之中，我们才能发现自己真实的样子。

我们的问题如此之多，以至于我们的生命塞满了问题。我们只是把生命作为问题来认识，我们从未完整地看到过生命——这个不可思议的广大无边，不受经验束缚的心智。我们不知道心智的本性是无边无际不可限量的，是永恒的。这就是为什么对我们每个人来说，学会倾听非常重要的原因。

倾听是一件非常困难的事情。我们大多数人从未倾听。我们是听，但不是倾听。确切地说，倾听意味着没有解释。如果我说什么东西，你也许在倾听，但是如果你把听到的东西根据你的背景加以解释，那么你就停止倾听了。反之，如果你没有解释，没有评价，而是投入你的整个生命真正倾听，那么你就会发现，正是在倾听之中有一面镜子，在这里你亲自看到什么是真，什么是假——这就是倾听之美。

就像你从未投入整个生命去看任何东西一样——看一朵花，看一颗星星，看水面的倒影，也许你从未投入整个生命去倾听过任何东西。投入整个生命倾听，就是投入你的意识层面的心智，投入你的无意识层面的心智，投入你的全部身体——也就是说，投入你的全部的充分警醒的感官。只有当你这样去倾听，你才能知道那真实的东西，知道关于谬误的真理。这正是心智所需要的，不是吗？——心智需要这样的能力，能够看清我们自身之中的真实，看清我们自身周围世界的真相。

为了认识什么是真，你必须向事物投入全部的生命。如果在听音乐的时候，你能够投入整个生命，全神贯注，那么音乐就有了完全不同的意义。如果你能把整个生命投入一个问题，那么这个问题就不存在了。只有当我们的内心存在矛盾，问题才会存在。只有通过自我认识，才能消除这种内心的矛盾。只有在与一个人的关系中，或者与许多人的关系中，才能揭示、展现自我。

所有这些都一定需要非凡的警醒，但是我们周围的每一件事情都让我们昏昏入睡。知识是我们的一剂安眠药。一个知道的心智永远无法学习。传统是另一剂安眠药——不仅是千百年的传统，还有昨天的传统，传统说："我知道，我经验过。"知识、传统和经验，这些堆积物，堆积好的东西，也堆积坏的东西，堆积快乐的东西，也堆积痛苦的东西——所以这些都让心智入睡。只有警醒的心智，它不停地提问，不停地追问，向内察看它自己以及所有它的行动——只有这样的心智才能发现真理。

真理不需要信仰，真理不是经验的产物，真理你直接感知认识的某种东西；然而，只有当心智是一片纯真，没有背负许多问题的重担时，这种直接感知才是可能的。让那一切死亡，就是智慧来临之始。

你和我在这些讲座中要做的是，深入地探索我们自己，揭示我们意识的层层结构。如果你不这么做，而只是听到一堆语词，那么这些讲座对你就没有多少意义，你到这里来将一无所获。但是如果你投入其中，并且通过观察自己的心，来直接体验我说的内容，那么我们就能一起走得很深很远。在深入洞察自己的过程中，你会发现心智变得完全的安然不动，自然的静寂与自由。这样的宁静之境不是任何训练的结果；它不可能经由任何瑜伽练习所造成。它来自自我觉悟。这样的心智对于觉悟完整的生命是必不可少的。只有这样的心智才能发现什么是真实，才能发现上有没有上帝。

我们大多数人都受困于某种特别的痛苦、混乱、艰辛，只有通过认识觉悟我们自己，才能终结这一切——"我们自己"包含意识层面，也包含无意识层面。你对自己认识理解得越多，你就会发现心智中更多的美丽微妙之处，如果你无法觉悟自己，那么你的生命中没有真实。你可以引用圣书的话，宣称你相信上帝，但是这些不过是词语，没有太多意义。真正重要的是自我认识。认识自我不是要谈论灵魂、超我，等等这类东西，这些不过是心智虚构的东西。认识你自己，是要认识那个虚构超我、寻求安全的心智，认识那个一刻不停地想要稳定，想要不受打扰，想要安心的心智。通过直接观察而认识这一切，这样的认识给心智带来一种自然而然的宁静。只有这样宁静的心智，寂然不动的心智——只有这样的心智，才知道什么是充满活力的非凡的行动。

1959 年 2 月 8 日

什么是正确的行动

如果可以的话，我想要和你讨论行动的问题。我们所说的行动通常是指，在特定环境下，我们所做的，或者认为我们应该做的，相关的问题是，什么是可接受的恰当的行动办法，某个特定的行动是不是正当合理的。我们的大多数的想法是关注怎样做。在政治上和经济上怎样做，在人际关系中怎样做，在整个世界范围内怎样做。我们基本上关注的都是，什么是正确的行动。然而如果可以的话，我想要跟你讨论的，不是什么是正确的行动，什么是错误的行动，而是要讨论完整的行动。因为如果我们能够感知那种完整的、而不是自我矛盾的行动，那么我们就能通过任何特定的行动，认识或感知我们的行动方式。

但我认为，感知某种东西的完整性，是非常困难的。毕竟，感知一棵树，如果仅仅盯着一片树叶，或者树枝，或者树干，就没有意义。一棵树是一个完整的整体，它有显露的部分，也有隐藏的部分，为了懂得枝叶招展的一棵树的美丽可爱，你必须对它有一种整体性的感知。

我想，我们必须用同样的方式，对于完整的行动，有所感知，有内心的认识觉悟。如果我们观察我们自己，就会发现，在我们的各种关系中，在我们的政府中，在我们生活的各个层面中，都没有完整的行动，而是有许多分离的、不相关联的行动。政府做的一件事情与我们的个人生活毫不相关，商人做的另一件事情与政府做的事情毫不相关，而个人说，"我是共产主义者，我是天主教徒"。每一个人都关注按照某种特定的方法行动，或是在有限的领域之内行动，并且希望这样的行动能够覆盖整个世界。因此就总是存在矛盾，不仅是在个人内心，在你和我内心存在矛盾，而且在我们和社会的关系中、我们和政府的关系中、我们和他人的关系中都存在矛盾。

现在，什么是完整的行动呢？你和我——你作为一个个人，而我作为另外一个个人——我们正在讨论这个问题。我并不制定规则，我不说，"这个是对的，那个是错的"，而是我们共同去发现，什么是这种非凡的行动，它是完整的，因此本身是没有矛盾的。

我们做出的所有回应，都存在一个与之相反的回应，不是吗？如果你观察自己，你会发现，自己的每一个愿望，都存在一个与之相反的愿望。当我们欲求什么东西的时候，总有一个与之相反的欲求的阴影，因此我们的行为总是制造矛盾，制造相反的回应。

那么，有没有一种行动，它是完整的，它不制造矛盾，它不是仅仅延续某种特定形式的行动？我们就来深入探索这个问题，非常细致反复地探索它，并亲自发现其中的真理。

毕竟演讲者的作用不是仅仅给你某些观点——至少我认为不是这样——因为观点无法让人们真正转变。一个观点会被另一个观点所反对。甚至是完整的行动这个观点也会造出一个与之对立的观点。但是如果我们可以把仅是观点的东西丢开，我们共同思索，共同感知，共同深入探究、追问，那么也许我们将会感知到那种并非自我矛盾的完整的行动，因为完整的东西在其内部不会存在与它自己相对立的什么东西。

这是一个非常复杂的问题，就像所有复杂的问题一样，必须用非常简单的方法来处理它，这个方法就是学习。为了学习，心智必须处于探索状态，如果心智做出一个结论，并且从这个结论出发来探索，那么心智就不是探索。如果我已经有了一个什么是对的、什么是错的行动的观点，那么我就已经做了一个结论，这样的心智就不能学习关于行动的真理。尽管它也许非常活跃，但实际上它是死的。一个已经学完了的心智就不会有学习的活动；一个背负着以往经验重担的心智，就不会有新的体验。不知道你是否听明白了，或者说我是否把这个讲清楚了？

你看，困难在于，我们大多数人习惯于比喻和举例。如果我可以给你举十个例子，你可能会想，那样你就会明白了——但是实际上你并没有明白。比喻和例子是最具欺骗性的。它们阻碍你真正地思考探索。一个例子可以被一个相反的例子抵消，而且在例子与例子的争论之中，我们将茫然迷失。反之，如果我们能够把握完整的行动，直接感知它，那么我们就能在我们的日常生活中把细节都做得很好。但是这需要非凡的全神贯注、非凡的洞察力。我们大多数人不愿意对这种问题付出充分专注，我们宁愿讨论例子，以此获得激动或者开心。

你和我想要探明的是，有没有这种整体性的行动，它将涵盖我们生命的全部领域。我要说，有的——不过这不是一个武断不实的说法。我说，有整体性的行动，它将涵盖我们生命的每一个层面——政治层面，经济层面，社会层面，所有的人际关系层面。但是如果你从某种特定的观点去看待它，那么你就无法得到它，你就无法领会它的感觉、它的美好、它的微妙。因此你必须丢开你的共产主义、你的印度教，丢开你从《薄伽梵歌》《圣经》《可兰经》或你目前的宗教导师那里得来的关于行动的观念。为了发现这种将对每一种挑战做出回应的完整的行动，就必须清除所有这一切。

我上次已经说过，懂得怎样倾听是非常重要的，因为我们大多数人从来就根本没有倾听过。倾听本身就是一种解放的行动——它让心智自由。但是你在听的时候，实际是怎样的情形呢？如果你观察自己的心智，你会发现，你在把听到的东西和你所知道的东西加以比较，或者跟某个自己推崇的权威加以比较。你总是在比较，或者在解释，不是吗？因此心智根本就不在倾听的状态。为了倾听，你必须投入你的全部注意力，而当你做比较、解释时，你就排拒了全力专注。如果你说你看到了这里讲的内容与商羯罗、佛陀的教言之间的共同之处，那么这就是懒人的听闻方式。如果你真正想要学习关于你自己的真理，那么你必须不带任何比较地、不带积累兴趣地倾听。我要说，就是在这种没有比较或者解释的倾听行动之中，你会亲身发现，处于学习状态的心智是不搞积累的。但是当心智已经学完，那么它显然就停止学习了，因为它总是用旧的术语来解释新的东西。

因此，倾听是一件不可思议的事情，因为如果你能够真正倾听，那么倾听就把心智从所有的影响中解放出来。这时心智就是清晰的、敏锐的——而要探明什么是真实，这样的心智就是必需的。

　　这个关于行动的问题，关于怎么做的问题，是一个庞大的问题，如果我们仅仅在意识层面，在理智层面，或者在语词层面听讲，那么我们就会陷入争论的泥潭："我是对的，你是错的"；我对你引用这个，你对我引用那个，如此等等，没完没了。正因为这个，所以在更深入的无意识层面上相互沟通才是重要的。我认为，只有在无意识层面，才能发生的根本转变。意识层面的转变总是基于某个决定，而决定总是造出它自己的矛盾。

　　请你稍许耐心地跟上我。由选择而产生的行动，是以某个决定为基础的，而这样的行动是自我矛盾的。我决定要做什么事情，这个行动是来自选择，而选择中总是包含着它自己的对立面。因此，做决定的行动是矛盾的，不仅在外部世界，而且在它内部都是矛盾的。有一种行动是不做选择，不做决定的，在这样的行动中就没有自我矛盾，但是你必须深入地探索自己，才能找到这样的行动。

　　这不是接受或者否定的问题。请不要立即就对我说，"我不同意你"或者"你完全正确"，这样说毫无意义。对你来说，重要的是你要看到：由选择、决定而生的行动，一定会产生自相矛盾的反应。如果你决定做什么事情，你的行动就是由选择而生，这个行动一定会造出它自己的对立面；因此你就陷入矛盾之中。那么你应该怎么办？我说有一种完整的行动，在其中完全没有矛盾。但是为了觉悟这样的行动，你就必须深入无意识层面，正是在那里，我们必须进行相互沟通。你明白吗？希望我把这个讲清楚了——但是看来我没有讲清楚。

　　我们大多数人都关注应该怎样做，应该制定什么样的法律，应该实行什么样的改革，诸如此类等等。但是我说，这些并不重要；请把这些东西暂时丢到一边，让你自己关注一下没有自我矛盾的完整的行动。如果你能探明什么是完整的行动，那么你也可以在任何一个特定的方向上正确地行动。你明白吗？

让我们假设，我作为一个政府官员，或是一个家庭成员，或是一个没有效忠任何政党或体制的公民，我不知道该怎样做。但是在我问自己应该怎样做之前，我要对自己说："一定有一种整体的行动，它是完整的，在它之中没有埋藏自我矛盾的种子。"为了了解一棵树，我必须关注整个的树，而不是某一片树叶。如果我想要了解生命，我必须懂得它的全部的深度、高度和宽度，而不是透过某种特定系统、信仰、意识形态来看它。同样的，现在我必须先放下关注特定的行动，而是关注对完整的行动的了悟。

朋友们，生命不是任何一种个别的特殊的东西。生命并非只是新德里的官僚体系，生命并非只是共产主义体制，或者资本主义体制，生命并非只是暴政或自我矛盾。生命是全部这些东西的总和，并且远远超过这些东西；生命是日常人际关系中的冲突、痛苦、奋争、艰辛。生命是出生和死亡；生命是冥想，是探索，生命是心智造出来的各种各样微妙的东西。生命是广大无边的，是心智不可测知的。当你剖析了生命的一个小侧面，你就认为自己已经理解生命了。你说："是的，我知道生命。"但是只要你的全部注意力集中在生命的某个部分，某个片断，那么你就没有认识生命。

同样的，重要的不是眼前的行动，而是探索行动的完整性。所以我说：放下眼前的行动。但是你并不打算放下它。你身上的压力太大了。你明天就必须得做某件事，你必须行动。所以意识层面的心智永远被眼前的行动占据着，就像一台永远停不下来的机器。你从来不说，"我要放下一切，投入探索。"

你和我正在无意识层面进行探索，因此我们的沟通是完全不同的。不是语言词汇的沟通，不是只做分析，不是举例子；而像是在感觉潜于水下的你的活动方式。你不能抱着任何假设，你不能教条或者武断，你必须无所作为。这就是为什么无所作为的思想非常重要的原因。无所作为的思想是思想的最高形式——不过我们暂时不去探讨这个方面。

希望你跟上所讲的一切。如果你没有跟上，我们以后还会讨论它。

你和我正在无意识层面进行沟通，在这里只有纯粹倾听的行动，而没有倾听者，没有人在说："我应该怎样做？"让我们把"应该怎样做"留给意识层面的心智。我们正在无意识活动地深入探索行动的完整性——这不意味着你要睡着了；相反，这意味着一种非凡的全神贯注。

现在让我们区分"全神贯注"和"集中注意力"。集中注意力是心智的一种集中聚焦，它是限制的，而全神贯注不是。意识层面的心智可以在它自己的层面上集中聚焦，但是无意识层面的心智只能全神贯注，而不能集中聚焦。我把这个说明白了吗？朋友们，请不要立即回答"明白了"。我不能问那种随口回答的问题。由于你们想要继续进行讲座，所以你们会倾向于说"明白了"，如果你随口而答，那么虽然我会继续讲座，但是你将会仅仅停留在语词层面或者在意识层面，因此你将不能推进了。你和我必须共同推进，否则这些讲座就没有意义。

因此，我们正在无所作为地探索行动的整体性，这意味着，心智不关注决定，暂时不关注该怎样做，不关注眼前的行动。让我换一种说法。

意识层面的心智总是关注该怎样做这个眼前的问题。所有的政治人物都关注怎样做，因此他们不关注行动的完整性。在意识层面是有而且必须得有决定的，但是这些决定是基于选择的，它们是意愿的行动，因此它们就成为自我矛盾的行动。当我洞察了这其中的心理真相，我开始进行无所作为的探索，这是接近无意识层面的唯一方法。不可能有积极作为的方法，因为积极作为的方法属于意识层面。无意识层面是广大无边的，它就像是浩瀚的海洋，它永远在运动，你怎么能够带着一个积极作为的念头去接近浩瀚深邃的海洋呢？为了学习，就必须要摒弃积极作为。在意识层面没有学习，只有获取知识。

朋友们，我说过，这是一个非常困难的问题。集中注意力具有排他性，而被你排除在外的东西，总是在准备进来。全神贯注不用集中注意力，因为它没有排他性，而且它是接近无意识层面的必需之路。你和我正是以这种方式进行沟通交流，这意味着，我们不关注基于决定而来的眼前的决定和行动。我们正在无所作为地探索无意识层面的全部领域，在那里存在着一种没有自我矛盾的行动。

那么，到现在为止我们都做了什么呢？我们已经明白，为了了解某种东西，就必须有一种完整的感知，那就是爱。爱是一种完整的行动，它是一种整体性的感知，在其中所有的感觉都充分觉醒，心智则全然静寂，而且其中没有矛盾冲突。为了领略一棵向天伸展的树的美丽，就必须感觉这棵树的完整的存在，如果你仅仅关注一片树叶，那么这种感觉就被排斥了。但是如果你能够感知一棵树的整体，那么你就能关注它的树叶、树枝、花朵。

今天晚上我们关注行动的问题，我们探索了行动的整体性，你只能无所作为地探索它，而不带有一个愿望，想要知道怎样做正确的事情。如果我们已经非常明确这一点，我们就可以往下讲，但是恐怕我们还没有明确这一点，因为我们大多数人，从未好好考虑过它。我们只考虑该怎么做，什么是正确的，什么是有利可图的，什么能带给我们更多的权力、影响力——也就是说我们总是在计算，总是利己主义的，并因此总是自相矛盾的。我们依旧希望找到某种办法消融我们的自相矛盾，但是我们永远找不到办法，因为在这样的层面上，自相矛盾不会终结。

如果我们不去当一个共产主义者、一个社会主义者，不去当这个或者那个，而是去探索什么是完整的行动，做到这点是非常困难的。我们大多数人都效忠于某种东西，或者另一种东西，而这样的人是不能学习的。生命永远不会静止不动，它不会投靠于任何东西，它是在永不停止的运动之中。但是你却想要按照某种特定的信仰或意识形态来解释这个生动的东西，这是极其幼稚可笑的。

我们正在努力做的，是探明行动的整体性。每一个行动都有着思想的背景，不是吗？而思想总是选择。不要只是接受我的说法。请你检查它，亲自感觉它。思想就是选择的过程。没有思想，你就无法选择。当你做出选择，这就是一个决定，决定制造出自己的对立面——好的和坏的，暴力和非暴力。一个做出决定追求非暴力的人，在他自身造出了矛盾。

思想在本质是出自选择。我选择以一定的方式去思维。我看过了共产主义、社会主义、佛教，我根据逻辑推理，然后决定这样思想，或者那样思想。这样的思想建立在记忆的基础上，建立在我所受制约的条件基础上、建立在我的快乐、我的好恶的基础上，任何由这样的思想产生的行动都不可避免地造出我自身的矛盾，进而造出外部世界的矛盾，它不仅给我，也给他人造出痛苦、悲伤。

现在请安静听讲，不要说"是的"或"不是的"。有这样的行动吗，它不是任何影响的产物，它不是利己主义算计的产物，它不是过去经验的产物？——我已经说过，背负着积累的经验重担的心智，不能体验新的东西。

有这样的行动吗，它不是选择的结果，不是思维构想的结果，不是决定的结果，而是完整地感知而来的行动？我说，有这样的行动。在我们现在的生活中，政府做一件事情，商人做另外一件事情，宗教人士、学者、科学家，每个人都做别的不同的事，他们都处于矛盾之中。这些矛盾永远无法克服，因为克服一个矛盾只会造出另外一个紧张对立。对于心智来说，唯一必需的是觉悟行动的整体性，也就是感知那种不由决定而来的行动，就像你可以感知美好的夕阳，感知一朵鲜花，感知鸟儿在空中飞翔一样。这就要求对无意识进行深入探索，而不带有得到答案的积极作为的要求。如果你能摆脱眼前生活的紧迫，如果你不急迫于明天要做什么，那么你将发现，心智开始呈现一种行动状态，在其中没有矛盾冲突，那是没有对立面的行动。请你试试看，当你回家时，当你坐在公共汽车上，试试看。请你亲自发现什么是这种非凡的东西，什么是这种完整的行动。

朋友们，你看，这个地球不是共产主义者的，不是资本主义者的，不是印度教徒的，不是基督徒的，它不是你的，也不是我的。我们必须感知地球的完整性，感知它的美丽、它的丰饶、它的非凡的潜能，但是只有当你不投身效忠于任何东西时，你才能感知到那种整体的辉煌壮丽。同样的，只有当你不投身于某个特定的行动，当你不做那种不切实际的社会改良家，他们效忠于这样或者那样的政党、信仰或意识形态，他们的行动实质上都是自我中心的行为，只有这样，你才能感知到完整的行动。如果你不投身于任何东西，那么你就会发现，虽然意识层面的心智必须处理眼前紧迫的行动，但是它可以把这种行动放到一边，无所作为地探索无意识层面，在那里，存在着真正的动机，存在着隐秘的矛盾，存在着传统的束缚，存在着盲目的渴求，这些东西造出了紧迫的问题。一旦你觉悟了这一切，你就可以探索很深很远。那么你将能感知到行动的完整性——就像你能感知一棵树的美丽可爱，感知它的整体一样——在这种完整性中，没有对立面的回应，没有矛盾冲突。

　　这不是把对立面调和起来，调和没有意义；相反，这是对行动的完整性的觉悟，只有当心智能够不集中于眼前的紧迫行动时，这种觉悟才会产生。集中于紧迫行动，就是集中注意力。觉知或者全神贯注不是集中于紧迫的行动，但是紧迫的行动却是包含在全神贯注之中。因此，只有当心智能够时时刻刻都深入地探索，而不仅仅关注眼前紧迫的事情，这时才会有行动的完整性。这样的心智具有非凡的洞察力，它追问生命最根本的问题。因为它的探索是根本性的，所以它的行动是无以名状的，因为无以名状，所以它没有矛盾，没有对立。

1959 年 2 月 11 日

关于心智的运作过程

　　如果可以的话，今天晚上我要和你们讨论心智的全部运作过程。对我们大多数人来说，思想显然是非常重要的；尽管思想塑造我们的行动和我们的生活，但是除非我们觉悟心智的运作方式，否则思想是意义不大的。

在我深入这个主题之前，我想问问你们，你为什么来听这个讲座？我认为这是一个重要的问题，而且你必须自己回答这个问题。你来这里的动机、目的是什么？你怎么理解我要讲的内容，将以你的动机、目的为基础。如果你来这里仅仅是因为好奇，那么显然你将很难满意，你离开这里的时候将会比以前更加混乱困惑。但是如果你来这里，不是只听演讲者的谈话，而是为了觉悟你自己，那么我想这些讲座将具有某种意义。但是觉悟自己，需要非凡的全神贯注，不光是坐在这里听讲的时候，而且当我们离开这里，回到日常生活中，都需要非凡的全神贯注；因为正是在我们日常的人际关系中，我们才能找到镜子，从它看清我们真实的自己。

因此，让我们非常明确我们今天晚上聚集在这里的目的。你来这里不是为了向演讲者学习。在我看来，这里没有教师，也没有传授；没有领袖，也没有追随者，没有宗教导师也没有信徒；没有通向真实的路；没有任何方法或训练可以让你认识那个不可思议的，我们叫作"真实""永恒""不可测度"的东西。没有宗教组织可以带领你去到那里。如果你来这里是希望有人带领你走向幸福，走向内心安宁，那么你将不只是失望，而且会比以前更加混乱困惑。

所以作为一个个人，你必须非常明确你为什么来这里。如果你追随任何道路、任何方法、任何导师，如果你属于任何宗教组织，那么你仅仅是一个模仿者，而不是那种力求觉悟人类全部生存领域的个人。生命是一个纷繁复杂的过程，为了觉悟生命，你必须要有非凡的全神贯注，精微的洞察，敏锐的思维；因此你显然不能追随别人，既不能轻易地接受，也不能轻易地否定。如果你和我都非常清楚这一点，那么我们作为两个个人，就可以共同探索。但是如果你来这里，仅仅是玩耍语词游戏，或者是为获得智力的消遣，或者是为了聪明地反驳我讲的东西，那么我想你将错过整个讲座的真正意义。

如果你很明确地问自己，"我为什么来这里？"这个问题将开始揭示你自己的心智活动过程。毕竟心智是我们唯一的工具。正是心智，它感知、思想、计算、渴望、沟通、洞察，它造出作茧自缚的障碍，它追求自我实现并感受挫败痛苦；正是心智，它野心勃勃，冷酷无情，它富有爱和同情；正是心智，它知道快乐和痛苦、爱和恨，它喜爱美丽。除非我们理解这个叫作心智的不可思议的东西，否则我们就没有合理的、清晰的、敏感的思维的基础。

思想在我们的生活中占有极为重要的地位，不是吗？它几乎覆盖了我们生活的全部领域。这就是为什么理解心智是如此重要的原因，思想是从心智而来。心智是我们的思想的源头，是我们的情感的源头，是我们的觉知的源头，它塑造了我们与社会的关系、与自然的关系以及我们相互的关系。所以如果没有对心智的理解，那么我们在思想上做出的任何改变，都没有太多意义。

现在，这次讲座，以及接下来的所有讲座，我们要努力做的就是揭示这个叫作心智的东西。我们的目的不是要影响你，让你按照某个特定的方向去思考——明白这一点，对于你和我来说都非常重要，希望你和我都非常明确这一点。所有的影响，好的或是坏的，都是有害的，因为它让心智变成奴隶。影响只不过是宣传鼓动。通过不断重复某些语句，制造出信念，这种搞法不是思想。在我看来，任何影响，无论是令人愉快的，还是惹人烦恼的，无论它多么精明微妙，都是一种强迫。所以让我们再一次明确强调这一点，你不要被我迷惑；你的头脑不要受到影响按照某种特定的方向去思考。

我认为，我们懂得这一点是非常重要的。影响，就是宣传鼓动，它任何时候都在对我们的心智施加作用。报纸、杂志、书籍，在电视、广播中的演讲——所有这些，还有此类其他一切东西，造成了我们的环境，迫使我们按照特定的方向去思考，我们是有意识或无意识地抵抗它或者接受它。

请不要只是听我说，而是要观察你自己心智的活动。我只是在描述你自己的心智的活动，描述影响是怎样扭曲和败坏你的思想的，不只是存在意识层面的影响，它被称为教育，而且存在无意识层面的影响，你意识不到这些影响，它具有比意识层面的影响强大得多的潜在影响力。如果我直接告诉你去做某件事情，你也许会去做，也许不去做，这取决于我的权威，取决于我说服你的能力，取决于你是否情愿接受我说的话——这是意识层面的影响。但是在无意识层面却没有抵御手段，细致微妙的建议、想法、说服，容易得多地就能穿透到那儿，作用于无意识层面的影响，对于打动心智要容易得多。不知道你是否看到了这一点。传统的全部重担，不但有历史的传统，也有现代的传统，它们潜移默化地、不知不觉地塑造着我们的心智。

所以在所有这些讲座中，你必须非常警醒，不要被影响，不要被迷惑，去接受所讲的东西——这并不意味着你就得做出拒绝。我们在努力做的是理解心智的运作过程，如果你仅仅是接受或者拒绝，那么你就无法理解心智，无法理解它的全部广度和深度。你和我正在共同理解心智，深入探索它，发掘它的多种方面，而不是把我们自己限定在心智的某个特定局部上。我们正在探索，因此是在发现；你亲自发现的东西，比从我这里听到的任何东西，都重要得多。但是，如果你怀抱偏见，如果你意图争论，如果你只是接受或者否定，那么你就不是真正在倾听，你还是处在语言词汇层面，因此你无法探索，无法发现心智的运动以及它的不可思议的精妙。我可能向你指出很多东西，但是除非你直接体验它们，否则你不可能理解自己心智的活动过程。

如果你真正是警醒的，那么你会看到，没有任何精神导师、途径、方法系统、信仰能够带你抵达真理。你只有通过探索自己的思想活动过程来发现真理。一旦你开始认识你的心智的活动方式，看清你的思想背后的东西——你为什么恐惧，你为什么追求安全，诸如此类等等——那么你就不再追随任何人。

当我们非常明确了以上说的，让我们问自己一个问题：心智是什么？当我提出这个问题时，请你不要等待我给出答案。请你看自己的心智，观察你自己的思想的运作方式。我所描述的只是一种表象，它不是真实。你得亲自去体验真实。词汇、描述、意象符号，不是真实的事物。"门"这个词汇显然不是真实的那扇门。"爱"这个词汇并不是这种情感，不是这个词汇所指向的那种非凡的品格。所以让我们不要把词汇、名字、意象符号和事实搞混了。如果你仍旧停留在语言词汇层面讨论什么是心智，那么你将误入歧途，因为那样你将永远无法感知那个叫作心智的惊奇的东西的品性。

那么，心智是什么？显然，心智是我们的所有觉知或意识：它是我们的整个生存方式，是我们思维的全部过程。心智是头脑的产物。头脑造出了心智。没有头脑就没有心智，但是心智又是和头脑分离的。心智是头脑的孩子。如果头脑受到限制，受到破坏，心智也会被破坏。头脑记录着每一种感觉，每一种快乐或者伤痛的感受，头脑带着它所有的细胞，带着它所有的反应，造出了我们称为心智的东西，但是心智又是独立于头脑的。

你不必接受这个说法。你可以亲自尝试，亲自发现。

我问你住在哪里，这是个你熟悉的问题。提问话音的声波振动了你耳朵的鼓膜，神经系统把这个问题传递到你的头脑，头脑根据自己的记忆，解释和回应听到的东西，你说："先生，我住在什么什么地方。"头脑做出的回应，也是心智按照它的制约条件做出的回应。心智不仅是头脑的产物，还是时间过程的产物——时间过程包括日历表上的即或外部世界的时间，也包括内心的即或心理的时间，就像在你的内心，那是要成为什么东西的意识。所以心智是头脑的产物，是时间的产物，它由意识和无意识构成，由浅表的和隐藏的部分构成。

心智可以通过教育来控制，不是吗？现在全世界都是这样。所有的宗教组织自然是在这样做。你是一个印度教徒或一个印度拜火教徒，你是一个穆斯林或一个佛教徒，因为你从小就受到这样的教育；你的父母，你的传统，你的宗教教职人员，你的全部生活环境，都以那种方式来制约你的心智。

所以心智每时每刻都受到影响，按照某个特定的方向来思考。过去通常只是宗教组织寻求控制你的心智，但是现在政府大量地承接了这个做法，它们想要塑造和控制你的心智。在浅表的层面上，心智可以抵制它们的控制。比如只有付给你工资，你才会去做一个共产主义者。如果你认为可以在天主教义中找到上帝，你才会去做一个天主教徒，否则你就不会那样做。在表面上，你有某种决定权，但是在表面之下，在深邃的无意识层面，沉积着全部的时间重负、传统重负，驱使你奔向某个特别的方向。意识层面的心智也许能够在某种程度上控制自己，引导自己，但是在无意识层面，你的野心、你的未解的问题、你的强迫、你的迷信、你的恐惧，它们在等待，在跃动，在催逼。

所以心智区分为意识层面的和无意识层面的、公开的和隐蔽的；在内心深处，存在着矛盾。你仍然是当一个印度教徒，你执着于某些迷信，虽然现代文明声称这些东西非常荒谬。你是一个科学家，但是你按照旧的传统方式来安排儿女的婚事。所以你的内心就有矛盾。思想本身也存在着矛盾，渴望本身也存在着矛盾。你想要做某件事，但是同时你又认为你不应该这样做。你说"我必须这样做"和"我不能这样做"。

心智的全部领域都是时间的产物；是冲突和调整的产物，是对外在的东西没有充分理解就全盘接受的产物。因此我们生活在矛盾状态之中；我们的生活是漫无尽头的奋斗挣扎的过程。我们不快乐，我们想要变得快乐。我们是暴力的，我们践行非暴力的理想。所以就有冲突发生——心智就是一个战场。我们内心深知根本没有安稳不变这回事，但是我们想要得到安稳不变。真相是，我们不想面对没有安稳不变这个事实；因此，我们怀着自作结果的不安稳的恐惧，总在寻求安稳不变。

所以我们的心智是一大堆的矛盾、对立、调整、情绪反应，有意识层面的，也有无意识层面的，我们基于这一大堆东西进行思想。我们从未探索过自己意识的深处，而只是在肤浅的层面行动。我们信教或者不信教；我们追逐我们认为有利可图的东西；我们强迫自己做某些事情，我们争论不休，我们随波逐流。这就是我们的生活。心智是在这样的状态中寻找上帝。我们不快乐、痛苦难受、自我矛盾，因此心智说："我想要找到生命的真实。"

但是心智只有摆脱了自我矛盾，才能觉悟生命的真实。无论你相信上帝，还是不相信上帝，完全不重要。事实上，这完全不重要，因为在你的生活中，这关乎的就是便利、传统和安全感的事情。你是由于受到生活条件的制约影响而相信上帝，就像共产主义者是由于受到制约影响而不相信上帝。正是生活条件的制约影响，使你把自己叫作印度教徒或佛教徒、穆斯林或者基督徒。你从道德上解释上帝和真理的意义，你引用圣书上的话，这些都没有意义，因为当你亲自发现，你的心智是受到制约影响的，那时整个这些建构就崩塌了。

因为恐惧，心智就在自己思想、信仰和经验的领域内找到安全感；它用信仰建起避难的庇护所，阻隔了生命的运动。这就是真正的事实，无论你是否承认它。住在心智建造的庇护所里面的，是"我"和"我的"，同时心智拒绝一切形式的搅动，因为它们都可能动摇这个避难所的根基。

因为思想是易逝的，所以心智造出"我"来操持把握，心智把"我"叫作永恒的、长久的，但是这个"永恒"仍然是心智领域之内的东西，因为是心智创造了它，并且可以思考它。心智可以思考的东西显然是在心智的范围之内，是在时间的范围之内；因此，尽管你可以把它叫作灵魂、高我、上帝，但是它并不是永恒的，长久的。你的上帝是你的思想的产物，你的思想是你受到制约影响的生活条件的反应，是你的记忆、经验的反应，它们全都处在时间的范围之内。

那么，心智可以从时间中解放出来吗？这是一个真正的问题。因为所有的创造都是发生在时间领域之外。所有深邃的思想，所有深刻的感知，总是超越时间限制的。当你爱一个人时，当你有爱时，这爱就是不受时间束缚的。

但是深受束缚的心智肯定无法发现超越时间范围的事物。也就是说，朋友们，我们都知道心智受到过去的束缚。过去经由现在走向未来，它束缚着心智；受到束缚的心智处于冲突、烦乱，充满恐惧、不确定，因此它追寻某种超越时间范围的东西。这就是我们正以各种方式在做的事情，不是吗？但是一个由时间造出来的心智，怎样能够找到超越时间的东西呢？它能够做的，就是自我催眠进入它所谓的永恒的、真实的状态，或是依靠确定的信念使自己得到安慰。

为了发现真实，心智必须转变它自己；必须超越它自己。除非心智能够接纳真实，否则它无法解决我们每天生活中面临的数不清的问题。它可以调整自己，保护自己，它可以暂时地蜷缩于避难所；但是生活总是挑战你在自己周围建立的如此坚固的庇护体。你的信念，你的财产，你的执着，让你聊以自慰的思维方式，所有这些庇护体都不断地被冲破。但是心智仍旧执着地寻找安全感，因此，你想要的东西和生命的进程对你的要求之间就存在冲突。这就是在我们每一个人身上发生的事情。

心智是时间的产物，心智陷落在冲突、克制、控制之中，这样的心智怎么能够得到自由，去发现超越时间限制之外的东西呢？不知道你对这个问题是否感兴趣。对我们大多数人来说，每天的生活充满所有的麻烦，这些看来已经够受了。我们只关注找到关于眼前迫近的各种问题的答案。但是我们迟早会发现，这些答案是不能令人满意的，因为除了问题本身，没有真正的答案。如果我能理解问题，理解它所有的错综繁复，那么问题就不复存在了。

我想我们中大多数人关注的是，怎样在这个世界上生活，不要有太多冲突。我们想要我们叫作"内心宁静"的东西，也就是说，我们不希望被搅扰。这就是我们接受关于死亡、痛苦等等问题的浅近答案的原因。但是除非你开始觉悟心智的全部活动过程，否则你不可能理解这些问题，冲突也不会停止。当你开始探索心智，你一定会发现，心智的限制或者边界，是由那些可认知的东西规定的，心智的这些边界绝不会被搅乱，因此思想绝不会获得自由。思想只是经验的反应，是记忆的回应，这样的思想怎么能获得自由？自由必定意味着一种没有开始也没有尽头的状态；自由不是把受到制约的思想延续下去，这种思想是以带着所有记忆的经验为基础的。

思想是记忆做出的回应，是堆积的经验做出的回应，是一个人的特定的制约条件做出的回应，因此它不是任何问题的解决方案；我认为，对我们大多数人来说，这是一剂应该服用的良药。思想不可能是直行不偏的，因为它总是受到影响的，总是带有动机的，总是被别的东西所吸引，这种吸引是基于我们的有制约力的生活条件、我们的背景、我们的记忆。因此，思想不过是机械性的。朋友们，请一定要明白这一点所包含的重要意义。现在，机器正在越来越多地代替人类的心智。电脑在一定的领域可以比你和我工作得好得多，电脑的运作本质上是基于联想、记忆、经验、习惯，这也是人类心智的方式；而你绝不可能通过联想、记忆、经验、习惯去获得自由。

　　所以最重要的是觉知——不仅仅在浅表的意识层面，而且在深刻的无意识层面——觉知这个叫作心智的不可思议的东西，觉知它的认知的边界。这种心智——它是日历表上的时间和心理感觉的时间这两种时间的产物——它怀着自己所有的要求，带着自身的分歧和受到的影响，这种心智可能有创造性吗？因为创造性的心智是我们必需的——它不是仅仅生产或发明，而是一种创造性状态，这种状态不是心智所能产生的。

　　不知道我把这个说明白了吗。这种探索是困难的，如果你没有跟上我，那么今天晚上的讲座没有太多意义——请你跟上我，不仅仅在语言词汇层面，而是同时观看自己的心。

　　在我们所说的思想中，总有一个与思想区别开来的思想者，一个与被观察对象区别开来的观察者。但是正是思想产生了思想者；并没有一个作为思想者的主体在产生思想。思想是记忆的反应，思想产生思想者。如果没有思考，就没有"我"——尽管这跟我们一直被告知的说法相反。你已经接受了这样的观念：有一个恒常存在的"我"——你管它叫灵魂、高我，诸如此类等等——它制造思想。在我看来，这就是一派胡言——这个问题和书本的说法无关。对你来说，重要的是你自己发现其中的真理。只要还有思想和思想者的分离，只要有一个正在经验的经验者，那么心智就束缚在已知的边界之中，因此就是受到限制的。心智陷入积累、执着的活动之中，因此就处于永无休止的自我矛盾中。

心智中有经验者和被经验对象的分割，有观察者的被观察对象的分割。当心智认识了这个事实，并认识了自己的局限性，它怎样超越自己呢？因为唯有超越自己，心智才能拥有创造性。创造性不可能发生于经验者和被经验者、思想者和思想的领域，因为在这个领域中，所有事物都是冲突的；这里有困惑混乱、痛苦不幸。只要有经验者和被经验者，有思想者和思想，就存在分裂、矛盾，因此就存在使两方面调和共处，在两者间建立桥梁的无休止的努力。只要还有这样的分裂，心智就被已知的边界束缚，已知的东西，不是新的东西。真理不会在已知之内，你所认识的东西是你已知的东西，而你所知道的东西，并非"当下之是"。

现在，心智怎样把自己从已知中解放出来呢？因为只有在未知状态，才有创造性，已知之域没有创造性。"已知"是时间的产物，心智怎样让"已知"死亡呢？

朋友们，这个问题没有答案。没有方法让你可以把心智变得崭新、鲜活、年轻、单纯。只要心智是在已知的领域之内活动，它就无法让自己获得新生，无法让自己获得彻底自由。所以请你倾听这个问题，请让这个问题像一粒种子，透入你的无意识层面；那么你将会在你的生活中，在每天的活动中发现答案。

心智怎样把自己从已知中解放出来呢？只有从已知中解放出来，只有在这种自由之中，才会有创造性，这种创造性不能解释成发明才干，不能解释成艺术家那样的创造，不能这样或那样理解——这一切都是不相干的，它们只有社会学上的意义。上帝，或者说真理，是从已知中解放出来是那种创造性状态；它和你头脑里关于这种状态的观念想法毫不相干。一个追寻上帝的人永远不会见到上帝。一个克己修行的人，一个做印度教礼拜的人，以及其他所有这样的人，永远不会发现真实之物，因为他仍然是在已知的范围内活动。只有心智让所有的经验过的东西死亡，只有心智彻底清空已知——不是一片空白，而是带着一种完全未知之觉的虚空——唯有如此，生命的真实才会来临。

1959 年 2 月 15 日

直面恐惧，才能发生变革

今天晚上，我想建议我们讨论转变与革命的问题；但是我认为，在我们开始讨论之前，先理解个人和社会的关系，是极为重要的。首先要认识到，个人的问题，他的痛苦和挣扎，这些也是这个世界的问题。这个世界就是个人的世界，个人并非不同于他所生活于其中的社会。这就是为什么没有个人的根本转变，社会就会成为一种负担，成为不负责任的连续转动的机器，在其中个人仅仅是一颗齿轮。

有一种十分流行的观点认为，个人在现代社会是微不足道的，一切可能的手段，社会都一定动用，通过宣传鼓动，通过奖惩，通过各种各样的大众传媒工具，去控制个人，塑造他的思想。个人自身也非常困惑，面对如此繁重不堪、像大山一样压在自己身上的社会，他不知道自己能够做些什么，他感到极度的无助绝望。面对社会的混乱、腐败、战争、饥饿、痛苦，个人忍不住问自己这个问题："我该怎样做？"而我认为，这个问题的答案是：他无能为力，这是一个事实。他无力阻止战争，他无法消除饥饿，他无法终结宗教偏执，他无法阻止国家主义的车轮以及它带来的所有冲突。

因此我认为，提出这样一个问题本身就是错误的。个人不是对社会负责，而是对自己负责。如果个人能够对自己负责，那么他将会作用于社会——而不是相反的其他方式。面对着社会的混乱，个人显然无能无力，但是如果他开始清除他自身的混乱、他的自我矛盾，他自己的暴力和恐惧，那么这样的个人对于社会就具有惊人不凡的重要意义。我认为我们有很少有人明白这一点。当我们看到我们对这个世界无能为力，我们就什么也不做，这实际上是一种逃避，是放弃我们自身内的行动，这种行动将带来根本性的转变。

因此，我对你，是一个个人在对另一个个人谈话，我们不是作为印度人或者美国人，俄罗斯人或者中国人，不是作为任何团体的成员在相互交流。我们是作为两个人，而不是作为一个外行和一个专家，在讨论问题。如果我们非常明确这一点，那么我们可以继续往下讲了。

个人在社会中显然具有至关重要的意义，因为只有个人，而不是群众，才有创造性的行动——我现在就要解释，我所说的"**创造性**"这个词是什么意思。如果你看清了这个事实，那么你也将认识到，你本身真实所是什么，这是最重要的。你的思考能力，你的完整的能力、那种没有自我矛盾的完整的性能——这就具有巨大的意义。

我们看到，如果这个世界要发生真正的改变——这个世界必须发生真正的改变——那么你和我，作为个人，必须转变我们自己。除非我们每个人发生根本性的转变，否则生命就变成无休止的模仿复制，最终走向厌倦、挫败和绝望。

那么我们所说的转变是什么意思呢？肯定的，强迫之下的改变，根本不是转变。如果在社会的驱使下，我不得不改变，那么这仅仅是调整自己便于适应，这仅仅是迫于压力、迫于恐惧而表示服从。

我们大多数人只是受到强迫，由于恐惧、由于某种形式的报酬或惩罚而改变。这是精神心理上的真确事实。当我们被迫改变时，仅仅是一种外表的服从，然而我们的内心依旧如故。我可以改变，那是因为我生活于其中的家庭或社会影响我这么做，或者是因为政府要求我按照一定的方式行动；但是这仅仅是一种调整，不是转变，我的内心依旧贪婪、嫉妒、野心勃勃、挫败绝望、痛苦、恐惧。我在外表遵从了一个新的模式，但是我的内心并无根本性的转变。我作为一个人，有可能处于持续不断的转变、革新状态吗，而这不是任何强迫或者报酬许诺的结果？

我所做的任何基于强迫、恐惧、模仿或者报酬的行动，都一定是在时间的范围之内，而且它滋生出习惯。我一遍一遍地重复某个行动，直到形成习惯，而这习惯是在时间的范围之内。在时间的范围之内不可能有真正的转变，不可能有革新，只能有调整、遵从、模仿、习惯。真正的转变需要完全彻底地洞察或觉知隐含在遵从、模仿之中的所有东西，这种透彻的察知使心智获得自由，实现根本的转变。我只是向你做出介绍，以便你和我共同对之进行探索。

我说过，任何形式的因强迫做出的改变根本不是转变，我想这是相当明显的。如果你强迫你的孩子做什么事情，他会出于恐惧而去做，但是这其中没有理解，没有领悟。当行动由恐惧而生，在外表看起来也许像一个转变，但实际上并不是。

现在让我们探究一下，有没有可能理解心智，并把它从恐惧中解放出来，由此它不做任何努力，就发生转变。所有的转变的努力都含有诱因，不是吗？当我努力做出转变，那是为了获得什么东西，避免什么东西，或者成为什么东西；因此就完全没有根本的转变。我认为，如果我们每一个人想要根本性的转变，就必须十分清楚地懂得这一点。

如果我们运气好，有一个好工作，如果我们过着很不错的生活，那么我们大多数人就会满足，不想要任何改变；我们只想要现在的生活保持下去。我们已经落入特定的习惯，落入特定的舒适的生活轨道，而且我们希望这样的状态无限延续下去。但是生活的激流不是这样运动，它不断地汹涌而来，冲毁我们在自己周围筑起的安全高墙。我们总是渴求得到物质上和心理上的永久安稳，但是这种渴求却不断受到生命运动的挑战，就像是澎湃的大海永远冲击着海岸。没有任何东西能够禁得起它的冲击；无论我们多么执着于内心的安全感，生命却不会允许它停留太久。因此，在生命的运动与我们的安全渴求之间，就存在着一个矛盾；从这里就产生各种各样的恐惧。如果我们能够觉悟恐惧，那么在这个觉悟之中，恐惧也许就消失了，因此无需努力的根本性转变也将出现。

什么是恐惧？不知道你是否考虑过这个问题。我们现在要探索这个问题，但是如果你仅仅在语词层面听讲，而并不觉知你自己的恐惧，那么你不会觉悟，你不会从恐惧中解放。

毕竟这些讲座不是要给你刺激，而是帮助你转变心智的品格。在这里，在心智本身的品格上，必须得有一场变革。只有当你觉知了自己的恐惧，并能直面它，这种变革才能发生。

恐惧是痛苦的、折磨人的东西，而且它总是纠缠着我们多数人，就像甩不掉的影子。你也许没有意识到自己的恐惧，但是它总是隐藏在你的内心深处：对死亡的恐惧，对失败的恐惧，对失业的恐惧，对邻居流言蜚语的恐惧，对你的妻子或丈夫的恐惧，等等。有你已经意识到的恐惧，还有你尚未觉知的恐惧。我现在讲到的不是某一种特别的恐惧，而是所有的恐惧感。因为除非心智从所有的恐惧感中解放出来，而不是掩盖它，否则思想就不可能清晰，不可能有洞察觉知的能力；我们就总是处在忧虑和困惑之中。所以对于个人来说，从所有形式的恐惧中解放出来，是绝对必需的。

那么，恐惧从何而来呢？当你真正面对事实的时候，你有恐惧吗？请紧紧跟上我。比如说当你和死亡面对面时，你有恐惧吗？当你直接面对事实时，肯定没有恐惧，因为此刻，你所面对的挑战要求你行动，于是你做出反应，你采取行动。恐惧只是在这个事情之前或者之后才会生起。我是害怕可能发生的事情，如果我生病了该怎么办——我也许会失去我的工作。或者我是害怕思想中想象的已经发生或即将发生的事情。所以我的恐惧总是连接着过去或者未来，它总是发生在时间的范围之中，不是吗？恐惧是我对过去思虑的结果，是我对未来思虑的结果。如果你非常细致地观察，你就会发现，没有对现在当下的恐惧。这是因为，这时你充分地觉知着现在当下，过去和未来都不存在。不知道我把这一点讲清楚了没有。

我知道我在未来将会死亡，于是我害怕死亡，我害怕死了以后不知道将会怎样。我过去看到过死亡，这个经验唤起了我的恐惧，对未来将要发生的死亡的恐惧。所以我的心智从未充分地觉知现在当下——这不意味着我在当下就得像白痴一样没脑子地活着。我说的是对于现在当下的一种觉知，它没有受到过去的恐惧或未来的恐惧的污染，因此它是没有限制的。

除非你亲身体验我所讲的东西——更准确地说，除非你亲自观察恐惧的真实生起，否则我讲的这些东西就很难理解。只有当思想陷于作为记忆的过去，或者陷于作为预感的将来，恐惧就产生了。因此时间是恐惧的要素，除非心智从时间中解放，否则恐惧就不可能根本消除。这听上去挺复杂，但是不然。我们习惯于抵抗恐惧，我们训练自己抵抗恐惧。我们说，我们不要去想过去，不要去想未来，我们必须只是生活在当下；于是我们建起一道抵御过去和未来的高墙，我们力求使当下成为最好，这是多么肤浅的生活之方呀。如果这一点已经清楚，那么让我们继续察看恐惧的整个过程。

我是恐惧的，我怎样化解恐惧呢？我可能会抵抗恐惧，我可能会逃避恐惧；但是抵抗或者逃避无法消除恐惧。那么我怎样应对恐惧，我怎样觉悟并化解恐惧，而不需付出努力呢？如果我做出努力去摆脱恐惧，那么我是在动用意志，这就是一种抵抗的形式，而抵抗并不带来觉悟。所以我必须丢开努力这种习惯——这是我们必须知道的第一件事。我的心智陷于谴责恐惧、抵抗恐惧的习惯中，这些习惯阻碍对恐惧的觉悟。如果我想要觉悟恐惧，就不能有抵抗，当这种我叫作恐惧的特定情态出现的时候，不能有抵御的心理反应。那么将会发生什么？当心智从抵抗或逃避恐惧的习惯中解放出来，它不再通过阅读书籍，听收音机，以及其他各种各样我们都熟悉的方式去逃避恐惧；那么将会发生什么？那时，心智一定有能力去直接面对被叫作"恐惧"的这种情态。

那么，心智能够看着一个事物，而不叫它的名吗？我能做到看着一朵花，看着水面上的月光，看着一只小虫，看着一种情感，而不用语言表达它，不叫它的名吗？因为对于觉知的东西用语言表达它，叫它的名，就是从觉知中分心走神，不是吗？

朋友们，我希望你真实地这样做，试一试，看看你能不能看着你的恐惧而不叫它的名。你能够看着一朵花，而不叫它的名，而不说，"这朵花真美，它是黄色的。我喜欢这朵花。我不喜欢那朵花"吗？——当你看着某个东西时，你能够不让心智所有的喋喋不休参与其间吗？试试看，你会发现，这是最难做到的事情之一。心智的这种喋喋不休，这种诉诸谴责或者欣赏的语言表达，是一种阻碍直接觉知的习惯。

那么，现在你觉察了你的恐惧，你知道你是有恐惧的。你能不能看着它，而没有谴责或者接受？你是通过**"恐惧"**这个语词焦点来看它呢，还是不带任何语词地觉知那个情态？

朋友们，让我们举另外一个例子。我们大多数人都盲目崇拜偶像——这意味着意象符号变得具有非凡的意义。我们不仅崇拜手工制造的偶像，我们还崇拜思想制造的理想。那么，一个崇拜偶像的心智就不是自由的心智。一个崇拜偶像的心智不可能清晰地、敏锐洞察地思考。一个怀有某种理想的人显然无法很深入地思考。我知道，拥有理想是时髦的事情；这是一种体面地逃避真正的事实的方式，这就是为什么理想变得至关重要的原因。但是，比方说，无论你多么热衷于追逐"非暴力"的理想，然而真正的事实是，你是暴力的。

因此，一个理想主义的心智是盲目崇拜的。由于是暴力的，于是心智崇拜非暴力的理想，并由此而生活在自我矛盾之中。非暴力的理想仅仅是心智针对它自己的暴力做出的反应。如果心智要从两个对立面中解放出来，它就必须觉知它是暴力的这个事实，而不要把它称之为"非暴力"的对立的东西牵连起来。这样你就可以看着暴力，投入你的整个生命观察它，不去谴责它，也不说它在生命中是不可避免的。

现在，你以这种方式觉知你的恐惧了吗？你是不带语词地觉知恐惧吗？也就是说，你能看着这种情态而不用语言表白它吗？这就真正把你的全部关注都放在了这种情态，不是吗？这样你就不再分心，在你和被看到的东西之间，不再有语言的屏障。这就是真正的洞察——当心智不再喋喋不休，而是完整地洞察事实，没有语言插在中间。

不带语词表达地观察恐惧，这本身就是训练；它不是强加在心智上的训练。懂得这一点非常重要，希望我们清楚明白了。观察恐惧，这本身就是训练。你不必进行训练来达到观察。进行训练来达到观察，就在阻碍观察，阻碍觉知。当你看到训练心智去观察是虚妄的，那么正是这一洞察带来了它本身的训练。

如果你想要理解什么东西，如果你想要理解恐惧，显然你就必须对之付出全部专注。不要问，"我怎样没有训练地付出我的全部专注？"这是一个错误的问题，它将会得到错误的答案。首先你要明白这个真理：为了理解你的恐惧，你必须对它全神贯注，如果你逃避恐惧或者谴责恐惧，那么你就不可能全神贯注。逃避和谴责是一种你已落入的习惯，你无法通过训练来消除习惯。训练心智来消除习惯，不过是造出另外一个习惯。但是如果你看着自己的恐惧，不带语词表白，不带谴责或辩护，那么在这个过程中，就有每时每刻都在自然进行的训练——这意味着心智从训练的习惯中解放出来。

我想知道你们中有多少人跟上了全部内容？也许在一天快要结束的时候，你太累了，以致不能有意识地跟上听讲，但是如果你就是倾听，而不是有意识地努力去听，那么我想，你将会发现，倾听本身是一件非凡的事情。如果你真正倾听，那么就会出现奇迹。一个懂得不带努力而倾听的人，比那种做出努力去听的人，学到的东西要多得多。如果你放松地、不带努力地倾听，那么心智就可以看到什么是真，什么是假；它可以看到虚假中的真实。因此，尽管你也许不能有意识地跟上我讲的内容，但是请你通过直接体验来倾听。毕竟人类最深邃、最根本的回应是无名无言的。它不是我告诉你什么东西，然后你就明白了，而是心智在倾听的状态之中有一种领悟，这领悟不是你的，也不是我的；它是这种毋须努力而来的领悟，它会带来根本的变革。

让我们回到主题，恐惧仅仅存在于时间的框架之中，在那里没有真正的转变，而只有反应。比如说，共产主义是对资本主义的反应，正如勇敢是对恐惧的反应。在心智获得自由的地方，不存在恐惧，但是这样的状态不能称为"勇敢"。它是一种智慧的状态。这种智慧可以无所畏惧地面对任何问题，因此它就可以了悟问题。一个恐惧的心智面对问题时，无论它采取什么行动，它只能使问题更加混乱困惑。

因此，让心智获得自由就是智慧之举。智慧没有定义，如果你仅仅追逐一个定义，那么你没有智慧。但是如果你一步一步地深入精确地探明你害怕什么，为什么害怕，那么你一定会发现，在观察者和被观察对象之间存在一道分隔。朋友们，请跟紧一点儿，我只是在变换一种说法。

观察者说"我害怕"，他与他叫作害怕的那种情态是分离的。举例来说，如果我害怕邻居们的流言蜚语，那么就有害怕的情态，还有一个"我"，他是那种情态的体验者、观察者。只要还有观察者和被观察对象之间的分裂、害怕的"我"和害怕的情态之间的分裂，恐惧就不可能终结。只有当你非常认真地分析检查恐惧的全部过程，并亲自发现：观察者和被观察对象是一体无别的，恐惧才能终结。之所以有恐惧，是因为观察者本身是恐惧的，因此这不是一个从对某个特别事物的恐惧中解放出来的问题。从某一个特别事物的恐惧中解脱，这是一种反应，因此这不是自由。当我从愤怒中解脱，这仅仅是对愤怒的反应，因此这不是自由。当我从暴力中解脱，这种自由还是一种对暴力的反应。有一种自由，它不是从任何东西中解放出来的自由，它是最高形式的智慧，只有当你非常深入地探索恐惧的整个问题，这样的智慧才会降临。

现在，让我们看另外一个问题：我们为什么有理想？它不是浪费时间吗？理想不是阻碍我们洞察真实的东西吗？我知道你们多数人都有理想：关于高尚的理想，关于道德的理想，关于非暴力的理想，还有更多。这是为什么？它们真的能够帮助你摆脱"当下之是"的真实状态吗？比如说，我是贪婪的、嫉妒的，同时我也有克己勿贪的理想。那么，究竟为什么我应当有这种理想呢？我们说理想是必需的，因为它会像一个杠杆、一个工具起到排除贪婪的作用。然而真是这样吗？确实的，心智可以从贪婪中，或者从无论什么东西中解放出来，但这只有在心智全神贯注致力于它面对的问题，而不是被理想分心时，才能做到。这就是为什么我说理想完全是废话的原因。我是暴力的，于是我的心智追逐非暴力的理想，这是逃避真正的暴力事实的一种强大的心理反应机制。这是一种自我欺骗。这是根本没用的。有用的是，承认暴力的事实，并且我有能力检省它。追逐非暴力的理想，在自己内心每时每刻都挣扎着不要暴力，这是另外一种形式的暴力。

所以重要的不是理想，而是事实和你有能力面对事实。如果你抱有一个理想，那么你就不可能面对你的愤怒、你的暴力的事实，因为理想是虚构的、靠不住的，它没有真实性。为了觉悟你的暴力，你必须对它全神贯注，如果你抱有一个理想，你就不可能全神贯注。理想主义只是我们具有的一种习惯，印度正在这种习惯中沉沦。"他是一个高尚的人，他有理想，并且为理想而努力"——你知道我们谈论的这一切废话。一个简单的事实是，我们是暴力的，只有我们不带谴责或辩护地去看我们的暴力，我们才能深入洞察它。当心智停止对暴力的谴责或辩护，它就已经是在自由地检省暴力的构成。

恐惧以不同的形式表现出来，不仅有表现为绝望的恐惧，也有表现为希望的恐惧，我们大多数人陷于这两者的钟摆之间。因为绝望，于是我们奔向希望；但是如果我们觉悟了恐惧的全部活动过程，那么就既没有希望，也没有绝望了。

朋友们，不知道你有没有试过追寻美德之源达到穷极，有没有试过不带接受或拒绝地检省它。请你找时间试试——试着追寻美德，并且不带辩护或谴责地观看美德。你会发现，你对美德的理解达到这一境地：美德并不仅仅是一种社会生活的便利之需，也不是为了遵从某个理想主义的模式。当心智从所有关于美德的概念中解放出来时，你将会达到这一境地，并因此来到空无一物之境。

朋友们，还要请你倾听，不要同意或者不同意；就是倾听，让这些话语渗入你的无意识之域。

你的心智现在堆满了概念，不是吗？心智是经验的产物；心智充满了恐惧；心智知道希望和失望、贪婪和不要贪婪的理想。心智是时间的产物，因此心智只能运作于时间的领域，在那个领域里，没有转变，那里的转变不过是模仿或者反应，因此它不是变革。

如果心智能在自我探索中走得越来越深，那么你会发现它到达这一境地，那是全然空无一物之境，是彻底的空灵，而不是失望带来的空虚。希望和失望都是恐惧的产物，当你深入追寻探索了恐惧并超越了恐惧，那么你就会达到这种空无一物之境，拥有这种与失望毫不相干的彻底空灵之感。只有在这种境界中，才有真正的革新，才有心智本身品性的根本转变。

但是这种空无一物之境不是一个你可以追逐的理想。它与心智的虚构发明毫不相干。心智无法懂得它，因为它是浩瀚无边的。然而心智能够做的是，从自己的所有的喋喋不休中解放出来，从所有它的琐碎狭隘、愚蠢、嫉妒、贪婪、恐惧中解放出来。当心智彻底静寂时，这种全然空无一物之感就随之而来，它正是谦逊的本质。只有这样，才有心智品性的根本转变，只有这样的心智，才是创造性的。

1959 年 2 月 18 日

清晰的心智是具有洞察力的心智

今天晚上，我想要讨论什么是混乱，什么是清晰。但是在我们深入主题之前，我想我们应该懂得我们这些讲座的目的。如果我们来听讲，仅仅是想要找到我们自己问题的答案，那么这就太遗憾了。我已经多次指出，希望你不介意我再一次申明：只有问题，没有答案；因为在对问题的理解觉悟中，问题就消解了。

因此我认为，听讲不是为了寻找答案或是为了得到别人指导，而是就在这倾听的过程中，你亲自去发现关于混乱与清晰的真理，这才是明智的。

我们大多数人满足于语词的描述，满足于答案，满足于解释说明，我们以为我们已经找到了我们的问题的解决办法。这就是为什么我们热衷于重复、引用、解说、程式化的原因。但是在我看来，所有这些东西都是觉悟的障碍。一个引用的人显然不能清晰地思维。他的思想依附于权威。虽然这个世界上有各种形式的权威，都试图把人推向某个特别的方向，但是有越来越多的个人觉察到问题，他们不但抛弃了权威，而且努力亲自探索生命的全部意义。

现在，我们要么是给生命赋予一个意义，要么是生活着。那些给生命赋予意义的人，他汲汲追求他所谓的生命的目标，这样的人显然不是在生活着。他想要找到比日常存在的事实和生活有更大意义的某种东西，因此他造出了一个乌托邦，一个思辨推测出来的生命应该如是的程式，他用这样的程式来指导自己的生活。

我根本就不主张这样做。我们有数不清的问题，其中有些问题痛苦得令人窒息，有待我们去弄明白，不是基于某个特别的观点来理解，而是把它们作为生命整个过程的一部分来领悟。有些人是按照某种特定的信仰和教条，或者是宗教的信仰教条，或者是政治—经济的信仰教条，来理解生命的问题，希望以此来解决问题；他们只是从狭窄的视角来看待人类生存中的冲突分歧、恐怖痛苦，他们认为通过某种信仰或者法律，他们就可以转变这个世界。有些科学家仅仅关注探索物质世界，并向上进入太空。所有这些人都是从某种特别的视角来看待生存的问题，不是吗？他们把生命的过程割裂成碎片。但是生命肯定是一个完整的过程，而不是各个局部各行其是。现在，个人在政府眼中是一种东西，在私人生活中又是别的某种东西；他是一个经济学家，或者一个共产主义者，或者一个商人，而这些身份与他的渴望毫不相关，他渴望生命的真实，渴望探明死亡的真理、冥想的真理、构成生命的所有非凡事物的真理。

所以我想，如果你作为个人，是以支离破碎的心智、片面偏见的心智，或者某种专门家的心智，来听我讲这一切，那么这实在是太遗憾了。生命不是支离破碎的，我们必须完整地、全面地、尽可能深入地去把握它。

在我看来，重要的是领悟生命这个浩瀚无边的海洋，领悟它的无限美好与真实、它的肤浅与深不可测、它的喜悦、它的悲惨、它的冲突和痛苦。生命是艰辛地养家糊口，是感受失望，感受彻底的无助，是过失和事故，是在冥想中深入探索自己，发现那超越时间的真实——所有这些就是生命，为了觉悟生命的全部意义，心智就必须非常清晰。心智不能有混乱不清的阴影。心智必须有能力探索自己的每一片杳无人迹的地域，在探索中不积累自己所发现的东西，因为搞积累的心智显然无法走得很远。我不是夸大其辞，而只是讲真话。当心智背负着经验的重担，它怎么能够体验新的东西呢？只有年轻的、新鲜的、单纯的心智，只有永远运动的、不积累经验、不逃避的心智——只有这样的心智才能觉悟作为整体的生命。

为了对广阔无边、不可测度的生命拥有这种非凡的洞察觉知，我们的心智就必须非常清晰、非常明确。心智的这种清晰明确，不是遵从指导可以得到的；它不是通过训练或服从而产生的。只有当你觉悟了我们大多数人都活在其中的那种混乱的全部过程，你的心智才会变得清晰明确。大多数的人——从最高阶的政治人物，到每天骑单车上班，重复着令人生厌的事务的最底层的小职员——都是混乱不清的。是什么造成了这种混乱迷惘的可悲状态？如果我们不理解这个问题，那么追寻清晰明白，就不过是一种借口，一种逃避。

我们中很少有人愿意承认：我们是十分混乱的。我们说："我有一部分是混乱的，但是我还有另外一部分是非常清楚的，我将靠我的这部分清楚，把混乱的那部分清理好。"或者，如果你承认你是混乱不清的，你说："我要求助于什么人，他将告诉我怎样理清混乱。"但是如果你选定一个宗教导师或者一个领袖来帮助你，那么你的选择是出自你自己的混乱，因此你的选择必定同样是混乱的。（笑声）朋友们，不要笑，这样的事情真实地发生在政治领域，也发生在你跟宗教导师、信仰、哲学、戒律一道的你所谓的宗教生活中，它发生在你生命的所有层面。因为你是混乱的，所以你求助于某个承诺理清你的混乱的人。于是专制暴政就产生了，残忍无情的剥削利用制度在政治领域和所谓的心灵领域出现了。

所以我们必须首先要认识到，没有人能够帮助我们理清自身的混乱。对我们大多数人来说，面对这一点非常不容易。心智不愿意看到这个事实：没有人能够帮助它获得清晰。只要你是混乱不清的，那么你选择某个领导人或者某个宗教导师，都是你的混乱不清的结果；如果你不是混乱不清的，那么你就不会造出领袖、导师、等级森严的威权系统。

心智是混乱不清的，这是一个简单的事实。如果你真正地观察自己的心智，你会发现，你在政治方面、宗教方面以及其他每一个方面，都处于混乱不清的状态。你不知道什么是应该做的正确的事情，你不知道应该追随什么人，或者你究竟要不要追随任何人。一些专家的意见总是和另一些专家的意见相互矛盾。共产主义者、资本主义者、各种各样的宗教流派，都在互相对立斗争。所以心智是混乱不清的，在它的混乱中，无论它选择什么或决定做些什么，注定还是带来更深的混乱、更深的冲突和痛苦。

那么，为什么会有混乱呢？我将要探索这个问题，请你倾听我讲的东西，不要接受或者拒绝。就只是倾听，就好像你要听任何值得一听的事情。首先要明白这一真理，混乱的心智做出的选择，只能带来更深的混乱。这是一个事实。另外一个事实是：当心智说，它只有一部分是混乱的，并认为它有一部分是清晰的——即它的高我、灵魂，所有这类东西——这样的心智仍旧是完全混乱的。心智说"我有一部分不是混乱的"，这是自我欺骗。如果你真的有一部分是清晰的，那么显然，这个清晰的部分就会擦去所有的混乱。哪里有清晰，哪里就没有昏暗，而只有清晰。因此，若以为在你自己内心有个部分，一个灵性的实体，它是清晰明净的，而仅仅是物质世界处于混乱浑浊，这种想法则是一派胡言。这种想法是心智虚构的，它障碍你洞察事实。事实是，你的世界里只有混乱。因此你必须觉知这个事实，不要欺骗自己。

是什么造成了这种混乱呢？从本质上说，混乱来自你的渴望，你想要变成和现在的你不一样的什么人。你所受的教育和其他影响激励这种渴望，使你认为你必须得有理想。哪里有渴望变得不同，哪里就有不停的模仿行动，那就意味着遵从权威的模式。请你看清这其中的真理。当你渴望要变得和现在的你不一样，你就开始追随、模仿，你抱有某些标准、程式、理想，这就意味着，在当下你所是的样子和你认为你应该是的样子之间，存在着一种矛盾。请只是观察你自身中这种矛盾。不要接受或者否定我说的话，因为接受和否定是非常愚蠢的——如果我可以使用"愚蠢"这个词汇，而不带任何贬损的意思。当你没有觉悟你现在所是的样子，而想要变成与现在的你不一样的什么人，这时你就启动了自我矛盾的进程；这种自我矛盾就是模仿之道。比如说，你是懒惰的，而你抱有不要懒惰的理想，于是你努力活得符合你的理想；就在这样的努力之中，你已经建立了模仿的模式。

因此，我们的求索有往内的走向和往外的走向。你把往外的走向叫作唯物主义的，把往内的走向叫作唯灵论的。但是如果一个人在内心追逐某个理想，他通过克己训练以及其他所有手段，为改变自己而努力斗争——那么他的心智就成为矛盾的欲望冲突的战场，不是吗？他在内心建立了模仿的心理模式，建立了权威的心理模式，并努力奋争按照这个模式来生活。所以你的内心走向其实与你的往外的唯物主义走向是一样的——在唯利是图的意义上来说的唯物主义。在外部世界你想得到更大的权力、更高的地位、更高的声望，你想得到更多的土地、更多的财产；在你的内心，你想要变成与现在的你不同的什么样子。所以这两方面都是利己主义的、自我永存的一种形式。

这些都是事实。它们不是我的虚构发明。我只不过是揭示了事实。你也许不喜欢这些事实，因为你认为自己是一个真诚信仰的人，因此你将否定这一切。但是如果你能够非常清晰、细致、不带偏见地检查你自己，你就会发现，无论在外部世界，还是在自己内心，你都渴望变得与现在不一样，因此模仿就产生，权威就被造出，就出现**"当下之是"**和**"应该是"**之间的无休止的矛盾。这种自我矛盾的状态就是混乱的最初源头。

那么，有一种往内的走向，它不是由想要变得不一样的愿望所驱动的，因此它不会造出滋生混乱的自我矛盾。这是真正的内心追求——看到事实本来的样子，而不试图去改变它。看到这个事实：你是懒惰的；看到这个事实：权威以各种形式支配着你的生活——看到事实，而不试图去改变它，不说："我一定不能懒惰；我必须从权威中解放出来。"能够这样做，实在是最重要的事情，因为这样才不会造出对立面，并引起自我矛盾的混乱。但是，简单纯粹地观察事实，这是一件出奇难做的事情，因为我们的心智总是在做比较，总是想要把"当下之是"变成别的什么东西。

让我们以权威作为例子。当你觉知自己受到强迫，受到摆布，当你知道不得不服从，那么会发生什么？就还有一种对立的活动存在，不是吗？也就是说，你感到你必须自由。所以正是在服从这个事实中，存在着与那种服从相矛盾的一面。如果你没有理解权威的全部运作过程（显然不是理解为什么你在公路上必须靠左或靠右行驶这样的权威，而是理解为什么有宗教导师的权威，为什么你如此出奇地崇拜某一本书籍的权威，所有其他此类），那么这种矛盾就不可避免。如果你真正深入地探索，你会发现，心智想要得到确定、安稳；它想要得到带领、指导，这样它就不再有斗争，不再有痛苦，不再感到孤独。只要心智没有看清这个事实，而仅仅是追逐内心的或外在的清晰，那么就必定有权威出现；权威是你内心混乱的结果，混乱是自我矛盾的结果。

现在你开始看到，每一个愿望都有它自己的相等的对立的反应。你明白吗？我说清楚了吗？愿望一定造出自己的对立面。换句话说，所有的愿望都是自我矛盾的。我希望成为善良的、仁慈的、柔情挚爱的，与此同时，就有暴力、愤怒、嫉妒的愿望，等等所有这类东西。正是想要成为什么东西的渴望，造出了相反的愿望，不是吗？是吗？

朋友们，让我换一种说法。你会有一种不带其对立面的愿望吗？肯定不会有。我想变得善良，但我却是残忍的；我想要非暴力，但是我内心却充满了暴力。所以愿望本质上是自我矛盾的——这不是说，你不能有任何愿望。相反，如果你在我们的探索旅程中观察你自己，你会发现，有某种全然不同的境界出现——它不是一种丧失欲望的心智。

混乱来自渴望变得不同。你要亲自去发现，这是一个重要的事实。同时，看到这个真理：每一个渴望都有自己的对立面，这也是重要的。

看到在某个事物中蕴藏的真理，这是一种直接的洞察了知；它不是一种争论的、分析的方法，不是通过这种方法，最后你说："是啊，我明白了。"当心智出于真正的探索状态，这种对于真实的洞察了知才会出现，这意味着心智不能采取防卫，也不能采取攻击。只有当你的心智非常的清晰简单，也就是说，你的心智清除了思想、经验，清除了它自己的希望和恐惧，你才能够看到真理是真理，谬误是谬误，看到在谬误中蕴藏的真理。为了能够洞见某个事物中的真理，心智必须是清新的、单纯的，那实际是一种放弃自我的状态。

我正在讲的是，混乱来自自我矛盾，来自渴望变得不同，而这种渴望启动了各种各样的模仿和权威的体系。你必须亲自看清这个真理——不是靠我劝说，因为这样一来，你就根本不是在洞察，你还是在被别的什么人劝说和影响。没有什么"好的影响"；所有的影响都是有害的，就像所有的权威都是有害的；越是绝对的权威就越是绝对有害。所以对你来说，亲自认识这个真理是最重要的：混乱来自自我矛盾，自我矛盾来自渴望变得不同，而这样的渴望滋生模仿和权威。

现在，如果你明白了这个简单的事实，那么问题来了："我不该了解我是什么吗？"了解你是什么，这是真正的向内进行的探索；这不是对于向外求索的反动或者拒绝。但是你并不知道你是什么。你认为你是灵魂，是高我，是这个或者那个；相反，事实上你是数不清的影响、传统、种种环境压力等等的产物。事实是，你是被你生长于其中的文化所制约束缚的。正如共产主义者受到的制约是绝对不信上帝，他们认为那完全是胡说八道，而你从小受到教育，受到制约，成为一个印度教徒，于是你就相应地有所信仰。

为了探明你是什么，你需要每时每刻持续不断地理解领悟，不仅理解领悟已经塑造你的生命的外在影响，而且理解领悟那些你通常觉察不到的无意识层面的精细微妙的影响与渴求。你的真实所是，并不是静止不变的，你永远在运动变化。你从来就不是一个永恒不变的状态，觉悟到这种无常，就不会有内心矛盾。不知道你是否明白了这个真理。你的所是从来不是固定的、恒常的。你想要永恒，你想要说："我是一个终极的灵性自我，它是永恒的。"因为你认为在这个"永恒"状态中，你就找到了幸福、安全、上帝，以及所有这类东西。相反，看清每时每刻的你是什么，并且追寻你所看到的东西，达到极致的深度和广度，这是真正的向内进行的探索，这种内心真实的探索永远不会造出自我矛盾和混乱，因为它每时每刻都彻底放弃自己已经观察、体验、学习的东西。如果心智已经抱持了一个立场，如果心智已经有了经验并说"我知道"，如果心智想要变得与现在不同——那么只有这样的心智会造出自我矛盾，并因此造出混乱。

你显然是影响的产物。你的心智每时每刻都受到报纸、广播、演讲、你的妻子或者丈夫、社会、传统、信仰、教条的影响。你受到你吃的食物、穿的衣服、居住地的气候、你所遵循的日常惯例等等的影响。然而，如果你能够认识这一切，每时每刻不带接受或否定地觉知这些无法计数的影响，那么你就开始从它们的约束中解放，因为一个十分清醒机警的心智显然是不容易受到影响的。正是不能觉知自我的心智，正是被传统所毁坏、被时间所束缚的心智——只有这样的心智才总是受到影响。

要每时每刻都看到真实的东西，就需要一种洞察力、一种警醒、一种觉知，在这其中没有积累，因为"当下之是"永远在变化之中。今天的你不是昨天的你；昨天的你已经被时间中发生的一系列事情改变了。思想在时间中从一个点移动到另外一个点，它从来不是绝对的，从来不是确定的，绝不是一成不变的。"当下之是"绝不是静止不变的。因此，你用不着奉行这个观念：你必须变得不同。你只要洞察了知"当下之是"的事实，这就足够了，这种事实会产生它自己的变化运动，这就是"当下之是"的改变。

因此，一个混乱的心智，却寻求变得清晰，它只能造出自身的矛盾，并由此更增加它自身的混乱；一个混乱的心智，无论它向外或者向内做些什么，它都是在建造制度体系、戒律、矛盾、强迫，这些只能滋生更深的痛苦。向外部世界求索的人，你称他们是唯物主义的，向内转的人，你称他们是唯灵论的；但是他们两者都是自我矛盾的。相反，有一种真正的向内求索，它不是向外求索的反动和对立。它是对于"当下之是"的单纯的洞察了知，而对于觉悟来说，这是极其重要的。

朋友们，当一个懒惰的心智对于自己的懒惰有所觉察时，会怎么样呢？它会马上说："我必须训练自己不要懒惰。我每天必须早起。我必须这样做；我不能那样做。"看吧，懒惰成了受训持戒的心智的标志，对自己进行训练的心智就是懒惰的。（笑声）朋友们，不要一笑而过；要看到其中的真理。意识到我是懒惰的，于是我强迫自己每天早起，锻炼身体，做所谓的静坐冥想，以及其他所有事情。那么又怎么样呢？我不过是开启了另一个漫不经心的习惯，漫不经心正是懒惰的核心本质。你看到你是懒惰的，你就强迫自己不要懒惰，正是强迫滋生出矛盾以及更深的混乱。你是懒惰的，这是事实。看着这个事实，深入探索它，发现使你懒惰的所有因素。不要试图去改变事实，而是观看懒惰的发作，每时每刻觉知它。那样你就用不着训练自己。当懒惰出现时，心智每时每刻都在警醒地看清它，这样的心智就不是混乱不清的。

因此，只有当我们向外的求索或向内的求索成为矛盾时，才会有混乱。洞察了知，既不是向外走，也不是向内走的，它是每时每刻都在看着事物所是的样子，不带偏见，不戴有色眼镜，不做价值评判。唯有如此才有清晰。这样的心智中，不论表层还是内部，没有未被察知的地方，因为它是如此机敏，如此警觉，如此清楚的觉知，以至于它每时每刻都在感知、在探察、在了悟。

我所说的就是，清晰的心智是具有洞察力的心智。在自我认识的意义上说，这种洞察越是真实，它也就越是深入地透进内心——但它是不受时间限制的。如果有这样的自我认识，也就是对"当下之是"的持续不断的运动，不仅仅在意识层面，而且在深邃的无意识层面，都在感知觉察，那么你就会看到心智所不可测度的境状出现。那时，心智是出奇的清晰，它所拥有的清澈明净不带任何阴影。只有这样的心智才能够接纳真实之物。

1959 年 2 月 22 日

认识自我是永无止境的

今天晚上，我想建议我们一起讨论什么是自我认识。这是一个相当复杂的问题，像许多关于生命的问题一样，这个问题没有最后的答案。我们大多数人容易接受从别人听来的，或者是从哲学、宗教书籍中读来的关于自我认识的解说。如果我们只是停留在这个层面上，那就太遗憾了。不同的是，今天晚上让我们看看，我们能不能透入我们自己的意识深处，直接体验自己思想和情感的全部过程，体验我们全部的希望、我们全部的恐惧。

在我们开始往下进行之前，我认为对你来说，重要的是认清你是怎样听这个讲座的。我将要探索自我认识的整个问题，但是如果你只是听到一堆解释说明，满足于语言词汇——那么在我看来，这就是极其无聊的事情了。这就像是一个饥饿的人，听到别人说一大堆关于粮食收割或美食制作的话语描述，希望他的饥饿就此得到解除。事实上，我们大多数人就是这个样子。我们并不渴求深入了解语词的含义，我们并不真正急切地要了解懂得心智的整个运作过程、我们自己的所有的思想和情感。这就是为什么我们如此轻易地满足于解释说明，在解说层面看待我们的诸多问题的原因。我认为，仅仅是给出解释说明的人，以及满足于得到解释说明的人，这两种人都是活得非常肤浅的。

解释说明解决得了任何重要的问题吗？我可以向你解释国家主义的虚伪性——它带来腐败、破坏和恶化的结果——即使你能够看到这些解释说明是正确的，但是显然它们也不能把你从国家主义中解放出来。事实是，你喜欢国家主义的感觉；你喜欢归属于某个团体——它给你带来经济上和情感上的安适。因此，解释说明绝不会带来觉悟，它们绝不会真正解决任何重要的问题。牙科医生会告诉你，吃太多的糖会毁坏你的牙齿，他甚至可以给你看很多证据，但是你就是喜欢吃糖，所以你继续吃好多糖。所以解释说明是一回事，直接的行动完全是另一回事。要么你是仅仅追随语词，追随解释说明，要么你是在倾听的过程中直接体验演讲者所描述的东西——这才有重要得多的意义，比起满足于字面解说来，这才有更大的用处。

因此让我们非常清楚这一点，只有终止解释说明，才有真正的洞察了知或体验。你只能让解释说明停止，接下来的探索旅程，必须由你自己进行。我们大多数人不愿意进行这种探索，因为我们是懒惰的，我们容易满足于肤浅明显的东西，也就总是满足于解释说明。但是直接的行动、直接的体验，它的生命力是超越解释说明的，无论解释说明是如何的明白或精妙。

这就是直接体验我们正在谈论的事情，而不仅仅停留在语词层面，之所以非常重要的原因。我想，如果我们能够深入探索关于自我认识的所有问题，并探明什么是我们思想的真正基础、行动的真正基础、我们生命的真正基础，那么我们的探索就真的会令人神往。如果我们能够一步一步深入探索，进入细微之处，并直接地体验它，那么我想，我们的探索可以走得很远。毕竟，为了走得远，我们必须从脚下迈出第一步，这就近的第一步就是"我"，就是自我，就是我们心智的整个运作过程。你也许是一个科学家，或者是一个工程师，掌握着太空旅行的技术，但是真正的探索之旅，是向内心的探索，这个远比乘坐机器飞向月球困难得多，深刻得多，有意义得多。那种不可测度的东西，依然存在于我们自身。

因此，理解这一点是非常重要的：在语词的或者理智上的解释说明终结之处，才是直接洞察或体验的开始之处。解释说明绝不可能导向真实。无论解释说明是多么的圆满，它都无法让你懂得那种直接洞察、直接体验的东西。

如果你非常清楚地认识了这一点，那么你就决不会满足于解释说明，你决不会引用他人，你决不会求助于《薄伽梵歌》或者《圣经》的权威。你也许会为了理智上的乐趣而读书，但是直接的体验具有超越书本所教的东西千百倍的价值。一只活生生的小狗要好过一只死狮子。所有书中的英雄都是死了的狮子，他们的权威的危害是灾难性的。你直接体验和你亲身认知的东西，远比各种权威的解释说明要正确有用得多，无论这些权威是古老的，还是现代的。

让我们记着这些，进行关于自我认识的探究。我就像一个路标，只是指出方向，路标根本不重要。重要的是正在旅行的人。我不是宗教导师，不是权威，不是领路人。你必须独自行走内心探索之旅——这不是逃避外部世界的一种反动，而是努力觉悟的必经之途。外在的问题必定导致内心的探究，也就是说，导向对生命整个过程的觉悟，在这种觉悟之中没有外在和内在的分裂。

为了觉悟生命的全部过程，包括外在的和内心的，你必须觉悟自己思想运作的方式；你必须找到自己为什么这样想，你必须要探明为什么你想你之所想，也就是看请你的思想的源头。没有发现思想的源头，你的探索、你的行动，就没有真实的基础。你现在的行动是以习惯、惯例、律规以及你受到制约的生活条件为基础的。有一种行动，它与来自习惯、惯例、律规、制约条件的行动完全不同；只有经过自我认识，才能带来这种行动，这就是认识自我之所以如此必需的原因。

那么，我们所说的认识是什么意思呢？当我们说"我认识"，这是什么意思呢？我认识你，是因为有人向我介绍过你。我们见过面，于是在我心中仍然保留着你的样子，当我们再次遇见，我认出了你。因此认识就是认知的过程，我们是通过过去经验的背景来认知，这意味着认识是积累添加，认识是可以增添的。当我们说"我必须认识我自己"时，我们认为自我是某种静态的、固定的、不变的东西，因此是可以被认知的。或者别人告诉过我们什么是自我，于是我们对此有了一定的结论，我们从这个结论出发来认知自我。所以认识总是一个认知的过程，没有认知，就没有认识。认识是通过认知来添加的。这个看上去也许有点复杂，其实非常简单。

认识是一回事，而觉悟是另一回事。认识意味着积聚；它是通过过去的经验而来的认知的过程。每一种新的经验受到先前的认识的制约，并且增添到先前的认识之上。所以认识是积聚添加的，相反，觉悟从不积聚添加任何东西。当你说"我认识你"时，你仅仅是从一种过去的不变的经验背景来认识我。你知道我的名字，知道我长什么样子，知道我对你说过什么话，或者知道别人说过关于我的什么，等等。所有这些都认识停留在昨天。从那以后，我有了很多经历，我受到了多种影响，我也许已经有了很大的变化。但是你停留在昨天的记忆中，你基于昨天的记忆来判断今天的我。所以你说"我认识你"，而这时事实上你根本不认识我，但是你很轻易地说"我认识你"，你会一直这样说。

也许我没有把这个讲清楚。除非你能理解这个简单的道理，否则你很难明白自我认识的整个活动过程。

当心智说"我知道"时，它所知道的一切都是在昨天或者过去某一时间发生的东西。它带着过去的认识来看待现在，而现在却是每时每刻在变化的。所以心智不能说"我知道"，从心理上理解这一点非常重要。一个说"我知道"的人，并不知道。你永远不能说，"我找到了真理"，因为真理是运动的、活跃的、动态的；它从来不是静止的，不是固定的，不是一成不变的，这就是真理的美丽之处、壮观之处。

为了理解这个叫作"我"即自我的东西，你必须亲自探索它，你不能说"我知道"，你不能接受任何权威。所有的权威都是没有生机的，它不会带来这种创造性的探索。权威可以引导你，塑造你，告诉你做些什么，不做什么，但是所有这些仍然是在寻求认知的范围内。背负着已知的重担，你无法追随那种活跃的、生机勃勃的、运动的东西。因此，如果心智明白了这其中的真理，并且希望深入探索它自己，那么它决不会说"我知道"；因此，由于它处于一种不断运动的状态，因而它能够观察那绝非一成不变，也在不断变化的东西。这就是自我认识的开始。不知道我把这个说明白了没有。

朋友们，你看，我们所知道的自我，是一个受到局限的东西，然而它也是活跃的、运动着的；一个受到制约的、被传统束缚的心智，它说，"存在着高级的自我和低级的自我"以及其他这类说法——这样的心智就没有可能理解觉悟自我。我使用的"**自我**"这个词汇没有任何唯灵论的含义，我使用这个词汇，指的是日常生活的自我，那个在思想、感受、想象、希望、渴求、陷于冲突的自我，那个充满偏见的，那个进行思辨推理，进行评判，四处寻找的自我。

这些东西太难理解吗？希望不是。如果你觉得难以理解，你可以跳过它。也许我可以换一种说法。

我们所知道的自我，就是那个"我"，它拥有财产，它拥有性格，它处在一定的关系之中，它被一定的文化，被复杂的环境影响，被它阅读的书籍、它学习的哲学思想、它学习的技术所制约。心智是嫉妒的，它知道爱和恨、希望和恐惧——所有这些都是自我。自我不仅仅是浅层的、在日常活动中运作的意识层面的心智，而且还包括无意识层面的心智，它在深隐得多的层面活动运作。这个总体的意识就是自我。

那么，从自我这个中心，我们的所有思想生发出来。哪里有中心，哪里就有外围，有边界。这个中心，就是意识层面和无意识层面的进行认知活动的思想者，而这个边界，就是他所追寻的东西，它仍然局限在已知的范围之内。所以这里有思想者和思想、经验者和被经验的对象、观察者和被观察的对象。对我讲的，不要接受或者否定；而是倾听跟上，不停留在语词层面，而是通过这些解说，真实地看到你自己心智在怎样运作。

我想要认识我自己。为什么呢？因为如果没有认识我自己，我就没有基础来做任何事情。我不知道我的想法是否有用，我是不是生活在幻想中，我是不是在欺骗自己；我不知道我为什么努力奋斗，我为什么有某些习惯，等等。没有认识我自己，我就不能清晰地观看。所以我必须认识我自己，也就是说我必须了解自己的心智。我必须觉知每一个反应、每一个想法，不带任何谴责或者辩解。我必须保持这种探索状态，这意味着观看每一个思想、每一种情感，而不带偏见，不带过去经验的背景，不让经验说："这个好，那个不好；我得要保持这个，我必须丢掉那个。"

所有这些都是明显的，不是吗？如果我想要了解我的儿子，我必须觉察他真实的状态，我必须不带任何谴责或者比较地去端详他；当他玩耍的时候，当他哭泣的时候，当他吃饭吃得太多的时候，等等。同样的，如果我想要了解我自己，我必须不带任何评判地、在人际关系的镜子中观察我自己；我必须觉察我对你说了些什么，你对我是怎样的反应；我必须觉察我怎样跟我的佣人说话，怎样跟我的妻子或者丈夫说话，我怎样对待公交车司售职员和苦力劳工；我必须了解我的情感、我的思想及原因。我必须看清我得的思想和情感的全部过程。这样的观察完全不需要训练。当你训练自己观察时，这个训练就阻碍你进行观察，因为训练变成了你的习惯。如果你真正关注探索发现，你就会每时每刻都在观察，这个并不需要训练的习惯。

因此，要明白的第一件事情就是——认识你自己，是绝对必需的；否则你的思想就完全没有可靠的基础。你可能学富五车，你可能高官厚禄，但是如果你没有认识你自己，那么这些全都毫无意义，因为你的生命漆黑一片。

要了解你自己，你就必须有觉知感悟的能力，必须有警觉性，必须保持观察状态，在其中没有任何谴责或者辩解。而进入这种不带评判的观察状态，是非常艰难的事情，因为沉重的传统反对你这样做；你的心智受到千百年传统的训练，去进行判断、谴责、辩解、评价、接受或拒绝。不要说，"我该怎样打碎这种枷锁？"而是要明白这个真理：如果你想要了解你自己——这显然是最重要的——那么你就必须不带任何谴责或比较地观察你的心智的活动作用。

那么，你为什么比较，为什么谴责呢？做出谴责，不是最容易的一种事情吗？如果你是资本主义者，你谴责共产主义者，就如同共产主义者谴责资本主义者一样。如果你是一个虔诚的基督徒，那么显然你会谴责印度教或者伊斯兰教，因为这是一件容易的事情——谴责，再谴责。谴责实际是一种反应，而且是懒惰的心智的一种表现。

关于比较，也是这同样的道理，不是吗？一个进行比较的心智能够觉悟吗？朋友们，不要表示同意或者不同意，而是观察你自己。当你把你的小儿子和他的哥哥相比较，你真正理解你的小儿子吗？在教室里，在所谓的教育中，把一个孩子与比他更大或更聪明的孩子相比较，不是毁掉了敏感的孩子吗？进行比较，也的确是懈怠的、不顾及他人的、本质上懒惰的心智的一种表现；这样的心智永远无法觉悟。

下一个问题是，思想是什么？我们叫作思想的东西，是记忆的反应，是一个人的制约条件的反应。如果我问你一个问题，你对这个问题熟悉，那么你的记忆机制很快就查到了答案，所以你立即就回答我。在问答之间没有时间间隔。如果我问你一个复杂得多的问题，那么在提问和回应之间就有一个时间间隔，心智在这个间隔期间搜寻记忆的仓库，复习所有它学过的东西，寻找一个答案。确切地说，这就是被我们叫作思想的东西——记忆的反应。

那么，记忆总是受到制约的，不是吗？你作为一个印度教徒，一个穆斯林，一个共产主义者，一个资本主义者，或者无论你是什么，都是受到制约的，当我问你一个问题时，你是根据你的制约条件来回答我。如果你是一个虔诚的印度教徒，我问你，"你相信神明吗？"你会回答"相信"，因为千百年以来，你就是这样被教育，被束缚地相信神明。如果拿同样的问题去问一个受到制约而不相信神明的人，他会说，"你胡说些什么呀？"所以我们的所有思想，从最肤浅的到最复杂的，都是记忆依据它所受制约的条件做出的反应。

心智说，"我将要探索我自己"，这时候它就已经被束缚着；它被束缚为一个印度教徒、一个佛教徒、一个基督徒，或这或那。只有觉悟了这种制约束缚的条件，才能打破这种条件，并且显然我们必须打破它。成为一个印度教徒，或者一个基督教徒，或者一个共产主义者，或者一个社会主义者，是荒谬可笑的。我们是人类，为了解决生命中的问题，我们必须作为人类的一员，而不是作为这些互相冲突的团体成员，来看待问题。任何制度、信仰、意识形态都不会解决我们人类的问题。饥饿是人类的问题，我们必须共同携手来应对它，而不是分裂成资本主义者或者共产主义者。对于解决生命的一些基本的问题来说，制度是根本不起作用的，它们只能是更深地制约我们的心智，而心智已经深受着传统的制约，深受着环境影响的制约。

那么，深受制约的心智怎样消除它的制约条件呢？你明白这个问题吗？比如说，你是受到制约而成为一个印度教徒，而且你对这种制约条件却浑然不觉，因为你生活在一个实际上每一个人都是印度教徒的社会里，你已经接受了这种现实，所以你从未对它有所质疑。但是现在有人告诉你，你的心智是深受束缚的，而你也开始看到这是真的，于是你说："我怎样从这种束缚中解脱呢？"

朋友们，从特定的制约条件中解放，仍然是一种受制约的状态，不是吗？请注意这一点。从某种事物中解放，这是一种反应；因此它根本就不是自由。我将向你说明我的意思。仅仅让我自己从国家主义中解脱，这就是一种反应，因为我是想要别的什么东西。我受到制约束缚，这种东西使我痛苦烦恼，所以我说，我必须从它中解放出来，我才能快乐起来。也就是说，我是为了得到别的某种东西。换句话说，我让自己从某种东西中解脱，是为了进入一种令我更加满意的状态，这显然是一种反应，因此它根本不是自由。自由不是来自反应，自由是心智的一种状态，在那里，没有想要得到什么东西或者不要得到什么东西的欲求。

如果你明白了这个真理，那么接下来的问题是：从制约条件中解放，意味着什么？它一定不是意味着从什么东西中解放，也不意味着自由地得到什么东西，而是意味着看到事物真实的样子。比如说，我受到制约成为印度教徒，我并不想从我的制约中解放，我想要了解这种制约。当我看清了它的真实事实，那么这时就有了自由，而不是一种反应。不知道我把这个讲清楚了没有。我不想举例子，因为一个例子可以被另外一个例子反驳。重要的是你能够无所作为地关注考虑它，因为无为的关注考虑是直接的关注考虑。

你们看，存在着积极有为的思想和无所作为的思想。积极有为是做出决定，应该怎样做，怎样通过践行某种系统、某种方法、某种训练，去打破你的制约条件。践行某种方法、某种训练，使自己从制约条件中解放，在这过程中，你只是被引入了一种更深的制约束缚，引入了一个新的习惯。这就是积极作为的思想。反之，无为之思是观看你的制约束缚的事实，并看清这个事实：没有任何方法系统或者训练，能够带来从制约束缚中解放的自由。

朋友们，你们很多人践行非暴力，你们崇拜非暴力的理想，你们乐此不疲地宣扬非暴力。这就是积极作为的方法，对此你是非常了解的。但是事实是，你是暴力的。无为的方法就是单纯地察觉这个事实。察觉你是暴力的这个事实，这本身就已经足够了。你不用做其他任何事情。当你有暴力的行为时，你才引入"非暴力"的虚幻理想。

不知道你是否明白了这一点。比如说，我是贪婪的。这是一个事实，我知道这个事实。我并不想把贪婪变成不贪婪；在我看来，这样做毫无意义，因为我知道，变成不贪婪，依然有着贪婪的本性。所有的变成什么，显然无非是贪婪的一种形式。如果心智觉知了这个事实：自己是贪婪的；它还觉察到，无论它做些什么来改变贪婪，这些行动仍然是在贪婪的图圈里。这种对于"当下之是"的洞察，才是它的解决方案。

因此，探索自我，必须以无为的方法着手，因为你并不知道自我是什么。你也许认为你知道，自我就是一个贪婪的人，是一个这样或者那样的人，但是自我是受到影响的，它是不停地经历变化的，为了理解它，你必须探索它，不是积极有为的，而是无所作为的、多方面的探索。

大多数人的心智都是受到制约的，我们无法通过做出决定或者下定决心，无法通过训练修行来打破那种制约。只有用无为的方式来看待我们的制约束缚，它才能被打破。仅仅是对于"当下之是"的洞察本身就足够了。注意这一点，那么你将会明白其原因。如果你明白了无所作为的方法就是看到事物的真理，看到事物的无价值，看到事物的虚构性质；那么你的贪婪的心智就不再陷入努力变得不贪婪的虚幻过程。因此心智是自由地看到"当下之是"，看到当下的贪婪；由于心智是自由地面对贪婪，所以它就能够消解贪婪。下一次，当你怒火中烧，当你充满暴力的念头时，试着这样做。不要谴责它，不要说它是对或是错，而是就那么看着这种情绪，不叫出它的名，不谴责，也不辩护，这是一件非凡的事情。仅是"**恼怒**"这个字眼本身就包含了谴责的意味，如果你看着这种情绪，而不去叫它的名，那么通过"恼怒"这个名词而来的字面联想就停止了。

朋友们，请跟我一起探索这一点；不要接受或拒绝我讲的东西，只要跟上倾听，无论你是否能够理解。

为了理解自我的全部运作过程，就必须有无为的方法。因为意识层面的心智决不可能有意识地深入探索深层的无意识。你也许在外部世界、在意识层面，是一个高超的技术专家，但是在你内心，在无意识的深邃层面，种族的、本能的、传统的回应一直产生着引力；所有你的野心、挫折、隐秘的动机和恐惧，都在深处汹涌澎湃。你必须理解所有这一切。为了理解它，你必须无所作为地看待它。积极作为的方法永远局限在已知的范围之内。而无为之法则把心智从已知中解放出来，这样心智就可以在一种纯真的状态中重新看待问题。

这时你就会发现，自我不仅是一个寻找者，而且还是寻找的过程，是被寻找的东西。寻找者正在寻找内心的宁静，它修习某种方法，由此来找到它所寻找的东西。寻找者、寻找的行动和被寻找的东西，就是同一个东西。当寻找者寻找它想要的东西，也就是寻找内心的宁静，他仍然是在已知的范围之内。它的寻找是生命冲突的反应，因此它一直追寻的宁静，是已知的东西的一种投影。反之，如果心智亲身洞察了这种追寻的虚伪性，它就根本不会关心这种宁静，而是关注于理解它自身的冲突，由此无为地对待它们，这就是自我认识的起点。

认识自己，是一个持续不断、无始无终的过程，自我认识没有尽头。如果你洞察了这个真理：认识自己是没有止境的，那么你的心智就已经从已知中解放，并因此深入未知之域。一个被已知绑缚的心智，永远无法走向未知之域。所有你的上帝、你的《圣经》、你的《薄伽梵歌》、你的马克思主义书籍，都不会带你走得很远。为了走得很远，你必须从近处起步，这就是看到，被已知包围、绑缚的心智，不可能进入未知之域。

未知之域是对已知的完全否定；它不是从已知做出的反应。因此，必须停止寻找者和被寻找者的游戏。也就是说，必须停止所有的寻找。唯有如此，某种崭新的东西才能够降临。所有深度的发现都是在这种状态中得到的，而不是在心智追逐某种已知东西的投影中得到。当心智彻底停止了向已知领域的追寻，当它不再把已知投影成为未知——唯有如此，非凡的、创造性的崭新状态才会降临，这样的境界与已知毫不相干。这就是真理，就是真实，就是上帝，或者无论你喜欢把它叫做什么。名字不是事物。

因此，你必须从脚下起步，那就是清空心智中所有已知的东西——内心的已知、心理精神的已知，而不是事实的已知。你不能忘记你住在哪里，如果那样，你就得了失忆症。而你必须清除心理感觉上所有你已知的东西——那种你作为一个有经验的人，作为一个有知识的人，作为一个读书、读书、又读书，已经被你知道的东西控制的人，所知道的东西——你必须结束这一切。已知的东西总是有一个中心，因此就总是有一个外围，有一个已知的边界。只有当中心消失，边界才能够消失。这时心智就是无所限制、广大无边的，这是人所难以测度的。

1959 年 2 月 25 日

死亡发生在每时每刻

我想，今天晚上，我们值得花点工夫讨论时间与生命这个极其错综复杂的问题，看看它们是以什么方式相互关联的。做这件事，需要非常精细的、敏锐洞察的心智，心智不能被结论所束缚，不能被思辨推导的理论所束缚，因此才能够倾听，倾听是真正的体验。但是我们大多数人拥有一些关于时间、关于爱、关于死亡的理论；我们的心智塞满了思辨推理的观点，我们满足于停留在语词层面、思辨推理的层面。我们就像是一个农夫，永远在耕作，却从来不播种。在我看来，一个人想要有所体验，那么他必须具有投入全部生命去倾听的能力，就像你真的对某件事情感兴趣，你就会那么做。那样，倾听也许就是体验。

为了能够直接体验某种事物，你必须得有一种疑虑的尝试的心智，它不是从一个结论出发，或是采取某种立场。为了揭示诸如死亡、时间、爱这样的问题，你一定必须以一种谦逊之心、以极大的疑虑审慎、以某种小心细柔的态度来对待问题——我使用"小心细柔"这个词汇，不带任何多愁善感的意味。我认为，只有这样，我们才能够体验别人所讲的东西是真还是假。你必须既觉察真实，也觉察虚假；否则你就只能是接受或者否定。如果你能够觉察什么是真实，什么是虚假，那么你的体验就具有非凡的意义。这是对于挑战做出的一种直接回应；你不会说，"我要想想它，我要把它带回家去好好想想"，实际上这些都妨碍着直接的回应。没有觉察感知，就没有直接的回应，而觉察感知其实很简单。你觉察到了，这就完了。这里没有争论，没有思辨推理，没有思想体系。你要么是看到，要么是没有看到；你要么是领悟了，要么就没有领悟。没有领悟的人，不可能通过思考领悟、通过寻找相关的解释说明，来达到领悟。寻求解释说明，仍然是停留在语词的、解说的层面。一个真实体验某种事物的人，不会寻求解释说明。他自己的觉察感知懂得解释说明。

因此，在我看来，当我们正在共同讨论、共同探讨任何重要的问题时，你必须有智慧，要小心细柔地觉察什么是假的，什么是真的。对我们大多数人来说，这样的觉察是非常困难的，因为我们的心智塞满了许多观点，堆满了如此多的结论、传统习惯、信念，它们构成自我矛盾的漩涡。但我认为，如果你觉知了自己受到制约的条件，并说，"我知道我是受到制约的，但我不会让那个背景条件的影响干扰我的洞察感知"，那么你就有可能亲身揭示什么是真，什么是假。洞察感知来自谦逊、犹疑审慎、小心细柔，而不是出自教条武断的肯定或否定，不是出自一味的接受。

我们是作为两个独立的个人，在共同探讨我们真切关注的死亡的问题、时间的问题，以及那个非凡的、不可思议的、叫作"爱"的东西。为了真正地了悟这些东西，我们必须觉知我们的探索之路，是在进入一片未知之域，进入一片心智从未涉足过的地域，这就需要谨慎轻柔的探触，需要高度敏觉的探察。如果你持有一种武断肯定或者否定的态度，那么你就舍弃了这种灵敏觉知，这显然是幼稚愚蠢的态度，是粗忽轻率的心智的反应。所以无论你是年轻还是年长，无论你是一个职业不错的技术专家，还是一个苦力工人，或是有一大堆孩子的母亲，我要建议你应对这些关联我们所有人的问题，不要寻找一个答案，因为我说过，没有答案，如果你期待讲座结束的时候有一个答案，那么你将会失望。然而，你和我，作为两个个人所能做的，就是探索问题。探索比发现更加重要得多。重要的是保持不断的察看、检视、觉察，而不说："我已经发现了。"一个认为已经发现的人，实际上没有发现；一个说"我知道"的人，绝不会知道。因此，你和我作为两个人，正是秉持学习的态度、共同感知问题的态度，来深入探索问题。

不知道你是否考虑过死亡，考虑过时间，考虑过那个我们叫作"爱"

的状态。不过，在我们开始探索什么是死亡之前，我们必须首先认识什么是生命——不是某一个特别层面的生命，不是一个科学家的生命，不是一个国会议员的生命，不是一个家庭主妇的生命，不是一个商人的生命。我们探索的生命包含所有这些，我们探索的生命包含我们的日常生活。如果我们不知道我们真实的生活是什么，我们就永远不会发现生命的意义是什么。所以让我们非常细致地、深思熟虑地探察被我们叫作生活的东西。

我们的生活是什么？我们每时每刻、日复一日、年复一年地活着的生命是什么？它是持续不断的冲突纷争，不是吗？我们不停地努力调整自己适应社会，适应我们的邻居，适应我们的妻子或者丈夫，适应政府，适应我们生活于其中的文化。我们有着自己和外界环境之间的无休止的斗争，我们有着苦恼愤懑、例行公事、苦差贱役的无休止的纷扰骚动。我们被迫做着我们内心讨厌的事情，因此就有矛盾，就有一系列的冲突和交往，它们强化了记忆。我们基于这些记忆来行动、来尽职能。我们大多数人不是真正的人，而仅仅是工作职员，我们没有时间思考这些事情，于是我们说："等我退休以后，我将思考这些重要的问题。"

政府中的政客所关注的不是人；他关注政策、制度、自己的地位。作家关注语言表达，关注竞争，他要在竞争中胜出，为自己赢得名声——在这其中就蕴藏着挫折失望的种子。没有成功的人想要成功，所得少的想得到更多——这样一些以及别的许多冲突，就构成我们所知道的日复一日的生命。我们有短暂的喜悦，有迅速消退的爱，我们的感觉变成常态，成为完全厌倦的感觉；我们的生命是狭隘的、琐碎的、肤浅的，它完全被作为经验的记忆遮蔽了。这就是我们日常生活的明显事实，而且最终不可避免的结局是死亡。死亡是我们已经知道的所有东西、我们已经经历的所有东西的终结，我们被这样的结局吓坏了。恐惧和时间相关联，就是说，心智预见到所有它已知的事物将会终结，因此它依据过去的背景，把已知投影成为未来。死亡是未知，面对未知，心智寻求让一切它已知的东西延续下去。

所以我们的生命是一系列的事件，它们带着其在时间领域中的原因和结果。也就是说，我在昨天生活过，带着它的所有的愿望，有短暂的喜悦、有冲突、有痛苦、有奋争，并且我背负着昨天的重担活在今天，昨天的东西显然浸染了今天的心智，而且同样塑造和扭曲明天的心智。我们只知道这样延续下去，不是吗？我知道我昨天的生活；我知道，今天我正在面对一定的挑战，做出不尽满意的回应，并因此而感受痛苦；而且我知道，明天——如果一切如常，如果没有意外事故，如果天不会塌下来砸到我——那么我将延续我的固定模式：去办公室上班，继续我的奋斗，继续我的喜欢和厌恶，继续从性生活中获得一点点快感，继续去参拜寺庙，等等。我们的生活是一种在时间领域内的持续不断的运动，这被称作延续性。我们所知道的就是这些。

　　你曾观察过自己的生活吗？观察过自己的心智吗？而不是仅仅听我描述？如果你在倾听中同时观察自己的心智，那么你就会发现我讲的这些东西都是事实。你无法拒绝、否定或者接受它。它就是一个简单的事实。一点点的快乐、一点点的痛苦、成就的虚荣、持久的伤痛、深刻的挫败绝望、永远无法实现的野心、羡慕、嫉妒、害怕孤独、害怕空虚、害怕毁灭——这就是我们的生命，我们只知道这样的生命。我们在已知的范围之内生活、运转。

　　记忆就是已知。如果你没有昨天的记忆，没有今天的记忆，那么显然你也不会有明天的记忆。但是心智无法把自己从记忆中解放出来，因为它本身就是记忆的结果，并且它是在时间的范围之内发生作用。因此，记忆——每一个经验的记忆，每一个思想的记忆，每一个反应的记忆——是一种延续状态，并且就是你的真实状态。如果你说你是灵魂，是永恒的灵魂，或者是高我，那么这些东西仍然是在已知的范围之内，因为你仅仅是重复别人教给你的东西。你读过关于灵魂的书籍，你喜欢这个概念——它使你感到满足，它给你某种安慰，因为生命是短暂无常的，而你希望有什么东西是永恒的。

　　这就是心智之所以造出一个永恒的上帝、一个永恒的灵性实体、一个永恒的宁静状态的原因。但是所有这些仍然是在已知的范围之内。这是已知对于未知——死亡做出的反应。具有延续性的心智总是害怕死亡，因为死亡是一种终结，是身体的终结。于是心智说："我做了这么多，我经受了痛苦，我经历了这么多，我积聚的所有东西必须有一个未来；必须有某种形式的延续。"如果我的儿子死了，我就说："他必须仍然活着，我必须再见到他。"我想要见到我所知道的与过去一模一样的儿子，我从未觉悟生命是一种运动，是一种持续不断的变化。我只关心让我所知道的东西永远存在。所有的知识都是建立在已知的基础之上。没有关于未知的知识，无论你依据已知做出多少思辨推测，去解释未知，依然是不知道未知。

心智是一台机器，它依其本性，通过记忆，来制造自己的延续性意识。这种延续性的心智知道总有一天要走向终结，所以它相信轮回，或者它依附于别的给与自我永存之希望的某种信仰。这就是我们所做的事情；这就是我们每天经历的事实，不是吗？

那么，我们为什么害怕我们已知的所有东西走向终结呢？我们的已知到底是些什么东西？除了你的挣扎、你的痛苦、你的一点点快乐和虚荣、你的极为糟糕的渺小卑微的思想——"我的妻子，我的房子，我的孩子，我的财产"——除了你的日常生活的混乱和艰辛，你还知道别的什么东西吗？我们大多数人所知道的就是这些，而且我们害怕失去它们。所以时间在我们的生活中起到了巨大的作用——不仅是日历表上的时间，比如昨天、今天、明天，而且包括心理时间，比如自我实现、达到什么、成为什么。明天对于我们来说具有重大的意义，因为明天是理想之所系——明天我将变成非暴力的，明天我将会有爱的、谦逊的品格，明天我将变得伟大，明天我将走近上帝，明天我将找到真理，我将知道怎样生活。我们总是在时间的范围里变成什么。"变成"这个词汇承担了非凡的重要性。如果清除这个词汇，那么我们只有一个意义，就是存在，它是超越时间的。除非你亲自感知到、亲自觉察到"变成"的含义，否则你不可能体验到这种状态。一个正在"变成什么"的人，并不是活着、存在的，因此他永远处在对死亡的恐惧之中。一个活着、存在的人是从"变成什么"中解放出来的人，对他来说，没有死亡。

因此时间是心智的度量衡，这样的心智只能在它自己测度的范围之内运转；它的运转无法超越它自己的度量衡，也就是人的度量衡。在时间的领域内，总是存在恐惧——恐惧死亡，恐惧终点，恐惧未来，恐惧未知。我不知道明天会发生什么——我也许会失败，我也许会失业，我的儿子也许会死亡。今天我身体很好，明天我也许会生病。一想到明天，就唤起恐惧。我生过病，我经历过痛苦，我带着这些记忆，今天活在明天的恐惧中。所以恐惧之源在于时间的认知，这终究是具有延续性的心智的状态。

原因和结果是时间领域内的一种延续过程。原因从来不是静止的，结果也不是静止的。一个过去的结果，变成另一个结果的原因。朋友们，朋友们，注意这一点；在你自己的生活中观察这一点。原因变成了一个结果，结果变成了一个原因。没有一个固定不变的原因，带着一个固定不变的结果。也许种子是个例外，一棵橡树的种子绝不会长出一棵杧果树，它总是长出一棵橡树。在这里原因和结果是固定的。但是心智不是固定不变的，这正是心智的美丽之处。在原因和结果的间隙之中，有各种各样的影响在起作用，各种细微的压力和趋向会改变结果，而那个结果会经历更多的变化；它在成为另一个结果的原因的过程中又被影响和更改。所以在心智中没有造成一个固定结果的固定原因。

我们发现，当心智觉察到延续性是虚假不实的（在延续性中总是存在对死亡的恐惧），那么在这一刻，心智就能发生突然的转变。当心智竭诚地谋求认识理解关于死亡、时间和爱的整个问题，并由此充分觉知到，存在无数的原因和结果，它们正朝着各种各样的方向推拉心智，那么心智就会突然间发生转变——明天，它就会有全新的、彻底的转变。这是真正的革命——不是经济的或社会的革命，而是心智的革命，心智觉悟了死亡和时间是一种延续过程，在这其中没有复苏，没有更新。被延续的东西不可能有新生。只有这样的心智才能突然间终结自己，不是在思维推理层面终结，不是通过训练，或者任何形式的自我催眠，而是清晰明确地看到了"当下之是"的实相——只有这样的心智才能超越死亡的掌控。

朋友们，你曾经试过让你的快乐死亡，让你的痛苦死亡吗？就像一片枯叶从树上落下，被风吹走，你曾经让你的快乐、你的痛苦、你的焦虑就这样飘落、死亡吗？你曾经试过吗？我们大多数人没有这样试过，因为我们想要背负着这些重担，直到生命的尽头，并且延续下去。我们恨某个人，而且我们想要记住对他的憎恨，我们说他对我们不公平，或者我们做出其他某种解释，使憎恨延续如前。或者我们有了一个奇特非凡的经验，感到极大的狂喜、极其美好可爱的东西，我们就想生活在它的记忆之中。我们还想要生活在野心勃勃之中，野心其实就是嫉妒。一个没有嫉妒心的人，不会是野心勃勃的。

但是我们的社会是建立在羡慕嫉妒之上的；它已经把"**野心**"和"**竞争**"这些词汇神圣化了。然而我们有可能让这一切死亡吗？让你的虚荣心死亡，你将发现这是极为非凡的体验。不要问将会发生什么事情，你只管去试一试。当死亡来临，它带走你的心智。这里没有希望；它是结局，是绝对的终结。同样的，你可以让虚荣心死亡，没有解释说明，没有动机，没有原因。试着去做，你会发现心智的非凡状态，它放下了一切，它丢掉了所有它已知的东西。如果你能这样让作为记忆的时间的延续性死亡，那么你就可以遭遇到那个奇特的、叫作"死亡"的事物，不是在你的生命的终点遭遇它，不是在年老体衰的时候遭遇它，不是因为疾病或者事故遭遇它，而是在你活生生的时候，在你极其警敏的时候，在你充分地意识你的整个生命的时候，就遭遇它。如果你已经让你的虚荣心死亡，让你的野心死亡，让你的狭隘琐碎的要求死亡，那么你就会发现什么是死亡。你会发现，死亡不是你可以信仰的东西，不是你可以思维推测的东西，它是彻底的未知之域。

但是对于我们大多数人来说，未知一种是可怕的事情，因为我们总是依附于已知。我们的生活全靠已知来支撑。我认识你，你认识我。如果我是你的妻子，你认识我，你跟我住在一起，你在我这里得到快乐；你是从"我的房子、我的妻子、我的工作"这样的角度来思想，所有这些都是已知，都是在时间的领域之内。你可以让所有这些死亡吗？如果你不能让它们死亡，那么你的心智会发生什么？一个只知道延续性的心智会发生什么？你明白这个问题吗？如果我不能在心理上让我的房子死亡，让我的财产死亡，让我的妻子、让我的孩子们死亡，如果我不能把心智从所有已知的东西中彻底解放出来，那么会发生什么？显然你不能忘记每天的生活，不能忘记回家的路，不能忘记学到的技术，等等。但是难道心智不能让虚荣心、权力、地位、名声的心理含义死亡吗？不能让内心珍藏的、也是记忆一部分的所有东西的心理含义死亡吗？

朋友们，如果你不能让所有的过去死亡，如果你不能呼吸到新鲜的芬芳，那么显然你的心智已经变得体面规矩了，这就是我们大多数人的样子。我们的社会建立在嫉妒的基础之上，它流行虚伪的道德、模仿的美德，流行"非暴力"与"和平"的空谈，而我们在这个社会上是体面规矩的。一个体面规矩的心智是一个模仿的心智，这样的心智会怎么样呢？它还是一个心智吗，或者说它不过是一台重复播放的录音机？朋友们，好好想想这个问题，请仔细关注这里所讲的问题。这样的心智显然是作为一台录音机继续生活，无数的印度人、中国人、俄国人、美国人，或者无论什么人，都是这样生活的，就这样构成了他们所从属的社会。正是这种狭隘、渺小、受限的心智，在继续生活，而你希望保有这种延续，你希望能再活一次，所以你相信轮回，你相信死亡以后还有生命，或者还有其他形式的继续生存。但是只有这样的人，他觉察到心智是一台运转着的录音机，并让整个延续的把戏死亡——只有这样的人才能获得重新生活。

让我们换一个角度。你和你的邻居有特别的不同吗？你有不同的外貌，不同的名字，不同的工作或职务，但是你的内心与所谓的群众有特别的不同吗？恐怕不是这样。那些政府部长们，这个国家的大人物们——他们是什么？去掉他们的地位、他们的汽车、他们的官帽，以及所有其他的名头，他们也就和你、和别人一个样——是在时间的世界延续的录音机，他们追逐权力、地位，他们奋争、享乐、受苦。一个心怀嫉妒的人可能被自己的嫉妒心驱使，被他对权力地位的强烈渴望驱使，爬上社会的顶层，在历史中占据一个位置，但是他仍然生活在时间的范围之内。只有让时间死亡，让所有的已知死亡——只有这样的心智才能发现什么是爱。

朋友们，爱不是多愁善感，爱不是奉献牺牲，爱既不是肉欲的，也不是神圣的，既不是亵渎的，也不是纯洁的。爱是真实的生命，你无法割裂它。你不能说："我爱这个人，我不爱那个人。"你曾经捡起一片落叶，把它放在手掌，好好看着它吗？一片树叶落在了肮脏的马路上，千百人从这里走过，他们往地上丢垃圾、吐痰，把地面弄得很脏。如果你能感受那片落叶，你就会知道怎样去爱。

朋友们，不要记笔记；请你体验我说的东西，感知你对待这一切的方式态度。因为爱是一件非凡的事情，不是吗？我们把它分割成上帝的爱和人的爱。在我看来，这样的划分是一件亵渎的事情。爱就是爱，只有爱。

但是一个多愁善感的心智，一个羡慕嫉妒的心智，一个野心勃勃的心智，一个国家主义的、地方主义的心智——这样的心智永远不懂得爱。当你有爱，无所谓正确，无所谓错误，因为当你有这种情感时，爱的行为会自然发生。然而这是一种非凡的生命状态，我们大多数人只懂得在时间中的延续，只懂得恐惧死亡，只懂得被嫉妒溺毙的爱。我们只知道这些，而且我们永远不想放下我们的已知。我们一只手紧紧抓住已知，而另外一只手试图去摸索未知。我们不是纯粹的唯物主义者，但是我们也没有真正投入对未知的探索，所以我们是可悲的人，我们的悲伤苦恼久久长驻，而我们的快乐喜悦在时间中迅速凋谢消失。

死亡发生在每时每刻，在一个每时每刻都在死亡的心智中，没有任何影响可以留下痕迹。这样的心智没有土壤让经验扎根，因此它永远是年轻的。但是只有当心智每天都在让它已知每一种东西死亡，让每一个经验死亡，让每一个记忆死亡，让每一个快乐死亡，让每一个痛苦死亡，这样的生命状态才有可能出现。你决不可能问"怎样死亡"，你顶多可以问"怎样避免死亡"。当树叶从树上落下，有死亡出现，这里就有爱。没有死亡，爱就变成恨，变成嫉妒。信仰、寺庙、圣书都不会把你从死亡的恐惧中拯救出来。让心智从死亡的恐惧中解放出来的，只有日复一日的死亡。唯有如此，你才能有永恒的爱。

1959 年 3 月 1 日

冥想中的心智是获得自由的心智

今天晚上，我建议我们讨论"冥想中的心智"，这是一个极其复杂和微妙的问题。如果你不懂得什么是冥想，什么是真正的冥想，那么我想，你会错失生命中所有的东西。你就像一个监狱里的囚徒，你只能看见对面的墙，你只知道狭隘局促的空间，只知道痛苦、悲伤，以及所有那些琐碎细小的事情，它们构成了你的监禁生活。所以在我看来，冥想对我们每一个人来说，是一个直接相关的、关系密切的问题，因为这个问题要求我们探索冥想中的心智，由此觉悟生命的整个运动。

但是分享这种对于冥想中的心智的探索，这本身就是一个相当困难的事情。分享，意味着正在倾听的人都有兴趣，不是吗？它意味着观察和分担我们说的内容。如果我对你说："看那朵花多漂亮呀！"只有当你的心是宁静的，并因此而观察，你才能分享这朵花的美丽。也就是说，你的心必须能够在同样的时间、同样的层面上与别人的心相会，否则就无法分享那个体验。如果我对某件事情感兴趣，而你不感兴趣，那么我们就无法分享。我可以表达、描述、解释，但是除非你和我在同一个观察的层面上相会，带着同样的关注、同样的真心感受，否则就没有分享。

这些不是夸大其辞，这是每天生活中的事实。你可以对你的朋友说："看那落山的太阳，好美！"但是如果你的朋友对夕阳之美不感兴趣，那么你就无法与他分享这份美丽。同样的，如果你要与你的妻子、你的丈夫、你的邻居分享任何问题，那就需要一种交流，这其中你们对同一个事物有着共同的、直接的观察感知。

现在让我们看看，我们能否共同感知冥想的重要性，同时觉察它的美、它的含义、它的微妙。让我们从探索"**冥想**"这个词汇开始，这个词汇对你来说有着特殊的意义，不是吗？一听到这个词，你马上就想到某种坐姿、某种特别的呼吸方法，想到强行把心念集中到某个对象上，等等。不过在我看来，这些根本就不是冥想。我认为，冥想是完全不同的，如果你和我要分享"什么是冥想"的探索，那么显然你必须放下你对冥想的偏见，放下你的深受束缚的想法。我想，无论我们讨论什么问题，无论是政治问题，或者某种特别的经济制度，或者我们相互的关系，都得这样。这样的谈论，这样的讨论或者交流，它要具有价值，就必须是一个分享的过程；但是如果我们中的任何一方从一个结论出发，从一个固定的观点出发，那么我们就无法分享。如果你认为某种特定的形式才是所谓的冥想，其他的就不是，那么显然就不会有分享。你必须放下你的偏见和经验，他也必须放下他的经验和偏见，这样你们双方才可以共同探索什么是冥想。

如果你和我要分享和理解这个问题——这是一个复杂微妙的问题——那么极为重要的一条是，你不能被我说的东西所迷惑。如果你仅仅是接受或者否定我说的话，或者是按你的方式去解释我说的话，而不是努力探明超越语言解释的意义，那么我们就无法分享，就没有真正的交流。所以智慧地探索这个问题，是非常重要的。

现在让我们不要寻求关于智慧的定义。一个专家可能在他喜欢的领域里聪明无比，比如说电子学、数学、自然科学、经济学，或者无论什么领域，但是如果他以狭隘有限的视角来看待生命，那么他显然是没有智慧的。智慧意味着，心智必须能够放眼整个生命，对生命做出整体性的回应，而不是只能应对生命的一个局部问题。

你是一个经济学家，是一个科学家，是一个商人，是一个家庭主妇，是这或是那，你都可以拒绝我所说的东西，你说："冥想对我的生活有什么用处？冥想是那些弃世隐士的事情，但是我必须作为一个普通人生活在这个世界上，我必须负担我的责任，所以冥想对我有什么用处？"如果你这样看问题，那么你只是在继续保持你自身的昏庸愚昧、麻木迟钝、冥顽不智。我们正在讨论的是人类，而不只是人们的各种各样的职能责任。希望你看到这两者的不同。无论一个特定的人可能负担什么特别的责任，我们这里是把他本身作为完整的人来讨论。如果你仅仅从责任的视角来看待生命，并执着于自己在这份责任中的特定身份角色，那么你显然绝不可能面对生命的整体性问题。能够整体性地面对这个问题，这种能力就是智慧的本质。

在我看来，心智只有在冥想之中，才能从根本上影响我们的全部行动，影响我们的整个生活方式。冥想不是喜马拉雅山上的某种隐士的专有物，也不是寺院僧人的专利；如果冥想真的只属于他们，那么冥想就变成了对生活的一种逃避、对生活现实的一种拒绝。如果你和我，作为两个人，不是作为专家，如果我们能够探明，冥想中的心智状态意味着什么，那么当我们面临现代社会生活诸多复杂问题时，这样的洞察了知，将会直接影响在我们的行动和我们的整个生活方式。

那么，什么是冥想？什么样的心智能够冥想？谁是冥想者，他所冥想的是什么东西？有冥想者和冥想，是吧？不理解什么是冥想者，肯定就不会有冥想。一个人也许能够打坐，沉浸在他所谓的"深度的冥想"中，但是如果他的心智仍然是狭隘的、受束缚的、受局限的，那么他的冥想就完全没有意义，那仅仅是一种自我催眠——我们大多数人都把自我催眠当成冥想。所以在询问应该怎样进行冥想，或者按照什么方法进行冥想之前，非常重要的是，首先理解冥想者，不是吗？

让我换一种说法。一个肤浅的心智能够一字不差地引用各种经典中的话，但是并未由此改变它的肤浅。它可以打坐沉浸于自己忠诚热爱的偶像，它可以重复持念咒语，它可以努力看透现实，或者找寻上帝；但是由于它本质上是肤浅的心智，因此它的所谓的"冥想"也同样是肤浅的。当狭隘的心智思考上帝时，它的上帝也是狭隘的。当一个混乱不清的心智思考什么是"清晰"时，它理解的"清晰"只能是更深度的混乱不清。

因此，首先探明，冥想对于那个想要冥想的实体意味着什么，这是非常重要的。在我们大多数人所谓的冥想之中，有一个思想者，有一个冥想者，它想要冥想，以此来找到宁静、天佑、真实，不是吗？那个冥想者说："如果我要找到我正寻求的那种宁静、那种天佑、那种真实，我就必须训练我的心智。"所以它在内心和外表做出一种冥想的样子。但是这样的心智仍旧是琐碎的，仍旧是混乱的，仍旧是狭隘、偏见、嫉妒、虚荣、愚蠢的；这样的心智在寻求或者发明一套冥想方法的过程中，只能是沿着它自身狭隘的制约条件，受到更深的制约局限。

这就是为什么我说首先理解冥想者极其重要的原因。一个寺院中的僧侣可以花若干小时来深思、祈祷；他可以没有时间限制地凝视他虔诚热爱的偶像，无论是手制的偶像，还是心中的偶像。但是这样的心智显然是受到羁绊的，受到束缚的；它正在按照它自身的局限寻找救赎，尽管它可以这样静坐冥想直到世界末日，但它永远不会找到真实。它只能幻想它已经找到了真实，然后生活在那种欣慰的幻景之中——这就是我们大多数人就想要的东西。我们想要建立空中楼阁，我们想要找到一个庇护所，让我们永远不受搅扰，让我们的渺小狭隘的心智永远不被震动。

所以如果我们不理解那个进行冥想的心智，那么冥想就只会变成一个自我催眠的过程。通过重复念诵"om"字或者其他任何语词，通过重复背诵咒语，或者念诵一串语符，念的时间足够多以后，你就能制造出一种声音的节奏，它会让你的心智进入催眠状态，一个被催眠的心智变得非常安静，但是这样的安静仍然局限在你自身的狭隘的枷锁之内。除非你深入地认识理解了思想者、冥想者，否则你的内心永远存在分裂，存在一个冥想者和他冥想的对象之间的鸿沟，你将永远挣扎，想要为这个鸿沟架一座桥梁。

所以重要的是洞察你自己心智的活动运行——你不是作为一个观察者，一个正在观察心智的实体，而是心智亲自洞察它自己的运动。不知道我把这个说明白了没有。

当你观看什么东西时，总是有一个观看者，不是吗？当你看一朵花，你是观察者，同时还有被你看的花。思想者和思想是分离的，经验者和被经验的对象是分离的。如果你观察自己，你就会发现，总是有这样的观察者和被观察者之间的分裂，总是有"我"和"非我"的分裂，总是有经验者和被经验的东西之间的分裂。

现在，关于冥想的问题之一是，怎样消除这个使经验者和被经验着分离的鸿沟，因为只要这个鸿沟存在，就会有冲突——不仅是对立的两个方面的冲突，而且还有心智的冲突，它永远奋争着又实现某个目的，达到某个目标。那么，你怎样进入那种非凡的心智状态呢，在其中只有体验而没有体验者？

朋友们，当你非常安静地坐下来，力求进行某种冥想，这时会发生什么呢？你的心神会四处游荡，不是吗？你会想着你的鞋子，想着你的邻居，想着你的工作，想着你下顿饭该吃些什么，想着商羯罗、佛陀或者耶稣基督说过的话，等等。你的心智飘忽漫游，而你想要把它拉回来，集中到某个焦点或中心问题上。这种由思想者做出的控制自己思想的努力，被称为"集中注意力"。于是在思想者和他的飘忽不定的思想之间，就总是存在矛盾冲突，他总是奋力把思想拉回来，集中到某一个特定的轨道之中。如果你成功地把你的所有思想都集中到某个选定的模式中，那么你就认为你到达了一个非凡的状态。但是这显然不是冥想；这不是洞察感知的觉醒。这不过是学习集中注意力，任何小学生都会做。

集中注意力是一个排他的、抵抗的、抑制的过程，它是一种强迫的形式。一个强迫自己读书的学童，当他想要往窗外看，想要出去玩，这时老师却告诉他要集中注意力。你做的事情就像学童一样。你强迫自己的心智集中注意力，于是就发生了观察者和被观察者之间、思想者和思想之间的矛盾，这是一种冲突不休的状态。当你意识到自己的这种冲突，你说你必须消灭它，因此你寻求一套冥想方法——一套你们都非常熟悉的程序，尤其是在印度，几乎每一个人都修习的某种冥想方法。

修习一套冥想方法，意味着什么呢？让我们共同来探明它。它意味着，通过一种方法，一种训练，一种程序系统，你将会达到某个状态，你把这个状态叫作"宁静"或者"解放"或者"天赐福佑"，不是吗？你想见到上帝，于是你修习一套方法来达到目的。但是没有任何方法可以带来你想要的这些东西，因为你的心智被这种方法败坏了。从遁世隐者以至于你，都是如此，这就是真实发生的事实。

任何方法都意味着从已知到已知的运动，而已知总是固定的东西。当你说"我想要得到宁静"时，你努力追寻的这个东西，是你所认为的"宁静应该是怎样"的东西的投影；因此你追寻的是一个固定的东西，就像你的房子，它是一个固定的东西，它无法移动，一条道路、一套方法可以带你到它那儿。但是生命的真实是活生生的事物，它不是固定的，它没有居所，因此没有任何方法可以带你去到那里。一旦你真正领悟了这其中蕴藏的真理，那么你就会从所有的宗教导师、所有的老师、所有的书籍中解放出来——这是一种巨大的解放。

因此，我们的问题是，必须体验这个事实：思想者和思想是一体的，观察者就是被观察的对象，不是吗？如果你这样尝试过，那么你就知道这是一件特别困难的事情。这不是说你把自己同被观察对象视为一体。朋友们，你明白吗？你可以把自己和另外一个人视为一体。你可以把自己和寺庙里的偶像视为一体，你对这个偶像礼拜，并对它有强烈的感情，这种感情就是你说的虔诚热爱。但是这样的"视为一体"仍然保留着那个"你"，"你"把自己同别的什么东西视为一体。我们在说的是完全不同的境界，在其中没有"视为一体"，没有认知，没有与被经验对象分裂的经验者，他试图把自己同被经验对象视为一体，因此造出了矛盾。根本就不存在经验者，而是只有纯粹的体验。

你可以把自己和深切热爱的东西视为一体，但是这里仍然有二元性。

你认为自己是一个印度人，因为你把自己和地图上涂着颜色的、叫作印度的一块土地视为一体——政治家们开辟了它，你也愿意去开辟它。但是事实是，和其他每一种形式的认同一样，这里留有一个主体，他把自己和某种东西视同一体。

如果你明白了这个事实，那么下一个问题是：心智有可能进入这样的境界吗，在其中只有纯粹的体验，而没有体验者？让我换一种说法，我们的心智每时每刻都在接受着种种印象。它就像是一条极为灵敏的摄影胶片，每一个事件、每一个经验、每一个心念的运动都在上面留下印记。无论我们是否意识到这一点，这就是真正发生的事实。心智背负着这些以往经验的烙印包袱，用陈旧的视角来看待新的东西。也就是说，总是以过去来面对现在，并且造出未来。

那么，心智能够接纳印象，而不让它们留下烙印吗？朋友们，你明白吗？让我把它说得很简明吧。你受到侮辱或者受到奉承，在你的心中留下了烙印。也就是说，侮辱或者奉承在你的心田里扎下了根。你是否尝试过，看你能不能接纳侮辱或者奉承，此后在你的心中完全没有它们的烙印？数不清的经验层层堆叠，在心智中留下它们的混乱的、矛盾的印记，就像在记忆的表层留下种种划痕。心智能不能抛开这些划痕进行新的体验呢？我说它能做到，只有当心智进入这样的境地，在其中有思想而没有思想者，有体验而没有体验者，因此而绝无矛盾，只有这样，才能做到。

如果你观察你所谓的冥想中的你自己的心智，你会发现它总是存在着思想者和思想之间的一种分裂、一种矛盾。只要存在着与思想割裂开来的思想者，冥想就只能是一种无休止的克服矛盾的努力。

我希望所有这些不要太抽象，不要太难理解，但是即使真是这样，也请注意倾听。你也许不能充分领会我说的话，然而正是这个倾听的行动，就像在深暗的土壤里播下了一粒种子。如果种子有生命力，如果土地肥沃，那么它将会发芽生长；你不需要对它做任何事情。同样的，如果你能够倾听，让种子落入心智的子宫，那么它将会发芽，它将会繁茂生长，并且带来一种下意识的正确真实的行动。

关于冥想的另一个问题是"集中注意力"和"全神贯注"。我在前面说过，集中注意力意味着一种限制、一种局限，它是一个收窄的、排他的过程。当学校的孩子集中注意力时，他排除往窗外看的渴望，他说："这本书真讨厌，但是为了通过考试，我必须去读它。"当我们集中注意力的时候，实质上都是这么做的。这种抵抗，这种把心智收窄、集中到某个焦点上，就叫作集中注意力。

全神贯注与此完全不同。全神贯注没有边界限制。请密切注意这一点。一个处于冥想状态的心智，是不受认知的边界限制的。在全神贯注是这样的状态，在其中，心智对于内在的和外在周围发生的每一件事，都有着充分的觉知，而没有那种集中注意力才有的认知边界或界限。

朋友们，看在上天的份上，请听我正在说的话，请体验我正在讨论的东西。请不要记笔记。如果有人在对你说他爱你，你会记笔记吗？（笑声）你笑了，但是你没有看到其中的悲剧。我们的困难是，我们大多数人想要记住，我们想要认得别人说的东西，于是我们把它存储在记忆里，或者写在笔记本上，以便明天能够思考它。但是当有人在对你说他爱你，你会记笔记吗？你会假装没看见吗？在这些讲座中也是同样的，除非你明白这一点，否则这些讲座没有任何意义。空泛的语词没有任何意义。所以请你倾听我说的话，并且，如果你能够，就体验它们——不过你不是作为一个体验者。

我在说明集中注意力和全神贯注的区别。集中注意力不包含全神贯注，但是全神贯注则包含集中注意力。在全神贯注中，没有限制心智的边界。当你处在全神贯注的状态时，你听到我讲的话，你听到有人咳嗽，你看到有人在抓脑袋，有人在打哈欠，有人在记笔记，你同时觉知到自己的反应。你在听，你在看，你在觉知。在全神贯注中没有任何努力。努力仅仅存在于"集中注意力"之中，集中注意力与全神贯注是对立的。在全神贯注中，你的整个生命都倾注其中，而不是投入心智的一部分。当你说，"我必须要得到那个"，这时就是集中注意力，也意味着你不再处于全神贯注。当你渴望什么，当你想要成为什么的时候，就开始集中注意力，这是一种矛盾的状态。

请你看到这其中的真理。在全神贯注中包含完整的生命，而集中注意力却不是，它是一种"要成为"的形式。一个想要"成为什么"的人，他一定崇拜权威；他生活在矛盾的状态之中。但是如果你拥有简明的觉知，有一种不须努力的全神贯注，它不带有任何想要实现的目的，那么你就会发现，心智没有了认知的边界。这样的心智可以集中注意力，但是它的集中注意力不是排他性的。不要说，"我怎样达到这样的全神贯注？"它不是你可以"达成"的东西。请你看到这其中的真理——在全神贯注的状态中，心智是没有边界的；没有对于要获得的或要达到的目的的认知。这样的心智可以集中注意力，但是这种集中注意力不是排他性的。这是关于冥想中的心智，我们所揭示的问题之一。

接下来是另一个问题，心智中充满了相互矛盾的念头。心智总是飘忽不定、喋喋不休，总是不停地从一件事飘到另一件事。大多数人都是这样的，不是吗？

心智为什么会这样做呢？本质的原因是：心智是懒惰的。一个飘荡漫游的心智，一个塞满了各种念头的心智，一个像蝴蝶一样，一会儿飞到这儿，一会儿飞到那儿的心智，是懒惰的心智。当一个懒惰的心智想要控制自己漫游纷飞的念头时，它只会变得呆滞迟钝、麻木愚蠢。

反之，如果心智觉知了自己的运动，如果它看清它的心念一个接一个地升起，如果它能抓住任何一个冒出的念头，不论是好的还是坏的念头，深入追寻它的最终源头，那么你就会发现，心智变得是出奇的灵敏活跃。正是心智的这种灵敏活跃，消除了心念的飘忽游荡——而不是通过控制或是依靠强迫。这样的心智拥有巨大的活跃行动力，但是这种活跃行动不是一个政治人物、一个电气专家，或者一个引用书本的人具有的那种活跃行动；它是没有中心点的。一个被野心所驱使的心智，一个追求自我实现的心智，根本就不是真正意义上的活跃行动。但是如果你能抓住一个思想念头，投入你的全部生命，透彻地、入迷、愉悦地探究它，那么你就会发现你的心智变得出奇的灵敏活跃；我们必须得有这种活跃力，必须得有这种心智上的明晰精确。

我们的下一个问题是，心智是时间的产物，是已知的东西的产物。所有你已经经验过的东西——你的记忆、你的制约条件、每一种你能认知的东西——都是在已知的领域之内，不是吗？心智的思考是从已知到已知；它的活动永远是在已知的领域之内。对于心智来说，最最重要的是把自己从已知中解放出来，否则它就无法进入未知之域。一个被已知束缚的心智，不能体验到那种境界，在那里有永不变质恶化的静寂。只有当心智不仅在意识层面，也在无意识层面，觉悟了已知，当它已经觉悟并把它自己从欲望、野心、憎恨、奉承、快乐中，从它积聚的每一种东西中解放出来——唯有如此，唯有在这种从已知的解放中，未知之域才会出现。你无法邀请未知到来。如果你邀请，那么你体验到的东西仍然是已知的产物；它不会是真实的。

因此，冥想中的心智，是处于一种没有认知中心，因此也没有周界局限的觉知状态；它是无边无际的全神贯注。冥想中的心智，是已经使自己获得自由的心智，它不再有从已知中发出的努力。"已知"已经消失，就像一片树叶从枝头飘逝，于是心智澄然不动，全然静寂；只有这样的心智才能敞开怀抱，接纳那不可测度的无限存在、那未知之域。

1959 年 3 月 4 日

单纯的心智才能察觉美的本质

今天晚上，我想就"行动""宗教"以及"美的本质"等问题进行发声思考。在我看来它们三个是相互关联的，如果我们仅仅关注行动，或是仅仅关注宗教，或是仅仅关注美的本质，那么我们就打碎了行动的完整性，它就变成仅仅是一个活动动作了。如果我们想要深入探索什么是行动这个问题，我想我们必须同时也关注宗教和美的本质，并且关注心智在感知和欣赏美的东西方面的品质或敏觉问题。

对我们大多数人来说，行动成为一种惯例、一种习惯，成为一个人所做的某种事情，做它不是出自爱，不是因为它对这个人自己有什么深刻意义，而是因为他不得不做它。他被环境所驱使、被错误的教育所驱使去做事，在爱的缺乏下去做事，而一个人要出自爱，才会有做事的真实行动。如果我们能够深入探索这整个的问题，那么我认为它会有很大的启示作用，也许我们将由此开始领悟革命的真实性质。

真正的行动一定来自清晰的心智。如果心智极为清晰，没有混乱，没有自我矛盾，那么从这种清晰中就必定有相应的行动，那么我们就不需要关注怎样行动。但是要做到不受干扰地洞察事物、看清事物，不是看到你想要它们是的样子，而是看到它们真实的样子，不是被你个人的好恶所扭曲的样子，这是非常困难的，不是吗？只有从这样的清晰中，才能出现完整的行动。

清晰的重要性远远超过行动。但是我们的心智被方法、被技术、被渴望知道应该怎样做所控制。"应该怎样做？"这个问题对我们来说非常重要；它是一个没完没了的问题。我们想知道，对饥饿问题应该怎样做，对社会不公应该怎样做，对这个世界骇人听闻的腐败问题应该怎样做，对我们自己的痛苦烦恼应该怎样做。我们总是在寻求一个方法，一个手段，一套行动方案，不是吗？

但是，怎样找到清晰性，显然是一种意义重要得多的探寻，因为如果你能清晰地思想，如果你拥有洞察力，它是不被扭曲的、是直接的、完整透彻的，那么从这种清晰的洞察中，随之就有相应的行动。这种清晰性造就它自己的行动。但是沉迷于各种各样方法体系的人们，总是互相争论攻击，不是吗？他们无法携手合作。每个人都基于自己所依附的体系，根据自己深受束缚的制约条件和自身利益来看待问题。不知道你是否注意到，我们大多数人都把我们自己分割，分属于各种团体、党派、体系，使我们自己依附于某些特定的结论。任何这样的依附一定不会带来清晰，它只能带来憎恨、敌意和对立。然而如果你和我是不带依附、结论和个人私利，而是带着清晰性来看待人类遇到的问题，那么我想，这些问题就能够很容易地解决。

因此真正的问题是：心智如何对待问题。我可不可以建议，我们不要仅仅是坐在这里听讲，而是探索我们自己的心智，看到心智以什么方式发生混乱。如果我们问，怎样清理我们的混乱，那么这只是培育另外一套方法。真实地看到心智是混乱的，这个确实比如何行动的问题、比"应该怎样做"重要得多。我们必须生活在这个世界上，我们必须行动，我们必须去办公室，做上百件各种事情，所有这些行动都是从什么样的心智中生发出来的呢？我可以向你描述心智的背景，但是我认为，如果你不把我说的同你自己的心智联系起来，那么我的描述就意义甚小。我们大多数人认为自我认识仅仅是获取信息，是堆积关于"心智为什么混乱"的各种各样的解释说明。我们总是轻易地满足于解释说明。但是为了真实地觉悟你自己，你必须放下所有解释说明，着手探索自己的心智——那就是直接地觉察"当下之是"；你必须认识到：你是混乱不清的，你依附于什么东西，你在某种体制、意识形态或者信仰中有既得利益，你要看清它的意义；就是这样的洞察本身实在是足够了。但是如果你仅仅满足于"我为什么混乱"的各种原因的解释说明，那么就会阻碍直接的洞察。

在我看来，真正的革命不是经济的、政治的或者社会的革命，而是给心智带来这种崭新的品质，即永远清晰的品质。当心智混乱不清时，重要的是直接地觉察混乱不清的原因，而不是试图做些什么来改变它。一个混乱的心智，无论它做什么来改变自己，它仍旧是混乱的。我想，我们还没有明白这其中的意义。我们大多数人只关注于怎样清除我们的混乱，怎样去掉我们的暗昧。但是简单地觉察认识到心智是混乱不清的，这本身就已经足够了。请你自己亲身试一试，你就会明白了。对一个混乱不清的心智来说，不会有答案，没有任何道路可以让它走出混乱，无论它找到什么道路，它仍旧是混乱的。反之，如果心智对于它的混乱保持紧要的觉知和充分的关注，如果它看到，它是混乱昏沉的，它有扭曲，它有既得利益——那么这本身就足够了。这样的心智会产生它自己的行动，我认为，这是真正的革命。因为这样的心智无所作为地看待问题，所以它才能积极有为地行动。然而如果心智积极有为地看待问题，那么它只能够消极否定地行动，并因此而产生矛盾。

请你仔细思量，你一定会明白其中的真理。再多的争论、劝说或者影响，再多的奖赏许诺或惩罚威胁，都无法让你看到真实就是真实、虚假就是虚假、在虚假之中的真实。我们需要的是简单性，也就是直接地看到事物所是的样子——这是崭新的心智品质，这是真正的革命。生命的问题也许显得是积极出现的，但是我们不能通过积极作为的方式来看待它们，因为生命的问题总是无为的；因此必须用无为的方式来看待它们。

朋友们，让我们举饥饿问题为例。我们怎样应对它？共产主义者有一套方法体系，资本主义者有另一套方法体系，宗教组织又有它们自己的一些冲突的方法体系。确定地说，饥饿问题就像人类的其他问题一样，必须无为地看待它；没有任何制度体系可以解决饥饿问题，因为每一个人都为自己的体系而战斗，那里有他的既得利益。你可以看到，这就是你身边的世界上发生的事情。反之，如果心智把它自己从制度体系中解放出来，无所作为地面对问题，因为问题本身是无所作为的，那么从这种无所作为中，就会出现积极有为的行动。这样，在作为共产主义者的你和作为资本主义者的我之间，或者在作为印度教徒的你和作为基督徒或穆斯林的我之间，就不会争论不休，因为我们双方都不关心制度体系，而是关注问题。在问题之中没有既得利益，而在制度体系中则有，正是这种既得利益，使我们永无休止地争吵。

现在，仅仅是看清这其中的真理，就会带来清晰，从清晰中就会产生行动。我认为，每一个问题都是这样的，因为所有的问题都是无所作为的，所以你必须是无所作为地、而不是带着一种积极作为的心智去看待它们，而不是"积极作为"地去解决它们。为了从贪婪、羡慕、嫉妒、野心中解脱，你必须无所作为地看待它们，不要说，"我怎样才能清除它们？"无所作为的直接洞察，带来清澈明晰。

在我看来，你必须深入地思考这些问题——不是思考，而是谨慎仔细地探索它们，因为思想永远不会带来根本性的革命，观念永远不会带来心智品质的根本转变。思想、观念只能导致结论，从这些结论中就滋生出既得利益。心智从某个结论出发，就完全停止了思考。毕竟，我们叫作"思想"的东西，仅仅是一种反应，不是吗？它是你的背景、你的记忆、你的知识的反应。因此思想总是有限的、受束缚的。然而直接的洞察绝不会有束缚。比如说，你可以直接觉察到你是嫉妒的这一事实，这种觉察不用带着关于嫉妒的思虑，直接的洞见会有它自己的行动。然而一旦你开始思考为什么你是嫉妒的，你为你的嫉妒寻找原因，寻找解释说明，你谴责它或者辩护它，你寻找办法摆脱它，那么所有这些过程都阻碍了直接的洞察，它是无所作为地面对你称为嫉妒的东西。

你也许会抵触我所说的这些，因为心智倾向于抵触第一次听到的某种新的东西。但是我认为，如果你只是拒绝它们，如果你说，"你不告诉我们一套冥想系统，你不告诉我们一个方法去这样做或者那样做"，那就太遗憾了。我认为，追寻系统、方法，并在其中活动的心智，本质上是懒惰的心智。在一个方法系统中活动是容易的事情，心智就像是一台机器中的一个齿轮一样转动，它用不着动脑筋了。反之，无所作为地面对问题，你就必须保持警醒敏锐，需要一种非凡的全神贯注的心智。我认为，这才是唯一的真正的革命，因为这样的心智不会造出任何敌对和既得利益，而体制系统、观念却总是造出这些东西。

现在，让我们带着直接洞察的清晰性，看看我们称为"宗教"的事物。一个带有诚挚宗教性的心智一定不是一个有信仰的心智。信仰是积极作为的，一个信仰什么东西的心智，绝不可能发现真实的东西。

你宣称的宗教到底是什么呢？你相信，为了找到上帝，或者无论你管它叫作什么，你必须要训练你的身，控制你的心，摧毁每一种欲望。

你有一颗塞满了信念的心、一颗被迷信和恐惧所染污的心，你带着这样的心去参拜你所谓的圣地。你崇拜象征物，而不去探索发现什么是真实，所以象征物变得极端重要。你祈祷，你的祈祷是祈求、恳求从你所谓的上帝那里得到你或者你的家庭想要的某些东西。这就是一个做交易的事情。如果你乞求，你会得到一碗饭。如果你想要一个电冰箱，那么你也许得到一个电冰箱。如果你祈求安宁，那么你也许找到被你叫作安宁的东西，但是它并不是安宁。

因此，你已经把宗教变成了一个庇护所，变成了一种逃避手段，变成了一个毫无意义的东西。你通过不断地训练身体，通过压制和控制每一个欲望，这样来找寻真实。你带着破朽的、无能的、绝望的心，带着干枯的、恐惧的、丑陋的心走近你所谓的上帝。那种重复念诵很多词语的人，那种从早到晚读诵《薄伽梵歌》的人，那种抛弃了一切、穿上苦行僧长袍的人——你认为这样的人能够找到生命的真实吗？确实的，你必须开始探索发现生命的真实，为此，要有一颗完满的心，要投入你的高度发达的全部敏觉，要有丰富充盈的心智——富于清澈明晰，富于芬芳的真挚情感，而不是富于经验。

宗教，不是现在你所声称的那种宗教；它不是在经书中，不是在咒语中，不是在寺庙中，不是在雕刻的偶像中，无论是手制的神像还是心造的偶像。它是完全不同的某种事物。为了探明什么是宗教，心智必须拥有非凡的丰富完满，因为这就是虚空，只有这样，真实才能出现。这是对别人教给你的所有东西的一种彻底颠倒，这就是对你来说，明白这其中的真理为什么非常困难的原因。

千百年来，别人告诉你，你必须无欲，渴求达到任何目标的每一种的欲望，都必须阻挡、切断。与此相反，我说，不要压制、阻挡、切断、控制欲望，而是要理解欲望。控制、压制，是懒惰的一种形式。为了理解欲望，理解它的所有的细致微妙、它的所有的激跃涌动、它的所有的能量和动力，这就需要保持不断的警觉性，这就需要心智具有非凡的机敏警觉，并且能够深入地探索自己，不仅是探索意识层面，而且也探索无意识层面。意识层面的心智是积极作为的心智,它有了学习,它有了经验,它已经积累了一堆东西,它想要按照自己的私利去解释一切事物。另一方面,无意识层面的心智是消极无为的心智,你无法通过积极作为的方式来达到它、深入它。只有当意识层面的心智清静无扰时,才能接收来自无意识层面的线索和暗示。睡梦就是这种方式。

能够带来清澈明晰的,不是积极作为的肯定或者否定,而是完整的理解过程。如果你在倾听的同时深入探索自己,观察自己的心智,我希望你正在这样做,那么你就会发现,这样的倾听带来清澈明晰的理解。一个因为理解它自己,所以变得清晰的心智,能够应对自己的欲望,而一个懒惰的、并因此而压迫、控制、扭曲欲望的心智,它永远生活在自我矛盾之中。不知你是否注意到,当一个欲望被控制、扭曲、驱使、压迫时,它会产生相反的作用力,因此我们永远生活在二元性的冲突之中。

朋友们,请一定要倾听我所讲的内容,而且在倾听中观察你自己的心。真正重要的,正是我所讲的内容,而不是演讲者,因为我讲的东西是真实的;由于是真实的,所以它是无名的。它与演讲者毫无关系。

如果你在倾听时,觉知你自己,观察自己思想的流动,你就会发现,欲望是如何一直在制造它自己的对立面,这就意味着在心中总是有分裂,有矛盾;你在这样的矛盾中寻找上帝,寻找时髦的圣人和偶像,来加以崇拜。反之,如果你不反对欲望,而是深入探索自己,真正开始理解你的嫉妒、你的性冲动、你的野心、你的羡慕,以及其他每一种欲望;如果你完整全面地观察它,觉知它,既不接受,也不拒绝,不说它好或是坏——这就是以无所作为的心面对它,并因此而直接地洞察它——如果你可以这样做,那么你就会发现,上帝是与你所寻找的上帝完全不同的某种东西。只有不快乐的、混乱不清的、恐惧的心智,才会寻找上帝。心智可能认为自己已经放下了整个世界,但是如果它仍然被欲望的火焰所灼烧,那么它的放下仅仅是一种向上爬的手段,对所谓上帝的观念的信仰,成为它的现时的既得利益。反之,如果你开始理解自我、"我"的整个过程,理解它的欲望、它的野心、它的微妙的渴求,那么你就会发现，信仰是生命真实的一道障碍，因为信仰制造出权威；一个被权威束缚的心智永远不会找到生命的真实。

所以宗教不是教堂，不是寺庙；它没有信仰，没有教条，没有修炼。一个宗教人物是这样的人，他永不停息地探索他自己。一个政治人物不是宗教人物，尽管他可能说他自己是，因为他关注某些特定的结果，那些结果会带来他的既得利益。只有处于无所作为状态的心智才能发现真实，因为只有这样的心智才能看到虚假是虚假、真实是真实。

正如为了直接看到真实，心智必须敏锐，不能依附于任何东西，同样，为了感知美的本质，心智必须开放，必须敏锐。我们大多数人会说，"那个东西是美的"或者"那个东西是丑的"，这是因为我们根据我们生长于其中的传统、教育、文化，形成了关于什么是美、什么是丑的记忆。但是，就像爱一样，美一定是没有对立面的。一个对美具有非凡敏感的心智，也会对丑的东西具有非凡敏感，而且不会进行比较。如果你突然见到美丽的夕阳，或者见到一棵花叶繁茂的树向天伸展，不知道在这样的时刻，你是否觉知过你自己的感受、你自己的反应。在这一时刻，你肯定不会注意它是美还是丑，而只有一种整体性的反应，在其中不存在思想者——也就是说心智彻底放下了自己，不是吗？我希望你紧跟，理解这一点。

你也许从未经验过这样的心智状态，它彻底放下了所有东西，全然地释怀。如果你没有深邃的热情，你就无法放下所有东西，不是吗？你无法在理智上或在情感上全然地放下。确定地说，只有在强烈的热情中，你才能够彻底放下。不要对"热情"这个词汇大惊小怪，因为一个没有激情的人，一个没有热情的人，绝不会理解或感知美的品质。一个持有某种储备物的心智，一个坐拥既得利益的心智，一个执着于地位、权力、声望的心智，一个"受人尊敬"的心智——"受人尊敬"是讨厌可怕的——这样的心智永远无法放下自己。

为了觉察那种被称为"美"的东西的本质，心智必须彻底终结自己，但不是因为绝望而终结。它必须是极其简朴单纯的，因为只有简朴单纯的心智才能看真实的东西。但是心智不可能通过训练变得简朴单纯。一个苦行僧只穿着缠腰布，每天只吃一顿饭，并且觉得这样的行为就是美德，这并非简朴单纯。简朴单纯是一种境界，心智在这其中不会意识到它自己是简朴单纯的。当你意识到自己是谦逊的，那一刻你就不再是谦逊的了。当你意识到自己是非暴力的，那一刻你就充满了暴力。理想以及为了实现理想而进行的所有的践习和训练，都是自我意识的活动过程，因此这不是美德。

你一定要看到这一切，因为你的心智塞满了这类的东西；你成为它们的奴隶。你也许同意我说的话，但是你将回到一成不变的老路上。问题不在于同意，而在于洞察感知。一旦你觉察到事情的真相，你就决不会回到那些废话连篇的理想和训练中去了。这个讲座不是要让你相信什么东西，或者不相信什么东西，不是要建立一套新的教条。你必须专心致志地觉察你的每一个思想念头、每一种情感的含义，在这种专心致志中，就会出现清澈明晰；清澈明晰会造就它自己的训练——你不需要搞别的训练。

对美的敏锐觉知，并不就是看见一幅画、一棵树或一首诗歌中显现的美。它是美的感情，就像是爱的感情一样，爱不仅仅存在于表白中、话语中、牵手拥抱中。这种情感是非凡的，它创造它自己的行动。对一个懂得什么是爱的人来说，对一个生活在爱之中的人来说，他的世界里没有罪过，没有邪恶。无论他做什么，实质上都是对的。同样的，一个进行觉察的心智是极其简单的，因为它觉察，所以它简单；正是这种洞察创造它自己的行动。只有这样的心智才可以全然地放下——这不是一个在时间中逐渐放下的过程。只要看清了事情的真相，那就足够了。这样的心智不追寻真理；它不去参拜寺庙，不求助于圣书；虽然它是积极活跃的，但是它并不关注行动。因为它已经经历了一场内心的革命，革命给它带来一种崭新的品格，这样的心智可以无所作为地等待接纳那永恒之物。

如果你观察，你就会在你自身之中看到过去，不仅仅是你自己的过去，而且是整个人类的过去。毕竟我们是人类千百年生存历史的产物，在我们之中有人类的思想和经验、快乐和痛苦的锁链。但是，为了探索并打破这一切，就需要无所作为的方式，心智必须能够无所作为地面对每一个事物。不要把"无所作为"理解翻译成与梵文的某种词语相同的意思，然后把它放到一边，而是要真实地体验它。当你开始翻译、比较，你就已经离开事实了；你是生活在自己读到过、听到过的记忆之中，因此你是死的。反之，如果你直接地体验，那么你的心智会非比寻常的清晰、明确、无羁无绊，因此它的行动是革命性的。只有这样的心智才会得到来自生命真实的赐福。

1959 年 3 月 8 日

经验只会加重无知

这是系列中的最后一次讲座了。如果可以的话，我想要讨论"无知""经验"以及"创造性的心智"。

但是在开始探索这一切之前，我认为，明白你和演讲者之间的关系是极其重要的，因为如果没有清楚地理解这种关系，那么甚至以后的若干讲座都将引起很大的混乱。演讲者完全不重要；他仅仅是一个声音，是传递声音的电话机；但是如果你是在学习过程中，那么所讲的内容就具有巨大的意义。如果你非常看重演讲者，把他当作是导师，那么你仅仅是在制造对导师的追随，并且由此在毁掉你自己，也毁掉了这个演讲的内容。追随者和导师都是对学习过程的损害，如果你是专心一意地学习，那么在学习中既没有导师，也没有追随者。

我认为，明白这一点也是重要的：我是对你们演讲，不是把你们看作反对社会的一种个人，也不是属于这个或那个团体的个人。在我看来，这里只有人，无论他生活在印度、在美国、在俄国、在德国，或者在任何其他地方。因此我不是把你作为一个抱持特定信仰体系的印度人，对你演讲，我们是在共同探明完整的生命过程是什么。

这是我们的地球，它不是英国人的地球，不是俄国人的地球，不是美国人的地球，不是印度人的地球，这是我们，你和我，生活于其上的地球。它不属于共产主义者，或者资本主义者、基督徒、印度教徒。这是我们的地球，我们生活在上面，展开广博、深厚、恢宏的生命画卷；但是如果你是一个国家主义者，如果你属于一个政党或者宗教组织，那么你就否定了这种生活。请相信我，正是这些东西在将人毁坏。国家主义是一个诅咒；把你自己称为印度教徒或者基督徒，也是你背负的一个诅咒，因为它让我们四分五裂。我们是人，我们不是某个派别的成员，我们不是某个体制系统中的齿轮螺钉。但是政治人物依附于某种结论或者体制，他们在这其中有着某种既得利益，他们通过我们相信的国家主义、通过我们的自负虚荣和易动情感来剥削我们每一个人，就像神职人员打着所谓的宗教旗号剥削我们一样。

在我们一道考虑这些问题时，我认为对于我们每一个人来说，明白这一点是极其重要的：听，是一回事；倾听，完全是另外一回事，倾听会带来行动。当你是听的时候，当你听到说，国家主义带着它的所有的既得利益和冲动情感，导致剥削，造成人和人之间的反对斗争，你可能会肤浅地表示同意；但是要真正把你的心智从国家主义中解放出来，那就是另外一回事了。如果心智要变得年轻、新颖、清纯，也就是说要进入革新之境，那么自由解放，不仅是从国家主义中解放，而且是从宗教组织、政治制度的所有结论中解放，就是绝对必需的。只有这样的心智才能创造一个崭新的世界——僵死的政治人物、被宗教系统深刻束缚的宗教人物都不能创造崭新的世界。

你在这里听到了某种真实的东西，这对你来说是幸运的，抑或是不幸的。如果你只是听一听，你的心并没有受到生动活跃的扰动，由此让你的心智开始从所有那些使它变得狭隘和扭曲的东西中解放出来，那么你所听到的真理将会变成毒药。如果你只是听一听，而并不在心智上有所行动，那么真理就一定会变成毒药，就像伤口溃烂化脓。但是如果你亲身探索发现什么是真，什么是假，并且看清假里面的真，那么这就是让那种真理发生作用，并引起它自己的行动。

我们作为单个的人，亲自去领悟生活的全部过程，这显然是最最重要的。生活不仅仅是职能和职位的事情，如果我们只是满足于成为一定的职位上的职员，那么我们就变成一台机器，那样的话，生命就弃我们而去。在我看来，如果我们没有真正地投入生活，让内心得到充实完满的生活，那么我们的心智就会变得狭窄渺小，充满教条式的信仰，这些东西此刻正在败坏人类的生命。

如果我们已经明了这些，那么就让我们来探索"无知"的问题。什么是无知？什么是知？什么是智慧？确切地说，所有的知识都处于时间的范围之内，一个追逐知识的心智，是受到时间束缚，受到"已知"之域的限制的。我们所知道的东西，我们所收集的事实，我们所获取的技术，无论是建造桥梁，还是会计专业，或者无论你愿意的什么专业——所有这些都是在已知的领域之内。

知识总是在人的关系中起着作用，不是吗？我认识你，你也认识我；我知道怎样写作、怎样说话、怎样做这个或者做那个，所有这些都是来自记忆——心智已经获取的、因刺激、教育而得的记忆。心智基于这种被称为"知识"的记忆背景来运转。知识可以无限地扩展，它可以在它的范围之内变得广泛、深入、确定，成为百科全书，尽管它在社会上有用，但是它仍然处在无知的范围之内。知识消除不了无知。无论你把《薄伽梵歌》或者其他任何圣书读诵千万遍，也不会消除无知。

那么，什么是无知？一个人可能非常博学，可能在实验室里技术高超，可能作为一个官僚或一个建造水坝桥梁的高手精明强干；但是如果他没有认识理解他自己，那么他实质上是无知的。如果我不能觉知我怎样思考，我怎样感觉，如果我不能看清自己的无意识层面的动因和隐秘的要求渴望，如果我不知道我为什么相信、为什么恐惧、我的野心和挫败的根源何在，如果我没有揭开并理解我自身内的这一切，那么无论我建起多么高的知识的摩天大厦，它必定会变成破坏毁灭的工具。

无知是没有自我理解觉悟的心智状态。你可以引用《薄伽梵歌》《圣经》《可兰经》，或者引用任何你崇拜的经典，但是如果你并不认识你自己，那么这些引用就没有意义。清除无知，要靠认识理解你自己——这不是高我，不是超灵，不是心智为了逃避它自己的狭小卑微而建造起来的所有其他的空中楼阁，而是日常活动着的自我，是那个被野心、挫败、羡慕、嫉妒、憎恨、恐惧拉扯撕裂的自我。时时刻刻地理解觉悟这全部的过程，它一定会将心智带入那种可称之为智慧的境地。因此智慧与知识毫不相干，知识总是与无知联系在一起，一个渗入另一个，无知又被经验巩固加强。

请注意倾听此处所讲，不要把听到的东西丢到一边。哪怕你不能完全理解，只管倾听就是了。你也许懂得这些词汇、短语、符号，但是词汇、短语、符号不是真实的事物。如果你明白了这一点，那么也许你就开始非常慎重地感知词汇背后的意义，这就是探索你自己。这毕竟才是我们这个讲座的作用——不是给心智强加任何观点或者信仰，而是帮助我们共同探索生命中最根本的问题。

你，是作为一个人，我，也作为一个人，我们是在共同学习。你知道，我不是圣者或导师，我不是坐在这里告诉你应该怎样做，因为我们双方都在学习，这时没有权威。如果你接受权威，那么你就停止学习了。重要的是带着一颗探索的心、带着一颗想要发现什么是真什么是假的心来倾听。但是我们大多数人是带着某种观点、带着某种信仰来听。当我们看待一个事实时，我们抱有关于这个事实的观点，因此心智并没有真实地面对这个事实。所以，也许我要建议你，倾听，并亲自去探明什么是真，什么是假。不要等着别人来告诉你，因为没有人能做得到。

我已经说过，经验强化加固了无知，因为经验就是不断在积聚、添加。在我们生活的某个层面上，经验的作用是必不可少的，但是进行积累的经验，总是强化心智的自私自利的自我中心，在此意义上说，经验只能加重无知，而这种无知则成为被我们叫作"知识"的东西。

如果你观察自己心智的运行，你会发现，它总是按照旧的东西、按照以前的经验来解释新的东西，这些旧的东西和经验，是你的特定文化、你的信仰、你的教育、你所受制约的生活条件的累积结果。因此经验绝不是一种自由解放的因素。经验只是加强无知的自我中心。比如说，你的心目中也许有一个耶稣基督或者克利须那①的形象，但是这种经验是你作为一个基督徒或者印度教徒的背景的结果，不是吗，而这种经验又进一步地加强你的背景、制约条件和信仰。所以经验显然不是使心智得到自由解放的手段。经验毕竟是一种痛苦和快乐、悲伤和喜悦、拒绝和接受的过程。这是我们都熟悉的。这种经验的过程每时每刻都在进行着，如果对它没有理解觉悟，那么心智就永远不会达到这样的境地，在这里它是充分积极活跃的，然而这里不存在经验。

不知道你是否已经注意到，心智能够不带经验地进行觉察。当你突然看到一棵美丽的树，树枝摇曳着，伸向湛蓝的天空，这时候会发生什么？这时你经验到了它，也就是说，你叫出它的名，你说："多么美的一棵树啊，我得要好好欣赏它。"大多数的人，当他们看到一个美丽的事物，他们体验到它的时候，就是有意识或者无意识地这样做的。但是如果你纯粹地觉察照见一轮落日、一朵娇艳的鲜花，或是一片茵茵草地，那么这里就没有经验。这不是说你把自己等同于你所看到的东西，而是你进入这样的境地，在这其中，既没有观察者也没有被观察者，这是一种纯粹的察照感知状态，没有解释说明，没有记忆的回想。这是自由解放的因素，因为它把心智从过去中解放出来。

经验的功能是我们必需的。如果我没有关于机械的经验，我就当不了技工。如果我不了解土壤，我就当不了园丁。经验能够教我怎样去做一些事情。但是经验是破坏性的；当它成为传统，每一件事情都依照这

---

① 克利须那（Krishna）：印度教的神祇，亦称黑天，是守护之神毗湿奴诸多化身中最得人缘的神祇，经常被描绘成一个吹笛的英俊年轻人。——译者注

个传统来解释，那么它就是破坏性的因素了。这就是世界上到处都在发生的事情，特别是在这里，在印度，每一件事情都被传统所束缚，如果你能为《薄伽梵歌》写一部注释，那么你就是一个伟大的人物。

因此，当经验变得只是一个积累添加的过程，它就是破坏性的。请注意倾听这一点。一个传统的心智是僵死的心智；它被限制在已知之域，这是一个职能和职位的领域。只有当心智处于全神贯注之境，处于察照觉知之境，这意味着它不是按照旧的东西去体验或解释事物——只有这样的心智才是新鲜的、年轻的、纯真的，并因此是创造性的。

知识中存在无知，经验是深受束缚的。然而认识理解你自己——也就是认识你自己的全部活动过程，不仅是意识层面，还有无意识层面，不仅是公开的，还有隐秘的——却能让心智获得自由，使心智变得新鲜、年轻。年轻的心智总是在运动，在变化，在决定，它总是面对自己的边界，并且突围而出。但是一个已经有过经验，并且正在获取更多经验的心智，虽然经验在一定的功能层面是有意义的，但是这样的心智永远不是新鲜的，永远不是热切的、崭新的。一个共产主义者的心智，一个资本主义者的心智，或者一个只考虑国家主权政治的心智——这样的心智怎么可能是年轻的？它做出的决定怎么会是新颖的，这种决定怎么会不以陈旧的观念为基础呢？

如果你没有认识理解你自己，没有揭开并充分理解你的思想和欲望的隐秘的活动方式，没有理解自己内心深藏的需求，那么你就将永远陷落在憎恨、骄傲、恐惧之中。现在让我们来看看这些深藏的需求。

不知你是否深入地探索过你自己。为了探索自己，你一定要放下所有的解释说明，放下所有关于你自己的结论，放下你已获得的关于自我的所有知识。只有自由的心智，而不是塞满了某种结论、信仰或教条的心智，才能进行探索。

如果你非常深入地探索过自己，那么你一定遇到过那种我们称之为孤独的状态，你感觉到完全的孤独，与世隔绝，一无所依。作为一个人，你一定在某个时候有过这样的感觉：走投无路的绝望、极其痛苦的折磨、决绝的孤独感，一旦我们处于这样的状态，我们总是有意识或无意识地想要逃走。在从现实的这种奇特的孤独感逃离的过程中，我们被内心深处强烈的渴望所驱使，不是吗，我们渴望通过书籍、音乐、工作与活动，通过权力、地位和声望，来寻求充实完满。

如果在任何时候，当你感到彻底的孤独时，或者如果你有意识地、故意地让你自己去观察觉知一下它，那么你就会知道，你马上就想逃开，想要逃避它。你去参拜寺庙，崇拜一尊神，投身一个长久的活动，滔滔不绝地说话，对种种事情做解释说明，或者没完没了地听收音机。如果我们对自己很有清醒的觉识，那么我们就清楚地知道，我们每一个人都在做这样的事情。

现在，如果你要真正懂得，任何形式的逃避都永远不会满足这种自我充实的深切渴望，如果你要明白，这样的渴望是贪得无厌的无底深渊，那么你就必须完全彻底地观察觉知它，这就意味着你必须看清这一真理：在逃避之中没有生命的真实。你可以通过上帝或者通过酗酒去逃避，但是它们没有什么两样，没有谁比谁更神圣。你必须认识理解这个深藏的渴望，并且超越它，但是如果你没有体尝过那种奇特的孤独、那种绝望的没有出路的黑暗，那么你就无法认识并超越这种逃避的渴望。哪里有绝望，哪里就造出希望。只有希望落空的心智才会感到绝望。为了认识理解这种深切的渴望，这种深藏的需求，你就必须完全彻底地洞察感知它，就像你观察一棵树或者一朵美丽的鲜花那样。那时你就可以超越它；一旦你超越了它，你就会发现有一种完全的独在，它与孤独是截然不同的。但是如果你没有认识理解这种填满你自己、逃避孤独的深切渴望，那么你就不可能发现这种完全独在的境界。

这些东西也许听上去不太真实，不同寻常，你也许会说："这些东西跟我们日常生活有什么关系？"我认为，这些东西与你的日常生活紧密相连，因为你的日常生活浸泡在挫败失望的痛苦之中，你永远挣扎着成为什么，变成什么，这些实际上都来自你内心深切的渴望、深藏的要求。表面上看，你践行戒律，控制你的心，你做礼拜，做冥想，参拜寺庙，读诵《薄伽梵歌》，谈论世界和平，或者做其他什么，但是如果你没有觉悟那种驱使你行动的内心深藏的渴求，那么你做的这一切就毫无意义。

单独自处的状态是非常重要、必不可少的，因为我们的心智被持续不断的努力耗费枯竭了。你是怎样生活的呢？你永远在努力变成这个，不要变成那个，你挣扎着要出名，要得到一个好工作，要有更高的效率；你总是在无休止地做出努力，不是吗？我想知道你是否已经注意到，我们过的是怎样可悲的生活，我们挣扎着要成为什么东西，要变得仁慈善良，变成非暴力的，我们不停地谈论着"和平"，同时又沉溺于政治上的情感冲动，又准备进行战争。我们过着冲突斗争、混乱骚动、痛苦艰辛的生活，而这种深受束缚的心智绝不可能是鲜活的、年轻的、新颖的。如果你看到了所有这些，你一定会问自己，这样的努力对于活在此世来说，是必要的吗？也许有一种完全不同的生活方式，一种不需要"努力"的生活方式——它不是那种最低层次的生活，不是像牛那样的生活，也不是像那些总是随心所欲的人，而是最高层次的，一种没有努力的层次的生活。

但是你不能说："我怎样才能进入这种没有努力的心智状态呢？"因为你渴望获得这样的状态，这个渴望就是另一种形式的执着，所有的执着都是指向垂死的东西，或者是死了的东西。你执着于死了的东西，而不是活生生的东西。你执着你的妻子，你不是执着于作为活生生的人的妻子，而是执着于给你带来愉快记忆的妻子。你无法执着于活生生的、流动的河水；你只能执着于已经看到过的这条河流给你的愉悦，那是一个记忆，是死的东西。

有一种生活方式是完全超越努力的。朋友们请注意，我并不请求你接受我说的话。它跟接受或者拒绝毫不相关。你完全不了解超越努力的生活状态。你只知道努力、奋斗；你永远驱使自己成为什么，或者不要成为什么，你汲汲追求实现自己的野心，这种追求带着它的压力和矛盾，这些东西来自你内心深藏的渴望。你无法通过自我催眠来消除这种渴望。你必须直面它，而如果你逃避，你就无法直面它。你必须不带恐惧地看待它，因为它是你生命中的事实，只有这样，你才能直面它。不要想把事实变成"应该是什么"，而是让事实告诉你它是什么。我们大多数人都是带着关于事实的观点，带着知识，带着信仰，来看待事实，这样做是愚蠢幼稚的。你必须带着质朴纯真，带着一颗完满的心，带着谦逊，来看待事实。这时候，事实将会告诉你它是什么。

这种隐秘的渴望是非比寻常的深藏和微妙，但是如果你能够不带任何观点，不带任何恐惧地面对它们，那么你就会发现，你能够超越它的幽暗，让心智进入一种完全独处的境界，并因此不再是影响的产物。这种单独自处就是全神贯注的状态。

我已经说过，全神贯注和集中注意力是完全不同的情形。在这种单独自处中，这是全神贯注的状态，这里没有强行集中注意力的阴影。由于心智是独立自在的，不受任何影响的，不被任何观点束缚的，因此它是完全专注的，它是全然不动，宁静空寂的。然而你无法努力让心智变得宁静。你可以通过重复念诵某些词句来让心催眠，或者用祈祷让心安静，但是这并不是宁静——这是死亡。这就像是用一件紧身衣把心裹住，强行让它静止——因此而败坏了心智。

最关键的是认识理解内心这种深藏的渴求，它总是在变化着——而这就是它的美丽之处。你认为你知道了它，结果却发现它已经跑到别处去了。所以你必须跟着隐秘的渴望的足迹，来到心智最幽深的秘密之处。在这里单独自在的境地就会出现，它是全神贯注的，而且实际上它是一种寂然不动之境。我使用**寂然不动**这个词汇，并不是和"活动"相对立的。一个安然不动的、寂静的心智并不是僵死的心智。它是活跃的心智，它因为宁静空寂而活跃，只有这样的心智才是创造性的——不是绘画、舞蹈或者写作的创造性。这些只是心智向外的表达，这个心智也许根本就不具有创造性。一个心智也许有写作的天赋，它能够捕获某些偶然出现的景象，然后把它表达在诗歌中，或者画布上，但是真正创造性的心智是完全不同的。处于创造性状态的心智实际上是完全寂静的，只有这样的心智才能够接受不可测度的无限存在。为了认识生命的真实、不朽、不可测度，心智必须静寂，必须完全谦逊；但是只要心中还有深深隐藏的渴望，那么它就没有谦逊。

1959 年 3 月 11 日

PART 06

印度，马德拉斯，1959

什么是真正的自由

沟通，看来是一种很有难度的艺术。要就我们面临的许多问题进行相互沟通，就需要倾听和学习，而这两样都是非常困难的事情。我们大多数人几乎从不倾听、从不学习。要进行相互沟通（这正是我们这些讲座的目的），就需要一定的能力、一定的倾听方式——这不仅仅是收集信息，那是连小学生都会做的事情，而是为了理解而进行倾听。这就意味着，准确明晰地知晓所听到的话语的全部含义，同时也非常仔细地观察你自己对于所听到的话语做出的评价。在你做出评价的过程中，显然你就不在倾听了，因为演讲者已经往下讲，超越了你的观念、观点和固定的想法，这样你就停止了倾听。你已经停止了学习。因此沟通变得非常困难，尤其听者众多的时候，更是困难。如果是两三个人待在一个安静的房间里，那么我们就有可能共同讨论词汇的意义、词汇的语义学含义。但是如果是像现在这样对着很多听众演讲，我们之间要就许多问题进行相互沟通、相互分享，则变得几乎不可能；而这些问题是每一个认真思索的人显然必定面对的问题。

在我看来，我们要做的极其重要的事情是倾听，以便学习。学习不是仅仅积聚知识。知识永远不会带来洞察觉知；经验永远无法绽放觉悟的花朵。我们大多数人是在我们所知道的东西的背景下、在我们所经验过的东西的背景下来听。也许你从未注意过，一个真正学习的心智，和一个仅仅是积累、收集知识的心智是不同的。积累知识的心智绝不是学习，它总按照它自己的经验，按照它收集的知识，来诠释它听到的东西；它深陷在积聚的过程之中，不断增添它已知的东西，这样的心智是没有学习能力的。不知道你是否注意到了这一点。正是因为我们从来不具有学习的能力，所以我们在痛苦和烦恼中、在冲突和攻讦中虚度了生命，我们失落了生命的无限美丽，失落了生活的巨大意义。每一代内心贫瘠荒芜的人，就这样毁掉新生的又一代。所以在我看来，极为重要的是我们平静地、以一种庄重的方式进行相互沟通，为此，我们必须倾听和学习。

如果你能够与自己的心灵沟通，与你的朋友沟通，与天空、与星斗、与夕阳、与花朵进行沟通，那么你一定正在倾听，以便发现，以便学习——这并不意味着你表示接受或者否定。你正在学习，如果你对听到的内容表示接受或者否定，那么你就停止了学习。当你和夕阳沟通，当你和一个朋友沟通，当你和妻子沟通，当你和你的孩子们沟通，这时你不会批评，不会否定，不会下断言、做自以为是的诠释，或者分辨。你是在沟通，在学习，在探寻。从这种探索中，产生了学习的活动，学习从来就不是积累。

我认为，懂得这一点是重要的：一个搞积累的人永远无法学习。自我学习必须有一个鲜活的、热切的心智——一个不依附于任何东西，不属于任何东西的心智，一个不被任何边界所禁锢的心智。只有这样的心智才能够学习。

请在我们的探索行进中，对我所说的内容进行实验。我想和你们一起来探讨"自由"这个庞大且复杂的问题，不过为了探索这个问题，为了同它交流沟通，为了能够谨慎地、试探性地深入这个问题，就需要有一种机敏、清晰、锐利的心智——它有能力倾听，并因此而能够学习。如果你观察这个世界上发生的事情，你会发现，人类自由的空间正在变得越来越小。社会正在侵占个人的自由。宗教组织嘴上说着自由，而实际上拒绝自由。有组织的信仰、有组织的思想观念、经济的和社会的斗争，所有的竞争和国家主义的行动——我们周围的每件事情都在压缩自由的空间，而且我认为我们对此浑然不觉。政治上的暴政和专政正在通过宣传鼓动和所谓的教育，贯彻推行特定的意识形态。我们的崇拜、我们的寺庙、我们对社会群体、社团、政治党派的依附——所有这些进一步收窄了自由的空间。你们大多数人大概都归属于各种各样的社会群体，你们依附于这个或者那个团体，如果你非常仔细地观察，你会发现你所拥有的自由、你所拥有的人的尊严，是何等稀少，因为你仅仅是重复别人说过的话。因此你拒绝了自由，而一定是只有在自由之中，不是被某种信仰所限制，不是依附于某种意识形态，心智才能够发现真理。

我想知道，你是否完全觉察到了这种想要从属于什么东西的超常强烈的冲动？我确信你们大多数人属于某个政党，属于某个团体，或者属于某个有组织的信仰；你依附于某种特别的思想方式或生活方式，这样就一定是拒绝了自由。不知道你是否检省过这种寻求归属的强烈冲动，你强烈地把自己和一个国家、和一个制度、和一个团体、和一定的政治信仰或宗教信仰视为一体。显然，如果你没有觉悟这种寻求归属的强烈冲动，那么仅仅是离开一个政党或团体，是没有意义的，因为你很快就会加入另外一个。

难道你不是这样做的吗？你离开一个"主义"，然后加入另外一个"主义"——天主教义、共产主义、道德重整运动，天知道还有其他什么"主义"。你在寻求从属的冲动迫使下，从一个依附转换到另一个依附。为什么？我认为这是一个你得问问自己的重要问题。为什么你想要从属？确定地说，只有独立自处的心智，才有能力接受真实的东西——当它依附于政党或者信仰时，它就不能接受真实。请你一定要深思这个问题，请你在内心与它交流沟通。你为什么让自己依附于一个国家、一个政党、一种意识形态、一种信仰、一个家庭、一个种族？你为什么有欲求要把自己和什么东西视为一体？这样的依附有着什么含义？只有完全置身于外的人，才能认识理解这一问题——那些发誓效忠一个团体的人，或是不断地从一个团体转换到另外一个团体、从一种依附转换到另一种依附的人，是做不到的。

你想要从属于什么东西，一定是因为它给你某种安全感——不仅是社会的安全感，还有内心的安全感。当你归属于某个东西，你感到安全。当你归属于这个叫作"印度教教义"的东西，你感觉在社会上受尊敬，你的内心感到安全、踏实。因此你的依附某种东西就是为了得到安全感、踏实感——这种依附显然缩小了自由的空间，不是吗？

我们大多数人是不自由的。我们是印度教教义的奴隶，是共产主义的奴隶，是这个社团或者那个社团的奴隶，是领袖的奴隶，是政党的奴隶，是宗教组织的奴隶，是宗教导师的奴隶，因此我们失掉了作为人的尊严。只有当你品尝、呼吸、了解了这个不可思议的、叫作自由的东西，你才能享有作为一个人的尊严。人的尊严是自由之花绽放的结果。如果我们不知道这种自由，我们就受到奴役。这就是这个世界正在发生的事情，不是吗？我认为，我们想要从属于、依附于什么东西，这种渴望是使自由缩小的一个原因。为了清除从属的渴望，为了从依附的渴望中解脱，你就必须探索自己的思想方式，与你自己沟通交流，与你自己的心和渴求沟通交流。这是一件非常难做的事情。它需要耐心，需要细柔的探究，需要持续不断的探索自我，不带任何谴责或者接受。这是真正的冥想，但是你会发现，这不是一件容易的事情，我们中很少有人愿意承担它。

我们大多数人都选择让别人指导、让别人带领，这种容易走的路，我们从属某种东西，因此而失去了作为人的尊严。你也许会说："啊，我以前就听过这个了；他就喜欢谈这个话题。"然后就走开了。我希望你有可能倾听，就当你是第一次听我讲——就像是第一次看到美丽的夕阳、第一次看到你的朋友的脸庞。那么你就能进行学习，这样的学习将使你亲自发现自由——而不是由别人提供的所谓的自由。

那么就让我们持续耐心地探索什么是自由这个问题吧。一定是只有自由的人才能领悟真理——也就是去探明世上有没有什么东西是永恒的，是心智所无法测度的；一个背负着自身经验、知识重担的人永远不会自由，因为知识阻碍学习。

现在我们要进行彼此沟通，来共同探索什么是自由以及怎样获得自由的问题。为了进行这样的探索，显然从一开始，就必须有自由，否则，你无法进行探索，不是吗？你必须彻底停止依从，这样你的心智才能探索。但是如果你的心智是深受束缚的，你被自己的依附，或者是政治的、宗教的、社会的依附，或者是经济的依附束缚着，那么这些依附将阻碍你的探索，因为你没有了自由。

请你注意倾听这里的内容，并且亲自洞察这个事实：探索的第一步，必须从自由而生。你不能有所依附，然后从那里出发进行探索，这就像是一只被拴在树上的动物，它不可能走得很远。只要你依附于印度教教义、佛教教义、伊斯兰教教义、基督教教义、共产主义，或者依附于心智发明出来的什么东西，那么你的心智就是奴隶。除非在我们的探索一开始，从现在起，我们就明白：要进行探索，就必须有自由，否则，我们无法共同进行探索。我们必须抛开过去——不是勉强地、不情愿地，而是决然彻底地丢掉它。

那些一道探索解决登月问题的科学家，无论他们怎样成为他们国家的奴隶，成为所有其他事物的奴隶，但是他们毕竟是自由地进行了探究。我仅仅要说的是，他们在科研领域内拥有特殊的自由。至少在他的实验室里，他暂时是能自由进行探索的。然而我们的实验室就是我们的生活，是贯穿一天天、一月月、一年年的所有的生活，因此我们的探索的自由，必须是完整的自由；它不能像科技人员那样，仅仅是碎片的自由。这就是为什么我们想要学习和领悟什么是自由，想要深入无限广阔深邃的自由，就必须在探索的起点抛开我们的一切依附，保持独立。而这是一件非常困难的事情。

有一次，在克什米尔，有几个苦行僧对我说："我们独自住在雪地。我们从未见过任何人，从未有人来访问我们。"我对他们说："你们真的是单独的吗，或者你们仅仅是在身体上与世隔绝？""噢，是的，"他们回答说，"我们是单独的。"但是他们带着他们的《吠陀经》和《奥义书》，带着他们的经验和收集的知识，带着他们的冥想和咒语。他们仍旧背负着深受束缚的枷锁。他们并不是独立的。这样的人，身披橘红色的布块，对自己说："我们已经摒弃了这个世界。"但是他们并没有。世界就是你的一部分，因此你绝不可能与世界断绝关系。你可以放弃几头奶牛、一幢房屋、一些财产，但是如果你要放下你的遗传性、你的传统、你内心深处积累的种族经验，所有的制约着你的负担——这就需要艰巨非凡的探索，需要探寻发现，这就是学习的活动。不去探索，走别的路——去当一个僧人，或一个隐世独修者——倒是很容易的。

所以请你想一想、看一看，你是怎样地工作，你每天从家到办公室去上班，这样过了三十年、四十年或者五十年，你是一个工程师、一个律师、一个数学家、一个讲师，你具有一定的技术知识——所有这些东西怎样使你成为奴隶。当然，为了在这个世界上，你必须懂得一门技术，有一个工作。但是请想一想这些东西怎样缩小了自由的空间。发达、上升、安全、成功——每一样东西都在压缩心智，让心智最终变得，或者甚至此刻就变得机械，只能继续重复做它学过的特定的事情。

一个心智如果想要探索自由，发现它的美、它的宽广、它的生机活力、它的不寻常的奇特品质，这不是世俗意义上这个词汇的那种效用——那么这样的心智必须在探索的起点就放下它的依附，放下想要从属的渴望；它必须带着这种自由进行探索。这里面涉及很多问题。什么是自由探索的心智状态？从依附中解放是什么意思？一个结了婚的男人应该让自己从他的依附中解放吗？哪里有爱，哪里就一定不会有依附；你不属于你的妻子，你的妻子也不属于你。但是我们却彼此相互从属，因为我们从来没有感受到这个非凡的、叫作"爱"的东西，这是我们的困难所在。我们把自己附属于一个婚姻，就像我们已经依附于学习一门技术。爱不是依附，但是领悟这一点也是非常困难的，因为词汇并不就是事物。爱是敏锐地感知对方，爱是不受理智污染的纯粹的情感——确定地说，这才是爱。

不知道你是否探索过理智的本质。理智及其活动在一定的层面上是完全正当的，不是吗？但是当理智侵入纯粹的情感，平庸就产生了。我们要知晓理智的作用，要觉知那种纯粹的情感，不让两者彼此混杂、彼此破坏，这就要求我们具备非常清晰、敏锐的觉察力。

现在，当我们说我们必须探索什么事情时，实际上有任何探索要做吗？或者说要做的只是直接的洞察观照？你明白我说的意思吗？我希望我把这个说明白了。探索通常是指进行分析并得到结论的过程。这是心智的功能，是理智的功能，不是吗？理智说："我做了分析，这是我得出的结论。"它从一个结论，得出另一个结论，于是不断这样继续下去。

从某个结论而产生的思想一定不再是思想，因为心智已经下了结论。只有结论不存在，才会有思想。你得要一再深思这一点，不要接受，也不要否定。如果我断定，共产主义，或者天主教义，或者其他什么主义，是如何如何，那么我就已经停止了思想。如果我断定有上帝，或者没有上帝，那么我就停止探索了。结论是以信仰的形式出现。如果我想要弄清楚到底有没有上帝，如果我想要弄清楚上帝在和个人的关系中有什么真正的作用，那么我就不能从某个结论出发，因为结论是一种依附的形式。

所以理智的作用是探索、分析、发现，不是吗？但是因为我们总是想要得到内心的、心理上的安全感，因为我们对生命感到害怕、焦虑，所以我们做出我们所依附的某种形式的结论。我们今天依附于这个结论，明天依附于那个结论。我要说，这样的心智，这样的理智，由于它是结论的奴隶，因此它已经终止了思考，终止了探索。

不知道你是否观察过，理智在我们的生活中占据了至为重要的地位。报纸、杂志，我们周围的每一样东西都在培育理智。我并不反对理智，相反，一个人必须具有清晰敏锐的推理能力。但是如果你观察，你会发现，理智是在不断地分析：我们为什么属于这个，我们为什么不属于那个，我们为什么必须置身事外才能看清真相，等等。我们已经学习了这种分析自我的过程。因此，我们有理智，它能够探索、分析、推理，并得出结论。我们还有情感，纯粹的情感，它总是被理智所打断、所染色。当理智侵扰纯粹的情感时，平庸的心智就在这种侵扰中产生了。一方面，我们有理智，它有能力根据它的喜欢、不喜欢，根据它的制约条件，根据它的经验、知识来进行推；另一方面，我们有情感，它被社会败坏了，被恐惧败坏了。理智和情感能够揭示生命的真理吗？或者说只有洞察观照，别无其他，能够揭示真理？恐怕我没有把这个讲清楚。让我再解释一下。

在我看来，只有洞察——它可以立即看清某种东西是假还是真。这种对于假的东西和真的东西的即刻的洞察感知，是极其重要必不可少的因素——而理智不是这样的因素，理智根据它的机巧、它的知识、它的依附进行推理。你一定经历过这样的情形，你一下子明白了什么事情的真理，比如说你明白了这个真理：你不能从属于任何东西。这就是洞察感知：立即见知某事的真理，没有分析，没有推理，没有理智为了推延洞察而制造的一切东西。洞察感知和直觉完全不同，我们总是随便地轻率地使用"直觉"这个词汇。洞察感知和经验毫不相关。经验告诉你，你必须从属于什么东西，否则你将会被摧毁，你会失去工作，或者失去家庭，或者失去财产，或者失去地位和声望。

所以理智经过它的全盘推理，经过它的灵巧的评估，经过它的受到制约的思想，它说，你必须从属某个东西，你必须有所依从，这样你才能生存下去。但是如果你觉察了这个真理：个人必须完全地独立，那么这样的洞察感知就是自由之门。你不需要努力奋斗去变成独立。

在我看来，唯有这种直接的洞察，才能感知真理——推理、算计、分析却不能。虽然你必须具有分析的能力，为了进行推理，你必须具有一个良好的、敏锐的心智，但是一个被分析、推理限制束缚的心智，是无法觉察真实的。为了即刻直接地觉察这个真理：归属于任何宗教组织都是愚蠢的，你就必须能够超越理智造出的所有障碍，看到你的心灵深处，透彻地认识它。如果你和你自己交流沟通，你就会知道你为什么想要从属，你为什么有所依附；如果你的探索更加深入，你就会发现这种依附导致的被奴役、自由的被扼杀、人的尊严的缺失。如果你即刻地觉察到这一切，那么你就是自由的，你无须做出任何努力去得到自由。这就是为什么洞察是极其重要必不可少的原因。所有的为获得自由而努力，都是出自自我矛盾。因为我们深陷内心的矛盾，所以我们才会做出努力。而这种矛盾，这种努力，滋生出许多逃避的门路，它们控制了我们，使我们永远处于单调重复的被奴役境地。

因此在我看来，你必须非常严肃认真地面对生命，但是我说的"严肃认真"，并不是说你要投身于、依附于某个东西。一个投身于什么东西的人，根本不是严肃认真的人。他们投身于某个东西，只不过是想要达成自己的目的，提高自己的地位或声望。这样的人我不认为是严肃认真的。严肃认真的人，一定想要探明什么是自由，为此他必定深入探索他自己的奴隶境地。不要说你不是奴隶，不要说你不是深受束缚的。你从属于某个某种东西，你就是一个奴隶，尽管你们的领袖嘴上谈论着自由，过去希特勒就是这样，现在赫鲁晓夫也是这样。每一个暴君、每一个宗教导师、每一个总统、副总统、在所有宗教体系和政治体系中的每一个人，都谈论着自由。但是真正的自由是完全不同的。自由是世上之珍，没有它，你就失去人的尊严。它是爱，没有它，你永远找不到上帝，找不到真理，找不到那无以名状之物。无论你做什么——培育所有的美德，奉献牺牲，去做奴隶，寻求为人服务之道——没有自由，这些东西无法照亮你自己内心的真实。只有在自由之中，那种真实、那种不可测度之物才会来临——这是内心完全彻底的自由，只有当你不再依附，当你不从属于任何东西，当你能够彻底独立，没有悲苦怨恨，没有玩世不恭，没有希望或者失望，这种自由才会降临。只有这样的心智、心灵，才能接纳那不可测度的无限存在。

1959 年 11 月 22 日

痛苦的终结是在痛苦本身中实现的

今天晚上，我想和你们讨论"痛苦"这个相当复杂的问题。痛苦的问题，并不就是渴望得到你得不到的什么东西，它比这个要深刻得多，细微得多。要理解觉悟它，就需要进行大量的探索和透察。我在先前说过，理解、觉悟不是理智上认识的结果。理解、觉悟不是来自对事物的仔细思考。我想要理解觉悟痛苦的全部过程，懂得它所包含的所有的疼痛、焦虑、恐惧、异常沉重的压抑忧伤和绝望。但是如果我仅仅是思虑它，分析推理它，看到它的不同方面，并得出某个结论，那么这就无法产生使心智从苦恼中解放的彻底的觉悟。只有当你完全沉浸在痛苦之中，可以说是你邀请了痛苦，只有当痛苦的含义、本质、细微之处、纯粹真实、奇特的活动完全敞开，被你看清——我觉得唯有如此，才会有彻底的觉悟。如果你能够达到这种彻底觉悟，这意味着你是在倾听痛苦、对痛苦进行学习，那么我想奇迹就会发生。为了从痛苦中解放，你必须完全倾心投入这个问题。但是我们很少倾心投入任何问题；我们只是投入我们的心智、我们的思想。单是思想永远无法解决生命中任何至关重要的问题。我们能够思索问题，而且我们必须思考。我们还可以玩弄文字、耽于辩论，得出结论，并引用权威，我们大多数人都在做这样的事情。但是这些事情无助于我们开启觉悟之门，由此把心智从骚动缠绕的痛苦中解放出来。

我觉得痛苦是能够终结的。有一种所有伤痛的终结之道。不过这种终结，开始于对伤痛的理解觉悟。在开始的地方，就是结束，而不是通过思考痛苦，到最后让痛苦结束。正是这个开始之处，就是结束，因为痛苦的终点和觉悟的起点是同一个东西，它们不是两个不同的东西。

我们大多数人都陷于某种痛苦之中，无论是小学生的那些琐碎狭小的痛苦，还是成年人的同样琐碎狭小的痛苦，成年人陷在他的渴望、他的焦虑、他的憎恨、他的野心、他的挫败与成功等等的冲突之中。因为我们陷于这一切，所以我们用"起点""终点"这样的术语来思考。我们并没有看到：正是对于痛苦觉悟的起点，就是痛苦的终点。我认为，我们必须理解这个事实，不是只在理智上或者语词上理解，而是带着爱、带着对于这一真理的彻底洞察感知，去理解——这不是接受。当你仅仅是接受什么东西，这时就出现了它的对立面，出现对它的否定。这就是我们的一个困难——我们不是接受，就是否定，或者游移于两者之间。

但是如果我们投入我们的整个生命，真切地看清：觉悟的起点就是痛苦的终点，如果我们觉察到这个事实，透彻地感知它的真理，那么我们就会理解觉悟痛苦，我们就不会一味地逃避痛苦。

说到底，痛苦是自我矛盾的心智的状态——"我想要"和"我不想要"。心智被强烈的欲望冲动所驱使，它紧握野心抱负，经历成功与挫败，挣扎奋斗。在我们的生命中有无法计数的矛盾冲突，有外部世界的，也有内心的。在我们的话语中，在我们的行为中，在我们的思想和情感中，有着持续不断的自我矛盾。而这种自我矛盾带来的紧张、剧痛、混乱，就是我们所说的痛苦。

不知道我们是否完全意识到我们自身这种矛盾状态。我认为，我们大多数人，只有当这种矛盾达到危机时才会意识到它。那时我们的生活就被彻底颠覆，于是我们想要为矛盾找一个出路，我们寻找某种方法、某个系统、某个逃避手段。但是我们对自己日常生活中的自我矛盾浑然不觉。我们做一个工作，或是被迫做着这个工作，而实际上却渴望去做别的什么事情。我们所过的社会的或经济的生活，并不是我们想要的生活。在我们的人际关系中，有一种强迫的成分，我们深受数不清的自我矛盾的影响。不知道我们是否意识到了这一切。如果我们知道了它，那么我们就会对它充分重视并采取行动。但是如果我们没有觉察内心这种矛盾状态，那么它就像安静蓄势的火山，在内心深处沉闷地燃烧，直到积蓄的巨大力量最终爆发成火焰。这样的爆发，或者逼使我们发疯，或者逼使我们去找一个暂时缓解的办法。此外，如果我们彻底理解内心深藏的所有渴望，理解自我矛盾的全部含义，那么我们就能让它终结。

现在，我不知道你实际在怎样做，或者说我不知道你是否意识到你的自我矛盾。你是一个印度教徒，你的千百年的传统要求你在前额涂上灰末 ①，还有其他种种这类要求，当传统的东西遭遇现代世界的压力，它就造出了你内心的矛盾冲突。你想要过一种灵性的生活，无论它的意义

---

① 印度教的传统认为，前额的眉心是生命力的源泉，必须涂上药膏加以保护。——译者注

是什么，与此同时，你又有着日常生活的各种要求，因此你的内心受到无数欲望的撕扯。不知道你是否意识到了自身这些矛盾。我认为你应该这样做，因为当你开始认识你自己，这时你得觉察将会搅动心智中所有幽深隐秘的角落，我们大多数人对这些地方并不知道——我们也不想知道，因为我们不想受到搅扰。我们想要继续我们的传统，同时我们也想要享受十分时髦的现代生活。我们去到现代化的办公室上班，而当我们回到家，我们是正统的印度教徒、穆斯林，或者是无论别的什么。我们从未正视过自身的这种矛盾——遵从权威与获得自由、服从领袖与不愿服从而想亲自探索，这样的矛盾。

我们在生活中一定都尝受过这种异常严重的矛盾，我们一定是或多或少地意识到它的存在，然而不幸的是，我们从未把它看作是危急的事，理由很简单——危急关头意味着必须做出行动，我们必须对它做些什么。我们不想把我们的自我矛盾置于爆发的危急临界点，那样会迫使我们必须行动，因此我们只能过着扭曲的、矛盾的生活，我们心力憔悴地找寻某种庇护所，希望在那里得到安宁。

请你真正倾听我讲的内容，不要把它仅仅当成一个讲座，你来听一听，然后回家，你的生活一如既往。我正在描述你自己的心智状态。如果你不想听讲，那么就不要到这儿来，这样也很好。但是既然你来了，那么你就要促使自己倾听，即使心里面明显地抗拒听讲。你的心智想要找一个答案，找一个出路，但是没有答案，没有矛盾的出路。矛盾的任何出路，都是制造另外一个矛盾。你必须全面地认识理解矛盾，深入地探索它，你自己穿越它，得到你的感知。

我已经说过，痛苦是一种矛盾的境状，当你的生活中发生什么重大事件，这种痛苦会变得剧烈严重——当你的儿子死了，当你的妻子或者丈夫离你而去。如果你追求实现成功，你发现在成功的阴影中，永远藏着挫败失望，那么痛苦就变得强烈起来。你付出了爱，但是你没有得到爱的回报。你向往仁慈善良，但是你并不仁慈善良。你在外部世界汲汲追求，希望找到内心的真实。或者你在向着内心追寻中，奋力排斥拒绝外部世界。这就是你真实的生命状态，不是吗？在你的生命中存在着持续不断的矛盾冲突。

那么，为什么存在这种矛盾呢？请你不要立即给我一个答案、一个语词层面的解释或者定义，因为这些东西无法解决问题。你知道所有的定义，你知道所有的答案，但是你仍然陷在痛苦之中。所以仅仅做解释说明，并不能解除痛苦。但是我们总是轻易地满足于解释说明，这是一个奇怪的现象。不知道你是否注意过，语言文字、解释说明，是多么迅速地一下就让我们大多数人感到满足。这表明我们的心智非常肤浅，不是吗？但是我们现在探索的问题，是没有那种肤浅答案的。没有关于痛苦的答案，没有去除痛苦的出路。无论你做什么——去参拜教堂，念诵咒语自我催眠，做头倒立式①，想办法逃避——什么都不能把你从痛苦中解放出来。只有认识觉悟痛苦，才能终结痛苦。

为什么我们心中会有矛盾呢？我想要一个东西，但是我无法得到它。我想要成为一个伟人，但是在通向伟大的道路上，我遭遇了很多诱惑，很多陷阱，很多挫败，很多失望。在自我实现的过程中，永远蕴藏着痛苦的阴影。所以我问自己——我可不可以建议，你也应该问问自己——为什么会有这种内心的矛盾呢？你不认为这些矛盾之所以存在，是因为心智能够进行选择吗？我选择往右边走，而不是往左边走。这个选择之中包含了去往左边的吸引力，如果没有吸引力，我就不必选择了。选择一定是存在于两种行动方式之间，存在于两种思想方式、生活方式之间。这是非常简单明了的。为了追求成功，我选择行动方式。我强烈渴望在某一个方向上实现自我——成为一个部长、一个作家、一个诗人、一个歌手，或是成家立业身为人父。正是在这种选择之中，出现了矛盾的对立面。

你注意过你自己的不做选择的行动吗？你曾经这样过吗：你做出了一个行动，在其中完全没有选择？你一定发生过这样的事情。你完整投

---

① 头倒立式：是一种瑜伽姿势，被誉为瑜伽姿势之王。——译者注

入地做什么事情，而没有思想念头，没有理智层面的分心扰乱；你的情感的、理智的整个生命，都投入其中。你没有这样过吗？也许这种情况很少，但它一定发生过。在这样的时刻，你只知道行动，其中没有选择，因此没有矛盾，也因此没有痛苦。不要问："我怎么样知道这种行动呢？我怎么样达到这种不做选择的状态呢？"就是"怎么样"这个提问，造出了一个矛盾。

我认为，寻求一套方法来理解某种事物，这是最愚蠢的心智。如果你是一个工程师、机械师、技术员、科学家，那么你这样做是完全应该的，因为你处理的是机械性的问题。但是生命不是机械性的；它是一种难以估量的东西，它是无界限的、深不可测的。只有极其肤浅的心智，才想对于那种没有答案的问题寻求答案。当这样的心智找到了一个答案时，这个答案反映的是心智本身的肤浅，心智抱着肤浅的答案，感到心满意足。

我这样说，当然不是在抱怨，也不是恼怒，我只是指出，痛苦的问题没有答案，而且我认为，这是一个需要认识的极不寻常的事实。重要的是觉察痛苦的表现方式。因为有选择，于是产生矛盾、冲突，并因此产生痛苦。毕竟，如果我们无须做出选择，如果没有矛盾冲突，那么我们也就没有痛苦的问题。但是这并不是说，我们必须满足于现状，得过且过，过一种舒服而麻木愚钝的生活。你必须在内心深处，看到所有这些的意义。无论哪里有矛盾，哪里就有努力；无论哪里有努力，哪里就有选择。选择意味着缺乏完整的行动。只有当你向某个事情投入你的心智、你的心灵、你的整个生命——只有这时，你才没有痛苦，因为这里没有矛盾。这不是通过冥想、通过觉知、通过自我认识，或者通过引用各种各样的文本而能达到的一种境状。我们必须要理解觉悟痛苦的全部过程。

我们说的"理解觉悟"是什么意思？我们说的"洞察"是什么意思？确定地说，洞察是一种超越时间限制的状态。只要心智还是现在的老样子——是时间的产物，是与今天现时相连接的千万个昨天的残渣——那么它就无法理解觉悟痛苦。心智是时间的产物，它是时间的工具，我们正力图用这个工具来理解问题，解决问题，而这种问题本身就是时间的产物。

朋友们你看，我们有痛苦。我们都感受到痛苦的阴影，所以我们寻找途径和方法去消除痛苦，逃避痛苦。我们说："让我们收集关于痛苦的所有事实，让我们做出推论。"这就是心智的、理智的活动过程，它显然是时间的产物——时间意味着已经发生过的事情，意味着你已经学习过、经验过的事情。我们正在用这种工具去消除痛苦。不知道我是否把这个问题讲明白了，或者我把它弄得更难理解了。

你说："为了认识理解痛苦，我需要时间来思考它。我得要逐渐地明白起来。为了从痛苦中解脱，我必须修习一套方法，直到我到达这样一个状态，我的心不再被扰乱。"所有这些都是时间之内的步调，不是吗？你是在努力通过这种过程来消除痛苦，而痛苦本身就是时间的产物——所以你不可能这样消除痛苦。你需要一种全然崭新的东西，一种全然不同的心智品格，另一种视角维度，那就是洞察观照——在洞察中，完全没有时间的维度。你是在顷刻之间看清事物。但是这需要非凡的全神贯注，需要投入你的整个生命力。全神凝聚的心智可以沉入问题，并看到它的宽广、深邃，以及它的美。然而不幸的是，你的心不能真正地全神贯注，因为你去过办公室，你和别人吵了架，你活在痛苦可悲的境地，你是一个被社会所驱使的奴隶，这些东西折磨着你。因此当你听讲时，你感觉疲惫不堪，你怎么可能全神贯注呢？我想你从未对任何东西有过全神贯注。如果你有过，那么你就不会做你实际正在做的事情。你不会是一个小职员，想要当经理；你不会是一个政治人物，想要当高官，想要变成显赫人物。你不会从属于任何团体、任何国家、任何政党、任何宗教组织。

因此我要说明，终结痛苦不是一个渐进、增长、发展的过程。关于痛苦的真理，是在顷刻之间觉察感知的。你一定偶尔地觉察感知过什么事情，它是如此强烈地撞击你，以至于你的整个思想方式都改变了。你所看到的那个东西，就是真理——而且真理带来它自己的行动、它自己的革命。你不需要为它做任何事情了。这就是为什么觉察任何问题的真理，显得极为重要的原因。

我们的问题不是痛苦和终结痛苦，问题更多地在于这个事实：我们的心智被传统深刻束缚，被机械性的思想方式深刻束缚。这是我们真正的问题，如果我们的心智从这些枷锁中解放出来，那么我们就可以直接面对痛苦。不知道你是否觉察到，我们是怎样被传统层层围困，心智是怎样被传统深刻束缚？社会的传统是非常肤浅的，你可以抛开它，就像是扔掉一件旧衣服，但是还有一种不同的传统，它更强大、更深刻，那就是经验的传统。不知道你是否觉察到，经验是怎样塑造你的心智。经验的确塑造了你的心智，朋友们，不是这样吗？什么是经验？确定地说，经验是过去对现时做出的反应。现时是一个挑战，我依据制约着我的生活条件，依据我的文化，根据我受过的教育，来做出回应——所有这些东西都是"过去"。过去对现在的挑战做出的这种反应，就是经验，因此经验永远不会是新颖，经验只能强化过去，因此，经验绝不会是自由解放的因素，相反，它是一种束缚的因素。希望我把这个或多或少讲得清楚一些了。

我们都熟悉这样的观点：经验是必需的。当我们处理机械性的事物时，经验是必需的。我需要有经验，才能开汽车，我需要有经验，才能管理一个工厂，当一个领班，做一份技术工作。没有经验，我做不了这些事情。但是对于一个想要进行觉察的心智来说，经验是必需的吗？比如说，你想要知道什么是生命的真实，什么是上帝，什么是真理，这是心智无法测度的某种东西。每一个人基本上都想要知道这个问题；无论他们是谁，无论他们管自己叫作什么，无神论者、共产主义者、天主教徒、印度教徒、穆斯林——每一个人都想要找到这个东西，因为没有它，生命就是一片空虚；没有它，所有的祈祷、典礼、意识形态、雄心抱负、家庭争吵，全都变得毫无意义。每一个人都重复他们的宗教导师或圣人，或者他们的领袖说过的话。他们说："你必须增长经验，你必须修持这种纪律，追随这些教诲，那么，经过长时间的过程，你最终会达到真理。"我不相信所有这类东西；在我看来，这些全是胡说八道，因为你是通过时间来抓取超越时间的东西，这是不可能的。你必须进行深入探究，探明怎样把心智从经验的奴役中解放出来。

请注意倾听，这里讲的东西非常重要，但它很难理解，因为你从未对此好好想过。伟大的先知总是告诉我们要获取经验。他们说经验会给我们带来觉悟。但是只有清澈纯净之心，它是朗朗晴空，没有一丝经验的乌云，完全从"过去"中解放——只有这样的心智，才能觉察感知什么是生命的真实。如果你明白了这个真理，如果你在一刹那间觉知到它，那么你就会懂得那种纯净之心的非凡的清澈明晰。这意味着完全剥掉所有的记忆垢壳，彻底丢掉过去。但是为了觉察真理，你不能问"怎样达到它"。你的心智一定不可被"应该怎样做"、不可被求得答案的渴望搅乱分心，这样的心智就不是全神贯注的心智。正如我在这个讲座的前面说过，起点就是终点。在起点之中，蕴藏着我们称之为"痛苦"的东西的终结的种子。痛苦的终结是在痛苦本身中实现的，而不是离开痛苦。你从痛苦离开，你仅仅是去找一个答案、一个结论、一种逃避，但是痛苦继续存在。反之，如果你对痛苦投入全神贯注，也就是投入你的整个生命去关注，那么你就会看到有一种当下直接的观察洞见，在这其中没有时间，在这其中没有努力，没有冲突；正是这种直接的洞察，正是这种无所选择的觉知，终结了痛苦。

1959 年 11 月 25 日

什么是完整的行动

我们一起来讨论"行动"这个相当复杂的问题，也许是值得的——不是一个和特定的问题相关的特定的行动，而是作为整体的全部的行动。我们这里关注的，不是政治的行动，不是你是否应该选择某个工作，不是在某种情境下你应该怎么做。我认为这样看待行动问题是没有用的，因为我们看来总是迷失在局部之中，由此而无力整体性地处理问题。所以如果可能的话，我想要非常慎重仔细地探索行动的问题，探索怎么做的问题。

我们每一个人不都是以不同的方式面对着这个问题吗？但不幸的是，我们总是把这个问题转化成在某种特别的环境中应该做什么、面对一个挑战时应该做什么，等等。由选择而生的行动必定是局部的行动，它绝不是完整的行动。而我们的问题是，怎样理解领会"完整的行动"的含义、意义，而不陷落在社会所要求的特定形式的行动中。如果我们能够非常清晰地探索这个问题，那么我想我们将找到正确的答案。但是我们大多数人总是提出错误的问题，因而得到错误的答案，这只是造出更多的问题。

那么，什么是完整的行动呢？如果你能够认识理解行动的完整性，那么你就能正确地回应特定的要求。但是如果你没有对于完整行动的认识理解，那么你对于特定要求做出的回应，只能制造更深的混乱。如果我仅仅采取政治行动，而对于完整的行动没有透彻的理解，那么这种局部的行动本身就会引起矛盾。这就是我们大多数人的情形。我们陷落在某种特定的观念之网，我们努力通过局部的行动来解决我们的问题，这只是扩展和增多了我们的问题。

什么是完整的行动呢？它是其中没有矛盾的行动，不是吗？这样的行动显然不是出自努力，因为努力是矛盾的产物。在今天的时间之内，我想要尽可能地深入地探索并认识理解这个问题。

　　但是在探索完整的行动之前，我们必须先探索个人的当前的行动，它涉及社会，涉及有组织的政治团体，涉及与我们相关的每一个事物，什么是个人的当前的行动呢？当社会挤压个人，扭曲他的思想，使他没有自由时，他能做什么？社会的组织化程度越高，它对个人就越残酷。我们在世界上不同的地方都看到这种现象。虽然共产主义者谈论着个人的终极的自由，但是在他们那里并没有个人的空间，个人被彻底摧毁了。在宗教组织中实质也是一样，虽然他们谈论个人的获救，但是个人在信仰中深受束缚，无论是天主教、伊斯兰教、印度教、佛教，还是你愿意相信的任何宗教。

　　社会对个人的侵犯正在不断增加，他的自由空间、他的思考的清晰性，变得极其低下。不知道你们是否意识到了这种现状，你必须意识到它。如果你意识到了，那么你怎样做？我只是提出这个问题，以便我们开始共同深思。个人在现在的社会环境下，在他和家庭、和社会的关系中，他怎样做？面对宗教，他怎样做？他应该加入组织严密强大的共产主义社会吗？当你加入一个组织，你就一定成为这个组织的奴隶。无论是与希特勒斗争，还是与共产主义斗争，你就一定要使用他们所使用的同样的手段。我们都明白这一点。当个人面对这些事情，他怎样做？我们大多数人只会被社会的潮流淹没卷走，因为如果对抗社会的压力，那就包含着大量的不安定和不确定性；那意味着个人生命的一场变革。要打破"归属某种东西"的习惯，就需要思想的极大的清澈明晰，因为思想上的明晰才是独特性。没有这种明晰，就没有独特性，就没有独立的个人。

　　什么是完整的行动的本质呢？我认为，可以分出两种行动的方式。一种是从一个中心发出的行动，另外一种是没有中心的行动。我们大多数人是从一个中心出发而行动——这个中心是由知识、经验所构成，这个中心是以我们生活于其中的文化、宗教、经济地位等为制约条件。当你去工厂，或者去办公室上班，当你做着你的生意，当你参加典礼仪式，当你礼拜你所谓的上帝——所有这些，都是你有意识或无意识做出的，由你的知识、传统、经验的中心而来的行动。这种中心可以受到控制，可以被精心组织化的社会所加强或者削弱。我可以脱离印度教，加入天主教，或者成为共产主义者，但是无论我做什么，这个中心总是存在，只是表现方法上、外表上看起来有所变化罢了。

我不是在说什么奇谈怪论。这是在我们每个人身上明显发生的事情。你作为一个印度教徒，有一定的思想方式。如果你成为共产主义者，你就会用另外一种方式来思考，但是你的思考永远是从有所制约的中心出发的。所有的努力追求实现目标的自我意识，都是从这个中心产生的，它也是由野心、恐惧、嫉妒、憎恨所组成，由行善的愿望和成为好人的愿望所构成。所以我们总是基于这个中心而活动——或者说，这个中心总是在活动着，因为我们的心智与这个中心别无不同。思想者就是思想，思想不是和思想者相分离的。这个中心就是按照某种特定模式进行思想的活动，按照印度教的、佛教的、基督教的、共产主义的、或者无论什么的制约条件来思考的活动。只要这个中心在运转活动，显然就一定有数不清的矛盾、冲突，就一定有恐惧、希望、失望。这种实现自我、避免挫败失望的欲求，导致我们虚构发明出许多幻想、神话，我们赋予它们"**上帝**""**真理**"这样的名称，使之显得高贵。

在我看来，有一种行动，不是出自任何中心。但是只有当你不附属于任何社会、任何国家、任何宗教组织时——也就是说，只有当你能够抵挡所有来自社会、团体的影响时，你才会懂得这种行动。在我看来，在这个世界上，共产主义正在广泛传播，同时，与共产主义进行斗争的宗教组织也在广泛传播，对于身处这个世界的个人来说，这种行动是唯一的希望。毕竟罗马天主教会是高度组织化的宗教团体，它正在与共产主义进行斗争，而共产主义也是高度组织化的，并且它就是它自己的宗教。这两者——共产主义，以及有组织地对共产主义的抵抗——都在广泛传播。那么个人应该怎样做？如果你归属于任何团体，归属于任何宗教的或政治的组织，那就意味着你是基于某个中心、基于一个受束缚的心智而行动。

朋友们，不知道我这里说明白了没有。如果没有，我们后面还会讨论到这一点。

我们大多数人行动所依据的中心，是由各种各样的知识组成——作为技术的知识，作为经验的知识，作为传统的知识，作为记忆的知识，记的是别人告诉我们的东西。这种中心实质上是习惯的中心，是权威的中心。中心就是权威本身。所以我认为，我们应该检视知识和权威的全部运作过程。

一个成为知识的奴隶的心智，一定是受到权威束缚的。请你在听我讲的同时仔细想想，不要等到回家以后才去想它。如果心智积聚了关于"做什么""想什么"或者说"怎么想"的知识，如果它只是获取了当一个教授、一个机械师、一个牧师、一个官僚的知识技术——那么这样的心智显然是奴性的心智，它被自己的知识所束缚。它永远都不会获得自由。只有当心智意识到它的知识是专制独裁的，并把它抛弃，心智才能获得自由。这样它就可以运用知识，而不被知识所奴役。

然而这是一件非常困难的事情。知识给我们能在社会上清楚稳定地工作活动的感觉，它给我们稳定感、安全感；因此知识滋生出权威，而且我们崇拜权威。我们崇拜拥有知识的人，我们崇拜教授、宗教导师、作家，等等。但是如果心智正在进行探索、正在寻求对于自由的理解领悟，那么它就不能做知识的奴隶。

如果你观察自己的心智运行，你就会发现，它要从过去的经验、思想、习惯中解放出来，是多么超常的困难。不知道你是否在这方面观察过你自己，并力求认识理解你自己，如果你尝试过，那么你就会知道，把心智从昨日的模式中解放出来，是多么的艰难。昨天可以是你的传统，可以是你的经验，可以是你读过的东西、听过的东西、学过的东西、积聚的东西。它实质上是以别人的思想和观点——是以商羯罗、佛陀、耶稣、马克思或者斯大林说过的东西为基础的。这个昨天已经开启了一种势能；它构成了一种模式，你把这种模式当成权威。除非你认识觉悟了在你心中制造了权威模式的昨天的势能冲力，否则你对自我认识的追求就会受阻。因为权威，无论是政治权威，还是所谓的宗教权威，把心智变成了奴隶，心智无法自由地思想，无法彻底地觉知，所以你无法前行。

当知识变成了权威的核心，那么心智就很难从权威中解放。电脑在某些方面能够比人脑迅速得多、高效得多地运转，但它不是自由的。他无法思考新的东西，它只知道按人教给它的东西去运转——人的心智也完全是这样的，只不过人的心智还希望自由，希望鲜活，希望新颖。但是只要心智没有意识到，没有觉悟到，权威、知识是心智的枷锁，那么心智永远不会是鲜活的、新颖的。

知识是一种奇特的东西，不是吗？我们不仅知道过去，我们还知道未来，或者说是我们认为我们知道未来，因为"过去"通过"现在"，把它自己投影成为"未来"。共产主义者向宗教组织的人们一样，他们断言知道未来，他们愿意牺牲现在的一代人而达成他们的"未来"，达成终极的完美的乌托邦。他们是奴隶，不仅仅是"过去"的奴隶，而且是自己所投影的"未来"的奴隶。

现在，当我们认识到，我们的心智是残废的，我们是不自由的，受到"过去"的束缚，也受到自己投影的"未来"的束缚，那么我们不应该问问自己吗：是否存在没有中心的行动？但是首先我们要问，我们就这样的行动的含义进行彼此沟通，是可能的吗？我在说英语，你懂得英语词汇的意思，所以我们在语言词汇层面的某种范围内，可以相互理解。但是一定是只有你和我超越了语言词汇层面，关于"完整的行动"的含义的沟通交流才可能进行。仅仅是语词描述，不会带来理解觉悟，相反，如果你的心智执着于词汇，那么语词描述会妨碍理解觉悟，因为你会给词汇赋予一定的解释，这就在我们之间造成了障碍。如果我们力图只在语词层面相互沟通，那么就会出现"同意"或者"否定"。你说："我跟你有同样的观点。"或者你说："你错了，我不同意。"我认为这种方式是完全错误的。理解、觉悟，无关"同意"和"不同意"。要么你是懂了，要么你就是不懂。如果心智抱着一堆观点、结论看问题，那就会有同意或不同意，因此就不会有对于真实的东西的洞察感知。

我想要谈论的行动，不是局部的行动，不是知识所产生的行动，不是权威所产生的行动，而是某种完全不同的东西——这意味着真实的行动，没有中心的行动。你一定发生过这样的情况：你做了什么事情，在其中，你没有算计，没有论证，没有思想上狡猾的谋划，不去想过去怎样，可能会怎样，没有考虑怎样选择。在你的生活中，你一定做过什么事，而并未出现所有这些思想过程。但是，要理解这样的行动，你就需要下大力进行自我认识，这是对你自己心智的运作活动进行认识领悟。你可以自我欺骗地说："我的行动已经没有中心了；我完全不假思索地加入了某某团体。"——你是基于内心深刻隐秘的渴望而行动，这样做是幼稚而愚蠢。相反，完整的、没有中心的行动，需要深入地探索你自己——这意味着真实地探索思想的过程，探索心智的全部机制，在探索中没有限制，没有终点。

不知道你们中是否有人曾经认真地探索过自己，是完全心甘情愿地、全心投入地、欢喜地、没有强迫感地深入探索，努力去发现什么是真实的你。如果你仅仅说，"我是这个"或者"我不是那个"，这样做还是幼稚愚蠢的，没有任何意义。要探索，要发现，就必须是欢喜的，必须怀有热情，充满活力，尤其是探索这个叫作"心智"的复杂的东西时，更是如此。但是我们大多数人进行探索，要么是出于绝望，要么是为了找到什么东西，能够滋养我们的心身，能够给我们稳定，保证我们超越死亡延续下去。真正的探索必须超越所有这些东西，这种探索就是为了发现真实出现的东西。不知道你是否这样做过，你是否探究过自己，就像一个女人面对镜子端详自己的脸一样。面对镜子看你的脸没有什么不对，如果你是确切如实地看到自己真实的样子——直发、鼻梁不直，等等。但是如果你修饰它，化妆它，努力使它变得更漂亮，那么这就是另一码事了。同样的，探究你自己，就是要看清你的心智的真实样子——你为什么思考并做某些事情，你为什么去办公室或去寺庙，你为什么用这种方式对你的妻子、对你的雇员说话，你为什么阅读圣书，你为什么来听这些讲座。你必须每时每刻地知晓所有这一切，不是为了积累知识，以知识为基础去行动。学习是心智的一种活动，在其中没有积累。只有当你不从学习的活动中搞知识积累时，你才能够学习。一旦你开始收集知识，积聚增添你所学到的东西，那么你就停止学习了。一个通过学习收集知识的心智，是被渴求安全、稳定的欲望所驱使的，或者是为了得到某种利益。反之，在学习的活动中没有积累——这就是学习的美丽之处。学习，就是看清你是什么样子——看清你的憎恨、谗言、粗俗、恐惧、希望、焦虑、野心——没有判断，没有品评，既不谴责，也不认可。

当你进行不搞堆积的学习活动时，洞见和觉悟就到来了。如果心智可以这样观察和理解它自己，那么你就会发现，在这样的观察和领悟之中，会出现一种完整的行动，它没有"我"、自我这样的中心。

朋友们，试着做一做。不要企图培养某一种特定的行动，而是要深入探索关于行动的整个问题——如果你仅仅是寻求得到问题的一个答案，那么你就无法进行探索。正是因为我们很少去想这些问题，所以我们的生命充满了不幸、卑琐、逼窄、痛苦。我们大多数人想要的是有面子的生活。

一个想要真实探索的人，必须首先认识他自己的心智。没有对你自己心智的认识，你就无法认识任何东西。你可以去教堂，施行礼仪，你可以像一台留声机一样，重复你读过的经文，但是所有这些无法让你的生命变得神圣。神圣的心智是认识觉悟了它自己的活动过程、它的隐秘的动机、它的深处每一条人迹未至的路径。因为它是鲜活生动的、灵活运动的、良好运作的，它从来不会满足于达到一个结论，所以对自己进行了深度的探索，它永远都在探寻发现真实之物。真实之物不是静止的，它是运动的、不断变化的；它没有固定的居所。心智如果不能敏捷地跟随它，则永远无法领悟它的品性、它的不可测度之本质。这就是为什么自我认识绝不可少的原因——自我认识不是去认识高我、灵魂，所有这些都是幼稚的胡言乱语，而是要认识你自己，也就是看清你自己的心智是怎样地受到束缚。

如果你没有觉察知识和权威的全部意味，那么你就不可能认识没有矛盾的完整的行动。完整的行动，是没有强迫感的因此也没有遗憾的行动。这样的行动确定是具有智慧的。智慧不是教给的，不会有教授智慧的学校。智慧无法买到，你也不可能通过服务他人、奉献牺牲等等其他此类东西来得到智慧。智慧不是从读书中得来，不是通过获取丰富经验而来，不是通过做你父亲、祖父或你的领袖要你做的事情而来。只有当心智察知什么是真实，当它这种洞察感知是完整全面之时，智慧才会降临心智。没有自我认识，就没有洞察感知。只有当冲突消失，智慧才会降临。只有当你开始探索心智的整个运作过程，你才会觉悟什么是完整的行动，这样你也将会知道怎样在一个特定的情境中行动，知道今天该怎么做，知道任何一天该怎么做。通过局部，你永远无法认识理解整体，但是当你察知了整体的含义，那么从这样的理解领悟，你就能够理解局部。

要探索这一切，就需要认识觉悟你自己思想的活动过程。这种探索的美好，不在于达到了什么、学到了什么、获取了什么，而在于让完全纯真的心，自由地重新看天空，看众人的脸，看河流和丰饶的大地。只有认识觉悟了它自己，心智才能够接受生命的无限祝福恩赐。

1959 年 11 月 29 日

看到事物的真相，就是自由之门

做一个好人，做一个谦逊的人，没有愤怒，没有嫉妒，没有贪婪，做到这些一定是非常困难的。为了让我们举止文明一些，行为道德礼貌，于是有了那一切种种的宗教的处罚、禁忌、恐惧、天堂的许诺和地狱的威胁。在没有这些影响、没有任何强迫、没有奖励惩罚的情况下实现转变——也就是说，通过觉悟而产生一种根本彻底的转变——显得超乎寻常的困难。转变，看来是最艰难的事情之一——如果我们什么时候完全转变，就会知道它的艰难。我这样说不是愤世嫉俗。我们寻求各种各样的训练方法，靠它来控制和塑造心智，但是并没有认识理解转变的整个过程。我们压抑克制我们觉得不该要的东西，并因此希望使它得到升华和超越。

我们大多数人都是这样的，不是吗？当我们愤怒时，我们努力压制我们的怒火；我们寻求一个解决办法，寻求一条出路。我们从未深入探索问题，并全面、彻底地理解它——而这也许是解决愤怒问题或在内心造成冲突的其他任何问题的唯一方法。冲突贯穿在我们的生活之中；从孩提时代，一直到死亡，我们永远处于内在的和外在的冲突之中。我们习惯于动用意志，做出努力，去压抑或控制我们自己；我们践行各种各样的训练方法、冥想方法；我们阅读圣书以及所有这类东西，希望逃避在我们生命中造成冲突的种种事情。为了让我们的行为举止保持在规矩体面的约束之内，社会造出了各种各样的宗教制裁和舆论支持的道德规范，而我们则努力遵从所有这些东西来生活。

因此我们的生存实际是一种矛盾状态，在这里面，我们总是努力要成为这个，不要成为那个。我们永远力图变成什么东西，避免什么东西，总是努力克制、遵从、调整。如果你观察自己——如果你很有智慧的话，你一定会观察自己——你就会知道，我们就是这样生活，一天天、一年年，直到我们死亡。我们在不断地做出努力，努力遵守，努力调整，努力顺从，努力模仿；这就是我们的生活，而且我们几乎从未摆脱过这种模式。它无休止地在我们内心造成矛盾。我们从来没有使自己从愤怒、贪婪、羡慕、嫉妒中彻底解放出来，虽然我们一直在和它们做斗争。

现在，如果可以的话，我想要讨论"努力转变"，以及"转变"意味着什么。我想通过发声的思考来深入探索它，我想和你共同探讨它，因为我觉得，心智本身的品质必须发生一种根本性的转变；而追逐自己利益的狡诈的心智，仅仅做出外表的调整，这样将使我们一无所获。这样的心智永远无法真正懂得安宁的品质，它不可能进入不做选择的觉知，或者说不可能进入那种创造性的生命真实状态。

如果你想要非常深入地探索"转变"的问题，那么我认为，你必须首先懂得"什么是意识"——不是书籍所描述的"意识"，不是人们为之提出一定理论和结论的"意识"，而是在你自身之中运行的"意识"。这必定是你能依靠的唯一的出发点。你不能假设任何东西；你不能从任何理论、信仰或结论出发。我认为，我们必须极其简明地进行探索，不要引用商羯罗或者其他人说过的关于意识问题的话。唯有如此，我们作为两个人（正在试图揭示我们自己的思想方式、理解我们的冲突以及为什么我们会做某些事情），对于意识这个问题的探索才能深入进行。

在理解这个被我们叫作"意识"的东西时，我想我们必须得明了一些事情。我们不是在进行分析，我们仅仅是在观察——它和分析的过程完全不同，分析具有一种目的意图，你希望通过分析来达成什么。所以我们对于意识的探察，不是一个以自我改进为目的的分析的过程。在我看来，自我改进的愿望是很恐怖的，是幼稚愚蠢的思想方式，它把生命变成了一种职业，它是在这样的层面上奋斗，追求在科学、在商业、在数学，或者在无论你要干的什么事情上，达到领先。我们在这里，不是搞分析，不是力求改进自我，我们是在力求观察自我，力求理解这种意识，它是日常行动、日常思想和情感中的"我"——即欲望、激情、愤怒、残酷、野蛮和恐惧。我们在这里就是为了揭示"我"的活动方式，而不是为了改进"我"。不存在"我"的改进。只有平庸的心智才会说："我必须要变得更聪明，更有才华，更博学。"一个狭小低劣的心智，无论它做些什么来改进自己，它永远是狭小低劣的。

所以请搞清楚我们是从什么样的视角来看待这个被叫作"意识"的东西。如果我们不明白以什么方式看待意识，那么我们就总是要努力去改变或控制意识，而这种努力又加深了对意识的限制。正是这样的努力，它的性质是造出"我"这样的中心，对意识的控制从"我"而生。不知道你是否注意到，一旦你做出努力，那么你就已经有了一个目标，这个目标就限制了你的视野。

请你和我一起探讨这个问题。不要说："难道努力不是必需的吗？我们生存——伴着痛苦、喜悦、冲突、矛盾——不就是一个努力的过程吗？"我们都知道这一切；你不需要告诉我，我也不需要告诉你。但是我正试着向你指明某种完全不同的东西，因此你得要仔细一点、慎重一点地看待它。

我刚才说，如果我们不理解"努力"的性质，那么所有的行动都在受到限制。"努力"造出了它自己的边界、它自己的目标、它自己的局限。"努力"具有时间限定的品质。你说："我必须冥想，我必须做出努力控制我的心。"正是想要控制的努力给你的心智套上了枷锁。请和我一起观察这个问题，仔细考虑这个问题。生活在"努力"之中是可恶的，我对此是深恶痛绝的，如果我可以使用这种强烈的词汇。如果你观察，你就会发现，从孩提时代开始，我们就背负了"努力"的枷锁。在我们的所谓的教育中，在我们所做的一切工作中，我们努力改进自己，努力成为什么东西。我们做每一件事都是以"努力"为基础，而我们越是付出努力，心智就越是麻木迟钝。

只有当努力止息了，心智才能发生根本的转变。我们大多数人被束缚在"努力"之中，企图付出努力，得到改变，而这就是为什么毫无真正改变的原因。这样的努力因其自身的局限，只能产生某种修改。

对于我说的话，请不要接受，也不要拒绝。你必须亲自探明我说的话是否正确。你的全部生活制约条件都是基于这样一个假设：努力是必需的。但是现在有某个人在这里告诉你："看，这个假设是完全错误的。"你怎样亲自探明真理呢？我说的东西有可能完全是虚假的，其中没有任何真实性；它可能出自一个养尊处优的人，他拥有舒适的生活，因此不想做出任何努力。你可能会想："你说得轻松，但是我们出生在穷人家里，我们贫穷拮据，我们必须付出努力，否则我们就会被压垮。另外我们的圣典都告诉我们要付出努力，要克制、控制、塑造我们的心灵。"

那么，你怎样探明我说的是不是真理呢？你习惯于冲突，它是你的传统的一部分；你习惯于克制、控制、调整。舆论对你来说至关重要。别人说的话，就是你的"上帝"——无论是商羯罗说的话，还是你的邻居说的话。你在听我讲的时候，就观察你自己的心；观察你怎样思想。现在的心智状态下，你怎么能发现我讲的东西是真理还是谬误呢？为了探明、发现，你一定得要察问自己的思想方式，而不只是察问我讲的东西。你的心智从小就被教育去服从、模仿、追随，以这样的心智，你显然无法发现什么是真什么是假。因此你必须从探索自己的心智状态开始，你必须洞察自己的意识，看清你为什么追随，你为什么模仿，你为什么服从。这实在是对于意识的任何探索的起点。在这样的探索中，没有分析，没有企图心。你在观察，去探明心智有没有可能每天都无须做出努力而运转、生活、行动。朋友们，你看，一个总是陷于矛盾、努力状态的心智，正在将它自己消耗殆尽。它绝不可能是清新的、纯真的。而你如果要觉察任何事情的真理或谬误，你就一定需要一种清新的心智、一种纯真的心智，一种良好的、清晰的心智。

我们正在探索这个叫作"意识"的东西，它应当是一个完全的整体，一个完完整整的状态。不过，有一部分意识隐蔽于黑暗，有一部分意识处于光亮——不是梵天或者耶稣的灵性之光，不是所有束缚你使你相信的那些废话。这个光亮可见的部分，就是表层的心智，是那个去办公室上班的、纷争吵闹的、想要一个好工作的心智——这个心智是在日常生活中运转的。然后有隐密深藏的心智，它是无意识的心智，包含着它的动机、它的渴望、它的斗争的暗示，这些东西正在浅表的心智层面之下进行活动。意识是所有这些的总合。为了认识理解这种意识，你不能求助于书籍，不能求助于商羯罗或其他人对此说过的话。如果你这么做，那么你就会迷失，因为你不能觉知你的真实面目，你仅仅是引用别人的陈述。任何一个傻瓜都会引用他人，他越傻，他就引用得就越多。引用，就是停止思考，停止探索，心智因而变得昏庸呆滞、麻木迟钝。

朋友们，我知道，在听我讲的时候，你可能会说："他长篇大论地说得挺好。"但是你没有认识到"引用"对你的心智的作用，你不知道它使你变得多么昏庸呆滞。一天我和一个非常博学的人交谈，他可以引用任何圣书，无论是东方的还是西方的，南方的还是北方的。但是他完全不能亲自思考。所以请你停止引用，请你亲自思考；探明什么是你自己真实的思想和情感。当你引用的时候，你就是依附于另一个人的权威，这是一种极为轻松的逃避方式，让你逃避察看自己的心，逃避觉察自己真实的样子。

　　现在你和我，作为两个人，我们可以看到，意识就是我们的思想、情感、感觉、渴望等等每一样东西——是我们的全部情感，以及情感背后的东西，是想要得到什么和不想得到什么的欲求。我们不能深入探索太多细节，但是我们已经看到，所有这些加在一起就是整个意识。在这种意识中存在着矛盾；虽然在某些时候，我们觉得自己从矛盾中解脱，但是这仅仅是一种反应。

　　让我们换一种说法。存在着意识层面的心智和无意识层面的心智。我使用这些词汇，不是指任何特殊的心理分析方法上的意义；我使用这些词汇，就是像你和我在日常会话中使用的意义。意识层面的心智受到现代社会的教育，有着它的所有的要求、强迫、希望和恐惧。如果我出生在一个共产主义家庭，那么我通常会继续成为一个共产主义者。我的意识层面心智接受了共产主义的教育，因此它会继续在共产主义的模式中运转，就像一个天主教徒、印度教徒，或者佛教徒那样在其特定的模式中运转。正是意识层面的心智，它获取方法技术——开动发动机的方法技术，或者摒除你的不必要的欲求的方法技术。正是意识层面的心智，它向宗教导师学习怎样模仿美德，怎样行动以求成为"灵性的"，怎样压制这个、培育那个。正是意识层面的心智，它获取知识，在浅表的层面上做出调整。

　　然后还有所谓的"无意识"。什么是无意识呢？你怎样亲自去探明它，而不是仅仅引用心理学家、专家、精神分析专家说的话？我们大多数人显然从未窥见过无意识层面的心智的真容。我们能够察看它吗？我们所拥有的观看什么事物的唯一工具就是意识层面的心智，它在学习、在获取知识，而且它的方法总是积极作为的，这样的心智能够深入探索无意识吗？不知道我说明白了没有。也许我没有说明白。

我想要知道为什么我是嫉妒的——我以这个作为例子。我为什么嫉妒呢？意识层面的心智可以理解并解释它为什么是嫉妒的，它这么做的同时，还造出了嫉妒的对立面，它说："我必须不嫉妒。"冲突由此发生，要成为这个、不要成为那个的努力，由此发生。但是嫉妒意味着比较和竞争，它意味着想要成为什么东西——成为政府总理，成为最著名的学者，成为城里最大牌的律师等等。因此嫉妒是根深蒂固的；这不是说一句"我必须不嫉妒"，就能够解除得了的事情。

现在，为了探索嫉妒，为了追索它的深刻根源，就需要一种完全没有积极作为的心智。不知道你是否明白了这一点。对我们大多数人来说，我们的意识层面的心智只有两种看待问题的方式：积极作为的方式，以及积极的对立面，就是所谓的消极的方式。要么它是积极地想要干吗，要么它就是消极地不想干吗。它要么是想要除掉嫉妒，或者要么就是想要保持嫉妒，并享受嫉妒。它说："嫉妒有痛苦也有快乐；我要努力去除嫉妒的痛苦，而保留它的乐趣。"于是它是以积极的方式对待嫉妒，或者是以所谓的消极的方式对待嫉妒。但是要找到嫉妒的根源，就需要一种完全不同的心智状态。如果嫉妒只是一棵植根很浅的树苗，那么你可以轻易地把它拔出来，丢到一边。但是这棵树已经变得叶茂根深，它覆盖了整个人类的现代文明，所以嫉妒的问题绵延不绝。

为了探索嫉妒，为了深入下去进入无意识，嫉妒的深根隐藏在其中，你需要的不是已经受过教育的意识层面的心智，而是一种完全不同的心态，一种完全不同的心智状态。除了通过暗示和提示、通过梦境以及一定的清澈明晰的时刻，此外你无从认识无意识；无意识肯定是不能被意识层面的心智探索的。如果意识层面的心智就是要试图探索无意识，那么就总是有一个正在观看被观察对象的观察者。意识层面的心智所能做的就是这个。它能够作为一个观察者、一个经验者、一个思想者进行观看，总是和被观察的对象、被经验的对象、思想分割开来。这样的探索仍然是积极作为的过程，虽然它也许显出消极的样子。积极作为的过程含有消极的表现，这仍然是它自身的一部分。

我们正在试图做的，如我在这个讲座一开始所说，是要认识理解"努力"，并且探明心智有没有可能完全从"努力"中解放出来——完全自由地行动，满怀愉悦、满怀欢喜，没有努力。

那么意识层面的心智怎样做呢？虽然有来自无意识的梦境、提示、暗示，但是当意识层面的心智试图去解释它们时，它仍旧局限在积极作为之内，并带着它的对立面，即所谓的消极性。为了理解它茫然无知的某种东西，意识层面的心智一定得要全然地宁静——如果我可以使用"宁静"这个词汇。希望你能明白我的意思。宁静的心智并不是休眠的，它不是麻木迟钝的。意识层面的心智必须停下活动，也就是进入全神贯注之境，在那里没有积极的或消极的反应。

朋友们，你看，我这儿正试着告诉你某种东西。它是某种你并不知道的东西。你们除了听别人说起过它，或者在书上读到过它，但是你们从未在内心真实地感受到它的美丽。什么是倾听的心智状态呢？显然，一个进行解释说明的心智不可能倾听。如果你根据你的知识来解说听到的东西，那么你就不在倾听。为了倾听，为了探明，你的心智必须进入真正的消极的无所作为之境——这不是积极作为的反面，而是完全不同的东西。它是全然地没有积极行为，与积极性相反对的消极性也不存在。你的意识层面的心智必须不带任何目的，向着无意识的暗示敞开；它必须进入全神贯注之境，这是真正的全然无为之境。

如果你无法理解这些，那么我非常抱歉，我希望你能够理解。我认为每一个人都能够过有尊严的生活，都能够没有努力之状地自由自在地生活，而只有在这种不带努力的生命之境，才有创造性，才能洞见生命的真实。意识层面的心智必须做到全神贯注，也就是全然的无所作为——而这就是全然的积极有为之境。不过我现在不打算就此完全深入下去。

当意识层面的心智处于彻底的全神贯注时，它就可以照进无意识的深潭，这里是它所未知之域。确定地说，无意识是种族的遗传，是已经赋予你的积淀了无数年代的传统价值观。虽然你可能学习了超现代化的科学技术，但是在无意识层面，你仍然是一个婆罗门、一个吠舍①、一个印度教徒、一个天主教徒，或者无论是什么，因为千百年来，它被一再地重复告诫、被深深地植入了你的种族的无意识层面。无意识是积累起来的经验，不仅是个人的经验，而且是家庭的、种族的经验。无意识是人的努力的结果，努力成为，努力变成，努力增长，努力谋生。因此，意识（它是努力的产物）是受到限制的。我在讲座开始的时候说过，哪里有努力，哪里就有一个目标，哪里有努力，哪里就有对于全神贯注、对于行动的限制。在错误的方向上做得好，即是做得坏。你明白吗？千百年来，我们已经在错误的方向上做得"挺好"了，我们以为我们必须做这个，我们不能做那个，等等，这只是造成更深刻的冲突。

于是千百年来，心智被训练以某种努力压制自己，克制自己，去战胜它自身的局限性；尽管它可以造出鬼魂、灵魂、高我等概念，但是它仍然局限在它自己思想的范围之内，仍然处于它自身的努力的局限之中。因此，它所成为"真实"的东西，只是它自己的妄念的投影而已。我们大多数人心智的真实状态就是这样。这样的心智怎样获得自由呢？这是下一个问题。

我认识到，我的心智是时间的产物，是努力的产物，而且我看到，努力造成了心智的局限，限制了意识的活动范围。心智怎样从这种局限中解放呢？我问的"怎样"不是为了找到一个让心智自由的方法。寻找方法是极其幼稚的思想方式，这不是我的意图。我问"怎样"，只是要探索：有没有这样一条道路，让心智走出这种局限，还是说，也许根本就没有这样的道路。

现在，这个问题留给你了：有可能让心智完全自由吗？这个问题，

---

① 吠舍（Vaisya）：印度种姓制度四个种姓等级中的第三等级，由农夫、畜牧者、手工艺者和商人组成。——译者注

像人类的其他问题一样，没有答案。朋友们，你明白吗？这里的问题，如果你真正深入探索它，你就会发现它极端复杂，如果我说"这个是答案"，那么我是愚蠢的。所以这个问题留给你。不过如果你深入地倾听理解了我说的一切，那么对你来说，这个问题就不再是一个问题了，因为你已经完整地感知理解了它。当心智完整地感知理解了一个问题，那么它就从这个问题中解放出来了。

你也许会说，我对你耍了一个非常下作的花招——给你一个问题，但是却不给你指出解决办法。我说，没有解决办法。但是如果你看清了整个的问题，那么问题本身就解决了。"爱"的状态与被我们叫作"爱"的那种情感完全不同。对我们大多数人来说，"爱"是一种矛盾，充满了羡慕、嫉妒、占有、攫取、失望——你们都知道心智的这种刺激的故事。但是如果你倾听"爱"的嘈杂喧闹，如果你看清了所谓"爱"的全部含义，那么这个问题本身就解决了。这里需要的是洞悉察照，而不是不停地寻找问题的答案。

因此，努力永远限制心智。如果你明白这个真理，那么这就足够了。正是这种洞察会运作；你不需要做任何事情。看到某种事物的真相，这就是自由之门。只有你当看不到问题的真相，你才会问："我应该怎样做？"如果你看清你的心智是如何已经被制约束缚了千百年，而且那种过去以来的制约条件正在如何通过现在把它自身投影到将来；如果你看清你的心智是如何成为时间的奴隶，成为环境的奴隶，成为遗传承袭的和学习得到的各种信仰的奴隶；如果你看清你是如何不断地通过经验来增加你的制约条件，而经验正是这种制约条件的产物——如果你极为清晰地洞察了所有这一切，那么自由就不觅而来，那么生命从此焕然一新。

1959 年 12 月 2 日

爱是不可培育的

我们的心为什么一刻也不得安宁？我认为，由我们来亲自探明这个问题，这样做是有益的，值得的。我们的心就像大海一样，从来不会静止，从来不会宁静；虽然表面上可能是风平浪静，但是内心却充满波动，充满暗流以及各种各样的骚动。我认为，比较深入地探索这个问题，而不只是问怎样让心安静下来，这是非常必要的。我们没有办法让心安静。当然，你可以吃一片药，一片镇静剂，或者是盲目地追随某个体系；你可以用祈祷、用重复念诵什么东西来麻痹心智，但是一个被麻痹的心智，根本就不是心智。所以在我看来，深入地探索这个问题极为重要：心智为什么永远在追寻什么东西，得到以后又不满意，然后继续追逐另一个东西——无休止地从满意滑向失望，从实现成功滑向痛苦挫败。我们必须了知这种从快乐到痛苦的无尽循环。在这个世界上，每一事物都是短暂的匆匆过客；我们生活在迁流变化之中，没有任何地方能够让人偏安一隅，尤其是内心没有安处之地，因为心智的每一个隐蔽之处都受到搅扰。在我们的内心，没有未受搅扰之处。我们已经有意识或者无意识地力求以各种各样的方法，带给心智安静、宁静、安宁之境；我们一经得到它，旋即又失掉它。你必须觉知在你内心正在发生的这种无止境的追寻。

因此我想建议，让我们小心郑重地，不带任何教条，不做任何引用，不得出任何结论地，这样来努力探索我们的心智的这种无休止的活动。我认为，我们必须从这个问题开始，就是问问我们自己：我们究竟为什么追寻？我们为什么寻找，我们为什么有这种想要到达、得到、变成某种东西的渴望？你们来听讲座，可能是因为有一点儿好奇，不过呢，我希望你们更多是因为想要找到、想要求得什么东西。你在追寻的是什么呢？你为什么追逐呢？如果我们能够通过问我们自己为什么在追寻，由此来深入地探索这个问题——如果我们能以这个问题为手段，打开探索之门，那么也许我们可以窥见某种东西，它不是虚幻之物，它没有那种只是让人快乐或满足的东西所具有的短暂特性。

你为什么追寻？你追寻的是什么？不知道你是否问过自己这个问题？你知道，每一个挑战都是新的，因为它是某种需要你全神贯注的事情。你必须做出回应，你无法转身无视它，你或者是完全地、充分地回应它，或者是部分地、不充分地回应它。不能完全地回应一个挑战，就造出冲突。这个世界的现状是持续不断地向我们每一个人提出挑战，如果我们不能做出充分的、透彻的回应，如果我们不能对于挑战本身具有的美做出回应，那么我们必定陷入混乱、焦虑、恐惧、痛苦。同样的，这个问题——你在追逐什么？你为什么追逐？——也是一个挑战，如果你没有投入整个生命去回应它，而仅仅把它当作一个理智层面的问题，给出片面的回应，那么显然你绝不会找到完整的答案。如果你只是按照你得出的一定的结论，做出思考或陈说，那么你对挑战做出的回应就是片面的、不充分的。挑战永远是崭新的，你必须重新回应它——而不是用你的习惯的、通常的方式来回应它。如果我们可以问自己这个问题，就像我们是第一次面对这个问题，那么我们的回应将完全不同于理智层面的肤浅的回应。

你在追寻什么，你为什么追寻它？不就是这种追寻，无休止地鼓动我们，让我们不得安宁吗？假如没有追寻，你就会停滞、退化吗？或者说，有一种与此全然不同的"探寻"？不过，在我们的探索进入这些比较复杂的方面之前，我认为重要的是先探明，你和我作为个人，正在追寻什么。显然，肤浅的回答总是说："我在寻找快乐，寻求实现成功。"但是，在我们追寻"快乐"，追逐"成功"的时候，我们从来没有停下脚步问自己，到底有没有"实现成功"这回事。我们渴望实现成功或获得满足，我们追求它，却没有看看，在这些词汇背后，有没有任何真实性。在我们追寻实现成功的过程中，"成功"的表义是一天天、一年年有着不同的变化。厌恶了世俗的成就满足感，我们转而在善行中、在社会服务中、在兄弟般的友爱中、在爱你的邻人中寻求快乐。但是早晚有一天，这种通过善行来达到成就感的活动也结束了，我们又转而追寻其他方向。我们试图通过理智活动，通过推理、逻辑，来寻找快乐，或者我们变得多愁善感、感情泛滥、罗曼蒂克。在不同的时间，我们赋予"快乐"这个词汇不同的含义。我们把快乐解释为我们所谓的和平、上帝、真理；我们把快乐看成一个像天堂一样完满的居所，在那里我们所有的梦想都能实现，永远不会受到扰乱，等等。我们大多数人都想要这个，不是吗？这就是为什么你阅读印度教圣典、《圣经》《可兰经》或者其他宗教典籍的原因——希望让烦乱不满的心安静下来。也许这就是你来这儿听讲座的原因吧。

"追寻"意味心中有着一个目标，有一个结果，不是吗？不会有对于不知道的东西的寻求。你只能追寻你已经知道且失落的东西，或者是追寻你听说过并且想要得到的东西。你不会追求你所不知的东西。你以某种特别的方式，已经知道什么是快乐。你已经尝到过它的滋味，过去的事情给了你快乐的感觉、悦意、美好，于是你知道了快乐的品性、性质，以及你所展现的那种记忆。但是，你过去已知的东西，并非"当下之是"；你的记忆所显示的东西，已经不是你所想要的。你并不满足于已经尝过的东西；你想要更多、更多、更多的什么东西，因此你的生命是没完没了的奋斗。

希望你正在倾听我讲的内容，不是把它当作听一堂课，而是仿佛在看一部你自己努力奋争、摸索、追寻、渴望的影片。你充满了痛苦、焦虑、恐惧，陷入巨大的希望和失望之中，陷入尖锐剧烈的矛盾之中，并从这种压力中做出行动。你了解所有这一切。你追求外在的成功，在你的住宅、在你的家庭、在办公室等方面取得成功，在成为富人或者是总督察，或者是大法官，或者是首相等目标上取得成功——你知道所有这些向着成功和成就的阶梯攀爬的事情。一直爬到你老了，然后你去追寻上帝。你集聚金钱、荣誉、地位、声望，然后到了一定年纪，你转向可怜的老上帝。

朋友们，上帝可不愿收留这样的人。上帝想要的是不做奴隶的完整的人。他不想要心灵干瘪枯萎的人，他想要的是生动活跃、懂得爱、饱含喜悦之心的人。

但是不幸的是，在我们对快乐、对成功的追索中，充满了无休止的斗争。在外部世界，我们做每一件可能的事情，以确保自己得到那种快乐，但是外在之物落空了。房子、财产、妻儿——统统都会失去，死亡总在一旁等着。于是我们转向内心世界，我们修习各种各样的东西，努力控制我们的心、我们的情，我们遵循某种善行准则，希望有一天我们可以达到那种不受扰乱的快乐之境。

现在，我看到了发生的所有这一切，我问自己：我到底为什么追寻？我们加入那些允诺给予我们精神回报的社团，我们追随宗教导师，他告诫我们要奋斗、要牺牲、要克己，等等所有这类事情；因此我们就无休止地追求。为什么会有这种追求呢？驱使我们在外部、在内心不停追求的那种冲动、那种渴望，它到底是什么？外在的和内心的追求活动，有什么根本的不同吗？还是说它们就是同一种活动？不知道我说明白了没有。我们把自己的生命分割成我们所谓的外在生活和内在生活。我们日常的行为和追求，是外在的生活，当我们在外部世界得不到幸福、快乐、满足，我们就反过来求助于内心世界。但是我们在内心世界仍然难免挫败和失望。

那么，到底是什么驱使我们不停地追求呢？请你一定要问自己这个问题，和我一起探索这个问题。一个快乐喜悦的人一定不会追求上帝；他不会努力求取美德；他的生命本身已经是美妙灿烂、光彩鲜亮。那么，到底是什么驱使我们追求，并做出如此巨大的努力呢？如果我们能够觉悟这一点，那么也许我们就能够超越这种永不停歇的寻求了。

你知道你的追寻原因何在吗？请不要给出一个肤浅的回答，那样只会障碍你看到真实。如果你深入地探索自己，你会发现，你的追寻是因为我们每个人内心怀有孤独感、寂寞感、空虚感，怀有一种无法填补的内心空洞。无论你做什么——做好事，冥想，融入家庭、团体、宗族、国家——那种空虚依然如故，那种空洞无法填补，那种孤寂无法驱散，这就是我们造成无休止地追寻的原因，不是吗？无论你管这种感觉叫作什么名字，并不重要。在你的内心深处，隐藏着这种空虚感、寂寞感、彻底的孤独感。如果心智能够深入探索这个内心的空洞并认识理解它，那么也许它就不再是一个问题了。

有这样的时刻，也许是你独自步行，也许是你独坐家中，你一定体验过这种孤寂感，骇人的与世隔绝之感——与你的家庭，与朋友，与思想观念、希望等等隔绝——于是你觉得你跟任何人、任何事都没有了关系。如果心智没有透彻地洞察这种感觉，没有接受它、理解它，那么心智就无法终结这种感觉。

我认为，"知道"和"体验"是不同的。你也许是由于听说过，或者是读到过，从而知道什么是这种孤寂感，然而"知道"是完全不同于体验状态的。你也许博览群书，你也许积累了很多经验，因此你知道很多东西，但是"知识"是没有生命的。如果你是一个艺术家、一个画家，那么每一根线条，每一点阴影，对你来说都有意义。你总是在观察，观察阴影的运动与浓淡、曲线的美妙、一张脸庞的表情、一棵树的枝叶、各处所见的色彩——你对每一件事物都是敏感的。但是知识却无法带给你这种洞察力，这种对于所见之物的感知、体验的能力。"体验"是一回事，而"经验"是另一回事。经验、知识是过去的东西，它作为记忆而起作用；然而体验是一种对于当下的活生生的洞察觉知。它是对于当下之美、之宁静、之非凡深邃的生动的觉知。你必须以同样的方式来觉知孤寂，你必须感知它，真实地体验这种彻底的孤独感。如果你能够体验它，那么你将会发现，和它相伴实际上是多么的困难。我不知道你曾否跟优美的夕阳相伴。

朋友们，要知道，有一种发散光芒的爱，是不可培育的。爱不是"善行"的结果；无论你多么和善可亲、慷慨大度，这些都不会带给你爱。爱既是广大无边的，也是具体深入的。一个拥有爱的心智就是美德，它并不寻求美德。它不会走错路，因为它知道什么是对，什么是错。正是没有爱的心智，才会寻求美德，才会向往上帝，才会紧附于一套信仰，因此而毁坏了它自己。爱——这种品格，这种感觉，这种没有任何特定对象的同情之心，它就是生命的本质精髓——它不是心智可以抓获的什么东西。我先前说过，当理智操纵纯粹的感觉，平庸就产生了。我们大多数人都有如此高度发达的理智，以致理智总是败坏纯粹的感觉。因此，尽管我们擅长推理思辨，但是我们的感觉却平庸不敏。

那么，这种孤独感是一种纯粹的感觉，它没有被心智所败坏。正是心智在害怕、在恐惧，所以它说："我必须摆脱这种孤独感。"但是如果你单纯地觉知这种孤独，如果你就让它和你待在一块，那么它就具有纯粹感受的性质。不知道我说明白了没有。

你曾经非常真实地看过一朵鲜花吗？这可不容易。也许你认为你观看过它，也许你认为你爱过它。但是你真正做的是：你看到了一朵花，你叫出它的名字，你闻过它的味道，然后你走开了。正是你对这朵花的命名，你对这朵花的嗅味，唤起了你心中某些记忆的反应，因此你从未真正看过这朵花。请你试着不要有心智的任何干涉，就只是看一朵花，看夕阳，看一只鸟儿，或者看你愿意看的什么东西，那么你会发现，这样的"看"是多么的困难。但是只有这样的"看"，才会有对于事物的完整透彻的洞察感知。

这种孤寂，这种彻底的孤独之感的纯粹感受，你可以就像观看一朵花那样去观察它——全神贯注地看着它，不叫出它的名字，不试图逃避。如果你的探索进入如此之深，那么你会发现，心智只是一种无为之状。请不要把这个翻译成梵语，或者其他任何语言，不要把它和你读过的什么东西加以比较。我现在告诉你的，不是你曾经读过的东西。所有的书本描述都不是生命的"当下之是"。

我在说，如果心智能够体验这种孤独感，不是在语言文字上知道，而是真实地和它相伴，那么心智就会进入一种全然无为的觉知——"无为"不是一种对立的反面。我们大多数人只懂得对立性——"积极作为"和"消极无为"，"我爱"和"我不爱"，"我想要"和"我不想要"。我们只知道这些东西。但是我现在告诉你的境界不属于这种性质，它没有对立面。它是一种全然无为之境。

不知道你是否思考过"创造"的性质或本质。天资聪慧、富于才干，这个意义的"创造力"，和真正的"创造状态"完全不同。不知道你是否有过这样的体验，当你独自行路，或者坐在屋里，突然感到一种非比寻常的欣乐。你想要把它表达出来，于是你写了一首诗或者画了一幅画。如果这首诗或这幅画变得时髦起来，社会就会奉承你，人们为它付给你很多钱，使你发财，于是你就被这些东西卷走了。现在，你又寻求再次经历那种极度的欣乐，而它是不请而至的。只要你寻求它，它就绝不会到来。但是你千方百计不停地追寻它——通过自我训练，通过修习某个系统，通过冥想，通过饮酒，通过女人——你努力尝试一切办法想要重返那种巨大的辉煌之情、喜悦之情，它是所有创造的源头。但是你永远无法找回它。它只能是悄然而至，不请而来。

那么，所有的创造都是从这种无所作为的境状发生。你的笔尖自然而然流淌出诗歌；你的脸上自然绽放笑颜，不带一点心计；你和蔼可亲，没有任何目的；你仁慈善良，没有任何恐惧，没有任何原因；这些都是从这种非凡的全然无为之境中自然生出。创造就蕴含于其中。如果你不理解追寻活动的整个过程，由此而使所有的追寻彻底停止，那么你就不可能达到无为之境。认识理解追寻并停止追寻，这是发生在探索的起点，而不是在探索的尽头。如果有人说，"我最终将理解'追寻'，然后我就不再寻求了"，那么这是不智的、愚蠢的。因为终点就在起点，这里没有时间。如果你开始探索认识你自己，觉察了你为什么追寻以及你在追逐什么，那么你就能在顷刻之间掌握追寻的全部含义，这时你将发现，你的心智不带任何意图，没有任何动机，发生了根本的革命、彻底的转变。唯有如此，真理才会降临。

真理不会降临这样的心智，它背负着经验的包袱，塞满了知识，积攒着美德，溺毙在戒律、控制之中。真理只眷顾这样的心智，它是真实的清纯无染，没有恐惧。这种心智已彻底觉悟它自己的追寻，已步入至深的无为之境——只有这样的心智才没有恐惧。这时，我们人人都期待向往的那种非凡之物将会降临。它是难以寻捉的，如果你伸出两手去抓它，那么它就不会显现。你不可能抓到那不可测度的无限之物。为了迎接它，你的手、你的心、你的全部生命，必须安静，彻底宁静。你无法追寻它，因为你不知道它是什么。当心智认识理解了追寻的全部活动之时，那不可测度之物将呈现于此。不是在认识的终点，而是在认识的起点——这是持续不断的自我认识的运动。

1959 年 12 月 6 日

爱和死亡是携手相伴的

　　如果我们究竟地深思，我们一定会经常追问，我们的行动都是从哪里来的。我们一定会省察自己，追问我们为什么做这些事情——我们为什么加入某些组织，承担某些工作，我们为什么以这样的方式思考，为什么抱持这样的信仰，为什么有无数的复杂而矛盾的愿望，从这里产生出我们的所有行动。我们当中至少有些人，一定观察过自身的或者别人的这些相互矛盾的愿望。这就像我们把地球分割成冲突的各部分，给它们不同的名字——英国、印度、俄国、美国等等——我们的内心也同样四分五裂，每一个部分跟其他部分冲突不休。但是这个地球是我们的，是你的和我的；它不是印度人的或英国人的，不是中国人或俄国人的，不是德国人的或美国人的。这是我们的地球，我们生活于此，得享欢乐，得到滋养，受到照拂和妆扮。它是一个整体，不是分裂的。但是我们一直把它分裂，就像我们把自己分裂一样，这种分裂的过程就是不断的恶化。

那么，有一种整体的、完整的生命吗，从它能产生完整的行动？而不是我们熟悉的这种自我矛盾状态？让我们一起探索这个问题吧。为什么心智在其思想上、感情上、行动上，在其存在的特有方式上，总是四分五裂？如果我们能够深入探索这个问题，那么也许我们将发现一种行动、一种生活方式、一种生命境界，它不是自我矛盾的。不过，为了从自我矛盾中解放出来，不仅需要外部世界的改变，而且需要心智本身品格的革新。

　　我们可以看到，在我们生命的每一个层面，而且在社会的每一个层面，都必须得有根本的改变。你和我都需要翻天覆地的转变，因为正如我们现在表现的，我们的生活方式是如此支离破碎；它是我们的分裂碎片自相矛盾的过程，这些碎片相互争战不休。我们的生命的革新显然是必不可少的。我说的不是经济革命——那是细枝末节的事情。我们所需要的是我们特有的生命状态的一场变革，一场心智中的根本转变、意识中的根本转变，不仅仅是社会的根本转变。要造成我们生命的根本变革，就必须得有这种内心的根本转变。

　　所以，怎样实现根本的转变，这就是问题。一个多么琐碎狭隘的心智，它不习惯至深的思考，它沉迷于外在的事件，它受困于某种体系，或者是瑜伽的、共产主义的、宗教的，或者是技术的体系——这样的心智如何才能实现根本的转变呢？我在问我自己，同时也在问你这个问题，我在对问题进行发声的思索。我们在心智的品质上、在我们的思想和心情感觉上，有可能发生根本的转变吗？我们能够以完整的生命来生活吗，由此使得工作、技术，不跟我们日常的思想和心情感觉互相分裂？有这样的生命之道吗，它不是支离破碎的，不是自我矛盾的，而是完整一体的，就像一棵树，有着它的许多枝条、许多树叶？我们有可能以这种方式生活吗，每一个行动、每一种心情感觉、心智的每一个活动，都是完整的？你和我，能够依从我们生命的至深本真，而完整地生活，由此而没有自我矛盾吗？如果我们可以作为两个独立的个人，来深入探索这个问题，那么也许我们会找到答案。这就是今天晚上我想要做的事情。

为什么在我们的生活中，极少有或者根本没有不分裂的、不自我矛盾的行动？不知道你们是否问过自己这个问题。你们都处于自我矛盾之状，不是吗？你的思想越活跃，你就变得越是自相矛盾。当你发觉自身这种矛盾状态，你便祈求上帝，或是加入某个宗教组织——这些做法只能让你昏睡。外表上你也许显得平和、镇定，但是你的内心仍旧是矛盾的、冲突的。

　　我们有可能生活在一种和谐美好的感觉之中，生活在一种永无止境的成功之中吗？——更确切地说，我不应该说"成功"这个词，因为成功带有挫败，而是说一种永无止境的行动之境，在其中没有痛苦，没有后悔，不会引起遗憾——我们有可能这样生活吗？如果有这样的境地，那么我们怎样达到它？你显然无法培育它。你不能说，"我将要和谐地生活"——这样说没有意义。认为一个人为了得到和谐就必须控制自己，这是幼稚愚蠢的想法。这种完整一体的状态、完整一体的行动，只有当你不追寻它的时候，当心智不强行把自己装进某种模式化的生活方式，才会到来。

　　我们大多数人从未认真思考过这些问题。在我们的日常生活中，我们只关注时间。因为时间能够帮助我们忘记，时间能够治愈我们的伤口，无论这是多么的短暂，时间能够驱散我们的失望、我们的挫败。当你陷于时间的过程中，你怎样到达那个非凡的境界？在那里没有矛盾，生命的奇特运动就是完整一体的行动，日常生活即是实相本真。如果我们每一个人都向自己提出这个问题，那么我想我们就能够在剖解问题的过程中彼此沟通；但是如果你仅仅是听到一堆词汇，那么你和我就不是在沟通。只有当这个问题是我们两个人的共同问题时，我们才能够彼此沟通——因此它不是我硬塞给你的我自己的问题，也不是你可以根据自己的信仰和偏好试图诠释的问题。这是整个世界的问题，这是整个人类的问题，如果我们每一个人都非常明确这一点，那么我正在说的、我正在感受和思考的问题，就会在我们彼此之间实现沟通，我们也就可以走得很深很远。

那么我们的问题是什么呢？问题就是，必须得有一个巨大的转变，不只是在肤浅的层面、在人的外在行动上转变，而是在人的内心深处转变；必须得有一场内心的革命，它将转变人的思想方式，造就一种生活之道，它本身就是完整的行动。但是为什么这样的革命没有发生？这是我们所看到的一个问题。那么就让我们来深入探索我们自己，揭开这个问题的根源吧。

问题的根源就是恐惧，不是吗？请你自己来探察，不要把我看作一个只是对你演讲的人。我希望和你共同探索这个问题，如果你和我可以共同探索，而且我们都认识到某种真实的东西，那么从这种认识中将会产生一种行动，它既不是你的行动，也不是我的行动，而是共同的完整的行动；同时，那些我们争论不休的观点，也将不复存在。

我觉得，有一种基本的恐惧，我们必须看到它——这种恐惧，和害怕丢掉工作、害怕出错乱、害怕外在的和内心的不安全感等等比起来，要深刻得多。不过为了非常深入地探索它，我们必须从我们都熟悉的恐惧、我们都清楚的恐惧开始。我不需要告诉你这些恐惧是什么，你可以在自己身上看到它们——对公众舆论的恐惧；由于所谓死亡的哀伤体验，而对失去儿子、妻子或者丈夫的恐惧；对疾病的恐惧；对孤独的恐惧；不能成功的恐惧、不能实现自我的恐惧；不能知晓真理、上帝、天堂的恐惧，或者你怀有的什么样的恐惧。原始人只有很少的、非常简单的恐惧，而我们却有无数的恐惧，随着我们变得越来越"文明"，我们的恐惧的复杂性也与日俱增。

那么，什么是恐惧？你曾经真正地体验过恐惧吗？你可能失去工作，你可能不会成功，你的邻居可能对你说三道四，还有死亡一直在不远处等着你。所有这些都在你心中滋生出恐惧，于是你通过瑜伽，通过读书，通过信仰上帝，通过各种各样的娱乐消遣等等所有的方法，来逃避恐惧。所以我要问：你真正地体验过恐惧吗，还是说你的心智总是都在逃避恐惧？

以死亡的恐惧为例，因为你害怕死亡，所以你给你的恐惧找个安慰的借口，你说，死亡不可免，凡人皆有死。这种慰藉不过是对于事实的一种逃避方式。或者你相信轮回，它让你满意，让你获得安慰，但是恐惧依然如故。或者你试图完全地活在当下，不管过去和未来，仅仅关注现在，但是恐惧继续存在。

我现在问你，你是否知晓真实的恐惧——不是心智纯粹构思出来的理论上的恐惧。也许我没有把这个说得特别清楚。你尝过盐的味道，你体验过痛苦、性欲、嫉妒，你切身地知晓这些词汇意味着什么。你与此同样地知晓恐惧的滋味吗？或者说你只是有一个关于恐惧的概念，而没有真实地体验恐惧？我说明白了吗？

你恐惧死亡，这个恐惧是什么呢？你看到死亡不可避免，而你不想死，所以你害怕死亡。但是你从来不知道死亡是什么；你只是表现了关于死亡的某种看法、某种观念，因此你害怕的是关于死亡的某种观念。这一点非常简单，我不太清楚理解上有什么困难。

要真实地体验恐惧，你就必须全然投入它，你必须完全地沉浸于其中，而不是逃避它；你不能抱着关于恐惧的信念、观点。然而我认为，我们很多人都从未以这种方式真实地体验过恐惧，因为我们总是逃避、躲开恐惧；我们从来没有与它待在一起，探察它，看看它究竟是什么。

那么，心智能够成为恐惧的一部分，接受恐惧吗？心智能够探索恐惧的感受，而不是回避它，或者努力逃避它吗？我认为，我们的生活之所以矛盾重重，主要是因为我们总是逃避恐惧。

朋友们，一个人，特别是随着年纪日益增长，会意识到死亡总在迫近。你害怕死亡，不是吗？那么，你怎样理解这种恐惧呢？你怎样解脱死亡的恐惧呢？什么是死亡？它实际是你已知的一切东西的终结。这是一个实在的事实。无论你是否活得长久，并不重要。"死而复生"仅仅是一种观念。你并不理解它，但是你相信它，因为信念带给你安慰。你从未深入探索过"死亡"本身，因为一想到走向结束，一想到进入完全的未知之域，你就被吓坏了，恐惧产生了。因为恐惧，所以你求助于各种各样的信仰，以此来逃避恐惧。

为了把心智从恐惧中解放出来，你必须在你身体强壮、精力旺盛的时候，在你去办公室上班、料理各种事务的同时，就了知什么是死亡。你必须在活着的时候就知道死亡的本质。信仰不会驱散恐惧。无论你阅读多少关于死后灵魂存在的书籍，都无法把你从恐惧中解放出来。因为心智只习惯一件事，就是通过记忆而延续，于是一想到终结正在到来，心智就害怕了。心智不断地积聚你所经历并喜欢的事情，你已拥有的每一个东西，你已确立的个人特质，你的向往、你的憧憬、你的知识——所有这一切都在走向结束。心智怎样从这种恐惧中解放呢？——这就是问题，而不是死亡之后是否还有生命的延续。希望你明白我讲的这一切。

如果我想要从对死亡的恐惧中解放出来，那么我必须探索死亡的本质；我必须体验死亡，我必须知晓它是什么——它的美、它的惊人的品性。死亡，进入完全无法想象、完全未知之域，必定是一件奇特非凡的事情。

心智怎样在活着的时候体验那个叫作死亡的结束呢？死亡就是结束；它是肉体的结束，也许同时是心智的结束。我不讨论死亡以后还有没有生命延续。我关注的是"结束"。我可以在活着的同时就结束吗？难道我的心智——包括所有它的思想、它的行动、它的记忆——不能在我活着的同时，而不是因年老和疾病或者因意外事故而死亡时，就达到结束吗？心智建立了某种延续性，难道这样的心智不能实现终结吗？不是在生命的最后一刻，而是现在就终结。也就是说，难道心智不能从记忆的堆积中解放出来吗？

你是一个印度教徒、一个基督徒，或者无论你是什么吧。你是习惯、传统的产物，是"过去"的产物。你是贪婪的、嫉妒的、喜悦的、快乐的，你因为看到美丽的事物而欣喜、因为没有爱、因为不能成功而痛苦——你就是所有这些东西，它们就是续在的过程。这里就取一样为例。你执着于你的财产，执着你的妻子。这是一个事实。我不是谈论"不执着"。你执着于你的观点，执着于你的思想方法。

那么，你能让这种执着结束吗？你为什么执着呢？——这就是问题，而不是怎样才能不执着。如果你努力"不执着"，那么你仅仅是培育"执着"的对立面，因此矛盾就继续存在。然而一旦你的心智从执着中解放，那么它也就从因执着而来的续存感中解放了，不是吗？你为什么执着呢？因为你害怕没有了执着，你就什么都不是了。因此你抓紧一些东西，你就是你的房子，你就是你的妻子，你就是你的银行户头，你就是你的工作。你就是所有这些东西。如果让这种因执着而来的续存感终结，完全彻底地终结，那么你将会懂得什么是死亡。

朋友们，你明白吗？这样说吧，我有仇恨，我把这个仇恨留在我的记忆里好多年了，我和它争战不休。现在我可以立即终结仇恨吗？我能以死亡的结局来停止仇恨吗？当死亡到来，它不会征求你的同意，死亡降临，把你带走，它一下就消灭了你。你能用同样的方式，绝然地停止仇恨、嫉妒、因为所得而骄傲，停止对信仰、观点、思想、某种特定的思维方式的执着吗？你能在顷刻之间停止所有这一切吗？不存在"怎样停止它们"的问题，因为这个想法不过是另一种形式的延续性。停止观点、信仰、执着、贪婪、嫉妒——这就是死亡，每天都死亡，每时每刻都死亡。如果你每时每刻都结束所有的抱负向往，那么你将领略空无一物的非凡境界，就好像你来到永恒运动的渊流，然后纵身一跃——这就是死亡。

我想要彻底了知死亡，因为死亡也许就是实相；它也许就是我们称为"上帝"的事物——某种最神妙奇特的事物，它生生不息、运动变化，没有开始，也没有尽头。所以我想要了知它的全部——为此，我必须让我已知的每一样东西死亡。心智只有让所有的"已知"死亡，它才能知道"未知"——这种死，不带任何动机，既不希冀报酬，也不惧怕惩罚。这样，我就能在我活着的时候了知什么是死亡——正是在这种发现之中，我从恐惧解脱。

身体死亡之后，生命还有没有延续，这个无关紧要；你还有没有再生，这个微不足道。在我看来，生和死不是割裂开来的，因为生里面就有死。生与死之间没有分割。我们了知死亡，是因为心智每时每刻正在死亡，正是在这种终结之中，而不是在旧物的延续之中，才有再生、新生、新鲜、纯净。但是对我们大多数人来说，死亡是心智从未真实体验过的东西。要在活着之时体验死亡，心智的一切计虑花招就必须停止，它们阻碍着直接的体验。

不知道你可曾了解什么是爱？我认为，爱和死亡是携手相伴的。死亡、爱、生命，它们是同一的，但是我们把生命分成不同的碎片，就像我们把地球搞得四分五裂。我们谈论爱，把它分成肉体的和精神的，我们让"神圣的爱"与"世俗的爱"争战不休，我们区分"现实的爱"和"应当的爱"，因此我们根本不懂什么是爱。爱肯定是一种完整的感情，它不是多愁善感，它没有分别之心；它是至纯至真的感情，没有理智上的分别、分裂的特性。爱没有延续之想。有延续之想的地方，爱就死了，延续的东西散发出"昨日"的臭味，包括它全部的讨厌的记忆、怨恨、暴虐。若要爱，你就必须死。死就是爱——两者不是各各分别的。请不要光是听我讲话，你必须体验它，你必须切身地发现它，体尝它，懂得它。

惧怕彻底的寂寞孤独，惧怕空虚无依，这是基本的恐惧，这就是我们的自我矛盾的根源。因为我们害怕空虚无着，所以我们被太多的欲求所分裂，每一种欲求都把你拉往不同的方向。这就是为什么心智若要了知完整的、不矛盾的行动，它就必须从恐惧中解脱。这种完整的、没有矛盾的行动就是——去办公室上班，和不去办公室上班一个样，和当苦行僧一个样，和冥想一个样，和仰望夜空一个样。不过，除非你体验恐惧，否则你无法从它解脱，又，只要你在想方设法逃避恐惧，那么你就无法体验恐惧。你的"上帝"是一个非凡的逃避恐惧的方式；你的所有的宗教仪式、书本、理论、信仰，都障碍你真实地体验恐惧。你将会发现，只有一切都终结，恐惧才会彻底消失——终结昨日，终结过去的一切，这是恐惧扎根之地。这样，你将会发现，爱与死与生，就是同一个东西。只有心智放下了记忆的堆积，它才能获得自由。创造性寓于终结，而不是寓于延续性。只有这样，你才拥有完整的行动，它是生、是爱、是死。

1959 年 12 月 9 日

冥想是心智从已知中解放的自由

　　如果我们可以一道做一次旅行、做一次漫游，没有任何目的或打算，不寻求任何东西，那么也许我们返回时会发现，我们的心在不知不觉中已经改变。我认为这值得尝试。任何目的或打算、任何动机或目标，都意味着努力——意味着一种有意识或无意识地想要到达、想要取得的努力。我想建议我们抛开所有这些东西，共同做一次旅行。如果我们能够这样旅行，如果我们能够极其机敏地观察一路上遇到的东西，那么也许当我们返回的时候，就像所有的朝圣者一定有的，我们将发现心灵已有某种转变。我认为这样做很有意义，远胜于让心智充满观念，因为观念绝不能让人发生根本转变。信仰、观念、影响，这些东西可以让心智肤浅地调整自己，适应某个模式。如果我们可以共同旅行，不带任何目的，而是在行走中单纯地察看生命的宽广、深邃和美丽，那么"爱"将会在这样的观察中升起，它不仅仅是社会意义的、由环境产生的爱，它里面没有"施与者"和"取受者"，它是一种生命状态，没有任何要求。所以在这样的共同旅程中，也许我们将醒悟到某种东西，它远比我们日常生活中的厌倦与挫败、空虚与失望更有意义。

　　大多数人在一天天的生活中逐渐落入失望的深渊，或者沉溺于肤浅的享乐、消遣、向往，或者陶醉于美化现实，沉浸于敌意仇恨，或者满足于社会福利。如果我们能够真正实现内在的、根本的转变，由此活得充实而丰富，拥有深挚的情感，它们不被理智的喋喋不休所败坏，那么我想，我们就能在我们的所有关系中，做出与过去全然不同的行动。

　　我所提议我们一道进行的旅程，不是飞向月球，不是飞向星星。地球和星星的距离虽远，比起我们内心之旅的遥远距离来，就算不了什么。

对我们自身的探索是永无止境的，它需要永不停息的探索，需要完整的觉察，需要这样的觉知，在其中没有任何选择。这种探索真正向个人打开了他与世界的关系之门。因为我们和我们自己发生冲突，所以我们在世界上发生冲突。我们的问题，延伸为世界的问题。只要我们与自己冲突不休，那么我们在这个世界的生活也就是无休止的斗争，是破坏性的、恶化的战争。

因此，认识理解我们自己，不是为了个人的救赎，不是为了到达一个私人的天堂，不是找到一个象牙塔，抱着我们自己的幻想、信仰、上帝退隐其间。相反，如果我们能够认识理解自己，那么我们将获得和平安宁，然后我们将知道怎样在目前这个腐败堕落的、破坏性的、残酷野蛮的世界上，正当地生活。

要知道，什么是俗世之心？俗世之心就是寻求满足感——不仅仅是在外物之中寻求满足感，财产、富有、地位、权力，而且包括内心所求的东西。我们大多数人都满足于一种非常肤浅的层面。我们满足于拥有一些东西——房子、车子、花园、头衔。这种拥有给予我们特别不凡的满足感。当我们厌倦了这些东西，我们就寻求更深层面的满足；我们追寻我们所谓的真实、上帝、救赎。但是我们仍旧被同样的强烈欲求所驱动——这就是想要得到满足。就像你在性生活、在社会地位、在各种东西上追求满足一样，你也想要在"心灵精神"方面得到满足。

请不要说，"这就是你要讲的吗？"然后置之不理。如果你愿意，倒是应该在听的过程中观察你自己的对于"满足感"的欲求。如果你能做得到，那么让你自己看看你是以怎样的方式获得满足的。知识分子满足于他的聪明的头脑，这让他有优越感，他觉得自己知道得比别人多。当这样的感觉不再给他带来满足时，当他分析了每一个东西，他在理智上撕碎了每一种观点、每一种理论、每一种信念，然后他去寻求更广更深的满足感。他转变了，开始信宗教；他变得非常"虔诚"，他的满足感带上某种宗教组织的色彩。

因此，当我们不满足于外在事物时，我们便转向所谓"精神的"东西去寻求满足。"精神的"这个词已经变得令人讨厌，它弥漫着伪善的臭气。你明白我说的意思吗？那些圣者们，他们刻意育作美德，进行斗争，持戒约束，压制自己，自我否定，他们仍然局限在满足感的枷锁之内。我们克制自己，是因为我们想要得到满足；我们追寻某种将给我们恒久的满足的东西，在这种满足中，所有的疑问都被消除。这就是我们大多数人想要的东西——我们认为我们是富有精神情怀的，是虔诚的。我们追逐这样的满足境界，我们把它叫作"寻求真理"。我们参拜寺庙或者教堂，我们听课，我们听今天这样的讲座，我们阅读《薄伽梵歌》《奥义书》《圣经》——所有这些都是为了得到这种奇特的满足感，在其中绝不会有任何怀疑，绝不会有任何问题。

正是我们的获得满足的渴望，让我们投入我们所谓的"冥想"，让我们培育美德。美德怎么能培育呢？我不知道。肯定地说，谦逊绝不能培育，爱绝不能培育，宁静绝不能通过控制来实现。这些品质要么如其所是，要么就不是。一个培育谦逊的人是充满虚荣的，他希望变得谦逊，在其中找到长久的满足感。同样的，我们通过冥想去追寻绝对的、不可限量的、未知之境。但是冥想是我们日常生活的一部分；它是你在呼吸之时、在思维之时、在生活之中、在你产生柔和的或残忍的心境之时，你必须要做的某种事情。这是真正的冥想，它和你们有些人精勤修习的系统化的冥想，是完全不同的。

如果可以的话，我想要探讨冥想这个问题。但是请你不要迷于我所说的话语。不要突然陷入冥想之中；不要急切地想要发现什么是正确的冥想的目标。我所说的冥想没有目标，没有目的。爱没有目的。爱不是要达到成功，它并不回报你或是惩罚你。爱是一种生命之境，是发散付出之义。在爱之中蕴藏所有的美德。在爱的境地中，你可以从心所欲，而没有罪过，没有邪恶，没有矛盾。但是如果没有爱，我们将永远与自己争战不休，并因此与他人、与世界争战不休。只有爱，才会全然地转变心智。

但是我们大多数人所熟悉的冥想，我们有些人所修习的冥想，则完全不同。让我们来检视一下吧——不是要对你正在做的冥想进行辩护或者谴责，而是看到其真相，看到其正确或者谬误。我们正在一同旅行，而在旅途中，你只能携带绝对必需的东西。我这里说的旅行，是走得很快的，没有驻地，没有停顿，没有休息；它是一个永无止境的运动，一个背负重担的心智无法自由行进。

我们大多数人修习的冥想，是在排他的基础之上，在构建抵抗之墙的基础上，强行集中注意力的过程，不是吗？你控制你的心念，是因为你想要集中地思索某个事情，所以你努力排除其他所有的念头。为了帮助你控制你的心念，排除飘忽纷飞的念头，于是就有各种各样的冥想系统。生命被我们分割成了知识、信仰和行动。你说，"我的性格是怎样怎样的"，于是你按照你的性格进行冥想。我们把我们自己一块一块地划分成各种性格，就像我们把地球划分成不同国家、种族、宗教团体，而每一种性格都有它自己的途径，有它自己的冥想体系。然而如果你进一步深究它们，那么你会发现，无论哪种情况下，都实行着某种形式的控制，而控制就意味着压制。

在我叙述这个问题的过程中，请你一定要观察自己，不要只是从字面上理解我说的话，我说的话根本不重要。重要的是你亲自探索发现你自己。就像我在讲座一开始说的，我们正在共同进行一次深入我们自己的旅行。我只是指出一些事实，但是如果你只满足于被指出的东西，那么你的心智依然将是空虚的、浅薄的、狭小的。一个琐碎狭小的心智无法走上自我探索之旅。但是如果你能够通过词语觉察你自己的思想、你自己的心智状态，那么你不再需要上师了。

所有那些发展美德、承诺某种报偿、提供某个终极目标的冥想体系，其背后都存在控制、约束的因素，不是吗？心智受到规约，不会偏离被冥想体系或者社会所设置的狭隘的、受到认可的道路。

那么，控制意味着什么呢？我们正在共同探索这个问题，所以请你一定要观察你自己。我们现在接触到某种东西，我看到它，而你此刻还看不到，所以请你跟上我，而不要迷着于我说的话、我的面目、我这个人。把所有这些都抛到一边——这都是十足的幼稚愚蠢——而要观察你自己。控制意味着什么？它意味着一场战争，战争的一边是你想要集中注意力于什么东西，另一边是飘忽纷飞的念头。因此集中注意力是一种排他的形式——每个小学生、每个坐办公室的官僚，都熟悉它。官僚必须集中注意力，因为他得签办那么多文件，他必须处理它们；而小学生总是处在老师的监督威胁之下。

集中注意力就意味着压制，不是吗？对于我所不喜欢的东西，我在心中压制它。我从来不注意它，不深入钻研它。我对它做了谴责，而抱着谴责的心智，无法透察、无法懂得它所谴责的东西。

还有另外一种形式的集中注意力，就是你把自己完全投入某个东西。心智被某种形象所吸引，就像小孩被一个玩具所吸引。如果你有小孩，你一定看到过玩具是怎样把孩子完全迷住了。当孩子玩耍一个新玩具时，他的注意力是特别集中的。他完全忘我地享受那个玩具，所以什么事情都干扰不了这种专注。那个玩具是这样让人喜欢，让人着迷，以至于这一刻，玩具就是最重要的东西，于是孩子完全不想被打扰。他是全心投入这个玩具之中。这就是你所说的奉献：把自己献给一个象征、观念、形象，你把它封为上帝。这个形象吸引着你，就像孩子被玩具所吸引。大多数人都想让自己沉醉于被心智创造的，或是被手工制造的某个东西。

通过一个冥想体系来集中注意力，从而达成终极的安宁、终极的真实、终极的满足，这就是你想要的东西。这样的努力意味着这种想法：经由时间来成长、进步——如果今生达不到，那么来生，或者几百世以后，你终将抵达那里。控制和克制一定意味着努力，努力做成，努力变成，这样的努力给思想、给心智设定了某种边界——这很让人感到满足。给心智、意识设定一个边界，是令人极其悦意的事情，因为那样你就可以看到，在你要成为你所想成为的东西的努力奋进中，已经走了多远。随着你付出努力，你把心智的边界推扩得越来越远，但是它仍然处在思想的局限之内。你也许会到达某种境状，你管它叫作"自在天""上帝""超灵"，或者你愿意管它叫做什么，但它仍然处在心智的范围之内——这个心智是受到你的文化、你的社会、你的贪婪以及所有其他这类东西的束缚的。

所以你修习的冥想是一个控制、压制、排他、克制的过程，这一切都包含着努力——努力扩展作为自我的意识之边界；但是这之中还包含有另一个因素，那就是整个的认知过程。

我希望你正在和我一道旅行，不要说，"这太难了，我不知道你在说些什么。"如果你这样说，那么你就不是在观察你自己。我正在谈到的，不只是理智层面的概念，它是活生生的、至关重大的事情，是生命真实的脉动。

我正在说，在你所谓的冥想之中，认知是一个必不可少的因素。你所知道的全部生命，就是一系列的认知。人际关系是一个认知的过程，不是吗？你知道你的妻子或者你的丈夫；你知道你的孩子，你知道他们，就如同你知道你自己的美德、你知自己的谦逊。如果你察究"认知"，你会发现它是一个非凡的东西。所有的思想、所有的关系都是认知的过程。知识是以认知为基础的。那么会怎样呢？于是你想要通过冥想来认识未知。这是可能的吗？你明白我的意思吗？也许我没有表达清楚。

你知道你的妻子、你的孩子、你的财产，你知道你是一个律师、一个商人、一个教授、一个工程师，你拥有一个头衔、一个名字、一个标签。你是以心智来认识和知道事物，这个心智是时间的产物、努力的产物，这个心智培育了美德，它一直努力做个什么东西或者变成什么东西——所有这些都是认知的过程。知识是经验的结果，它可以在百科全书中或是在它本身中回忆出、查识到。

我们就来看看"认知"这个词。它意味着什么？你想要探明什么是上帝，什么是真理，这就是说，你想要认识未知，但是如果你能知道某个东西，那么它就已经是已知的了。当你修习冥想并看到了你的特定的神明和女神，那么你正是在加强自己的"已知"。你看到的东西是你的生活背景的投影，是你的受到制约的心智的投影。基督徒总是会看到耶稣基督或者圣母玛利亚，印度教徒会看到克利须那，或者他的有十二只手臂的神明，这是因为深受束缚的心智投影出这些形象，然后又认知它们。这种认知能够带给你巨大的满足感，于是你说："我找到了，我认识到了，我知道了。"

有很多冥想体系可以提供这种东西，但是我要说，它们全都不是冥想。它们是极度肤浅的自我催眠。你可以修习一个体系一万年，但是你仍然局限在时间之域，局限在你自己的知识界限、你自己的约束条件之内。无论你把认知边界扩展到多么大，在其中你能够认知你自己的投影，但是这个显然不是冥想，尽管你可以给它安这么个名。你仅仅是在强化自我、"我"，它只不过是一堆相关联的记忆而已；你是在通过你所谓的冥想延续保持"思想者"和"思想"之间的冲突、"观察者"和"被观察对象"之间的冲突，在这其中，"观察者"总是在察看、否定、控制、塑造着"被观察对象"。任何一个小学生都会玩这样的游戏，虽然老人们坚持说，你必须这样"冥想"，但是我要说，这与冥想毫不相干。那些瑜伽修行者、宗教导师、隐士，那些抛弃世界，跑到山洞里静坐的人——他们仍然沉陷于追逐他们自己的美景幻象，无论这种东西多么高尚，但却是沉溺于自己的嗜好，沉溺于追求自我满足。

那么什么是冥想呢？确定地说，只有当"思想者"不在场，也就是说，当你不给思想、记忆提供土壤时，你才是在冥想之中。这土壤就是"我"、自我的中心。正是这个中心划设了意识的边界，无论它划设的边界多么辽阔，无论它多么富于美德，无论它可能对人类社会努力给予多么大的助益，但它绝不可能处于冥想之中。只有当你没有了任何谴责，不再努力控制、压制，你才能来到那种觉知的境界，这就是冥想。在这种觉知之中，没有选择，因为选择意味着意志的努力，这种努力相应地意味着支配、控制。在这种觉知之中，意识没有边界限制，因此它可以全神贯注——这不是集中注意力。我认为"全神贯注"与"集中注意力"有着天壤之别。如果你有一个中心，你的全部注意力从这里生发出来，那么你就不可能全神贯注。你可以从一个中心出发，把注意力集中到某种东西上，但是全神贯注则意味着一种完整状态，在其中没有与"被观察对象"

相分离的"观察者"。

　　如我们今天已经深入探明的,冥想是心智真正从"已知"中解脱的自由。这显然并不意味着你忘掉回家的路,或者说丢弃你的工作所必需的科技知识,等等。冥想意味着把心智从它的制约束缚中解放出来,从它的经验背景中解放出来,所有的已知和投影都是从这种背景中产生的。心智必须使自己从贪得攫取、追求满足和分别之见中解放出来。你无法识别或邀请未知之物,你无法识别或邀请那真实、永恒之物。你可以邀请你的朋友,你可以邀请"美德",你可以邀请你自己创造的神明,你可以邀请他们,使其成为你的客人。但是无论你做什么——冥想、奉献牺牲、培育美德——你无法邀请那不可测度之物,那种你所不知的事物。践行美德并不等于爱;这只是你自己想要得到"满足感"的欲望的结果罢了。

　　所以冥想就是心智从已知中解放的自由。你必须达到这种自由,不是在明天,而是在当下、此刻,因为你不可能通过时间来达到永恒,"永恒"没有二元性。"永恒"在一切处低声吟唱,它藏在每一片树叶底下。"永恒"敞开它的怀抱,但不是向遁世隐修者,不是向了无生气的人,他们压制了自己,不再有一点热情,"永恒"是向那些心智时时刻刻都处于冥想之境的每一个人敞开怀抱。只有这样的心智才能够接纳"未知之物"来驻。

1959 年 12 月 13 日

爱是洋溢着激情的

　　这是这里的最后一次讲座了。

　　我想,要是我们不用话语,就能够传递我们对于生命的整个问题的真实的感觉,那可是很了不起的事情。我们除了浅层面的迫切需要,比如得有一个工作等等，此外，还有着意识的和无意识的内在的、深层的迫切渴求、要求、生存的矛盾状态。我想知道，我们是不是没有可能超越所有这一切，超越心智给自己设定的边界，超越我们自身心灵的狭隘局限，而过另一种生活——在我们的日常活动中，从这种超越之境产生感觉、思想、行动。我认为这是可以做到的——不仅是在沟通理解上做到，而且是在事实上做到。我们一定能冲破心智给自己设定的边界，因为归结来讲，我们只有一个问题。就像一棵树有很多根须，有很多枝条和树叶，但它是一个整体，同样的，我们只有一个根本的问题。而且，如果凭借什么奇迹好运，凭借什么保佑恩赐，凭借黄昏时分某种凝望云霞的方式，由此心智对于思想的、情感的每一个活动会变得非常的敏感——如果心智可以这样，不是在理论上，而是在事实上做到，那么我想我们就能够解决我们的问题了。

我说了，实质上我们只有一个问题——这就是"我和我的渴求"，我们的其他所有问题都从此而生。我们真正的问题，不是怎样着陆月球，不是怎样发射一枚火箭去金星。我们的问题是极其私人性的，但不幸的是，我们似乎并不懂得怎样面对它们。我完全不能确定，我们是否准确地知道我们的真正问题所在。我认为，如果我们不理解我们的紧迫问题所在，那么我们就不会懂得爱，不会感受自然之美，不会对于超越人的创造力的某种事物心怀敬意。

因此，如果可以的话，我想和你一起，就这个问题进行有声的思索：心智能不能突破它自身的边界，超越它自身的局限，因为我们的生活显然是太浅薄了。你可能拥有地球上的所有财富；你可能学富五车；你可能读过很多书，可以博学地引用过去和现在的所有权威的观点；或者说你可能非常简单，就知道一天天活着，努力谋生，拥有家庭生活中一切细琐的快乐和烦忧。无论你是什么人，最最重要的事情一定是要探明，用什么办法，能使心智已经给它自己制造的限制障碍得以扫除。在我看来，这就是我们的根本问题。我们的心智被所谓的教育，被传统，被社会的、道德的、宗教的各种形式的制约条件所束缚，陷于环境影响的漩涡之中。心智有可能从这一切制约条件中突破出来吗，从而欢喜地生活，感知万物之美，体会不可限量的生命的这种非比寻常的感觉？

我想这是可能的。不过我认为，这种突破的发生，不是一个逐渐的过程。它不是通过时间、通过渐进发生的。它发生在顷刻之间，或者就永远不会发生。洞见真实，不是发生在很多年结束之时。在觉悟中没有明天。心智要么是即刻觉悟，要么就完全不觉悟。对于我们的心智来说，明白这一点是非常困难的，因为我们大多数人如此习惯于在"明天"的维度内思考。我们说："给我时间；让我有更多体验，那么我最终将会觉悟。"但是你没有注意到吗，觉悟总是在一闪念间出现——绝不是经过计算、经过时间，绝不是经过练习以及缓慢的发展。如果心智想要逐渐地觉悟，那么它实质上就是懒惰。不要问，"怎样让懒惰的心智变得机敏、活跃、生机勃勃？"没有"怎样"。一个愚蠢的心智无论做出多少努力要变得聪明，它将仍然是愚蠢。一个琐碎狭隘的心智依靠崇拜自己造出来的上帝，并不会改变它的琐碎狭隘。时间不会揭示真理，不会揭示任何事物的美。真正带来觉悟的，是全神贯注之境——只要全神贯注，哪怕是一秒钟，投入你的整个生命，没有计算，没有预设。如果你和我在当下此刻就能整个地进入全神贯注，那么我想我们就会有瞬间而来的领悟，一种完全彻底的觉悟。

但是要对某个事物投入你的全神贯注，是极其困难的，不是吗？不知道你是否试过投入全身心地去看一朵花，或者全神凝聚地觉知你自己心智的各种活动。如果你这样做过，那么你就会带着全神贯注所产生的清晰的专注力，去认识任何问题。但是把这样的全神贯注投入一件事情上，是不容易的，因为我们的心智太规矩体面了，它被词汇、符号所戕害，被"应该怎样""不应该怎样"的观念所戕害。

我正在谈论全神贯注，我想知道你是否正在投入全神贯注——不是只专注于我说的话，我说什么是次要的，而是充分地觉知你的心智给它自己造成的障碍、堵塞。如果你能觉知这些障碍——就是只觉知它们，而不说："我该对它们怎么办？"——那么你将会发现它们开始瓦解了。

这样，心智来到全神贯注的境界，在其中没有选择，没有散乱，因为心智已经没有一个发出散乱念头的中心。这种全神贯注之境就是良善；它就是唯一的美德。此外没有别的美德。

现在我们认识到，我们的心智是深受局限的。我们把天地、把生命宏大的运动降低到一个所谓的"我"、自我这样的微小角落，自我不停地努力奋争着要成为什么或不要成为什么。这种心智如此狭小、如此琐碎、如此的自我中心，它要怎样才能打破它给自己设置的边界、局限呢？我说了，唯有通过全神贯注，其中没有选择，心智才能看到真实；正是真实，才能打破心智的障碍，清除心智的局限——而不是靠你的努力，靠你的冥想，靠你的修炼、你的持律、你的控制。

要达到这种全神贯注之境，就一定需要某种关于"我"及其活动方式的知识。我必须认识我自己，我的心智必须认识每一个情绪、每一个思想。但是"知识"是一个奇特的东西。知识是累积的，它永远停留在过去。在当下只有"认识"。知识总是歪曲认识。我们关心的是认识，而不是知识，因为关于"我"的知识会扭曲对于"我"的认识。我希望我说明白了。我认为，每时每刻地认识我自己，和关于"我自己"的知识，这两者是不同的。当自我认识成为一种我已收集的关于我自己的信息累积，那么它就障碍了对于我自己的认识理解。

朋友们，看看，自我、"我"是躁动不安的，它总是念头纷飞，一刻也不安宁。它就像是一条汹涌澎湃的河流，在河谷中激荡奔泻，涛声震天。它是一个活生生的、不停运动的东西。我们怎能得到一个不断变动、刻刻不同的事物的知识呢？自我永远在运动中，它没有一刻是安宁的、静止的。当心智观察到自我的时候，自我已经走掉了。不知你可曾试过注意地看你自己，把你的心思专注于某一个东西。如果你这样做，那么你所专注的那个东西就会不停地挡在你跟前——这样你无法进行自我认识。我说出了什么东西吗？我解释清楚了吗？

知识总是破坏认识。对自我的认识绝不是累积性的；它不是达到某一点作为结束，你以这一点为据来判断"'我'是什么"的事实。你看，我们积累知识，并且据此进行判断——这就是我们的困难所在。我们通过经验、通过学习、通过阅读等等诸如此类来积累了知识，然后我们基于这种背景去思考、去活动。我们在知识中找到某个立足点，据此，不论"我"是什么，但我们说："我完全知道'我'是什么，它就是贪婪的、愚蠢的、它总是想要出人头地。"于是不再有什么可知道的了。这是你是在知识找到一个立足点，而你的知识是非常肤浅的。但是，如果没有心智所依赖的这种知识的积累，那么就只存在认识的运动，于是心智在它的洞察中就会变得异常的敏捷。

因此，是自我认识，而不是关于自我的知识，才是重要的。认识思想的活动，认识情感的活动，而不搞积累——由此也绝无片刻的恶下判断、做谴责——是非常重要的，因为一旦有积累，那么就会有思想者。知识的积累给心智提供一个立足点，提供一个据此进行思想的中心。它造出了一个进行判断、分别、谴责等诸如此类活动的观察者。但是在自我认识之中，既没有观察者，也没有被观察者，只有全神贯注的境状，只有观看、学习。

朋友们，一个积累了知识的心智肯定是不可能学习的。如果心智要学习，它就一定不能背着知识的包袱，这个它已经累积起来的包袱。它必须是清新的、纯真的，没有过去的东西的束缚。知识的积累诞生了"我"，而认识绝不会那样，因为认识是学习，一个持续不断地学习的心智不会有停息地。如果你真正看到了其中的真理，不是在明天，而是现在立即看到，那么你就会发现，生命中唯有全神贯注之境状，唯有学习之境状，其中绝无片刻的累积；于是我们大多数人都有的问题，也就烟消云散了。不过，这可不是一个用来解决你的问题的技巧，也不是一个你要学习的课程。

你看，我们的社会——无论是印度、俄国、美国，或者无论是哪里——充满了贪婪渴望，不仅表现为追逐物质的东西，而且表现为竞争、获取、达成、实现。这种社会如此地塑造了我们的思想方式，以致我们无法把自己从"目标""目的"的观念中解放出来。我们总是在想着要达到什么地步，要达到内心的宁静，等等。我们的心态总是渴望得到。在物质上我们必须获取一些东西；显然我们得为自己提供食物、衣服和住所。但是心智是利用这些东西作为某种手段，去获取更多的东西——我是说心理意义上获取。心智利用物质生活必需品去获取名声和权力，它也通过知识给自己建造一个心理上的确定地位。知识给我们某种安全感，不是吗？依据我们的经验背景，依据我们所积累的关于我们自己的知识背景，我们进行思想和生活，而这种过程造出了二元性——我是什么样，我认为我应该是什么样，因此这两者之间就存在矛盾，存在不断的争斗。但是如果你全面透彻地洞察了这种过程，如果你理解了它，真实地感知了它的意义，那么你就会发现，心智本然是机敏的、善的和爱的，它总是在学习，从不获取。于是自我认知就有了全然不同的意义，它不再是关于"我自己"的知识的累积。关于"我自己"的知识是狭隘的、细琐的、有限的；而对于"我自己"的认识却是无限的、没有尽头的。所以我们的问题是，就在当下抛弃我们习惯的、成规的、传统的方式，得到新生。

朋友们，在我们一切困难中有一个就是交谈，或者说交流传达的问题。我想要告诉你什么事情，但是就是在说的过程中，我使用的词汇、表达，却把要说的意思弄拧了。现在我想要传递给你的，或者说要和你交谈的意思非常简单——就是在当下彻底抛弃自我。这就完了——抛弃自我，之后不再有什么，也不是有什么方法将让你抛弃自我。没有方法，因为一旦你修习某个方法，那么你显然就在强化自我。难道心智不能在它已经落入的种种生活模式里立即终止吗？这样的事情一定在你身上发生过，某一个黄昏，夕阳西下，碧绿的稻田沐浴在霞光之中，有一个人踽踽独行，一只鸟儿在飞，突然间巨大的宁静降临世界。这儿没有一个"你"在观察、感受、思考，因为你就是那个美景、那个宁静、那个无边无际的生命之境。如果你曾经端详这个世界的容貌，曾经凝望深广的天空，那么这样的事情一定在你身上发生过。它是怎样发生的呢？当你突然没有烦恼忧愁，你不再惦记着你爱某个人，也不再想要知道某人是否爱你，而你就在爱之境，你就在美之境——这时发生了什么？绿树、蓝天、舞蹈的海浪、无限美丽的大地——这一切驱散了丑陋、卑琐狭小的自我，有一瞬间，你和这一切融为一体。这就是没有算计考量地弃绝了自我。

要体会这种弃绝感，你需要激情。如果没有激情，你就没有敏锐的感觉。不要害怕"激情"这个字眼。几乎所有的宗教书本，几乎所有的宗教导师、精神偶像、领袖，以及所有此类人等，他们说："勿要激情。"但是如果你没有激情，你怎么能敏锐地感知丑陋，感知美丽，感知树叶的吟语，感知灿烂的夕阳、芬芳的笑脸、痛苦的哭声？如果没有那种忘我的激情感觉，你怎么可能有敏觉？朋友们，请听我说，不要问，怎样才能得到激情。我知道，你的激越之情只是表现在得到一个好工作时，或者是憎恨某个坏家伙，或者是嫉妒某个人；但是我要说的是某种完全不同的东西——这种激情是爱。爱是无我的生命状态；在爱之中，没有谴责，不说性欲之事是对或错，不说这是好的，其他是坏的。爱没有这些矛盾的事情。在爱之中不存在矛盾。如果没有激情，你怎么能爱呢？如果没有激情，你怎么能有敏觉呢？敏锐之觉就是感知你旁边的邻人；就是看到城镇的丑陋，有悲惨、贫穷、污秽，同时看到河流、大海、天空的美丽。如果你没有激情，你怎么能敏锐地感知这一切呢？你怎么能感受一个微笑、一滴眼泪呢？我向你保证，爱洋溢着激情。如果没有爱，无论你做什么——追随这个或那个上师，读罢所有的圣书，成为最伟大的改革家，学习马克思理论，发动一场革命——都没有意义，因为当你的内心是空虚的，没有热情，没有这种非凡的质朴纯净，就不会有放弃自我。

只有当心智不渴求得到安全时，它就一定放弃了自己，放弃了它的驻靠处。一个寻求安全的心智永远不会懂得什么是爱。弃绝自我，不是狂热的信徒在其偶像或者其精神形象跟前表现的样子。我们所说的跟这个完全不同，就像是光明与黑暗完全不同。只有当你不去培养"放弃自我"，只有在自我认识的时候，"放弃自我"才会实现。请你注意听讲，并感觉你怎样实现这种境状。

当心智领悟了知识的意义，那时就只会存在自我认识；而自我认识就意味着抛弃自我。你不再依靠任何经验，把它作为一个中心，去观察、判断、评估，因此心智就已投入了放弃自我的行动。在这种放弃中就有敏锐之觉。但是如果心智封闭在它的饮食习惯、思想习惯之中，封闭在它的从不注目任何东西的习惯之中——这样的心智显然不会是敏感的，是不会爱的。正是抛开心智自身的边界局限，它才变得敏锐起来，并因此变得纯真清澈。只有纯真清澈的心智，才懂得什么是爱——精于计算的心智，把爱分割成"肉体爱"和"精神爱"的心智，不懂得爱。在这种爱中洋溢着激情，没有激情，生命的真实就不会来到你的身边。只有缺乏活力的心智才企求"真实"，只有愚钝、贪婪的心智才追逐"真理""上帝"。但是只有懂得爱的激情的心智——这样的心智才能得到那不可名状之物的幸临。

1959 年 12 月 16 日

PART 07

印度，孟买，1959，1960

受奴役的心智如何获得自由？

自由是最重要的。但是我们却是用自己的幻想来诠释自由。关于自由是什么，或者说它应该是什么，我们抱着先入为主的观念；我们有一堆关于自由的信仰、理想和结论。但是自由是某种无法预想的东西。我们必须理解它。自由不是通过纯粹的思维活动而来，不是通过从一个结论到一个结论的逻辑推理而来。它的到来是隐秘莫测、出乎意外的，它来自它自己内在的境界。为了认识自由，我们需要警敏的心智，需要充满活力的心智，需要能够当下直接洞见的心智，而没有渐进的过程，没有慢慢达到目的的想法。所以，如果可以的话，今天晚上我想和你们就自由的问题进行有声的思考。

在我们更加深入地探索这个问题之前，我认为我们有必要先认识一下，我们的心智是如何已经变成了奴隶。我们大多数人的心智都是传统的奴隶、习俗的奴隶、习惯的奴隶，是我们每天须做的工作的奴隶，是我们所沉迷的东西的奴隶。我想我们几乎没有人意识到我们的心智是怎样地受到奴役。如果我们不能觉察是什么东西使心智成为奴隶，如果我们不能认识心智的奴隶状态的本质，那么我们就无法领悟什么是自由。除非我们认识到心智是如何被俘获和被控制的，也就是对心智的整个奴性有了觉悟；否则我认为心智永远不会自由。你要能够觉察什么不是"**当下之真**"，你就得先要理解什么是"**当下之真**"。

因此让我们来观察我们自己的心智，让我们观察心智的全部，不仅是意识，还有无意识。意识心是被生活的日常事件所占据的心智；它进行学习，进行调整，获取某种技能，比如科学的、医学的或官僚的技能。正是商人的意识心，变成了他须得经营的生意的奴隶。我们大多数人只要活着，为了谋生，都得朝九晚五地工作。当心智如此大量地投入精力去学习获得并实践一种技能，无论是机械师、外科医生、工程师、商人，还是什么，那么它就自然地成为那种技能的奴隶。我想这是很明显的。家庭主妇是这个家的奴隶，是她丈夫的奴隶，是为孩子们洗衣做饭的奴隶，她的丈夫则是他的工作的奴隶；他们两人都是传统的奴隶，是习俗、知识、结论、信仰的奴隶，是他们自己的深受束缚的思想方式的奴隶。我们接受这种奴役，把它看作是不可避免的。我们从来没有探索看看，我们能否没有这些奴役而生活。当我们接受了这种谋生的不可避免的状态时，我们也接受了心智的奴性以及它的恐惧，认为这不可避免，于是我们就这样循环度日。

在这个世界上我们必须得生活——这是生命中唯一不可避免的事情。确切的问题是，在这个世界上我们是不是就不能够自由地活着？在这个世界上，我们不能不作为奴隶，没有无休止的恐惧和挫败的重压，没有烦恼忧伤的折磨，这样地活着吗？心智的局限、我们自身思想的局限，使我们成为奴隶。如果我们观察，我们就会看到，人类个体的自由空间总是在日渐狭小。政治人物、有组织的宗教、我们读的书、我们学到的知识和技术、我们生长于其中的传统、我们自己的热望和野心的要求——所有这些都在压缩自由的空间。我不知道你在什么样的广度和深度上意识到了这一点。

我们说的奴役不是一个抽象概念，不是某种东西，你今天晚上听了，然后你的生活仍然照旧。相反，我认为你自己亲身认识理解这个问题，是非常重要的，因为是有在自由之中，才会有爱；只有在自由之中，才会有创造；只有在自由之中，才能够找到真理。深受奴役的心智，无论它做什么，绝不可能发现真理；深受奴役的心智，绝不可能了解生命的丰盈与美好。所以我认为，觉察心智是怎样因它自己的活动，因它所沉迷的传统、习惯、知识和信仰，而变成了奴隶，这是非常重要的。

我想知道，你作为个人，意识到这个问题了吗？你是仅仅关心以某种方式在这个丑陋残酷的世界上谋生，一边又絮叨着上帝和自由，并且培育某些没用的美德，好让你在世人眼中更有面子？或者说你关心的是人的尊严？没有自由就不会有人的尊严，而且自由并不是轻易可得的东西。为了获得自由，你必须认识你自己；你必须觉知思想和情感的活动，觉知你自己的心智的运作方式。

当我们正在一起讨论时，我想知道你对自己是否有所觉知？你不是从理论上，而是真实地觉知你是一个奴隶了吗？这种觉知有多深入呢？或者说你仅仅是在做出解释——你对自己说，一定程度上的奴役是不可避免的，你得谋生，你必须承担责任义务——你仍旧是满足于这种解释吗？

我们不关注你应当怎样做或不应当怎样做，这不是问题。我们关注的是认识心智，在认识之中，没有谴责，没有按照某种模式行动的要求。你仅仅是观察，但是当你关注于遵从某种行动模式时，当你只是解释"被奴役的生活不可避免"时，你就拒绝了观察。重要的是不带任何判断地观察你的心智——就是注视着它，察看它，意识到你的心智是奴隶这个事实，仅此而已。由于这种洞察释放出能量，因此正是这种能量将会摧毁心智的奴性。但是如果你只是问："我怎样从习惯的奴役中解放？怎样从日常生活的恐惧和厌烦中解放？"那么你就永远无法启动着这种能量。我们关注的仅仅是觉察感知"当下之是"，这就是释放创造之火。如果你不能提出正确的问题，那么你就不能觉察感知——一个正确的提问是没有答案的，因为它不需要答案。正是错误的提问总是有答案。正确的提问带着紧迫性，正是它的紧迫性，带来洞察力。察照觉知的心智是生机勃勃、活动的、充满能量的，只有这样的心智，才能觉悟什么是真理。

但是当我们遇到这类问题时，我们大多数人总是要寻找答案，寻找解决方案，寻求"怎么办"；而这种解决方案、这种"怎么办"，则是再容易不过地导致更深的不幸、更深的痛苦。这就是政治人物们的做法，这就是有组织的宗教的做法：给出一个答案，给出一个解释；而那些所谓的虔诚的心智，找到了这个答案，也就心满意足了。

但是我们不是政治人物，我们也不是有组织的宗教的奴隶。现在我们是在检视我们自己的心智的活动方式，为此，我们不能够怀有任何恐惧。要探索认清你自己，你想的是什么，你是什么，要了解心智活动的不可思议的深邃——就是为着觉知这一切，这就需要确定的自由。探索你自己，还需要非常充沛的能量，因为你得穿越一段难以测量的距离。我们很多人为了登上月球，或者登上金星这样的想法激动不已，然而这种距离比起我们内心之深，实在是不值一提。

所以，为了全然地、深入地探索我们自己，自由的感觉判断是必不可少的——这不是在探索结束，而是在开步之初就必须得有。不要问怎样达到这种自由。冥想体系、书籍、药丸、你能对你自己玩弄的心理学的伎俩，都不会给你自由。自由来自洞见感知到自由是本质的、基本的、不可缺少的东西。一旦你觉察到这一点，你就进入到一种反抗的境界——反抗这个丑陋的世界，反抗所有的正统观念，反抗传统，反抗政治和宗教的领导。在心智框架之内的反抗，会迅速消失，但是当你觉察到自由是本质的、基本的、不可缺少的东西时，一种持久的反抗就会出现。

不幸的是，我们大多数人对于我们自己是没有觉知的。我们从来没有像投入我们的技术或我们的工作那样，花费心思去想想我们的心智在怎样活动。我们从来没有真正地检视我们自己；我们从来没有漫步徜徉于我们自己内心深处，而不带任何算计、不带任何预想、不求在这种深处寻找什么东西。我们从未不带目地进入我们自身旅游。当你带有某个动机、某个目的时，你就变成了它的奴隶；你就无法在你自己内心自由漫步了，因为你总是在考虑想要改变，想要自我提升。你被这个自我提升的角色绑住了，这不过是你自己的狭隘卑微的心智的一种投影而已。

对于我说的话，请不要仅仅从字面意思去考虑，而是要观察你自己的心智，观察你自己内心的真实状态。只要你是一个奴隶，那么你的关于上帝的言说、关于真理的言说、关于你从圣书学来的所有东西的言说，就没有任何意义；它们只不过是使你的奴隶状态持续下去罢了。但是如果你的心智开始觉察到自由之必需，那么它将创造它自己的能量，然后这能量将自然运行，你无须谋划如何努力摆脱奴役，获得自由。

因此，我们关注个体的自由。但是探索个体却是非常困难的，因为现在我们都不是个体。我们是我们的环境的产物、我们的文化的产物、我们所吃的食物的产物、我们的气候风土的产物、我们的风俗习惯的产物、我们的传统的产物。确切地说，那不是个体。我认为，只有当一个人充分意识到使心智变成奴隶的环境和传统对人的这种侵蚀活动，他才能成为个体。只要我还接受传统的规定，接受某种特定文化的要求，只要我还背负着我的记忆、我的经验的重担——所有这些毕竟都是我受其制约的生活条件的产物——那么我就不是一个个体，而只是一个产物罢了。

　　当你说自己是一个印度教徒、一个穆斯林、一个拜火教徒、一个佛教徒、一个共产主义者、一个天主教徒，或者无论你说自己是什么，难道你不是你的文化、你的环境的产物吗？就算你反叛环境，但是你的反叛仍然是处于你受其制约的生活条件之内。你不当印度教徒了，你去做了基督教徒、共产主义者，或者别的什么，你仍然是深受束缚的环境的产物。只有当心智觉察到它的自由十分稀少，并且反对政治家的侵蚀，反对被称为"宗教"的有组织的信仰的侵蚀，反对知识、技能和一个人自身积累的经验的侵蚀，这些都是一个人的生活制约条件的产物、是他的环境背景的产物，一个人要与它们进行坚持不懈的斗争，这样才能成为个体。

　　这种洞察感知，这种对于"**当下之是**"的持续的觉知，有它自己的意志——如果我能使用"意志"这个词汇，而不和你们的意思相混淆的话，你们如此习惯使用的意志这个词，它是欲望的产物。克制的意志、努力的意志，这些无疑都是欲望的产物，它造成"**当下之是**"和"**应当是**"之间的冲突，造成你想要和你不想要这两种欲求之间的冲突。它是一种反应、一种抵抗，这样的意志必定造成其他的反应和其他形式的抵抗。因此我们永远不可能通过意志达到自由——这就是指你所知道的那种"意志"。我正在谈到的心智的洞察感知状态，它有它自己的行动。也就是说，洞察感知，本身就是行动。我表达清楚了吗？

朋友们，你看，我认识到了，你也一定认识到了：心智是习惯的奴隶，是传统的奴隶，是它所背负的所有记忆的奴隶。心智认识到这些，也还认识到：它必须自由。因为只有自由，我们才可以探索，我们才可以发现。因此，觉察到自由之必不可少，这种觉察绝对是必不可少的。

现在，这个受奴役的心智怎样获得自由呢？请你跟上我。受奴役的心智怎样获得自由呢？我们问这个问题，是因为我们看到自己的生活除了受到奴役之外别无所有。我们日复一日地厌烦透顶地去办公室上班，我们是传统的奴隶、习惯的奴隶、内心恐惧的奴隶、自己的配偶的奴隶、我们的老板的奴隶——这就是我们的生命，我们看到它的狭隘琐碎是多么糟糕，它的失去尊严多么令人厌恶。所以我们提出这个问题："我怎样获得自由？"这是一个正确的问题吗？如果是的，那么它就没有答案。因为正确的问题本身就将打开走出的大门。如果它是一个错误的问题，那么你就会找到——至少你会认为你已经找到——一些"解决"问题的方法或者手段。但是受到奴役的心智，无论它做什么，它都无法通过任何手段、通过任何方案或方法，使它自己得到自由。相反，如果你完全地、彻底地、确定不疑地觉悟到，心智必须自由，那么这个觉悟本身就会产生一种行动，它将使心智获得自由。

我认为理解这一点是非常重要的，而且这种理解是瞬间发生的。你不是到明天才理解。经过思维琢磨考虑，并不能达到理解。你要么是在当下一刻理解，要么就是一点儿也不理解。理解发生在心智清明之时，没有被种种动机、恐惧和寻求答案的要求所搅乱。我想知道你是否已经注意到，生命的问题是没有答案的？你可以问："生命的目标是什么？"或者"死亡以后是怎样的？"或者"我应该怎样冥想？"或者"我的工作很烦，我应该怎么办？"你可以发问，但是你如何问问题才是重要的。如果你带着一个目的问问题，也就是说，你带着一个想要找到答案的动机去提问，那么这个答案一定是虚假不真的，因为你的欲求、你的狭隘的心智已经透射出了答案。所以提问题的心智状态要比问题本身重要得多。一个深受奴役的心智可能提出的任何问题，以及它所接受的答案，都依然处于它自己受奴役的局限之内。但是如果心智认识到它自己深受奴役的整个状态,那么它就会有一种全然不同的做法,而这种全然不同的做法,正是我们所关注的。只有当你顷刻明白了自由是绝对必要的,这时你才能提出正确的问题。

我们的心智是一千个昨天的产物;它受到它生活于其中的文化的束缚,它受到过去的经验记忆的束缚,致力于获取知识和技术。对于这样的心智来说,真理或者上帝,显然不会有任何意义。它们谈论真理,就如一个奴隶谈论自由。不过你看,我们大多数人情愿当奴隶。因为这种生活,不费力,又体面,又舒服。奴隶的生活少有危险,我们的生活或多或少得到了一些保障,这就是我们想要的——安全,稳定,没有大风大浪的搅扰。

但是生活来敲我们的门了,它带来痛苦悲伤。我们深受打击,落入不幸。因为万事万物都在不停地变化,所以归根到底没有什么是确定的。所有的关系都会结束,而我们想要它永恒不变。因此,生活是一回事,而我们想要的东西是另一回事。于是在我们想要的生活和真实的生活之间,就发生交战。我们的狭隘的心智,我们卑微的日常生活,使我们想要的生活变得狭隘卑微了。我们是在非常肤浅的层次上与生活发生交战、矛盾、斗争;我们提出的那些问题都琐碎渺小,它们是以我们的恐惧和焦虑为基础,这些问题注定只能得出与它本身同样狭隘肤浅的答案。

朋友们,如果你去观察生命,你会看到生命是非凡奇异的某种事物。生命不仅仅是我们人类之中发生的这种渺小愚蠢的争斗,不是把人类分裂成国家、种族、阶级;它不仅仅是我们日常生活的矛盾和悲哀。生命是宽广的、无限的;生命是美好的爱的境状;生命是哀痛,同时也是巨大的喜悦。但是我们的哀痛和喜悦却如此渺小,而且我们是从浅薄的心智出发,提出问题,找到答案。

因此,确定地说,我们的问题是让心智获得全然的自由,由此进入没有边界、没有界限的觉知状态。那么心智怎样发现这种状态呢?它怎样获得这种自由呢?

我希望你严肃认真地向你自己提出这些问题,因为我不是在向你提问题。我也不是想要影响你;我只是指出,向自己提出这些问题是重要的。如果你并不怀着紧迫急切的心情向你自己提出问题,那么由别人口头上来提问,就没有意义。如果你在注意观察,那么你一定知道,自由的空间每天都在逐渐缩小。政治人物们、领袖们、牧师们、你阅读的书籍和报纸、你得到的知识、你坚持的信仰——所有这些都正在使自由的空间越来越狭小。如果你真实地觉察到心灵变得狭小、心智的奴役在增加,那么你就会发现,从洞察中产生出能量;正是这种洞察所生的能量,将会摧毁那个狭小的心智、体面的心智、去寺庙里朝拜的心智,充满恐惧的心智。因此洞察是真理之门。

你知道吗,觉察感知某种事物,这是一种惊人的不凡的体验。我不知道你可曾真正地觉察感知过任何事情——你曾经对一朵花,或者一张脸,或者天空,或者海洋,有过觉察吗?当然,当你坐在汽车里,在路上经过时,你看过这些东西,但是我想知道,你是否曾经用心真正地看过一朵花?当你看着一朵花的时候,会发生什么事情呢?你立刻叫出了这朵花的名称,你在关心这是什么品种的花,或者你说"这花的颜色多漂亮呀。我要把它种在我的花园里;我要把它送给我的妻子;我要把它插在我的花瓶里",等等。也就是说,当你看花的时候,你的心就围绕着这朵花喋喋不休地唠叨起来;因此你从来没有觉察感知过一朵花。只有当你的心安静的时候,当它没有任何唠叨的时候,你才能觉察感知某种东西。如果你能停止心智的活动,在夜晚看着大海之上的星空,那么你就会真正觉察到它的非凡的美丽。当你觉知美的时候,你不是也就体验到爱的境界吗?美和爱无疑是同一的。没有爱就没有美,没有美就没有爱。美表现在形式上,美表现在言谈上,美表现在行为上。如果没有爱,行为就是空洞的;它就只是社会的产物、是特定文化的产物,而被生产的东西,是机械的、毫无生气的。但是当心智毫无躁动地进行觉察洞观时,它就能够完全透彻地深入自己生命去观察;这样的洞察实际是时刻存在的。你不需要为造成这种洞察做什么事情,没有什么训练、修持、方法之类，可以让你学到这种洞察感知。

朋友们，请你认真地听我说。你的心智是模式的奴隶，是体制的奴隶，是方法和技术的奴隶。我正在说某种完全不同的东西。洞见感悟是瞬间发生的，是不受时间限制的；没有渐进达到它的方法。洞见感悟就是发生在即刻间；它是一种不需努力的全神贯注状态。心智不做任何努力，因此它也就不制造任何边界、界限，它不会给自己的意识设置局限。因此生命不是这种可怕的过程，其间充满痛苦、挣扎、难以言喻的烦厌。因此生命是一种永恒的运动，没有开始，也没有终结。不过，为了觉知这种永恒之境，为了感受这种生命的巨大无边和欢喜快乐，我们必须首先从认识深受奴役的心智着手。不迈出这第一步，我们永远也不会有第二步。

我们想要逃避我们的奴隶状态，所以我们谈论宗教之事，所以我们去读圣典，所以我们推理、争论、讨论——这一切是多么空虚徒劳。反之，如果你觉知到，你的心智是狭隘的、受限制的、受奴役的、卑琐的——不做选择地去觉知它——那么你就是在洞察的状态之中，正是这种洞察，将产生使心智从奴役中解放所必需的力量。这时候，心智没有行动所由的中心。只要有一个中心，就必定有围绕中心的边界；心智在这个边界之内围绕中心运转，这就是被奴役。但是当心智意识到这个中心，同时也觉察了这个中心的本质，那么仅是这个洞见就足够了。觉察中心的本质，这是你能做的最宏伟的事情；这是心智所能采取的最宏伟的行动。不过这需要你的全神贯注。你知道，当你有所爱，而不带任何目的，不带任何需求，那么这样的爱就能够自我成就，它能找到自己的行动，这样的爱本身就是美丽。

因此重要的是觉知你的心智是怎样在积累的过程中，变成一个奴隶。不要问："我怎样从积累中解放？"因为这是一个错误的提问。但是如果你真正亲自觉察到你的心智正在搞堆砌积累，那就足够了。这样的觉察需要全神贯注；当你把你的全部心智、全部心灵、全部生命都投入到某件事情上的时候，就不存在问题。正是不能完全专注，带来阻碍，给我们的生命制造了问题和痛苦。

1959 年 12 月 23 日

创造来自于空之性

今天晚上我想有声地思考，谈谈关于努力、冲突的问题，谈谈意识的限域问题，它的受限的边界是被思想和经验划定的。这是相当复杂的问题，我想我们必须投入大量的关注去理解问题。我们深陷于各种类型、各种层面、各种程度的冲突。有些冲突是很浅层的、细小的，比较容易解决；但是有些冲突是深刻的，几乎是深不可测、难以理解。这些深隐的冲突总是导致扭曲的行为，扭曲的行为又相应地带来大量的痛苦悲哀，带来我们在日常生活中都面对的日益增加的问题。

所以如果可能的话，我想谈谈关于努力、冲突，以及被思想和经验划出边界的意识的限域问题。你也许会问，"我们现在在面临如此严重的失业、贫困、饥饿、堕落、痛苦、恐惧，以及所有其他的不幸，我们的生活遭受这些问题的折磨，为什么来讨论意识的问题呢？它跟我们的日常生活有什么关系呢？"我认为这跟我们的日常生活休戚相关。如果我们不理解我们自身思想的全部过程，如果没有对它的运转方式和活动了如指掌，那么我看不出会有什么出路可以解决我们的困难。

在印度这个不幸的国家，你不仅仅有经济问题、政治问题和语言不通的问题，而且你还有个人的一些困难，它们是从西方文明强加给东方文明的问题中引起的。你们中很多人并没有察觉到这些问题——也许你根本不关心认识这些问题，因为你想要过一种不操心的生活，一种悠闲、懒散的生活。我们周围有很多的事情，有丑陋的，也有美丽的。城市街道上污秽横流，乡村的贫穷肮脏，同时也有美丽的树木，树枝摇曳着，伸向湛蓝的天空，还有我们和所有这些事物的关系——我们大多数人对这些并不感兴趣，因为我们想要得到一个安稳的、保险的、不受干扰的生活。但是灾难与不幸总是伏在近前，随时都会到来。

无论你身处何处，无论你拥有很多钱，还是挣扎着勉强谋生，你都要面对这些问题，有内心的问题，还有外在的问题。我认为对于每一位认真的人来说，最重要的就是觉察这些问题。但是如果仅仅是注意外在的问题，并且努力改变我们的物质生活方式，那么这并不是好办法。为了带给外部世界清澈明净，我们必须先有清澈明净的内心。如果你的内心不是和谐有序，你也无法在你的周围实现和谐有序。和谐有序始于内心的洞见，而不是在外表上把事物重新排列。

所以，我们将要讨论的事情，跟我们的日常问题休戚相关。请你不要说"那些事情跟我无关"，然后置之不理。它们跟你极度相关。你也许不想关心，你也许不想思考它们，但是关注整个人类的问题，却是每一个人的职责。我们不能把注意力集中到某个特定的问题上，然后完全掉在那里面。在我看来，我们必须要关注意识的整个全部，而不只是关注它的某一特殊部分。你和我，必须关注所有的人，因为我们对于世界上发生的每一件事情都负有责任，无论发生在俄国、在美国、在印度，或者在其他任何地方。我们是紧密相连的，在任何一个地方发生的任何一件事情，都会影响到我们大家。当别的国家深陷贫困的时候，没有哪个国家能够富裕。这不是一个政治演讲，我只是指出，我们每一个人，作为个体所拥有的责任。正因为如此，我说最重要的是觉察这些问题，这就是今晚我准备讨论的问题。

不过在深入这些问题之前，我想重要的一点是明白一个关键的问题——手段就是目的，目的和手段是不可分离的。请你一定要明白这一问题的重要性——但不是仅仅从理智上知道，因为仅仅从理智上，或者语词上知道，几乎没有意义。连傻子也可以在口头上懂得。但是感知这其中的真理，感知手段和目的是同一个东西，则完全是另一回事了。

通过某一个特定的手段，你不可能得到跟这个手段不同的目的或目标。人们可以通过恰当的手段成为工程师、建筑师、科学家、外科医生，等等。共产主义者和其他人也在谈论说有某种可行的手段能实现乌托邦的目标。现在我们不关注手段是正确的还是错误的问题。而是关注除了学习技能之外，是否有一种为达目的的手段，它总是产生出机械呆板的生活态度，它实际上是实利主义的态度。有的人穿上托钵僧的长袍，与世隔绝，成为追求"精神觉醒"的僧人，这样的人实际上是实利主义者，因为他把目的和手段割裂开来。

请你一定要明白我说的这些，不要说："你在胡说，因为从古至今所有的圣书都强调，某种系统或者某种方法是必需的。"那不过是被人们接受了的传统。你并没有认识了解，你仅仅是鹦鹉学舌。你可能会说，传统是你唯一知道的东西。如果是这样，那么当别人在说某种跟传统不一样的东西时，你显然就必须非常明智地倾听。至少从现在开始，你必须倾听，然后探明别人说的话是真理还是谬误。

请你看清这个真理：使用某种手段来达到某个目的，就产生机械呆板的生活态度。使用手段达到目的，意味着效率。在工程学的领域，在机械学的领域，在科学的领域，心智必须有效率；但是在思想的领域里，高效率的心智则是一个暴君。你的宗教导师、你的偶像、你读的宗教书籍都是暴虐的，因为他们必然地总是通过某种手段来追求某种目的。因此手段就控制了你，把你变成奴隶。在手段里面没有自由。如果目的是自由的，那么它就不可能通过奴役的手段去达到它。如果自由不在你迈出的第一步，那么在终点，也不会有自由。如果有人告诉你，你现在当奴隶，最终会自由——那么这就是那些政治人物、那些偶像、那些瑜伽师一直在玩的动人的老把戏。

这一点非常重要，因此让我们对它有非常清楚的认识。我要揭示的以及要和你们讨论的东西，容不得那种处于机械呆板状态的心智参与。如果你已经习惯于某种系统方法，你来这里是想要找一套新方法替换老方法，那么恐怕你要失望了，因为我不提供任何系统，不提供任何方法，也没有任何目标。我们在一起努力做的，就是共同揭示，并因此共同发现。但是只有当心智自由，才能发现。这就是为什么自由非常重要的原因。如果你只是习惯地去看一切，那么你就不可能看到生命中甚至最普通的东西，你不可能看到美丽，你不可能看到漂亮的颜色和形状，你不可能看到新生的事物。当一个问题在你面前展开的时候，这就是发现的时刻，但是如果你开始去积累所发现的东西，那么你就中止了发现。请你一定要明白这一点。一个搞积累的、机械呆板的心智，不可能发现和理解新的事物。

朋友们，你经常会听到乌鸦彼此叫唤，不是吗？它们在傍晚的树上发出的声音是多么喧闹啊！你曾听过这种声音吗，真正地听到过吗？我怀疑你真正听到过。你可能关上窗户，说这聒噪太难听了，太讨厌了。但是如果你能够真正地倾听，那么就不会有一边是叫声，一边是对叫声的评说这样两者之间的分别，因为全神贯注意味着整个全体的清晰明了，在其中没有任何分别排斥。而这就是我们现在努力要做的：去发现、去展示整个的思想、整个的全神贯注。

所以，我希望你这样听我讲，就好像你是第一次听讲什么全新的东西。可能你们中有些人已经很多次听我演讲了，这可能是幸运的，也可能是不幸的，不过最有可能是不幸的。你已经养成了听我讲的习惯，所以你说："我以前就听过这个话了，这没什么新鲜的。"朋友们，这个世界上没有什么新鲜的东西，但是却有一种新的方式让你去倾听你所听到的东西。那时，每一样东西都是新颖的，每一样东西都是生动的；那样，心智的每一个活动都是一种揭示、一种发现。所以请你用这样的方式来听我说，我将要谈及某种你完全没有习惯适应的事情。我想要探索自我矛盾的问题。为什么会有自我矛盾？我们有没有可能理解并且超越它？

自我矛盾和"努力"这个问题是连在一起的，不是吗？我们的整个生活都建立在努力之上：从学生时代直到我们死去，我们不停地做出努力。当学生的时候，你被逼迫努力学习，否则你就通不过讨厌的考试。工作的时候，你必须努力专心干活儿；你必须努力跟你的老板保持一致，跟你的妻子或者丈夫、跟你的邻居保持一致，哪怕这种努力非常讨厌；你必须努力控制你自己，约束你自己；你们中的一些人还付出巨大的努力去寻找你们所说的上帝。朋友们，这就是你的生活，不是吗？每天从早到晚，你都在努力着，从来没有片刻的宁静，你的心智从来没有片刻的轻松，从来没有片刻的充实、丰富、喜悦。它只知道奋斗、奋斗、奋斗。

在我看来，这样的生命是空虚的、无用的、毫无意义的。所以我要检视"努力"的整个过程。不要说："努力、冲突是不可避免的，它是人性的一部分。"如果你这样说，你就已经停止了倾听，你已经停止了探索。不要接受任何东西——不要接受我所说的，也不要接受其他人所说的——因为生命并不是接受或者否定的事情。你必须亲自活出你的生命，你必须亲自感受和领悟你的生命。当你仅仅接受或者否定时，你就给你的心智设置了重重障碍，你就停止了体验感知，停止了生活。

请你把我所说的应用到你自己身上。你并不仅仅在听一堆词汇，它对你的日常生活没有任何意义。

你已经认可了"努力是不可避免的"，而且当你被问为什么你要努力时，你说："如果我不努力，我将会被这个社会撕成碎片。如果我不克制自己，我就会为所欲为。"等等。但是为了探明你究竟为什么做出努力，你必须揭开这种迫切行动的根源，朋友们，不是这样吗？你终生都在做出无休止的努力，而且你从来没有问过自己为什么这样做；在这条努力之路的尽头，你究竟是谁？一个没有意义的人，一个残缺的、干瘪的、毫无价值的人。所以，你不断地付出努力，到底是为了什么？

现在，当你追寻原因时，如果仅仅追寻一个定义，它是结论的一种形式，这样做就没有意义。你必须体验感觉它。你知道，理智是一回事，纯粹的情感——对某种东西的纯粹的爱、拥有充分的慷慨大度的感情，是另外一回事。理智是推理、计算、权衡、考量。它会问："值得做这件事情吗？它能给我带来利益吗？"另一方面是纯粹的情感——对于天空，对你的邻居，对你的妻子或者丈夫，对你的孩子，对这个世界，对一棵美丽的树，等等，你所怀有的特别的非凡的情感。当理智和纯粹的情感合在一起时，就出现致命的毁灭。你明白吗？当纯粹的感情被理智毁坏时，就出现下劣的平庸的生活。这是我们大多数人身上发生的情形。我们的生活平庸无味，因为我们总是在算计，总是在自问：划不划算？能得到什么好处？我们不仅在金钱物质的世界中算计，我们还在所谓的精神世界算计："如果我做这个，我能得到那个吗？"

所以我们必须发现努力之因。不要接受或否定我所说的。我只是在帮助你揭示、察看。仅仅接受或者否定，是愚蠢的，因为那样的话，你就没有察看；而我们是在力求发现某种东西，我们是要亲身去体验它。

那么，我们永远在付出努力，原因是什么呢？确定地说，就是自我矛盾。你明白吗？我们的思维中、在我们的生活中、在我们每一个人身上，都存在自我矛盾。无论哪里有自我矛盾，哪里就一定有努力——努力成为或不要成为这样或者那样。矛盾存在于小事情中，同时也存在于大事情中。我们的各种各样的欲求中存在着矛盾；在我是怎样和我想我应该是怎样之间，存在着矛盾。这些矛盾被我们的理想放大凸显了。哪里有理想，哪里就不可避免地出现自我矛盾。所有的理想都使这种内心的冲突永远保持下去。无论这个理想也许是多么的崇高，一个追逐理想的心智必定出于自我矛盾的状态。一个自我矛盾的心智，必定陷落在这种不停努力的罗网之中。

朋友们，请看清这种真相，不要只是赞成或者反对我说的话，如果是那样，这个讲座就没有意义了。最为重要的是看清，理想使自我矛盾长久保持，而且通过自我矛盾而来的行动必然是有缺陷的。只要存在自我矛盾，所有的行动就是残缺的。朋友们，在错误方向上"做得好"，这个行动就是坏的。同样的，一个自我矛盾的心智做出的"好"行动，注定会带来痛苦不幸。这就是这里和其他每个地方到处都在发生的事情。

所以自我矛盾是我们大多数人正在不停地付出努力的原因。自我矛盾之存在，是因为我们想要成为某种东西，不是吗？我想要当管理者，我想要当总理，我想要高尚、不贪婪，我想成为一个圣贤。朋友们，你跟上我了吗？当你有一个成为或者变成什么东西的想法时，你就一定有了自我矛盾。不要说，"那么我就什么都不能当了吗？"这不是问题。你只要看到，想成为某种东西这件事情中含有的意义是什么，这就足够了。

如果你说，你想在世俗层面或是所谓的精神层面成为什么人，那么你必定不可避免地认可自我矛盾和努力奋斗，以及由这种努力带来的一切扭曲的生活。只要你的内心存在矛盾，你就永远无法创造一个快乐的世界。你心目中的圣人们、领袖们，都是在"成为一个什么人"的传统中长大，他们的内心翻腾着自我矛盾。因此，无论他们做出怎样的"善"，却只能带来恶。你也许不喜欢这个说法，然而这是事实。

自我矛盾一定会产生行动，不是吗？你越是受到你的自我矛盾驱使，你就越是把更多的能量倾注到行动中去。请在你自己身上观察这个过程。自我矛盾的紧张压力引发它自己的行动。如果你是一个普通职员，而你想当经理，或者你想成为一个著名的艺术家或者作家，或者成为一个圣哲，在这种自我矛盾的状态中，你的行动力极其充沛旺盛，而且你的行动得到社会的赞扬，社会也同样处在自我矛盾状态之中。你现在是这样，你不喜欢它，你想变成你所喜欢的那样，所以自我矛盾就是引起你不断努力的根源。不要问："我怎样从自我冲突中解脱呢？"这是最愚蠢的提问。你只要看清你是怎样深深地陷在自我矛盾之中，这就足够了，因为当你充分觉知到你自身之内的矛盾，以及它的全部影响、后果时，正是这种觉知创造出从矛盾中解脱的力量。对于事实的觉知，就像是对一件危急之事的觉知一样，它会造就它自己的力量，转而产生行动，这是不以矛盾为基础的行动。

因此，我们每一个人内心都有着矛盾，不是吗？我有憎恨，同时我想要爱；我愚笨，而我想变聪明。我们都对自己内在的矛盾十分熟悉；我们日日夜夜都跟它生活在一起。我们怎样理解它呢？——是理解，而不是跨越、压制，或是使之高尚化。你知道，为了理解某个东西，你心中必须有爱。为了领略一棵美丽的树，它的躯干，摇曳的树枝，还有穿过树叶洒下来的阳光，你必须去看它，感受它，你必须要爱它。同样的，为了理解我们内心的矛盾，我们心中必须有诚挚的情感，必须有同情心，必须有爱。同时，为了深入探索是什么造成了矛盾，我们还需要有无限的耐心。朋友们，你明白吗？

我想要认识我自己、全部的自己；我想要了解每一个肤浅的、细琐的心念和情感；我想要深入探究自己的意识，以便理解它的整个活动过程。但是为了做到这些，必须要有爱，必须要有耐心，必须要坚持不懈，这种坚持不是意志的产物，而是日常生活中的一种自然运动。那么，就让我们带着爱和耐心，带着坚持不懈，来努力探明什么是意识。

意识一定是以矛盾为基础的；它是一种联系和关联的过程。如果没有联系，就不会有意识。概念之间的联系、一个人所积累的经验的关联、一个人有意识无意识地储存的记忆的关联、种族的心理、一个人所承袭的传统、他所顺从的无数的影响——所有这一切，就构成我们称之为"意识"的东西。如果你认为自己是一个印度教徒、一个拜火教徒、一个佛教徒或者一个基督徒，那么你毕竟不过是某种影响的产物。我们不讨论这些影响是好还是不好。我们要说，所有的影响都限制了心智，一个被影响所限制和压缩的心智，就成为极有效率的工具——这是有组织的宗教所想要的。

所以说，意识无疑是矛盾状态，包括矛盾状态下的无休止的努力，它们设定了意识的边界。意识是思想方式，它造出了一个中心和围绕着这个中心的边界。

朋友们，请看。让我们把这个道理说得更简白。你是谁？你是一个商人、一个职员、一个教授、一个工程师，或者别的什么。如果你是一个教授，那么你的心智就被你获取的知识所限制。这是很明显的。如果你是一个商人，那么你在赚钱这个行当里的经验，包括竞争、欺诈，以及其他所有这类经验，就限制了你的思想范围。如果你是一个科学家，你的研究领域也一样受到你所知道的东西的限制。如果你是所谓的宗教人士，那么你的意识就被束缚在你成长于其中的特定的环境里，无论是印度教徒、佛教徒、穆斯林、基督徒，或者任何其他宗教的信奉者。

所以矛盾，以及它所带来的努力，限定了心智，而这种受到限制的意识就成为"我"——这个"我"，是一个工程师，资深的工程师，已经建造了很多桥梁；这个"我"，是一个发明家，或是一个哲人，或是一个商人。这个"我"，受到思想、经验、知识的捆缚。

束缚我们的经验、影响、传统，它们也许是有意识的，或者是无意识的。也许我们大多数人没有觉察到所有这些束缚我们的东西。由于我们处于矛盾状态之中，我们就问："我怎样跳出这种状态？"或者我们认可这种内心的矛盾是不可避免的，并设法容忍它。但是如果一个人要探明有没有一种从自我矛盾及其痛苦中解放的生活方式，那么他就得深入探索他自己的意识的本质，不仅要探索意识的浅层，而且要进入它的深层。当你开始探索自己的时候，你肯定会看到，你的有意识的和无意识的冲突是深层的、内在的矛盾的结果，这些冲突造出了梦想以及各种各样其他的心理状态。一个野心勃勃的人，无论他是商人、政治人物，或是所谓的圣人，他本质上是一个自我矛盾的人。所以请你看清楚，当你开始深入探索这种自我矛盾的所有问题时，你的心理革命就会发生。

自我矛盾不会产生明智，而只会产生狡猾。它产生一定的效率，调整自己适应环境——这就是我们大多数人正在做的。自我矛盾及其不断的努力，设置了意识的边界；被自我冲突驱动的行为从根本上产生痛苦不幸，虽然表面看上去，这些行为好像是值得的。如果你的心智处于自我矛盾之中，那么你可能表面上会做得很好，但是实质上你是在制造更多更深的痛苦。当然，街道表面是要清扫的，其他所有这类事情也如此——不过我们这儿并不讨论它。

现在，当你看到了，自我矛盾及其紧张产生的任何行为，必定带来痛苦。不仅是个人的痛苦，而且痛苦涉及他和一切方面的关系中，这时你开始发问："那么，什么是明智的行动？什么行动不是被自我矛盾驱动的？什么行动不是被努力驱动的？"朋友们，请跟上这一点。对我们大多数人来说，观点和行动是截然分离的两件事情。一个想法在那里，我们向那个想法前进，就是我们所谓的行动，于是就出现自我矛盾。你跟上了吗？心智按照一个想法来构思行动，然后依照那个想法来打造它的行动。这种心智就是自我冲突的状态，不是吗？

那么，有没有一种并非自我矛盾的行动呢？我们都知道自我矛盾的行动——那就是我们每天的生活。心智对它非常熟悉了。当我们的心智看到这样的行为造成的结果：痛苦、混乱、丑陋、残忍、转瞬即逝的喜悦，于是我们现在要探究，有没有一种行动，它不是从自我矛盾这个源头产生出来的？如果有，那么它有什么性质特点？它一定是一种没有分割成想法和行动的活动。当你对某种东西怀有极为强烈的感受时，你会做出行动，没有算计，不求之于理智思考，不经过狡猾的推理，不思量行动是否危险。由这种纯粹的感情流淌出来的行动没有自我矛盾。也许我还没有说清楚吧？

朋友们，当你投入你的全部生命去爱什么东西时，就没有自我矛盾。但是，我们大多数人却没有这种充分完满的爱。我们的爱被割裂成肉体的爱和精神的爱、神圣的爱和世俗的爱，以及其他所有这类废话。我们并不知道：爱是全部的感情，是投入完整的生命，爱没有过去，也没有未来，爱不考虑它自己的延续不朽。这样的感情是完整的；它没有边界，没有限域，这种感情是没有自我矛盾的行动。不要问："我怎样得到这样的感情？"它不是一个理想，不是一个可以得到的东西，不是一个你务必达到的目标。如果它是一个理想，那么就抛掉它好了，因为它只会在你的生活中造成更大的矛盾。你已经有够多的理想、够多的痛苦了——不要再增加了。我们正在讨论完全不同的东西：把心智从所有理想中解放出来，从而把心智从所有矛盾中解放出来。如果你明白了这个真理，那就足够了。

所以，你看，智慧不是你的，也不是我的，在任何特别的书本里也找不到它；它是不可言传的。当心智倾听别人说话，不接受也不否定，不比较也不评判，当心智在前行中揭开每一事物的真相，那么这样的心智就处于智慧之境，而这样的智慧完全是不知名的。朋友们，你明白吗？所有伟大的事物都是无名的，不是吗？印度所有伟大的寺庙、欧洲所有伟大的教堂，都是建造者不详，你不知道是谁建造了这些宏伟的建筑。没有谁把他卑微的姓名留在这些建筑上。同样的，真实也是无名的。你必须处于无以名说中，真实才能向你呈现。所有的创造都是不可名说的——创造来自空之性。

如果你坚持认真地倾听了整个演讲，你就会觉察到：在思想以经验为基础的地方，它就会产生自我矛盾。"**经验**"这个词是什么意思呢？当我们面对一个挑战的时候，我们对它有所回应；对挑战的回应就是经验，它变成记忆。这样的记忆产生思想，它说："这个是对的，那个是错的。这个是好的，那个是坏的。我必须做这个，我不能做那个。"等等。只要心智如此成为经验的残渣，只要从记忆之根中生长出来的思想还存在，就必定存在自我矛盾。

朋友们，我知道理解这些东西很困难，因为我们大多数人的生活都是建立在经验之上的。我们从一个经验走向另一个经验，每一次经验聚集起来形成记忆，记忆又反过来塑造和制约所有后来的经验。但是我要提出，有这样一种心智状态，在它之中，行动是完整的。因此没有想法和行动的分离；没有行动向着想法接近的情形。如果你真的着手探索这样的智慧状态，那么你将会亲自发现心智的惊人的圆满和完整；进入生命惊天动地的圆满；它没有过去，没有未来；从这种境界里一定会产生行动。这时候，活着本身就是行动，在这样的行动中没有矛盾，只有非凡的极喜之感，只有无可复制的寂静，这不是可以从另一个人那里模仿或学习得来的。它在幽暗之中神秘悄然而来，不待你求索。只有当你非常深入地探索自己，并根除了所有的常规、惯例、习俗、方法、理想和迷信之时，这样的境界才会到来。然后，你发现了爱；在这种爱之中，没有善，没有恶，因为善恶都是制约束缚。只有爱才是自由的。

1959 年 12 月 27 日

谦逊的状态是探索一切的前提

今天晚上我想要谈谈知识、经验和时间。我想，在我们深入这些主题之前，先探索"谦逊"的本性，这很重要。要探究谦逊，我们就必须知道：谦逊不是可以获取、达到或者培养的某种东西。一种美德，如果是经过缓慢的渐进，来努力培育、收集，那么它就不是美德。这实在是需要理解的重要的一点。你要么是不贪婪、不嫉妒，要么是贪婪的，嫉妒的；如果你是贪婪的、嫉妒的，那么你就不可能培育不贪婪、不嫉妒。我们大多数人很难理解这一点，因为我们在时间的纬度里面思维。我们把谦逊当成一种可以逐渐获得的素养，这是对谦逊的简单却又极其深邃的本质的巨大误解；而如果没有谦逊，我们的探索就走不了多远。

谦逊的状态是一切探索必不可少的前提。谦逊是一种"全然完整"的情感，在谦逊里面，没有一个中心，让心智从这个中心说"我是谦逊的"。一个主动或被动地决意要摆脱某个问题的人，不可能是谦逊的。只有当心智渴望清晰地认识问题，无论对问题的探索将揭示什么，这时谦逊才会出现。这样的心智才能够真正探索。它想要知道问题的全部含义，包括令人愉快的和令人不快的；它渴望看到事情真实的样子，而并不急切地要改变、征服或者净化它所看到的事情。只有这样的心智，才是谦逊的状态。

我在进行有声的思考，请你放松心态听我讲，而不要努力地听讲。当你努力去听的时候，你就没有在倾听了。只有当你心态轻松，当你的身和心都安然宁静，当你进入无所拘束的专注状态时，你才能够倾听。在这种放松的专注状态中，而不是因为渴望理解而做出努力，心智将有更多的理解、领悟；它将觉察更深入更细微的东西——我看，恐怕大多数人都是在如此地做出努力。

我将要讨论一个非常简单的事情，但是复杂的心智无法明白简单的东西。只有当你的心智处于轻松，当它没有努力挣扎要得到什么东西，这时你肯定能看到非常精妙的事物，领会那种拥有精细情感的东西。我现在说的，不是你能够"得到"的任何东西。我想要传递情感，即真挚感情的、同情心的、爱的品质——它们没有语言，不是姿态，不是一个态度和价值的问题。我要跟你们沟通关于谦逊的本质。然后我们探索认知的过程，连同它的全部含义。但是如果心智只是力求得到或者培育谦逊的状态，那么它就无法领悟谦逊的细致微妙、它的重大意义、它的非凡品质。

所以，请你带着真挚的情感、轻松探究的心态、放松的专注，这样来倾听，因为你并不打算从我得到任何东西。我并不打算给你一个东西，如果你来这里，目的是想得到什么东西，那么你将会浪费你的时间。如果有一个给与者，同时一个得到者，那么他们双方都不是谦逊的。为了领会谦逊的本质，或者说认识谦逊的情感，你必须认识理解那种想要从你的问题中解脱、想要解决你的问题的执着的决意。这正是我们大多数人所想要的，不是吗？我们想要解决我们的问题，想要避免每天遭遇的痛苦、冲突、斗争，避免日常生活中的卑微狭隘、丑陋无耻、残酷无情以及快乐的短暂稀少，因此我们总是在摸索什么东西。正是由于这个原因，我们追随领袖人物，参加各种各样的宗教组织，从一个宗教导师转到另一个宗教导师，希望找到某种方法手段，使我们从我们的焦虑、我们的恐惧、我们的缺少爱的境地中超脱出来。

我们都有问题，我们逃避不了问题；随着我们日复一日地活在这个世界上，我们的问题正在与日俱增，不是减少。所谓的"人类文明"的势不可挡的重压，正在摧毁我们自己的思考品质，我们丧失了简单质朴，这是我们应对面临的无数问题时所必需的品质。由于心智渴望超越或解决它自己的问题——无论是贪婪、嫉妒、欺瞒、猜忌、懒惰、担忧，或是你会遇到的什么问题——心智决意要找到出路，找到方法，找到系统方案，靠它来解决问题。而这种决心就是摧毁谦逊的东西。

请一定理解这一点，朋友们。这不是什么模糊不明的东西，不是什么找茬挑刺说出来的事情，也不是我的特别的癖好。如果你观察你的心智，看它如何为了超脱问题、超越问题，或者说解决问题，而进行思考；在观察中不带努力；如果你这样观察，你就会发现我说的那一点。然而哪里有努力——努力去改变、努力去转化你自己——哪里就没有谦逊，哪里就有虚荣自负。当你觉得自己已经转变了，已经获得了，已经超越了，这些东西给你一种成为重要人物的感觉；因此，你永远不会感受到谦逊的真正本性。

重要的是看问题，简单地看问题，并且熟悉它的所有含意。如果你探究问题，不管这个问题可能是多么令人痛苦，多么丑陋不堪，如果你察看它，深入它，同它一起生活——我的真正意思是说——拥抱它，把它安放到你心里，这时候你将会发现，你处在谦逊的境界之中；这时候这个问题同它开始的时候完全不一样了。

所有的问题都是极度复杂的，不可能用"是"或者"不是"来回答。为了深入探索一个问题，你必须具有非凡的谦逊品质。如果你正在倾听，真正地倾听，那么你就已经是在谦逊之境。我说过，我没有任何东西要给你，我只是指出；而当我向你指出什么东西时，你并不能"获得"它，你无法伸手去拿它——你得要看它，你得要觉察它、感受它、触摸它、嗅知它。抛弃所有的决心，抛弃所有的进行改变的努力，这并不是进入一个消极的状态，也不是进入一个积极的状态，你只是在探索。正是这种要想取得什么东西的冲动，它让心智觉得自己很重要，而"取得"就是我们叫作"积极的行动"的东西。但是这样的行动只会带来更深的痛苦和混乱。反之，如果你是在深入探索问题——也就是探索我们每个人生活在其中的矛盾境地及其无数的促迫和影响——如果你是简单地觉知问题，那么这种觉知本身就是它自己的行动。

朋友们请看，我们大多数人都有嫉妒心，不是吗？嫉妒是一个非常复杂的问题。在嫉妒里面有无休止的挣扎、比较、竞争，这些东西造就了意志，造就了要获得和要胜出的决心。这就是所谓的积极行动。你生在其中的文化鼓励你这样行动。你渴望得到名声，归根结底是因为嫉妒。如果你嫉妒，你就会痛苦，你就会感到挫败，你就会焦虑、恐惧。因此你对自己说："我必须从嫉妒中解脱出来。"你的心智关切从嫉妒中解放，就是说它关注摆脱嫉妒中所包含的痛苦、挫败以及快乐的短暂稀少。这样就出现冲突，哪里有冲突，哪里就必定有意志，它说："我必须胜出。"这样的心智就不是谦逊的状态。

当心智觉察到它是嫉妒的，当它并不躲避这个事实，当它并不自我欺骗或是装出一种伪善的姿态，而是简单地说"就是这样，我是嫉妒的"，那么这样一种对于事实的承认，就会产生它自己的行动。但是承认并不是认可事实——这两者是有区别的。当你承认一件事情是这样时，你是对它没有怀疑。当你只是认可它时，你就总是可能不认可它。所以，当你觉察到"你是嫉妒的"这个事实时，这就意味着你看到它并且承认了它，那么，正是这种承认，正是这种自我明断的觉知，创造出某种行动，它不是意志驱使的行动。我要说，这样的行动来自谦逊之境，因为它不是搞积累的行动。当你积累"不嫉妒"的品质时，你的心智就不再处于谦逊之境——而只有在谦逊中，心智才能够学习。

我希望我把问题说清楚了，因为理解了谦逊的本质，接下来我想要进入"知识"的问题，进入那个叫作"经验"的非凡的东西，进入那个复杂得多的"时间"的问题。你也许在办公室忙了一整天，已经心神疲惫，或者你也许被家里的争吵、协调以及生活中正在发生的其他事情搞得心力交瘁。因此我建议你以一种放松的心态，不带紧张地来听讲。你不是在向我学习什么东西，不是像在学校那样，也没有考试要通过。我也不是宗教导师，不会告诉你，做得很好啊，可以继续下一阶段啦。你是在倾听自己——倾听自己是一门艺术。如果你总是在努力奋斗要成为什么人，或者要做什么事，那么你就不可能倾听。所以我想要放松地谈谈"经验"的问题，请你也放松地听。我想对它进行探索、进行观察——探索的结果，也许不是带来经验，而是带来一个纯真的心智。因为只有纯真的心智才能够觉察真实的东西，才能够理解丰富完满，理解真实之品性——这不是依靠经验的心智能做到的。依靠经验的心智是僵死的心智。背负着经验的重担，这样的心智能不能消解或去除它的全部经验，获得新生？——这是我想要探讨的问题。

我们都拥有经验。我们经历过烦心、嫉妒、恼怒、仇恨、暴力，等等。例如，当我们经受愤怒的体验时，心智收集了愤怒经验的残渣，这些残渣就存留下来，影响到后来的所有经验。我们很容易感觉到荣幸，就像我们很容易感觉到受侮辱。如果有人夸你多么了不起，你的心就会陶醉于这些奉承话，它会欢喜高兴；而这种被奉承引起的愉悦感就作为一个经验存留在你的心里。同样的，如果有人侮辱你，那么你就经历实质上相同的体验，只不过这次不是愉快，而这种不愉快的经验的残渣也在心里存留下来。

所以经验在心智里面留下印痕，这就是记忆。有些记忆作为与机械和技术相关的知识，是必需的，还有些记忆是心理的，它是建立在成为重要人物、成为这个、不成为那个的欲求之上。经验是知识的堆积，有关于外部世界的知识，也有关于内心的知识。富于经验的心智说，"我知道怎样应对嫉妒，我知道怎样应对争执"，或是它遇到的无论什么问题。因此，经验是思想得以生长的土壤——成为重要人物的思想、超越胜出的思想，等等。

朋友们，请你一定要观察你自己的心。我仅仅在描述，如果你也仅仅是在听这些描述，那么你就没有活生生的体验。所有的描述都是"二手货"，而你只有亲自探索发现，你才是"第一手"的活生生的东西。一个饥饿的人不可能因为听到食物的描述就吃饱了，无论这些描述是多么美好，多么垂涎欲滴。所以，你不是在听我说，你是在倾听你自己。你正在亲自观察，经验的残渣是怎样损坏心智的。

如果你生活在奉承带来的愉悦里面，或者生活在侮辱带来的愤恨里面，那么你的心智肯定是呆滞迟钝、残缺不全的。对于侮辱你的人，你带着敌意去看他，对于奉承你的人，你带着喜欢去看他；因此你的心智不能鲜活地观察、探索。你收集生活中的印象、印痕、伤疤,有愉快的,有痛苦的,它们积留在心里,你把它们叫作经验;从经验中形成认知。因此,作为知识的经验妨害心智的清澈明晰。

朋友们,请看清这一点。独特的个性,并不是指一个人固执于他的知识见解,或是强守于他的经验。只有当心智充分觉知了自己堆砌的经验,摆脱了这种背景,并因此能够清澈明晰时,才有真正的个性。只有清晰的心智才有个性。知识在人们生存的一定层面上说,显然是很重要的——我必须知道我住在哪里,我必须知道如何做我的工作,我必须认识我的妻子,等等。但是在另一个层面上,知识却妨碍了认识的活动。

那么,什么是认识?什么是知识?当我们说我们"知道"的时候,这是什么意思?是我们知道了,还是别人告诉我们了,然后我们说我们"知道"?朋友们,请你务必和我一起探索,请稍微注意一下。**"知道"**是一个很有趣的词汇。你怎样知道的?你知道了什么?请你问问你自己吧,就像我在问自己一样。无论你知道些什么,都是以经验为基础的,因此心智已经被这个经验束缚了,所有的经验都是心智的枷锁,不是吗?你有某种经验,你经历过某种痛苦或者愉悦,在你的心中留下了印痕,然后你带着这种受到束缚的心智,去面对下一个挑战。也就是说,你基于自己的局限、针对你自己的经验的背景,来理解诠释遇到的挑战,由此更深地束缚你的心智。这样,心智就通过经验而受到越来越多的束缚。朋友们,你不是必须接受我所说的话,如果你观察自己的心智,你会发现,我说的是事实。只有当心智不是在获取,只有当心智不是在积累,只有当心智是活动的,这时候它才能够学习。当心智已经取得、已经积累的时候,那是一种僵固的状态,那么心智就不能活动,就不能学习。

那么,什么是学习的活动、认识的活动呢?我明白,知识是通过经验积累而成的。一个人可能拥有机械的或技术的知识,他可能很聪明地学会怎样避免心理困境,能够为自己保持一种内心舒适安然的状态,但是依我看,这些知识都不是认识的活动。这两者实在是截然不同的事情。认识是一种持续不断的活动,因此这里没有僵固静止的状态,没有固定的一个点，从它出发去行动。不知道我是否说明白了？

朋友们，你看，"已听过"和"在听"，是迥异的两种状态。你们中有些人已经反复地听我演讲有十多年了，这可能是幸运的，也可能是不幸的。因为已经听过，所以你说："是的，我知道他接下来要说什么。"这就不是一个在听的状态。只有当你不按照你已经听过的东西来解释你正在听到的东西，你才是真正地在听。在听的状态，和已经听过、已经收集，然后进一步再听，是截然不同的，当你进一步再听时，你就已经停止了倾听。

我想知道你可曾关注过"爱"的本质？"在爱"是一回事，"已经爱过"则是另一回事。"在爱"是没有时间的。你不能说，"我已经爱过了"——这话毫无意义。当你这样说的时候，爱是死的东西，你并不是爱。爱的状态不在过去或者未来。同样的，"知识"是一回事，"认识的活动"又是另一回事。"知识"是受束缚的，而认识的活动却是不受束缚的。

请用你的方式亲自感受我所说的，不要接受也不要否定。你看，知识具有时间的性质，它是受时间约束的；而认识的活动是超越时间限制的。如果我想要了解爱的本质、冥想的本质、死亡的本质，那么我就不能够接受或者否定什么。我的心智必须处于这种状态：没有怀疑，而是探索——这就意味着心智没有被"过去"所限制。处于认识活动中的心智没有搞积聚，因此它是不受时间束缚的。

你看，朋友们，除非心智是鲜活的、新颖的、清澈纯真的，否则它无法领悟"无始无终"的本质、"永恒"的本质。我这里说的"**永恒**"这个词不是它通常的意义。我用它意指心智的广大无边的不可测量的感觉，意指没有边界、没有尽头的心智的感觉。我说的永恒，并不是我个人狭隘卑微的心智想要的那种长生不死的欲求。那个根本不是永恒，它是一种束缚，它受到时间的束缚。我想要探索的是那种超越时间的永恒的本质。为了做到这一点，我的心智必须处在探索的状态，也就是说，每时每刻处于认识的活动之中——不是出于"已经知道"的状态，它终止了认识。你看，这就是大多数人的痛苦之源。你读过数不清的书籍，你知道这个圣人或那个宗教导师的教诲，但是当你听到"**永恒**"这个词时，你立刻把它转化成符合你的思维模式的东西；当你这样做的时候，你就停止了认识的活动。

我们的心智有意识或者无意识地积聚了许多经验。这样的心智能够进入清澈纯真的状态，能够自由地看，自由地观察，自由地行动，而不总是带有过去的背景和时间的束缚吗？我不知道这对你是不是问题。你也许不关心这个问题。但是对于任何探索生命的人来说，这一定是一个问题，因为我们所知晓的生活全是挫败、痛苦、失望，以及偶尔出现转瞬即逝的快乐。虽然生活中偶尔有愉快的事情，但是生活对大多数人来说却是糟糕厌烦的事情，我们的眼里总是充满泪水。生活是没有答案的，我们必须时时刻刻对它理解感悟。但是我们总是想要得到一个答案，而我们找到的答案必定符合我们以为我们知道的模式。结果表明——或早或晚一定会表明——符合某种模式的答案根本就不是答案，于是，我们又重新陷入失望。

因此，当心智真正开始探索这一切时，仅从理智上它就会明白：进入超越时间的永恒状态是必需的。时间是令人绝望的，因为在时间中只能够期待明天。这个明天可以伸展到一百个明天，但是在它的终点并没有答案；痛楚依旧。于是我们的生活混乱无序，无论我们怎样用哲学来诠释它，都不能终结我们的痛苦悲哀。这就是为什么探索超越时间的永恒之本质，并非徒劳无益的原因。

时间是经验的堆积，所有堆积的经验产生了时间——它意味着发生了的事情的经过，从事情现在是怎样到将要是怎样。时间可以解决技术性的问题；你们很快就能够制造飞到月球去的飞船，时间可以解决这类问题。但是我们面临的深刻的人的问题却不能通过时间来解决——也就是说，这些问题不能由建立在经验之上的心智来解决，不能由作为时间的产物的心智来解决。当这样的心智意识到它面临无法突破的障碍，无路可走时，它就会感到绝望。当一个人看清被时间束缚的整个过程的性质时，他就必定会探索那个叫作"无始无终"、叫作"永恒"的东西——

不是推测是否有"永恒"、怎样达到"永恒",这是小学生的方法;而是进入探索状态,进入认识的活动,决不要说:"我知道。"那些说知道的人,并不知道。

所以,真正的问题是:心智可以从它自己堆积的经验和知识中解放出来吗?这不是说像健忘症似的解放。心智可以感知纯真之境,并由此自由地探索吗?朋友们,你明白我的问题吗?你作为一个印度教徒、一个拜火教徒、一个佛教徒、一个基督教徒,或者其他什么,你已经这样生活了很多年;你已经学到了这么多,获取了这么多,饱尝了痛苦,你的心智这样浅薄狭隘,虽然其中塞满了无数东西,它还是空虚的。你还在这样继续生活着,你还在堆积越来越多的东西,直到你死去。看到死亡的不可避免,你问死了以后会怎样?有人告诉你,死后有天堂,以及所有这类说法,于是你满意了,你仍然背负着痛苦,就这样安详地死去。

我觉得重要的是进入认识的活动,也就是说进入自我探索之境。不过这需要持续不断地保持全神贯注——全神贯注,而不是努力。保持全神贯注,就是觉知"当下之是",当你走路的时候,当你说话的时候,当你坐公交车,当你坐在电影院里,当你读一本书,都保持觉知。如果你能够这样觉知,你就会亲自发现认识的活动,这是真正的谦逊状态。只有知道谦逊状态的心智才是纯真的。这时候,你不再是一个追随者,你也不再过"二手货"的生活。

现在你们得到的都是"二手货";你只知道别人告诉你的上帝,别人告诉你的美德,别人告诉你的生活中几乎每一件事情。你就是你读过的书籍,你就是你听到过的东西,你就是你的文化强加在你身上的东西。所以,除了你的工作、你的欲望和你的焦虑以外,你一无所知。因为你是"二手货",所以你要追随什么人,你有崇拜的权威,你有宗教导师,你有这一切粗制滥造的神明。

出于认识活动中的心智就处于谦逊的状态,就是纯真的心智,只有纯真的心智才懂得爱。纯真的心智就是爱;它为所欲为,但它没有自我。所以经验不是老师。经验可以教给我们如何获取,它可以教给我们机械性的东西，就像知识能够教给那些东西。但是处于认识活动中的心智是超越知识和经验的，因此它没有过去，没有未来。只有这样的心智才能接受那种不可由心智度量之物。

1959 年 12 月 30 日

内心的改变才能带来外部的革命

今天晚上，如果可以，我想要讨论欲望、实现和挫折这些能量如何展开的问题；如果我们的心智能力所及，我们也许还能探究"超越心智"的问题。不过在开始探讨上述问题之前，我认为关注一下"改变"的问题，是很重要的。

对我们大多数人来说，任何形式的改变都是一种令人讨厌的因素。我们喜欢走习惯和习俗的老路。要让我们自己离开老路，我们发现几乎不可能。我们在习惯和习俗上的任何改变，都得依靠影响；只有当外界的影响逼迫我们认为不得不改变，我们才会改变。环境对于我们内在的态度、我们价值观的改变，就像对于外在事情的改变一样，起着一种重要的作用。我想我们应该十分认真地探讨这个问题，以便亲自揭示我们自身的思想方式。

我们是在别人宣传鼓动的影响下做出改变，不是吗？各种各样的影响是我们生活中的非常重要的因素。报纸的影响；我们读过的书籍的影响，无论是宗教的书籍，还是世俗的书籍；社会环境的、教育环境的和宗教环境的影响；邻居的影响；家庭的影响，妻子对丈夫、丈夫对妻子的影响；传统和舆论的影响；食物的影响；气候的影响——这些以及其他很多的影响，都在不断地塑造我们的心智。我们从来没有摆脱过这些影响，我们是这些影响的结果，不可否认，我们是环境的产物。你是一个印度教徒、一个穆斯林、一个基督教徒，或者无论你是什么，这是因为你在一定的文化，包括它的特定的传统和思维方式中教育长大。

所以，"影响"在我们生活中起着异乎寻常的重要作用。我们不是在讨论，什么是好的影响，什么是坏的影响。在我看来，所有的影响都是有害的，因为它束缚和奴役心智。如果心智在任何的影响之下改变，那么它只是在它本身的圆周范围之内发生改变，无论这个圆周范围是大还是小。

当你听我讲的时候，请不要只把自己当作一个听众，而是要观察你自己的心。观察你自己，观察你的环境的影响。于是你会看到，在所谓"自由的心智"里发生的是一种出奇的现象。我认为心智是不自由的，但是心智可以觉悟自己深受束缚的状态，以及那些约束它的东西的无数的影响。你知道，有些语词对于我们有着深刻的影响。比如**"上帝""共产主义""中国人""天主教徒""耶稣""佛陀"**，等等语词，超乎寻常地深刻渗透地影响着我们的心，但是我想我们大多数人并没有觉察到。除非我们真正地揪住这些影响，并且认识理解它们，否则任何的改变——无论是经济改革，还是心智本身观念的改变，都没有太大意义，因为我们仍然是宣传影响的奴隶。

你们正在听我演讲，为什么呢？探明这个问题很有意思。在这个炎热的星期天下午，你为什么到这里来？如果你来这里是为了得到说服、受到影响，获得指导，让我告诉你该怎样做，那么你所听到的东西就无异于宣传鼓动。所有的宣传鼓动——无论出自政治人物、有组织的宗教人士，或是圣书——对于人的心智都具有最严重的破坏性影响。

因此，如果对于这些奴役我们大多数人的影响没有觉悟，我们将永远无法探明如何唤醒能量，而能量显然是至关重要的。我说的能量不是指饱学的头脑的能量，不是指营养充足的身体的能量——虽然物质能量也是能量的一部分。一个精神病人可能有巨大的能量，一个歇斯底里的人有时候也可能释放巨大的能量。同样的，一个献身于某种理想的人也能够迸发非凡的活力。这些都是能量的表现，它们都是"影响"的产物，如果你深入地探索，你会发现这样的能量导致权力。任何形式的权力都是有害的，无论是独裁者的绝对权力，还是妻子对丈夫的权力、丈夫对妻子的权力，还是社会对个人的权力。不过在我们探讨这些问题之前，我认为，我们作为生活在这个疯狂的、荒谬的、竞争的世界中的人类，我们必须首先透彻理解"被影响"的问题。

心智为什么会被影响呢？心智有可能从所有影响中解放出来吗？被掌控在"影响"领域之内的心智一定是极其受限的，虽然它可能是非常积极的。所有的宣传者都非常积极，不是吗？可是这样的心智却是受限制的、被束缚的，并因此，在它自身的局限性之内，必然发生持续不断的斗争。

请你观察自己所受到的束缚，并看清你是怎样受到影响的。如果你观察自己内心这一整个运作过程，那么你会觉悟到：你的所思所想、你的所作所为、你的职业、你的言语交流、你的理想和信仰，每一样东西都是无数的"影响"的结果，你是有意识或无意识地处于这些"影响"之下。不论你有所觉察或者并无觉察意，心智正在吸收每一样东西。牛群的叫声、电车的鸣响、演讲者的说话声、你边上的人的活动，等等——心智是有意识地或无意识地将它们全都吸收。

所以，问问我们自己，心智能不能从"影响"中解放出来，这不是非常重要的事情吗？我认为，如果不首先觉察这些支配心智的"影响"，那么心智就不可能从影响中解放。觉察这些影响就是自我认识的一部分，不是吗？不过这种觉察是极为困难的，因为影响经常是细微难察的。广告业者拼命地做着"潜意识广告"——在电影或者电视屏幕上反复快速地闪放某个意象，以至于它在观者没有觉察的情况下，被潜意识吸收了。同样的，你被不断地告知——这是几千年的传统——你是一个印度教徒。你就是在这样的传统下长大，而且你的工作、你的职业，进一步束缚了你的心智；你深受影响，你的思想被你所做的事情等等塑造着。觉察所有这些影响并非易事。然而一旦你开始自觉地、审慎地、不停地提出正确的问题，也就是在你自身中揭开这些形形色色的影响，那么你的心智就会变得异常警醒。所以在我看来，向自己提出这种问题，是绝对必需的。

过去——不仅是最近的过去，而且是几个世纪的过去，带着所有它的记忆、它的心理创伤、它所堆积的经验和知识——正在影响着现在、当下。"现在"成为"过去"通向"未来"的过道。因此明天已经被昨天铸定。"现在"是根据"过去"来回应挑战，而这种回应又形成了未来。朋友们，如果你在自己的生活中观察这一点，那么你会看到这是极其简单的过程。如果今天你觉得我侮辱了你，明天，也就是"未来"，当你见到我时，你的那个受侮辱的记忆强化着你的愤恨之情，于是这个事就没完没了。不要把我说的解释成因果报应。因果报应完全不是这个意思，至少我是这么认为。因为我们现在正在揭示"影响"和"改变"的问题。

当我们做出改变的时候，通常是由于逼迫，由于痛苦，由于野心抱负，或者是由于受到其他某种形式的影响。我们改变是为了获取利益，我们改变是为了逃避痛苦，我们改变是因为我们受到某种意识形态或思想体系的奴役。你可以看到这种改变的机械性过程，如何在心智中进行，但是这样的改变是影响的结果，它根本就不是改变——尽管它给心智带来能量。如果一个人有好的工作，有安稳的家庭，有丰厚的财产，那么他就会觉得拥有不一般的能量。如果一个人有演讲或写作的才能，有做这或做那的能力；如果一个人有某种艺术或手艺的天赋；或者一个人正在努力充实自己，努力成为什么人——这样的人就会有很大的能量，但是这种能量或早或晚总有一天，当它被阻塞时，就只剩下挫败和绝望。

朋友们，请注意这一点，不要只把它当作你正在听的一个讲座，而是要作为你自己的心智的一种描述，作为你每天生活的一种描述。当你追逐利益时，你充满着能量，但是那种能量，无论它怎样的机巧，怎样的能干和高效，但它总是从它的中心向着它的圆周边界运转。这是改变吗？当你因为受到强迫，因为恐惧，因为某种动机驱动，因为追求某个目标，而做出改变，这里有改变吗？

让我们谈谈社会革命或者经济革命的问题。这种革命承诺带来利益好处，它制定出创造一个没有阶级划分的社会的蓝图，还有其他所有这类东西。这样的革命是真正的革命吗？或者说它不过是某种反应，因而是对"过去"的一种改良修补的延续？这些所谓的"革命"一直都只是一种反应，总是出现向先前状态的一种回转，只是某种改良而已。所以，如果我们关注全然的改变，关注真正的革命，那是心智本身品质上的一种转变，而不仅仅是改良的过去的延续，那么我们就必定要问自己：不受影响、不怀目的而做出改变，这是不是可能的？以影响、以目的为基础的改变，不过是某种形式的强制或模仿，因此它根本就不是改变。你明白吗？

朋友们，你看，通过奉行非暴力来制止自己的暴力倾向，这根本就不是改变，尽管在印度，人们每天都伶俐善巧地谈论"非暴力"。怀有一个目的的"非暴力"仍然是暴力的。目的即是理想，它是心智的一个投影，遵从理想的心智即是模仿品，它仍然是在暴力的领域里运转。不知你是否明白了这一点？！

因为你是暴力的，所以你说："我必须奉行非暴力的理想。"那么非暴力就是你的心智的投影，它是心智对于暴力的一种反应。你接受了这个"非暴力"的理想，你开始训练自己，你努力地服从这个理念，你经受痛苦的过程，不停地调整自己去适应它——这种做法总是很肤浅的，但是人们把它当成一种美德加以认可。奇怪的是——我们希望别人认可我们具有美德，认可我们已经变得非暴力，或者认可我们正在非暴力的道路上。别人的认可在我们的生活中具有超乎寻常的作用，不是吗？所以你看，对权力的渴望是多么微妙。

如果你非常仔细地、客观地检视这整个过程，你就会看到：暴力的心智把"非暴力"当作一个目标，它被这种改变自己、变成非暴力的愿望所驱使，这样的心智仍然是陷在暴力之中的。因此，问题自然就是：暴力的心智可以不带任何动机地改变自己吗？或者，所有的改变都必定是某种目的的结果、是某种形式的影响的结果吗？你明白这个问题的意思，是吧？

我们全都必须有彻底的、深刻的、根本的改变。因为按照我们现在的样子，我们并不是真正的人，我们是形形色色的影响的奴隶。为了认识发现人的尊严，为了唤醒真正的自由意识，我们肯定必须问自己：有没有可能不带任何目的，不受任何逼迫，没有任何恐惧、强求或影响，而实现心智的彻底转变？如果你说，这是不可能的，带着目的去改变，这是人类的本性，千百年来都是这样，那么这对你就不是个问题。然而一旦你真正开始探索任何层面的革命的问题、改变的问题，那么你注定要问这个问题；否则，你的思考就是十分肤浅的。而正是肤浅的思想，造就了这种残忍的社会现实，到处是战争，是所谓的"革命"，是集中营、独裁专制以及所有恐怖的警察国家。

　　因此，如果你深度地关注人的彻底转变，那么你必须意识到这个"影响"的问题，这其中包括寻求"灵启"、参拜寺庙、读诵圣书、重复念咒——你通过这一切极其讨厌的修持，是为了获得自由，而它们却否定了真正的自由。但是如果你仅仅从理智上理解这个讲座，那么当你离开的时候，你会和来的时候一样两手空空。理智是非常肤浅的。它可以发明聪明的理论，它可以辩论或者驳论，并无限地进行这种游戏，但是它却不能产生改变；它不能带来心智本身品质上的真正转变。

　　现在我们关注真正的转变；我们正在真实地探索"改变"和"革命"的问题。什么是革命？这是我们正在问自己的问题，因为我们的时代需要这个提问。但是这不仅仅是我们这个时代的问题，这是一个历久弥新的问题，因为人类的心智正在不断地退化。这种退化就像波浪一直在冲击拍打我们的门阶。所有严肃地面对生活的人，必须要深入探索这个问题：改变只能被"影响"驱动吗？改变，是不是只能通过影响、通过恐惧、通过强迫来产生？或者说，有没有一种完全不同的"改变"？

　　通过影响而来的改变导致权力，不是吗？它导致权力，导致地位——而这是我们大多数人向往的。我们大多数人希望被认可为某种人物，或者在世俗世界，或者是在所谓的"精神世界"。你们不都想要这个吗？从最底层的小职员，到最高层的政治人物，从最卑微的信徒，到最伟大的宗教导师，每个人都希望被认可为某种人物——这就是对权力的渴望。我们都渴望在某个方面成为重要的人——一个邮票收集者、一个科学家、一个官僚、一个总理、一个好妻子、一个好父亲，或者你想要的其他什么。我们希望得到认可，我们希望变得重要，当你想要变得重要的时候，你充满了能量。朋友们，看看你自己的日常生活，看看你的渴望认可、你的想要成为重要人物的努力奋斗，是在怎样一直继续着。如果哪个大人物稍微夸了你几句，你就像猫儿一样高兴得呜呜叫。你想沾沾他的光，于是你说："他是我的朋友；他很小的时候我就认识他了。"——你知道，我们都在上演所有这样的幼稚把戏。

所以，带有目的的改变，也就是说，被强迫的改变，受"影响"的改变，一定是指向权力的，一定是试图成为重要人物的——这种重要不只是表现在世俗世界里，而且表现在成为上帝的子民，成为一个控制了自己身心的达人，成为一个有美德受敬重的人，等等。

请一定深入理解这一点，因为我们关注的是我们的生命，而不是一堆词汇。我们大家都想要权力，我们大家都想要在某些方面成为重要人物——甚至是在一个班级管理十个孩子的小学老师，也是如此。这就是为什么我们的社会有级别、头衔等等一切荒谬之物的原因。

我们可以看到，哪里有强迫的改变，或者是外部的或者是内心的改变，哪里就有权力的意识，权力意识最终导致某种形式的独裁专制，而且这种权力意识创造出能量。我不知道你是否尝试过控制你的身心，如果你试过，你就知道它能够给你带来一种完全成为身心主人的狂喜。它给你强烈的拥有权力的感觉——比拥有这个世俗世界任何地位的感觉都好。我们不是谈论电的力量这类东西，我们是在讨论心理上对权力的渴望。

那么作为权力意识的能量总是追求它的自我实现，不是吗？也就是说，我想要通过行动来是实现自我；我希望是或者变得是什么东西。我希望成为经理，或是成为信徒中的头领；我想要开悟，想要改变；我想成为这个城镇最有名望的政治家；我想当管理者，我想获得一个学位，我想找一个好工作挣更多的钱——你知道，我们每天就和自己玩着这种贪求攫取的把戏，由此实现自我。

如果你观察，你就会发现，这种"实现"，实际上就是渴望权力的心智发出的要求。当它不能获得权力，因此不能得到这种"实现"的时候，它就陷入挫败失落；为了逃避这种挫败的痛苦，它就转向别的什么东西，通过它继续追求自我实现。如果我无法在世俗世界获得成功，那么我就努力去做一个"圣人"，或者如果我看到当一个"圣人"无利可图，我就追求世俗的成功——就这样没完没了。渴望遵从某个模式做出改变，这种渴望创造出能量，它带来权力意识，而这种权力意识又通过"实现"来增强它自己。

朋友们，请你观察你自己。我说的不是什么不着边际的东西，我不过是描述你的日常生活的作为罢了。在这种作为中充满了无数的痛苦，因为想要实现自我的人，注定生活在得不到实现的恐惧之中，于是痛苦就开始了。

你看，我们从来都不问问自己，是否真的有"实现"这么一回事。一个人也许看到傍晚的天边有美丽的云彩，然后他想把它画出来。但是如果他画云彩是为了追求自我实现，那么他就不是一个真正的绘画者。同样的，你可能想通过你的家庭来实现自我，你想让你的儿子把你的姓氏流传下去，你也许把这个叫作爱，无论这个让人敬重的社会多么充分地认可这就是爱，然而这根本不是爱。它不过是你让自己保持不朽罢了。朋友们，这可能让你发笑，但这就是事实。

所以，除非你的心智完全麻木迟钝，彻底封闭在自己的世界里面，否则它一定会探究，搞清楚是否可能不带目的而改变？因为怀有目的的改变只能通向权力之路，并导致更深的痛苦。有这样的改变之路吗？它没有目的，它不以对比为基础，它不是对一个人的现状的反应。让我们非常清楚地认识这个问题，因为我们一直是按照二元性进行思维：好的和坏的，富的和穷的，天堂和地狱，等等。当我们看到，追求那种带有目的的改变，产生了强烈的权力情怀，它是自我实现的一种形式，相伴着它的所有的挫败、束缚和痛苦，当我们看到这些，于是我们就希望通过追求另外的东西，来逃离这种状态；但是没有一个"另外"可以追寻——它不是现在这个状态的反面，它不是我们追求权力的反面。没有目的的改变是某种全然不同的事情，它是不求自来的，就像从早上到晚上、从黑暗到天明的转变。当心智看到，对权力的渴望，其本质是破坏性的，是腐败的，并导致挫败和痛苦，这时候心智的当下反应就是企图从这一切中逃走，逃到那种被称为"宇宙意识""真理""上帝"的东西中去——你知道我们所使用的所有这些夸夸其谈的词藻。但是，这根本不是改变。这不过是过去已有的东西向着它的结果延续罢了，它将还是它。

那么，有这样的探索之路吗，它将帮助心智进入那种能量状态、觉悟状态，那是持续不断的改变，是一种没有开始、没有结束的永恒的运动？朋友们，你明白这个问题吗？请你首先明白这个问题，而不要问怎样达到这个状态，怎样获得这个"永恒"的状态，让你自己在你狭隘的小家中享用。

这个问题是：你们都习惯于渴望权力，渴望获得认可，渴望有一个重要的地位，以及随之而来的成功和挫败，悲伤、痛苦和恐惧。你们知道那种渴望是怎样带来超常的能量，没有它你就不可能日复一日地坚持五十个年头，经历你的工作、你的争吵、你的奋斗和痛苦。你的能力越强，你运用能量的舞台就越大，因此你四处制造的恶也就越多。现在，如果你看到了这种对于权力的渴望，其本质是破坏性的，如果你认识到了它的全体结构，那么你一定会问自己：心智有没有一种改变之路，它不是来自渴望权力？你明白吗？

我们看到，对权力的渴望，以及它所激发的能量，是破坏性的；而野心勃勃的心智无休止被这种堕落、败坏的力量推动着。如果你说，这都是自然的、不可避免的，人类不可能通过其他方式生活，那么对你来说这就不是个问题。你接受了腐败、堕落。你愿意生活在那样的体系里面，带着你的痛苦、你的短暂易逝的快乐、你的模仿的品德和你发明的神明。但是如果你开始探索，开始追问，开始发现——不是因为商羯罗或者佛陀这么说过，而是通过你自己的努力、你自己的觉知、你自己的理智去做——那么你会发现，你在不知不觉中抛弃了那一切，迈向全新的方向。于是就出现真正的改变，它不是心智做出的反应，不是心智捏造出来的"改变"。

朋友们，有这样一种状态，所有的美德全都具备其中，这就是全神贯注的状态。当我们全神贯注、集中心神时，全部美德也就出现于此，仁慈在此开花，美丽在此绽放。但是，你现在正在干什么呢？你为自己找到一个狭小的安栖地，你在生命之流中守着一潭死水，你在那里活动、运转，改变。也许你不打算十分认真地看待这些事情，那也没有关系。如果你听到的只是一堆词汇，那么你听到的东西也许就存留在你的心里，因为你的心智很容易受到宣传鼓动的影响，那么这些演讲就只是你听到的无数噪音中的又一个。反之，如果你开始真实地探索所有的噪音，探索自己心智的喋喋不休，那么你必定会进入这种能量状态，它无止境地运动着，它不会受困在个人自身欲望的死水之中。

所以，改变的问题、转变的问题，在环境的影响下是无法思考的。我们显然需要一场革命——在经济领域的革命，在世界范围的革命——从而形成一个政府，因为这是我们的地球，不是富人的地球，也不是穷人的地球；它不属于俄国，也不属于美国，不属于印度，也不属于中国。它是我们的地球，是你的和我的，我们生活在这里，我们在这里享受快乐，我们应该珍视它，我们应该爱它。但是只有当你的内心出现危机，当你的意识深处发生革命——也就是说，当你不再是一个国家主义者，当你不再是一个印度人、一个帕西人①、一个共产主义者，当你不再是这样的什么人，当你是一个完整的人，只有这时，外在的革命才能真正实现。我们确实需要一场世界范围的革命，只有这样的革命才能解决我们的经济问题、饥饿的问题。但是政治人物们并不关心饥饿问题，他们只关心建立自己的制度体系，他们争吵着哪种制度才能解决问题。为了带来外

---

① 帕西人(Parsi)：在公元8-10世纪间，一部分坚持信仰琐罗亚斯德教的波斯人，不愿改信伊斯兰教而移居印度西海岸古吉拉特邦一带。这些波斯移民在印度被称为"帕西人"。——译者注

在的革命，你必须先在内心改变。如果你拒绝改变，那么你将被时代的挑战所摧毁，你必须正确地回应挑战，否则，你——作为一个人，作为一种文化，作为一个种族——就会被抛弃。

要探索内心的改变的问题——这是困难得多的事情——你就必须充分觉知我们内心对于权力的渴望。当我们理解了这种渴望的意义，当我们懂得了带着目的的改变是追求权力的一种形式，我们认识了这种改变包含的全部细节、它的挣扎、它的痛苦、它的成功和挫败——当我们觉知了这一切，我们的心智能够自觉地、有意识地、不带任何目的地丢弃它们吗？朋友们，你明白吗？这是对这个世界真正的离弃——这不是改变神明，或是去做一个隐世独修者，或是皈依某种宗教，身着不同的服饰。真正的离弃，它是革命，是彻底抛弃对权力的追求，抛弃成为重要人物、得到认可的渴望——这就意味着真正进入一个我们完全未知的世界。进入我们已知的世界，这不是离弃。只有当我们进入心智以前从未经历的世界，在这里，心智不再投射它自己，它没有过去，没有未来，而只有全神贯注的觉知、探索和洞察的觉知，只有这时，才有真正的离弃、才有革命。洞察没有过去；洞察不是搞堆积；只有在这种洞察的觉醒之下，才会产生一种能量，它不是心智的产物。请不要把它解释"上帝"——它跟你那种糟糕的上帝的观念毫不相干。有一种能量，它本身就是创造性的，是永恒的；如果你没有领会它，没有亲尝它，没有拥得它，不知道它的美丽，那么仅仅用思维去揣摩上帝，是没有用处的。

我们的生活并不美好，我们的生活是俗丽而廉价不值的，是肤浅空虚的；我们的能量是受限的，它是枯死的。我们熟知憎恨、嫉妒、羡慕——这些东西是我们的亲密朋友。显然地，我们必须抛弃这一切。我们应该不为任何目的而做一个仁慈善良的人；我们应该不带任何算计而做一个宽宏慷慨的人；虽然拥有不多，我们也愿分享；我们应该向他人伸出援手，奉上真心，而不谋求任何回报——我们必须这样做，这就只是文明和本分，而不是为了别的什么。就好像我们把屋里收拾整齐，打扫干净，一尘不染。把房间收拾干净显然是必需的，但是如果我们这么做是为了求得别的什么，那么我们的追求不会实现。同样的，我们要让心智保持清晰、机敏、**警醒**，观察心念的每一个活动，晓知每一个语词的含义，观察而没有任何动机目的，不带任何欲望，不受任何逼迫。这样你将发现不可思议的事情在发生——有一种能量到来，它不是你自己的，它突然降临你身。在那种能量中，存在着永恒的生命，这种能量就是生命的真实。

1960 年 1 月 3 日

冥想不是集中注意力的过程

今天晚上我想就几个问题和你们探讨，尤其是关于心智的敏觉以及冥想。但是在我们深入这些问题之前，我认为很重要的一点是，我们的心智得有一定的清晰，没有这种清晰，心智就没有非常深入的思考能力。无论在什么层面上，清晰都是必不可少的。如果你不清楚回家的路，你就会走丢了。如果你不是非常清楚自己的感受，你就会陷入自我矛盾。如果你不能清楚地理解自己的思想方式，那么这样的缺乏明晰就会导致妄念幻想。所以，清晰在每一个方面来说都是必不可少的。在我看来，保有一份真正清醒明晰的心智，是一件极其困难的事情，因为清晰不可以培育，不可以学到；更确切地说，它是通过看、通过观察、通过洞察而来。

我这里说的清晰，是美感的一部分。我不知道为什么是这样，而且我并不品评任何人，但是看来很少有人对于美是敏感的，敏锐地感受落日的美、一张脸的美、一条曲线的美、一棵树或迎着微风飘舞的树叶的美、展翅飞翔的鸟儿的美，或者一个姿势的美、一句话语的美。关于美的感情、美的品质、美的神韵，我这里就不展开太多的表达，我认为，对于美的敏感，是和清晰相伴随的。清晰是一种完整存在的状态，就像美一样。美不只是在脸面上，不只是在形式上，它是一个人的完整存在，是一棵树的整体存在，是天空的浩瀚无垠，是阳光和树叶的浑然一体，是水面上映照的月光。美是一个完整一体的东西，同样的，清晰也不存在于局部。如果你通晓经济学，或者你知道怎样登上月球，但是你完全不清楚你自己的思想方式、你自己的心智的运作方式，那么你就没有达到清晰。同样的，当你身陷自我矛盾时，你无法看到一幅画的美，无法听到音乐的美。

我认为，清晰是遍及整个心智的某种东西；它是一个人的完整生命的感觉。朋友们，清晰一定是简单质朴的。但是我们大多数人都是从行动或行为来理解简单质朴；我们认为，它主要是有关我们怎样说话，怎样穿着打扮。换句话说，我们把简单质朴仅仅看作一种表现方式。我们说一个人很朴素，是因为他只有一条缠腰布，或是因为他放弃了物质享受而过清贫的生活。我们通过穿着、通过外在的生活模式来判断朴素。但是对我来说，朴素是一种内在的生命状态，在这里没有矛盾，没有对比；它是应对任何问题时表现出的洞察的品性。

我们的生活正在变得越来越复杂。有越来越多的专家，他们说话总是互相矛盾。我们的心智如果想要理解生活，理解生活的所有的复杂性和问题，那么就必须非常简单地看待生活。但是如果心智抱着某个固定的观点或信仰，抱着某种特定的思维模式，去看问题，那么它就不是简单的。我认为，简单跟"决心"毫不相关。抱着某种决心的心智，绝不是简单的心智。

请注意倾听这一切，除非你理解了我现在所说的，否则你将理解不了我接下来要谈的关于心智和冥想的问题。如果你没有体验到这种清晰、简单的整体感觉，没有体验到这种非凡的美感；那么你就不可能理解我们称之为心智的这个极其复杂的机器。我们大多数人对心智都抱有一些先入之见，关于"心智是什么"或者"心智应该是什么"，我们已经得出了某种结论，我们就用那个结论、那种信念来看待心智，因此我们对心智的理解，如果不是不可能的话，也是变得非常之困难了。

首先，你的心智不是简单质朴的，对吗？简单质朴的心智，它的运作、思想和感觉，肯定是没有任何目的的。

请对我说的话多给一点关注。你可能已经听过以前的演讲，或者你可能已经读过我讲过的话，但是，请你现在倾听，是为了在听讲的同时，去体验生命的这种运动、这种感觉，其中没有任何动机目的。

当我们有一个动机，就必定有实现动机的一种方式、一种方法、一种实践、一套习练体系。动机是由于渴望得到某种结果或者某个目标而产生的，为了达到这个目标，就必须有一种行动方式，有某种习练形式；这样心智就不是简单的，这样的心智就不是清晰的，因为它在自身内部制造了冲突。我们必须首先亲身觉察这样一个极其简单的事实：哪里有动机，哪里的生活就有自我矛盾。在我看来，冥想就是把心智从所有的动机目的中解放出来，这就需要对目标、方法、行动、训练这一切问题，投入非比寻常的全神专注。

那么，我想要对心智进行描述，当你听我描述的时候，请你也同时觉知你自己的心智的本质。心智不仅是思想的容器，它也是它所容纳的思想；它受到时间为它设定的限制，同时它又是超越时间的某种东西。像一台好机器那样顺畅地运转，肯定是良好的心智的一种品质；不以结论为先而清晰地思考，不带偏见地进行认识，这也是良好的心智的能力。心智也是个性的、独特的情感，它又是记忆，它能够经验，并把经验存储，形成知识。心智还是时间——回首往事、展望未来，这个意义上的时间——作为"以前"和"以后"的时间。所有这些东西合起来构成了心智。

但是，心智又是含摄这一切因素的某个事物，它不只是一个语词，不是这个语词所能指认得了的事物。确切地说，心智就像将万事万物包含其中的天宇一样。一棵树不只是树叶、花果、枝条、树干或者树根，它是包括了所有这些东西的一个整体。同样的，心智也是一个整体，而觉知心智，感知它的整体存在，这就是冥想的真正开端。如果我们不能感知心智的整体存在，那么我们就把它降低到只是一台机器——我们大多数人都是一台机器。

对我们大多数人来说，心智是一个词汇，一个符号，一个意象；心智是根据记忆、经验的背景进行识别命名的活动过程。我的心智学会了一定的工作或职业之后，它就自动地继续运转。我与我的丈夫或者妻子、与我的孩子、与社会建立了一定的关系之后，我就继续保持下去，不再有更多的思量。我对各种刺激挑战的应对是机械的。我的心智不想受到搅扰，不想提出问题，不想变得不确定，因此它建立一种行为模式、思想模式，建立一种与人的、与自然的关系模式，还有对财产、对各种东西的关系模式。

如果我们观察自己心智的运作，就会知道我们大多数人真的就是这样。只要看看你的心智是怎样受制于这些词汇的：**"爱""上帝""共产主义""印度""薄伽梵歌"**。心智构想出这些意象符号，并且成为这些符号的奴隶，然后这些符号就变得比生活的行动重要得多了。

朋友们，我不是在描述什么外国的事情，我在描述我们每个人日常生活中真实发生的过程。在我看来，如果心智不从这些意象符号、这些词汇中解放出来，它就无法深入认识它自己。这些东西控制了心智，这种控制是由我们的经验、我们的记忆造成的。心智积累的知识，实质就是意象符号、就是词汇；如果心智不能让自己从意向符号、词汇、记忆，即知识中解放出来，那么它就永远无法畅游自身更加广阔的境域。

显然，我们不能把必须知道的东西忘掉。我们不能忘了怎样说话，不能忘了回家的路，不能忘了我们的各种职业，或者是经由科学而发展起来的技能。我们必须拥有这一切，我们不能忘了它们。但是，心智中却有另外一个部分，它将自己投射在时间之中，制造出了作为拟达目标的未来。因此，如我们所知，心智就是时间；它是时间的产物——作为"以前"和"以后"的时间，作为活在过去之中或者活在未来之中的一种过程的时间，它显然是拒绝觉悟当下的。我这里说的不是日历上的时间，而是作为一种心理需要的时间，就是需要展开一个渐进的过程去达成某件事情，我们称之为进展。我们说，"我得要有时间来理解某个东西"——

时间在这里就是未来。

我希望我把这些都说清楚了，而不是把它弄复杂了。不过，生活是复杂的，心智是复杂的。你必须亲自深入探索这些问题，而不是光说："帮助我从时间中解放吧。"确切地说，你所能做的就是充分地觉知心智的所有这些模式，然后，可以这么说，你是悄然穿越它，达到心智无法思议的一种境地，因为心智为了自由，无论它做什么，它本身总是陷于时间的领域之中。心智所做的任何努力，都会更深地束缚它自己，因为"努力"意味着为某个目标而奋斗，而当你有一个目标、一个目的、一个作为目标的终点，那么你就给心智设置了限制；你正在力求带着这样的心智进入冥想。

朋友们，你明白吗？首先请看清问题。问题不是"怎样冥想"，也不是"冥想什么"，而是：心智究竟有没有冥想的能力。别人告诉我们一定要冥想，而我们希望通过冥想得到一个结果——幸福、上帝、真理或者你要的其他东西。所以，我们做出努力去冥想，那么哪里有努力，哪里就有时间的因素。我们说："通过训练，通过实践，通过控制，通过时间的逐渐推进，我将领悟什么是上帝。"

在我看来，这根本不是冥想，这是纯粹的自我催眠，是你自己的幻想和经验的投影——这些投影可能带给你一些景象。但是，为了探明什么是冥想，你就必须理解应对这个问题的心智，它的本质是什么。你想要冥想，是因为你读到过或听说过冥想的非凡奇特的性质。你听说在冥想中有某种美的感受，有某种安宁的性状、沉静的性状，于是你就在努力的冥想中控制、训练你的心，希望能够实现那种沉静，那种安宁。

现在，在你能够实现那种沉静之前，在你能够发现什么是真理、什么是上帝之前，你必须先得认识理解这个正在冥想的心智，否则，无论心智做些什么，它仍然是在它自己的知识范围和受制约的条件范围之内打转。这样来"冥想"，你可能会开发出某些能力，可能会获得某些幻影，以及所有其他这类东西，但是它们全都是错觉妄念罢了。如果你喜欢欺骗自己，如果你接受哪些错觉，那么你就尽你所能继续跟它玩下去好了。

但是，如果你真正想要探明什么是冥想，那么你首先必须做的，不是问怎样冥想，而是通过探索去弄明白，正在应对冥想问题的心智，是否具有理解冥想问题的能力。

不知你是否已经认识到，我们的心智是多么的机械。无论它接触到什么，都被它变成是机械性的了。今天晚上，我看到了某种全新的东西，心智经历了这个新东西，但是到了明天，这个经验就变成机械的了。因为我想重复它带来的感受和愉悦。我建立了一种程序，我确立了一种方法，由此再体验那个新东西，于是它就变成了机械的东西。心智接触的每一样东西都不可避免地变成机械的、非创造性的。

所以问题是：我的心智能够认识到它自己的机械性习惯的性质吗？它能够只是觉知"当下之是"的事实，而不问如何改变它，如何打破它吗？我认为，对于事实、对于"当下之是"的实际事实的单纯认识，就会带来清晰。

明白这一点实在是重要，因为我们大多数人都力图从**"事实是"**面前逃跑，去追求事情"应当是"，这就造出无数的问题和矛盾。所以，我只想知道"当下之是"的事实，知道事实足矣，别无其他。我对事情"应当是什么"不感兴趣。我想了解我的心智的真相，了解所有它的自我矛盾、它的羡慕嫉妒、它的希望失望、它的侵略性、它的欺骗本领。一旦我真正看清**"当下之是"**的事实，清晰就随之而生——这种清晰将帮助我更加深入地探索**"当下之是"**。

我们大多数人对于"当下之是"的事实不感兴趣，因此我们也就没有开发出探究"当下之是"的能力。我们以为，依靠一种理想，我们就能把"事实是"转变成"应当是"——我们以为，这个"应当是"的理想，将唤起我们理解"当下之是"的事实的能力。但是我觉得，实际情况正好相反——当我们没有分心地全神贯注地观察"当下之是"时，我们才会有探索**"当下之是"**的能力。

我们的整个生命存在就是"当下之是"，而不是"应当是"。"应当是"，亦即理想，没有任何的真实性。你可以创造一个理想，你可以投身于那个理想，把它叫作现实，但是理想是对"当下之是"的一种反应，而反应从来都是不真实的。真实的东西就是"当下之是"，它是我们每天的生活。"当下之是"可以是过去的产物，它可以有未来，但是我认为，对于心智来说，重要的事情是，放下过去和未来，全然地关注当下，关注"当下之是"——深入探索它，而不是浅尝辄止地说："好吧，这就是我的生活，生活就是这样的啊。"等等。生活是这个奇特的东西，我们称之为"过去"，即以前的时间，也称之为未来，即以后的时间，但是生活却是宽广得多，深邃得多——如果心智能够深入透彻地探索"当下"，那么它就可以看到生活拥有非常深刻的含义。

让我们换一个说法。所有的体验都是受到过去的经验制约的。如果你观察，就会发现实际上只存在体验的状态。但是我们所体验的东西立即就被转化成记忆，然后记忆又制约着下一步的体验。体验的状态受到你的这种背景的制约：你是一个印度教徒、一个穆斯林、一个基督徒，或者无论你是什么，你带着那一切的信仰和迷信。

经过我的讲述，你会有所明白，但是描述永远不是真实。真实在于即刻地看到真相，因为真相没有未来。你不能说："我明天将会看到它。"真实的东西没有过往——它没有延续性，而这就是真实所具有的美、简单和明晰。

当机械的心智进行探寻，发现"什么是冥想"时，它就想把"冥想"带进心智已知的领域。毕竟心智本身是已知的东西，别无其他。心智不是"未知"。作为"已知"的心智，当它力求发现未知的时候，它就发明出一堆方法、系统、训练、实践，去达到目的。我希望你们稍微跟紧一点儿。

现在，问题不是属于"已知"的心智怎样发现未知，因为它做不到。它能做的就是觉知它自己的运作方式，也就是已知的东西的运作方式——它不可能做其他任何事情。它不可能发现未知的东西，因为它没有这样的能力。你可以练习头足倒立，练习不同方式的呼吸法，修持某种训练，控制你的思想，或是做你喜欢的其他任何事情；但是无论怎样做，心智都永远无法理解、无法掌握、无法感受"未知"。

那么，什么是冥想？

朋友们，现在当我描述冥想的时候，请你跟随我的描述，就如同你正在进行冥想。在我看来，冥想是最最重要的，因为全部的生命即是冥想——这个冥想，是一种生活状态，在其中，束缚心智的边界被打破，在其中，没有自我，没有中心，因此也没有中心所划定的活动范围。如果没有冥想，生命就会变得极为肤浅、机械。所以冥想是必不可少的，如同我们必须吃饭，必须呼吸。所以，请你注意这一点，不要只是听到一堆词汇，而要随着讲述去真实地体验它——体验并是引用你过去读过的或被人教过的关于"冥想"的说法，那样你就不是在观察，不是在实际体验。

确切地说，冥想绝不可能是一个集中注意力的过程，因为思想的最高形式是无为之思。积极作为的思想对于探索、对于发现是具有破坏性的。我正在无为地进行有声思考。通过无为，才有创造性。无所作为不是积极有为的对立面，而是这样一种状态，在其中既没有积极作为，也没有它的相反对的消极无为。无为是一种完全空无的状态，而且只有当心智完全空无时，在此意义上，它才具有创造性。无论从这种空无中产生什么，都是无为之思，它不会被受到任何"积极有为"或者"消极无为"的东西的束缚限制，这两者是心智本身的一部分。

所以，积极有为地集中注意力，并不是冥想。如果你观察，你会发现，"集中注意力"就是某种形式的排他性；哪里有排他，哪里就有一个排他的思想者。正是这个思想者、这个排他者、这个集中注意力的人，是他制造了矛盾，因为在那里有一个中心，由此就会有与这个中心不同的偏离、分散。因此，集中注意力并非冥想之道，这种方法不能发现那个我们称之为"不可测度的"无限之物。集中注意力意味着排他性，意味着思想者正在努力把注意力集中到某事上面。然而全神贯注的状态不是集中注意力，它没有边界限制，它是投入你的整个生命到某个事物中，而没有任何排他性。

现在，当我在这里讲的时候，你会就某个事情实验一下吗？看看你能不能进入这种全神贯注状态，由此不仅你的心智在运行，而且你的整个生命都是清醒的、洞察的。不要说，"你所说我的'整个生命'是什么意思？"这不重要。拿出你的整个的全神贯注——这意味着你听到公共汽车的响声，听到有轨电车的响声，并且听到寂静无声。如果你拿出整个的全神贯注，那么你会发现，你带着惊人的非凡的注意力和敏锐的洞察力，也还听到我正在演讲。但是如果你仅仅是集中注意力，那么你就带有排他性，因此这就不是全神贯注。

"集中注意力"使心智被限制缩小。这种限制缩小对于小学生的学习也许是非常有效的。但是我们关注的是生命的整个生活，而把注意力排他地集中到生命的任何特定方面，那就贬低了生命。反之，如果具备了全神贯注的品质，那么生命就是没有限制、没有尽头的，这种无限，是不可能由心智测度的。

别人已经告诉过你，有一些不同的冥想方法，冥想真实、冥想上帝，无论你想到用什么词汇。我们怎么可能通过某些路径、某些方法、某些系统，去得到某个活生生的东西呢？可以有一条道路、一条确定的路径，取得一个静止的、固定的、死的东西。但是却不能取得活生生的东西。如果你想了解你的妻子、你的邻居、你的朋友，那么没有"路子"可照着去做；没有任何方法系统可照着做，让你了解一个活生生的人。同样的，你不可能通过任何路径或方法，得到那活生生的、不断在变的东西。但是你把"真实""上帝"，无论你管它叫作什么，你把它降低为一种静止不变的东西，然后你发明出种种方法来达到它。

所以，集中注意力不是冥想之道，也没有任何方法、系统或者修持能够把你带向真实。如果你看清了这个真相——任何一种方法系统，无论它多么精妙，多么新颖，或者是有多么优秀的传统，都不可能把你带向真实——那么你就不会再进入那种错觉幻想之域，你的心智已经从"停留于过去"中解放出来；因此它进入冥想之境。

在冥想中，也有"未知"的问题。我说过，心智是"已知"的——"已知"

是已被经验过的东西。现在，我们带着那种尺度标准，力图知道未知的东西。但是已知显然永远无法知道未知；它只能知道它已经验过的东西、它已被教给的东西、它已收集的东西。因此，朋友们——请仔细注意这一点——心智能够看到这个真相吗：它自己没有能力认识未知？

如果我非常清楚地看到，我的心智无法认识未知，那么我就一定会有绝对的平静了。朋友们，你明白吗？如果我觉得凭着我的"已知"的能力，我能够捕获"未知"，那么我就会闹腾不已：我高谈阔论，我拒绝，我选择，我力求找到一条道路来达到未知的东西。但是如果心智认识到：它自己绝对没有能力知晓"未知"，如果它觉察到：它无法迈出通向"未知"的任何一小步，那么会发生什么呢？这时候，心智就会变得完全宁静。它不是绝望，它是不再追寻任何东西。

追寻的活动只能是从已知走向已知。而心智所能做的就是觉知明察，看到这种活动绝不会发现未知。已知的部分的任何活动，仍然处于在已知的范围内。这就是我必须觉察的唯一的事情，这就是心智必须认清的唯一的事情。这样，没有了任何刺激，没有了任何追求，心智就宁静了。

你注意到了吗，爱是宁静的——它可以是抚握另一个人的手，或是慈爱地看着一个孩子，或是领略某个傍晚的美丽。爱没有过去，没有将来，所以爱具有这种非凡的宁静境界。如果没有这种宁静，这是全然的空无，那么就没有创造性。你可能很聪明能干，但是如果你没有创造性，那么就会有破坏、衰败，同时你的心智就在凋谢枯萎。

当心智宁静、空无，当它处于全然无为之境——这不是空白，也不是"积极有为"的反面，而是一种完全不同的状态，在其中，全部的思想念头都止息了——只有此刻，那个不可称量的无限之境才可能展现。

1960 年 1 月 6 日

痛苦的终结在于面对痛苦

今天下午，我想和你们讨论痛苦、意志和恐惧。我们大多数人生活在神话的世界、符号象征的世界、虚假幻想的世界；对我们来说，这种世界比真实世界重要得多。因为我们不理解每天生活的真实世界，包括它的苦恼不幸和争斗冲突，于是我们想从真实面前逃跑，我们捏造出一个虚假幻想的世界，一个上帝的世界、符号象征的世界、观念和偶像的世界，凭借它来实现逃避。那么哪里有从真实向虚幻的逃避，哪里就有矛盾，就有痛苦。如果我们想从痛苦中解放出来，那么我们就必须认识理解这个我们正在不断逃入其中的虚幻的世界。印度教徒、穆斯林、佛教徒、基督徒——他们都有他们的象征与偶像的虚幻世界，并且陷于其中。对他们来说，符号象征具有重大意义，而且比真实生活重要得多；它被深深植根在下意识中，而且在所有那些属于各种文化、文明或者宗教组织的人的生活中，它起到巨大的作用。对他们来说，所以，如果我们要从痛苦中解放出来，我认为首要重要的是，认识理解我们活在其中的虚幻世界。

如果你顺着这条公路漫步，你会看到壮丽的风景，青翠的草地、湛蓝的天空美得惊人，你会听到孩子的笑声。但是除了这些，还会有痛苦的感受。有女人生产时的剧痛，有死亡的悲伤，有愿望落空的痛苦，有国家崩溃、衰落的痛苦，还有腐败横行的痛苦，不只是集体的腐败堕落，还有个人的腐败堕落。如果你深入观察，你会看到你自己内心的痛苦——无法实现心愿的痛苦、自身卑微渺小或能力不足的痛苦，还有各种各样下意识的痛苦。

生命中也有欢笑。欢笑是多么愉快的事情——没有原因的欢笑；发自内心的、没有原因的喜悦；诚挚地付出爱，而不要求任何回报。但是这样的欢笑很少发生在我们身上。我们背负着痛苦，我们的生活是苦恼和争斗的过程，是不断破碎的过程，我们从来不知道什么是"投入整个生命去爱"。

你可以看到，这种痛苦的过程发生在每一条街道、每一间屋子、每个人心里。生命充满痛苦，快乐短暂易逝，心智逐渐败坏，因此我们总是在寻求出路。我们想要找到一个解决办法、一种手段或是一种方法，借此让我们摆脱生活的重负，于是我们从来没有真正地面对过痛苦。我们力求通过神化，通过想象，通过思索，来逃避痛苦，我们希望找到某种方式避开痛苦的压力，躲过痛苦的波涛。

我想我们对这些都是熟悉的。我不是在指导你体味痛苦。如果你坐在这里一边听讲，一边突然试图感受痛苦，或者你试图变得快乐，这就太荒唐了，这是没有意义的。但是如果一个人清楚地觉察到他自己生活的狭隘、肤浅、琐碎，如果他观察到他的生活中无休止的纷争、失败，他付出了许多努力，除了感受挫败和失望之外一无所获，那么他就必定体验到这种被称为"痛苦"的东西，无论在什么层面上，或深或浅地，你一定懂得什么是痛苦。痛苦与我们如影随形，我们看来无力解除它。因此，如果可以，我想和你们来讨论一下如何终结痛苦。

痛苦有它的尽头，但是它不是通过任何系统或者方法来终结。当你在洞察"当下之是"的时候，则没有痛苦。当你非常清晰地看到"当下之是"——无论它是这样的事实：生活没有如意成功，还是这样的事实：你的儿子、你的兄弟或者你的丈夫死去；当你如真实所是地认识这个事实，不带任何解释，不对它持有任何意见，不带有任何的思绪、理想或评判，那么我想，这就是痛苦的终结之处。但是我们大多数人对于事实却会抱有恐惧、抱有不满、抱有追求满意等等心态意愿。

请你不要只是听我说，而要觉知你自己；看看你自己的生活，就好像看着镜子中你的脸。在镜子中，你看到了"当下之是"——你自己的脸——没有任何扭曲变形。请你用同样的方式来观察当下的你自己，对于你所看到的情形，没有喜欢或厌恶，不接受也不否定。就是看着你自己，你会发现，带来恐惧的意志统治着你的生活。哪里有意志——行动的意志、不满足的意志、实现成就的意志、求取满足的意志——哪里就总是有恐惧。恐惧、意志和痛苦是一体同在的，它们是不分离的。哪里有意志，哪里就有恐惧；哪里有恐惧，哪里就有痛苦。我说的"意志"，是指决心，决心要成为什么东西，决心要得到、要变成，是接受什么或者拒绝什么的决心。这些确定就是各种形式的意志，不是吗？因为有意志，所以就有冲突。

请注意这一点，并理解它，不只是理解我说的，而且理解意志的含义。除非我们理解意志的含义，否则我们就不能理解痛苦。

意志是欲望矛盾的产物，它来自"我想要"和"我不想要"这种相互冲突的力量，不是吗？许多的渴望，带有它们的矛盾和对立，造成了对这个满意或对那个不满意的意志，在这种意志之中，就存在恐惧。意欲取得、意欲成为、意欲变成——就是这种意志，必定产生痛苦。

朋友们，我们说的"痛苦"是什么意思呢？你看一个小孩子，他有健康的身体和可爱的脸庞，他有明亮聪慧的眼睛和快乐的笑颜。当他长大一点，就被装进所谓的"教育"的机器中。他被制作成符合特定社会模式的东西，于是生命中那种欢乐、那种天然的快乐，就被摧毁了。看到这样的事情发生，真是令人痛心，不是吗？失去你所爱的人，是令人痛心的。认识到一个人是以一种低劣平庸的方式应对生命中所有的挑战，是令人痛心的。生命是一条宽广的河流，而我们却守着小小的一潭死水，在这里没有爱，这难道不令人痛心吗？当野心驱使你去追求——得到的却只有挫败——这是令人痛心的。认识到心智是何等的渺小——不是别的什么人的心智，而是你自己的心智——这是令人痛心的。尽管心智可能积聚了很多知识，尽管它可能非常聪明、灵巧、博学，但是它仍然是非常肤浅、空虚的东西。认识到这个事实，就会让我们感到痛苦悲伤。

然而我们还有比这些更深刻的痛苦——意识到孤独寂寞从而产生的痛苦。尽管你跟朋友们一起，你在人群之中，你在参加一个派对，或者你在跟你的丈夫或者妻子说话，但是突然间，巨大的孤独感袭上心头，你感到绝然的孤独，它带来痛苦。此外还有疾病带来的痛苦。

我们知道存在着这些各种形式的痛苦。我们也许不是每种都真实经历过，但是如果我们善于观察、觉知生活，我们就会知道它们确实存在，而且我们大多数人都想要逃避它们。我们不想认识理解痛苦，我们不想面对痛苦，我们不问："痛苦究竟是什么？"我们所关心的只是逃避痛苦。这并非反常，这是一种本能的欲望活动，但是我们认可这种逃避，认为它是不可避免的，于是逃避痛苦远比痛苦的事实重要得多了。在逃避痛苦时，我们迷失在神话虚构中，迷失在意象符号中，因此，我们从不进行探索，探明有没有痛苦终结的情形。

毕竟生活总是带来问题。每分每秒生活都提出新要求，引起新挑战，如果我们不能充分有力地做出回应，那么这种回应的无力就会引起挫败感。这就是对于我们大多数人来说各种形式的逃避之所以变得非常重要的原因。我们通过有组织的宗教和信仰来逃避，我们通过符号象征、偶像来逃避，不论它们是在内心塑造还是由手工雕刻的。如果我在今生不能解决我的问题，那么总是还有来世。如果我不能终结痛苦，那么就让我享受娱乐消遣好了，或者让我的头脑多少严肃一点，我求助于书本，求助于获取知识。我们也通过大吃大喝来逃避，通过不停地谈天说地来逃避，通过争论来逃避，通过变得极度消沉来逃避。这些全都是逃避，它们不仅对我们来说变得非比寻常的重要，而且我们为了它们——为你的宗教和我的宗教，为你的意识形态和我的意识形态，为你的仪式主义和我的反仪式主义，而进行斗争。

观察你自己，请不要着迷我说的话。毕竟我说的不是什么抽象的理论，它是你自己日复一日真实过着的生活。我在描述它，但是你不要听到描述就满足了。透过描述去觉知你自己，你会看到你的生命是怎样陷于各种逃避痛苦的手段之中。这就是直面事实、对"当下之是"予以关注、探查、深入探索，之所以重要的原因，因为"**当下之是**"没有时间，没有未来。"**当下之是**"是永恒的。"**当下之是**"是生命；"**当下之是**"是死亡；

"当下之是"是爱，在这里面没有成功，没有挫败。这些就是事实，是真切存在的现实。但是，已经受到种种逃避方法教育和束缚的心智，要去直面"当下之是"，它会发现这是超乎寻常的困难，因此，它经年累月地致力于学习意象符号和虚构神话，这些东西已被写成许多著述；或者是沉溺于宗教仪式，或是践行某种方法、系统、修持。

确定地说，重要的是观察事实真相，而不执着于各种观点，或是仅仅讨论代表事实的意象符号。朋友们，你明白吗？意象符号就是词汇。以死亡为例，"死亡"这个词是一个符号，通常它传递着死亡这个事实带有的所有含义——恐惧、痛苦、巨大的孤独感、空虚感、卑微无助感、深刻而永久的挫败失落感。我们都熟悉"死亡"这个词，但是我们很少有人看清了这个事实的含义。我们几乎从未观察过"死亡"的脸，并且领悟在它里面包含的非凡的东西。我们宁可相信死后的世界，或者抱住"轮回"的理论，来逃避死亡。我们拥有这些令人欣慰的解释，我们拥有真正海量的观点理念、各种主张和排斥否定，与之相伴的是所有的象征符号和虚构神话。朋友们，观察一下你们自己，这就是一个事实。

哪里有恐惧，哪里就有逃避恐惧的意志——正是恐惧造出意志。哪里有野心，在野心的实现过程中，意志就是冷酷无情的。哪里有不满意——这种对"满意"的不知足的渴求，无论你怎样努力地通过自我实现来满足它，它都永不止息——这个不满意就引起它自己的意志。你想要"满意"不断地继续或者增加，于是就有追求"满意"的意志。意志以它的所有的不同形式，不可避免地打开通向挫败的大门，而挫败就是痛苦。

因此，我们的脸上极少绽放欢笑；我们的生活很少出现宁静。我们似乎不能沉静地观察事物，并亲自探明有没有终结痛苦之路。我们的行动是矛盾及其持续不断的紧张压力的产物，它只是强化自我，加剧我们的痛苦。朋友们，你明白这一点吗？

你终究是受到了扰乱。我正在扰乱你，扰乱你的意象符号、你的虚构神话、你的理想、你的快乐，而你不喜欢这种扰动。你想要的就是逃避，所以你说："告诉我怎样摆脱痛苦。"但是终结痛苦并不是摆脱痛苦。你不可能"摆脱"痛苦，这就如同你不可能取得爱。爱不是某种通过冥想、通过训练、通过践行美德而培育起来的东西。培育爱就是毁坏爱。同样的，痛苦不是通过意志驱使的行为来终结。请一定明白这一点。你不可能"摆脱"它。痛苦是你必须拥抱，必须接受，必须深入了解的某种东西，你必须做它亲密的朋友。然而你和痛苦还不是亲密的朋友，对吗？你也许说，"我了解痛苦"，但是你了解它吗？你接受它了吗？或者说，感到痛苦时，你就逃开它了？事实上，你并不了解痛苦，你所知道的是逃开，你只知道逃避痛苦。

这就像爱，爱不是被培育的东西，不是通过训练而取得的东西。同样，痛苦不是通过任何形式的逃避、通过宗教仪式或意象符号、通过当义工"做好人好事"、通过国家主义或者通过人们发明的任何讨厌的东西，而得到终结的。我们必须觉悟痛苦，而觉悟不在时间里。觉悟是出现在我们对每一事物抱有极大不满、拒绝服从、进行探索之时。但是你看，我们是寻求找到某种容易的方法来平复我们的不满。我们沉溺于社会的劳作中，我们迷失在某种工作、某种职业中，我们去参拜寺庙、崇拜偶像，我们依附于某种信仰体系——所有这些东西实在是一种逃避，是一种让心智避免直面事实的方法。单纯地看着"当下之是"，绝不会产生痛苦。只是觉察这个事实：你是自负的，这并不会引起痛苦。但是当你想把你的自负改变成别的什么东西，那么斗争、焦虑、伤害就开始了——最终导致痛苦。

朋友们，当你爱什么东西时，你就会真切地看它，不是吗？如果你爱你的小孩，你会端详他，观察他稚嫩的脸、他的明亮的大眼睛、他的无与伦比的清纯天真。当你爱一棵树，你会投入你的整个生命去看它。但是我们从来没有以这种方式去看过任何东西。为了觉悟死亡的意义，就需要进行一种探索，它在瞬间烧毁所有的象征符号、虚构神话、理想、令人欣慰的信仰，由此你才能够全面地、完整地观看死亡。但是最不幸和最可悲的是，你可能从来没有全面完整地看过任何东西。你有过吗？

你曾经用你的整个生命，全面完整地看过你的小孩吗？——也就是说，没有偏见，没有赞赏或谴责，没有想或说"他是我的孩子"。如果你能这样做，你会发现这种观察揭示了某种非凡的意义和美。这时候，没有你和孩子——这意味着没有你和孩子的人为识别认同。当你完整地观看什么事物时，就没有识别认同，因为这里没有分隔分离。

同样的，你可以这样完整地看死亡吗？——也就是没有恐惧地去看，正是恐惧以及它的逃避的意志，造出了所有这些神话、象征符号和信仰体系。如果你投入整个生命去完整地看死亡，那么你就没有恐惧，因此你将会看到死亡具有完全不同的意义。正是恐惧，使我们想要知道死亡以后还有没有生命延续？而且恐惧在那种相信有或者相信没有的信仰中，找到了它自己的回答。但是如果你能完整透彻地去看这个叫作"死亡"的东西，那么你就不会有悲伤。毕竟，如果我的儿子死了，我感受到的是什么呢？我会茫然无措。他走了，永远不会再回来，我感到空虚、孤独。他是我的儿子，在他身上，我投入了全部的永久的希望，希望让"我"和"我的"一切永存下去。现在我自己的延续的希望落空了，于是我感到彻底的孤苦凄凉。所以我真的痛恨死亡，它是个可恶至极的东西，是个该当撂开的东西，因为它把我晾给我自己。而我通过信仰，通过各种形式的逃避，的确将它撂开了；恐惧也因此延续下来，产生意志，引起痛苦。

因此，痛苦不是通过意志的行动而终结。我说过，只有心智弃绝了它为逃避痛苦而发明的每一种东西时，痛苦才会终结。因为你真正想要了解什么是死亡，你真正想要认识理解痛苦——这是一种强烈的渴望，所以你彻底放下了所有的意象符号、神话、构想、理想、信仰。那么会发生什么呢？你处于高度关注的状态；你不接受也不拒绝，因为你并不企图逃避。你正在面对事实。当你这样直面死亡的事实、痛苦的事实，当你这样直面时时刻刻在你面前发生的一切事情，你会发现一种迅猛的转变，它不是逐渐产生的，不是在时间中慢慢引起的。这时候，死亡就有了完全不同的意义。

死亡是未知的，同样的，痛苦也是。你其实并不知道痛苦；你并不知道它的深不可测、它的不可思议的生命力。你知道对痛苦的反应，但是不知道痛苦所含有之行动。你知道对死亡的反应，但是不知道死亡所含有之行动。你不知道它是丑陋的还是美好的。然而当你知道死亡和痛苦的本质、它们的深刻意义、它们的美好与魅力，那么死亡和痛苦就终结了。

　　你看，我们的心智在已知的领域里机械地运转，而且我们是用已知的东西去看待这种未知的东西：死亡、痛苦。会有一种突发的转变吗，由此使"已知"不再污染心智？你不可能消除"已知"，那样做是愚蠢的，不切实际的，会让你一事无成。重要的不是不让心智被"已知"污染。心智的不被"已知"污染，不是通过决心，不是通过任何意志的行动来实现的。它来自于你看清如其所是的事实，而且你能够看清如其所是的事实——死亡的事实、痛苦的事实——只有当你对这种事实予以高度的全神贯注的观察，才能实现心智的清净无染。高度的全神贯注不是集中注意力，它是一种全然觉知的状态，在其中没有排他性。

　　所以，痛苦的终结在于面对痛苦的全部本性，也就是说，觉察什么是痛苦。这就意味着真正放下所有的你的神话、你的传说、你的传统和信仰——你不可能逐渐地放下，它们一定是在当下顷刻间消失。没有什么方法让它们消失。这种消失，发生在你渴望理解某种事情，你对它予以高度的全神贯注，而没有任何逃避之心时。

　　我们只是支离破碎地认识这个叫作"生命"的非凡的事物；我们从未直面过痛苦，我们只想逃避痛苦；我们从未看到死亡之美、死亡之极妙，我们只是透过恐惧和悲伤的眼镜来认识它。只有当心智即刻地洞察感知"当下之是"时，我们才能真正理解生命，理解死亡的含义和美。

　　朋友们，你知道，我们把爱、死亡和痛苦区分开来，但是它们却是同样的东西。因为爱、死亡和痛苦确实是无从知晓的。一旦你从知识上知道爱，你就终结了爱。爱是超越时间限制的，它没有开始，没有尽头。相反，知识却是有始有终的。当你说"我知道什么是爱"时，你并不知道它。

你只知道某种感觉、某种刺激罢了。你知道对爱的感觉反应，但是那种反应并不是爱。同样的，你也不知道什么是死亡。你只知道对死亡的种种反应。只有当心智的反应止息了，那时你将发现死亡的无限深奥和意义。

所以请你对此一定要注意倾听，不要看作一个讲座，而要看成是对每个人生死攸关的事情，无论他是在社会的最顶层还是在最底层。这是我们每个人的问题，而且我们必须知晓它，就像我们知道什么是饥渴，就像我们知道什么是性，就像我们看着大树的顶端或是看着广阔的天空，偶尔可能知道什么是上天赐福。你看，只有当心智不处于意识反应状态时，这种赐福才会降临。因为死亡是未知之域，所以能知道死亡，这是一种上天赐福。如果没有对于死亡的理解觉悟，那么你可能终其一生追寻这个未知，而你永远无法找到它。它就像爱，是你所不知道的东西。你不知道什么是爱，你不知道什么是真。但是爱是追寻不到的，真实是追寻不到的。当你追寻真实的时候，它就是一种反应，是一种对事实的逃避。真实就在"当下之是"中，而不在对于"当下之是"的反应中。

1960 年 1 月 10 日

虔诚之心是一种剧变

如果可以，我想和你们一起探索什么是虔诚的心智、虔诚的心灵。如果能够的话，让我们非常深入地去探索。这是一个复杂的问题，人类生存的所有问题都是复杂的问题，而我认为我们必须带着不凡的谦逊之心，极其简单地去看待它，因为深入探索这样一个问题，要求一种清晰的心智，它没有背负固执的知识包袱。如果你要探索一个复杂的人类问题，而你还背负着过去积累的所有的知识、所有的权威，那么在我看来，这可不是好事。相反，你必须抛弃它们，那样你也许能够发现某种原本真实的、崭新的东西，这不是由权威传授给你的东西，不是你由于各种各样的要求和逼迫而接受的东西。因为我们今天要探索的问题有些难度，所以我们首先必须看看，我们能不能放下我们已经学过的所有知识，放下我们已经获取的一切传统和记忆印象，去亲自发现什么是虔诚的心智。

我们生活的复杂和困难正在与日俱增，而不是减少。各种压力变得几乎不可忍受，现代社会的压力、影响、无休止的渴望要求，造就了越来越多的嫉妒、憎恨和绝望。憎恨在扩散。年轻人找不到工作而绝望——这只是绝望的一部分，是浅表的问题，绝望的问题远比这更多。绝望不只是死亡让你失去某个人时的感受，不只是你渴望爱却没有爱。绝望实在是某种非常深奥的事情。在我看来，为了找到走出绝望的路，为了超越憎恨以及这个被称为"希望"的东西——它不过是绝望的背面，在它之中，我们仍然深受束缚——我们必须探索这个问题：什么是真正的虔诚的心智、虔诚的心灵。

正确地进行探索，就不能有认可，也不能有否定。我们大多数人要么说"是"，要么说"否"。我们有许多的困难，而我们的应对态度常常是认可接受，也就是对生活说"是"，但是生活太复杂、太宏大，而不能仅仅对它说"是"。说"是"的人，他们追随传统，包括它的所有的下劣、狭隘、残忍野蛮；他们对所谓的"进步"和"效率"心满意足，他们随波逐流，形成生活的潮流，接受认可种种事情，以求不受太多的打搅。那么还有说"否"的人，他们拒绝这个世界，因此他们逃遁到意象符号的世界中，逃遁到所有各种想象的神话世界中。他们成为僧侣、隐修者或者加入某个宗教组织。我想知道，我们抱着哪一种态度呢？我们各自属于哪一个类型呢？

我们有圣者，有政治人物。政治人物是说"是"的人，他接受眼前紧迫的种种事情，并在浅表的层面对之做出应答。另一方面是圣者，他是说"否"的人。他觉得这个世界不够美好，必须得有更深入的答案，所以他离开、拒绝这个世界。我想我们大多数人都不是很深度地接受或者拒绝，而是满足于口头的"是"或"否"吧。

现在，如果我们真的要探索"什么是虔诚的"这个问题，我认为，我们自己必须先要非常清楚地知道，我们是说"是"的人，还是说"否"的人。说"否"的人，从理智上否定这个世界的现实状态，他反感、叛逆，但他没有真正深入探索虔诚的心灵。在理智上他撕碎了每一样东西，以至一无所剩，就像所有的花朵一个不剩，全都被他撕碎，丢在路边。最终，他被他的理智上结论、被他的绝望和希望所驱使，去接受某种形式的宗教信仰。

朋友们，请观察你自己的心和自己的生活。我们大多数人没有太强的理性思辨，也不是非常好斗，因此我们满足于轻松平庸的生活，虽然我们也许对这个世界——对这个发展繁荣的物质世界——说"不"，但是我们却受困于其中。所以，我们既不是激烈鲜明的说"是"者，也不是激烈鲜明的说"否"者，我们既不热情似火，也不冷若冰霜。我认为，这样的心智不能探索发现什么是虔诚之心，如果没有这种发现，我们就不可能回答生命中任何至关重要的问题，因为物质世界的发展繁荣增长只会使我们受到越来越多的奴役。我们正在迅速地成为机器的奴隶、物质的奴隶，这是非常明显的事实。我们不需要很深入的探究，就可以看到，肤浅的心智对它自己被奴役的状态是心满意足的。它对于拥有的财产、地位和权力心满意足；它对于自己肤浅的模仿的行为心满意足。

随着心智受到越来越深的奴役，自由的空间也就越来越少——这就是我们的真实处境，不是吗？这就是我们的生活。我们厌倦了某些东西，于是我们渴望更多的东西或更多的行动，或者追求权力。当这些目的不能实现，我们就陷于绝望，于是我们转到宗教信仰、教堂、寺庙、意象符号、仪式，以及所有其他这类东西，由此寻求逃避。如果不是这样，我们则变得对这个世界发怒——愤怒有它自己的行动。愤怒就会产生行动，不是吗？当你愤怒地反抗什么东西时，愤怒给了你能量，这种能量唤醒了你的潜力，这一切被视为某种新颖的独特的东西。但是愤世嫉俗、玩世不恭、绝望和怨恨——这些情绪对于真正理解我们生命的问题，肯定是不必要的。我们既不知道什么是美好的生活，也不明白我们的日常生活是什么样——这是一个惊人的过程，其中充满了痛苦、斗争、卑琐劣行、丑陋污浊、诽谤中伤、贪得无厌，我们就这样一生挣扎着，直到我们死去。所以我们发明了一个目标、一种追求、一个结局；无论它是眼前直接的目标，还是像上帝那样遥远的投影，它都是真正处于绝望、痛苦、混乱的心智的产物。当你开始清晰地、客观地思考，而不是仅仅依据你自己从生活中能够得到的东西来思考，那么就一定能看到这是非常明显的事实。

朋友们，是否存在真实之物？是否存在上帝？是否存在某种永恒的、原初的、新颖的东西？这个问题并非只是我们自己迫切关注的问题。人类已经求索它千百年了。三万五千年以前，在北美洲一个岩洞里的岩壁上，人们就涂绘了善恶斗争的壁画；而在那些画面中，恶总是获得胜利。今天，我们仍然在求索答案——但不是小学生的某种愚蠢的让人高兴的答案，不是幼稚心智的答案，而是真正正确的答案，是对于整体的需求做出的整体的回答。我认为，我们不是从整体上发问，而这是我们的困难之处；我们没有整体的需求。只有当我们陷入了绝望，我们才会探索，才会发问，才会希望。但是，如果我们很有劲头，如果我们的生活运势非常顺当，那么我们就不会有整体的需求，我们说："让我自个儿干，来实现自我。"

要知道，只有当我们出现彻底的独立时，才会有这种整体的需求。当你探索了和你有关的每一种东西；当你探察了所有宗教，包括它们的精神象征、它们的愚昧、它们的有组织的教条主义；当你不再被种种解说、词汇、书本、观念以及心智发明的一切东西所控制，并且彻底拒绝了它们，而你不是因为在其中无法找到满足才拒绝——只有这时候，你才是真正独立的。如果你是出于满意或者不满意，而接受或拒绝一些事情，那就太幼稚了。但是如果你严肃认真地抱持怀疑；如果你观察、省视；如果你提出问题，除了得到传统的死灰和种种制约框框的废话之外，你得不到其他回答；如果你完全彻底地拒绝所有这一切，肯定的，你必须拒绝——那么你就是独立的，是完全独立的，因为你不会依赖任何东西了。这种独立就像是生长在旷野里的一朵花儿独自开放。

不知你可曾去过春天的沙漠。那里已无雨水，只有湿气，而且并不太多。烈日当空，大地干燥而坚硬，空旷而无情。在春天，一朵小花破土而出，它是多么清新可爱——大概比富人花园里栽培的所有花卉都更美丽。它拥有独特的颜色、独特的香味，那是漂亮的花园里精心培养的花卉所不具有的。它是拥有惊人之美的一种东西，它在沙漠里开放凋谢。我认为，像这朵小花一样在全然的独立中绽放的心智，一定就是圣洁虔诚的心智。

但是你也看到了，这是特别艰难的；这是艰苦的工作，而你并不喜欢艰苦的工作。你宁可过一种轻松懒散的生活——混口饭吃，逆来顺受，随波逐流。或者你不是那样的人，你践行某种系统方法，遵守某些强制性的纪律。你每天早晨四点钟起床打坐——由此强迫自己集中注意力，强迫你的心智遵从某种模式。你日复一日不停地训练自己，你认为这就是艰苦的工作了。但是在我看来，这是非常幼稚的劳作方式，心智成熟的人不会这样做。我所说的"艰苦的工作"完全不同，它是艰苦费力地省察每一种思想和情感、每一种信念，而不带入你自己的偏见，不让你自己躲在某种观念、结论、解释的后面求得庇护。这就需要艰苦的、清晰的思想——这是真正艰苦的工作。而我们大多数人并不想做这样的事，我们宁愿接受一个毫无疑义的信仰，归属一个有组织的宗教，去参拜寺庙、教堂或清真寺，重复念诵某些语词，得到一点点感受，这些就可以让我们心满意足了。

一个每天去寺庙、去清真寺或是去教堂的人——你把他称为虔诚的人。或者你说，那些崇拜大师、圣人、宗教导师的人，是非常虔诚的人。他们肯定不是虔诚的人，他们是心怀恐惧的人。他们是说"是"的人；他们一无所知而又不致力于探索，他们没有探索的能力。因此他们就依赖于外在的某种东西，依赖于人工雕刻的或心智塑造的某个偶像。当我们看清了所有这些，觉察了其中的不幸、残忍、里里外外的十足的卑鄙肮脏，如果我们打算找到一条明智的、合理的道路，走出这种泥潭，那么我们就必须探索这一问题：什么是虔诚的心智。

现在，你怎样探索呢？请你多给一点注意。探索的方法是什么呢？你怎样着手呢？探索应该抱以积极作为的态度呢，还是说只能抱以无所作为的态度？我说的"积极作为"是指带着寻求答案的渴望去看待问题。当我失意绝望，我想要找到答案时，我的探索就带着一个动机，不是吗？我的探索来自我的寻求出路的渴望。因此我将找到出路，但它将是极其肤浅和无用的；我将求助于某种权威或是遵从某个系统，不久之后它们又会让我失望。我充满痛苦悲伤，内心冲突不休，我想要从这苦难中彻底逃开，于是就有一个动机，这个动机造成了积极的行动，它带着找答案的渴望去探求，这样的"积极行动"是深受束缚的，它无法打开通向快乐天堂的门。

请你一定要明白这一点，否则，你就不能亲自发现什么是虔诚的心智、什么是它的美。

你绝不可能通过积极行动而认知的东西，是不可能某个带着动机、带着某种源自绝望的逼迫而得到的。那是一种错误的方法。如果你亲身明察了这一个真理，那么你就能够发现另一种方法是什么——它不是某种反对面，不是积极行动的对立面。你明白吗？我希望我已经说明白了。

你们非常清楚地看到，积极作为的方法是怎么样的。这是我们大多数人沉陷其中的方法。因为有痛苦，我想要找一条出路，于是我吃镇静剂，或者求助于宗教导师，或者去教堂，或者去做其他一些愚蠢丑陋的事情，并且感到满意。这些都是积极作为的方法。正是这种心智的态度，使它陷于冲突之中，陷于痛苦困惑状态，它想要得到答案，找到出路——为了寻求这个，于是它践行一套系统、一个方法，或是采取其他某些积极有为的行动。

现在，如果心智看清了积极作为的方法的真相，也就是看清洞察了它的错误，那么无所作为的方法就不是单单成为它的反面。也就是说，我想要发现什么是真实，而不是我想要什么东西成为"真实"，因此我并不把我个人的东西带入那个真实，我放下我的信仰、我的结论、我的想从这种难以忍受的痛苦中逃避的渴望。我希望亲自发现，什么是整个生命存在的意义——不是按照我的喜好，不是按照我的幻想，不是按照我的传统，这些都是愚蠢的、不切实际的，而且是束缚人心的东西。我想要探明事情的真相，不管它是怎么样的。因此对我来说，没有方法，没有权威，没有宗教导师，没有必须遵从的系统。只有这样的心智——朋友们，请注意一下——只有这样的心智，才能够探索发现，它撕碎、揭开了一切事物，它不寻求任何形式的满意或舒心，它没有预先设置的终点目的。

不知你是否注意过生命中的某些事情。生命没有起点，也没有终点——在起点中就是终点。对一个想要寻求答案的人，生命是极其有限的。他的生命有昨天、今天、明天，他用这些视角去看待生命。但是生命却不会按照这些视角去给他答案。生命是永无止境的，因此在生命中没有死亡。死亡只存在于我们问"我怎么样"的时候——"我"就是那个用昨天、今天、明天的视角看待生活的东西。作为生活在痛苦之中的"我"，你想要找到一个获得解救的境地，在那里你不再受到搅扰；你渴望静静地、永远地坐在你自己那令人厌恶的一潭死水之中。但是你可曾看到过地平线上的大地和天空？那里没有分界，没有终点，它是完整一体的运动。正是心智划分了生和死，正是心智进行斗争，并制造出问题。

所以，如果我们能够无所作为地看待"什么是虔诚之心"这个问题，那么这种无为就不是积极有为的反对面。如果它是积极有为的对立面，比如共产主义是资本主义的反对面，那么它就仅仅是同一个东西的不同形式而已。在深受束缚的枷锁内部的改变，根本就不是改变。然而无为之法却是完全不同的某种东西，只有通过无为之法，心智才可以探索和发现。

如我所说，我希望你正在亲自进行觉察，作为一种直接的体验，去觉察这个真理——也就是积极有为之法的错误。就像你每天体验饥渴、性欲，体验对权力、地位、声望的需求，以及其他所有这类东西，请体验，不论你是否意识到，你总是在以积极有为之法应对你的问题。但是，当你清楚地看到了这个真相，当你真实地觉察到积极有为之法的错误，以及那个渴望得到自己满意的答案的心智是如此狭隘，如此深受束缚，那么你的心智就处于无为之境，这样的心智才是富于创造性的；这样的心智才能够探索和发现。

我希望你不仅仅是听到一通解释、一堆语词。因为词汇不是事物本身，它仅仅是意象符号，符号绝不是真实的东西。一个在意象符号世界里面感到心满意足的人，是活在生命的灰烬里，活在干瘪乏味的状态里。所以我希望你真正觉察和体验真理。对于这样的心智来说，问题是什么呢？

问题是：什么是虔诚之心？你在宗教的名义下做了很多事情，这种宗教并不是虔诚的。当你看到这个真相，你就离开了这一切；它就结束了，你把它丢弃了。那么，什么是虔诚之心呢？虔诚的心灵必定有一种迅猛的剧变，在那里，所有的执着都被打破，都被彻底摧毁了。

我们只有执着，没有不执着这回事。心智发明了不执着，作为反对执着之苦的一种反应。当你通过变得"不执着"来反对执着时，你就是在执着于别的某种东西了。因此这整个的过程就是一个执着的活动过程。你执着于你的妻子或者你的丈夫，执着于你的孩子、你的观念、你的传统、你的权威，等等；而你用不执着来反对这种执着。你培养不执着，这是痛苦、伤痛的结果。你渴望从执着的痛苦中逃出，而你的逃避是要找到某种你认为你不会执着的东西。因此，只存在执着，正是这个愚蠢的心智在培育不执着。所有的书本都说，"超然、不执着"，但是事实真相是什么呢？如果你观察自己的心智，你会发现一个惊人的事实——通过培育不执着，你的心智却在执着于别的某种东西了。

那么，虔诚的心灵是一种剧变，它粉碎了所有的执着，因此而心无挂碍。确定地说，这就是爱的本性。爱是没有执着的。欲望是有所执着的，记忆是有所执着的，兴奋之情是执着的深渊。但是如果你观察，你会看到，在爱里面——无论是献给一个人的爱，或者是普施众人的爱——是没有附加什么执着的东西的。执着意味着过去、现在和未来。朋友们，你明白吗？相反，爱没有过去，没有现在，也没有未来。只有记忆才会受到时间束缚——这是被你看成为爱的东西的记忆。

所以，正在对被称为宗教的东西进行深入探索的心智，实际上就是一个全然叛逆的心智。你知道，反抗某一个事情是容易的——反抗贫困，反抗你的家庭，反抗传统，或者反抗某个宗教。当我们反抗某个宗教时，通常我们是加入别的某个宗教；我们反抗印度教，因此加入了基督教或者佛教，或者你意愿的什么宗教。这样的反抗仅仅是一个对立的反动，它不是全然的变革，不是彻底的转变。

朋友们，你仅仅在听我说吗？还是正在观察你自己的心？我说的话反映出你自己的思想，对你自己的思想，你也许意识得到，也许意识不到。我在描述你自己的心智，如果你仅仅是听到一堆词汇，并没有观察你自己的心，那么你将继续处于痛苦和混乱之中。

我所说的叛逆，是针对每一种形式的执着——但不是作为一种对立的反面。你可以看到这个真实：你的执着于理智上的一定的解释，已经让你变得干瘪枯萎。在你的生命中发生过一些不太重要的突变或者说是反应，它们在你的心中留下了印痕，而你就执着于这些印痕。你可能退出这个组织，加入那个运动，追随另外一个领袖，等等。所有这些不很重要的逆变或者说是回应，在你的心中留下了印痕，你的心智层层堆积这些印痕，因此已经变得僵硬。这种僵硬实际就是执着于你所做过的事情，执着于你自己的经验的记忆。而我所说的全然的变革，就是完全洞察照见了这一切的真相；这个就是剧变本身的状态。

也许我们大多数人很难理解这一点，因为我们惯常理解的变革是从一种受到制约的形式转变到另一种受到制约的形式。今天我是这个样，明天我想要改变成为那个样。看到了资本主义制度下的贫困，我就说共产主义是解决的答案，因此必须进行一场革命。确定地说，任何这样的革命都只是局部的，因此它根本就不是革命。众多机敏的和所谓聪明的人，都耍弄过共产主义，玩过这个斗争、那个运动，玩过不下十种各不相同的花样。耍弄过这一切之后，他们的心智变得凌乱起来，困惑茫然，坚硬僵死，这时他们问："什么是真理？什么是上帝？"这样发问没有丝毫意义。真正有意义的是摧毁这一切，彻底粉碎它，不带任何动机，不带任何渴求或强迫。这种剧变，其中没有对满意的追求，没有对任何制约性的制度体系的追求，这才是唯一的真正的变革。那时你将发现，当心智处于这种剧变之境时，才具有创造性——这不是写诗作画、不是雕刻石头之类的创造性，而是心智常在无为之境所具有的创造性。

朋友们，这些对你来说成了纯理论的言谈了，而理论、思辨，或者说活在别人的语言中，那是意义不大的。但是如果心智已经真实地走进这一切，已经踏上了这个进行探索的朝圣之旅，从此没有返回，这种探索不只是在现在这个讲座，在这一个小时进行，而是日复一日进行下去——那么这样的心智将会发现一种创造性的状态，它是全面存在的。它就是被你称为"真理"或者"上帝"的东西。为了让这种创造性展现，心智就必须有彻底的独立——在这种独立中，没有对于语言或思想或记忆的执着依附，也没有这些东西的陪伴。它是完全否定了心智为了自己的安稳而发明的每一种东西。这种彻底的独立，其中没有恐惧，它拥有自己的非凡的美丽；它是一种爱的境界，因为它不是有对立面的孤立；它是一种全然的无为，不是积极有为的对立面。我认为，心智只有在这种创造性的境地中，它才是虔诚的。这样的心智不需要冥想；它本身即是永恒。这样的心智不再有追求——这不是说它满意了，而是因为没有一物可以追求，所以它不再追求。它是一种完整之物，是无限的，是不可度量的，是不可名状的。

1960 年 1 月 13 日

真理会光顾彻底安宁的心智

我们大多数的人，不论我们的社会地位如何，都处于极大的混乱之中——如果我们现在不是这样，至少我们将会如此——因为世界各种事件所产生的种种压力、发生在我们周围的不可控制的历史潮流所产生的种种压力，把我们全都推进一道狭窄的槽轨，在那里自由的空间越来越小。我们每一个人注定要寻求从这种混乱、这种困惑与痛苦中解脱，因此我们加入各种各样的运动，或是政治的，或是宗教的，我们追随这些运动的领袖，希望为诸多困扰我们生活的问题找到解决的办法。我们混乱困惑，我们力图找到什么人能把我们带出这种混乱和痛苦的困境。在我看来，我们是很不愿意探索我们自身，不愿意直接省察我们的问题。我们想要别人给出解决办法；我们想要一套方法、一套哲学、一个宗教导师、一个领袖，来解决我们的问题，把我们带进平和安宁的世界，把我们带进内心的平静。这是不可能的。所以如果可以，我想要和你们讨论，关于这种个人自身之内的探索，关于这种自我认识过程的理解。

我们知道，科学家已经攻克了很多难题，而且无论需要什么东西，他们都能制造出来。如果科学家和政治家能够联手起来，那么他们也可以解决全世界的饥饿问题，解决所有人的吃、穿、住的问题，他们可以停止人与人之间的互相残杀。这是可以实现的，但是他们并不打算这样做，因为他们的思想是以国家主义为基础，是以他们自身个人利益的动机为基础。在我看来，就算这种外部世界的意义深远的改变真的实现，但存在的问题却更深刻得多。这个问题不只是饥饿、战争、人与人的野蛮残杀，它是我们自己的意识之中的危机。这个问题深深地植于我们自己的内心。但是，无论我们可能拥有多强的意志力和能力，我们大多数人却不愿意深入探索自己的内心。我们想要改造世界、转变世界，但是真正的变革、整体的转变在于我们的内心，而不是外部世界。我们发现深入内心是非常困难的事情，于是我们就力求从理智上、情感上、信仰上寻求逃避。

在理智层面上，我们编织了一大堆理论，我们沉陷在概念词汇、思想观念之中。不知你是否注意到，我们是多么热衷于高谈阔论各种理论，我们是多么迅速地沉迷在概念词汇中。当我们玩耍这种游戏时，我们以为自己很有智慧呢，然而这样的游戏实在是一无所得，只是咬文嚼字的空话连篇，毫无意义。在情感层面上，我们依附于某个信仰体系，或者是从一个体系转到另一个体系。我们还迷失于所谓的对某个思想或某个领袖的效忠献身。这一切给我们一定的满足感，暂时缓解我们挣扎的痛苦，但是或迟或早，我们发觉自己又回到老样子，依旧问题缠身。

在我看来，所有这些搞法都是徒劳无用的，它们根本解决不了我们的问题。只有那种幼稚的心智，没有品尝过爱的心智，没有深深地呼吸过"痛苦"之芬芳的心智——只有这样的心智才会逃往这些毫无价值的东西，它们不过是娱乐游戏罢了。你找到一个宗教导师，你或者参拜寺庙，崇拜偶像，这些行为给了你暂时的安慰。不幸的是，你很容易对这些暂时的办法心满意足，而且你努力使它们成为恒久的东西，为此你养成效忠献身的习惯、追随的习惯——追随一个宗教导师，追随一个政治领袖，或是其他某个权威。无论你的追随是政治上还是宗教上的，所有的追随都一定是邪恶的，因为追随意味着渴望安全稳定，而追求安稳的心智就是在拒绝承认生命的无常。生命显然是无常的。在这个世界上，没有什么东西是永恒的。从我们身体的外表到我们的内心，没有什么东西是永恒不变的，唯习惯除外——思想的习惯、观念的习惯。我们被这些习惯控制着，如果我们打破一个习惯，我们就形成另外一个习惯，它再次呈现出一定的恒久性。因此在我看来，我们总是逃避核心的问题，那就是我们自己。

我说的"我们自己"，并不就是指那个我们每天或多或少觉察得到的以自我为中心的个体，而是指作为社会的产物、作为某种特定文化文明的产物、作为气候和传统的产物的个体。除非个人发生深刻的转变，否则你不可能看到走出这一切混乱状态的出路在哪里。我所说的个人个体，并不是集体的对立面。现在存在的只有集体的思想，我们的行动都是由此而发生的。这种集体的思想——或者是共产主义思想、资本主义思想、法西斯主义思想，或者你选择的其他思想——它们都否定个人，而所有的生活中的创造、所有的洞察觉悟都出自个人，而不是出自群众。除了在思想上、观念上存在"群众"之外，实际上并不存在"群众"这种东西，我们则成为这种思想观念的奴隶。

因此对于个人来说，为了理解生命存在的这一整个过程，就必须把自己从"群众"中解放出来，从传统中解放出来。为了做到这些，他必须深入探索他自己——没有其他方法、没有其他道路能打开认识生命的大门。你是怎样的，社会就是怎样的。社会和你没有不同。虽然你有一个与众不同的名字，你拥有一些财产，你有一个私人银行户头，等等，但是你是社会的一分子，你和它无法分开。当你说你是印度教徒，是共产主义者，或者是其他什么人，这就意味着，你是那种文化的一分子，你是那个社会的一分子，它们教给你特定的思维模式。所以你是各种影响的奴隶。如果你想认识作为它们的产物的你自己，你就必须认识这些影响或压力。

你并不只是你父母亲的产物，你是一千个昨天的产物，你是一千代祖先的产物，你是整个人类的产物。如果你不理解这些，那么生命对于你来说就是无与伦比的厌烦，是永无止境的毫无意义的挣扎，由此导致悲观绝望的哲学，或者是满足于事情现状的哲学，也就是一味接受生活现状。这一切似乎都是很明显的。

因此你必须看清这个事实：你就是世界；如果没有你内心深处的根本转变，没有在心智上、在你的思想方式上发生整体的变革，那么你不可能带来世界的根本转变。尤其是在印度这个人口过多的国家，你必须从你自己开始，在你和他人的关系世界中必须发生一场变革。朋友们，请让仁慈善良在你和他人的关系中开花，如果不理解这种仁慈善良，那么你搞的一切改革和无数的外部改变，都是肤浅的，只能带来更多的痛苦。

因此在我看来，最最重要的事情是认识理解你自己。但是对此你却抱有老大的不情愿，你说："对我自己有什么可认识的，我对自己很了解了。"

现在，在我们讨论"认识自己"之前，我认为理解**动词**的含义是很重要的。动词一定是意味着一个完整的活动，指向一个活生生的当下；尽管在它之中含有时间的因素，不但包含现在，也包含过去和未来，但是动词意味着一种完整的状态，不是吗？"我过去是""我现在是""我将是"——如果你相当深入地探索这个问题，那么你会发现"是"这个动词是一个完整的状态，是一个没有时间限制的活生生的当下。但是我们大多数人都深陷在"我过去是"和"我将是"之中，而没有了活生生的当下现在。"我过去是"是记忆，"我将是"也是记忆——是过去的记忆通过现在转向未来的投影。我们说："我过去发怒了，我以后不再发怒。"于是这里就存在一个裂缝，存在一个时间间隙，这个间隙通常成为达到未来境地的一个手段。对我们大多数人来说，动词不只是意味着一种状态，而是三种分离的状态："我过去是贪婪的""我将不是贪婪的"，以及两者之间的时间间隙，这里是做出努力去变得不贪婪。

我认为，要懂得动词意味着一种完整的行动，而不是一种分裂的行动，这是非常重要的。在它之内，不仅含有过去已经是的东西和将来终将是的东西，而且它还包含现在当下正在发生的东西。但是我们大多数人对于当下实际正在发生的事情没有觉知，我们只关心"过去曾是"和"将会是"。如果你观察自己，你就会看到这个事实，这是一个意义非凡的发现——你从不关心"现在是"，而只关心"过去曾是"和"将会变成是"。除非我们相当细致、明智而广泛地觉察这个事实，否则我们就不能理解"自我认识"中所包含的所有意义；而我认为，正是因为我们大多数人缺少这种理解，所以在我们所称为"自我认识"的这件事情上才会变得如此肤浅。

我要跟"**动词**"这个词的含义做点小游戏——我说游戏是因为，除非你懂得游戏，否则你就永远不会探索发现。你明白吗？除非你能够笑，真正地笑，否则你就不懂什么是痛苦，你就不知道什么是真正的严肃。如果你不懂得怎样微笑，不只是用你的嘴唇笑，而是用你的整个生命在笑——用你的眼睛、你的心智和心灵——那么你就不懂得什么是简单率真，你就无法在生活的普通事情中得到喜悦。

动词作为事情的名称，必定具有二元性。名称绝不就是事物。真实的树和"**树**"这个词是完全不同的。符号绝不是事实，绝不是真实。但是对我们大多数人来说，符号已经变得比事实更重要了。我们从来没有不带词语地看一棵树，词语毁坏了我们对树的洞察。

朋友们，请注意听我讲。"**乌鸦**"这个词汇，并不就是那个用它的叫声吵闹我们的活生生的动物。但是我们却迷失在词汇之中，因此我们从来没有省察过词汇后面的真实。所以我们必须把词汇、名称，和真实事物区分开来。我们还必须理解动词——它要复杂得多，也重要得多。

我们以"爱"这个动词为例。如果你非常深入地观察它，那么你会发现你并不在爱。你会说的只是："我爱过"或者"我必须爱"。你是按照已经过去的事情和要发生的事情或者说应当发生的事情——即按照"以前"和"以后"来思维。你从来就不在现在的状态中，这是个活生生的事物，是活生生的当下，动词就意味这个活生生的当下，它没有过去，没有未来。在我看来，理解这一点是最最重要的。

我说过，我们大多数人从来就不在现在的状态中；我们总是记住"过去曾是"，或者我们总是希望"将来是"，于是时间作为我们"变成什么"的一个过程，就成为我们生活中一种极其重要的因素了。但是却有一个活生生的现在，在它里面，完全包含了"过去曾是""当下之是"和"未来将是"，过去、现在、未来三者不是分离的。我们一定要懂得这个意义非凡的"此刻现在"、这个活生生的灵动活跃的"当下"。一切的存在不在于"过去已经是"，也不在于"未来将是"，一切的存在就在于当下，当下一刻包含了所有时间。你在听我讲的时候，重要的事情是，如果你可以的话，你要去理解领悟这个一切时间都包含在内的当下状态——不带任何努力地觉知它，理解它的非凡意义，而不说"我必须理解"。

朋友们，仁慈善良不在过去，也不在未来，它是当下的境界，必定是心智意识不到的"无心为善"的境界。当你觉得自己是个善良的人，你就已经不是善良的了。一个努力培养"谦逊"的人是自负而愚蠢的，因为谦逊是不能培育的。谦逊是当下的境界，它不是一个培育出来的"美德"——被培育的"美德"永远是可怕的，因为当你培育一种"美德"时，你就已经失去美德了。当你努力成为"非暴力的"，那么你就是充满暴力的。

现在，我们理解了动词的含义，在动词中，"现在是""过去是"和"将来是"全都是活生生的当下的一个部分。接下来，让我们带着这种理解去省察自我的本性。

自我，即"我"，是思想的中心，是受到经验和知识制约的中心。就像把你载到这里来的公共汽车的发动机，就像每一种别的复杂的机器，是许多人的知识和经验的产物一样，自我也是一大堆经验和记忆的表现，因此它在本质上是机械性的。我认为理解这一点是重要的。自我完全不是一个具有灵性的主体，它纯粹是习惯、经验、记忆、影响的产物，是集体传统以及所有其他这类东西的表现。它是基于记忆、知识、经验而进行思想的过程，因此它是机械性的。无论它想些什么——无论是思考上帝，或是琢磨一个机件，还是考虑某个工作——它都是处于自己的局限的界限之内。当你谈论更高层次的自我、灵魂、内在的神等等之时，这仅仅是一个习惯而已；你是在鹦鹉学舌地重复别人教给你的东西。共产主义者受到教育，完全不信这一套腐败的宗教，因此他会说：没有上帝或灵魂这回事，这些都是废话，是资本主义者的杜撰。

因此，自我、观察者、思想者、经验者，并不是一个具有灵性的主体，它是记忆的机器，记忆被集合成为"我"，这个"我"带着它的各种各样的束缚局限。这是一个事实。但是你不同意，你说，"难道不存在灵性世界吗？不存在超越现实的某种永恒之物吗？"由于受困在机械性的习惯这个真切的事实里，当心智思忖揣测某种"超越之物"时，这样的心智就是愚蠢的。这就是理解记忆的机械性、习惯的机械性，即这个被我们称为自我、"我"的东西，为什么极为重要的原因。

知识是机械性的。如果你恰巧是一个工程师，那么你的工程学知识就是你已经获得的某种事物的知识，而你所获得的、所学到的东西就变成一种习惯。无论你是工程师、科学家、官吏或是公司职员，你养成了一系列的习惯，并且受困于这些习惯之中；你的心智被控制在习惯的机器之中——在某种人际关系的习惯中，在某种思想的习惯中，在某种行为的习惯中。

朋友们，请你务必观察自己的心。你不要光是在听我说，听我说并不重要，重要的是你在听讲的过程中就在观察你自己。如果你真的在观察自己，你就会看到心智是怎样地受困在习惯的机器里。我们对此不必害怕，不必心焦，它就是一个简单的事实，而问题是如何把心智从习惯中彻底解放出来，让它不再走旧有模式的老路，也不要在放弃或摧毁旧的习惯模式的过程中，又建立起一套新的习惯模式。

习惯一定意味着这样的心智，它不希望被扰乱。只要心智渴望安全稳定——无论是工程师的心智、机械师的心智、科学家的心智、政治人物的心智，或是真理追求者的心智，无论是谁——这样的心智就必然落入习惯的轨道之中，并且茫然不知它正在顺着习惯的轨道奔跑。所以我们对于这个事实必须变得有所意识：我们的心智，由于它追求安逸、安稳，追求一种不被打扰的感觉，所以就陷入习惯之轨。重要之处在于，就是意识到、觉察到这个事实——而不在于寻思如何去打破某个特定的习惯。正是这个想要打破一个习惯的渴望，它产生出另一个习惯。

现在，是谁在觉察呢？谁是那个观察者，谁是那个观察这些习惯运作的人呢？你一定会问这个问题，不是吗？如果你非常认真仔细地观察，你会发现，根本就没有观察者，只是一个习惯在观察另外一个习惯而已。

朋友们，请看，当你正处于某个行动的过程时，这里既没有观察者，也没有被观察者。比如，当你正在发怒时，在强烈的情绪中，并没有一个独立的主体在观察并力图改变被观察的对象。你明白了吗？真正的事实是，在直接体验的那一刻，既没有观察者，也没有被观察的东西。

这种体验的状态，其中没有观察者，也没有被观察者，这就是活生生的当下。那么现在的问题是，当我们知道自己的心智陷在习惯之中时，我们怎样达到那种在其中没有观察者的觉察境界呢？不知我是否把这个问题说清楚了。让我们换一种说法。

哪里有观察者和被观察者，哪里就有矛盾和冲突，不是吗？当我观察一个富人，我想要像他一样富有、舒适、自由自在，这时我的内心就有矛盾冲突，就有要变得像那个富人一样的努力。因此，哪里有观察者和被观察者，哪里就有矛盾、就有冲突，就有要成为什么或变成什么的努力，这些东西就为意识设置了局限。

朋友们，我讲的东西听起来很难理解，但其实它并不难理解。难以理解的是词汇，是语句，而对它若有真实的感受、真实的体验，那就完全不同了。

让我们以知识为例。所有的知识都是属于过去的。工程师或科学家已经学到的知识都是属于过去的，被储存在他的头脑里。你已经学到的东西总是属于过去的，你在现在使用它，去达到未来。现在，如果你观察，你会发现有一种认识的活动，它与知识完全不同。当你处在这种活动之中时，既没有观察者，也没有被观察的对象，只有认识的活动。因此，"自我认识"就比"自我的知识"更为重要了。如果你把有关你自己的知识积累储存，那么它们就会变成习惯，这种习惯就会阻碍你每时每刻按照自我的真实样子去认识它。

朋友们请看，我想要认识我自己，而你若是观察这个"我自己"，你会发现它是一个非常奇特的东西。它永不安静；它总是在汲汲追求，想要什么，拒绝什么，积聚什么，接受什么；它怀有如此之多不同形式的欲望；它有如此之多的思想，如此之多的追求，如此之多的挫败、恐惧、希望。所有这一堆东西，就是自我，就是"我"——那个设定目标的"我"，那个希望或失望的"我"，那个贪求着某种东西的"我"，那个在爱的"我"，那个享受性欲的"我"。它是一个活生生的东西，它不是静止不变的。但是心智试图通过静止不变的知识来理解这个活的东西，它或者说："我不能是这个样子。"然后力图改变它的样子；它或者说："是的，这就是我，可我对它能做什么？"这种拒绝或者接受是以知识为基础的，它成为一种习惯。相反，认识的活动即是活生生的当下，它是一个每时每刻发现自我、就自我进行学习的过程。朋友们，你看到这种不同了吗？

你说，"我知道我的妻子"，但是你真的知道她吗？你说知道她，是指你有一个关于她的印象，这个印象来自于一定的观念，来自于你过去学到的、观察到的东西。接下来发生了什么呢？你把这种"知道"确立成一种习惯，然后你说："我了解我的妻子。"朋友们，来看这个说法。你能始终说你知道一个像你自己一样的活生生的人吗？他每时每刻都在不断地变化，他充满着焦虑、恐惧、忧虑、不确定。你可以说你知道如何发动一台柴油机，你知道什么是活塞，或者知道喷气式飞机如何工作，因为它们都是机器。但是你以机械的习惯看待你的关系——你和他人的关系、和自然的关系、和思想观念的关系——你把这些降低到机械的习惯中，因为你发现，在那种状态里生活，非常方便，你很不喜欢被扰乱。你说，"我知道我的妻子"——你是把她降低成机器一类的东西。同样的，当你说"我了解我自己"，你的意思是你具有关于你自己的"知识"，它们已经形成了一种思维模式或习惯。相反，如果你真正懂得了"认识"一词的意义，它意味着活生生的当下，过去和未来都包含在它之中，那么你对这个"当下之是"，既不会谴责拒斥，也不会一味接受。

你看，我正在努力传递给你一些你过去从来没有想过的东西，这种传递正是我们的困难所在。沟通总是困难的，然而当你力求表达的东西超越惯常的思维时，就更加困难了。你肯定正在学习某些东西，不是吗？就是在这个倾听的行为中，你正在学习。但不是为了学习，就去收集一堆词汇，然后去慢慢思考，从中得出结论。学习是一个生动活跃的过程。

你正在倾听，你就正在学习；你不是在堆积知识。

朋友们，为了对爱进行学习，理解它的含义、它的全部意义，你就不能说，"我有过爱的经验，我知道什么是爱"，因为爱绝不是静止不动的。心智总是力图把爱变成一种习惯，把爱降低成一种记忆——由此把爱储存起来。你不可能获取关于爱的知识。爱是一个活生生的东西，你只能是进入它，时时刻刻学习它。因此，从来不会达到某一个点，让你可以说："我知道什么是爱。"这样的"爱"是僵死的。记忆和收集储存的"爱"，是一堆灰烬，它们完全没有意义。

同样，心智可以进入认识它自己的活动。在那种活动中，没有作为观察者、审查者的主体，因此就没有矛盾，没有要成为什么或变成什么的努力，因此就有了对于心智的如其所是的认识理解。这里没有灵魂，没有进行抉择的审查者，没有对模式的追随，追随制造出权威。朋友们，你明白了吗？你一下就抛开了所有的废物，因此你把心智从冲突、努力中解放出来。这里有不做选择的洞察觉知，心智处于认识、学习、此在的境地，这就是活生生的当下。

朋友们请看，我们的困难在于，你们很少有人真正进入过这种境界。也许我讲的话使你受到触动，使你感到着迷。但是理解这一切，需要极其敏锐的思维，需要确定的清晰、极度的单纯。只有当你开始懂得，只存在一种认识的活动，你才能具有这种清晰、这种单纯，以及它们的非凡的活力。所有关于一个人自己的固定"知识"纯粹是机械性的习惯，它制造出审查者，并因此产生矛盾、冲突。相反，在认识的活动中，心智深入探索它自己，而不是按照时间的范畴去思维，这种超越时间的活动带来一种宁静、一种安宁之感。这不是想象的安宁，也不是那种建造了象牙塔的理性头脑的宁静，也不是献身于某种偶像、信仰或者理想的殉道士的沉着定静。所有这些"平静"都是僵死的，是一种停滞的表现。但是如果你开始认识理解这个叫作"自我"的活生生的东西，它不过是各种各样的影响集合成的一个中心，那么在这个认识的活动中，你将发现，心智从审查者的身份解放出来，因此也从矛盾和冲突中解放出来。

一种全然的寂静、彻底的安宁降临心智，只有这样的心智才是创造性的。这样的心智不是仅仅依据记忆而运转；它彻底清空了机械性的习惯，那种真实之境、不可称量之境向这样的心智展现开来。真理永远不会光顾自作聪明的头脑，不会光顾循规蹈矩的、干瘪枯燥的、已成灰烬的心智；不会光顾那些圣者、那些领袖、那些不过如此的美德家。真理、真实，它是仁慈善良的鲜花，是爱心，它们只会光顾这种已经深入认识它自己的心智。

1960 年 1 月 17 日

PART 08

印度，巴纳拉斯，1960

谦逊不是刻意培养的美德

在我看来，对生命的重要问题进行深入的思考和深度的感知，是极其重要的。深入思考不是理论上的思考或思辨推理的思考，而是要把心智从它在自己周围制造的桎梏中解放出来，还要把心智从这个世界在心智周围制造的桎梏——环境、传统、所谓的"知识"——中解放出来。但是我们大多数人却是在理论层面思考；我们满足于随手拈来的答案和解释，我们沉迷于引章摘句，沉迷于令自己满意的语词，无论我们面临的问题多么困难，我们总是设法通过这些东西，相当满意而肤浅地轻巧圆滑地蒙混过去。

因此，对于那些严肃认真听讲，而不是无所事事来这里打发时光的人，我想建议，如果我们可能的话，让我们一起来探索我们的种种问题，探索那些困扰我们生命的诸多矛盾和冲突。我所说的共同探索，不是仅仅从语言文字上探索，不是提供解释说明，而是要探明，对于我所讲的东西，我们能不能通过省察我们自己的心智与我们自己的生活，而得到真实的体验，由此获得心智的清晰、敏锐和觉悟。否则，我们只是沉溺于咬文嚼字。那么你来听这些讲座，就是收集更多一点的解释说法，收集更多一点的思想观点，然后又溜回旧有的生活之道，溜回你为自己营造的安稳舒适的生活轨道。

这就是为什么我要建议，那些真正严肃关心这些问题的人，不应只是听我说什么，而是就在这个倾听的过程中应当观察自己的心智，探索自己的思想方式，揭开自己日常生活中的习惯和行为。在我看来，除非我们愿意这样做，否则这些讲座就毫无意义。我在这儿已经是常客了，十年来，你们中有的人反复听过我的演讲，这可能是幸运的，也可能是不幸的；我们大多数人变化不大。我们确立了地位，获得了声望。我们正在变老，然后很快将走进坟墓，而我们的任何问题都没有解决。

所以我建议你在听这些讲座的时候，不要接受或者否定，那都是幼稚的，而是要和我一起探索我们每个人都面临的那些问题。探索不仅仅是描述，然后心满意足，而是真实地揭示我们生命的冲突、混乱、琐碎无聊。

当你读报纸，当你观察这个世界正在发生的事件，你会发现，自由变得越来越少，自由的空间正在缩小。你明白我说的吗？心智很少有机会得到自由，它不能有所思考，有所探索，有所发现，因为遍布世界的宗教组织的教条式的信仰，已经败坏了我们的思想；传统和迷信封闭了心智，束缚了心智。你是一个印度教徒、一个基督徒、一个穆斯林，或者你属于其他某个有组织的信仰体系，这些信仰从你孩提时代就强加在你身上，而你就在这个或宽或窄的有限的桎梏里生活。当你说你是一个印度教徒、一个穆斯林，或者无论你是什么，请观察你自己的心。难道你不是仅仅在重复别人教给你的东西吗？你并不理解，你仅仅是接受而已——你接受是因为这个很便利。接受并生活在那种桎梏里，会给你社会的和经济的安稳。于是自由遭到否定——不只是对印度教徒、基督徒、穆斯林，而是对所有封闭在某个宗教组织中的人来说，自由都被否定。

如果你观察，你会发现，你从事的不论是什么职业，它也使你受到束缚。在某一个专业里干了四十年的人，怎么可能是自由的呢？比如说一个医生，他在医学院学习了大约七年，然后他成为一个全科医生或者专科医生，他的余生就被这种专业所束缚，他的自由空间一定是狭小的。同样，政治人物、社会改革家、追求某个理想的人、追求某个生活目标的人，自由的空间都是狭小的。

因此，如果你敏于观察，你会发现，在这个世界的任何地方，自由的空间和人的尊严正在变得越来越少。我们的心智仅仅是一台机器。我们学习一个专业，从此以后我们就成为它的奴隶。在我看来，要拥有彻底的认识理解，拥有真切的洞察、醒悟，才能打破心智和社会加在我们每个人身上的桎梏。为了重新认识这些束缚，为了彻底地、深入地、根本地解决这种问题，我认为我们必须得有变革——这意味着思想和情感全面的变革，而不只是从外部去查看事情。我们必须具有谦逊之心，不是吗？

我认为，谦逊不是刻意培育的美德。培育的美德是非常糟糕的，因为当你培育美德时，它就不再是美德了。美德是自发的、超越时间局限的；它总是活跃于当下。心智如果是一味地培育"谦逊"，它就永远不可能懂得真正的谦逊的完满、深邃和美好；如果心智不是真正谦逊的，那么我认为它就无法学习。它可以机械地运转，但是学习肯定不是机械地积累知识。学习的活动是完全不同的，不是吗？为了学习，心智必须拥有极大的谦逊。

我想知道什么是自由——不是思辨推理的"自由"，这是作为对某种事情的反应的自我投射。有真实的自由这样一种东西吗？——这是指心智把它自己从千百年来强加给它的一切传统和模式中真正解放出来的状态。我想要知道什么是这个非凡的事物，古往今来人们一直为之奋斗求索；我想要探明、学习关于它的所有问题。但是如果我没有谦逊之心，我怎么可能做得到呢？谦逊，与心智强加给它自己的那种自我保护的"谦卑"是不同的。那种"谦卑"是丑陋的。谦逊不能培育。体验谦逊，的确是最困难的事情之一，因为我们已经拥有自己的社会地位。我们抱着确定的观点、价值观，我们有一堆经验、知识，这种背景决定着我们的思想、我们的行动。有些上了年纪的人，通过自己的经验、通过别人的经验，积累了一些知识，他们想要变得重要，想要为自己确立有权力、有声望的地位——这样的人怎么可能谦逊，并由此对他自己琐碎平庸的生活进行学习认识呢？因此在我看来，对于这种谦逊之心，我们一定要有极大的关注和深刻的觉知。

这个世界处于超乎寻常的混乱，不是吗？看看你的领导们、专家们、宗教导师们、朋友们——他们都处于自我矛盾之中；他们都不知道怎么办。我们有的人在自己内心曾经发生过并非重要的转变，并且相应地有所反应。比如，当我们看到身边正在发生的贫穷、饥饿，以及一切的社会悲剧，我们的内心发生了转变。我们希望有所行动，做点什么，而不是无所事事，没完没了地空谈、玄思。因此，这种并非重要的转变就带来并非重要的反应。我们加入某种运动，工作，工作，再工作。但是这并不能带来满意，它没有深度，它没有包含生命的巨大宽广的领域，于是我们丢开这个运动，转而追寻其他什么东西；我们又一次投身某个运动，加入某个组织。我们以这种并非重要的转变和反应，终其一生，不断地加入，不断地丢弃，这同样是琐碎无聊的生活。

朋友们，我要建议，你们不要把听我讲话只是当作一个讲座，而是要作为对你自己和你自己的生活的一种描述。如果我们对自己的生活没有觉知，如果我们对于我们内心以及我们周围真实发生的事情没有至关紧要的意识，那么这些讲座就变成空谈，毫无用处。所以，请你把我讲的话和你自己的生活联系起来，不要只把它当成什么漂亮却不可行的理论而丢在一边。要知道，它的切实可行就在于使你非常清晰地思考，而不自我欺骗。知道我们的问题是什么，并且探明如何去应对它，这个具有非凡的重要性，不是吗？否则你仅仅是麻木地度过一生，或者如果你碰巧得到了很多选票，位高权重，那么你会制造更多的混乱和痛苦。总之，我们的心智是昏沉的、极度迟钝的、缺乏灵敏的，它沉湎在舒适安稳的地方，不愿意被扰乱，因此它需要受到极大的摇撼震动。这就是我们大多数人的情形。心智局限在封闭孤立的安稳空间里，它在那里运转、思考、行动。但是我们的生命必定不是只需要眼前此刻的打算，而是需要一种持续不断的完全不同的回答。

所以在我看来，为了学习，谦逊是必不可少的。生活正在把一定的事物加诸心智，如果我们保持充分的觉知，那么我们就是每时每刻都在学习。但是我们中大多数人仅仅把学习当作是积聚知识的过程。不知道你是否思索过学习这件事——它意味着什么？我不是在说小学生的那种学习，那只是培养记忆，是一种收集信息的添加过程。那种学习是机械性的，而且是生活中必不可少的一部分，但是我现在讨论的是意义完全不同的"学习"。如果心智已经堆积了许多东西，那么它肯定就无法学习。在那种堆积的背景下，它不可能看到任何新的东西，不是吗？

不知你有没有注意过，当你看到长河落日时，你的心是怎样的？你有关于这条河的知识，你知道它的名字、它的所谓的精神意义，而这种知识却障碍了你真正地看这条河。朋友们，我在说的和你没有一点关系吗？我觉得你没有跟上我。

我们的生活中有很多问题，你如何看待它们？你如何看待权力的问题？你如何看待少数人对多数人实行的暴政？你如何看待博学多闻者的权力以及话语的权力对大众的影响？你如何看待《薄伽梵歌》《吠陀经》，以及所有的精神传统中的"圣书"？如果你的看法只是肤浅平常的，是你从你的环境中鹦鹉学舌得来的传统看法，那么你就一定无法学习。

依我看，学习是一个持续不断的、永无止境的活动，它绝不是逐渐积累的过程。积累知识的心智虽然可以增加知识，但是它已经停止了学习。学习肯定是与获取知识完全不同的另一回事，因为学习绝不会是积累增加的过程。

我觉得你并没有理解这一切，我没有和你实现沟通，这太遗憾了，太糟糕了。

朋友们，心智——你的心智——是时间的产物，不是吗？它是很多个世纪、很多个昨天堆积的结果。现在，这样的心智想要学习，想要明白某种东西。但是它背负着这一切堆积物，它能明白什么东西吗？它可以解释它看到的东西，说它是"好的"或者"坏的"，是"愉快的"或者"讨厌的"，是"值得的"或者"不值的"，但是如果心智想要学习，想要明白什么东西，那么无疑的，它必须从过去中解放出来。

因此，如果心智要学习，要懂得什么是自由，那么它在开始就必须先得觉察知晓，它在怎样的广度、在怎样的深度，成为一个奴隶。你不能仅仅说，"我的心智是被绑缚的奴隶"，你不能把自由当作一个你必须追求的目标。一个被奴役的心智不可能追求自由，因为它不知道自由意味着什么。不论它追求什么，它依然还是个奴隶。但是如果心智开始学习认识自己在怎样的程度身为奴隶，如果它不断地观察它自身受到奴役的真实事实，那么它也就开始懂得自由何在了。但是我们大多数人并不关心学习认识我们自己。我们关心的是肤浅的行动，我们关心的是通过寺庙、通过知识、通过书本、通过社会工作，以及所有这类东西，来逃避我们自己。

正如这个世界每个人必须关注一样，我关注什么是自由，因为自由变得越来越少。政府，甚至是民主政府，并不给你自由；他们只是空谈自由。我们可以坐在这里批评政府，但是也就仅此而已，这个自由是非常有限的。在专制政府之下完全没有自由，他们不允许人们像这样相互谈论。所以自由的空间变得越来越小，这意味着人类的尊严日渐丧失。请务必看到这个严重性。只有在自由中，你才会有创造性。为了探明什么是自由，为了学习自由，你必须首先知道：你的心智是在怎样的程度成为奴隶。那么，觉察到自己的奴隶状态时，心智能够打破这种状态吗？

朋友们请看，我们都知道传统——家庭的传统、族群的传统、国家的传统。你的心智在多大程度上是传统的产物？你的心智在多大程度上是传统的奴隶？无疑的，你必须探明这一点。为了探明，你不能说这个传统是对还是错，是好还是坏，你不能问对于传统该怎么办，不能问心智离开了传统能否运转，你不能问这类肤浅的问题，那是一个人在肤浅地察看什么事情时提出的问题。

我真切地想要知道心智在多大程度上是传统的奴隶——这是若干世纪以来的传统，也是我亲自制造的昨天的传统。传统就是习惯。我的心智在多大程度上是习惯的奴隶呢？心智有可能从习惯中解放出来吗？这不是一个肤浅的问题——这是根本性的问题。如果我不知道怎样回答它——要能够回答它，只有通过学习认识我自己——那么我探索社会问题，探讨经济和宗教问题，就总是十分肤浅的，因为我只会按照社会强加给我的传统来回应问题。我们大多数人都满足于这种肤浅的思考，这也就是为什么我们要严肃认真地省察自己，学习认识自己，并探明我们在多大程度上是一个奴隶，这显得非常的困难。我们要对自己进行学习，谦逊就是必需的，不是吗？

不知你是否体验过谦逊这种不寻常的品格。谦逊意味着爱，不是吗？它意味着看待问题的一种纯净眼光。谦逊意味着没有心智投射出来的所有的结论、所有的目标。

朋友们，你看，我们这些老一代人，总是谈论新一代人改变着世界。然而就是这些人，他们如此怀抱希望地谈论新一代人，却又把他们的模式化的思维方式强加给青年人。他们并不真的想要新的一代，他们是想让他们自己的生活模式一成不变地永久存在。而心智如果要进行学习，谦逊无疑就是必需的，不是吗？我花费过多的精力来阐明这一点，是因为我们大多数人都自以为是——我们认为我们知道。实际上我们知道什么呢？你察看过这个叫作"知道"的过程吗？你探索过"我知道"这一问题吗？你所知道的东西就是你所收集的东西，它们取决于你的经验已经获得东西，而这些经验是制约你的生活条件的一部分。朋友们，你明白吗？如果你是一个富人，那么你的经验就是由你的富裕的生活模式决定的。如果你是一个穷人，那么你的经验就局限于你的贫穷状态。如果你是一个学者，那么你的经验主要就由你所读的书来决定。如果你做了四十年的官吏，那么你的经验显然大多是限定在那个范围里。而你却说"我知道"，并且你想依据这种自以为是，去塑造他人的生活。这就是我们都在做的事情。政治人物、所谓的宗教人士、学者、专家、丈夫、妻子——每个人都在这样做。这是一种祸害。

对于真正严肃面对生活的人来说，问题是什么呢？那些追逐某个目标的人，那些沉迷于某种活动的人，或是沉迷于获取他们渴望的东西的人，根本不是严肃的。那只不过是空幻不值的作为。严肃认真的人渴望自己去探明、去发现，而不是重复别人已经多次说过的东西。这样的人，因为他是真正严肃较真的，所以无疑的，他一定会亲自探索所有这些东西。

比如说"非暴力"的问题。在印度，我们反反复复地谈论"非暴力"，而且我们形成了一套"非暴力"的哲学。对我来说，这些全都是废话，请原谅我这样不留情面。实际情况是，我们是暴力的。因为是暴力的，所以我们树立了一个"非暴力"的理想，由此在我们的内心造出一种矛盾；我们带着这种矛盾的心智，杜撰了一套"非暴力"的哲学——它是如此的愚蠢透顶。重要的无疑是看清我是暴力的，然后开始去认识理解暴力的整个问题——而不是努力成为"非暴力"。我不知道"成为非暴力"是什么意思，我怎样才能知道呢？我只能通过推理、推测，那毫无意义。我所能做的是，在我自己身上学习认识暴力，观察它，看到它的全部含义、它的全部意义、它的神经质、它的矛盾冲突。这样从自身探索学习暴力，需要非凡的谦逊。追寻"成为非暴力"的心智是自以为是的、思辨投机的心智；它是在逃避暴力，并由此在它自身中制造了一种矛盾；一个自我矛盾的心智永远无法理解暴力并从暴力中解放出来。无论它如何克制自己"成为非暴力"，它永远处在矛盾状态之中，而一个自我矛盾的心智是暴力的、破坏性的。请你一定要明白这个简单的事实。

我们大多数的困难在于，由于我们效忠于"非暴力"的理想，无论这个理想意味着什么，因此我们拒绝认清我们是暴力的这个事实。但是如果我看清了我是暴力的，并且我想要认识理解我的暴力，投入我的整个生命去全面地探索它，那么我就必须要抛弃内心的这种矛盾对立，我必须看清"非暴力"这个理想的虚伪性。当我的整个生命还是暴力的，我空谈"非暴力"，我可以把暴力掩盖起来，这样做有什么意义呢？因此，我必须洞察我的暴力，我必须探索它、认识理解它。为了做到这点，我的心智显然必须出于谦逊状态。朋友们，你明白吗？

在我看来，我们必须仔细地非常深入地探索思考所有这些问题。重要的事情不是要找到一个即刻管用的、令人满意的答案，而是要对所有这些问题有一种全面完整的感知。

我担心我想要传递给你们的东西，一点也没有和你们达成沟通。这也许因为我的过错，也许因为今天上午天气太冷了，也许因为你昨晚没睡好，或者今天早餐吃得太多吧。

你看，我们大多数人都不想被扰乱。你可曾注意到，拥有一个好的职位的人，他从他的职位中获得太多利益，他不想被扰乱，他不允许别人觊觎他的位置，他不会放手。这样的情形无休止地在世界上到处发生，以不同的形式在我们每一个人身上出现。我们需要被摇撼、唤醒，使我们松开手来，当然了，死亡是终极的"唤醒"。死亡对你来说，是一个问题吗？心智永远在追求安稳，追求一个让它安处其间，永远不受打扰的港湾，因此它就成为特定的生活、思想、情感的模式的奴隶。这样的心智怎么会摆脱它的"停泊处"呢？这样的心智怎么会学习呢？

我们首要的问题是认识我们自己——这可不是纯粹的理想主义的追求，因为在这种认识中，我们只能知道什么是行动。认识我们自己，这是真正的行动的基础——这是有价值的、有意义的行动。我们大多数人并不想要认识我们自己，这是个太讨厌的事情、太辛苦的工作，我们宁愿让别人告诉我们怎么做。但是，揭开我们思想活动的种种方式，看清隐藏在我们的行动背后的种种动机，这无疑是根本的问题之一，不是吗？如果我们懂得如何揭示自己，我们就打碎了桎梏我们的模式，那样我们就懂得了什么是自由——自由是最最重要的东西，因为自由的空间到处都在变得极为狭小。我们在物质的世界和观念的世界取得越多的发展，我们的自由就越少。现在美国有着其他国家无法想象的繁荣，但是人们却成为繁荣的奴隶。这是那个地方现在的主要问题之一。我们这里呢，有着贫穷，于是我们想要更多的食物、更多的衣服、更多的各种东西，于是我们正在变成"我们必须兴旺发达"这个观念的奴隶。

因此，请你一定要省察自己，看看你的心智在何种广度、何种深度受到奴役。它也许不被办公室的惯例所奴役，它也许不是受到物质的机械性的奴役，但是它可能是知识的奴隶。如果你看不到这一切，如果你没有真切地探索它，如果你没有亲自揭示和发现它，那么我看不出你怎么能自由地生活。

你知道，对很多人来说，生活是绝望的。他们终其一生投入社会改革或是其他什么，突然间，一切都结束了，他们的努力落空了；他们建立的所有哲学、宗教、理想全都完结了，他们陷入了绝望。我不知道你们有没有谁熟知这种状况？但是那些十分聪明的人，当他们面对绝望时，会发明出一套哲学来安慰自己，这就是现在世界上发生着的事情，他们说："接受这样的生活吧，努力做到最好。"

现在，当你省察了所有的逃避生活的手段、所有的聪明的理论、从《薄伽梵歌》的引章摘句，以及所有其他这类东西，当你的心智不再被任何解释所骗，不再被肤浅的调整所骗，由此你得不到任何答案，那么无疑的你一定达到了一种无望的境地，这种"无望"不是和希望相反对的绝望。我们大多数人都希望得到什么或大或小的东西——希望有一个好工作，希望找到解决困难问题的办法——当我们的希望无法实现，我们就失望了，这种失望只是从希望走到反面而已，因为在失望中我们仍然想要那个东西。我说的"无望"不是这种失望，失望是十分幼稚的。我说的是这样的心智，它省察了所有这些东西，并没有找到一个答案。这样的心智不是怀抱希望的；它并不追寻或希望找到一个最终的答案。它处于完全"不知"的状态、完全无所期望的状态，也没有什么逃避或追求的去路。无疑的，只有这样，我们才能发现真实之物。

真理、上帝，无论你把它叫作什么——我们如此轻易地谈论它——它不是这么容易得到的。你必须非常刻苦地探索——探索不是训练和实践，这些东西都毫无意义，因为它们包含着希望和失望的种子。探索自己，揭开表象，发现你真实的内心，你在想什么，为什么这样想；觉察你受到的传统的影响，觉察你的动机，觉察你的习惯的思维模式——所有这些都是非常辛苦的探索。你必须时时刻刻保持全神贯注。如果因为迟钝不敏，使心智不能全神贯注，于是心智就训练自己保持专注，但是这样只会使心智变得更加迟钝。一个受训练的心智本质上是迟钝的心智。如果你仔细思索这一点，你就会发现这是多么确切真实。一个机敏、活跃的心智，一个探察、省视所有事物的心智，不需要训练。省察的过程、觉悟的过程，就是最好的训练。

朋友们，我认为十分重要的是，你要把我所说的一切都应用到你自身。如果你能够真实地省察你自己，深刻地探索自己的内心，那么你就会发现一种自由，它不是奴役的反面，在这种自由的光照下，你生命中的全部问题都有了与过去完全不同的意义。在我看来，生命中唯一重要的事情，就是发现这种自由，因为在这种自由中，才会有创造性，才会有人类一直在追寻的那种生命真相。

1960 年 1 月 24 日

合作包含着很多意义

今天上午，我会讲得很少，然后对我所讲的内容进行讨论，这也许是值得的。我说的讨论，是说你和我应当一起来认真考虑问题，是说我们应当探索，不只是口头上的探索，而且要看看我们的心智能够深入问题走得多远。这样的讨论也许比单单倾听更有价值——虽然倾听本身已经是了不起的事情了。但是我们中很少有人能倾听。我们被我们自己的话语、被我们自己的解释、被我们自己的经验所围困，我们很少倾听别人，去探明他真正想的是什么。在我讲很少一点之后，我们也许可以通过交流思想以及厘清言辞的意思，更多地来密切地深入地探讨这个问题。

今天我想要谈论的，是一个我认为不只是我们这些人，而且是世界上所有人都面临的问题。我们都跟共同工作、合作共事的问题相关联。关于这个合作共事的问题，人们已经有各种方式的办法，不是吗？——有压迫的方式、强制的方式以及劝说的方式。不仅是在社会中、在经济生产中，而且在意识形态上，合作都成为重要的事情——我不太确定在意识形态上是否真的能合作。"合作"这个问题有很多含义，在这个深刻变化的社会，身处其中的每一个人无疑都跟这个问题有着关联。我们通常因为害怕遭受惩罚，或者希望得到奖励，或者渴望得到地位、名声、权力，而与他人一同工作，不是吗？

我建议一下，好吗？我们不要仅仅是听到一堆词汇，而要把我所说的应用到我们自己身上。

有时候我们合作共事，是因为我们在理智上、情感上受到某个狡猾的人的影响，或者是受到一个被认作精神权威的人的影响，例如某个圣人、某个宗教导师，等等。这是造成我们进行所谓合作的一种方式。另一种是政治的方式。当人们有某一项工作必须完成，当他们组成一个政党，制订不同的计划，反对另一个政党，当他们为了得到选票，发起竞选活动，这其中就包含大量的狡诈机巧、诡计多端、强词夺理，还有铺天盖地的宣传鼓动和不厌其烦的劝说。

我们正在探讨这个问题，所以请你们跟紧一点儿。

那么，就有为着某一个思想理念、为着某一种信仰而进行的合作，它也许是社会领域的，或者是所谓精神领域的。某人提出了一个思想理念，我们认为它太棒了，非常有意义，价值非凡，所以我们就同那个人合作，这也叫作合作共事。因此，我们因为思想理念而合作，因为劝说而合作，因为被强迫而合作，因为害怕惩罚或者希望回报而合作，这些都是我们知道的合作方式。我们就是这样聚集起来做某种事情。你可能会说，我们合作共事可不是这样的无情和肤浅，我们合作共事，是因为爱国、爱一种思想、爱贫穷的人。的确是，当我们怀有爱的时候，就没有强迫或劝说，不是吗？如果有爱，就不会去拉选票，就不会搞党派，就没有"我的"和"你的"这些分别。

合作去做什么事情，不是为了某种自我投射的思想，不是为了给自己、家庭或者亲友等等谋取利益——这样的合作就拥有完全不同的意义。但是在我们探明什么是这种方式的合作之前，我们必须在我们自己内心消除各种形式的强迫。

我可以不在权威的影响下，也不在我的、你的或他的影响下，同他人努力合作吗？并且在合作中不掺杂丝毫个人的利益吗？只有当你和我理解了问题，真正地理解它，这时才会实现真正的合作，因为正是这种理解，造成合作共事的必要性。由此我们的合作就不是自我强迫的，就不是所谓宽容的结果，或者是任何劝说的结果。一旦你和我都认识到：我们必须实现某种形式的教育，那么在这里"你"和"我"都不重要——重要的是全新的教育。当你和我都认识到：必须彻底消除饥饿现象，当我们都认识绝对必须这样做，不只是在理智上认识到，而且是怀着深厚的同情、情感、爱，在完全彻底地感知这种必要性，那么在这种觉悟之下，你和我就必定会携手合作消除饥饿现象。但是如果你有一套特别看重的消除饥饿的方案，而我又有另外一套方案，那么方案就变成最重要的了。于是你拉你的选票，我拉我的选票，我们互相战斗，无休无止，为了实现一个方案，消耗了我们的创造性思想和能量。

请你省察这一点。虽然不可能深入详察诸多细节，但是我们可以看到，合作包含很多意义。只有当我们把心智从每一种恐惧、从每一种影响和奖赏中解放出来，这时候我们才能在生活的各个层面——政治的、社会的、经济的、宗教的、教育的层面，实现真正的合作。但是对于我们大多数人来说，这是很困难的事情，因为我们总想在合作之后得到某种东西。我们觊觎某个职位，我们想要提高声望，或者我们想，"这是应该去做的正确的事情"，因此我们投入工作，为之而努力，拉选票，排挤异党，于是就有争端、冲突。在我看来，我们生活的任何层面上的每一种冲突，都是生命中最具破坏性的、使人堕落的因素。

因此在我看来，解决合作问题的出路是在我们内心深处实现根本的转变——不是在任何形式的影响下发生的转变。朋友们，我们是由于劝说而改变，不是吗？也许是共产主义式的劝说，或社会主义式的劝说，或民主式的劝说，还有母亲的劝说："为了我做这个吧。"无论是哪一种劝说，我们都会在劝说下改变一点点。不知你有没有观察过自己的生活，看看你是否有过改变？如果你改变过，那么在你生活中的这种改变是怎么实现的？是由于劝说吗？是由于强迫吗？或者由于某种动机？还是不带任何动机而改变？怀着某种动机而改变，根本就不是改变，不是吗？

朋友们请看，变革是必需的——学校的、社会的、宗教的变革。许多事情必须结束了，不管这么做可能多么令人不悦，它们不能照这样继续下去了。少数有特权的人统治着一切；传统、教条主义和愚昧盛行；少数人享受教育以及其他好处，大多数人却得不到；一边是普遍的贫穷、饥饿和堕落，同时另一边却是惊人的极度繁荣——这些情形不能再这样继续下去。有些东西必须打破，而且正在打破，不管你多么喜欢现在的生活状态，且想要让它延续下去。因此，变革——经济的、社会的、宗教的变革——不可避免。但是不幸的是，大多数人反对变革。银行职员、拥有房屋和少许财产的为家所累的人、拥有权力的人——每个人都反对改变，有人出于宏大的理由，有人出于自己的小算盘。你在自己的生活中注意到这一点了吗？当你不得不换一种食物，那不是你通常习惯的香料很浓的味道，你浑身就不舒坦了。这也就是渴望维持现状不加改变的一种表现。

请你探察自己的内心，而不是我的演讲。请不要只是听一个讲座。这是一个晴朗的早晨，头顶是美丽的蓝天，门口是潺潺的流水。如果我们不打算深入探索自己，那么何苦挤在这间屋子里呢，那还不如出门去看天空流水。与其坐在这里思辨推理——思辨推理是所有智力游戏中最愚蠢的一种了——还不如出门去享受生活，去感受大地的丰厚广博，去体察人们的贫穷困苦，去看看门前的流水潺潺。

我说了，我们总是反对变革，但是无论我们喜欢与否，变革却总要发生。那些反对变革的统治者将会被推翻，他们建立的体制也就轰然倒塌。反之，明智的人知道变革是不可避免的，当变革的潮流摧毁他所建立的世界，他内心懂得臣服退让。但是这样的人少之又少。

所以问题是怎样在我们自己内心实现一场根本的变革——这显然是必需的——不是在别人劝说下的变革。如果你在别人劝说下转变，那么你只不过是在对某种形式的强制做出反应，强制有印度的形式，有共产主义的形式，有西方的形式；由于任何形式的强制而做出的转变根本就不是转变。如果你做出转变是因为得到报酬，或是因为受到威胁，那么就没有发生真正的转变。你不过是遵从了另外一种模式而已。对已有的东西做出一定反应的变革，并不是变革，它不过是建立了一种新的模式而已，这种模式是旧的东西改良后的形式，仅此而已。我是不是讲得太快了？

我们明白，如果世界要发生真正的改变，那么首先必须让心智的品质本身来一个根本的转变，因为人们会十分轻易地就从极权主义者转到民主拥护者，或者从民主主义转到极权主义。只要给他们更多的食物，提供更好的谋生机会，让他们受到国家至上的愚蠢行为的激励，那么他们就都会以这样或那样的方式"转变"。但是我们看到，任何这样的转变都是一种反应，而且，一个只是反应的心智，还会在影响之下转变到另一个方向——今天我是一个共产主义者，但是如果那样并不合算，我就变成一个社会主义者，或者资本主义者，等等。看到这就是这个世界到处都在发生的情形，我们就会问自己，这究竟意味着什么？转变是在何处发生？转变仅仅意味丢掉一种模式又服从另外一种模式吗？朋友们，你明白这个问题吗？

"转变" 这个词包含什么意思？我是贪婪的，当我感到到贪婪的痛苦时，我就想要转变，但是只要我在贪婪中找到极大的快乐，那么我就不想转变。因此，当我试图消除贪婪的时候，我的转变是带着一个动机的，我的转变愿望是一种反应，而且这种反应还会再次地被修改。不知你们是否理解了这一切？

会有这样一种转变吗，一种完全彻底的变革？——不是经济的变革或社会的变革或宗教的变革，这些都是浅表的，而是一种内心深处的变革，它是完全的变革，在其中，我的整个意识、我的整个生命都荡涤一新了。我们可以这样转变吗？朋友们你看，转变对我们大多数人来说就是过去的东西的修修补补的延续，这根本就不是转变。看到这种转变的艰难，意识到这种变革、这种转变多么的复杂，那么你一定会问：在意识的领域内有可能发生转变吗？

朋友们，这一切是太困难的吗？

问题：我可以说话吗？

克里希那穆提：稍等一会。我还没说完。朋友们，首先要看到问题。如果我们真正深入探索它，我们会发现这是一个思想与存在相对的问题。对我们中大多数人来说，思想是实现转变的手段。由于思想，我们希望转变，由于观念，我们希望转变我们自己。我通过思想观念来劝说你，劝你丢掉你的国家主义，转而投入某种特定的宗教修行，或者你的其他的什么转变。我设法劝说你，是因为我很聪明，我让你看到某些东西的荒谬性，而你被我的热情、被我的语言劝服了，因此你转变了——至少你认为你是转变了。

那么，在这个过程中实际上发生了什么呢？你改变了你的观念，你改变了你的思想，但是思想永远是深受束缚的。无论是耶稣的思想、佛陀的思想、X、Y或者Z的思想，它仍然是思想，因此一个思想可以反对另一个思想，当出现对立时，当两种思想冲突时，结果就是思想改变后的延续。也就是说，改变仍然是局限在思想的领域里，这根本不是改变。仅仅是一个或一套观念替代另一个或另一套观念而已。

看清了这整个的过程，我们要问，有没有可能离开思想，实现一种思想领域之外的转变呢？我们的全部意识，无论是过去的意识、现在的意识，还是将来的意识，肯定都是在思想领域里。在思想范围内的任何转变都给心智划定边界，都不是真正的转变。根本的转变只能是在思想的领域之外发生，而不是在它之内。而心智只有在它看清了这种限制，这种思想范围的边界局限，认识到思想范围内的转变根本就不是转变，他才能走出这个范围。这是真正的冥想。进入它，需要投入大量的工作、思考、能量——我们现在把生命的能量浪费在各种各样的修行中，全都是十分幼稚的。最最重要的是对思想的领域进行探索，并看清意识的制约束缚所在。归根到底，这些制约束缚是我们的努力的产物，是矛盾的产物，是冲突以及对于转变的渴望的产物。当心智完全看清了思想领域意识的局限，当心智对此有了彻底的觉悟，我所说的"根本的转变"就到来了——不是通过任何形式的劝说、强迫，或者权威的影响。我认为，这是我们生活、工作、携手合作的唯一道路。是这样吗，先生？

评论：我觉得你说的转变——社会的、经济的和政治的转变——都是某种统一的原则的表现。

克里希那穆提：那是一种理论。

评论：我觉得世界有一个统一的原则，它创造了整个世界。

克里希那穆提：也许吧。我不知道。

评论：改变将要到来，没有人可以抵抗它们。

克里希那穆提：我们不正在抵抗改变吗，我们每一个人？看清这一点很重要。如果我们不抵抗改变，我们就不会谈论一个统一的原则。那么生活就是持续不断的革新。

评论：统一的原则是以革新为基础。

克里希那穆提：为什么把"**统一的原则**"这个术语带入这个问题呢？

问题：如果改变是不可避免的，那么是什么使我们反对改变呢？

克里希那穆提：这个答案很简单。一个拥有优越地位的人——在学校里，或是在其他任何地方，拥有政治上的、经济上的优越地位——这样的人反对改变。他说："看在上帝的份上，让世界保持它的样子吧。"手握权力的人反对任何改变，因为他们不想被打乱。从国家总理到一个小镇的官员，全都同样如此。那些对现状不满意的人——正是他们想要寻求改变。由于他们内心扰动不安，感到不满意，所以他们接受某种特定形式的、让他们感到满意的改变，一旦他们确立了那种习惯模式，也就同样地不想被打乱了。

评论：对现状不满的人会很容易地被任何一种改变所吸引，他们用这种改变来反对他们所不喜欢的东西。

克里希那穆提：是的，先生，这就是我们刚才所讨论的。

问题：你说真正的转变必须超越思想的范围。但是，难道我们的心智不应该首先围绕某个问题收集所有可能收集到的事实，然后让这些信息影响我们，直到我们的感觉告诉我们，这是对的？

克里希那穆提：我不是很清楚这样做会有什么用处。你是在说，我们应该收集信息，通过分析和推论，明白这种收集的信息的重要性，把它转化成感觉，然后根据感觉来行动。这就是我们大多数人有意识或者无意识的行动。当我说，某种政治的或者宗教的生活方式是正确的，那么我是怎么知道的呢？是因为我读了这方面的书籍，人们的和我自己的经验说服了我，于是我觉得它是有价值的，它可以改进很多人的生活，因此我效忠于这个政党，而反对其他政党。这就是我们大多数人一直在做的事情。无疑的，在增强这种感觉的过程中，所包含的就是基于经验而作的判断，不是吗？而经验显然是深受束缚的。我作为一个共产主义者的经验、作为一个民主党人的经验，或者无论作为什么，都是各种各样的影响、强迫、劝说、恐惧、奖赏的产物。我从这种制约束缚中产生感觉，并且行动。

评论：我认为感觉或多或少是无意识的。我们应该用我们有意识的思想去影响我们的无意识的感觉，它就是我们无意识的心智。

克里希那穆提：有意识和无意识之间有真正的划分吗，或者说这是我们的社会的、环境的影响造成的不正常的划分？有意识的心智是有所学习、获取了知识的心智，它是信息的浅表的收集者。它每天去办公室，做一些惯例之事，等等。此外还有无意识，有意识的心智可以影响无意识吗？如果你真实地省察，那么你会发现，是无意识在影响着有意识的心智呢，这可能是幸运的，也可能是不幸的；这两者之间总是存在相互影响。探讨有意识和无意识的问题，需要非常深入的功夫和很多时间。我们应当在一开始就着手讨论它，而不是在时间要结束的时候。也许我们可以在别的时间讨论它吧。

问题：我们怎样实现思想的范围之外的转变呢？

评论：只有当我们放下了人我分别，这才是可能的。

克里希那穆提：我想你根本没有听我讲。这位先生问怎样在意识的范围之外转变。他想知道这样做的方法，该怎样做。你知道，这就是我们的怪癖之一：我们就是这样成为"方法"的奴隶——好像某种"方法"可以解决我们人类的问题。朋友们，"方法"是把某些东西堆积在一起。如果我想成为一台机器，那么我就去学习怎样处理机械的东西，这个非常简单。我到学校去，他们教给我方法。但是我们现在不是讨论机械性的事情，因此没有"方法"。你必须去探明它。朋友们，得这样来看问题，我建议想一下：有一个"方法"吗，我们依靠它去爱人？

评论：没有。

克里希那穆提：你说没有，那么你为什么要寻问一个转变的"方法"呢？

问题：我们认为转变是某种真切可触的事情，是某种是可以被感知的、被经验的东西，这不对吗？

克里希那穆提：先生，请你自己探明它。不要问我。这个问题如此浩瀚。你不能说，"告诉我什么是转变的方法"，这样做毫无意义。如果你关心转变，不只在理论上关心，回家以后你的生活继续走在老路上，而是明白了转变的必要性，并意识到你必须要转变，那么问题就产生了——你要面对劝说、影响、奖赏、惩罚等等问题，以及你对这些东西的反应，你还没有察知你的反应。因此现在你站起来说，"请你用几分钟告诉我关于意识范围之外的转变"，这是毫无意义的。

如果一个人真正关心这个问题，他该怎样做呢？——人类必须郑重地关注这个问题，因为它是遍布整个世界的问题。这不只是这所学校的问题，也不只是这附近的人的问题，它是人类本身的问题。人类的心智现在正在变得如此机械、如此深受奴役，心智的品质能实现转变吗？如果这是一个对你我生死攸关的问题，那么我们不会随随便便地寻找一个方法。我们将会实际地讨论，而不是理论上空谈。我觉得所有理论上的讨论都没有意义，都是浪费时间的夸夸其谈。如果我们真正地明白了必须有彻底的转变，那么我们将会进行实际的探讨。我看到了我是贪婪的，我想知道是否可能从贪婪中解放；我看到了我是嫉妒的，我想探明我能否打破那种嫉妒。我不是在寻找一个方法，而是说："让我省察嫉妒的问题吧。"如果一个位高权重的人说，"瞧！我是一个大人物，我喜欢就这样，别来烦我"，那么对他来说，就没有转变的问题。我会离开这样的人，我不会去迎合他，因为我对他一无所求。但是作为普通的人，你和我就关心这个问题。这不是我的问题，我不是非要把这个问题强加于你，它是你的问题。如果你坐在这里说，"告诉我关于这个问题的全部"，那么你和我也就无法沟通了。如果我们中还有几个人可以共同探索它，那么情况将会完全不同。

问题：这里有一个楼梯，我们通过楼梯的作用爬上屋顶。在我们爬上来之前，我们不知道屋顶是什么样子的。我们可以说屋顶是跟楼梯无关的吗？如果没有楼梯，还有屋顶吗？

克里希那穆提： 先生，这栋房子包括地板、墙壁、门窗、屋顶，还有楼梯。你不能把楼梯或者屋顶同这栋房子割裂开来。不可能有一个屋顶离开墙壁悬空存在。这栋房子是一个整体。现在，在这栋房子里任何的改变——从一间屋子到另一间屋子，用不同的方式装饰每一间屋子，等等——都是一种有限的改变，它是受到限制的、狭窄的。这样的改变显然不是自由的。那么，会有一种彻底的转变吗，一种不是局限在这栋房子里面的转变？你是说这样的转变是不可能的，任何的转变总是在这栋房子之内？你是说谈论房子之外的转变都是废话吗？你是怎样想的呢？所有的转变都必须在房子之内吗？还是说有可能实现房子之外的转变？——更确切地说，不是一个转变，而是一种行动方式。转变意味着行动——一种并不局限于房子之内的行动方式。

朋友们，让我们这样说吧，我是一个印度教教徒，但我看到那是多么的愚蠢、卑污、丑陋，所以我加入了天主教。这是一个行动，不是吗？而且我认为我已经改变了。但是我的"改变"仍然是在房子之内，在桎梏之内，仍然处于人类的困苦烦恼范围之内。我只是从一种奴役转换到了另一种奴役。洞察了这个事实，我说："不受这种限制地行动，抛开这栋房子，抛开印度教、天主教，或者其他任何系统，这种行动是可能的吗？"许许多多人，包括天主教徒和共产主义者，都说这是不可能的。他们也许是对的。但是如果是那样，那么你就得承认，人类的心智永远是受奴役的。

评论： 你说从印度教徒转变成天主教徒不是转变。但是，当我们爬上楼梯，我们就到达了更高的层次。

克里希那穆提： 你是在说通过一个渐进的过程，一步一步地，你爬上楼梯到达屋顶，在那里你对生命有了不同的看法。当你这样说时，你是在邀请"时间"，不是吗？你在楼梯步步上行，直到你爬上了屋顶，从第一步到最后一步，这是一个渐进的过程，从一点到另一点地穿过距离，这就意味着时间，不是吗？所有这些仍然是在思想的范围内，在时间的范围内。

评论：一个人在爬楼梯的时候看不见屋顶，到他登上最后一级台阶，他便知道屋顶像什么样了，那么转变是自然而然的事情。

克里希那穆提：比喻最容易让人误入歧途，这就是我们要谨慎使用比喻的原因。让我们不要迷失在比喻和例说的迷宫里。不要试图在这儿找到出路——而要只看问题。虽然我用语言词汇来描述问题，但是朋友们，你得亲自去觉知问题。问题是，我们必须转变。你可以说："别来扰乱我，让事情保持它们现在的样子吧。"但是世界不会保持现在的样子。生活将会摧毁一切已经固定成型的东西。无论是手握枪杆的士兵，或者是言词滔滔的我，总会有某种东西将把我们摧毁。当你由于某种形式的强迫或影响，而被外部事件所摧毁，这是转变吗？当你怀着任何的动机，这是转变吗？不怀动机的转变是可能的吗？请不要说可能，也不要说不可能。我们是在探索弄清它。我们不是在达到任何结论。得出结论是非常糟糕的事情，因为那时你就不再探索了。问题是艰巨的，我们对此必须非常仔细谨慎，必须通过观察，通过持续不断的觉知，亲自去探索、去发现，是否存在一种转变，它不是因为引诱而来，不是影响的产物？

朋友们，我们面对的另外一个困难是，心智喜欢在习惯中运转。习惯就是对于安全的渴望。如果我是一个所谓的大人物，掌握着权力，那么我就喜欢在那个习惯中活动。心智建立各种各样的习惯，习惯给与心智确定的安全感，那么它就会抵抗任何扰乱这些习惯的行动。当我们确实想要打破心智已经陷入其中的某个习惯时，我们说，我们必须有理想，我们必须修行，我们必须做这个或者做那个；但我要说，这就是转变吗？

或者说转变是某种完全不同的东西？——是某种唤醒非凡的创造性感知的东西？这无疑才是唯一的真正的转变。创造性不是狡黠的头脑的创造才能，也不是具有某些天赋和才干的头脑的创造力，它是指从"自我"的房子中、从那座房子局限的行动中彻底解放出来的意义。

1960 年 1 月 26 日

如何打破某种特定的行动模式

今天上午我想要谈谈在生命中怎么做的问题，有些人从哲学的角度把这个叫作"行动"。我们把行动和生命割裂开来了，不是吗？我想知道行动和生命可以分开吗？有社会的行动、政治的行动、改革的行动、教育的行动、商人的行动、宗教教师的行动、瑜伽信徒的行动、哲学家的行动，等等。存在着这些各式各样的行动，同时存在怎么做的问题，好像必须要做的事情是和生命割裂开来了。这就像在河岸上挖一个坑洞，把自己封闭在那个洞里，然后说："我怎么才能和这条河一起流淌呢？"我们先是把行动与生命割裂开来，然后我们想方设法寻找路径让这两者连通。如果你已经观察，那么你就会发现，这不就是我们大多数人生活中所做的事情吗？我们有一种行动的模式，它或者是社会的、宗教的、哲学的、教育的，或者是商业的，而我们大多数人满足于那种特定的行动模式。

比如说，改革家有特定的行动模式，他对这个模式心满意足，他认为这个模式将会改变世界，所以他为着这个模式去工作，去推动，不惜牺牲一切，他永远不会放弃这个模式。

这就是我们大多数人的困难，不是吗？我们似乎不能欣赏我们的整个生命。你知道我说"欣赏"这个词是什么意思吗？欣赏，就是敏锐地感知、觉知或注意到生命的整体全部。如果我们能觉知、注意整个生命，那么我想我们就可以更好地讨论"什么是行动"。行动不是和生命割裂开来的，而是生命的枝条，或者说，它是把生命作为一个整体来深度欣赏的敏锐觉知的产物。不知道我说明白了吗？

让我们假设你是一个教育专家。你认为你知道关于教育的一切。你在教育领域有一点建树，你是在一个非常有限的教育领域里运作。你没有关注生命的整体，它包含政治、宗教、社会改革、哲学、痛苦、喜悦、爱、愤怒、美好事物的欣赏，你离开了这一切。你把自己的关注仅仅局限在你称之为"教育"的狭小范围里，而且你不想任何人碰触它，破坏它，因为它给了你安全稳定，你拥有地位，享有名望，你不希望它受到搅扰。但是生命就像一条河，它永远在流动，它正在冲击你称为"教育"的东西，它不容你偏安一隅。于是，在生动的、运动的、不断变动的东西与固定不变的东西之间，就发生了冲突。你从自己的思想中造出了一个静止不变的东西，它被确立成你的专业地位，或者是官僚职位，或者是你的某种称号的特殊者的地位。

有些人把宗教—社会的改革看得比什么都重要，但是如果你不带任何个人偏见，客观地、清晰地省察这一问题，你会发现心智在这里也建立了一种活动模式、一种生活方式，它带有大量的防范和禁忌。他们说："我必须做这个，我不能够做那个；我必须在早晨几点钟起床，我必须按某种方式生活，为整个人类工作。"等等、等等。你明白吗？假若有美国的生活方式，有英国的生活方式，那么宗教—社会的改革家也说，"这就是我的生活方式。"生命本身是如此广大，如此浩瀚，如此不可思议的复杂和美丽，然而他却看不到这一切。他可以为自己的模式冗赘地表白，在哲学上论证，沉溺于解释说明，但是他不想让任何事情扰乱他为自己建立的模式。然而那个被称为生命的非凡事物却要来临，并毁坏他的模式，于是在他内心和外部都出现矛盾，迟早他会陷入痛苦悲伤。他背负着一成不变的观点，因此他不知道究竟为什么，但是他感到痛苦悲伤，陷于挫败。

还有所谓的宗教人士。他说："我和这个世界毫不相关，我在追寻上帝。"他成为一个僧侣，或是穿上遁世隐修者的长袍。他遵从某种禁欲苦行，他保持单身，否定、压制、牺牲自己，使自己形同枯槁，了无生趣。他也为自己设定了一个模式、一种生活方式。在非凡的生命活动中，有爱，有喜悦，有复杂多端的性关系，有友谊，有音乐，有痛苦、失望、希望和恐惧。但是他拒绝生命，他把自己圈禁于心智刻造的观念的神殿，他是一个基督徒、一个佛教徒、一个印度教徒，或者其他什么信徒。

这是我们大多数人一直发生的经历。如果你省察你自己的思想，如果你充分地觉察你自己，那么你会发现，你是怎样地给自己刻造了一个壁龛、一个庇护所、一个观念的依靠处、信仰的依靠处、人际关系的依靠处，然后你不希望受到扰乱。这不就是我们的生活方式吗？我们迫切地需要得到某种东西作为庇护所——国家主义、某种特定的宗教或者哲学、某种生活方式——我们拒绝非凡的生命运动，那里有美丽、敏觉、自由，那里没有开始，也没有结束。生命的运动是无形的，在其中没有耶稣基督，没有佛陀，没有 X、Y 或者 Z。它就是生命本身，它不停地冲击我们，它摧毁我们建造的孤立隔绝的墙壁。

于是在我们的生命中存在一种矛盾，一种自我矛盾，我们有意识地或无意识地觉知到它。我们内心有一种深刻的挫败感，从这种矛盾，从这种挫败，从我们生活中这种明显矛盾的分裂，我们做出行动。我们的外在世界也像我们的内心一样争战不休。你是一个社会主义者，而我是一个所谓的宗教人士；或者你是一个教育专家，而我只关心我的生意；或者你是一个政治人物，而我是贫乏的投票者，你能骗取我的几乎任何东西；或者你智力超群，而我愚蠢呆笨；或者你是一个圣人，我是一个罪人。你总想说服我，或者改变我，但是我不想被打扰，我说，"让我自己待着吧"；或者我发现可以获得某种精神的、物质的或政治的利益，我就说："你太英明了，我要追随你。"

所以我们的行动出自这种内心的矛盾的和外在的矛盾。不知你是否注意到这样的人，他们特别活跃，他们不停地做这做那，他们总是在改革，在布道说教，告诉别人该怎样做。如果你接触过这样的人，如果你观察他们，和他们生活在一起，你就知道他们陷落在矛盾冲突中，他们的内心非常痛苦。他们不知道什么是爱，而且我并不认为你知道。如果你有爱，那么就足够了；你不需要做其他任何事情。如果你有爱，那么你从心所欲做任何事情，那都是好的。爱是那种没有矛盾的行动的唯一源泉。

我知道这些听起来很愉快，在一个美好的上午来听讲，真是一件令人愉悦的事情。但是你并不知道什么是那种爱。如果你固守你特定的生活模式，你说，"我要永远跟它在一起"，那么你就不可能懂得那种爱。为了发现别的东西，你就必须打碎固有的模式。

朋友们，关于什么是"虚假"、什么是"真实"的问题，不知道你们做过什么思考？任何人都可以不假思索地说："这个是假的，那个是真的。"但是如果要进行深入的探索，要对什么是虚假、什么是真实，达到敏锐的觉知和理解，那就是超乎寻常的困难了，因为要发现什么是真实，你必须明白什么是虚假，并且永远抛开它，你不能仅仅遵从别人告诉你的"真实"的模式。

朋友们，请听我讲。

要发现什么是真实，而不是遵从那种告诉你什么是真实的人，或者任意武断声称"什么是假，什么是真"的人，为此你必须看清那种本质上虚假的东西，并且丢掉它。也就是说，你确实只有通过否定来发现什么是真实。比如说，你认识到：只要你有贪心，你就无法获得内心的宁静。所以你关心的不是内心的宁静，而是贪心。你进行探索，看看贪心能否被彻底丢弃——彻底丢掉贪婪，彻底放下嫉妒。在内心持续不断地进行清除，即是持续不断的否定的过程。

朋友们，如果我想要领悟这个叫作生命的非凡事物的全貌（它一定是总括世界上所有的宗教）；如果我想要敏锐地感知生命，欣赏生命，同时我看到，国家主义、狭隘的地方主义，或者任何褊狭的态度，对于这种领悟都是极为有害的，那么会发生什么呢？我一定会认识到，我必须抛弃国家主义，我必须不再是一个印度教徒，或者一个穆斯林，或者一个基督教徒。我必须放下这种孤立的国家主义的态度，我必须从有组织的宗教、教条、信仰的权威中解放出来。因此，心智通过否定，开始洞察感知什么是真实。但是我们大多数人感到，通过否定而实现认识理解，这样做非常困难，因为我们认为这样会使我们毫无结果，一无所获。我们说，它会造成空虚的状态——好像我们的心智现在不是空虚状态呢！

要理解领悟生命的这种广大无边、永恒无限的品质，你就一定得通过否定的方式来看待它。正是因为你致力于某种特定的行动路径、某种特定的生存模式，所以你感到，把自己从这一切中解放，去面对新的道路、新的方式，是多么困难。死亡毕竟是终极的否定。只有当你此刻死亡，这同时才是活着，这就意味着持续不断地打破你所拥有的所有的习惯模式、各种各样的态度、结论、观点、信仰——只有这样，你才能发现什么是真实。但是我们大多数人说："我无法打碎我的模式，我做不到。因此我必须要学习一个方法，修习一个系统，获得一种手段来打碎它。"于是我们通过修建立起新的模式，成为它的奴隶。我们并没有摆脱"模式"的束缚，我们只不过用一个新模式替换了旧模式。

朋友们，你坐在那里点头，你说这是真的，逻辑清晰，事实明确——然后你继续保持你的模式，旧模式或是新模式。在我看来，真正的问题是我们的心智总是昏沉呆滞。明智的心智会看到：我们在内心深处渴望安稳，渴望一个避难所、一个庇护所，我们可以栖身其中不受打扰。这种对安稳的渴求塑造了某种成为习惯的生活模式。但是要打破这种模式，需要付出极大的力量、思索、探究，然而心智拒绝这样做，它说："如果我打碎我的生活模式，那么我会怎么样？如果打碎旧的运行模式，这所学校会变成什么样？它会乱作一团。"——好像我们现在不是乱作一团似的！

你看，我们永远生活在一种矛盾状态之中，我们从这种状态中产生行动，因而制造出更多的矛盾、更多的痛苦。我们把生活变成了一个与生命存在相对抗的行动过程。一些十分精明的人，通过他的伶俐口才或他的生活方式，劝导别人相信他，他穿戴一条缠腰布，外表上成为一个圣者，实质上却可能在一种矛盾的状态中行动；他可能是最糟糕的严重分裂的个体，但是因为他拥有一个"圣人"的外表装饰，所以我们都盲目地追随他。反之，如果我们真正探索内心的和外部的这种矛盾问题，那么我想我们就会产生一种和生命没有分离的行动。它就在我们的日常生活中。这样的行动不是由思想观念而生，而是从生命存在中产生。它涵括了整个生命。

不知道你是否问过自己这个问题："我将要做什么？"如果你真的向自己提出这个问题，那么你不是一味地按照你已确立的思想模式来回应问题的吗？你从来不会让自己问"我将要做什么？"然后就停止于此。你总是会说："必须做这个，不能做那个。"只有明智的心智、觉醒的心智，它一定理解这整个过程的意义——只有这样的心智才会不带既定答案地问："我将要做什么，我将要采取怎样的行动？"这样的心智经过否定而达到这个起点，开始领会、敏锐地感知生命的整个问题。

朋友们，我想知道，我们是否能够探讨这一切？在袒露自己的意义上来进行探讨，是非常困难的。我们也许在理智层面上、在语言层面上有少许的观点交流。但是真正地袒露我们自己，看到这个事实：我们被某种东西、被某种特定的行动模式绑缚，看到这种模式的局限性，并且通过共同的讨论、思考，去探明怎样打破模式，这就是完全不同的另一回事了。这样的探讨是非常珍贵的，希望我们可以达成它。

评论：每个人都表现过一种行动，它不曾打破对生命的统一的情感。人们从深刻的情感产生行动，没有任何这样的意义：他的行动是来自一种分离的中心。在这样的情形中，这里有着让生命更加丰富的自发的、基本的行动情感，但是即使这样，正是这种行动的势能，似乎造成了分离的中心。

克里希那穆提: 这位先生说,投入整个生命去行动,而不让这个行动再产生一个分离的中心,从这个中心发生别的行动,这也许是不可能的。你明白这个问题吗?这个问题是,你曾经了解过这种行动吗,它涵括了你的全部生命,全部精神的、肉体的、情感的生命——这种行动中没有动机,不是想要得到奖励,不是害怕受到惩罚?在这样的行动中,你就好像是头一次做某件事,没有任何算计,没有任何考量,不去想,"这是对的?这是错的?"你曾经这样行动过吗?你了解这样的境界吗?我们确实偶尔经历这样的境界,不是吗?当我们经历它,接下来会发生什么呢?我们这样行动之后,我们意识到这是多么非凡的体验——在完全自由的感觉中行动,没有任何瞻前顾后,没有任何自命不凡。这是一个完整的行动,没有任何残质。但是接下来我们说:"我必须要让这个经验真实存在,持续下去,我必须保持这个境界,我必须永远像这样行动。"于是我们再次建立了一个中心,一个平台,一个记忆,我们想让它延续下去。我们确实偶尔这样行动,没有任何算计,投入我们全部的生命——甚至不是投入我们的生命,而是出自某种东西的浑然圆满。这样的体验在我们的心中留下了一个印痕,就是记忆。我们追逐这个记忆,从而按照某种思想模式,建立了另外一套行动,于是就发生了自然地、完整地做出的行动,和那种局部支离的模式化的、习惯性的行动之间的矛盾。而且我们从未意识到这个矛盾,我们说:"至少通过记忆,我可以回到另外的那种状态。"

评论: 如果不那么做,我们的生命就是空虚的。但是想要回到另外那种状态的努力,只会使分裂的中心更加强大了。

克里希那穆提: 如果真的行动的话,我们大多数人是极少体验得到这种完整的行动的。我们只知道局部支离的行动,它是如此的安全,如此的令人满足,由于我们对别的任何事物一无所知,所以我们唯有抱紧这种行动。现在——请跟上下一个问题——你和我,我们有可能打破这种局部支离的行动吗？你明白吗？

提问：没有完整的行动的记忆，这是可能的吗？你能给我们一些提示吗？

克里希那穆提：我们有可能不带有记忆吗？

评论：我们从来没有过这种体验。

克里希那穆提：拒绝所有的记忆是不可能的，不是吗，先生？你会忘掉、你会从你的意识中消除你住在哪里的记忆吗？这样的事情是荒谬的，不是吗？但是如果"你住在哪里"对你是非常重要的，那么对它的记忆就会遮蔽你的整个生命。

朋友们，让我们假设我有一个完整的行动的经验——这个行动不带有思想，不带有狡黠的、怀着目的的心智的算计。它离开了记忆。我不会忘记这个经验；心智不能说它没有发生过。我非常清楚地知道它发生过。那么，它是怎样发生的呢？它不是通过任何算计，不是通过任何修行坚定决心的努力而发生的。它仅仅是发生了。现在，我能看到这个事实吗：它就是发生了，而且看到：任何狡黠的思想，任何想要让它再度发生的未来的追求，正好是阻止了它的发生。

我要再解释一下。

比如说，我正在河边散步，落日的余晖洒满整个城市。这个画面非常美丽，而且它在我心中留下了印象，因此第二天黄昏，我又到河边去了，希望经验同样的感受，但是它却并没有发生，那个经验没有再度发生。为什么呢？因为我第二次去的时候，怀着再度经验它的渴望。第一次的时候，我的心中没有带着渴望。我只是在散步，看着夕阳西下，看着燕子掠过金色的水面，突然间，我有了那种非凡的感受。但是第二天傍晚，我是带着经历那种感受的特别意图去的，这就是出于算计的行动。所以，第二天与第一天完全不同。

所以我们的问题是：心智可以处于没有算计的状态吗？夕阳的美好体验已经发生了，我们不能否认它，但是我们有可能不为了延长这个体验、增加这个体验，而追逐这个记忆吗？这就是问题所在。我们有了一个经验，有了它的记忆，有没有可能看到它，而不让它在心里扎根呢？

问题：这就是我的问题，我还没有找到答案。有没有可能不执着于那个体验的记忆？

克里希那穆提：那个体验的记忆给我带来了巨大的快乐，因此我重视它。我无法把它看作生命中寻常的事情，然后继续生活。由于各种各样的原因，我们不希望保留不愉快的记忆，因此我们很快地抛开它们，或是从心理上忘掉它们。但是我们执着于愉快的记忆。为什么呢？因为它们让我们快乐，给我们愉悦幸福的感觉，以及所有这类好的感觉。因此心智愿意提供土壤，让愉快的记忆生根发芽。它不会说："愉快的记忆和不愉快的记忆是一样的，我不要执着任何一种吧。"你也许说，你并不想执着于愉快的记忆，但是事实上你却执着于它，所以你看到了心智是怎样地玩耍着自我欺骗的把戏。

另外，朋友们，也请注意这个奇怪的事实：我们总是想要一个答案。你认为我们生命中的任何事情都有答案吗？机械性的东西是有答案的。如果一个发动机坏了，而我又不会修，那么我就找一个机械师来解决。但是生命跟这个发动机一样吗？生命所造出的任何问题都有答案吗？或者说，这里只有问题——我必须认识理解问题，而不是寻求怎样给它答案？

现在事实是——心智执着于愉快的记忆，并且蜷缩在那里面。而我必须觉悟，心智为什么执着于它称之为"愉快的"特定的经验；我必须看清，心智总是紧抱着愉快的记忆，并且抹掉不愉快的记忆，这种渴望的复杂机制是怎样的；我必须洞察理解，心智说，"我要抹掉这个，抱紧那个"，它的这种非比寻常的微妙性是怎样的。重要的是这种洞察力，而不是怎样做。

问题：这样难道不也是某种修持吗？

克里希那穆提：当你探索某种活生生的事物时，这不是修持。你可以修习训练某种机械性的技能，来处理某种静态的东西。但是如果你想了解一个小孩，这是一个修持训练？小孩是鲜活的、活蹦乱跳的、变化的、顽皮淘气的。你的心智必须和他一样的鲜活敏捷。朋友们你看，我们的一个问题是：我们的心智为什么变得如此机械呆板。我知道这个关于修持训练的问题是非常普遍的。为了认识上帝，难道我们不该这样或那样地进行修持吗？——好像上帝、生命、真理，这种不可思议的东西是静止不动的！你认为只要你日复一日、年复一年地做某些特定的事情，你最终就会得到这个彼在之物。但是这个彼在之物，无论你管它叫作什么，难道是如此的廉价吗？

评论：你说过我们的某种困难是我们固有的一定的惰性，它妨碍我们跟生命之流保持同步。我希望你能深入地谈谈这个惰性的问题。

克里希那穆提：事实是，我们的心智是怠惰的。我们怎样唤起它呢？心智怎样摆脱它的怠惰呢？这是我们的问题。那么，有没有一个方法呢？请你仔细注意这一点。有没有一个方法来摆脱惰性？让我们简洁直入核心。如果我说我不得懒惰，然后我强迫自己每天早晨六点钟起床，我强迫自己做这做那，那么我的心智就减少懒惰了吗？会这样吗，先生？实际上，你认为会是这样，否则，你就会扔掉你的各种各样的修持训练了，不是吗？那么，可以通过修持训练来唤起怠惰的心智吗？或者说，修持训练反而仅仅是增进了心智的怠惰？心智本身通常并不是怠惰的，是某种东西让它变得怠惰。看看孩子的心智、年轻的心智吧。它并不是怠惰的，不是吗？

评论：但是我们是成年人，我们养成了固定的习惯。

克里希那穆提：年轻的心智是活泼的、好奇的、探索的，它永不满足，它总是在运动、运动，它没有任何边界限制。那么，为什么我们成年人的心智就变得怠惰了呢？朋友们，为什么？这种惰性的一个重要原因肯定是，我们为自己确立了某种生存的模式；我们想要安稳，不是吗？让我换一种说法，在经济上、社会上、宗教上，在家庭中——在每一种事情上，我们都想要得到安稳。你认为年轻的心智想要安稳吗？到后来，它要使它自己有所安稳，于是也就变得怠惰起来。因此在我看来，心智想要安稳，这个事实就是我们怠惰的重要成因之一；哪里有对安稳的渴望，哪里就有恐惧、焦虑、担忧。请注意观察这个原因和结果的链条。心智渴望安稳，因此它培育了恐惧。培育了恐惧之后，它又想要逃避恐惧，因此创建了各种各样的逃避方式：信仰、教条、各种不同的训练修行、听收音机、闲扯是非、参拜寺庙，还有一百种别的办法。你看，这些逃避就是造成我们懒散、惰性的原因。但是一旦心智看到，任何对于安稳的渴望都是虚妄徒劳的，那么它就会不停地活跃起来。

问题：一个三岁的小孩子，他没有记忆，他是怎样的心智状态呢？

克里希那穆提：先生，"没有记忆的心智"，有这样的事吗？即使是现代化的电子计算机也有记忆，就是它的内存，它像人类的头脑一样，按照事物的关联等等方式来存储记忆。我们的心智机械性地运转，如果我们对此心满意足，那么就没有什么问题。但是只要你开始提问：心智是否可能从机械性的或者固定的运作方式中解放出来？那么整个问题就出现了。我们大多数人满足于心智的舒适的机械的运作状态，但是如果你说，"这不够好，我想要打破这种机械的习惯"，那么你就进入了全新的领域，那里没有权威，你必须不停地探索、推进、向前。

评论：当一个人的意识中塞满了记忆，他有可能分析他自己吗？

克里希那穆提：这个提问里包含些什么呢？它是指分析、观察、探索一个人自身心智的复杂的机理吗？在这种过程中，就有审查者，还有他审查的对象，是不是？如果你不是太疲倦，请稍许注意这一点。在分析中，总是有观察者和被观察的对象，有分析者和被分析的对象。那么，谁是这个分析者？他分析的又是什么？难道不是被分析的对象产生了分析者吗？朋友们，我们换一种说法，有思想者和思想。思想者说，"我要分析思想"，但是在他开始分析思想之前，他是否应该首先考虑一下：谁是思想者？难道不是思想产生了思想者吗？因此他是思想的一部分。朋友们，对吗？思想者是思想的一部分，他和思想是一体不分的。因此，只要有思想者，有审查者，有这个进行评价、判定、分别等等活动的实体，那么分析就总是要产生某种矛盾，不是吗？你对深入这个话题感兴趣吗？

只要有一个同思想割裂开来的思想者，那么所有的分析就只会带来更多的矛盾。所以我们的问题是：是否可能没有思想者地观察思想？心智能不能观看某事物，而不带入一个察看者、审查者、观察者、体验者？我能不能看着一朵鲜花，而没有一个"看者"在说，"那是一朵雏菊，我不喜欢它"或者"那是一朵黄色的金盏花，我喜欢它"？当心智能够不带审查者地观看时，就无需任何分析了，因为在这样的观察状态中，存在着全然完整的理解领悟。朋友们你看，哪里有审查者和他所观察的对象，哪里就有冲突；哪里有和思想割裂开来的思想者，哪里就有矛盾。然而，当心智能够将自己从这种二元的、矛盾的模式中解放出来时，它就进入了一种洞察之境，那里有全然完整的理解领悟。

所以我们的问题是：我能够不带冲突地看我自己吗？我能够照其真实的样子看到我自身之内的东西，而没有一个观察者在说，"我真丑"

或"我真好"？我能够就只是观察我自己，而不带进一个审查者吗？

问题：我们为什么想要安全稳定？

克里希那穆提：心智为什么想要安稳？整个的社会结构是以安全稳定的要求为基础的，不是吗？在宗教上、在我们所熟悉的日常生活中，心智都害怕否定感，害怕彻底的孤独感，这就是恐惧。因为恐惧，所以才产生对于安全稳定的多重的渴望。当你有一个稳定的婚姻关系，你感觉安全多了，不是吗？当我在我的工作中感到十分安稳，我就可以机械地例行公事，我不想被扰乱。如果我的神明、我的传统、我的信仰给我安全感，我也不想被扰乱——所有这些都表明，我们的心智是非常怠惰的。意识到这一点，于是我说："我该怎么办，我应该通过什么修持训练来打破我的惰性？"因此，我们就完全落入愚蠢境地和错觉的误区。

1960 年 1 月 31 日

依附于信仰的心智无法盛开鲜花

我想，弄清"同意""不同意"以及"信服"的含义，是很重要的。这三者都意味着某种形式的"影响"，不是吗？我们大多数人会在别人的推理、解释的劝说下，同意或者不同意某事，并且会在我们心中感到信服。但是在我看来，无论是信服还是不同意，都无法带来明悟。而只有明悟，才能从根本上改变一个人的依附的本质和他的生活方式。

因此，我想我们应该是非常清楚知道的，在这儿，我们不会彼此劝说接受某种特别的思想形式、行为方式或信仰模式。我们根本关注的是明悟。这就意味着，你和我都必须非常明确，在这些讲座中，没有宣传鼓动，我不会试图劝服你相信任何事情，因此也不会有"同意"或者"不同意"的问题。一个人现在不同意某件事情，过些时候他也许就同意了，这样的心智无法通向明悟。明悟不是由同意、不同意或者信服所生，它是完全不同的东西。确定地说，明悟是心智全神贯注之时，亦即心智全然完整地观看、全面涵括地洞察整个问题之时，它所呈现的状态，在这种状态中，没有"同意"，也没有"不同意"。

我认为我们应该是非常清楚地明白这个事实的，因为我们大多数人的生活就是由"同意""不同意"或者"信服"来指引和塑造的。今天你确信某个东西，十年后你又确信完全相反的东西。你今天同意，明天又不同意。这种信服、同意、不同意的过程必定酿成矛盾状态，而处于矛盾状态的心智根本无法明悟任何事物。我们大多数人过着矛盾的生活，因为我们的信仰、我们的思想、我们的活动都是建立在信服、同意和不同意的模式上。但是我刚才说过，我们这些讲座不会彼此劝说按照任何特定的方式进行思想，或者接受某种特定的行动方式；因此，我们应该能够彼此倾听，而不带着渴望，想要按照听来的东西抵抗或者塑造我们的生活。我不会试图打碎你的生活模式，动摇你的信仰、教条，改变你的行为方式，因此我们的关系是完全不同的。我们是在力求相互理解，因此我们之间没有障碍，没有抵抗，于是我们有一种密切沟通的感觉。至少我感到在这些讲座中我们应该是这样——在探讨心智的活动方式、探讨受到心智制约的心灵时，我们有一种相互密切沟通的感觉。

因此倾听本身就变得非常重要，而不是同意或不同意，不是"我做出行动前，必须先得相信"。在我看来，这些全是一派胡言，它们反映着极为浅薄的思维方式。在我们的倾听关系中，我们是在力求理解，而这要困难得多、艰苦得多；这需要付出比只是同意或者不同意大得多的专注。接下来，让我们在心中清楚刻记这一点，来探讨习俗，它被称为"道德"；也探讨善，它被称为"美德"。

善不是培育的产物，而习俗和道德则是。已经成为某种习俗的道德，是一种被培育而成的习惯，在这种被培育的习惯中，心智追求特定的思维模式或经验模式，或者是自我强化，或者是被社会环境所强化。这种道德品质的形成过程与善毫无关系。无论心智在习俗中、在习惯中保持多长的时间，它都无法在其中发育生长，盛开鲜花，它只会枯萎衰败。习俗是一种令人枯萎毁灭的过程，而只有善良才是唯一的境界，心智在这里才能成长绽放，并且懂得慈悲同情的意义。心智可以培育道德，在品行上约束自己，但是这样的心智并不是慈悲的。它是因循守旧的、规矩体面的心智，这样的心智是适应社会的产物，它们遵从社会需要的思想模式和行为模式。

在思想的习惯中，在信仰的模式中，心智没有欢悦，无法盛开鲜花。相反，如果你关心善良的问题，就会发现在善良中存在没有矛盾的永恒的和谐。我认为理解这一点非常重要，因为我们的生活被习俗和习惯所控制，这是非常不幸的；由此，无论我们费多少力气，用某种模式的荣华或者费尽心思寻求快乐来装饰我们的生活，它都是非常狭隘肤浅的。我们的心智是受特定生活条件束缚的奴隶，是惯例和习俗的奴隶，这样的心智肯定是不良的。无论一种习俗是多么规矩严明，多么受到尊敬，它仍然只是心智追随的一种模式。然而我们大多数人都是深度地关心受尊敬和被认可。我们希望被认为是规矩体面的人，因为在这种认可的体面中，我们会感到经济上的和内心的安稳。我们愿意遵从由习俗建立起来的被认为是正确的模式。如果你深入地探索，你就会发现，习俗是通向安全稳定之门，只要心智通过了这扇门，它就不会走错路，不会得不到别人的尊敬和认可。

我真的希望你不是仅仅听到一堆词汇，或者受困于这些词汇，而是具有自我批评的觉知，由此把我所说的东西应用于你自身。我在一开始的时候说过，我们是在进行相互密切的沟通，探讨我们自己心智的盘根错节、错综复杂、精妙至微的问题；为了彻底了解心智，我们就不能有防护的态度，而要有放松的专注。

我们大多数人都依从于一定的行为方式，依从于一定的思想和行动模式，这些东西被认可是值得敬从的。而那种想要得到安稳、想要被认可为正当的好人的渴望，从它所产生的道德，无论如何同善良都毫不相关。习俗是分国家民族的、宗教派别的，是有限制的。相反，善良是没有国界的；规矩体面的心智，并不理解认可善良。觉悟这一点非常重要——心智为什么强烈迫切地渴望从属于某种东西？心智为什么要投身于某种行动方式、某种生活方式、某种信仰模式？为什么？不知你有没有想过这个问题？心智为什么想要投身于某种东西、归属于某种东西？

你知道，很多智力超群的人、作家、所谓的思想家，投身到了各种各样的组织或运动之中。他们成为共产主义者，又由于对那个运动并不满意，或者发现那个运动是破坏性的，所以他们抛弃它，转而加入别的什么组织。希望使心智依附于某种东西，这种渴望不只是存在于智力超群的人，而且也存在于我们每一个人身上。你属于某个俱乐部，属于某个团体，属于这样或那样的社群，属于某个特别的宗教或社会运动——为什么？如果你说，"我并不属于任何东西，而是和这个党派或团体的成员待在一起"，那么你仅仅是在逃避问题。我们想要确切地探明，为什么我们内心有强烈的从属于什么东西的冲动——从属于某种思想流派、某种特别的哲学、这种或那种的宗教组织或党派团体？如果我们觉悟了为什么各种层次的人们都有这种归属某种东西的渴望，那么我想我们就能够彻底阻止这种层出不穷的团体和派别的组建，阻止相互冲突的国家民族、政治党派的不停的组建，它们都是深具破坏性的。

请对这一点多加一些注意。我知道你们多数人都属于某个东西或另一个东西，而且我能想象出你们所属是些什么组织。你参加一个组织反对另外一个组织，每个组织都积极招募新成员——你知道这整个把戏，闹哄哄的宣传鼓动，劝诱他人改派更宗。但是如果你和我能够发现——真诚地、理智地、带着清醒的觉知——为什么人类的心智如此奇特地渴望归属某种东西，渴望依附于什么东西；那么我们就不会再做印度教徒、穆斯林、基督徒、共产主义者，所有这些荒诞的分裂都将一扫而光。这时我们就是具有自由的尊严的人，就是不从属于某个东西的独立个体，因此其人际关系不再以排他性的家庭、社团、国家、种族或宗教组织为基础。

我们为什么有这种想要投身于某个东西的强烈渴望？一个原因肯定是，我们看到生活中的混乱、痛苦、堕落，于是我们想要为此做点什么，有些人已经在行动，共产主义者、社会主义者、各种各样的政治党派和宗教团体——他们都声称正在做着某种事情去拯救穷人，为他们带来食物、衣服和栖身之所。他们谈论人民的福祉，他们的言论具有强大的说服力。他们中很多人具有奉献精神，艰苦朴素，夜以继日地辛苦工作。看到他们，我们说："他们是多么了不起的人啊。"我们想帮助他们，所以我们加入了他们——于是我们投身其中，只管跟着队伍走。我们加入了一个政党或者一个运动，然后按照特定的行动路线、通过特定的视角看待世界，而且不想受到扰乱。以前我们是混乱不堪的，但是现在我们已经投身这个组织，我们有了相当大的安定，我们不想再被扰乱。但是世界上还有其他的政党和运动，他们都声称同样的东西，每个组织都有才华横溢的领导人，个个都显示出非凡的、被人认可的品德。

因此，我们的渴望，急切要做什么事的渴望，使我们投身于某种特定的行动路线。我们不去探究看看这个行动路线是否包含完整的人。你明白吗？我来解释一下我的意思。任何一个特定的行动路线都是排他的，因此是只关心人的某部分。它不是关心整个的人——关心他的心智、他的人性、他的善良，等等。任何特定的运动都是局部的关切，不是完整的关切。

那么我们不仅投身于特定的运动，我们还投身于特定的信仰或生活方式。那种成为隐士、僧侣、圣徒的人，立誓要独身，要坚守清贫，时时祈祷，要做这个，不做那个，他把自己投入了那种特定的模式。为什么这样做？因为这是一种非凡的逃避手段，是一种解决他的所有问题的办法，他的心智避开了生活的无尽纷扰。他不理解这种生活的运动，他不知道生活的意义，但是至少他的信仰和自律给他带来安全感、稳定感。在生命的尽头总能够找到耶稣基督，或是佛陀，或是上帝。因此投身于这种行动方式的人是非常欢喜的。他说："有什么可怀疑的呢？这都是明摆着的。来加入我们吧，你也会懂得它的意义的。"他已成为受到尊敬的人，因为人们认为，他做的是正确的事情。

我说这些，不是尖酸刻薄，不是冷嘲热讽，我也不是批评，我只是指出事实，只是让你看到它。

我们投身进去，也是为了获得个人的满意的目的，不是吗？投身某个社群，投身某种特定的行动路线，能给我某种永恒感、某种安稳感。朋友们，请看看我们自己吧，不要仅仅是听我说。

你们都属于这些各式各样的东西，但你从来不问："我为什么要从属，我为什么要依附某种东西？"而我认为，认识理解我们为什么要依附于什么东西，这是非常重要的，因为很多人依附这个东西，之后又依附另一个东西，当他们走到生命尽头时，他们的理想幻灭了，他们陷入痛苦、绝望、忧伤。从属于、依附于某个东西，是在培育那种以习俗为基础的品行，这种品行和善良毫不相关，它是一种精巧的伪善。我就是这样的我，我不必依附于某个理想。为什么我是嫉妒的，就应该引入一个我称之为理想的对立的东西呢？我关注的是去认识理解嫉妒，深入它，看清它的全部含意。当我认识理解嫉妒时，善良就到来了。善良不是某种行为模式——看在上天的份上，请务必明白：这两者是毫不相关的。一个心中没有爱的人，可以遵从和善的行为模式，但是这样的心智品质是恶劣的，是分裂的。正是因此，对从属某事物、依附和献身某事物的问题加以认识理解，就是非常重要的。

你看，在从属某事物的背后，是追逐安稳感的热望，而且奇怪的是，这种安稳感取决于社会的认可。如果我加入了一个人们认可的政党，或是一个人们认可的宗教组织，或是一个人们认可的行动方式，那么在这种社会承认中，我就感觉到经济上的和内心的安全，同时还给我带来一定的个人好处。这样，你就开始非常清晰地看到，依附于任何东西的心智——依附于耶稣基督、依附于佛陀、依附于任何特定的生活方式，按照它去训练心智本身——这样的心智绝不可能懂得善良。它绝不可能懂得什么是爱。然而归根到底，爱才是解决我们的全部问题的唯一方法。如果心智不懂得什么是爱，没有体验爱的情感品质，那么它也许追求任何行为方式，无论那是怎样的被人们认可，是多么的好，但是这样的心智只会给别人和自己带来更深的痛苦和破坏。

所以你看到，习俗，或者是把习惯作为美德来培养，这个本身就有着破坏性的、分裂的因素。如果你清楚地看到这个过程，如果你理解了它，而且不下决心去切断它，那么它就会像一片枯叶从枝头飘落，渐渐消失。在这个消失的过程中，善良的新芽生长绽放，因此出现一种新的生活方式，它和别的东西完全不同。在我看来，唯有它才是真正神圣的宗教生活——完全不是你修持的那些东西，那些东西根本不是宗教的生活，只是一种方便的事情、是把正规的道袍披在身上罢了。它不是被习俗、被习惯所控制的心智，不是依附于某种行为方式的心智，它是一种优良的心智，能够接纳生命的不可测度。这种优良的心智不对任何东西有所渴望，在本质上它是一种运动，它是一种天赐之福，安然无求。只有当心智放下所有的要求、追问、追求——唯有此时，真实才会出现。

我已经讲了四十分钟，现在我们也许可以讨论一下。但是"讨论"是什么意思呢？这不是中小学生或者大学生的那种辩论，你提出一套观点，我提出另一套观点，就此一番唇枪舌剑，看看谁能胜出。如果你感兴趣的是这个，那么你已经取胜了，你已经赢。但是如果我们想要觉悟生命的问题，那么我们就不能耽于辩论的模式，我们就不能以喜好争辩论战之心来讨论问题。生命对于我们大多数人来说是一个问题，语言词句解决不了它，解释说明解除不了我们的痛苦烦恼。我们必须认识理解它。而要认识理解，就需要充分的爱、仁慈和善、犹疑审慎、虚心谦逊，而不要搞谁对谁错的争论。

问题：精神和身体的区别是什么？

克里希那穆提：有这样的区分吗？我不知道我们为什么最先就提出

要这样的问题。通常别人告诉我们这样或者那样的说法，然后我们想要找到什么真理。那么，为了找到、发现，揭示任何事物的真理，我们的心智就不能渴望某个结论，不能从一个结论出发，无论是肯定的还是否定的结论。我们要说："我不知道，让我们探索吧。"当这样的心智提出问题时，和"告诉我，我想知道答案"的心智相比，问题的意义是完全不同的。生命宽广浩瀚，无边无际，不可测度，你怎么可能把它攥在拳头里，说，"我找到了答案"呢？

那么，就让我们的心智处于这样的探索状态，我们来问：在心智和身体之间有着区别将二者分开吗？精神或者灵魂是和心智不相同的吗？或者说，它是浑然一体、不可分开的东西，而人们为了自己的方便把它分解成一些部分，说"这是精神，这是物质；这是身体，这是灵魂"，然后又试图再度把它们统一起来？当他无法把它们统一时，他就谈论灵魂（Atma），通过这种观点来逃避问题。我们每一个人肯定都是一个完整的生命。虽然身体和心智有所分别，但是人却是一个完整的个体。去洞察、去理解这个整体，去感觉它、品尝它、看到它的美丽，比起说什么，在这个丑陋卑微的心智之外还有一个灵魂，并用花哨的词汇美化这个"灵魂"，那是重要得多了。

先生，你的问题是什么？

问题：你说有一种以"同意"和"不同意"为基础的生活模式，而遵从这种模式的心智是不好的心智。只有具备理解、觉悟能力的心智才是好的心智；一个好的心智绝不会遵从任何模式。但是，有什么样的人，以什么样的方法，他不遵从一个模式呢？先生，当你说，"这是好的心智，那是不好的心智"，你也在遵从一种模式呢。

克里希那穆提：先生，恐怕你没有听我说什么。我只是指出一个事实——那并不意味着谴责它或赞同它，就是这样。我并不说："这是好的心智，那是不好的心智。"我的心中从来不制造这种两者的分割。

评论：但是，先生，你就是这样说的。

克里希那穆提：我不争论，先生，你赢了。

问题：我有一个问题。只要我是自我中心的，那么我的生命就必定是追逐一个又一个的东西。我可以想法离开它吗？

克里希那穆提：先生，你可以想法离开任何事情。想法离开什么事情，就是制造幻想。然而这种幻想可以显得极端真实。生活在巴纳拉斯，这里污秽横流，到处是贫穷丑陋、野蛮粗暴、饥饿状态、冷酷无情。我可以待在孤立隔绝的象牙塔里说，这些东西都不存在。我认为我已经离开了这些东西，但这显然是逃避事实。

事实是，我们大多数人是极度自我中心的，只是我们不愿意承认罢了。正是这个中心依附于某种看似具有慷慨、高尚、神圣等等特色的行动方式，但是这个中心依然故我。我们必须要认识理解这个中心，认识它的自私自利的行动。但是这种认识理解不是谴责它，而是像一个人在镜子里看自己的脸那样，去清楚地看到它。我们必须在意识和无意识中透彻地探究它，我们必须揭开它，看到它的所有方面，无论它是多么的细微。在这种认识理解中，自我中心就会枯萎消亡。

问题：我们怎样理解无意识的心智呢？

克里希那穆提：这是一个相当困难的问题。而提出这个问题的是一个年轻的学生。我们都知道，存在有意识的心智和无意识的心智。就像一条河，它不只有我们看到的光闪闪、亮晶晶的水面，而且还有黑暗、隐蔽、涌动的暗流，同样的，意识不仅有它的表面心智，还有它的隐蔽的部分。就像一条河，它的水面和它的深层暗流是一个完整的河，意识也是这样。我们只是为了方便，把它划分为意识的心智和无意识的心智。

在真正的事实上，则不存在这样的分隔。当你在有意识的层面活动时，无意识之门也同时向你敞开着。

意识层面的心智进行着表面的获取信息、学习、反映、调整，不是吗？你正在学习现代物理，你在进行表面上的调整，去适应一定的行为方式，对于你生长其中的古老文化来说，它是外来的东西。这样做是很有必要的，因为你必须挣钱谋生，你必须适应现代社会。但是意识还有更深的部分，就是隐藏的或者是无意识的心智，它是种族的遗传，是过去历史、习俗、传统的陈迹，或是你的祖先生存状态的陈迹，是别人反复教给你的东西的积留。因此，下面的东西、过去历史的积留物，与上面的、正在调整自身适应现代社会的东西，这二者就存在矛盾。你跟上我了吗？

在意识的深层你是一个印度教徒、一个穆斯林，或是别的什么，在意识的表层你学习做一个工程师、一个科学家。意识深层的东西比表层的东西强大得多，它很少浮上表面。除非我们理解这个完整的运动，包括它的表层和表层之下的过去的积留，否则我们的生命就是一种矛盾状态。

现在，我们怎样理解这个表层之下的东西呢？这是你提出的问题。换句话说，意识层面的心智怎样理解它不熟悉的东西呢？意识层面的心智是从分析、剖析下手。通过这些积极作为的方法，你怎么能观察到那种本质上是无为的东西呢？你明白吗？我将深入这个主题，但是那需要太多的时间，所以我只能稍微谈一点。

让我们假设你长大成人，成家立业，你有了自己的小孩。你的意识层面的心智整天被你的工作、挣钱、习俗、瞎聊等等占满了，它永远都在纷纷扰扰喋喋不休。但是当你晚上睡觉时，意思层面的心智多少有些安静了。这时候无意识的心智以某种象征的形式给你发出暗示，当早晨你醒来时，你说："我做了个离奇的梦。"无意识的心智在努力通过某种暗示、某种象征、某种梦境，传递出某些信息，希望意识的心智有所理解。由于意识的心智不能理解，它就得对这个梦做出解释，于是你就从释梦者那里得到更多的释义，也许他错解了梦的含义，于是又产生某种冲突。

那么，为了认识理解完整的心智活动，不仅包括意识的，也包括无意识的，你就必须觉知一天中你的每一个思想念头、每一个心情感觉。这件事情说难不难，说易不易。它需要心智说："我真的想要搞懂这全部的过程。"那么你就会对一天中正在发生的每一件事情，时刻保持留神、专注、警醒，你清晰地觉知心智和心灵的每一个活动、每一个暗示、每一丝涟漪。当你的心智如此全神贯注——全神贯注不是集中注意力——那么当你晚上睡觉时，不仅是意识，无意识也归于平静了，它不再给你暗示了。整个心智是宁静的，这不是仅仅因为它疲倦了，而是因为它进入一种全然不同的宁静。在这种真正的宁静中，在这种深深的寂静中，出现一种崭新的生命之境，如鲜花般繁盛绽放。

问题：如果我们不是革命者，怎样才能成为革命者呢？

克里希那穆提：你知道，年轻的心智、纯真的心智永远是有革命性的——革命者意味着永远不接受，永远在探究、求索、追寻，永远想要知道。这样的心智没有边界，没有尽头。但是通过所谓的"教育"和"可敬的价值"，通过适应社会，通过心智本身的野心、虚荣，以及所有这类东西，年轻的心智变成了老旧的心智、干枯的心智，只是在习惯、习俗和所依附的东西里运转。

现在，大多数人都认为，做革命者就是投身于所谓的革命组织或者运动。他们成为社会主义者，或者共产主义者，或者托洛茨基分子，或者斯大林主义分子，他们从属于这样或那样的极左运动，从属于各种形式的专制暴政，他们把这些叫作"革命"。但是如果我们观察，我们就会看到，这些根本不是革命，只是一种新的依附，用一种模式的依附替换另一种模式的依附罢了。如果我不再是一个印度教徒，转而变成了基督徒，我说我的生命发生了巨大的革命，那么这完全是胡说八道。我只不过是离开一个牢笼进入另一个牢笼罢了。革命性的心智是没有牢笼、没有模式的。它是真正神圣的心智，因为它没有任何权威，因此它是真正的好的心智——这个"好的"不是与坏的心智对立的，就像刚才那位先生提到的。你看，革命意味着自我中心的真正的转变、突变或嬗变。

1960 年 2 月 7 日

PART 09

印度，新德里，1960

影响和说服不能带来真正的改变

如果可以的话，今天我想要和你们讨论一些我们都面临的问题。在相互探讨这些问题时，我们必须清楚地懂得：任何形式的影响和说服都是十分短暂的，它们只能影响意识的表层，不能带来根本性的转变。然而根本性的转变是我们必需的。在我们的思维品质上进行某种形式的革命，显然是必不可少的。只有当我们拥有对问题的敏觉力，而不是对于问题或所谓解决问题的方案仅仅表示接受或者拒绝，这样才能带来心智的根本转变。如果你和我没有清楚地懂得这一点，那么我们在这里就只会浪费时间。我丝毫不想以任何方式影响你。我无意劝说你往某个特定方向行动，我也不想为你决定一条行动路线让你亦步亦趋。在我看来，所有这些形式的影响或者劝说都是对自由的否定。既没有好的影响也没有坏的影响，有的只是影响。影响就是宣传鼓动，宣传鼓动总是破坏清晰思考的能力。

我无意劝说你应该怎样想，如果我们之间对此有了充分的理解，那么就让我们一起来努力探索我们共同面对的诸多问题吧，让我们清晰地、不带偏见地探索深思，由此我们的心智不再被束缚，不再成为任何思想的或行为的模式的奴隶，因为无为之思是思想的最高形式。

我说的"无为"不是积极有为的反面。我们大多数人都是依据"做"和"不做"的范式进行积极有为的思考，这样的思想方式是为适应某个结论、适应某种思想的或行为的模式而做调整。模式可以是大量经验的结果，可以是进行探究和诸多实验的产物，然而它们依然是一个模式；按照一个模式进行的思想，无论多么令人确信，多么令人满意，它都是一个遵从的过程，这种遵从总是使心智受到束缚。

不过在我看来，拒绝这种积极作为的思想，只是反抗模式，绝不会创造那种具有最高品质的思想。最高形式的思想是无所作为的思想——也就是说，只是觉知积极作为的思想的谬误，看到它所造成的冲突，从这里进行清晰的、不带任何情感、偏见或结论的思考。

也许今天晚上，我们会深入探讨所有的一切，因为我们有许多的问题，而我认为，问题不是孤立的。一个问题总是和其他每一个问题相关联的，个人的问题显然就是世界的问题。当我们把问题划分成个人问题和全球问题、个人问题和社会问题、个人问题和政治问题、个人问题和公共问题，我认为这样的划分是荒谬的，根本不会让人觉悟。能够带来觉悟的是这种对完全的个人的问题的觉知或洞察。

这里有的人也许是第一次听我演讲，你们会难以理解词汇传递什么意思。词汇是符号，如果我们只是着眼于符号，那么思想就完全停止了。反之如果我们能穿透这些符号，穿透词汇和定义——不是否定它们，而是看到它们的局限性，并且超越它们——那么也许我们就能够认识理解问题了。

那么，对于我们每个人来说、对于心智来说，核心的问题是什么呢？我提出这个疑问，并不打算指明问题，好让你表示接受它还是否定它。我们是在努力认识理解——这就意味着既不会有接受也不会有否定。当你接受或者否定时，所有的探索就停止了，对问题的所有深入探究就结束了。另外，能够倾听问题也是非常重要的，不是吗？我认为，我们大多数人根本不能倾听。我们听到很多东西，但是我们没有倾听，就像我们不能不带解释地去看任何事情。

让我稍微多说一点，倾听意味着什么？倾听是一门艺术。为了倾听，你必须投入全部的专注，当你的心智诠释你听到的东西，把它转化成你已经知道的或经历过的东西，你就不可能投入全部的专注。就"倾听"这个词语的正确意义上说，倾听的心智不会依照它自己的经验去解释它所听到的东西，它根本就不做解释——它是全神贯注的。这种不带诠释的倾听，赋予心智当下的全神凝聚，到达不寻常的全神贯注境状。

不知道你是否全神贯注地倾听过什么东西？对我们大多数人来说，全神贯注就是努力集中注意力。但是，只要是努力集中注意力，就没有倾听，因此就没有理解。确定地说，倾听意味着心智是完全放松然而又是完全专注的。如果你愿意试试这种放松的专注，这就是倾听，那么我们就可以进行探索了——这种探索不是你的，也不是我的。这样的探索不受任何束缚，它不是对任何要求或需求的回应，因此，这样的探索将开启心智的自由之门。

　　在我看来，我们所有人的核心问题是这个事实：我们是奴隶——我们是社会的奴隶，是舆论的奴隶，是我们的职业的奴隶，是我们的宗教教条和信条的奴隶。一个深受奴役的心智显然无法觉知真实的东西。一个人作为一个工程师、官僚、政治人物、物理学家，在他的职业里度过了三十年、四十年或者五十年，他成为那个职业的奴隶，不是吗？他也许超出职业谈论真实、上帝、善良、美德等等这类东西，但是这样的心智显然不是自由的。而只有自由的心智才能够探索、探寻、发现和展现。

　　我们是奴隶，我们的问题不在于对此应该怎么办，而在于认识理解我们在多大程度上深受奴役。在我看来，"**理解**"这个词的意思，不是仅仅在理智上把握一个问题，它具有完全不同的意义。你可以在理智和语言的层面上，理解所有的争论、所有的理由和推论，并得出某种结论，但是这些肯定不是理解。理解必须全面地洞察生命存在的全部过程，不只是问题的分支和碎片。生命涵盖每一种事物，它没有开始，也没有尽头；生命是好的，也是坏的；生命是共产主义者、社会主义者、资本主义者、帝国主义者；生命是某种完整全面的东西，画家、音乐家、伤心的人，都居住其中。如果我想要认识理解这个叫作"生命"的不可思议的东西，认识理解它的整个的巨大宏伟——不只是宏大，而且还包括特殊细节的、局限的部分，包括小镇子、小村庄的一个人的生命——如果我想要认识理解这个叫作"生命"的不可思议的东西，那么我就必须具备全面完整地探索它的能力。在我看来，我们无法全面完整地探索它，因为我们的心智如此深受束缚，我们从这种局限性出发来回应生命的挑战，从而我们的冲突、痛苦和挣扎绵延不绝。所以我们的问题一定是：心智能否完整地回应生命的挑战，由此不再制造问题，不再和它自己发生持续不断的冲突。

我们大多数人似乎并不了解，我们的心智在外部世界和内心世界都受到奴役，达到什么样的范围和程度。我认为，除非心智觉知自己深受奴役的状态，否则它不可能让自己从这种奴役中解放。心智是传统、经验、习惯的奴隶，如果不能认识理解习惯怎样使心智受到奴役的全部过程，而仅仅试图让心智摆脱某一种特定的习惯，这样做是徒劳无益的。

此刻请稍加注意听我讲，因为在这些讨论中，我们将一步步探索许多问题，你的心智不可避免地将要面对这些问题。除非我们在开始的第一步就懂得，看清"当下之是"，也就是洞察你自己的心智的真实的状态，是很重要的，否则，仅仅是提问题并试图寻找答案，那是完全无用的。我们许多的问题——饥饿的问题、自由的问题、人际关系的问题、是否存在"真理""真实"的问题、冥想的问题，还有生命的运动、创造性这个无比深邃的问题。所有这些问题确实是浅表地或者至深地影响着我们。如果我们不能认识理解"当下之是"这个真正的事实，那么我们就无法找到任何问题的答案。我们都大多数人不愿意面对"当下之是"的事实，我们想要逃避它，人们有无数逃避的手段，它们变成了传统。所以重要的事情不是怎样让心智获得自由——不是方法、手段、纪律等等这些东西——而是认识理解你自己受到习惯的奴役这个事实。正是对这个事实的洞见，将给心智带来自由，而无关让心智获得自由的决心或解决方案。

如果我们真正地觉察到，我们是多么深度地被习惯奴役着，那么我们大多会被吓坏的。我们想要拥有好的习惯，它们被称为美德，但是习惯是机械性的，当美德变得机械性，它就不再是美德了。当心智练习谦逊，养成谦逊的习惯，那么它就不再是谦逊的，它已经失去了被称为谦逊的奇特事物的品质。如果你非常仔细地观察自己心智的运作，你就会发现它几乎是不可救药地为它自己制造某种习惯的模式，然后在那个习惯模式中机械性地运转。

我们把习惯划分成好的和坏的，好的是受人尊敬的，是被社会认可为美德的。但是被社会认可的美德，受人尊敬的美德，就不再是美德了。心智不断地追求某种纯粹机械性的行为模式，当它找到这样的模式时，它就心满意足了，因为在那个状态中，很少有摩擦冲突。这就是为什么习惯对于心智变得非常重要的原因，这就是为什么心智成为习惯的奴隶的原因。

实际上，习惯就是我们的心智，就像时间即是心智一样。我们归根到底是时间的产物，不只是日历表上的时间，而且是内心的、心理上的时间的产物，我们是多个世纪的时间的产物。我们是传统的奴隶，不仅是几千年历史传统的奴隶，而且是昨天的传统的奴隶。如果你深入探索自己，观察自己的心智，你会发现，心智总是机械性地遵从传统而运转，无论是历经千年的古老传统，还是由于当下眼前的需求而产生的新近的传统。

朋友们，我能不能建议你不要仅仅听我讲，而是要真实地觉知你自己。我的演讲只有作为一面镜子，让你看到自己心智的运作，它才是有用的。如果我的描述极其重要，而你只是表示接受或者拒绝，那么你没有观察自己的心智，那么这些讲座就完全没有意义，是浪费时间。语言描述、词汇符号，绝不是真实。"心智"这个词汇不是心智本身，如果你执着于词汇，那么你就错过了心智的非凡品质、微妙精致和深邃运动。

所以，你真正在做的是什么呢？你一定是在倾听，由此而观察你自己的活动中的心智，觉知你自己的思想的本质。在这种对于你的心智及其活动的觉知中，你既没有接受，也没有否定。没有或这或那的确信。你仅仅是在观察事实，而对于一个事实的观察，不能带有任何预设的结论。

我说了，我们的心智是时间的产物。我们的心智是影响的产物，无论是来自共产主义的影响，或是其他什么影响。我们的心智受到传统的禁锢，传统也是一种影响。我们的心智是经验的产物，经验已经形成传统。我们的心智是所有这些东西的奴隶。通过所谓的发展进步、文化和教育，通过政治运动，通过宣传鼓动，通过各种形式的调整和服从，自由的空间变得小之又小。不知你是否意识到，我们拥有的自由少得可怜。政治人物们、专家们、各行各业、广播、电视、我们阅读的书籍、报纸——所有这些东西都在影响、束缚我们的心智，使我们丧失非凡的自由之情。这是事实，我们关注于事实，而不是关注我们应该怎样做来获得自由。如果我们能敏锐地觉知"当下之是"，那么我们就懂得该做什么了，而对于"当下之是"的敏锐觉知，取决于心智的品质，它能全神贯注于"当下之是"。你也许会说："是的，我是一个奴隶，但是我无法改变，因为我必须工作，我必须履行生活的责任。"这样的看法实在是极其肤浅。你也许会说："这样生活是自然的，是不可避免。"这样的说法也是极其肤浅的。那么，我们只有深入理解"当下之是"的事实，才能够敏锐觉知我们的心智。

朋友们，让我们假设，我从年轻时就被培养成为一个官僚。现在我多少还是可以从容地但是机械地例行公事——我干这个工作四十年了，我已经是它的奴隶。我们大多数人就是这种境状，但是很少有人意识到我们的奴隶状态。一个医生作为一个专家，他是他的专业的奴隶，这个专业是他的庇护所，他为之付出了生命的大量时光。我们是我们所学专业的奴隶。我们是我们的工作的奴隶，是我们的职业的奴隶。这是真正的事实，但是心智不愿意面对这个事实。如果你观察自己的心智，你就会发现它是多么渴望推开这个事实。现在我建议你仅仅是看这个事实，也就是觉知你是一个奴隶，那么你将会发现，这样的觉知、这样的洞察，会带来它自己的行动。

但是这里出现一个问题。当我们面对某个问题时，我们大多数人都很想对它做点什么。也就是说，有一个思想者想要处理问题。然而思想者本身就是问题。

不知道我说明白了吗？

朋友们你看，我觉得自由是必不可少的——不是有条件的自由，而是完全的自由。因为只有自由的心智才是创造性的，只有自由的心智才懂得什么是爱，只有自由的心智才有善良之心，这种善良不是被培育出来的美德。因此自由是必不可少的。但是如果你观察，你会发现，知识、经验、习惯、我们所履行的各种职能，障碍了每个人的自由。

那么，心智有可能获得自由吗？——自由不是奴役的对立面。你明白吗？对立面总是反对面，不是吗？暴力的对立面是非暴力。它是一种反对，因此它具有暴力的性质。但是如果心智理解了自己的暴力，那么它就获得从暴力中解放的自由，这种情形和非暴力是完全不同的。同样的，当心智深入探索奴役的整个过程，当它认识理解了它是以什么方式、在怎样的广度和深度成为奴隶，那么就没有反对面出现，因为正是这种认识理解带来了自由，自由不是奴役的对立面。

朋友们，让我换一种方式来解说这个问题。爱一定不是恨的反面。在爱之中，没有嫉妒，没有竞争。哪里有野心，哪里就没有爱。追求权力、地位、声望的心智，不能够爱。只有否定那种被称为"积极作为"的东西，你才能理解爱。也就是说，只有当心智放下野心勃勃，不再陷于嫉妒的冲突，你才能发现、理解、感知爱的境界。如果我们要懂得什么是自由，或者说，要懂得什么是洞察之境，这本身就是自由，那么我们就必须领悟、必须全面觉知奴役的含义。

朋友们，恐怕我们并没有达成相互的交流。你知道和一个人亲密交流，意味着什么吗？在两个相爱的人之间，语言常常是多余的。当他们看着对方的眼睛时，彼此完全融汇于共同的关注；语言是多余的，因为他们是在同一时间、同一层次上进行即刻的交流。现在你和我并不处于这种交流状态，因为你没有真正地明白，我们讨论的问题就是你的问题。这不是我强加在你身上的什么东西。我只是指出它而已。你们中有的人也许意识到了自己深受奴役的状态，但是你们大多数人并不想去面对它，因此你和演讲者是分裂的，我们之间有一条鸿沟；因为你所理解的"自由"是完全不同的样子，所以在演讲者和你本人之间存在着距离。你根据你生长于其中的传统、按照你自己的方式来诠释自由，因此你完全错过了这个讲座的真正意义。如果我们之间在讨论的问题上能够融通交流，那么我们的心智就会总是处于一种最深度的全神贯注状态。

你明白我说的意思吗？

朋友们，你看，我们的生活琐碎狭隘、卑微肤浅，充满了痛苦和冲突。无论我们的手或心碰触的任何东西，都是被破坏的、扭曲的、腐败堕落的。我们周围的每样东西表现出腐败堕落。由于我们的心智狭隘卑微，所以我们一直都在苦斗挣扎，苦斗挣扎，苦斗挣扎。为了觉悟这个问题，你必须投入你全部的专注，你必须诚挚真心，不仅是在此刻，而是终其一生。我认为，"诚挚真心"和"严肃认真"是不同的。一个抱着固定结论、固守某种教条的人，他是非常严肃认真的，因此总是有些偏颇的。然而我所说的心智的"诚挚真切"，是渴望尽可能深入地透察探索生命中的每一个问题，并因此而摒弃所有的逃避。对这样的心智来说，奴役和自由的问题，实在是极为重要的问题。

政府正在全方位地摧毁我们的自由，教育正在制约束缚我们，所谓的增长进步，正以其大量的产品，也使我们降身为奴隶。也许你不认为这是个问题，但是问题却存在着。世界上有各种各样的暴政、独裁者、统治者千方百计地控制人们的头脑。这是我们每个人每一天正遭遇着的问题。相比之下，如何解释《薄伽梵歌》或者《奥义书》，根本不是问题。对于诚挚真切的心智来说，这不是问题。某人说过什么——无论是马克思，还是佛陀，还是耶稣基督——并不重要。重要的是我们亲自去认识理解我们面对的事情，而且不从过去的视角解释它们，这需要我们付出全神贯注，需要我们具备彻底的诚挚真心。

自由的问题是一个广大无边的问题，我们每个人实际上都面临着它。它不是一个由哲学家或政治人物讨论的纯理论的问题，他们无休无止地谈论着的"自由"与"和平"。自由的问题属于诚挚真心的探索者，他们希望从生命的痛苦中解放出来。但是如果你没有深切地意识到这个问题，如果它对你来说并不是一个直接的挑战，那么你就无法对它付出全神贯注。

朋友们，不知你是否认识到人是处于怎样绝望的境地。他尝试了所有的道路，他已经投身于种种的活动、种种的运动、种种的哲学、种种的宗教，到头来还是两手空空。他也许拥有信念，他也许进行思辨推理，但是所有这些都无法带来觉悟，因此他绝望了。朋友们，你明白吗？当心智看到暴政流行，看到政治成为头等大事，看到宗教组织正在控制人们的思想，于是就出现绝望。无论你经历过什么，你注定走向这样的绝望。那些陷入绝境走投无路的人，发明出种种哲学，用他们的聪明才华把别的人捕入他们的绝望之网。

因此，作为一个人，当你觉察到生活的这一全部过程，你就必须面对它，你不能说："这不是我的问题。"它就是你的问题，而且只有当你开始理解你的心智的性质、运行、非凡的活动，你才能整体地解决问题。如果你不能认识理解你自己，不论你是个什么样子——包括意识层面和无意识层面——你就只能处于绝望之境。你的智力越发达，你的绝望就越深、越广。当然了，肤浅的心智通过参拜寺庙、阅读书籍、听收音机、念诵某些没用的词语，很快就忘记它们的绝望，但是绝望依然存在。

那么，心智可以不带绝望地面对这个巨大的问题吗？确定地说，只有当心智执着于解决问题的希望，才会产生绝望。我认为，不经历希望和绝望的过程，而认识理解问题，这是有可能的——也就是认识理解心智、认识理解你自己。但是我们大多数人恰恰不愿意这样做，因为这是艰辛的工作，它要求投入全神贯注，要求持续不断地洞察每一个念头和每一个情感。然而，如果没有自我认识，那么无论你做什么，都不会有自由。我所说的自我认识，是指每时每刻地觉知和理解思想与情感的每一个活动。我不是在说"高级的我"和"低级的我"，不是在说灵魂（Atma）这个被设想的最高的我，以及所有那些东西。我正在讨论的是这样的心智，它在日常生活中活动，它受到奴役，它嫉妒、残酷、野心，它知道快乐和痛苦，它被某种方法、意象符号、幻想所捕获。重要的是认识理解你自己的心智，认识理解这个每一天每一刻都在你内部活动着的心智，因为只有通过这种清澈明晰的认识理解，自由才会升起。我要说，心智可以彻底自由，只有彻底自由的心智，才能知道有没有真实之相，有没有上帝，有没有这种心智无法量度的境界。

1960 年 2 月 14 日

学习不仅仅是累积知识

我们大家都必须意识到，一种根本性的转变是必需的。我们面临重重问题，我们必须得有不同的方式——也许是完全不同的方式——来应对所有这些问题。在我看来，除非我们理解这种改变的内在性质，否则，仅仅在表面上改革、革命，就没有太大意义。确定地说，我们需要的不是表面的改变，不是权宜之计的调整，或是遵从某种新模式，而是心智的根本转变——这种改变是全面的，不是片面的。

为了认识理解迫切需要的转变这个问题，首先就要认识理解思想的活动过程以及知识的性质。除非我们相当深入地探索这一点，否则任何改变都没有太大意义，因为仅仅从表面做出改变，那是让我们正要努力改变的东西持续下去。所有的革命刚开始都是改变人和人的关系，创造更好的社会，创造不同的生活方式。但是随着时间的推移，革命所要铲除的那些弊端又重新出现，只不过换成另一种方式，出现在不同的人群身上，与过去同样的旧事物继续发生了。我们肇始于变革，要建立没有阶级的社会，然而经过一段时间，经过环境的挤压，唯一的发现是另外一群人变成了新的上等阶级。革命绝不是彻底的、根本的转变。

所以在我看来，当我们面临如此多的问题时，肤浅的改革或者调整是无济于事的。为了带来持久的、意义深刻的转变，我们必须明白转变的含义。在环境的压力下，经由宣传鼓动，由于生活所迫，或是由于渴望遵从某种特别的模式，我们做出表面的改变，我想我们必须认清这一点。一项新的发明、一场政治改革、一场战争、一场社会革命，一个纪律体系——这些东西是在改变人的心智，但它们只是表层的改变。一个人如果诚挚真心地想要探索根本的转变意味什么，那么他一定要探索思想的全部运作过程，探索心智和知识的性质。

因此，如果可以的话，我想和你们探讨什么是心智、什么是知识的性质、"知道"意味着什么。我认为，如果我们不理解所有这些东西，我们就没有任何可能以全新的方式来回应我们的重重问题，我们就不可能以一种全新的方式去看待生活。

我们大多数人的生活相当丑陋、卑琐、污浊、痛苦不堪。我们的生存是没完没了的矛盾冲突，是一个苦斗挣扎的过程，喜悦满意转瞬即逝，痛苦悲伤绵延不绝。我们受到如此多的调整、服从、模式的束缚，从未有过一点自由，从来没有完整的生命的感受。因为总在追求实现满足，所以总是充满挫败。我们的心智永远受到各种各样期求渴望的折磨，它从来没有片刻的宁静。因此，为了理解所有这些问题，并超越它们，我们必须首先理解知识的性质和心智的活动过程。

知识意味着积聚，不是吗？你可以获取知识，但是由于其性质所决定，知识永远是片面的，它绝不是完整的。因此从知识产生的所有行动都是片面的、不完整的。我想我们必须非常清楚地明白这一点。

我不知道该不该继续往下讲，因为随着探讨的进行，如果我们要有所理解，那么我们就必须有相互的沟通。我不确定现在我们之间有没有沟通。沟通意味着理解，不仅是理解语词的意义，而且理解超越语词的意义，不是吗？如果你的心和演讲者的心，带着敏觉，在理解之中一同活动，那么相互之间就有真正沟通的可能性。但是如果你只是听讲，以便在讲座结束的时候，得知我讲的知识意味什么，那么我们就不是在沟通。你只是在等候我给你一个定义，而定义肯定不是理解之道。

那么问题是：什么是理解？理解的心智状态是什么样的？当你说"我理解了"，你的意思是什么？理解并不仅仅是理智层面的，理解不是争论的产物，理解与认同、否定和相信毫无关系。相反，认同、否定和相信会障碍理解。为了能够理解，必须得有一种全神贯注的状态，在其中没有比较、谴责，不是等着我们谈论的话题往下继续，以便你表示同意或者不同意。在全神贯注中，你中止或者搁置所有的意见观点、所有的谴责或比较的想法，你就是在听，然后发现。这就是一种探索的态度，这意味着你不是从某个结论出发，因此你是专注的，这就是真正的倾听。

今天有这么多的人，我们有可能彼此沟通吗？我想要深入讨论关于知识的问题，无论这是多么困难，因为如果我们能够理解知识的问题，那么我想我们就能够超越心智，在这种超越本身之中，心智没有了局限，也就是说没有了努力，是努力给意识带来了局限。除非我们能够超越心智的机械性过程，否则我们显然不可能有真正的创造性。为了应对这些不断繁衍增加的问题，创造性的心智一定是不可缺少的。为了理解什么是知识，并且超越其片面性、有限性；为了体验心智的创造性，我们需要的不是片刻的洞察，而是持续不断的觉知、持续不断的探索，在其中不带任何结论——要知道，这才是真正的智慧。

所以，如果你正在倾听，不仅是用耳朵听，而且是用你的心在听，它真正想要理解，它不服从权威，它不从某个结论或引语出发，它不期望证明自己正确，而是觉知这些不可计数的问题，并且看到直接地解决它们的必要性——如果这是你的心智状态，那么我想我们就可以彼此沟通了。否则，你仅仅是听到一堆词汇而已。

我说了，所有的知识都是片面的，任何因知识而生的行动也是片面的，因此是矛盾的。如果你对自己确有觉察，觉察到你的行动、你的动机、你的思想和愿望，那么你会认识到，你生活在一种自我矛盾的状态之中——你说"我想要"，同时又说"我不想要，我必须做这个，我不能做那个"，等等，等等。你的心智永远处在矛盾的状态之中。矛盾冲突越厉害，你的行动就制造出越深的痛苦混乱。也就是说，当你面临一个挑战，你必须回答它，无法避免，无处可逃，这个挑战的压力强迫你做出行动；这样的行动带来更深的矛盾和更深的痛苦。

不知道我们每个人是否都清楚地认识到：我们生活在矛盾的状态之

中。我们大谈和平，却又准备战争。我们大谈非暴力，内心根本上却是暴力的。我们大谈要善良，其实并不善良。我们大谈爱，可是我们却野心勃勃，竞争排挤，为了效率而残忍无情。于是出现矛盾。从这种矛盾中产生的行动，只能带来挫折和进一步的矛盾。知识是支离不全的，从这种知识中生发的行动，注定是矛盾的。那么我们的问题是去探明一种行动之源，这种行动不是支离不全的——我们要现在就找到它，由此创造一种即刻的行动，它是全然完整的行动，而不是说："我将在以后某个时间，通过某种方法找到它。"

朋友们你看，所有的思想都是片面的，它绝不会是完整的。思想是记忆的反应，而记忆永远是片面的，因为记忆是经验的结果。因此思想是受到经验束缚的心智的反应。所有的思想、所有的经验、所有的知识都具有不可避免的片面性，因此思想无法解决我们面临的重重问题。你可能试图通过逻辑的理智的推理来回应这些问题，但是如果你观察自己的心智，你会发现你的思想是被你的环境、你生长于其中的文化、你吃的食物、你居住地的气候风土、你读的报纸，你日常生活的压力和影响等等制约的。你身为一个共产主义者或社会主义者，或是一个印度教徒、一个天主教徒，或者无论你是什么，你都是受到制约的。你受到制约而相信什么或不信什么。因为心智受到它的相信或不信的束缚，受到它的知识的束缚，受到它的经验的束缚，所以所有的思想都是片面的。没有什么思想是自由的。

因此，我们必须非常清楚地认识到，我们的思想是记忆的反应，而记忆是机械性的。知识永远是支离不全的，所有由知识生发出来的思想都是有限的、片面的，永远无法自由。因此，不存在思想的自由。但是我们可以着手发现一种自由，它不是思想的活动，在这其中，心智就是简单地觉知自己的所有冲突和所有那些施加于它之上的影响。

我希望我表达清楚了。

我们现在拥有的教育，它的目标究竟是什么？它是按照需求对心智进行模式加工，不是吗？我们现在的社会需要大量的工程师、科学家、物理学家，于是心智在形式多样的奖励和迫使下，受到影响去遵从这种需求。这就是我们所说的教育。尽管知识是必需的，我们的各种专业不可能离开教育。但是，有没有可能拥有知识，又不成为它的奴隶呢？当我们知道了知识的片面性，我们有没有可能不让心智陷于知识的束缚，因而能够全然完整地行动呢？这样的行动是不以某种思想、某种观念为基础的。

让我这样说吧。知识与认识这两者之间存在区别吗？知识肯定是永远处在时间里的，而认识则是超越时间的。知识是从某种源点而来，从收集而来，从结论而来，而认识则是一种运动。处在持续不断的认识、学习的运动之中的心智，没有源点，心智不是从源点得到认知。我是不是把这个问题弄得更复杂了？

朋友们，让我们试试另一种说法。我们说的"学习"是什么意思呢？当你仅仅是累积知识、收集信息时，这里有学习吗？这是一种形式的学习，不是吗？作为一个工程学的学生，你学习数学等等学科，你是在积聚知识，以便在实际工作中用上这些知识。你的学习是做积聚、添加。那么，当心智不断收集、添加、获取时，这是学习吗？或者说学习是某种与此完全不同的事情？我要说，现在我们称为"学习"的这种添加的过程，根本就不是学习。它只是在培育记忆，这是机械性的。像机器一样机械运转的心智，没有学习的能力。一台机器除了"添加"的意义之外，它永远不能学习。学习是某种完全不同的事情，我将试着向你展示这一点。

正在学习的心智绝不会说"我知道"，因为知识、知道永远是片面不全的，而学习永远是完整的。学习不是意味着从一定数量的知识出发，然后附加更多的知识。这根本不是学习，纯粹是一种机械性的过程。在我看来，学习是某种完全不同的事情。我时时刻刻都在对我自己进行，"我自己"是一个具有不可思议的生命力的东西，它是活生生的、运动的，它没有开始，也没有尽头。当我说"我知道我自己"时，学习就在累积知识中结束了。学习绝不是累积，它是一种没有开始也没有尽头的认识的运动。

朋友们，我们的问题是：心智有可能让它自己从这个被称为"知识"的机械性的累积过程中解放出来吗？我们可以通过思想的过程来实现这个解放吗？你明白这个问题吗？你和我都认识到：我们是受到束缚的。如果你像有些人一样说，这样的束缚是不可避免的，那么你就不会有这个问题，你就是个奴隶，一切到此完结。但是如果你开始问自己，到底有没有可能打碎这种局限、这种束缚，那么这个问题就来了，于是你必须要探索思想的全部运转过程，不是吗？如果你只是说"为了理解并打破我受到的束缚，我必须觉察它、思索它、分析它"，那么你是在动用强迫。你的思考、你的分析仍然是你的背景的产物，因此通过你的思想，你显然无法砸碎你的枷锁，因为你的思想就是枷锁的一部分。

我们首先只要看到问题，不要寻找答案、解决方案。事实是：我们是受到束缚的，所有理解这个束缚的思想总是片面的，因此绝不存在全面完整的理解，只有在对于思想的全部运转过程的全面完整理解中，才有自由。我们的困难是，我们总是局限在心智的空间里运转，这个心智是合理的或不合理的思想的工具；正如我们已经看到的，思想永远是片面的。对不起，我要重复这句话，可是我们以为思想将会解决我们的问题，而我对此表示怀疑。

在我看来，心智是一个完整的东西。它是理智；它是情感；它有观察、分辨的能力；它是那个说"我将要""我不要"的思想的中心；它是欲望，它是实现欲望的活动。它是整体之物，它不是理智和情感分离的东西。我们把思想作为解决我们的问题的手段。但是思想并不是解决我们任何问题的手段，因为思想是记忆的反应，而记忆是作为经验而堆积的知识的产物。明白了这一点，心智该怎样做？你明白这个问题吗？

我是野心勃勃的，汲汲追求权力、地位、声望，同时我也感到必须要知道什么是爱；因此我处于一种矛盾的状态。一个追求权力、地位和声望的人，根本就没有爱，尽管他也许嘴里说着爱；这两者不可能整合在一起，无论他多么渴望这样做。爱和权力不可能手牵手。那么，心智该怎样做？我们看到，思想只会制造更深的矛盾、更深的痛苦。那么心智可以不引入思想而觉知这个问题吗？你明白吗？或者你觉得我是在说希腊语？

朋友们，让我再换一种说法。你曾经有过这种经历吗——我想你一定有过——你突然间觉察到什么事情，在觉察的那一刻，你完全没有问题的困扰？当你已经觉察到某个问题时，这个问题就完全终结了。朋友们，你明白吗？你有一个问题，你为它苦苦求索，你为它争论不休，你为它忧心忡忡，你动用你的思想限度内的每一种手段，努力理解这个问题。最终你说："我无能为力了。"没有人能帮助你理解问题，宗教导师不能，书籍也不能。你孤零零地和这个问题相伴，而且没有出路。你尽其所能探究这个问题之后，你放下它，不再管它。你的心不再为它忧烦，不再撕扯它，不再说："我必须要找到答案。"于是它就变得安静了，不是吗？在这样的安静中，你发现了答案。你没有经历过这样的事情吗？这不是什么了不得的事情。它发生在伟大的数学家、科学家身上，人们在日常生活中也偶尔经历它。这意味着什么？心智竭尽所能思考问题，用尽所有方法，无法找到答案，因此它安静下来——不是因为精疲力竭而安静，不是说："我将安静，以便找到答案。"心智遍历了所有可能的方法，无法找到答案，它自然地安静下来。在安静中，它有清澈的觉知，不带任何选择，不带任何要求，不带任何焦虑。在这样的心智状态中就有了洞察力。只有这种洞察力才能解决我们的所有问题。

让我再换一种不同的说法。当我们关注心智，我们就必须探索意识，不是吗，因为心智就是意识。心智不仅是理智、情感、欲望、挫败、成功、绝望，而且也是完整的意识，这包括了无意识。我们大多数人是在浅表的意识层面运转活动。我们日复一日朝九晚五地去办公室，或者做别的事情，一年到头充满着糟糕的问题困扰，我们在意识层面自动地运转着，就像一部机器，不是这样吗？你学会了一门生意，或者一个专业，你的意识层面的心智在那门专业的领域内运转。在意识层面之下，存在着无意识的心智。完整的意识就像一条宽阔、深邃、彭湃汹涌的河流。在水面上会发生很多事情，映照出很多影像，但那显然不是这条河的全部。

这条河是一个完整的东西，包括水面，也包括水底。意识就像这条河流，但是我们很少有人了解它的底下正在发生着什么。对我们大多数人来说，只要日子还能过得去，有一些安全感，有一点点肤浅的小快乐，我们也就心满意足了。只要我们有一点吃的，有一个小窝，做一做礼拜，供一供神明，有一点点欢乐，我们就觉得表面的这些生活足够好了。因为我们容易心满意足，所以我们从来不深入探索意识的深处。很有可能，意识深处的要求比表层的表现更强大，更有力量，更加急迫。因此意识表层发生的东西和意识深处活动的东西，两者之间存在着矛盾。我们大多数人只有到了危机关头才发现这种矛盾，因为表层的心智是如此彻底地调整自己去适应环境，而看不到这种矛盾的存在。表层的心智已经获取了新的西方文化，引进了议会政治以及所有那些商业事务。但是在意识深处，仍然保存着远古的残渣、种族的本能、无声的动机，它们一刻不停地要求着、驱迫着。这些东西隐藏得如此之深，以至于我们平常很少感觉到它们，我们太忙了，因此从来不去探索它们。它们的暗示经常通过梦境，投射到意识层面的心智中——由于时间不够，我不再深入"梦"的主题了。

所以说，心智是那样一种完整的事物，但是我们大多数人却停留在它表层的水面上。只有在重大的危机关头，我们才察觉到我们本身内部这种深刻的矛盾，然后我们就想要逃避它，因此我们去参拜寺庙，求助于宗教导师，或者打开收音机，或者做其他什么事情。所有的逃避——无论是逃避到上帝中，或者逃避到收音机中——本质上都是相同的。

那么，在意识中存在着这种矛盾，而任何解决这种矛盾的努力，或是对它的逃避，都给意识加上更深的束缚。

朋友们，我一直在用不同的方式探讨着同一个问题。我们关注心智，关注这个受到知识的教育、受到片面不全的教育的心智，如何觉识到全面的整体。因为只有当心智觉识到整体，它才会有觉悟，在觉悟中，问题就终止了。

我是否解释清楚了？我们还需要讨论这一点吗？我们可以往下说了

吗？

　　所有的思想都是受到局限的，因为思想是记忆的反应——作为经验的记忆，作为累积的知识的记忆——而且思想是机械性的。思想因其机械性，所以无法解决我们的问题。这不意味着我们必须停止思想。然而一种全新的方式则是必需的。我们已经试过了各种各样的方法和制度，我们走到了每一条道路的尽头——我们试过了议会道路，试过了社会主义道路，试过了宗教道路——它们都失败了。人类依然处于痛苦，依然在黑暗中摸索，在绝望的折磨中求索，人类的痛苦看不到尽头。所以，我们必须得有一种全新的特质，这是心智没有认识到的。你跟上我了吗？

　　朋友们，你没有弄明白，所以请你不要点头。

　　心智肯定是认知的工具，心智所认知的任何东西，就是"已知"，所以它不是新的。它仍然处于思想的范围、记忆的范围里，因而又是机械性的。所以心智必须进入这样一种状态：它进行洞察觉知，而不带有"认知"的过程。

　　那么这是怎样的状态呢？它无关思想，无关认知。认知和思想都是机械性的。让我来这样表达：它就是一种洞察状态，没有掺杂任何其他东西——也就是说，它是一种生命状态。

　　我把这个问题弄得更复杂了吗？

　　朋友们，你看，我们大多数人都是渺小可怜的人，我们的心智十分肤浅，狭隘肤浅的思想只能带来更深的痛苦。肤浅的心智无法增加自己的深度，它将永远是肤浅的、卑琐的、嫉妒的。它所能做的，唯有看清"它是肤浅的"这个事实，而且不做出某种努力去改变它。心智看清了它是深受束缚的，同时它并不急切地去改变这种束缚，因为它懂得，任何想要改变的逼迫性，都是片面的知识的产物。这样的心智就处于洞察观照的境界。它正在洞见"当下之是"。但是我们通常会怎样呢？心智是嫉妒的，于是心智就动用思想去消除嫉妒，这样就制造出一个反嫉妒的对立面，然而它仍然是在思想的范围里。现在，如果心智洞见了嫉妒的状态，而不带有谴责或者认可，不引入想要改变嫉妒的愿望，那么它就处于洞察观照的境界。正是这种洞察带来了全新的行动、全新的特质，带来全然不同的生命品质。

朋友们你看，词汇、解释说明、意象符号是一回事，生命是完全不同的另一回事。我们这里关注的不是词汇，我们关注的是生命——我们真实所是的生命，而不是我们自己梦想的灵性的存在、灵魂等等所有那些胡言乱语的东西，这些东西仍然局限在思想的范围里，因此是片面的。重要的是你所是的存在——你是嫉妒的——并且完全彻底地觉察感知这种存在。只有当你完全没有思想的活动时，你才能完全彻底地觉察感知它。心智就是思想的活动——同时它也是这种状态，在那其中有着完全彻底的洞察观照，而不带有思想的活动。只有这种洞察观照之境，才能够给我们的思想方式带来根本的转变，于是思想将不再是机械性的。

因此我们所关心的，一定是觉知心智的全部运转过程，觉知它受到的层层束缚，而且不做出任何努力去清除这些束缚——就是完全地、彻底地看清"当下之是"。除非所有的思想念头都止息，否则你不可能做到完全的洞察。在这种洞察觉知状态中，没有任何选择取舍。只有这样的境地才能解决我们的问题。

1960 年 2 月 17 日

什么是正确的行动

如果可以，我想就"怎么做"，不仅是"现在怎么做"，还有"将来怎么做"这个问题进行发声的思考，并与你一道仔细思考行动的全部含义。不过在对此开始探索以前，我想我们必须非常明白这一点：我不会努力劝说你采取任何特定的行动方式，让你去做这个或做那个。因为所有的劝说作为宣传鼓动，无论你认为它是好的还是坏的，它们本质上都是破坏性的。所以让我们的头脑保持极度的清醒：你和我正在共同探索，我们不是关注某种特定的行动方式，无论是明天怎么做，还是今天怎么做，我们关注的是，如果我们能够认识理解行动的全部含义，那么也许我们就能知道具体该怎么做了。

如果我们没有全面地认识理解行动的全部含义，而只是关心某一种特别的行动方式，那么在我看来，这是深具破坏性的。如果我们不关心整体，而仅仅关心局部，那么所有的行动肯定是破坏性的。但是如果我们把行动作为一个整体的东西来理解，如果我们能够深入感知我们的行动方式，抓住它的意义，那么这种对于整体的行动的理解，将带来局部具体的正确行动。这就像看着一棵树。这棵树不仅仅是树叶、树枝、花朵、果实、树干、树根，它是一个整体的事物。感受这棵树的美丽，就是觉知它的整体——绰约的姿形、浓密的枝叶、风中的舞影。除非我们感受了这棵树的整体，否则，只是盯着一片树叶，意义就不大。然而如果我们感受了这棵树的整体，那么每一片树叶、每一颗嫩芽，都有它的意义，而且我们是敏锐地感知到这每一个局部。要知道，敏锐地感知某个事物的美，就是觉察它的整体。心智如果限于局部去思想，它就永远无法觉察到整体。局部的东西包含在整体之中，但是局部的东西绝不可能拼凑成为整体、成为完整。

让我们看看，我们能否用这同样的方式，以勤奋和谦逊的态度，整体性地探索"什么是行动"的问题。为什么行动造成如此多的冲突？为什么行动带来矛盾的状态？什么是完整的行动？如果我们能敏觉地、审慎地着手认识理解完整的行动的性质，那么也许我们就能知道怎样做出局部的行动了。

但是我们很少有人是敏觉的——敏觉地感受夕阳之美，敏觉地感受街上玩耍的孩子，敏觉地欣赏一张美丽的脸庞，敏觉地感知一个念头、一丝声响、生活中发生的每一件事情。确定地说，只有谦逊的心智，只有不做否定或接受的心智——只有这样的心智才能够敏觉地感知到整体。心智如果没有谦逊，就不会具有敏觉，没有谦逊，也就没有探索、发现、觉悟。但是谦逊不是某种培育而来的东西。培育而来的"美德"是非常糟糕的，它就不再是美德了。因此，如果我们怀着这种自然的谦逊之情，这其中有着敏觉，我们是这样去探索关于行动的完整的问题，那么也许我们将会揭示大量我们现在尚未知道的东西。

你看，我们大多数人的困难是，我们想要一个定义、一个结论、一个答案，我们抱着一个目的。我认为这样的态度是阻碍探索的。对行动进行探索是必需的，因为生命的全部在于行动。行动不是分割成片的，不是片面不全的，它是一个完整的事物。行动是我们与万事万物之间的关系：与人、与自然、与思想、与事物的关系。生命不能没有行动。即使你遁世退入修道院，或者做一个苦行僧，或者在喜马拉雅山隐居，你仍然处于行动之中，因为你仍然处于关系之中。

行动实在无关"正确"和"错误"的问题。只有当行动是片面的而非完整的，这时才有正确与错误的问题。

朋友们，请不要接受或者否定这一点。我们是在对它进行探究。

所谓的"正确的行动"是受到社会尊敬的行动，而社会总是处于腐败状态。它认为的"好"是片面的，它认为的"恶"也是片面的。

不知道你是否考虑过"能量"的问题。所有的生命即是能量，不是吗？思想、感情、饥饿、性欲、野心、怀着生命的挫败和痛苦阴影渴望成功——所有这些都是能量的释放。有一种能量是从某个中心点发出的，有一种能量不存在中心点，我们称为"行动"的东西，总是从某个中心点扩展的能量——那个中心就是一大堆思想、观念、知识、经验、记忆、结论、定义和行为模式，那个中心就是"我要"和"我不要"。对我们大多数人来说，行动就是从那个中心流淌出来——这是我们的基本问题之一。

这是为什么？无论我们多么有活力——我们谋划、写作、探索、钻研、创造新观念、做出新发明——为什么心智不断地败坏？如果心智处于败坏状态之中，那么从哪种状态而来的任何行动就不可避免是有害的。为什么心智总是难逃败坏的命运？

不知你是否思索过这个问题，不知你是否探检省过自己的心智。当你还是一个小孩时，你充满了活力、热望、纯真，你满怀喜悦地看待任何事物，每一种平常事物对你都是有意义的。但是当你长大一些，你的心智逐渐变得呆滞，因为心智受到教育按照社会的要求接受生活，调整自己适应社会的模式。这是我们都熟知的事情。我们很少有人会停下来，静静地看一棵树，或者凝望夜晚的星空。我们的心智每时每刻都絮絮叨叨，喋喋不休，每时每刻都走向凋萎败坏。这是为什么？我们为什么失去了纯真？——不是聪明的心智想要得到天真而培育的那种"天真"，而是那种纯真之境，在其中没有否定也没有接受，在其中，心智就只是看到"当下之是"。在这种纯真状态中，充满了动人的无拘无束的生命能量。但是当我们在社会的模式中长大，我们怀着这种模式的野心、挫败、欢乐、悲伤，我们的心智变得越来越昏庸呆滞，当我们上了年纪，我们完全腐朽不堪。为什么？

现在，我们提出这个问题，不是为了寻求一个答案，而是将在省察问题时发现真相。问题从来不是和答案相分离的，问题本身就是答案。如果我省察这个问题，如果我深情地、敏觉地感知问题，如果我洞察它、探究它，那么我就在着手认识理解它；而认识理解问题，就是消除问题。但是如果心智寻求一个答案，那么它就离开了问题——我们大多数人都就是这么做的。这时候的答案只不过是逃避问题，因此问题仍然缠绕着我们。所以当我们问"为什么"时，我们仅仅是探索这个问题，这就是探究心智的运作过程。

为什么我们大多数人的心智难逃不断败坏的命运？一台设计制造精良、润滑维护良好的机器，它转动产生的摩擦力很小，因此它不会很快报废。但是，哪里有摩擦，哪里就有冲突、斗争，哪里就有败坏。冲突本身就是败坏。正是因为我们大多数人处于矛盾状态，也就是冲突之中，所以我们总是陷入败坏的境地。我们可以没有这种冲突、没有这种败坏地生活吗？如果你认为冲突是自然的、人性的，因此是不可避免的，那么这对你来说就不是问题，你接受冲突并继续走向败坏。但是如果你开始质疑它，那么这就是一个问题，你就开始探究它了。

我们已经看到，生命的全部都是行动，生活是行动，思想是行动，不思想也是行动。我们还看到，从某个中心发出的任何行动都造成冲突。当心智被拴在某个中心点，那么它注定不是自由的，它只能在这个中心的限制范围内运转。

朋友们，我们这些讲座的作用不是使你能够收集某些新思想——因为我认为新思想不可能从根本上改变人——而是要指明，观察你自己的心智是很重要的。如果你能够持续不断地觉知你的思想的方式、你的感觉的方式、你的整个生活的方式，不管它是怎样的，那么仅是这样的观察就足够了。你明白我的意思吗？如果你完整地看清并理解某个事物，那么就没有真正的问题。这就好像看一张地图，你要去某个城市或者村庄，只要你在地图上看清楚了所有通向那里的道路，看清楚了距离，那么达到就是次要的问题了。但是你必须去看地图，你必须仔细专注地琢磨地图。同样地，我们也应当如此对待我们正在探讨的问题，因为仅仅从理智层面上接受或者否认这里讲到的东西，并不能改变这一事实：我们大多数人的行动是从我们所依附的某个中心生发出来的，因此产生了无休止的矛盾、冲突。

不知我们是否考虑过：为什么大多数人渴望从属于某种东西，为什么他们想要投身于某种东西，希望成为它的一部分？我们大多数人存在这种强烈冲动，想要归属于某个组织或团体，追随某种特别的哲学或者行为模式。你对自己省察过这种强力冲动吗？你知道为什么会存在这种冲动，为什么你渴望投身于某种东西吗？比如，你们都认为自己是印度人，你们依附于这个观念。这是为什么？或者你说你是一个基督徒、一个佛教徒、一个穆斯林、一个共产主义者，或者别的什么。这是为什么？你为什么渴望归属某个东西——归属于某种哲学、某种规矩、某种信仰？不是因为你渴望得到安全吗？请不要否认它或者接受它，就只是观察它。归属于某个东西，投身于某个东西，让你有某种行动，在这其中你感到安全踏实，因为别人也都加入了这种行动，它让你觉得不是孤独的。因此，你想从属的东西，是你的行动所以产生的那个中心的一部分。

如果我们观察，我们就会发现，我们的所有行动都来自某个中心。我刚才指出，我们投身于某个团体、某种事业、某种信仰或者意识形态，我们正在从某个中心产生行动；而且还有知识这种行动的中心——即作为经验的知识，关于"过去怎样"的知识和我们认为"将会怎样"的知识。

不知你是否跟上了我？不是光听到一堆词汇，而是你真正地看到，你已经投身于某种东西，而且你的所有行动都是来自这种投身依附。这样依附归属注定会制造矛盾、冲突，因为你是在限制生命能量。生命即是关系，关系即是行动。没有人是孤立存在的。如果他是孤立的存在，那么他就是死亡的，他瘫死在自己的思想观念的圈子里。所有的关系即是行动，行动即是生命的运动，既然如此，为什么非得有一个中心，要从这里做出行动呢？朋友们，你理解我的意思吗？我认为，理解这一点非常重要。

我们通常根据某种观念做出行动，不是吗？让我们对这一点稍做省察。我们根据某种观念而行动。我们首先有一个观念，然后有符合这个观念的行动，准确地说，我们是做出努力使行动接近观念，或是弥合这两者之间的差距——观念是从经验、知识、传统等等这些背景中产生的某种反应、某种回应。

现在，我们问自己：有没有可能不带任何观念而行动？这听上去确实有点疯狂——不过，难道一个人带着某种观念而行动就不是疯狂的吗？因为他制造了冲突，而处于冲突中的东西会导致它自身的破坏。当你有一个观念，你依据这个观念来行动，由于你的观念是和行动相分离的，因此它们必定发生矛盾。你的心智处于冲突状态，处于冲突的心智就在走向毁坏。而我们大多数人终其一生付出行动去靠近某种观念，我们把这叫作理想。

因此，如果你仔细省察，你会看到，理想是一种破坏的因素——你们中没有人愿意去省视这一点，因为你们从小就被训练要有理想。然而如果你只是否定理想，那么你仍然是局限在对立性的领域里，这也是依据观念而做出的行动。

我不知道你是否理解了这一点。一个追逐理想的心智，无论这个理想是多么高尚或是多么荒谬，它实际上都是在追逐自己的"投影"。这样的心智处于自我矛盾的状态，而自我矛盾中的心智处于彻底的毁坏状态。

现在，你可以十分冷静客观地正视这个事实吗？你可以觉识这个真相吗：一个自我矛盾的心智，一个深陷冲突的心智，处于毁坏的状态？虽然你可以用不同的方式来理解或解释，但这就是一个明显的事实。一个已被训练接受了某个理想并努力实现理想的心智——这是我们生活中矛盾冲突的根源——它能够看到它处于毁坏的状态吗？你能够看到这个事实并且觉识它的真相吗？

在任何层面、以任何形式存在的所有冲突，无论是人们之间的冲突、愿望之间的冲突，还是观念之间的冲突，都是破坏性的。对于已经禁锢在这种冲突习惯中的心智来说，最最重要的是，它应当看清这个事实真相，因为解放的因素就是洞见真实的东西，而不是践行真实的东西。洞见真理是一回事，践行真理是另一回事。践行真实的东西，绝不会使心智从毁坏中解放，因为这样的践行是一种机械的过程，在这里，行动是让它本身接近一个观念——而这正好就是冲突的原因。但是如果你洞见这个真实：任何层面的所有的冲突都是破坏性的，那么另一种完全不同的行动就会发生，就不会有一个中心，你从它出发，依据某个观念而行动。

我不知道我们是否正在交流理解。我想，对于你我来说，就此问题进行相互交流沟通，是非常重要的。我们的教育、我们的道德观、我们的美德，我们对上帝的追求，等等，所有这类东西，都是建立在努力、纪律、控制、征服的基础之上，这是一个让人受到痛苦折磨的过程；一个被条规律令折磨扭曲的心智，一个被"要当什么或者成为什么"的努力所腐蚀的心灵，不可能接受或理解那种广大无边的能量，它不具有"努力"，它没有开始，也没有完结。

因此，对我们每一个人来说，洞察真实的东西，是非常重要的，那么，洞察某个东西的真相，是什么意思呢？我不知道你是否这样看过什么东西，看着它，而不给它加上一个名字。我不知道你是否这样看过一只飞鸟，看着它，而不说，它是一只鹦鹉或是一只麻雀。我不知道你可曾面对一张脸庞，而不说，这是我的妻子或者朋友或者叔叔。我不知道你是否这样观察过自己，不认为自己是个什么种类的东西，不说"我是 I.C.S①，我是个大人物"，或者"我是个小人物，我必须成为别的什么人"。

当心智的"中心点"不在了，美以及对美的觉察就此产生。当你看到湛蓝的天空下雄奇壮丽的山峰，在那一刻，心智的"中心点"消失了，你是与某个庞大宏伟、壮丽非凡的东西无言地直面相对；在那一刻，你沉浸在对美丽之物的尽情欣赏中。这是一种照见之境，在这其中，蕴含了所有的意义、所有的美德，蕴含了万事万物。当心智如此全然完整地洞察，它就获得了自由解放——这就是智慧的本质所在。

然而，如果心智怀有或是接受或是拒绝、或是谴责或是认同的想法，那么它就不可能全然完整地洞察。你们不要仅仅是听到我说的词汇，而要投入你的心，由此用你的整个生命来倾听，因为只有这样，你才能在我所使用的语词的意义上来理解洞察的重要意义。如果心智不投身于任何行为模式、任何政党、任何国家、任何传统，而是完全独立于所有这些东西——只有这样的心智才能洞察觉知真实的东西。这不是一个"没有觉察能力的心智如何学会觉察"的问题，没有什么训练、方法、系统可以用来唤起洞察力。心智所能说的就是"我觉察不了"，此外不必多说。如果你认识到你不能觉察，那么问题是：为什么？你提问不是在努力寻找一个答案，而是在投入你的全部注意力，这就足够了。你正在投入你的全部注意力，这意味着你的心智是生机勃勃的，它向每一种事物敞开了怀抱。

这样，你就开始看到，你的心智受到来自某个中心的理想、思想、

---

① I.C.S：Indian Civil Service 印度的公务员；Indian National Congress (Socialist) 印度国民大会党（社会主义派），这两者的英文简称都是 I.C.S。——译者注

行动、感受的束缚。这样的生活方式造成矛盾、冲突的状态，而且这样的心智不可避免地走向败坏。现在，当你看到这是一个事实，那么这个事实本身就足够了。你知道，对某个事实怀着某种观点，与理解某个事实是完全不同的。心智对一个事实理解，是不对它怀有任何观点的。就是这样。然而如果心智对于事实抱有看法，它就永远不会理解事实。

让我们看看印度这个国家的事实吧：饥饿、令人震惊的贫穷、彻底的腐败堕落、完全没有人的尊严。所有的政治人物分裂成各种各样的党派，他们说他们想要解决这些问题，而且每个党派都有自己的方法、自己的领袖，这些领袖说："我们将用我们的方式来解决这些问题。"对他们来说，他们的方案比饥饿的事实重要得多。他们依附于他们的方案，并从这种依附出发来行动。党派、方案成为他们行动的中心，他们无法放下自己丑陋腐化的野心和所有那些可怕的作为，这一切都阻碍着饥饿问题的解决。如果我们都团结起来说，"让我们解决这个问题吧"，那么问题就能够解决。但是我们是国家主义者，我们是欧洲人、亚洲人，我们是共产主义者、资本主义者，因此饥饿问题就继续存在。

因此，如果我们能够不戴着我们所依附的东西的有色眼镜去看事实，那么事实本身就会唤醒智慧，智慧将引起正确的行动。如果我们依附于某个理想，并因此而冲突不休，腐坏堕落，那么我们就不可能看到事实。为了看到事实，我们就不能依附于任何东西，那时洞察即是智慧；智慧将以它自己的方式，在正确的时间、用正确的方法行动。

因此，我们关注行动。当行动是出自一个中心时，能量就受到束缚，并因此处于矛盾状态。当行动没有中心时，生命的能量就是无拘无束、恒定不变、常新不朽的；它是那个没有开始、没有尽头的真实之物的运动。对我们来说重要的是，不带任何分别选择地觉知心智的中心点，也就是说，简单直接地觉知我们的依附——我们依附于一个政党，依附于知识、经验、欲望——在觉知中，对于我们所执着依附的东西，不带着任何的斗争，不带着任何的否定。我向你保证，简单直接地觉知我们行动所依据的这个中心，比起想要剔除这个中心或者改变这个中心，具有重要得多的意义和有效得多的作用。你看，没有矛盾状态的心智是清澈纯真的心志，因为它没有任何中心意识。清澈纯真一定是这样的心智的品质，在它之中，不存在"我"、自我，不存在累积的东西。只有这样的心智才能承载那没有开端、没有尽头的生命能量，它是某种壮丽非凡、不可思议的东西——你可以把它叫作真实、上帝，或者无论叫作什么，名字不是很重要了。

那么我们的问题就是认识理解生命的能量是如何被所有行动之依据的某个中心所束缚，并由此造成矛盾和痛苦。理解问题就是解决问题。如果你深入探索这个问题，你将发现不带有任何思想观念的行动，这是一种由洞察而生的行动；它的美在于它没有过去，没有将来；它是一种无始无终、不可限量的境状。

1960 年 2 月 21 日

超越孤独，才能获得自由

如果可以，我想就权威、恐惧、快乐和爱的问题，和你一道进行发声思考，并力求展开相当深入、全面的探索。在此过程中，也许我们每一个人将注意到你自己的恐惧和快乐，注意到被你称为"爱"的东西，由此我们来共同发现这些主题的涵义，看看究竟是否可能从恐惧中解放出来。也许你对恐惧有所意识或无所意识，恐惧实在是一种可怕的东西；它深具破坏性，使人虚弱无力，导致无穷无尽的痛苦。

但是在开始探索之前，我想我们内心应该非常清楚明了探索的方法。方法是非常重要的——我们怎样看待问题，我们怎样理解问题。确定地说，只有超越了单纯的语言表达，才可能有真正的省察、真正的探索。

如果我们拘泥于语言词汇的意义，那么我们就没有真正的探索能力，那么语词就阻碍我们达到充分透彻的理解领悟。

所以我们必须检查我们所说的"语词"是什么意思，不是吗？语词只是一个符号，它代表某个对象，或是我们思考或感觉的某种东西。语词和对象是不同的两回事，但是我们大多数人无意中把语词当成了对象。比如说"**印度教徒**"或者"**穆斯林**"，它是一个符号，在你的心里代表某类型的人，对你来说这些词汇和它们代表的人就是一回事；比如一个人的名字，这个语词在你的心里唤起了关于这个人的形象，包括这个人的性格特征和人品等等，这时候人的名字就变成了这个人。

那么我认为，非常重要的是要懂得：词汇并不就是事物。"**树**"这个词并不就是树本身，它只是一个符号，传达了关于树的意象。但是对于我们大多数人来说，词汇就是事物，因此词汇就变得十分重要。我们是依据词汇和符号进行思考。我想知道，离开了词汇和符号，我们还能不能思考？

如果我们要省察恐惧的问题，并探明心智能否真正从恐惧中解放——这意味着进入杳无人迹的心智最深处，那里是藏匿恐惧之处——那么在我看来，我们首先要明白：词汇不是事物。"恐惧"这个词汇，或者"爱"或者"权威"这个词汇，并不是它所表示的那个东西。

我们大多数人有着强烈的"追随的渴望"，要么我们没有意识到自己的这种渴望，要么我们认为它是自然的、不可避免的。无论如何，追随的渴望成了我们生命中极端重要的事情，除非我们追随某个东西或某个人，否则我们就觉得失去了生活的方向。我们追随某个宗教导师、某个理想、某个领袖，或者某个政党，而这种追随的渴望就是权威存在的基础，不是吗？"我不知道，但是你知道，所以我要追随你。你就是我心目中知识的化身或智慧的化身，因此我追随你。"或者我想要权力、地位、声望——政治上的或者宗教上的——因此我加入为我提供这些东西的组织，追随其领袖，他帮助我打着和平的旗号获得我想要的东西，以及其他此类种种。因此，除非我们认识理解这种渴望——我们热望追随什么东西，热望知道什么是对的，热望获得成功，热望获得某种结果——否则我们将无法理解恐惧；同时，这种渴望，与"渴望"这个词汇并不是一回事。

朋友们，除非你把我们讨论的东西真正运用到自己身上，否则你无法非常深入地探索恐惧的问题。

那么，你如何面对这个关于你自己的事实呢？你真正面对过你自身的烦扰的事实吗？或者你否定它，隐藏它，为它找借口，逃避它？你是否曾经对自己说过"我是个撒谎者"或者"我是个很笨的人"，而不带着五花八门的借口、托词或者谴责？对自己说"这就是真正的我"，然后打住，不再有其他什么——这就是面对自己所是的事实。但是我们大多数人完全无法这样做，因为我们生活在理想化的、浪漫主义的心境中，我们力求变成某种我们现在所不是的东西。因此，面对我们自身的烦扰的事实，就成为超难的问题。

你知道，我们生活在一个愚蠢得可怕的社会里，当你自己穿戴得整齐体面，看到一个贫穷无助的人，如果你拥有敏锐的感觉，那么你一定会感到负疚。你的内心越敏感，你的负疚感就越强烈。那么，我们有没有可能觉知这种负疚感，直面这个事实并看清它的全部含义，而不是转过脸去避而不见，或是试图就此做些什么？因为针对事实采取的任何行动，都是在避开对于事实的认识理解。

请注意，明白这一点非常重要。我真希望你明白，而我在努力把这一点讲清楚。除非我们可以直面事实，否则这个事实就不可能引起它自身的正确行动。今天早晨，我和你们中几个人讨论物质的问题，我们说到，每种物质有它自己的规律。你明白吗？当你用某种物质制作什么东西，那种物质有它自己的规律。你可以用黏土做一个罐子，但是你无法用黏土来作画。同样的道理，如果你不理解事实，而是试图对它做些事情，那么你就在掺入某种并非事实内在固有的东西。随着我们进行探索，这一点我们会看得越来越清楚。

对我们大多数人来说，追随某人或是某事———一个理想、一个准则、一个目标、一个政治的或宗教的领袖——这种追随已经变得非常重要。我们缺乏头脑，轻率地追随，我们从不知道我们为什么追随。我们不看事实，就说："追随是自然的，是合乎人性的，是不可避免的。它带给我成功。另外，如果我不追随什么人，或者什么理想，那么我会变成什么样？我会迷失方向。"这样的说法阻碍我们简单直接地看着"我们追随"这个事实。但是如果我们真正地看着"我们追随"这个事实，对它既不辩护，也不谴责，那么事实作为事物，就有它自己的规律和它自己的行动。

朋友们，我认为心智可以彻底从恐惧中解放出来。恐惧是最具破坏性的、使心智恶化的东西，不是吗？我仅仅是把它作为事实讲出来，而不是谴责它。当心智是恐惧的，它就没有能力清澈地思考、深入地感知，它就没有洞察力。它会开启各种各样的压抑、冲突以及破坏性的反应。如果心智不能从恐惧中真正解放出来，那么追随的渴求，也就是对权威的需求，就会产生；因此心智就变成了某种东西的奴隶——某个领袖、某个政治组织、某种宗教信仰等等这类东西的奴隶。

朋友们，除非你警敏地观察自己的心智，否则你会觉得我讲的东西非常复杂，非常难懂，但是它并非如此。真正困难的是我们大多数人根本就没有敏觉。我们的生活很肤浅——去办公室做事，为性的话题争论，追逐随意的快乐——我们满足于这个样子。但是如果我们想要探明怎样把心智从恐惧中解放出来，那么我们必须认识理解"权威"这个问题——所有层面上的权威，或者是要求你靠路左侧驾车的警察的权威，或者是政府的权威，或者是牧师的权威，或者是你自身心智的权威，它积累了经验和知识，依照这种背景的指令而行动。只要心智是权威的奴隶，无论是外界强加的权威，还是自我造出来的权威，那么它就不能深入透彻地理解恐惧，不能从恐惧中解脱。

那么，什么是恐惧？让我们对它做点探索。我这里不是谈论某一种特别的恐惧——害怕黑暗、害怕失业、害怕虫蛇、害怕传统、害怕舆论、害怕死亡、害怕疼痛，等等，这些恐惧都是和某种特别的事情相关联的，不是吗？我在谈论的是与所有事物相关联的恐惧，不是只和某种特定事物相关联的恐惧。如果我们能深刻地理解恐惧的根本因素，那么我们就能从那种和所有事物相关联的恐惧中解放出来，并由此给心智带来智慧。

大多数人都恐惧死亡，不是吗？我们的年纪越大，这种恐惧的梦魇就越强烈。我这里不是讨论死亡——我们将在别的时间讨论它。我们现在讨论的是对死亡这个事实的恐惧，你不可能通过分析这种恐惧来达到解脱。你明白我的意思吗？

不知道你是否分析过自己，分析自己的情感和念头。如果你这样做过，那么你会明了分析的含义——不是专门的精神病学家或心理学家的分析，而是自我分析。如果你做过自我分析，那么你就会发现，在分析过程中总有一个分析者和被分析的对象，分析者处于权威的地位，它懂得进行分析。

我讲的这些显得很复杂吗？希望不是这样。但是如果我们要认识理解这种梦魇——恐惧的这种黑暗阴影——那么我想我们就必须透彻全面地探索所有这一切。从恐惧中解脱，这不是小孩子的游戏；这不仅仅是说"我不会害怕"那么简单的事情。你必须观察并理解那个叫作"恐惧"的东西的不寻常的复杂性。现在我只是指出：分析无法终结恐惧。我可以分析自己并看到，我想要追随，因为如果不追随什么人或者什么东西，我就害怕我会走错路。但是对走错路的恐惧比分析的做法具有更大的力量，在自我分析之后，我发现我仍然恐惧。因此，分析，无论是自我分析还是别人做出的分析，只是在更深的或不同的层面上继续保持着恐惧。因此分析无法解决恐惧的问题。

那么，什么是恐惧？恐惧一定是存在于时间的领域之内。我害怕死亡——片刻之后死亡，或者十年以后死亡。关于明天的思虑，带着其不确定性，关于昨天的思绪，带着其快乐和痛苦，它们编织成一张恐惧之网。朋友们，你注意到吗？当你突然面对某件事情时，你并不感到恐惧。如果你在街角突然见到一条蛇，你的身体立即做出反应，本能地跳到一边，这时没有恐惧，因为你没有时间考虑。但是当你开始思考时，恐惧就来了。

我们大多数人肯定都有说谎的经验——我们说谎，是因为我们不想被人知道，我们不想遭到批评，因此恐惧是我们说假话的深层原因。也就是说，心智预见到别人将要提什么问题，它预先编好了谎话，把怕被别人知道的东西掩盖起来。如果你观察你自己，就会发现，在生活中每一个情境之下，恐惧总是和时间相关联，和昨天、明天相关联——害怕明天可能发生的事情，或者昨天已经做过的事情，随时可能被人发现，并遭到谴责。因此，恐惧在本质上是一个时间的过程。

朋友们，我希望的不是你做笔记，记下我说的话，我希望你真正地观察自己心智的活动过程。你们都有恐惧，不是吗？如果你没有恐惧，你就不会坐在这里了。我不知道你们对此是否有过思考。然而一个真正快乐的人是没有恐惧的——我不是指那种因为拥有一点什么东西而快乐的人，而是指那种无比快乐的人，他的内心充满丰沛永恒的美德，他从来不追寻上帝，从来不参拜寺庙。但很不幸，我们大多数人不是这样的人。我们大多数人处于这样或者那样的恐惧中，处于或轻微或深重的恐惧中。我可以建议你们吗？看看你自己的恐惧吧，或者是害怕你的老板，或者是害怕你的妻子或者丈夫，害怕舆论，害怕丢掉工作，害怕健康恶化，害怕死亡，害怕当不上一个重要的部长，或者是害怕其他什么。就是观察你自己的害怕，如果你很仔细地观察，你会发现，恐惧连接着时间——你感到你以后可能不会成为什么或者会变成什么，你觉得你以后必须有所改变，同时觉得你可能改变不了，等等。因此，时间是恐惧的要素：时间就是昨天、今天和明天；时间就是"过去"在"现在"运行，并导致"未来"；时间是钟表上的时间，也是内心的、心理上的时间。

因此，只有当心智能够从时间中解放，它才能够从恐惧中解放——这就是看到事实，直面事实，并且不试图改变事实。请注意，理解这一点很重要，如果你能在这个讲座结束的时候，体验到心智从恐惧中解放出来，那么你就将会懂得什么是爱，你将会懂得什么是快乐，你将是一个拥有尊严、清澈明晰、个性独立的成熟的人。个性就是清晰。一个恐惧的心智绝不是清澈明晰的。正因为如此，所以我们说理解这一点是重要的：怎样去面对一个事实，去发现是什么东西使心智把时间的因素加给了事实。事实是你是恐惧的，你看到了这个事实，但是你引入了时间的因素，你说："我必须改变这个事实，我必须为它做些什么，我必须勇敢无畏。"所有这样的想法就是在引入时间的因素，因为改变是在时间中进行的。因此，不带任何解释、辩护或谴责地去看一个事实，就意味着时间消失了。

请注意听这一点。这并不复杂。它需要你全神贯注，而全神贯注有它自己的法则。你不需要采取某种方法来训练。朋友们你看，这个世界所需要的，不是政治人物，不是更多的工程师，而是自由的人。工程师和科学家也许是必需的，但是在我看来，这个世界需要这样的人，他是自由的、具有创造性的、没有恐惧的。但是我们大多数人深受恐惧的折磨。如果你能够深入地探索恐惧，真正地理解恐惧，那么你就会获得清澈纯真，你的心智就是明晰的。这就是我们所需要的，这就是为什么懂得怎样去看事实、怎样去看你自己的恐惧，是非常重要。这就是问题的全部——不是如何剔除恐惧，不是怎样变得勇敢无惧，不是拿恐惧怎么办，而是完全地把握事实。

朋友们，你想要充分地、透彻地感受快乐的高潮，不是吗？你是这样的。当你身处快感之时，你没有谴责，没有辩护，没有否定。在感受快乐时，没有时间的因素，你的整个生命在身体上、感官上都在与快感共振。不是这样吗？当你经历快感时，不存在时间，不是吗？当你特别愤怒时，或是生起强烈欲望时，时间也不存在。只是在感受结束之后，时间才出现，思想才到来，这时你说："我的天啊，多么美妙！"或者说："真是糟糕！"如果这种感受是美妙的，你就想要更多；如果它是讨厌的、可怖的，你就想要避开它；因此你开始解释、辩护、谴责，这些东西都是时间的因素，它们障碍你观看事实。

那么，你曾经直面过恐惧吗？请仔细听好这个问题。你曾经观看过恐惧吗？或者一旦你觉察到恐惧时，你已经处于从这个事实逃开的状态？我要对这个问题做一点探讨，你将会明白我的意思。

我们给我们的各种感觉命名，给它一个词语，不是吗？当我们说"我愤怒"，我们给这种特定的感觉安了一个名字、一个词语、一个标签。现在，请你非常清晰地注视你自己的心。当你有一种感觉时，你给这个感觉一个名字——你把它叫作愤怒、性欲、爱、快乐。不是吗？给感觉命名的思维过程障碍你观看事实，障碍你观看自己的感觉。

你知道，当你看到一只鸟儿，你对自己说，这是一只鹦鹉，或者鸽子，或者乌鸦，这时你就不是在观看这只鸟儿。你已经停止观看事实，因为"**鹦鹉**"或者"**鸽子**"或者"**乌鸦**"这些词汇，已经把你和事实分开了。

这不是什么困难的智力技艺，这是心智的运作过程，对此我们必须认识理解。如果你要探索恐惧的问题，或是权威的问题、快感的问题、爱的问题，那么你必须知道：给事物命名，给它们贴标签，就障碍你观看事实。你明白吗？

你看到一朵鲜花，你把它叫作玫瑰，当你这样叫出它的名字时，你的心就已经不在鲜花上了，你没有全神贯注于鲜花。因此，给事物命名、安放词语、贴标签、用词语来描述，用符号里表达，都阻碍着心智全神贯注于事实。朋友们，对吗？是这样吗？我们可以接着往下讲了吗？好的。现在我们继续探讨讲座开头谈到的问题。我们有可能不做任何选择地、纯粹地观察觉知某个事实吗？这个事实就是恐惧。

心智沉迷于语言符号，它的本性就是使用语言进行表达。那么，它能够停止语言表达而直接地观看事实吗？不要问人"我怎样做到这一点？"而要把这个问题留给你自己。我有一种感觉，我把它叫作恐惧。当我这样命名它，我就把它与过去联系起来，于是记忆、词语、符号，就阻碍着我观看事实。心智正是在其思维过程用语言进行表达，对事物进行命名。那么，它能够不加名字地观看事实吗？你明白吗？朋友们，你得亲自探明这一点，我不能告诉你答案。如果我告诉你，然后你那样做，那么你就在追随，你就不会从恐惧中解放。重要的是你应当从恐惧中彻底解放，而不应是半死不活的人——堕落败坏的、痛苦可悲的人，永远生活在自己恐惧的阴影里。

要认识理解恐惧这个问题，你就必须进行极其深入的探索，因为恐惧并不仅仅是存在于心智的表面。恐惧不仅仅是害怕你的邻居，或者害怕丢掉一个工作，它比这些深邃得多。认识理解它，需要深入透彻的洞察力。深入透彻的洞察力需要极为敏锐的心智，仅仅靠辩论或是逃避，你的心智不会变得敏锐的。你必须逐步深入问题，这就是为什么理解命名这个思维活动的全部过程是极为重要的。当你对一整群人进行命名，把他们叫作穆斯林，或者叫作别的什么，你已经把他们撇开了，你没有把他们作为单个的人来看。因此，名字、词汇已经妨碍了成为一个人，无法与其他人建立正确的关系。同样的，当你给一个感觉命名时，你就不是在观看这个感觉，你不是全神贯注于事实。

朋友们你看，哪里有恐惧，哪里就没有爱。当你怀有恐惧，无论你做什么——跑遍世界上所有的寺庙，追随所有的宗教导师，每天重复念诵《薄伽梵歌》——你永远都不会发现事实真相，你永远不会快乐，你永远都是不成熟的人。我们的问题是理解恐惧，而不是怎样消除恐惧。如果你只是想要消除恐惧，那么吃一片药好了，它能让你镇静，睡眠。人们有数不清的逃避恐惧的方法，但是如果你躲避、逃跑，那么恐惧就会永远跟在你身后。为了从恐惧中彻底解放，你就必须理解这个命名的过程，并且认识到，词汇绝不是事物。心智必须能够把名字和感觉区别开来，不能让词汇干扰了对感觉、对事实的直接洞察。

当你这样深入透彻地探索，你会发现，在无意识的深处，在心智隐晦的深处，潜藏着彻底的孤独感、孤立感，这是恐惧的根本源头。再说一遍，如果你说这种孤独感太可怕了，你回避它，你逃避它，如果你不深入探索它，而不对它安放名字，那么你将永远无法超越它。心智必须直面内心彻底的孤独感这一事实，并且不让自己对这个事实做任何事情。这种被称为孤独的不可思议的东西，就是自我、"我"的本质，它伴有狡辩欺骗、狡猾多端，变换不定，它拥有语言词汇之网，心智被困在其中。只有当心智超越这种根本的孤独，才会有自由——从恐惧中完全解放的自由。只有这时，你才会发现生命的真实，发现没有开始也没有结束的无限的生命能量。只要心智依照时间不断滋生恐惧，它就不能理解那种超越时间的东西。

1960 年 2 月 24 日

冥想中的心智是彻底寂静的

今天晚上我想谈论一些问题，尤其是关于努力、纪律以及冥想。然而不幸的是，我们大多数人满足于理论，我们不关注实际。我们宁愿谈论同情心，却没有同情心。我们宁愿谈论善良，并解释我们为什么不善良，却不在行动上增长善良。我们如此容易满足于语言符号，满足于理念以及狡黠的解说，如果仔细省察，就会发现，这些东西不过是空话连篇。

我们将要讨论的是很复杂的问题，因此我认为，如果我们只是求助于语言词汇和解释说明，那么这将是一个大错误。我们现在的生活极为浅薄、空虚，而且我们发出大量的鼓噪，在哲理上高谈这种浅薄、这种空虚。我们阅读关于这种生活的书籍——著名的当代哲学家的书籍，或者是我们自己的传统的书本，《薄伽梵歌》《奥义书》等等一切这类的经典——我们以为我们已经懂得了生命的全部意义，懂得了它的广阔无边、它的美妙绮丽、它的复杂万端。我们以为，当我们只是读了关于自由的书本，我们就奇迹般地得到自由——这些都表现出一种满足于话语词藻的孩子般的幼稚意识。

因此，今晚我想建议，如果我们可以的话，我们来力求揭示我们在日常生活中面对的某些问题。我们都和努力、和每一天的努力相关——我们自身中的无休止的争战；我们努力奋争要成为什么，或者不要成为什么；我们的努力还包括每天去办公室、人际关系的冲突以及我们生活中其他各种各样的矛盾。认为日常生活中的努力和我们无关，认为它不是神圣的生活的一部分；在我看来，这样的想法大错特错。因此我想，我们必须关注努力的问题，马上我们就要讨论这个问题。

还有纪律的问题——共产主义者要求遵守的纪律，其他政治党派要求遵守的纪律，如果你是一个懒人，你强迫自己服从的纪律，学习某种技术需要的纪律，还有书本、老师、宗教导师所强调坚持的纪律。啊，纪律是我们生活中不可缺少的部分。

还有，探明静观默想、冥想的心智状态，确实也是我们生命的一部分。如果我们不能亲自了解冥想的、处于静观默想状态的心智的性质，那么我们就错失了生命中一个宏大的部分。因为这种静观默想的心智状态，在其本质上说，是对于美的敏锐觉知，不是只对生命存在的片面局部的觉知，而是对它的整个过程的完整觉知。

我们应该关心完整的生命生活，而不是只关心它的一部分，不是吗？政治人物只关心生活的某个部分，社会革命只应对整个社会的某个部分。在我们所有的活动中，无论是官僚的活动、科学的活动，或是其他活动，我们都只关注部分，而不是整体。如果我们不懂得整体，我们就会永不停息地和他人、和自己冲突争战。所以在我看来，我们应当探明什么是冥想状态的心智的性质，这是非常重要并且极为迫切的。

现在我们不打算讨论所谓的"冥想步骤"，因为所有的操习步骤都是机械性的。我们不打算讲冥想是什么、不是什么。首先我们必须把心智作为一个整体来认识理解，然后我们将发现或揭示冥想的性质，我们将探明纪律是不是必需，以及什么是真正的努力。如果我们能够明了思想的方式是怎样的，那么所有这些都昭然若揭。因为这是我们的真正的问题——怎样进行思想。不是吗？只有当心智中有观察的空间，我们才有可能进行思想。我们必须得有空间去进行思想，为了让思想自由飞翔，我们的心智必须宽敞打开。一个深受束缚的心智无法自由思想。只有自由的心智才可以自由地思想，没有别的办法。当心智打开了广阔的观察空间，才会有静观默想。但是我们的心智是深受束缚的，它被各种各样的技能和经验捆缚着，被知识束缚着，因此我们的观察的空间非常狭窄。

所以，认识理解意识的本质确实是非常重要的——不仅是有意识的心智，还包括无意识的心智，意识是符号象征的世界。如果不理解这个符号的世界、语词的世界、本能的世界，心智就不能自由地观察，因此也没有静观默想的空间。

如果可以，我想岔开一会儿，我认为懂得倾听意味着什么，这是很重要的，那样，我们所讲的东西也许就会有某种超越词汇的意义。在我看来，我们很少有人能够倾听，我们不懂得如何倾听。我不知道你是否对你的孩子，对你的妻子或是丈夫，或者对一只鸟儿，有过真正的倾听。我不知道你是否倾听过自己的心灵，当它观看落日西沉的时候；或者说你是否用倾听的态度读过一首诗。如果我们懂得倾听，那么倾听正是这样的行动，觉悟的奇迹在此诞生。如果我们懂得如何倾听别人说的话，那么我们将会发现他的话是真实还是虚妄。真实的东西不是你必须接受的——它就是那样。只有当妄见与妄见争锋时，才有接受和否认，才有同意和不同意。

因此重要的是懂得如何倾听。你有关于纪律、关于努力、关于冥想的某些观点，你有基于传统的或现代的方式而来的、基于你已获得的经验而来的各种各样的观念，所有这些必定阻碍着你倾听。当心智把听到的话，和《薄伽梵歌》或者《圣经》里说的话，或是和其他人说过的话加以比较时，就没有真正的倾听。当心智进行比较时，就根本不存在理解，因为进行比较的心智停止了对事实的明观。

因此倾听完全是一门艺术——用你的整个生命来倾听。当你对某事特别感兴趣的时候，你就是在这样倾听。如果能赚到更多的钱，或者能够出名，那么你会用整个生命去倾听，不是吗？当你想要得到某种对你特别重要的东西时，你是如此渴望，以至于你放下所有的比较。因此，当某事对你有利可图时，你确实会倾听——现在，你可能正是这样在听这个讲座吧。如果是这样，那么不幸的是，这个讲座你就白听了，因为这里讲的东西不会让你有利可图，你不会从这个讲座赚到钱，无论是这一世的金钱还是来生的金钱。你要做的唯有探索、揭示、发现，这就要求你不只是倾听，还要全神贯注，全神贯注不仅仅是集中注意力。

你知道全神贯注和集中注意力的区别吗？一个集中注意力的心智并不是全神贯注的心智，但是一个处于全神贯注状态的心智却能够集中注意力。全神贯注绝不是排他的，它包含着一切事物。如果你是全神贯注地倾听这个讲座，那么你同时也会觉知到鸟儿的叫声、道路上的嘈杂声、你自己的态度、你自己的一举一动，还会觉知你自己的心智活动。但是如果你是为了达到全神贯注而集中注意力——它意味着紧张和排他性——那么你会发现这样的集中注意力无助于觉悟。关于这个问题，我今天就不继续往下讲了。

我想要传递的是：心智是符号的世界，是记忆的世界，是知识的世界；只要心智继续局限在它自身的领域里，它就无法自由地活动。因此在我看来，冥想就是你亲自发现和领悟被努力、被纪律加给意识的枷锁，就是这么一个完整的过程，并通过这个冥想的过程，赋予心智广阔而深邃的空间，不再有它本身的焦虑和恐惧的束缚。

我们探索的第一步，首先一定得看到，生命是无限宽广的，它没有开始，没有尽头。只有当生命是"你的"，也就是说，只有当你从某个中心点出发去活动，生命才有一个开端和一个尽头。这个中心就是那个追逐快乐的"你"，就是那个争执抢夺、野心勃勃、自负、愚蠢的"你"，就是那个于某日诞生，正在走向死亡的"你"。围绕着自我的中心运转的心智，就好像一个人，在宽阔深邃流动的大河岸边，为自己挖了一个小坑，然后终其一生蜷缩在那个坑里——我们大多数人就是这样做的。我们在这个小坑里相遇，我们在这个小坑里培育美德，我们在这个小坑里贪欲炽盛，我们空虚自负，诸如此类等等、等等。我们从来没有进入过完整丰沛的生命之流。我们所有的抱负、理想、纪律、控制、调整，都发生在这个我们称之为"我们的生命"的狭小琐碎的安息地里——然而真正的生命就要是超越这个小水坑，真正的生命是流动不息的，它没有开始，也没有结束。

我们必须把生命看作一个事实，而不是把它当成一个理论，不能说：

"这个听上去太棒了，但是它不可行。"我们必须深思熟虑，要在每一天的生活中，活出生命的本来应有之义。否则我们继续像现在这样，沉溺在痛苦烦恼之中。我们处于矛盾之中，我们困顿迷茫，我们充满悲伤，内心干涸贫瘠，我们的快乐如此空洞，这是因为我们把自己和非凡的生命运动割裂开了，我们对它知之甚少。这不是一个诗意的譬喻，我所说的，不是浪漫空想的情感抒发。我正在谈论一个事实，它是我们必须在每天的生活中直接体验的事实，而且不能把它当成某种必须努力奋斗来争取的东西。因此我们必须认识理解努力的问题。

什么是努力？不知道你是否想过这个问题。我们在一刻不停地付出努力，不是吗？早晨你还没睡够，但是闹钟响了，于是你努力挣扎着从床上爬起来。稍后到办公室上班，你又得努力工作。学生们得付出努力，才能够通过可恶的考试。还有努力遵从道德，努力控制自己的心灵，努力协调人际关系，努力达到某个目标，等等。对我们大多数人来说，生命就是一个努力、努力的过程——是没完没了的冲突。这是为什么？你有没有想过这个问题？

我们大多数人付出努力，一定是因为我们害怕不努力就会变得更加懒惰，或是丢掉工作，或是生活更加艰难。因此在努力的背后，隐藏着恐惧。请观察自己，看看你的努力，你会发现，你害怕，如果不做出努力，自己就睡着了——身体上的、精神上的、内在心灵的睡着。而且我们说，像这样活着，是自然的，是我们生命的组成部分。我们周围的一切事物都在努力。一棵树必须努力才能生长，如此等等；因此努力是不可避免的。但是让我们对此稍加一点探索，看看努力是否是不可避免的。

努力就意味着冲突，不是吗？如果没有冲突，你还会做出某种努力吗？请你一定要思考这个问题，同我一起深入探索它，因为我想要揭示一种状态，在那里，心智是没有努力地运转着，在那里，这样的心智比做出努力的心智更加生机勃勃，富有深广得多的智慧。努力一定意味着冲突，外在的冲突和内在的冲突。冲突起源于我们自身中的矛盾。如果你没有自我矛盾，你就会是你真实的样子：愚蠢、狭隘、暴力、嫉妒。

发现你的真实样子，绝不会制造冲突。只有当你想要把你的真实样子变成别的什么样子时，才会产生自我矛盾，并由此产生冲突。努力一定意味着二元性，不是吗？——好的和坏的、快乐的和痛苦的，等等这样的二元性。二元性就是矛盾，只要心智处于和它自己的矛盾之中，就一定会有冲突，其表现形式就是努力。因此我们的问题不是我们能否不带努力地活着，而是我们有没有可能彻底根除这种自我矛盾的状态。这是一个问题，我们稍后将加以讨论。

现在来讲：我们说的"纪律"是什么意思？从我们还是小孩子的时候，我们就被训练要服从，服从大人，遵守传统，效仿某个榜样、某个英雄人物，调整自己适应某种现成模式。那个模式、那个英雄人物、那个传统总是深受尊敬——受尊敬就意味着被社会认可，认为这是有价值的。

请你注意这一点，因为这是在描述你自己的生活。

在每一个政治的或宗教的组织中，都不可避免地包藏着极端保守的种子，你能看到这是为什么。这些领袖有着某种既得利益；他们是其组织或党派中的大人物，他们不想失去这样的地位。他们打着"和平"的旗号、打着"兄弟手足"的旗号以及其他种种胡说八道，来实现他们的野心。因此，每一种宗教组织和政治组织都一定是保守反动的温床。他们希望事情就照老样子继续下去，顶多只是做一点轻微的修改。

同样的，一个被组织化的、服从纪律的心智——纪律意味着压制、服从、模仿、恐惧——无论是在政治的还是在所谓宗教的领域，这样的心智是保守的心智。它害怕改变，它因为新生的思想而惶恐忧虑。但是这不意味着，不属于任何组织的心智就是自由的心智。如果你用非组织的心智来反对有组织的心智，那么你就不会明白我所说的意思。我只是在说一件事情，即有组织的心智、服从纪律的心智——那些模仿、服从、跟随的心智——并不是它的反面。这样的心智注定引来恐惧，由此反对任何改变、转变、革命。我说的"**革命**"，不是指经济的、社会的或政治的革命。这些层面的革命只是局部片面的，因此它们根本不是革命。革命不是局部片面的，它是某种全面的整体的事物，它跟政治的或宗教的信仰毫无关系，跟经济的突变毫无关系。革命一定是整体的根本的，它是在心智上、在思想的品质上、在生命的品质上发生的革命。

我们大多数人都经受了训练，变得驯顺服从。如果你属于某个政治党派，那么这个党派的驾驭者、领导们就要你遵从党的路线。如果你提出批评，你就得走人。宗教组织也是一样，你不能批评教皇或者商羯罗查尔雅，或者任何重要的、有势力的宗教领袖。因此一个遵从纪律的心智是反对自由的，因为它的思想是有组织地驯顺服从，是按照某种模式来转动的。一个遵从纪律的心智是没有探索能力的，因为它没有探索的空间，没有发现的自由。如果你是在遵从纪律的框框里探索上帝，那根本就不是探索，那不过是重复传统的喃喃而语。如果你想要探明是否存在真实之物，那是没有开始也没有尽头的能量，它不属于任何信仰，不属于任何宗教组织——如果你想要找到它，那么你的心智必须懂得这个被训练去服从的过程。你还必须懂得为什么在思想者和思想之间存在着冲突。

如果你观察自己的心智，你就会看到，在经验者和被经验的东西之间、在思想者和思想之间，存在着一种冲突。思想者是审查者，是判决者，他说："我不能成为这样，我必须成为那样；那个是快乐的，我必须得到它；这个是痛苦的，我必须躲开它。"因此就出现思想者和思想的分割。这是每天都发生的事实，是你熟知并接受的，不是吗？思想者总是企图控制、改变思想的运动。你说：这种分割及其冲突，就是生命不可避免的一部分。

现在我们关心的是完全地消除冲突，因为一个冲突的心智是愚蠢的心智，它就像是一台运转很差的劣质机器。它可以在它的冲突中显得非常聪明，它可以产生大量著作，可以雄辩地演讲，可以创作诗歌来表达它的奋斗和压力，但是它不是一个盛开善良之花的心智，它盛开的是矛盾和痛苦。因此我们现在关心完全地消除冲突。只有当心智从冲突中解放，它才能呈现它的真实之状，那时它才能拥有不可思议的创造力——这一点我们现在就不深入讨论了。

只要存在和思想分离的思想者，就存在冲突。你接受这种分离及其冲突，认为这是不可避免的，但是它们真的不可避免吗？你说："这是我的实践经验。"但是即使是商羯罗、佛陀，以及其他所有这类的人，都这样说过，我能否建议你把这些权威的说法、把你自己的经验的权威放到一边，再来检视它。

有一个和思想分离的思想者吗？还是说，只是有思想，是它制造了思想者？如果没有思想，那么显然就没有思想者。

朋友们请注意，这可不是文字游戏，这不是一个你可以接受或者否认的争论。如果你按照接受或者否认的模式来思考，那么你是生活在一个虚妄的世界。我正在提一个问题，这就是：如果没有思想，思想者在哪里？因为思想是飞逝如电、瞬息生灭、变动不居的心念之流，它需要一个恒常不变的实体，所以它造出了思想者。你难道不想要所有事情永久不变吗？你的工作、你的财产、你的银行账户、你和妻子或者丈夫的关系——你不想这些东西永久不变吗？你想要你的灵魂来世延续；你想要你的思维方式、你的生活方式、你的舒适、你的浮华永久保持。因此你的思想造出了一个恒常不变的实体，这就是你说的"思想者"，而且你赋予了思想者各种各样的性质，把它叫作灵魂、高我，等等所有这类东西。但是所有这些都是在思想的领域之内，而且思想就是时间，因为思想是记忆——作为知识或者经验的记忆——的反应。

因此，思想造出了这个思想者，这个审查者，这个观察者。那么，没有审查者地进行思想是可能的吗？你明白吗？没有观察者地进行观察是可能的吗？朋友们，请不要表示同意或不同意，你必须亲自探明这一点。你自己的一个直接体验，比所有的书本加在一起还要珍贵。如果你能够自己探明什么是真实，那么你就可以烧掉所有的《吠陀经》《奥义书》《薄伽梵歌》以及《圣经》，它们不值一读。

现在，你必须亲自直接地探明，是否可能实现这种状态：没有思想者地进行思想，没有体验者地进行体验？朋友们，请注意，这并不复杂难懂。当你暴怒时，有一个观察者吗？只有当情绪的爆发出现之后了，你才说："我的天哪，我发火了。"然后你开始辨别，开始发出谴责；内心出现矛盾、冲突，并努力遵从被社会认可的受敬重的模式。朋友们，你明白吗？那种模式是被认可为值得敬重的，否则你不会努力遵从它。然而"受敬重"是一件很讨厌的、糟糕的事情，因为它打开了平庸伪善之门。

因此我们的问题是认识理解冥想中的心智状态，因为冥想是生命的本质——但是不是很多人正在练习的所谓冥想，坐在一间屋子里，重复念诵好多词语，那不是冥想。重复念诵只是让心智昏昏入睡，而你吃一片镇静剂也能够很容易地达到同样的效果。我知道你不会喜欢我说的这些话，因为你发现，按你们的传统重复念诵某些词语或者名号，经过大约十分钟，会让你的心渐渐安静下来，但是心智不过是睡着罢了，而这就是你所谓的"冥想"。当你做祈祷、请求、乞求得到某种东西，为了你自己，为了你的国家，为了你的党派，为了你的家庭，你也把这个叫作"冥想"。你掏出内心贫乏空空的乞讨碗，希望什么人物来把这个碗装满。这不是冥想。如你将会看到的，冥想是完全不同的某种事物。只有当心智拥有观察的空间，冥想之境才是可能的；而被压制、被训练去服从某种模式的心智，则没有这样的空间。一个处于冥想、静观默想的状态的心智，并不努力争取要成为任何东西。

朋友们，我只是尝试用不同的话语，来传达我以前讲过的东西。如果你在过去四十分钟里面没有听我讲，那么你无法明白我现在说的是什么。

一个静观默想中的心智是超越意象符号的；它没有幻象想象，因为幻象想象是心智被束缚于其中的现实背景的投影。一个静观默想中的心智通常对于努力已有觉悟，因此它不再做出努力；因此这里没有观察者，没有审查者。一个静观默想中的心智，也就是冥想的状态，它是彻底寂静的，这种寂静不是刻意引发的。你可以训练你的心智，让它宁静，但是这只不过是你希望得到你所欲求的东西，而遵从于某种模式；因此它并不是宁静。冥想中的心智全然寂静，这种寂静不可以设计，不可以希求，不可以培育。这种寂静是刹刹那那地恒时存在，它没有连续性；因此它不可以操习，它不可以被培植增长，就像你不可以培植增长谦逊一样。你明白吗？如果你培育、增长谦逊，你就不再是谦逊的；你就不懂得谦逊的含义。把"培育谦逊"的事情留给那些圣人们、领袖们去做吧，他们充满自负，因此他们培育"自负的对立面"，希望借此变得继续地更加地受人尊敬。培育美德是受到限制的努力行动，因此这种寂静的品性不是某种培育的东西。

冥想中的心智是在这样的状态之中，在那里，没有思想的活动，因此也就没有心智生活于其中的环境背景的投影。只有当心智懂得了我们所谈到的这一切——这个"懂得"是指已经觉察洞见了事实真相，而不仅仅是接受了讲座中的词汇和解说，这些都是灰烬——因此而达到彻底的宁静，这种宁静不是靠调息术或其他任何把戏来引起的——只有这样的心智才能知道不可估量的、永恒的存在，那种没有开始也没有尽头的存在。

1960 年 2 月 28 日

心智是可以超越时间限制的品质

今天晚上我想谈谈革命和宗教。在我们开始探索以前，我想我们首先应该明白"学习"的含义。只有当我们按照事实的实际所是的面貌去看它们，我们才能对它们进行学习。但是我们大多数人不能如其所是地看事实，我们总是试图诠释事实，或是做点什么来改变事实。当我们面对一个事实时，我们大多数人都是带着偏见、带着喜怒无常的偏好、带着我们特有的知识或经验（或者是科学的、官僚的、商业的、宗教的知识经验，或者是我们所具有的无论什么知识经验），去对待事实；因此我们从不真正地观看事实。在我看来，只有当我们不带任何预设的结论、观念、观点地看待事实，我们才能对事实进行学习。唯有如此，事实才会展现出它自身的意义。

因此，今晚我要建议，探索宗教的问题和革命的问题，我们要带着这个意向来开始，就是看清什么是事实，这就意味着，我们必须抛开我们所受的制约条件去观看事实。这样做会非常的困难，因为我们受到如此沉重的制约束缚——作为印度教徒、作为穆斯林、作为基督徒而受到的束缚，政治的束缚，技术的束缚，以及其他方面的一些束缚。但是如果我们能把各种各样的制约条件抛到一边，去观看事实，那么我想我们就能够展开无可限量的学习。

我们要学习的事物，是这个我们称之为生命的非凡的运动。在学习中没有开始，也没有尽头。只有当我们怀着狭隘的偏见和偏好来对待生命时，我们才会停止学习。生命是无限宽广的，不是吗？它包含着所有一切：它的美丽，它的痛苦、悲伤和矛盾，它的贫困、堕落和恐惧，它的焦虑、希望和绝望，生命其实是无可限量的；为了觉悟这一切，我们的心智必须具有无可限量的广阔全面的理解领悟力。但遗憾的是，我们大多数人没有这样的能力。当我们面对一个至关重要的问题时，我们做出的回应总是被我们所受到的制约条件、被我们的偏见等等来决定的。

今天晚上，就让我们看看，我们是不是无法怀着充分的意向，严肃认真地放下我们所知道的或者是我们认为我们知道的所有东西，放下我们所熟悉的一切东西，去观看真实的事实。这样我们也许就能够学习。学习就是行动。行动和学习是一体不分的。学习的活动就是看到问题的意义——它的宽广、它的深度、它的高度，这就意味着全面的理解。对于问题的这种洞察就是行动。行动和洞察是一体不分的。但是当我们对问题抱有某种观点时，这个观点就是和行动分离的东西，因此引发怎样使行动合于观点的进一步的问题。因此重要的是不怀恐惧、不怀焦虑、不带着我们反复无常的评价考量，去观看问题，这样我们就能够学习，这个学习的活动就是行动。

我想，在我们往下进行之前，我们应当非常清楚地明白这一点，因为我们必须行动，我们必须在我们的思想上、在我们道德的上、在我们的种种关系上带来巨大的革命。在我们生活的所有方面，显然必须有根本的转变，有全面的革命。但是如果我们不懂得这个基本的事实：有理解就有行动，那么我们就不能进入那种革命状态。行动不是和理解或洞察感知相分离的。当我认识理解了一个问题时，正是这种理解就包含了行动。当我深刻地洞察感知时，正是这种感知带来它本身的行动。但是如果我仅仅是思辨推理，如果我对这个问题持有某种观点，那么这个观点就是和行动割裂开来的，这就引发了如何实现这个观点的进一步的问题。因此，让我们非常清楚地记住：理解就是和行动相分离的。

　　现在，事实是什么呢？其中一个重要的事实是：全世界的宗教和政治领袖们，和他们的追随者是一样的如此困惑混乱。宗教领袖们也许会说，"我们不困惑，我们拥有我们的信念、我们的信仰，我们知道，我们懂得，什么是真理。"但是这些宗教领袖是基督徒，或者印度教徒，或者穆斯林，他们的心智被某种模式所铸造，被他们生长于其中的文化所制约。如果让他们离开他们的制约条件，他们就完全迷失了方向。每一个宗教领袖都有一群追随者，他们承认他的权威，这种权威的基础是领袖和他的追随者互为条件。印度教徒不会去追随教皇，基督徒不会去追随印度教的上师——虽然某些时候一个印度教徒可能因为受到搅扰，理想破灭，从而改变宗教，到基督教的权威中寻求庇护所，基督徒也可能这样转变。

　　宗教领袖和政治领袖一样，根本上是困惑混乱的。他们都处于某种矛盾状态。虽然政治领袖们热衷谈论和平、世界大同，到处炫耀这类轻飘飘的大话，用它们来盘剥利用人民，但他们却处于困惑混乱之中，处于矛盾状态之中。这是一个事实。另外一个事实是：追随他们的你，同样是困惑混乱的。你出于困惑混乱而选择你的领袖，你在困惑混乱中选中的领袖必定是同你一样困惑混乱的。如果心智本身非常清晰，能够完整地、完全真实地看清每一样事情，那么它就不会追随任何人，也不会成为一个领袖。

我们都是混乱不清的，这是一个重要的事实。我们很少有人认识到这种完全的混乱不清——"完全"是指我们整个生命都是混乱不清的。我们大多数人说："我们只是有部分的混沌，我们在很多方面相当清醒，我们正在努力凭借这种清醒之光，消除我们的局部的混沌。"但是一个混沌不清的心智只能在混沌不清中思考。它可以提出一些清楚的想法，但是它依然是混沌不清的。哪里有混乱不清，哪里就必定有败坏退堕。你可能拥有更好的农业科技，拥有登上月球的火箭，等等其他所有这类东西，但是你的内心却包含败坏退堕的意识。为了应对生命的问题，我们试验过了各种各样的方法，它们都失败了。宗教失败了，教育失败了，政治实际上起到极小的作用，因为政治人物只关心人的局部，从来不关心完整的人。政治人物只盯着眼前的问题，从来不放眼整个长远无尽的时间。因此就有困惑混乱，有堕落败坏的意识；有无言的痛苦悲哀和巨大的、无尽的绝望。

不知道你是否察觉到绝望这个事实，这种没有出路的感觉。人类已经尝试过各种各样的方法。他尝试过知识，他尝试过宗教组织，他尝试过各种各样的哲学体系，最后他一无所得，仍然没有出路，因此而感到绝望。人类的尝试已经走到尽头。不知道你是否意识到这个事实！也许你仅仅在你个人生活的层面上尝到绝望的滋味。当你特别想要什么东西却得不到，你感到绝望；当你的妻子或者丈夫，你的儿子或者兄弟死亡，你感到绝望。如果你是一个小人物，却热望富贵而闻名，那么你也许因为不能达到你的向往而感到绝望。所有这些，都是生命中更宽广、更深邃的绝望的一个部分。在这种绝望之中，行动失去了意义，在这种绝望之中，寺庙、哲学、宗教导师都不再有任何重要性。当然这个世界上还有娱乐、消遣，有肤浅表皮的生活，有各种各样的逃避手段，但是我们不必理会这类东西，因为我们是严肃地面对生命，我们已经看透了它们。

我们混乱不清，败坏堕落，带着不可救药的绝望感，那么，面对这些，我们该怎么办？我们大多数人求助于信仰——信仰宗教的权威，或者信仰国家的权威，以此作为解决我们的问题的一种手段。

请注意这一切事实，因为我们必须造就一种崭新的心智；我们必须产生一场根本的革命、一种深刻的突变，但是如果我们不能意识到所有这些事实，那么这种革命就不会产生。

我说了，面对此刻的重重危机，我们大多数人求助于信仰——信仰上帝，或者信仰国家，或者信仰某种未来的乌托邦，由共产主义者、社会主义者或者政治人物们所炮制的神奇美妙的新世界。如果你观察信仰，你会发现它是一个异乎寻常的事物，因为它表明，我们想要附着于由某个领袖、某个专家、某个政治人物或者牧师为我们炮制的某种事物。也就是说，我们困惑混乱，一切都无常变化，无法确知，我们处于绝望境地，因此我们希望抓紧什么东西作为依靠。于是我们或者是求助于复兴某种死去的宗教，或者是梦想得到政治人物、经济学家、科学家的帮助，建立一个新世界，等等。我们崇拜上帝，而牧师或者宗教组织就成了上帝的代理人；或者我们为了建立一个所谓的新社会而努力工作，我们希望依靠这些东西解决我们的所有问题。因此信仰一定意味着权威，不是吗？——我们寻求依靠的愿望，造出了这些权威。

请注意这一点——不仅仅是听到词汇，如果你愿意，而是要观察你自己的内心。今晚我们为什么要聚集在这里？我们正在力求彼此沟通。我在进行发声的思考，这不是在做道德说教——那是一种糟糕讨厌的事情。我也不是在规定法则，那是所谓的领袖们所做的另一桩令人厌恶可怕的事。我们是在就这些困难问题努力进行相互沟通。因此你必须观察自己的内心，你必须观察自己的生活，你必须认识自己受到束缚制约的各种条件。我只是在做语言描述，而你如果只是满足于听到话语，那么我讲的话就没有太大的意义。

对我们大多数人来说，当我们困惑混乱，处于绝望时，我们就想要追随什么人，因此我们信仰某个领袖，或者是宗教领袖，或者是政治领袖。但是，一个混乱绝望的心智追随另一个混乱绝望的心智，这样只能造成更大的痛苦、更大的混乱。你透过你的混乱不清来选择一个领袖，因此这个领袖本身就是混乱不清的，因此你的追随毫无价值。当你看清了这个真相，你该怎样做？

关于宗教，如我们所知，这种将我们束缚制约的宗教，并不是解决我们生命问题的真正答案，尽管真正的宗教是解决的答案。让我们来探索这个问题。我们看到，就像我们自己的生活那样，这个世界充满了痛苦混乱，但是我们不理解这个世界，因此我们求助于宗教，希望宗教能让我们理解生命，理解真理、上帝，无论你愿意叫它什么，然后发生了什么呢？宗教带着它的一套迷信说法，带着它的信念和法令，告诉我们：有一个上帝，我们必须这样，我们不可那样，等等、等等。也就是说，我们受到宗教的制约束缚，我们在它的环境中长大，我们或者是求助于它，希望找到解决问题的答案。这种制约束缚不是一个有意识的过程，它通常是无意识的。但是，一旦我们察觉到我们所受的这种制约束缚，那么我们就发现，宗教事实上并不是答案。

实际来讲，宗教本质上是建立在观念、信仰、权威之上的。一个人如果每天参拜寺庙，诵读《薄伽梵歌》《圣经》或者《乃玛孜》，进行特定的宗教仪式，无休止地念念有词，念诵克利须那、罗摩，这个或那个的名字，佩戴所谓的"圣线"，热衷于朝圣之旅——你认为这样的人是虔诚的宗教人士。但是这肯定不是宗教。这是一种丑陋、糟糕、愚蠢的事情。但是我们大多数人都深陷这其中，不能自拔。要从这里跳出来，要打破我们所受的制约束缚，这需要付出极大的生命能量，但是我们却没有这种能量，因为我们的能量都用在了挣钱谋生以及抵御任何形式的改变。做出改变，就得与社会逆向而行，不是吗？但是如果在一个印度教的社会里，你不做一个印度教徒，或者在一个婆罗门教的社会里，你不做一个婆罗门教徒，或者在一个新教或天主教的社会里，你不做一个基督徒，那么你可能发现，找个工作都很难。

因此，我们的一个困难是，要在我们自身造就一场革命，这需要巨大的能量，而我们很少有人具有这样的能量，因为在这个意义上说，能量意味洞察力。要非常清晰地洞察任何事物，你必须对它投入你的全部注意力，但是如果你怀有任何恐惧的阴影——经济上的恐惧，或社会层面的恐惧，即对舆论的恐惧，那么你就无法投入全部注意力。由于我们处在某种恐惧状态，于是我们把真实或者上帝看成某种遥远的、神秘的东西，看成某种我们必须努力追寻、摸索的东西——你们知道我们所玩的所有这些把戏，我们用它们来逃避我们的日常生活的冲突，逃遁到某个我们所谓的"和平""善良""上帝"的庇护所去。这就是我们的真实状态，不是吗？

那么我们看到，有组织的宗教，伴着其迷信、信念和教条，根本就不是宗教，而且从来都不是。我们只不过从小受到教育，受到束缚，接受了这些东西，把它们当成为宗教。因此，对于我们发现什么是真正神圣的宗教生活来说，有组织的宗教实际上是具有危害的。

然后，还有这种有组织的革命，它被宣说能够建立一个美妙的新世界——但是它实际上是一种反面的运动，因为组织革命的人们本身就像牧师们一样，都是深受束缚的。他们是马克思主义者、共产主义者、社会主义者；他们也从属于某种东西，他们也具有某种思想模式和行为模式，并且他们想要你遵守这些模式。

朋友们，你意识到这个世界正在发生什么吗？人正在失去他的自由，而且他是希望拥有一个更好的经济社会，而情愿失去其自由。用共产主义或者某种别的所谓社会主义的形式伪装起来的专制暴政正在扩展蔓延。而你并不介意，你说："至少我的孩子们将会过得比我好，而穷人们能有东西吃。"只要你有吃有穿有住处，你就不介意当一个奴隶；因此你过着非常肤浅的生活，而且你对此心满意足。但是人并不是完全就这样肤浅地活着；他是一个异常复杂的实体。如果我们不能认识理解这个复杂的实体，而仅仅是做出某种表面肤浅的改革，那它就没有什么意义，因为它只会带来更多的痛苦，更深的混乱和奴役。请你一定要明白这一点。我们现在身处于世界范围的危机，对此你不能说，我们必须回到印度教，或者回到伊斯兰教，或者回到基督教，你不可能以此来应对这场危机。这是一个愚蠢的答案，这不是成熟的回应。

看到了所有这些真相，你该怎么办？请你问自己这个问题。你该怎么办呢？你不能加入任何宗教组织，你不能投身任何社会改革团体，你不能归属于任何政党，因为他们都是局部片面地应对问题。没有任何政治或者宗教领袖可以拯救你。追随一个领袖，你也许可以得到面包，但是你不会满足于面包，你还想要权力、地位、声望。为了获得自由，你必须要全面地认识理解这个复杂的实体，它就是你，你不能接受政治或者宗教的领袖提出的局部片面的应答。

那么你该怎么办？当你困惑混乱，身处痛苦、绝望之境，当你对生和死都产生了心灵震惊的忧虑，你该怎么办？不知道我们是否问过自己这个问题？在我们的生活中我们都遇到过一些不很重要的挑战，相应地我们做出不很重要的回应。然而刚才这个问题却不是一个不太紧要的挑战。你明白我的意思吗？看到贫困情形时，你说，"我得为此做点什么"，这时你的行动就是对一个不很重要的挑战做出的不很重要的回应。或者当你感到绝望时，你转而寻求某种希望，这也是并不重要的回应。在我们的生活中，我们都有过这些并不重要的挑战以及并不重要的回应。现在我们看到，所有这些应对都是徒劳无用的，于是我们向自己提出这个问题：我们该怎么办？因此这是一个重大的挑战，我们不可能用某种肤浅的无关紧要的方式来回应它。你明白吗？

朋友们，我们失去了生命的乐趣，我们不再开怀大笑，我们的眼中再也看不到美好的东西。我们的世界分裂成印度人和中国人，资本主义者和共产主义者，德国人和英国人，俄国人和美国人，印度教徒和伊斯兰教徒。但是这个地球却是我们的地球，它不属于共产主义者或资本主义者，它不属于印度教徒或基督徒。它是我们的地球，它是你的和我的，我们靠它而生存、而致富。地球是宽广而美丽的，它的景象看上去多么令人愉悦——但是我们让它四分五裂。由于政治，由于占有欲，由于野心以及宗教的偏执，我们使它变得如此狭小。我们围于北方和南方、东方和西方、你的国家和我的国家、你的财产和我的财产这样的框框来想问题；我们都追求权力、地位、名望。

现在，当你看到这一切可怕的事情，这种痛苦，这种堕落、败坏和暴力，你该怎么办？我认为有一种整体性的答案，而且一个整体性的答案是必不可少的，局部片面的答案没有意义。那些宗教导师，所谓的宗教人物，他们说："追寻上帝吧，你将会得到全部的答案。"这完全是一派胡言，因为你只能生活在这个世界上。你不再可能逃遁到喜马拉雅山，或者逃遁到修道院，或是沉溺在十字架或者新月①或者其他任何象征符号中。那些时代已经过去了。你必须自己探明该怎么做，你没有逃避之处。推理不能给你打开解答之门，智力的思维再狡黠巧妙，也不能带给你宁静、和平，不能带来爱的觉知。智力的思维已经变得贫瘠空虚，由它而生的所有东西都是枯乏无用的。你不能依靠知识，你不能依靠《薄伽梵歌》《圣经》或者其他任何书本，因为依靠权威没有意义。请你务必认识这一点。你这一生都依靠着权威，可是你依然痛苦不堪，饱受恐惧、焦虑、绝望的折磨。

那么，你该怎么办？我说了，我认为有一种整体性的答案。不过我们首先得要非常清楚地知道：局部片面的答案绝不可能回应整体性的挑战。如果我们是排他地关注一个局部，那么我们绝不可能认识理解整体。真理是完整的全体。生命不仅仅是喜悦，不仅仅是美好的落日，或者夜晚的星空，或者飞翔的鸟儿。生命也是丑陋和失望，生命是可怕的焦虑和挫折，我们都熟悉这些东西的滋味。因此我们必须对我们自己提出一个问题，它将唤起对于整个这一切生活的整体性的答案。朋友们，你明白吗？如果你只是因为跟你的老板吵了架，或者因为你的妻子跑掉了，你问，"我该怎么办？"那么这就是一个极为肤浅的问题，它会找到一个肤浅的答案。只有当我们整体性地看待问题时——这就是认识理解我们自己生命的巨大的孤独和贫乏，那么对于上述这个问题以及其他每一种问题，才会有完整圆满的答案。这就是为什么我们必须非常清楚地知道，我们是在用什么方式向自己提出问题。

---

① 新月：新月是伊斯兰教的标志。——译者注

如果一个答案不是完全的，那么它就根本不叫答案。我要说，对于我们的这些问题，是有完全的答案的。有一种完整地观看生活的方式，看到它的所有的问题，这种方式是一个对其自身已经认识理解了的心智才能运用的。如果你没有自我认识，如果你没有对于思想活动的方式的认识理解——不是别的什么人的思想，而是你自己的思想——那么你对于生活的种种要求做出的回应注定是局部片面的、自我冲突的，并且由此带来更深的痛苦。我所说的自我认识，是指认识理解你自己的行为、你自己的动机、偏见、恐惧。我不是指你的那些观念：灵魂、高我，以及所有这种东西，这些观念仍然是思想领域内的东西，是制约束缚你的各种条件范围内的东西。

　　知识是一回事，认识是另一回事。这也许稍微有一点难以理解，请你跟上我。知识处于时间之内，知识是日积月累的结果，它总是局部片面的，它有一个开头和一个结束。知识，或者是堆积起来的经验，是记忆；由这种记忆而来的反应，就是我们称之为思想的东西——用语言表现的思想，或者是无言的思想。这整个的过程就是知识。

　　那么还有一种认识的状态或者活动。一个处于认识、学习的活动中的心智，没有开始也没有结束——它是超越时间限制的。因此我们必须非常清楚知识和认识之间的区别。

　　知识属于时间的范围。我知道什么什么，我还将知道更多；我现在是暴力的，我将变得非暴力。这些都意味着一个在时间之中进行添加的过程。一个人说"我知道"，他就总是处在时间的范围内。但是认识却是超越时间的。请务必领会这一点，否则你无法听懂接下来的内容。

　　所有的知识都局限在时间的范围之内，因此知识不是我们生命问题的答案。正是知识让某些人说："我们知道，而你们不知道。我们听到了上帝的声音。我们是领袖，你们要跟随我们。"这样的人属于时间，也就是知识，而知识显然不是使我们消除混乱的出路。

　　那么，我认为有这样一种认识、学习的活动，它和时间是毫不相关的。当你正在学习的时候，时间停止了，不是吗？在这种活动中，没有开始，也没有尽头。你没有什么"知道";你正在学习。希望你能看到其中的区别！当你处在学习的活动之中时，就没有一个实体在积聚知识并因此造成积聚者和被积聚的对象的分别，并造成这两者之间的冲突。

朋友们，你看，当你是在学习的时候，时间就完全不存在，不是吗？因为学习或认识的过程是无穷无尽的，它没有开始也没有尽头。同样的，自我认识的过程也没有任何积累的含义。这很难用语言来描述。我在认识你，我在认识我自己。在认识中，没有片刻的矛盾，没有片刻的冲突。当心智处于认识的活动之中，它就消除了冲突之源；当你消除了冲突之源，你就能够整体性地回应生命的问题。

因此，对于自我的认识，是自由之门，因为它开启了超越时间的心智状态。心智具有这种超越时间限制的品质，它就进入一种创造性的状态，因此它就能够解答我们面临的人类的所有问题；只有这样的心智才能敞开怀抱接纳知识所无法量知的那种存在。

1960 年 3 月 2 日

唯有静寂之心才能建立新的世界

今天晚上，我想谈谈时间和死亡。不过在我看来，首先重要的是，理解我们所说的倾听是什么意思。我们开始讨论之前，我认为有必要先讨论"倾听"的含义。显然，你正在听我所讲的话，同时我所讲的话又是一个挑战。但是，你是为了寻找一个应对挑战的答案而倾听呢，还是在倾听这个挑战本身？我认为，倾听挑战，和试图找到如何应对挑战的答案，这两者之间是有区别的。当我们遇到一个问题，当我们面临一个挑战，我们大多数人是立即开始寻求答案，寻求解决问题的办法，因此问题从来不重要。我们大多数人看重的是问题的解决方案，但是解决方案寓于问题之中——它和问题是一体的，不是相分离的。

因此，我们必须非常明确：我们不是在只求找到一个答案、一个解决方案，我们是在倾听挑战，倾听时间和死亡之中包含的问题。如果你仅仅关心找到一个答案，那么恐怕你将失望而归，因为这些讲座的目的不是告诉你答案，我们正在努力做的就是共同探索问题。在任何探索中，一个人为何进行探索，是最重要的事情。如果你是为了找到一个答案而探索，那么你的探索就仅仅是一个达到某种目的的手段，因此这样的探索本身就毫无意义。一旦你的注意力转向寻求解决问题的答案，你的探索和发现就不再具有多大的意义。

如果你愿意，请稍加注意听讲这一点。当我们面对一个问题时，我们大多数人的第一反应是力求摆脱这个问题；我们想要找到解决答案，我们说："我该怎么办？"但是时间和死亡是一个巨大的问题，不是吗？它们是超常复杂的问题，它们蕴含着宏伟壮丽的意义，有着真切的辉煌与美丽。然而如果我们对于问题不欣赏或者没有敏锐的觉知，仅仅是寻求一个解决问题的答案，那么这样的答案就如此干瘪空虚，那就是没有多少意义的俗套。

因此，你如何倾听是非常关键的。我说了，为了寻求答案而听，与倾听问题、倾听挑战本身，是非常不同的。如果你是在寻求答案，那么你的心神是不集中的，但是如果你是在努力认识理解问题，那么你就对问题投入全身心的专注；我们无疑是要以这种方式来探索时间和死亡，因为这两种因素在我们的生命中占有超乎寻常的重要位置。但是，你或者是寻求解决问题的答案，或者是投入全部的注意力关注挑战，采取哪一种态度，完全取决于你。

当你所爱的人死亡，你被悲痛的阴云笼罩着，你只想要从这样的伤痛中，从泪水的浸泡中解脱出来;通常来说，对于认识理解这个叫作"死亡"的不可思议的事情，你不会有兴趣。不是这样吗？还有这个时间的问题，我们都生活在它里面——不只是日历表上的时间，还有内心的时间，心理意义上的时间，当心智说，"我过去是怎样，我现在是怎样，我将要怎样"，由此而产生心理的时间。我们每一个人都以这样或那样的方式关涉时间。我们需要赶上这班火车；我们需要安排明天的日程。时间还跟培育美德相关联——那是一个非常荒谬的过程——时间还跟实现野心抱负、想出问题的解决方案等等的事情相关联。

为了理解时间，你必须理解心智的全部运作过程，在这种理解中，你将会理解时间的全部意义。

朋友们，我是不是可以指出：你不要只是在听我讲话。语言只不过是符号而已，它们本身没有多大意义。你还要观察自己的心智——或者不如说是心智在观察它自己，这意味着它觉知到，它是在怎样地听我所讲的话。请注意，我是在仔细讲解这一点，因为如果我们的地基打得不正确，那么我们的建筑将是低劣浅薄的。如果我们知道怎样打下深厚正确的地基，那么我们就可以正确地进行建造。此刻我们正在努力做的，就是打下正确的地基，这样，探索的进程才会正确不偏，而且这个探索要依靠你们，而不是我。你在听我讲这些话语时，必须觉知你自己的心智的全部活动。我正在使用语言描述心智的活动。如果你只是听到我使用的语言词汇，而并不倾听自己心智本身的活动，那么我的语词就不会传递给你多少东西。

真实活跃的当下就是全部的时间。一个动词，在本质上说，就是活跃的当下，不是吗？动词**"是"**，包含了"过去是""现在是"和"将要是"——即过去所是的东西、现在所是的东西和将要成为的东西。但是我们大多数人关心把过去所是的东西，通过现在所是的东西，发展成将要是的东西。这就是我们的生活，我们在这种框框中运转、行动——过去的东西在现在开花，并被现在所修改，由此造出未来。我们的行动已经被昨天所决定，又被今天所修改，并造成明天所将是的东西。换言之，对我们大多数人来说，原因和结果被一个间隔、一个断口分开，原因不可改变地成为结果，印度人一般把这个过程叫作"因果业力"。

如果你很仔细地观察这个"因果"的链条，你会发现，我们的行动并不是如此完全地取决于最初的原因，可能因为某种事情而出现与原因完全不同的结果。也就是说，一个杧果的种子一定会长出一棵杧果树，不可能长出一棵棕榈树或者一棵罗望子树。在杧果种子的性质中，原因是固定了的，它只能产生固定的结果，它不可能产生别的树。但是对我们人来说，情况就很不一样了。因为一个结果的东西，变成一个原因，由于各种各样的影响，它在当下不断地受到改变，因此产生的结果有可能与最初的原因完全不同。因此对人类来说，原因永远不是固定的，它总是经历着某种改变，这种改变就会反映在未来的行动中。理解这个事实，也就完全理解了行动。

时间对我们大多数人来说，就是这么一个进程：过去经过现在发展到未来；就是这么一种感觉：我过去是怎样，我现在是怎样，因为我的过去之怎样和现在之怎样，所以我将是怎么样。我们就是在这种时间的领域内运转活动。

时间就是知识，不是吗？昨天我做了某事，我思考了某事，我经历了某事，它们形成了我的知识，我根据昨天的知识来应对今天的挑战——我的妻子或者丈夫的愤怒、我的党派领导的谴责，或者其他什么问题。我带着过去已知的东西，生活在现在，这种已知的东西在应对现在的挑战之中，造出了未来。因此，心智永远在时间范围内、在修修补补的"已知"中工作活动。超越时间而活动的可能性，仅仅是一种理论，仅仅是一种信仰或者信念的事情。它们本身是时间范围内的"已知"的一种投射。这是时间的一个方面。

时间的另一个方面是心智造出的记忆。你的每一个经验，无论是细小的还是重大的，无论是卑劣的还是高尚的，都作为记忆植根在你的心田中，不是吗？心智就是记忆植根的土壤。

我非常希望你理解我讲的这一切，这样，在我们这个讲座结束的时候，或者是就在此刻，我们能够感知时间和死亡的不可思议的性质。对于一个觉悟的心智、一个没有恐惧的心智来说，死亡必定是某种惊天动地的大事情，死必定是如同生一样壮丽美妙的。但是你看，我们不知道死亡是什么，它是未知的，因此它成为让人颇费思解、让人推测揣摩的事情。朋友们，只要心智不理解它自己的运作过程，死亡就没有多大的意义。

因此，对于我们每一个人来说，经历这种探索之旅，是非常重要的，不是理论的探索，而是真切实际的探索，这样，心智将从中获得清晰的洞察感知。我们大多数人沉湎于自己的需求、欲望、冲动和野心的梦魇，并深受其折磨。我们总是在专制暴政的控制下、在冲突的氛围中活动运转，我们每天所经历的一切事情都囿于这种范围。那么我们的问题是，我们面对的挑战是：心智能够真正使自己从"已知"中解放出来，并感知领悟那未知的东西即死亡吗？朋友们，你明白这个问题吗？

对我们大多数人来说，死亡是绝望的。死亡是终结，对于一个充满活力、雄心勃勃、富于创造、勤奋工作、积极获取、热切行动的人来说，死亡是一件可怕的事情。所有这一切的终结之地就是——死亡。这是为什么？一个人充满了绝望，于是他杜撰出某种哲学，或者是投入某种信仰——相信复活或者轮回——这些东西给他慰藉，给他希望。

我说了，你的每一个经验，都作为记忆在心智中扎根。如果我奉承你，或者侮辱你，这种经历就在你的心里扎下根，不是吗？你绝不会忘记这件事。因此，你的心智已经成为经验、思想不断扎根的田地——这个心智是意识层面的，也是无意识层面的——根据这种记忆的背景、这种累积的思想和经验的背景，我们行动，我们思考，我们成为我们之所是。这个背景是"已知"的要素，它是"已知"的制造者。不知你是否明白了这一点？

朋友们，你看，你每天到办公室去上班，因为你学会了某种技能，你靠它来挣钱谋生。这种技能变成了一种机械的记忆。你知道该做什么，你也知道如何去做，你根据这种背景来行动，来成为你的所是。因此，你是个什么职业的人，你做什么职业的事，这在本质上是机械的、重复的，不过有一点小小的这样或那样的修补改变而已。我们大多数人都是这样的。经验作为知识在我们的心田里扎了根，我们总是在"已知"之域活动运转，因为我们从已知中造出相对的东西，并根据这种相对物去行动，这仍然在"已知"的范围之内，在时间的范围之内。

　　那么这里有作为昨天、今天和明天的时间；还有作为记忆的时间，它是"已知"的要素。时间就是动词"是"——它包含了"过去是""现在是"和"将要是"。如果你注意思考这个动词，你会发现，它所描述的状态，虽然包含了"过去是""现在是"和"将要是"，但这个状态永远是指活跃的当下现在。同样的，也只有一种心智状态，那就是活跃的当下现在，尽管我们把它解释为昨天、今天和明天。

　　现在，我们的问题、我们的挑战是：当心智觉察了"时间"的全部过程，已经探察并理解了时间，那么它有可能理解死亡的意义吗？死亡是未知世界。死亡不仅仅是身体的消亡，我们对于死亡的恐惧，在于害怕没有了延续。这是记忆的自然的心理反应，它渴望在时间中延续下去。让我换一种说法。

　　对于死亡我们恐惧的是什么呢？本质上是恐惧我们的不存在，不是吗？我曾经是什么，我现在是什么，但是当死亡来临，我什么都不是了。这就是我所惧怕的，因为我想要不断延续下去。尽管不同的人对于这种延续性赋予不同的名称，但是以这样或那样的形式延续下去，却是每一个人的渴望，而这种延续总是处于时间的范围之内。如果没有时间，如果没有记忆，也就不会有"我过去是""我将要是"这样的延续性。当你对生命的延续性发生任何的疑虑，恐惧的因素就产生了，因此心智就开始杜撰或是依附于某种聊以自慰的理论，然后它努力支撑这种理论，它说："有很多证据证明，人死后还在延续。"等等、等等这些说辞。

　　思想是延续的，思想就是时间。如果没有记忆，也就没有思想，没有语言表达。记忆只能在时间之内运转，因此记忆是机械性的。如果我问到一些你非常熟悉的东西，你立即就能给出回答。但是如果我的问题比较复杂，你就需要稍多一点时间，在提问和回答之间就有一个间隔。心智在这个间隔中运转，它在记忆的走廊里搜索，或者是思虑该如何回答。因此，思想具有延续性。

朋友们，这一点确实很重要，如果你愿意，请随我对它做一点探究。让我们一起去看看这个问题，因为如果我们不理解思想的过程，我们就不会知道死亡是什么。对我们大多数人来说，死亡是一个可怖的终结，因为我们想要延续下去。但是如果我们能够探索并理解思想活动的全部过程，那么死亡就不再是一个可怖的终结，因为我们不再有任何想要延续的念头。让我们共同探索这个问题，让我们共同觉悟它。

　　真实来说，你是什么？请不要从理论上回答，不要说你是灵魂，你是上帝之子，等等所有这类回答。真实地说，你是什么呢？你是你的环境影响的产物，不是吗？你是你生长于其中的文化、教育、社会环境的产物。我知道你不愿意承认这一点，但是这是一个事实。你喜欢认为自己是一个非凡的灵性实体，它不受任何影响。但事实是，你就是你已经被教给的东西。你是传统的化身，是迷信的化身。你是学会了某种技术，并像机器一样按照特定模式运转的实体。你是痛苦的，你是贪婪的，你在汲汲追求权力。这一切就是真正的你，在所有这些之上，你添加了一个"非凡的灵性本体"的观念，它仍然是你生长于其中的文化的产物，它或者是印度教的、佛教的、穆斯林的、基督教的，或者你的什么宗教的。

　　现在，问题的实质是，你想要这一堆制约束缚的东西延续下去，不过是做一点这样或者那样的小小修改。你不想有太多的痛苦，你不想经受无休止的自我冲突，你想得到多一点的安宁，但是你却希望现在的你大体就这样延续下去。你就是你的思想——思想是积累的经验的产物，它就是记忆。你是依据"已知"之背景来活动运转，而这种背景就是你希望延续的东西。因此，死亡对你来说是一扇将要走过的恐怖之门，于是你对自己说："一定有什么方式延续下去。"

　　那么，那种已经延续的东西，它是机械性的。朋友们，请注意听我讲。已经延续的东西是机械性的。如果你懂得怎样给一台机器上油，那么它就可以连续运转很长时间。如果你能够造出一台没有摩擦力的机器，那么它将会永久运转，就好像卫星永远转动。但是它完全是机械性的转动。而你害怕这种机械意义的运转不能延续下去。我认为，你之所以害怕，是因为你只知道如何在时间的范围内机械地运转。在一个你所不知的世界，即死亡的世界，这种机械的运转停止了，这个想法让你感到恐惧。因为恐惧，于是你说，一定有轮回，或者其他形式的延续——你们熟悉所有这些思辨推测的、带着希望的理论，它们是心智虚构出来的。

请记住，我们不是在讨论有没有某种形式的延续性。这和我们毫不相关。只有愚蠢的心智才会说，"我必须延续下去"，它将把愚蠢延续下去。它也许会延续，但是它将仍旧是机械性的。

因此，确定地说，我们的问题是：我们注定是在时间的范围内、在已知的范围内活动吗？让"已知"消亡是可能的吗？让我们的快乐消亡是可能的吗？我们都希望让我们的痛苦消亡，但是让我们的快乐消亡是可能的吗？让我们所知的每一种东西消亡，由此心智不再仅仅是一台机器，这是可能的吗？你跟上我了吗？

具有延续性的东西，是在昨天、今天和明天这样的时间之中运转。它每分每秒都在被改变，但是它具有某种延续性，无论它有什么样的延续性，它都是机械的，因此它永远不可能是创造性的。一台机器绝不可能是创造性的。电脑能以极快的速度运转，但是它不会发明创造，它绝不可能进入创造性的状态。对我们大多数人来说，生活就像一台机器，我们有长长一串机械性的行动，因此我们被它们紧紧绑缚，这种千篇一律的生活令人厌倦，因此我们通过上帝，通过寺庙、教堂，通过收音机，通过追求其他种种消遣方式，去寻求逃避。

我在这个讲座开始的时候说过，我们不是在寻找某个答案，因为在生命的严肃庄重的问题上，是没有答案的。生命是广大而深邃的，它有一点小小的涟漪波浪，引起扰动，我们就试图通过找寻解决的答案，来逃避这些浅表的扰动不安。如果你因为受到扰动而寻找答案，那么你也许思考上帝，你也许玩弄"真理""永恒"的概念游戏，但是你的心智仍然是狭隘、肤浅、愚蠢的。因此，让我们所知道的东西消亡，让那些在心田中扎根的东西消亡，这是可能的吗？如果我们能做到，那么就只有一种持续的消亡之状，每时每刻都死亡，而没有终结性的死亡。

朋友们，因为人们的努力，因为人们想要延续性，人的心智已经变成机械的。我们从来不是充分开动的机器，而是死了一半的机器，我们只使用了头脑不到四分之一的能力，甚至还不到四分之一。我们并未整个地完全地开动起来。我们沉陷在共产主义者和所谓的宗教人士之间，前者奉行马克思主义理论，后者奉行他们的信仰和教条，我们正在制造一个奇形怪状的世界。虽然每个政治人物嘴里都说着"和平"，但是他们的存在本身和行为却破坏和平。我们正生活在一个糟糕的世界，我们需要一种崭新的心智——不是旧有心智的修补改变，而是全新的心智。但是，只要你还有对于延续性的渴望，那么你就不可能有崭新的心智，不可能有一个年轻活跃、纯净清澈、新颖生动的心智。

因此，让我们的昨天死亡是可能的吗？请注意这一点，这不是我的问题，这是你的问题。你能让昨天的一切陈迹消亡吗？此刻这就是一个挑战，不是吗？此刻，你正在倾听这个挑战呢，还是说你是在为了找到怎样让昨天死亡的答案而倾听？你的生活的伤痛、快乐、转瞬即逝的欢悦、陈规陋矩、丑恶的残忍，你的思想的可怕的浅薄——你能让所有这一切消亡吗？如果你听我讲，是为了找到如何消亡的答案，你试图决定要保留那些东西，丢弃那些东西，那么你不会找到答案。但是如果你是在倾听挑战，那么正是这个倾听，就是在体验着消亡。

我说了，我们需要崭新的心智，因为陈旧的心智制造了可怕的问题，它提不出解决问题的答案。无论它做出什么改革，都制造新的痛苦；无论它建立什么，都产生新的阴影、更深的冲突。因此，如果我们要产生新一代的人类，要创造一个不同的世界，那么新颖的心智就是绝对必需的。

现在，你的心智能够让它已知的种种东西死亡吗——它已知的延续性或者野心抱负？你能舍弃这一切吗——不要问，如果你舍弃一切，会发生什么？如果你问会发生什么，那么你就不是倾听挑战，而只是为你面临的问题寻找答案。我们的挑战是：你能让你的野心、你的败坏、你的嫉妒、你的贪得无厌等等这些东西死亡吗？如果你倾听这个挑战，那么就是这个倾听的行动，正在体验舍弃那些已经延续的东西。

朋友们，你不明白吗？你需要一种纯净无染的心智、一种新颖的心智、一种不被"已知"所充塞的心智。纯净的心智是在未知之域运转活动的心智，让"已知"死亡，就是通往未知之域的大门。未知的东西是"已知"所无法揣测度量的。时间无法度量超越时间的永恒，无法度量这个没有开始也没有结束的无限性。但是我们的心智被禁锢在"昨天""今天"和"明天"的标尺之内，而且我们试图用这样的标尺去探测未知世界，去度量无法度量的东西。当我们企图度量某种不可测度的东西时，我们就只能陷在语言词汇中打转。

只有当心智倾听并理解了死亡的挑战——只有这样的心智才能让它自己的痛苦死亡，纯净清澈的心智由此诞生；从这种纯粹之境，就会产生全然不同的行动。这样的行动永远属于当下，它是活跃生动的当下。一个纯净清澈的心智不会依照昨天已有的某种东西来思想，不会在今天修改昨天的东西，以便在明天获得某种东西。我觉得对于我们每一个人来说，自己亲自去探明这一点，具有十分迫切的重要性。因为我们正在为后人制造一个坏透了的世界。除非我们自己让这个旧世界死亡，否则我们不可能让下一代获得新生。只要心智是在时间之域生活运转，无论它做些什么——参拜无数的寺庙，崇拜奇异的神明，念诵每一种祈祷，奉献牺牲，默念诸多的词语——它永远不可能认识那永恒之物、那不可度量之物。只有当下一刻的全然静寂之心，才能敞开胸怀接纳领受未知世界，只有这样的心智是在创造之境，因此，只有这样的心智才能建立崭新的世界。

1960 年 3 月 6 日

一个敏觉的心智是必不可少的

这是最后一次演讲了，如果可以，今天晚上我想和你们一道进行有声思考，探讨"美德""敏觉"以及我们称之为"爱"和"美"的东西。不知道我们有没有问过自己，我们为什么失去了我们的敏锐感觉，不是对于特定事物的敏觉，而是那种对于万事万物的非凡的敏觉——对于宽广的天空，对于落在路上的雨滴，对于变幻飘飞的庞大云朵，对于夜晚映照在水面上的月光，对于一张微笑的脸庞，对于拉着车疲惫前行的牛儿。我们为什么失去了这种亲近事物的品性？为什么随着我们长大成人，我们失去了纯净天真的赤子之心？它正是敏锐感觉的核心。为什么我们失去了欣赏美丽事物的能力，我们对于生活的一切事情不再惊奇，不再惊诧，不再好奇？

我想，要是我们能够非常专注而谨慎地探索这个问题，由此亲自探明为什么我们的心智变得迟钝不敏，那就太好了。在我看来，从根本上说，心智变得迟钝的原因之一，是它搞美德培育——请注意听，我将做出解释。心智迟钝的另一个原因是，它献身于某种行动路线，你从属于某个特定的团体，你必须在你承诺服从的规范框框里行动。心智渴望拥有权力，渴望统治支配别人，这同样会使心智变得迟钝。我认为这是造成心智迟钝的三个主要原因。

一个极为敏锐警觉的心智是必不可少的——一个怀有热情的心智，会创造出它本身的高度效能——而这种敏觉，这种热烈，是只知道"培育美德"的心智无法企及的。真正的美德不是心智做出来的。我们通常称之为"道德"的东西——道德准则、职业伦理、正当的行为规范，等等，都是特定的社会创造出来的，不是吗？相反，真正意义的美德不是心智的产物，而社会并不认可它是美德。

我认为，我们必须非常清晰地知道，当某种行为模式变得受人敬重，并因此而被认为是美德，那时它就不再是美德了。某种美德，例如非暴力、仁慈、谦逊等等，一旦被社会或者被你自己看是美德，那么它们就不再是美德，而变得只是受人尊敬罢了。当心智拼命地要获得某种特别的品质，比如说谦逊、同情、非暴力，或者无论其他什么，那么它肯定就不是美德，它不过是某种形式的抵抗，在这种抵抗中，心智努力奋斗着要把自己装进某个模式。

请你感知你自己是怎么做的，把你的感知和我所讲的情形对照起来——但这不是为了表示认可或者否定。一个只知道认可或者否定的心智，其实是没有思想的、不明智的心智，因为它已经设定了一种立场，它据此去下判断，所以它没有能力去探索发现。

我们正在探索美德的本质。心智显然必须拥有美德，因为只有具备美德的心智才是有条不紊的、觉知敏锐的，才能根据它自己的清晰做出行动。但是，在劝诱、影响、纪律的束缚中遵从美德的心智，不是真正具有美德的。因为它只知道抵抗它自己，不断地调整自己，去适应"受人尊敬的"模式。任何的努力符合美德、符合道德，任何的努力成为违背本然之状的别的某种东西，这样的努力就是在制造对于真实的你的抵抗，而且这种抵抗阻碍着你认识理解真实的你，但是这样的努力，它实际是对于真实的你的一种躲避、一种逃避，却通常被人们视为美德。

举一个十分简单的例子。在印度，到处都奢谈非暴力。政治人物和所谓的宗教领袖们都谈论非暴力，颇让人生烦，然而事实是，人是暴力的。你是暴力的，你的暴力不只是表现为日常的野心志向，而且表现为你付出巨大的努力控制自己，规训自己，强迫自己，遵从某种特定的模式。暴力有各种不同的形式，不是吗？残忍地对待别人是暴力，自我实现实质上也是暴力。培育"非暴力"，就是一种暴力，这是一个事实，然而你却培育"非暴力"，好像它真是一个伟大的美德。你把"非暴力"作为一个理想来奉行，由此社会对你予以认可，把你看作具有美德的人，你就成为一个受到尊敬的人。为了获得敬重，你就得具有"非暴力"的特征，你必须表现出"非暴力"的样子，你得让周围的人，让社会认可你是具有美德的。

因此，社会的认可在我们称为"美德"的东西中具有极大的作用。但是，被心智培育的、被社会认可和接受并因此而受到了敬重的美德，根本就不是美德。我认为懂得这一点非常重要，因为这是造成心智迟钝的重要因素之一。这样做实在是非常重要：看清你是暴力的这个事实，去探索它，认识理解它，而不抵抗它——这并不意味着你就得成为暴力者，去肆意伤人！重要的事情在于深刻地认识理解暴力的情绪，它以如此多种的方式表现自己。如果你开始懂得，每一种形式的美德，这种通过努力、通过抵抗、通过压抑而产生的美德，对于敏锐感觉是破坏性的，那么你将看到有一种完全不同的美德，因为它不是狡黠的心智的产物。

不知道你是否体会过谦逊的感觉？我确定，我们大多数人都体会过对什么人的恭敬，然而，敬总是与不敬相伴而行。你恭敬你的上司，你尊敬伟大的国度，你恭敬拥有权力、地位、权威的人。你显示你的恭敬是为了得到某些利益的回报。你献上花环，是为了得到祝福。你对在你之上的人九十度鞠躬，同时你推开对你来说不重要的其他人——他们是仆役、下属、弱势者。那么，有一种品德，它不含有恭敬，也没有不敬，这就是谦逊之心。处于谦逊之境的心智，既不是恭敬的，也不无礼不敬的。然而那种希求某种回报的心，却是充满恭敬与不敬的。因为心智有不敬，所以它培育"尊敬"，这就是对于自己的无礼不敬的一种抵抗，于是"无礼不敬"就像心里面长出的脓包继续溃烂，而"尊敬"也是这个脓包的一部分。然而拥有谦逊品格的心智却是一种完全不同的境状。

这个晚上我们正在听讲，如果此刻我们能够敏锐地感知和直接地体验到那种谦逊的境界，那么我们就触摸到了某种不可认知的东西。你明白吗？你不能说："啊，我的心是谦逊的，我知道它是什么意思。"一旦认知的过程起作用，就不再有谦逊了。请注意理解这一点。"爱"是不可认知的。当我们说我们爱某个人时，我们在用语言传达某种感情，但是一旦我们知道了这种感情，并用语言把它说出来，这时这种感情的品质就已经变了。确定地说，我们所能做的，就是自己去理解明白，只要心智处于恭敬与不敬的状态，它就不具备谦逊的品质。

我刚才说了，谦逊的品质是不可认知的。任何东西被心智认知为"谦逊"的，那就不是谦逊的。因此我们必须觉察自己说话的方式、自己生活所表现的方式，我们必须发现话语、姿态、行动后面隐藏的东西。通过无为，我们达到有为，这就是谦逊。虽然谦逊不像恭敬与不敬那样可以认知、可以描述，但是它具有一种积极的品质，你可以感觉到它，那是其他的品质状态所不具有的。如果心智意识到自己、认为自己是有美德的，那么它实际上是不道德的，无论它可能培育再多的美德、道德，它仍然是不道德的。这个问题就讨论到这里了。

让我们进入下一个问题：为什么我们大多数人都有一种渴求、一种强烈冲动，要投身于什么东西？我们从属于一个政党、一个团体、一个宗派，我们投身于某种思想观念的框架，投身于一套信仰、一种哲学体系；我们把自己视为共产主义者、社会主义者、帝国主义者、资本主义者，我们把自己视为某个宗教导师的追随者，以及其他所有此类东西。这是为什么？请注意听，我将回答这个问题，不过，如果你是个从属于什么东西的人，在听我讲的同时，你能探明为什么你要从属，那么我的解说就有意义，有重要的意义。

世界上所有的政治人物都在谈论和平。我们都希望和平。一个处于冲突中的，例如战争中的心智，显然是深具破坏性的。我们意识到一定得有和平，那么我们是怎么做的呢？我们立即加入各种组织，我们投身共产主义组织，或者其他团体，它们宣称能够带来世界和平。接下来发生了什么？你加入这一个团体，我加入那一个团体，因此我们不可避免地陷入相互冲突之中。如果我加入资本主义的阵营，我会说：共产主义者关于世界和平的说法是含糊其辞的胡说八道，反之你如果在共产主义阵营也会这样批评对方。因此，一旦我们加入了某个允诺带来和平的团体，我们就已经陷于与另一个允诺以不同方式实现和平的团体的冲突之中，结果是我们都高谈和平，事实却冲突不休。

确定地说，我们的探索必须从这里着手：首先理解，为什么我们要投身于什么东西，为什么我们从属于这个东西或那个东西。为什么你把自己称为印度人、穆斯林、佛教徒、基督徒或共产主义者？显然，一个极其简单的原因是，因为某个团体能给你某种安全感，所以你渴望得到它的认同，你渴望从属于它。你说，"行动是必需的，所以我们必须联合起来。"一旦你们联合起来组成一个团体，你们就在和另一个想要以同样方式行动的团体发生争战。也就是说，投身某个政党、某个政治或者宗教的团体、某个社团、宗教导师、某种文化，或者某种生活方式，从这其中产生的行动不可避免地导致冲突——现在这个世界上到处都是这种显而易见的冲突。

我认为，当心智不从属于任何东西、不投身任何团体时，就会有一种完全不同的行动。不过先让我们来探查一下，我们为什么有这种强烈的冲动，要属于什么东西？

不只是小人物有这样的冲动，那些智力不凡的人，那些圣者贤人——他们也都想要从属于某种东西。这是为什么？观察你自己，你会发现，如果你不属于什么东西，你就会感到不安全。不安全意味着恐惧，不安全意味着经济上的损失，而从属于某种东西，能给自我一种扩张增强的感觉。身为一个共产主义者，或是一个天主教徒，或是归属于其他任何一个人多势众的组织——对你来说，它包含了一切种种的意义——它给你一种巨大的安全感。它还让你感觉到自己存在的重要性，从这种重要感产生的行动，必定产生其他人的冲突。

请看一看这个世界上一直存在的状况。我们首先造出这个叫作民族主义的可憎的东西，由此把我们自己划分为冲突的群体；然后，我们坚持我们的民族主义，同时嘴上却说我们必须得有国际主义，四海之内皆兄弟，等等这些荒谬废话。能给世界带来和平的实际上只能是全面整体的行动，这种行动超越了那些对人类进行分隔并造成冲突的模式。当你和我不再属于某个东西，当我们不再是印度人、美国人、基督徒、佛教徒，当我们抛弃了那些毁坏人类的政治上和宗教上的划分——只有那时我们才能作为人类携手同行，我们才享有尊严，才可以着手解决我们面临的诸多问题。共产主义者不会解决我们的问题，除了你和我，没有人能够解决它们——前提是我们不再投身于任何团体，不再投身于任何行为模式。这时我们的行动才拥有大得多的动力、创造力、活力。我们大多数人都已经有所效忠，我们都从属于某种东西，这就是使我们的心智变得如此愚钝的一个重要原因——这是一个事实，尽管它就在我们的鼻子底下，但是我们却对它视而不见。

朋友们，请自己把它想明白，不要只是同意我的说法。你同意或者不同意没有多少意义。有意义的是净化你的渴求归属于某种东西的那种想法、那种整个的思想构成。除非你在内心认识到它，除非你检视它、探索它、理解它，否则你无法从这种渴求中解放。如果你对这种渴求不做谴责或者辩护，如果你不说，人人都希望归属某种东西，这是自然的，等等，而是认识理解它，真正抓住其中的真相，那么你将发现，你突然就从这种渴求中解放出来了。真理具有一个奇妙的特性。当你洞察明白了一个问题之中的真实的东西，这种洞察就使你的心智从这个问题中解放出来，你不必做任何事情。

同样地，你必须看清这个事实：从属于任何团体组织，投身于任何宗教或者哲学体系，追随任何行动模式，这是深具破坏性的，因为它使人们四分五裂，造成心智愚钝。当你有所效忠，当你从属于某个组织，你就不再违逾规定的模式去思考，因为一旦你那么做，你就是持批评观点的，那么你就会被赶出去，你就变得不安全了。归属于某个组织可以造成高效率的行动，但是这种行动是破坏性的。你拒绝看清这个事实，因为你不知道，如果不承诺效忠，不从属于某种东西，那该怎样行动。然而，只有当你不从属于任何东西、任何组织、任何团体，你才有可能通过无为之心，去发现那种有为之行，它是整体性的行动。请一定理解这一点。

我们看到，当我们知晓美德并培育美德，这时美德就成为使心智变得迟钝、机械的因素之一。另外一个造成心智迟钝的因素是对某种东西的归属感。还有第三个造成心智迟钝的因素——对权力的追求。

不知你是否注意到你自己心中这种对权力的渴望。你想要成为杰出人物，名声显赫；你想要人们知道你的观点，无论是在小范围知名，还是在全世界知名。在我们每个人内心都怀有这种强烈的渴望，想要成为大人物，想要被社会认可为成功人士。如果你观察自己的内心，你会发现，你是怎样地渴望得到或小范围或大范围的认可重视。

朋友们请注意，理解这一点非常重要，因为正如你将看到的，掌握权力的心智是邪恶的心智。所有的权力都是邪恶的，无论是政治权力还是所谓的宗教权力。一旦你取得了权力、地位、成功，你的心就失去了它的柔和、它的机敏、它的灵动、它的自然生长的、高贵的非凡品质。

你知道，做一个无名隐士是极其困难的事情。我们很多人想要隐姓埋名时，就渴望做个匿名者，因为在彻底的无名中存在着美，一个人总会感受到非比寻常的自由。于是我们怎样做呢？我们裹上一条缠腰布，或是进入一个修道院，或是换一个名字，但是我们的内心仍然野心勃勃，只不过追求的目标与过去有所不同罢了。现在我们想要成为精神领域的名人。于是我们扔掉过去的衣服，换上另一套穿戴，消除过去的名字，改成另一个名字，如此而已。外表上我们戴着"无名隐士"的面具，但是在我们的内心，却燃烧着虚荣的火焰，却在追逐权力。我们的"谦逊"由这些东西组成：身着缠腰布或是长袍，一天只吃一顿饭，所有这些得到社会的赞誉，被认为是值得尊敬的。

我知道你们微笑点头，认为我说得对，但是你们就是在追求同样东西。（笑声）朋友们，不要一笑了之。你们都渴望地位、声望，尽管可能有一两个人例外。心智追求权力，认为权力能带来好处，这样的心智是深具破坏性的，因为它关心的是它自己。朋友们，除非心智毫无自我之名，否则就不可能发现真理。不知道你是否注意过，"爱"是没有署名的！我可以爱我的妻子、我的孩子，但是这种爱是没有所署之名的。爱，就和辉煌的夕阳一样，它既不是你的，也不是我的。

当心智沉浸在权力之中时，它是邪恶败坏的，对权力的渴求是最难消除的一种欲望。做一个无名之人，在内心真正默默无名，这是不容易的。你也许说："你坐在讲台上说个不停，你不是在表现你自己吗？"从外表看，一个人可以在演说，但是他在内心可以完全无有其名。如果有这种毫无其名之心，你将发现它产生一种全面整体的行动，这种行动和过去毫无关联，和对于在世界上制造敌意与邪恶的权力的渴望毫无关系。所有的权力都是邪恶的，无论是国家的权力、领袖的权力，还是妻子对丈夫的权力，或者丈夫对妻子和孩子的权力。当你不装模作样，真实呈现之时，如果你观察你自己，你会发现，在内心幽深的秘密之处，你同样也渴望得到权力，统治别人，闻名四方，在报纸上出现你的名字。当心智追逐权力时，它就是破坏性的心智，它绝不可能给这个世界带来和平。

因此，让心智变得愚钝的原因有三个：一个是被心智所培育的美德，并被社会认可赞誉为美德；一个是投身于特定思想模式的心智的思想和行为；一个是对于权力、地位、名望的追求。所有这些都意味着行动以自我为中心、自大自负、自我膨胀，不是吗？正是这种过程造成了心智迟钝，而一个迟钝的心智失去了它的敏锐觉知力。

不知道你是否想过，什么是美。我不是突然转变到截然不同的话题，因为"美"和我们今晚谈过的所有事情密切相关。不知道你是否曾经在某个晚上停下脚步，仰望夜空？今天来听讲座的路上，你是否注意看到天上涌动的积雨云，它们形状庞然，深浓厚重，乌黑压城，在它们的后面蕴藏着不可思议的力量感？如果你看到了这全部的美，那么你对它是抱有某种反应呢，还是说只有对它的全然的洞察感知，这其中没有任何的反应？

请注意，恐怕这个话题很难用语言来表达，但是如果你曾经感受过美的品性，那么你会在当下立即明白我说的意思。我们大多数人迟钝不敏，对于头上的天空，对于脚下的道路，对于身边的路人，对于生命的死亡，我们都毫无敏觉。然而我正在谈论拥有敏觉的心智；我正在探索能够敏锐感知"美"的心智的本质。当你完全专注地感知某种东西时，你肯定没有任何反应。你可以用语言来表达美，你说，"多美的夕阳啊"，但是在全然地觉察感知的那一刻，你的整个生命处于这样的境地，它没有通过记忆来进行识别反应。

朋友们，我不是抛开你们做讲谈，我是在和你们一起进行有声的思考，为了思有所得，你必须和我一起玩味话语，探索前行。不能敏锐感知"美"的心智，是极其鄙俗的心智。它可以建造巨大的水坝；它可以推进实施很多五年计划，它可以做这个做那个，但是对于美缺乏敏觉的心智，本质上是愚蠢的心智，除了机械性的东西，它不可能创造任何新东西。

我们正在谈论美。哪里有对事物的全然的体验，哪里就没有记忆的反应，因此也就没有通过反应形成的进一步的记忆。这样的心智状态就是美，而且美和爱是紧密相连的。朋友们，爱是一种激情。

现在我们必须清楚地使用词汇。我们大多数人都害怕**"激情"**这个词，因为我们的社会认为激情是丑陋的，不受尊敬的。但是激情和好色情欲是不同的。爱总是带着激情，而不是情欲。你把激情当作丑陋的事情，因此你毁弃了激情，小心翼翼地把它连根拔除，因此你不是一个怀有激情的人。你也许是贪欲之情炽热旺盛的，你可能是——性欲强烈，贪求权力、地位——但是你并不是怀有激情的人。如果你不放下自我，你就无法拥有激情。

你明白吗？我们的内心必须得有那种质朴品性，它在其本质上说就是简单纯朴。但是你不能培育质朴。如果你培育它，那么它成为被社会赞可并因此受到尊敬的美德——这是非常糟糕的事情。朋友们，你知道，如果没有激情，就不会有充满热情的行动。我们在当下的行动大多都是没有热情的，它们是反复算计的、精明的行动。

强烈的热情，或者说激情，产生于"弃绝自我"——这个"弃绝"不是指拒绝这个或者拒绝那个，而是完全彻底地弃绝自我，它带来内心的质朴境状。在这种质朴之境，心智是简单纯净的，而这样的心智是充满热情的心智。只有充满热情的心智才懂得爱，只有懂得爱的心智才能觉察感知什么是美——不是那些满怀自我中心的画家画出的美。爱是充满热情的，因此爱就是美。没有美，就没有爱；没有爱，就没有美。只有心智觉察感知到恒久无尽的所有——只有这样的心智才会有那种不造成痛苦的行动。

请务必用你的心来倾听我所讲的内容，不要把它当成某个设定话题的演讲。我所讲的就是你自己的心，你必须认识觉知它。那些政治人物或者宗教领袖们做些什么并不重要，只有你自己的行动才是重要的。你是什么样的人，你的心智是什么样的状态，这才是重要的事情。那种不投身于任何东西的心智、不归属于任何东西的心智、不通过培育美德来强化它自身的自我中心的心智、不再追逐权力的心智——只有这样的心智才懂得爱，并因此而懂得美。这样的心智一定是全然完满的；它没有开始，也没有尽头，它的行动就是善福，而不是恶殃。只有这样的心智才能领受实相，领受那不可限量之境。

1960 年 3 月 9 日

PART 10

美国，加利福尼亚州，奥哈伊，1960

获得自由的心智才拥有无穷尽的能量

我想，在讲座开始之前，我们就应当十分清楚，为什么我们要聚集在一起。如果你把这些讲座看作是某种形式的娱乐活动，当你在某个下午或晚上不知如何打发时光，你来这里消遣，那么我觉得这纯粹就是浪费时间。如果你来听讲座是想要收集一些信息，那么我觉这也是浪费时间，浪费你的时间，也浪费我的时间。因为我觉得这些聚会不只是为了交流思想，而且更是为了探索思想运作的过程。这样的探索需要你投入极大的专注，我说的专注不是强行集中注意力，而是全神贯注的心智，它乐意探索、省察和发现。

我们这些聚会不是任何形式的娱乐，我还认为，如果我们也能消除这样的想法：我们是在搞什么宣传鼓动，那么这将是十分有益的。我不想说服你相信任何事情——比如任何特定的思想方法，或者某种新的生活方式、新的行为模式。因为我不相信宣传鼓动。思想无法根本改变心智的品质。我们是在努力讨论、探索心智的品质、思想的本质——并且，如果有可能的话，我们还要超越思想，进入思想无法企及的地域。毕竟思想是极其有限的。所有的思维推理都有它自身的制约条件。我们必须进行理性思维，我们必须得有清晰、明确、积极的思考，但是无论我们的思想多么宽广，多么深刻，无论它怎样的扩展，它总是有限的。所有的思想都由知识而生，或者由知识的堆积物而生；它出自知识的背景；而知识一定是极其有限的。

因此，如果我们能够共同探索我们自己的心智，那么我想这些聚会将是非常有意义的。但是我们大多数人并不习惯这样做，所以探索自己是非常艰辛、非常困难的。我们大多数人习惯于别人告诉怎么做，怎么想；

我们习惯于追随某种思想体系、某种行动范式，然而，探索意识的全部运作过程，探索我们叫作心智的这个实体的方方面面，这却是完全不同的另一件事情。因此我认为，如果我们能在没有任何劝说、没有任何指导或影响的前提下，共同来探索自己的心智，那么这就才是极其重要的。

　　无论我们在这个世界上取得多么大的成就，无论我们在太空中走得多么遥远——造访月球、金星，以及所有其他星球——我们多数人的生活仍然非常狭隘肤浅的，仍然是向外求取的。向我们的内心进行探索，则要困难得多。没有技术可用，没有专家指教，没有实验室让你可以学习如何探索内心。没有导师可以指导你——请相信我——没有哪一种权威可以帮助你探索这个叫作心智的复杂的实体。你必须完全依靠自己去探索，不能依赖任何东西。随着现代文明变得越来越复杂，越来越外在进步，我们大家的生活依然呈现越来越肤浅的趋势，不是吗？我们听更多的音乐会，我们读更加聪明的书籍，我们成天泡在电影院里，我们聚在一起做智力层面的研讨，我们在精神分析专家的帮助下探查自己的心理，等等。或者，因为我们生活如此肤浅，所以我们求助于教会，用它们的合乎情理的或不通情理的教条，用那些极其荒谬的信仰，来填充我们的心灵；或者我们逃遁到某种形式的神秘主义中去。也就是说，意识到我们每天的生活如此肤浅，我们大多数人就试图逃避它。我们把心智用于思辨推理的哲学；或者投入我们所谓的沉思冥想，它们不过是某种形式的自我催眠而已；或者如果我们足够聪明，我们就创造一个自己的思想世界，我们活在其中自得其乐，获得理智上的满足。

　　在我看来，目睹这一切情形时，问题并不在于，当我们面对战争，面对世界上实际一直在发生的灾祸，我们应该怎样做，应该如何生活，或者说如何采取紧迫的行动，而在于如何探索自由。因为如果没有自由，就没有创造性。我说的"自由"，不是为所欲为——在马路上飙车，或者任意胡思乱想，或者从事某种特定的行动。在我看来，此类形式的自由根本不是真正的自由。我要说，有没有一种心智的自由呢？由于我们大多数人的生活都不具有创造性，因此我认为，对于任何认真深思、严肃面对生活的人来说，紧迫的事情就是，非常深入地、非常恳切地探索这个问题。

如果你观察，你会发现自由的空间正在变得极小极小。我们的心智受到政治的、宗教的、技术的影响塑造，我们的日常生活中自由的品质正在逐日衰减。我们变得越文明，我们的自由就越减少。不知你是否注意到社会文明如何使我们成为技术人员，围绕着某种技术而构建的心智不可能是自由的心智。被教会、教条、宗教组织塑造的心智，不是自由的心智。被知识遮蔽的心智不是自由的心智。如果我们观察自己，立刻就显而易见，我们的心智背负着知识的沉重包袱——我们知道的就这么多。我们的心智被遍布世界的宗教组织灌输给我们的信仰和教条绑缚着。我们的教育基本上是一个获取更多技术的过程，以便更好地挣钱谋生。跟我们相关的每一样事物都在塑造我们的心智，每一种形式的影响都在牵引着我们，控制着我们。

因此自由的空间正在变得越来越小。"体面的生活"的可怕的重压，对社会舆论的服从认同，我们自身的恐惧、焦虑——如果你能透彻地觉知所有这些东西，那么你会发现它们正在一点点消灭自由的品质。在接下来的一些讲座中，我们也许能讨论并理解这个问题：我们怎样让心智获得自由，同时仍然带着它的技术、知识、经验生活在这个世界？我认为，这就是问题，是核心的问题，它不只是美国这个国家的问题，而且是印度、欧洲乃至整个世界的问题。我们没有创造性，我们正在变成机器。我说的创造性，并不就是指创作一首诗歌，或者画一幅画，或者发明一个新东西，这些仅仅是有天赋的头脑的才干而已。我说的是创造性本身的状态。

然而，当我们认识理解这个核心的问题——我们的心智正在受到越来越严重的束缚，自由的空间正在变得越来越小，这时，如果我们要的话，我们将能深入探索所有问题。我们要么是美国人，拥有着在美国国旗后面的所有的情感的、国家的特性，我们要么是俄罗斯人、印度人，要么是这个，要么是那个。国界线、信条、互相冲突的思维方式、不同种类的宗教组织的思想，这些东西使我们四分五裂；我们在政治上、宗教上、经济上和文化上四分五裂。如果你省察我们周围正在发生的这一切情形，你会发现，我们作为个体价值甚微，可以说我们什么都不是。

我们有许多的问题，有个人的问题，有全体的问题。个人的问题，也许我们能够解决一部分；全体的问题，我们当尽力而为。但是所有这些问题肯定不是最重要的问题。在我看来，最重要的问题是让心智获得自由。除非心智理解它自己，否则我们无法让心智获得自由，或者说心智无法让它自己获得自由。因此自我认识——对于自己的认识，是必不可少的。这就需要心智具有一定的觉知特质，因为如果我们不认识自己，那么我们的思维推理，我们的思想，就失去了所依的基础。但是认识和知识是完全不同的两回事。认识是一个持续不断的活动过程，而知识则永远是静止的。

不知道我把这一点说清楚了没有。如果没有，那么也许随着讲座的进行，我会使它变得清楚。不过今天晚上我想只是指出某些事实，在接下来的讲座中，我们会探索它们。我们须从看到整个画面开始——不是把注意力集中于任何特定的一点，集中于任何特别的问题或者行动，而是要观察我们的整个生命存在。一旦我们看清了我们自己真实的惊奇画卷，我们就会拿起"我们自己"这本书，一章接着一章，一页接着一页读下去。

在我看来，核心的问题是自由。自由不是从某种事情中产生，那仅仅是一种反应。我觉得，自由是完全不同的一回事。如果我从恐惧中解放出来，那么这就是一个事情。这个"解脱了恐惧的自由"就是一个反应，它只是造成某种勇敢而已。但是我在谈论完全不同的自由，它不由任何东西而生，它不是一个反应，它需要我们具备充分的认识觉悟。

如果你是定期地参加这些聚会，那么我建议你，在回去以后花一些时间思考我们讨论过的内容。我们并不拒绝或者接受任何事情，因为我不是任何意义上的你们的权威，我没有把自己当成导师。在我看来，没有导师，也没有追随者——请相信我，我非常真诚地指出这一点。我不是你们的导师，因此你们也不是我的追随者。一旦你追随某人，你就是受到束缚，你就没有自由。如果你接受任何理论，你就被那个理论束缚；如果你践行任何系统，无论它可能是多么复杂，多么古老，或者多么新潮，你就是这个系统的奴隶。

我们正在努力共同探索，共同发现。你不仅仅是听我说，而是在听的过程中力求亲自有所发现，这样你就是自由的。正在讲话的我没有价值，但是我所讲的话、我所揭示的东西、你亲自发现的东西，才是无比重要的。所有的个人崇拜、对个人的追随，或是把某人当作权威，都是非常有害的。真正重要的是你在探索中发现如何让心智获得自由，那么作为一个人，你就是具有创造性的。

要知道，一个堵塞的、负担沉重的心智，不可能发现实相，或者说那种语言不可表达的东西。我认为，有这样的一种境状——你可以给它不同的名字——任何圣者的经验，任何追寻者的经验，任何辛苦探寻它的人的经验，都和它无关。因为所有的经验其实就是将"过去"永存化，经验只是强化"过去"；所以经验无法让心智获得自由。自由的要素在于这样的心智境状：它能够直接体验，而没有一个体验的主体。这一点需要进一步的解释，我们将在接下来的讲座中深入探索它。

今天晚上我很想讲一讲：不仅是我们个人，而且整个世界，都存在大量的扰动不安、大量的不确定性。因为有这种扰动不安、这种不确定性，所以冒出了种种的哲学——绝望的哲学，活在当下的哲学，接受现实的哲学。人们丢弃传统，拒绝认同，兴起一个背道而驰的世界。或者是丢掉一个宗教，加入另一个宗教，如果你是一个天主教徒，你丢开天主教，成为印度教徒，或者加入其他什么团体。可以肯定的是，所有这些回应，对于心智的自由将无任何意义的帮助。

要实现这种自由，就必须有自我认识——认识你的思想活动的方式，并在其活动过程中发现心智的整个结构。你知道，事实是一回事，符号是另外一回事；词汇是一回事，词汇所代表的事物是另一回事。对我们大多数人来说，符号——国旗的符号、十字架的符号——变得异常重要，因此我们是依靠符号、依靠词汇而活着；但是词汇、符号绝不重要。突破词汇、符号，探索其背后的意义，这是非常困难的工作。把心智从词汇中解放出来——你是一个美国人，你是一个天主教徒，你是一个民主党人，或者你是一个俄国人，或者你是一个印度人——这是非常艰难的。但是如果我们要探索什么是自由，我们就必须突破词汇、符号。我们心智的局限是这些东西造成的：我们受到的教育，我们生长于其中的文化，还有科学技术，它是我们传统的一部分。为了突破所有这些约束我们思想的层层叠叠的堆积物，我们必须拥有一个非常警敏的、热切认真的心智。

我认为，从一开始，最重要的就是，我们要知道，这些讲座在任何意义上都不意味着指导或控制你的思想，或者说塑造你的心智。我们面对的问题如此宏大，以至无法这样解决：归属某个组织、听听某个人演讲、接受某种东方哲学、沉迷于佛教禅修、找到新的冥想技巧、吃一片墨斯卡灵 [①]（mescaline）或者其他什么药物来获得新的想象力。我们需要的是极其清晰的心智——它不害怕探索，它能够独处，它能够直面自己的孤独、自己的空虚，它能够摧毁自我，去探索发现。

因此我要向你们大家指出，真正做到严肃认真，这很重要。你们来听这些讲座不是为了寻求娱乐，不是出于好奇，或者仅仅因为我碰巧在五年之后回到了这里。所有这些想法都是浪费时间。有某种东西要深邃得多、宽广得多，我们必须亲自去发现它：如何超越我们自己的意识的局限性。因为所有的意识都是受到局限的，在意识的范围内做出的任何转变，根本就不是转变。我认为，超越心智被划定的种种局限是可能的——这种超越不是神秘主义的，不是在某种幻想的状态，而是真实的超越。但是只有当你能够探察心智的品质，并且真正深刻地认识你自己，你才能做到这种超越。没有认识你自己，你的探索就走不远，因为你会迷失在某种幻想之中，你会逃遁到空想的观念世界中，逃遁到某种新形

---

① 墨斯卡灵：一种生物碱制剂，能使人产生幻觉。——译者注

式的宗门派系中。

世俗的物质世界越发达，越进步，我们受到的奴役就越深刻——这不是说，我们一定反对物质世界的繁荣进步。我们所受的所谓的科技教育越多，我们用知识造成对自身的破坏也越严重，它使心智黯然迷蒙，我们的自由也就变得越狭窄。我们的知识越多，恐惧就越多，知识并不会减少恐惧，因为知识遮蔽真正的智慧，使心智迷蒙不清，就像经验成为心智的负担一样。

因此，当我们注意到生命中所有这些重重问题，在我看来，核心的问题就是自由。因为只有在自由中，我们才可以发现；只有在自由中，才会有创造性的心智；只有当心智获得了自由，它才拥有无穷无尽的能量——只有这样的能量才是生机勃勃的实相运动。

现在我们要结束第一次讲座了，我想建议，在我们明天早上相聚之前，你回去思考、观察、觉知自己的心智受到奴役的情形。在接下来的聚会期间，也许我们可以讨论、交流思想观点。我说过，这第一次讲座只是"我们自己"这本书的内容概要。如果你只满足于读读概要、标题、少许的观点，那么恐怕你的探索走不了多远。这不是接受或者否定的问题，而是要探索你自己——这不需要任何形式的权威。相反，这种探索要求你不追随任何人，你应当做自己的灯塔；如果你投身于任何特定的行为模式，遵从被人们确定为可尊敬的、合于宗教的任何行为模式，那么你就无法做自己的灯塔。千里之行始于足下，但是如果你不认识你自己，那么你就无法走得太远。认识你自己，并不依赖于任何精神分析专家。你可以在每天的生活中，在每一种关系中观察你自己；如果没有这种认识理解，心智就永远不可能获得自由。

1960 年 5 月 21 日

权威限制了心智的深度

　　如果可以的话，今天上午，我想谈谈权威、知识和自由。在我看来，我们的心智变得越机械，我们就越是渴望有更强的感觉，有更深的知觉，有更宽广的觉察力、直觉力和洞察力。我们大多数人是求助于各种各样的刺激手段，以求得到这些强烈的感觉、这些强烈的体验、觉知。我想，即便是很偶然的，你一定已经观察过这种事实。心智变得越浅薄、越机械，越是受缚于成规惯例，它就越是强烈地想要有更宽广、更深切、更厚沉的感受。因此你求助于各种各样的刺激手段：饮酒作乐、性生活，以及其他各式各样的外界刺激和内心刺激。你去教堂参加祈祷，这是一种形式的刺激，或者你借助某种药物，借助墨斯卡灵、LSD[①]，由此你能更深刻地感知一朵花的美丽，更强烈地看到它的色彩，你能够更深切地感受山丘的美丽和夜晚的恬静。我认为，只要我们的心智受到文明进程的束缚，我们就不可避免地依赖这些刺激手段。

　　在我进入所有话题之前，我想说明，你和我建立起彼此之间的正确的沟通，这是非常重要的。因为这些讲座的最终目的是为了进行彼此的沟通，而不是把一套特定的思想观点强加于你。观点绝不可能改变心智，绝不可能带来心智的根本的转变。如果我们能够在同样的时间、同样的层面上，个人之间进行彼此相互的沟通交流，那么也许就会得到一种共同的理解，这样的沟通理解不是纯粹的宣传鼓动。我没有意图劝说你按照任何特定方向、遵从任何特定路线去思想。因为我们越是被宣传鼓动的影响所劝服，我们的感知能力就越小，我们的热情就越弱。因此，这

---

　　① LSD：一种迷幻药。——译者注

些讲座在任何意义上，都不会或实际地或下意识地，劝诱你，或劝阻你。

为了交流沟通，我们必须得有时间彼此倾听。倾听本身是一门艺术。我们中很少有人倾听——倾听风声，倾听我们自己内心的无声的活动。我们从来没有真正倾听他人，从未倾听来自无意识的暗示、告知。我们忙于日常活动，忙于每天的例行公事，我们充满焦虑、愤怒、嫉妒，我们的心智被这些东西占满了，以至于没有一点空间，让心智可以安静地倾听、发现、领悟。

因此我要建议你们倾听，而不带任何否定或者接受，就好像你在倾听某些事实。因为倾听事实本身就是行动。如果我知道怎样倾听，那么这个倾听本身就是行动。但是如果我不知道如何倾听，而且仅仅是片面地听，那么我就有自己的思想观点，它需要付诸行动。倾听本身就是一种和谐行动的形式，在倾听中，没有思想观点和行动之间的分隔。如果你认识了这一点，你就会发现，它是多么真实。

请记住，我一点也不打算劝说你接受任何特定的哲学、任何特定的冥想方法或者行为方式，让我们在彼此交流沟通中，由我们自己清楚明确地看到，我们的心智是如何变得越来越机械，现代文明是如何使心智越来越受到知识的束缚，受到权威的束缚。我们的生活是机械的，于是我们总是求助于某种形式的刺激，或者是宗教的或者是外表的刺激，而这些刺激不可避免地进一步使心智失去活力。

因此，我想和你们一起探索、讨论权威的问题，因为权威真是败坏心智。权威限制心智的深度。权威戕害所有的思想，它为心智划定边界。解决办法不在于只是打破权威，而在于认识理解权威这个复杂的问题。认识理解权威，就是从权威中解放出来。

正如我们所能看到的，不仅在教育界和科学界，而且在所有的政府管理中，都存在权威的实施，存在这种要求，你复制它，模仿它，追随它、服从它。所有的宗教组织都要求你服从它的教条、信仰，不仅仅在修道院里这样要求，而且也这样要求一般信众；它们利用其影响力让你服从某种既有的模式。我们的心智也追寻权威——不仅仅追寻医生、专家、技术人员的权威，还有牧师、导师、宗教上师、大师的权威；心智还寻求书本的权威，无论是《圣经》《薄伽梵歌》，还是最新版本的健康手册。

心智为什么追寻权威呢？不知你是否探索过这个问题，是否找到了答案。我认为，心智追求权威，是因为它想要得到安全。我们痛恨把一切看得不确定的观点——人际关系的不确定，我们的探索发现、达到目标、获得成功的能力的不确定，于是我们通过寻求某种形式的权威，来摒弃不确定性给我们造成的恐惧，以及不安定的心智的焦虑。

请一定要理解我所说的意义，不只是在字面上或理智上理解，而且要看到在你自己心中发生的这个事实——你需要得到安全，需要做正确的事情，你复制、模仿他人以求获得成功，得到安全稳固，实现目标，梦想成真。于是权威就这样建立起来了。

对权威的认识理解是非常复杂的事情，因为权威有多种多样的形式。有警察的权威、社会法律的权威；有社团的权威、公众舆论的权威；有自然界的权威，等等。哪些权威是正当的，哪些权威是完全错误的呢？要弄明这个问题，需要进行大量的探索和认识理解。我们必须遵守社会的法律，遵守交通规则的行车方向，这些权威是必需的。但是哪些权威让心智变得机械呢？确定地说，只有当心智是自由、清晰的，当它不迷信权威，不做模仿，不渴望安全感，不被这些东西所阻碍——只有这样，心智得到自由，它才能有强烈敏锐的感觉，而不必依靠什么刺激，不必依靠什么药物。

因此，权威有着复杂的情形——教会的权威、书本的权威、法律的权威、专家的权威。除非我们认识理解权威，看到它引起的追随模仿、它的败坏心智的影响，否则我们就没有自由。只有当心智获得自由，才会有创造性的境界。

不知你可曾体味过什么是创造，或者说处于创造性的境界是什么感受？我觉得，上帝，无论你愿称它什么名，它就是那种创造性的境界；只有自由的心智才能发现这种绝对之境。这就是为什么完整地认识理解权威问题是必不可少的。认识理解本身就带有它自己的结果。不是先有认识理解，然后才有自由。当你认识理解权威的复杂问题时，正是这个认识理解，就是把心智从权威中解放出来的过程。认识理解使心智从"努力"中解放出来。"努力"意味着遵从，不是吗？努力调整自己，按照某种特定的思想模式去做人或生活，这样的努力本质上就隐含着权威的整个问题。心智陷于努力之中，力求成为什么东西，这种心智的渴望和行动，就需要权威，需要服从。虽然我们不能深入这个问题的所有细节，但是如果你全神贯注其中，你就可以立即理解权威这个问题的基本含义。

现在谈谈知识的问题。我知道现在的流行观点是，你学习得越多，你读的书越多，你积聚的知识越多，你就越自由。这样的观点可能是长盛不衰。我想知道，知识真的让心智获得自由吗？我并不是在鼓吹无知；我不是说你不应该读书。我是想要探寻知识的整个问题。

我们说的"知识"是什么意思呢？知识肯定意含认知的过程，而认知的过程是以经验为基础，不是吗？因此，经验是知识的起点，那么经验可以让心智获得自由吗？经验可以给你某种技术，它也许是生活必需的。如果你是一个工程师、一个制陶工人、一个小提琴演奏者、一个作家，或者是某个行业的技师，那么知识是必需的。但是，在什么情况下，知识会使心智变得暗昧呢？"必需的知识"和"知识使心智暗昧"之间的界分在于何处？在什么情况下，心智被知识所败坏？在什么情况下，心智变得自由？在什么情况下，知识不再败坏心智？

为了理解这些提问，我们必须探索经验的问题，不是吗？我们认为，我们的经验越多，我们就越自由，我们就拥有越多的智慧和能力。显然，我们的经验越多，在某个特定的方向上就具有更多的能力。我们的技术越精湛，我们的双手越灵巧，我们的机械技术知识越完备，我们挣钱谋生的能力就越强。这是很明显的，我们不需要讨论它。我们必须探索清楚的是，心智是否被知识、被经验所遮蔽而变得暗昧。也就是说，心智并不能通过知识使它自己得到安全吗？你明白吗？我越有知识，我就越安全。心智在其积聚知识的过程中，为它自己建立了一个庇护所，使它得到安全感。然而一个安全的心智是僵死的心智。你没有注意到这样的人吗？他们非常的虔诚，他们披着正义行为的外衣，绝对坚信他们的信仰和教条——他们是多么死板呀，尽管他们声称自己是神圣的，认为自己代表崇高意义。正是这种对于彻底安全的渴望，经由知识而造成心智的暗昧。这样的心智永远不会自由。

如果你深入探索，你会发现，知识涉及我们的整个意识，它是非常复杂的东西——不仅涉及我们熟悉的意识层面，它忙于我们的到办公室上班、学习一门技术，等等这些日常琐事；而且涉及无意识层面这个心智的隐蔽深藏的部分。如果你深入探索意识的全部活动领域，这包括无意识层面，那么你会发现，在每一个角落，无处不被知识所渗透、所制约。知识，或者是作为种族遗传，或者是经由接受现代教育，它已经使我们的意识变成了一个装载"已知"的器具；心智可以富有才华地、智力极强地进行活动，但是只要它不懂得知识的作用，它将永远在暗昧迷朦中活动。如果你检视经验，你会看到，每一个经验都是对于认知识别的一种强化。

我不知道我是否正在传递任何东西？你看，我们正在探索心智的解放，以求心智能够获得那种创造性状态，这种创造性不关注表现力，尽管表现力可以来自创造性。创造性的心智绝不关注表现力，它不关注行动，不关心改革。创造性是一条超越时间的运动之流——这种运动不关心眼前的紧迫性，只有局限于近前紧迫性的人才关心改革。

不知道你是否注意过，当你在树林中或者在街道上独自散步，突然间，你的内心寂静了，全然地静止了。在这不期而遇、不请自来的一刻，心智的全部的焦虑，全部的烦忧、追逐和逼迫，全都止息了。在这个自然自发的、出乎意外的时刻，时间完全停止了。如果你碰巧成为一个有天赋才干的画家、作家或家庭主妇，那么你可以在生命中那个时刻的行动中有所表现；但是你的行动并不是那个时刻。绘画的行动可以给你带来名望、金钱、地位、声誉；追逐这些东西的人，在追求绘画技能的同时就会失去其他东西。我们大多数人，在生命的某个时候，一定碰到过那种时刻，然后我们就想要抓住它，握紧它，让那个时刻延续下去。于是那个时刻的经验便以它关于那个时刻的认知来遮蔽了心智，并由此阻碍了心智后来的体验。这就是为什么经验作为知识对于新的东西是有害的。

请注意，我讲的这些不是我观察生命的特殊视角，这些是事实。你拥有的经验越多，你的心智就越是被弄得呆滞迟钝，就没有清纯简单，就无时不被知识绑缚，知识在本质上属于时间。因此，如果你观察，你会发现，知识——认知、践行、保有——使心智变得迟钝暗昧。心智处于迟钝暗昧，它就寻求更大、更深的刺激，因此它求助于宗教、哲学、神学、思辨推理，或者是最新研制的药物。

对自由给予关注的心智，必定在探索知识问题的同时，也探索权威的问题，因为知识和权威总是相伴相生。不幸的是，你们很多人来听我演讲，也许是因为你们把我当作某种权威。你们也许以为，我知道我在说些什么。（笑声）别笑，别笑，朋友们，请不要一笑了之，请注意听。声誉、名望所有这类东西都是荒谬的；而你真正在倾听，是为了亲自发现蕴藏在问题之中的真理，不是吗？如果你检省整个经验的问题，你会发现，植根在你心田里的每一种形式的经验都是有害的，因为它们毁坏心智的自由；它产生某种安全感，心智因此失去了清纯简单与新鲜活力。这样的心智无法让自己获得新生，它只能进一步地积累经验——这就是积累认知的过程；它是"过去"的产物，因此，无论如何修补改变，它都是过去的东西的延续。

因此，一个想要领悟自由的心智，它必须不是浅尝辄止地探索，而是深入地探究它自己的内在，去发现权威的构成和细节。一个仅仅追随权威的心智，绝不可能懂得什么是真正的创造性。一个已经训练了自己遵从某种行为模式的心智，不是自由的心智。心智绝不可能通过训练获得自由。心智只有理解训练的全部问题，它才能自由——不是在实施训练结束之时，而是在它一开始，就是自由的。

你看，为了理解像"知识"这样的问题，要求我们投入全部的注意力，而这种全神贯注就是它本身的训练。我并不需要经过某种训练去理解知识。当我开始探索问题的这一刻，正是这个探索，就要求心智训练它自己。你明白吗？任何物质都有其自身内在的律则要求。如果你用一块木头做什么东西，你就必须按照一定的方式来工作。物的性质把它自身的律则加给我们。相似地，在对于知识和权威这个问题的认识理解中（其中包含对于训练、经验以及时间的认识理解）也有着某种律则，这种律则不是外物加给我们的，这种认识理解本身就是训练，而不需要再加上别的训练，在这种训练中没有冲突或矛盾。

因此，认识理解的过程就是它自身的训练和它自己的自由。如果心智没有做过探索，没有亲自发现知识和权威的真相，它就永远不会获得自由。它可以跑遍所有的教堂，它可以阅读无数的书本，它可以从早到晚地训练自己，然而它却不是一个自由的心智。

我正在把心智作为一个整体事物来谈论，而不仅仅是作为思想的机器——这个心智有成功、有失败、有爱、有记忆、有认知、有痛苦、懂得怜悯和享受快乐。我正在谈论这个整体。你不可以通过任何一个局部来理解心智的这种整体，你必须把它作为一个整体观察理解，完整地观察理解，这样你就可以明了它的每一个细部。心智包含意识层面和无意识层面，这两者之间是没有分隔的；如果你想懂得什么是心智的自由，什么是心智的无始无终的创造性状态，那么探索感知心智的本性，探索感知这个整体事物的性质，就是必不可少的。这可不是什么愚蠢的、令人丧气的神秘主义论调。这样的探索感知需要投入充分的注意力，关注思想——更准确地说，不是关注思想，而是持续不断地探索思想、情感、生命的活动过程。当你开始觉悟，你就会亲自发现——自然地发现，没有任何逼迫，没有任何驱使——什么是自由，什么是那种没有时间的境界，什么是心智所不可测度的无限存在。

1960 年 5 月 22 日

意识、革命及宗教

　　来这儿举行这个系列讲座的时候，我满心打算要讲八次的，但不幸的是，我不能讲那么多次了。我只能讲四次——因此明天早晨将是最后一次演讲。你们中很多人从老远的地方赶来听讲，我非常的遗憾，身体条件使我不能讲完全部的讲座。我非常抱歉。

　　今天晚上，我想和你们一起探讨一个相当复杂的问题——意识、革命以及宗教。我们一生中，无论我们的学识多么渊博，无论我们的智力多么发达，但是我们总是有意外事故，我们总是犯各种错误，生活并不如我们所愿那样一帆风顺。我们付出极大的努力去变更、去改变我们的生活，我们力图改造我们自己，顺应某种行为模式，遵从某种道德行为。但是在我看来，这样的努力无论是多么的必需，它们却无法带来我们自身内心的彻底转变。无论我们单个人怎样努力去做正确的事情、正确地行动，过一种简朴的、道德的生活，这些行为尽管是必需的，但是当整个世界处于这样一种丑恶的、充满灾难的状况时，它们却显得如此徒劳，如此无效。我确信你们大多数人一定问过自己：单个的人能够对这丑陋混乱的世界做些什么？我认为这完全是一个错误的提问，错误的提问无法找到正确的答案。我认为我们必须提出正确的问题，正确的问题不是"个人的转变能否影响社会、影响整个人类"。我们正面临重大的危机，不是经济的、社会的、智力的危机，甚至也不是宗教的危机，而是存在于意识本身之中的危机。我认为，这是真正的问题，而不单单是个人转变的问题。如果你有能力，那么你必须全面地认识理解这种意识中的危机；要做到这一点，你就必须省察意识的全部运作过程。

　　我打算使用非常简单的、日常的词汇来讨论意识的问题，避开心理学的、抽象的、复杂的用语。我所说的"**意识**"这个词，是指我们的所有层面的思维、情感——指我们的整个生命，不只是我们个人的整个生命，还有群体共同的、人类的整个生命。我希望你不只是听到一堆词汇，那只是一种智力上的听和记的过程，我希望你能够与我共同探索思考。倾听的艺术——懂得什么是倾听，这个非常重要。我觉得我们很少有人能真正地倾听。当我们听的时候，我们把听到的东西按照我们自己的思想模式加以解释或转化，或者是完全否定听到的东西。完全地倾听，就是没有接受、没有否定、没有比较、没有反驳地听。我觉得，如果你能完全地倾听，那么就是这个倾听的行动带来当下即刻的洞察、理解。如果你对我们讨论的这些问题抱着认真的态度，那么我建议你这样来倾听。

　　我们都必须意识到这个世界面临异常深重的危机——我说的危机不是俄国和美国之间的冲突，不是东方和西方之间的冲突，这些都不是真正的危机。这些只不过是世界上的政治人物们导演的政治动乱。政治人物并未造成我说的危机，政治人物也没有带来和平，并不比所谓的宗教人物做得好一点。如果我们想深入地认识理解这种真实的、根本的危机，在我看来，我们就必须重新全面探索什么是意识的问题，因为我们的意识必须革新，不是经济的、社会的或道德的层面的革新，不是思想观念层面的革新，而是意识本身的革新。我觉得真正的危机就在这里。

　　我们称之为"意识""心智"的这个东西是什么呢？不知你是否体验过整个的意识，这是相当困难的——这个整体，不仅是意识的部分片段，这个部分知道我们日常拥有的种种经验，它对这些经验做出解释、反应、应答。这仅仅是意识的一个部分。还有梦的世界，以及对这些梦的解释，这些也是意识的一部分。然后还有整个的思维、知识、经验、记忆的世界——记忆的东西属于过去，过去连接着现在，造成未来。这也是意识的一部分。还有家庭的影响、族群的影响，这是无意识的制约条件，它是种族的遗传，无论是多么年轻或者多么古老的种族——所有这些肯定都是意识的一部分，这个意识，心理学家们谈论它，我们也依照我们自己心智的想法轻松容易地谈论它。意识包括已知部分和未知部分——心智的这个未知部分是从未探究的处女地。

我们大多数人生活在意识浅浅的表层，我们日复一日地活着，无精打采，百无聊赖，挫折失败，有一些零星的喜悦、成功，又有悲伤、艰辛、痛苦，以及我们从祖先那里继承来的所有冲突。我们生活在意识的领域内，我们做出努力去改变。当我们愤怒时，我们努力控制不要发怒；当我们羡慕、嫉妒、贪婪时，我们努力控制自己，改变自己。然而这些努力都是局限在"已知"的领域里。一个"已知"的问题，它就有一个已然知道的答案。我认为明白这一点很重要。当心智给自己提出任何一个问题，它已经知道了答案，因为问题是已知的。也就是说，当你知道问题的时候，无论是经济领域的问题、电子学领域的问题，或是任何其他领域的问题，答案是已知的。一旦你把一个问题用语言表达出来，这个问题就有一个已然知道的答案，尽管你也许花一些时间去找出这个答案。如果你思索这一点，你会亲自发现它是真实的。

因此，我们努力改变自己，努力在内心和外部世界造成根本的革命，这些努力都是在意识的领域里进行的。正如你若进行真正的探索，你将看到的，意识是一个象征符号的世界。我们依靠象征符号而生活。符号是一个词汇；符号是基督徒的十字架；符号是心智根据自己的经验造出来的意象，然后心智又从这些符号投射出各种愿景想象、思想观念。我们生活在符号的世界，而符号永远是已知的东西。当心智无法亲自触知未知世界，它就用已知的符号来代表未知世界。

请注意，我只是用语言表达我们已经知道的东西。如果我们已经思考这些东西，那么我们就已经知道了这一切。我们还非常深切地知道，这种意识领域的、已知领域的任何改变，并不是革命；它只不过是行为模式的改变、思想模式的改变。一个人可能放弃基督教转而修习佛教的禅宗，或者放弃印度教变成一个天主教徒，但是他的行为仍然是在意识的领域内，只不过是那些把他关在牢笼中的行为模式的改变而已。这就是我们所有人的生活现实——我们总是在"已知"的范围内打转。

请关注我讲的问题，不要否定它，不要说："我听不懂。"它很简单易懂。我将换一种方式尝试把它讲清楚。

我说了，当我们能用语言把任何问题表达出来，当我们聚焦于这个问题，把它带入意识的范围，那么此刻，这样的问题——无论是经济问题、社会问题、技术问题，还是道德问题——就已经有答案了；因此它就不再是一个问题了。一旦你有答案，问题就不再是问题。这个答案也许让你花几个月时间去探索得出，但是心智是知道答案的，因为它能够把问题用语言表达出来。我认为理解这一点很重要，如果你想理解我下面要说的问题，那么理解这一点尤其重要。如果心智能把一个问题用语言表达出来，那么无论它是多么复杂、微妙、棘手，心智就已经知道答案，因此它根本不是一个问题。心智以为它是问题，但它并不是问题。如果你明白这一点，那么我接下来要提出的问题是：有没有这样的问题，心智——由于它总是在已知的领域里运转，所以它——从来不可能用语言来有意识地甚或是无意识地表达它，因此也不可能有答案？我觉得有这样的问题——心智无法应对这种问题，意识对之没有答案。因此这才是真正的问题。

如果你愿意，请稍加注意我力求要传递的东西。

我说了，危机存在于意识之中；革命不是如我们都以为的那样要在经济、社会或者理智的层面进行。如果这些地方有某种"革命"，那么它不过是某种模式的改变、某种思想观念的改变，是建立一套新的理论。如果危机存在于"已知"的范围内，那么我们会依照我们的受到制约的心智，即我们作为美国人、俄国人、印度人，或者无论你是什么人，所受到的制约，来回应危机。但是心智已经经历了这种所谓的革命，已经明白所有这些各种各样的问题，知道它们的答案——这样的心智看到，在已知的领域中不可能发生任何的彻底改变，因此它面临着一种完全不同的问题。那么，哪里才有革命发生呢？

我把这个问题说明白一点了吗？请你不要同意我所说的话，这不是同意或者不同意的问题；这也不是你不明白，就可以否定的事情；也不是你在一个小时的讲座里听明白了几句话，就可以接受的事情。这是一个你必须真正深入探索的问题，这就需要深度的见地，或者说冥想、静观默照。

我们必须有一场革命，一场重大的革命——但不是在"已知"之域进行，因为那样不再有什么意义。你可能是一个共产主义者、一个社会主义者、一个民主党人、一个共和党人、一个美国人、一个印度人——啊，谁在乎？这些都没有意义。如果你属于某个特别的宗教组织，那么宗教领袖们就打着上帝、耶稣基督、教会等等这些旗号来控制你。宗教组织的历史越悠久，它就越是灵巧地调整自己适应现实的条件，以新的方式统治心智。

我们都熟悉这一切。然而不幸的是，虽然我们了解它，但是我们大多数人还是属于这个或者那个组织，或者我们放弃这个转入那个，我们以为由此造成了巨大的进步。当我们完成了这整个的过程——我这样说完全没有居高临下的意思——当我们完成了这一切，然后出现一个问题：我们该怎么办？你明白吗？你已经改变了，你不属于任何宗教组织。你放弃了这个信仰，那个信仰——如果你做出了改变。那么你不再是一个美国人或者一个印度人、一个俄国人、一个德国人——你就是人。你不属于任何一个国家。你属于这个世界，这个世界是你的，尽管政治人物们把这个美丽的地球划分成了美国、俄国、中国。你已经经历了那一切，但是你的心智，你的意识，仍然在它自身边界的范围内奋斗挣扎。你明白我说的意思吗？我希望你能够明白。

认识了这一点，你应该怎么办？我认为这是问题，这是危机，尽管我们不知道如何表达它，如何用语言表达它。这是问题，不仅是理智的人们关心的问题，而且也是比较严肃认真的宗教人士关心的问题。那些去教堂的人，那些参加少许宗教仪式、加入寺院，或者是坚持某些信仰的人——他们根本就不是宗教人士。我们下面要讲到这一点。

心智怎样产生不受意识污染的生命能量呢？你明白这个问题吗？

让我这么来说吧。我们大家都寻求某种高于我们自己的东西，这是非常不幸的；我们都想要有个领导者来告诉我们该怎样做。当我们厌倦了政治领导人物，我们便转向宗教领导者，或者我们退隐寺院去做冥想。因此宗教成了我们大多数人逃避现实生活的地方——并不是逃避"意识"，而是逃避日常生活的现实。你的信念和教条，你的教堂和宗教组织的信仰，只不过是让心智得到安慰的手段。你对上帝的信仰毫无疑义，与其他人不信上帝没有什么两样。这样的"信仰"和"不信仰"没有本质的区别。你从小就被教育相信某个宗教，而别人从小就被教育不信宗教。或者说你相信宗教，是因为你依据你所受制约的生活条件，认为这是合理的。

当你看透了符号象征、观念和词汇的假象，你可能变得尖酸刻薄、愤世嫉俗，就像是英格兰的"愤怒青年"和美国的"披头族"，这么做是很容易的；但是如果你不再愤世绝望，那么你注定要问："虔诚的心智从哪里找到答案？"书本无法给你答案；没有什么书可以给你展现真实事物。书籍可以解释说明，可以给你知识，但是知识只会遮蔽心智，对于心智来说，通过知识去寻求答案是没有意义的。当你放弃了所有的宗教，放弃了社会称之为道德的所有行为模式，你该怎样做？我所说的不是不要道德的行为——这不是我的意思。当你看到心智是怎样成为思想观念的奴隶、丰富物质的奴隶——当心智彻底觉悟了这一切，它该怎样做，来造成一场真正的革命呢？不是意识领域内的革命，而是不受"已知"污染的革命。我换了不同的说法，我是把这个问题说得更清楚了，还是把它弄得更复杂了？

朋友们，让我再换一种表达方式。你看，对我们大多数人来说，生活是极度令人烦恼的。我们的生活一成不变。我们努力想要实现梦想，无论什么层次的梦想，而每一个梦想成真，都带有它自身的绝望阴影；每一次欢快愉悦，每一次开心激动，都有它自身的痛苦和颓丧相伴。我们都知道这些，但是知道，并不能阻止我们在老路上继续前行。当我们着手省察这种内心的努力奋斗，我们还知道，一切的个人努力，努力做个好人、做个高尚的人、追求正确的理想，等等这些东西，完全是一种利己主义的奴役过程，它造成无休止的冲突。我们大多数人都深陷"努力"

的泥沼，如果你检视这种努力，你会发现，实质上它是自我矛盾的产物。没有陷入自我矛盾境地的心智，不做任何努力——它本然如是。努力是心智、心灵的这种状态：它和它自己处于冲突之中，因为它在没完没了地努力奋争变成别的什么东西，而它要变成的东西是它自己的矛盾的产物，因此又导致进一步的矛盾。

因此，我们所有的努力——智力的、道德的、经济的努力——都是深受束缚的，深受禁锢的，受到时间限制的，我们无处可逃。明白了这个事实，你开始问自己：哪里有新的革命？哪里有不受陈旧之物污染的心智状态？哪里有纯真之心？它不是单单地拒除一切东西，不是理智思维的程式。哪里有这样的心智，它经历了自己的全部运作过程，它遍历了所有这些局限的领域，它知道了"创造性"这个词汇的终极含义？创造性不是绘画或者作诗——我说的不是这个。我说的是那种创造的状态，它是没有开始也没有尽头的生命能量，它不需要某种表现——它"本然如是"。

你一定问过自己这些问题。但是你总是想要找到一个答案，你想要达到那个创造境界，因此你提出了一个错误的问题，那么你注定会得到一个错误的答案。你不可能达到那个境界。你可以做所有的事情——去所有的寺庙，读所有的书籍，听所有的讲座，包括这些讲座，拜访所有的老师——但你不可能达到那个创造之境。只有当你理解了，或者说是摸清了你自己心智的所有幽深隐暗之处，从而心智处于彻底的宁静，并且不要求任何东西，那个境界才会来临。你没有发现吗？你自己内心在做什么，你的外部世界也因此在发生什么。你在追求一种心智状态，在那里，你能够懂得一切，你不受任何问题的困扰；你想得到恒久的极喜，在那里，你将知道什么是"爱"，以及其他所有的事情。你总是在发问。你提出的问题是已知的，因此你的答案也是已知的；由此你造出了你应该怎样或者不应该怎样的一幅图画、一个意象符号。

因此心智具有记忆的能力、丢弃的能力、获得知识并使用知识的能力；它具有比较、决定、评价、谴责的能力。这个心智处于不停的运转中，它总是在判断、评估、观察、解释；我觉得危机就在这儿。如果心智觉察了这个危机，它在已知的领域提出它的问题，那么它将会依照它自己的知识得到某种答案；因此问题绵延不绝。反之，我们可以不带着任何动机地面对问题吗？我们可以亲自看到危机就在那儿，且不知如何回应吗？——是真切地看到，而不只是嘴上说说——你明白吗？因为你真的不知道如何回应它，不是吗？你已经皈依过这种或者那种宗教，你已经尝试过瑜伽或者其他什么冥想体系，你读了通常须读的书本，你听过了这个讲座，那个讲座，你已经做了每个人为寻求答案而做的所有事情——而你没有找到答案。也许你还没有明了问题本身，因为你从来没有感知过意识的整体；你只知道它的某些部分。今天晚上，你也许能够感觉到这个庞然大物的全体。

你知道，当你突然看到某个奇美无比之物时——一座山峰、一条树荫遮蔽的溪流，或者一个孩子的笑脸——你的整个生命都安静下来，不是吗？你不会说："它怎么就这么美？"你的心、你的整个生命，至少有那么一刻是全然宁静的，因为这里没有答案。但是，这种宁静只不过是外来的。某物之美顷刻间打动了你的心。它就像依靠某种药物使你获得宁静一样，就像吃一片LSD，你会产生神奇的幻象。

我们这里所谈的问题没有答案，我们只有无答案的危机。但是你从未这样面对过危机。你从未不寻求答案地生活在这种危机之中——因为没有答案。"已知"之域可能在你的一念觉悟中顷刻消散，也可能需要好多年才能跨越过去。然而，如果你达到这一步：你真正地面对没有答案的危机，你的心智彻底地宁静，不是外物加来的宁静，那么，若你有耐心的话，你就会看到一场革新———场巨变的革新，在这其中，由于"已知"的死亡，心智变得清澈纯真；只有这样的心智才能发现那永恒之境状。

1960 年 5 月 28 日

冥想的探索没有任何目的

恐怕今天只能是这个系列讲座的最后一次了。我原本计划还有另外四次演讲，但不幸的是，我的身体状况不允许我继续讲了。因此这是最后一次演讲。恳请各位转告你的朋友，今天之后，这里不会再有演讲了。

今天上午，我想要讨论时间、死亡和冥想。我想和你一起深入探索这些相当复杂的问题，但不是在语言文字层面或者理智层面探索，因为在理智层面纠缠这些问题没有太多意义。这样做也许可以活动活动脑力，但是如果我们只是玩弄词语，那么我们得到的就是一堆灰烬。我们大多数人密切地关心今天讨论的问题，因此我们应该关心事实，而不是关心语词。事实比语词重要很多。"时间"是一个奇特的事实，如果我们能够认识理解时间的整个过程，那么它就是意义重大、关系重大的事情。我们的全部生活都建立在时间之上。对我们大多数人来说，"死亡"具有重大意义。我们或者是对死亡感到恐惧，或者是找一些关于死亡的合理化解释，或者是执着于某些信仰，它们给我们希望，解除我们的恐惧和绝望。"冥想"也很重要。一个不知道什么是冥想的心智，根本就没有鲜活的生命，它只能是迟钝愚蠢、不能启用的心智。

因此我想和你共同探讨这些问题。如果你真心愿意对我的讲话投入全神贯注，一直坚持到讲座结束，那么我将用语言描述这些问题。我说的全神贯注，不是强行集中注意力，因为一个强行集中注意力的心智，无法理解，无法觉悟。但是如果心智能够顺畅地听受思想观点，不带着接受或者否定，不带着纠正或者转释，那么也许我们的思考将会超越纯粹语言字面的意义。

我们大多数人是基于某个结论、基于经验的背景、基于过去的记忆来思考。我们的思考是以"过去"为依据而发生的反应，我们的全部思考都是记忆做出的回应。如果我们没有记忆，那么也不会有思想活动。心智的一种功能是记忆，是把它经验过的所有事情协调组合成知识，并且从这种制约条件出发，从这种作为知识的经验背景出发，对它所遇到的任何挑战、任何问题做出回应。这种回应就是我们所说的思想活动。如果你仔细观察，你就会发现，我们的思想活动就是时间的过程。现在我就要进入这个问题。

在我看来，除非我们认识理解思想活动的机械性反应，否则我们不能理解时间的重大意义。我们的思想活动不仅是日常生活中的反应和职责，不仅是每天的例行公事，等等，它还是抽象的、内心的、全面综合的思维活动，它把每一种形式的经验、知识相互关联起来，从而做出一个决定。

因此，认识理解思想活动的机械性机制，看清它的局限性，是很重要的。思想活动是受到限制的活动；在思想中没有自由。思想是心智所进行的活动过程，这个心智已经累积了知识并依据这种背景做出回应；因此思想绝不可能自由，它总是受到限制的。如果我们仅仅基于思想的运作过程来回应人类遇到的问题，无论它是多么深刻，或是多么浅表，我们都无法解决它，相反，我们会制造更多的问题、更多的混乱、更多的痛苦。这就是为什么认识理解思想活动的机械性是绝对之必需。

如果有人问你一个熟悉的问题，你能立即回答，不是吗？如果有人问你住在哪里，或者你叫什么名字，或者你的职业，你能立即回答，因为你太熟悉这些事情了。但是如果有人问你一个复杂的或严肃的问题，那么在问题和你的回答之间就有一个间隔，你的脑子在这个时间间隔中全力运转，检索他所堆积的记忆，从中找到答案；就像每个小学生都知道的，过了一会，答案找到了。如果有人问你一个复杂得多的问题，涉及大量的记忆和寻索的功夫，那么在心智做出回答之前，就还得有一个更长的时间间隔。如果心智翻遍了记忆的廊道，找不到答案，这时候你会说："我不知道。"不过这个"我不知道"只是意味着这样的心智状态：

它正在等待，正在期盼，它仍然试图找到答案。

我希望你跟上我，因为接下来的内容对于理解问题非常重要。你已经看到到了心智的三种状态，对吗？首先是心智立即回应问题；其次是它在时间间隔中回应问题；最后是它遍历了记忆的廊道，没有找到答案，它说："我不知道。"但是当心智说"我不知道"时，它仍然在等待，在期盼，在寻求答案。这是我们大多数人的心智状态。当我们经历了思索、探寻、求索，我们说："我不知道。"但是当我们说"我不知道"时，心智仍然在等待，在期盼。现在，有这样一种心智状态：它说"我不知道"，但是它并不期盼，并不等待一个答案。这里不存在答案，不存在对答案的寻索——这是一个纯然的"不知"状态。你看到这两个状态之间的区别了吗？

朋友们，我可以说一声吗？拜托，请不要记笔记。这不是讲课，你和我是在一同前行中试着探索和体验，我们正试着摸索我们的道路。你不是要在这里或那里记下一些只言片语，然后带回家去思考。你现在就要思考——这意味着你在真正地倾听，并因此真实地体验正在讲的东西。这不是一个建议；也不是让你受到这样或者那样的影响。我仅仅是指出一个事实。在这个讲座从始至终，我要用不一样的表达方式，谈论同样的问题。如果你专心记笔记，或者是相反，并不投入你的专心致志，那么你都无法在探索中全程跟进。你必须要投入全部的注意力，而不是强行集中注意力。如果你强行集中注意力，你就障碍了洞察，因为任何强迫都是不自然的，不是自然自发的。所以如果你们是认真的人，那么请你投入全部的注意力，不要因为记下只言片语而分心走神，记它们没有多大意义。

我刚才在说，思想活动是记忆的反应。这种反应可能是即时的，也可能需要一段时间，也可能心智最后说："我不知道。"但是当心智说"我不知道"时，它在等待着答案，期待答案来自无意识层面的根深蒂固的经验，或者来自超越心智本身认知范围的什么地方。那么，还有这样的心智，它经历并认识到了这种获得认知，并按照那种知识做出反应的全部机械性过程，在此过程中包含时间间隔。当这样的心智说"我不知道"时，它并不是在等待答案，它不是在期待解决方案；它完全停止了寻索，这是一个纯然的不知状态。

所有的思想活动都是记忆的反应，是作为知识的经验的反应，这种知识或者是个人的知识，或者是集体的知识。知识或经验意味着积累，积累则意味着时间——意味着已经是的东西和将要是的东西，意味着以前和以后，意味着昨天经过今天走向明天，意味着时间在运动，又是静止的。时间作为千万个昨天的经验，它是静止的，虽然它通过现在往前运动，把它自己装入作为未来之明天，但它依然是静止的，只不过是有所修补改动而已。也就是说，过去已经是的东西又被添加别的东西。这是一个添加的、累积的过程；那种已经累积的东西和正在累积的东西，总是时间领域之内的东西。我们是基于这个累积的中心进行机械性的活动。所有的电脑就像我们这样运行。只是它的运行要迅速、精确、卓越得多，然而实质上它是跟我们的思想活动相同的过程。因此，我们的思维是机械性的，我们的活动是从结论到结论，从已知到已知，永远是处在时间领地之内——如果你不带情感色彩地省察，你会看到这个事实是相当明显的。你必须这样省察，因为我们带着情感去察看的任何东西，都是被扭曲的。这就要求我们对于事实进行简单纯粹的洞察，你是喜欢还不喜欢这个事实，都毫不相关。按照事实所是的样子去觉察事实，这需要心智处于这种状态，在其中，没有任何情感，没有任何情绪——这样才有最最明晰的察照。

思想活动是机械性的，所以它不是那种非机械的生命的生活之道。生命不是机械性的，生命的能量不是机械性的。但是我们希望能把生命的能量机械化，这样我们的心智就可以轻松、舒适、快活地，在便利的时间领域内运转；因此我们把生命降低，去掉它的全部非凡的宽广和深邃的内涵，降低到一种思想活动的过程，这是机械的或者理智的活动过程；而它不能找到我们种种问题的答案，于是我们变得愤世嫉俗，充满恐惧，或者深陷绝望。我们的智力越发达，我们生活的绝望就越深重，在绝望中，我们发明出种种哲学，我们说，我们必须接受生活现在的样子，并且尽量做到最好；我们说我们是生活在当下，所以只有当下才是最重要的。因为我们不能理解时间的整体性，所以我们试图切除过去，切除未来，仅仅生活在当下——这是不可能的，因为并没有一个孤立的"当下"。生命是完整的存在，而不是一种孤立的"现在"。从这种当下模式创造出来的哲学，是极其幼稚的，是物质至上、及时行乐的，是狭隘有限的。

我们开始明白：和时间相关联的思想活动的机械性过程，不能给予答案；但是我们的一切，我们的白天、我们的黑夜、我们的梦境——我们身边的以及我们内心的每一样东西，都是建立在思想的基础之上。我们从未到达这样的状态，在其中，心智经历了所有这一切，它说："我不知道。"这是一种纯真的状态，在其中，心智能够发现某种全新的事物，发现某种并非心智本身的欲求、野心、恐惧、热望、失望所投射出来的东西。

好，我们非常清楚地看到，思想的活动，无论它也许多么聪明，多么高智力，多么狡巧，多么富于哲理、深思熟虑，或者是多么高妙的神学思想，但是它实质上仍然是机械性的。全世界的神学家们都依据某种结论——"耶稣是救世主"，就此了事——然后以此为据，建立起整个的思辨哲学体系。同样的，我们的心智也建立起庞大的理智上层建筑，这个体系是以现世当下的生存为基础，或者是迷失于各种各样关于来世的思辨理论。当我们亲自认识到思想活动的机械性本质，那么就会提问，怎样终止这种机械性的东西——怎样让过去死亡。你懂得这个问题吗？

不知你是否思考过死亡。你也许思考过死亡，但是你真正地面对过死亡吗？你明白这个区别吗？思考死亡是一回事，真正地直面死亡是另一回事。如果你想到死亡，想到一切事情不可挽回、不可改变地走向终结，你不可避免地感到挫败，感到恐惧。但是如果你面对死亡，没有出路，没有答案，没有任何可以给你慰藉和安全的东西——这是一个事实。死亡之义是身体和心理的彻底的止息，是一个我们必须面对的事实。它不是可以拒绝、可以接受，或者是予以合理化的事情——它就摆在那儿。然而死，一定是一种奇特非凡的体验，就如同完整地活着是一种奇特非凡的体验。由于我们不懂得，没有冲突地、没有这种无休止的内心矛盾地完整地活着，是怎么一回事，因此我们大概永远不会知道，什么是体验完整的死亡。我们的年纪越大，我们就越害怕死亡。因为害怕死亡，所以我们求助于医生，尝试新药、新的治疗方法，我们也许能多活二三十年，但是死亡不可避免，它就在不远之处。直面这个事实——面对它，而不是思考它——这需要这样一种心智，它让过去死亡，它是真正地处于一种不知之境。

未来，明天，毕竟还是处在时间的范围之内。我们的心智永远在昨天和明天之间进行思想，进行活动，而今天是连接昨天和明天的通道。这就是心智的全部本领——依靠过去，通过现在，准备未来。我们困陷于过去已成的东西和将来要成的东西之间，困陷于以前和以后之间，我们就在这个范围内机械性地运转。我们有可能让这整个的时间观念死亡吗——真实的死亡，而不是问"怎样死亡"？死亡不会问你愿不愿意死亡。你不可能与死亡妥协，你不可能向它提问。死亡是最决绝的一种东西，它是终结。你不可能与它讨价还价。我知道我们大多数人想要这么做。我们想要从死亡求得礼赠，求得欢心，求得免死的恩典。但是死亡铁面无私，不可征服。

那么，心智可以让它的许许多多个昨天死掉吗，可以让它的作为知识的经验记忆，包括快乐记忆的和不快乐的记忆，全都死掉吗？心智可以让它已经收集的东西死掉吗——在心智的前行中让那些收集物死掉。不知你有没有这样的体验——让所有你的焦虑烦恼死掉——这不是为了你可以过更平静的生活，不是为了你可以做更多的工作，不是为了你的办公室达到清新气氛，并且因此得到比其他什么人、比现有处境更大的好处。我的意思可不是这些荒谬的念头。没有任何未来地死亡，不知明天为何物地死亡——要知道，这才是死亡。这就需要一种心智，它极度的清晰敏锐，能够觉察意识的或无意识的每一个念头，它能够觉知每一丝快乐，但又不让这种快乐扎根为记忆。就这样死掉，而不再有明天，这是可能的吗？——这不是一种绝望之状。如果你局限于希望和绝望的视角去思考，那么你还是落在时间的范围里，落在恐惧的领域里。经历这种极其陌生的死的体验，不是在身体死亡的最后时刻，人已经丧失意识之时，不是因为疾病或者麻醉药或者意外事故让头脑麻木、昏死，不是这些意义的死，而是在充分清醒的意识中，带着充分的活力和觉知，让许多的昨天死掉——这样的死掉，确定地创造出一种心智，它处于纯然的不知之状，因此是处于冥想之境。

如果时间允许，我想稍微展开一些来谈谈冥想这个问题。冥想是生命中最重要的事情之一，就像爱是最重要的事情，就像死亡和时间是最重要的事情。但是我认为，我们很多人并不知道什么是进行冥想。我们就像每一个小学生们所做的一样，知道如何集中注意力，知道如何把我们的注意力集中到某个事情上。我们也知道，当什么东西非常有趣时，它会吸引心智注意，就像小孩子被新玩具吸引一样。这时候心智的注意力是集中的，是一种完全集中并且排它的状态，然而这不是冥想之道。

冥想之重要，是因为它开启了自我认识之门。但是如果自我认识仅仅是你已经收集并保存于心的关于你自己的信息，那么这样的自我认识是相当肤浅而乏味的。你可能会说："啊，我了解我自己，再没有什么好认识的了。"是吧？你是贪婪的、野心勃勃的、暴力的、性欲旺盛的，诸如此类等等，所以你说："是的，我了解我自己。"然而对于你自己的认识，是超越这些的，它不是关于你自己的信息知识。我希望我把这一点说清楚了。

"对自己的认识"与"获取关于自己的信息知识"是完全不同的，因为认识是一个持续不断的运动。认识和学习没有终点，因此每时每刻都特别重要，每时每刻都在展现。但是如果你读了几本书，如果你或这或那地、时有时无地对自己做一点儿观察，你就说"我了解我自己"，那么这样的"知识"只不过是添加的、累积的东西；它是令人窒息的、死气沉沉的东西，它只会带来心智的蔽障。相反，认识则是一个无限期的运动。

因此，冥想是认识你自己的过程，它是一扇门，经由它，你将认识宇宙，因为你并不只是你，并不只是你的名字、你的银行账户、你的职业。你是整个人类的一个结果，无论这些人是生活在俄国或美国，还是在印度或中国。我们都是人，不是某国人的标签。在每一个人类个体中，包含着所有人类的意识、所有人类的苦难、所有人类的思想、所有人类的志向——在这里的人，和在印度或在中国的人完全一样。环境不同，生活条件相异，但是人们有着同样的痛苦、同样的欢悦、同样的家常话、同样的标语口号和同样的快乐时光。

进行冥想，就是深入探索心智的活动过程，这种探索没有任何目的。一旦你有一个正在追求的目的，那么你的探索就是某种动因的结果，那种动因就导致累积东西，你把这些累积物叫作"知识"，因此你的探索就被知识所遮蔽。

不知你是否察觉到，有一种没有动因的力量。我们的大部分力量是某种动因的结果，这动因就是决心，就是要成为或不成为什么东西的意志。这种成为什么或者不要成为什么的渴望，相应的也是我们各种各样的矛盾、热望、抱负、成功、痛苦的产物。每一个想要成为什么东西的渴望背后，都有它的动因根源，正是这个动因，投射、创造或者发展出一定的力量，它是抵抗的力量、决断的力量。当你消除了这个动因，与之相连的决心也就消失了。但是很快会另一个动因又会出现，于是一种不同的决心又会出现。反之，如果心智省察并理解了这整个的过程，因此而懂得冥想的意义，那么它将发现一种没有动因的力量，一种不受时间束缚的力量。

因此，冥想是至关重要的——但不是指那种遵从某个特定体系的所谓"冥想"，它不过是自我催眠而已；它太幼稚、太愚蠢。冥想是进入一种全然觉知之境，由此心智每时每刻都在清空它自己，于是它每时每刻都在发现，因为只有空无一物的心智才能接受容纳。只有空无一物的心智才有静虑默观的空间——而不是那种心智，它永无休止地做出努力，要成为什么或者不成为什么，要达成什么，要保护它自己，要逃避什么。

这样的心智不可能是空无的。只有当心智清空了昨天，清空了时间，认识觉知了这个奇特非凡的叫作"死亡"的东西——只有这时，这样空无的心智，才能够敞开心怀去接纳——不是接纳你想要得到的东西。一个想要得到并努力追寻的心智，不是空无的心智。空无的心智不是一片死空，不是一片空白——它是极其活跃的心智。它经历了我所谈到的全部过程，因此它清澈明净，生机勃勃，它没有任何接受、否定、期望或拒绝的心念。离开了这种生机活力的空无之心，我们的生命就会极其单调，没有生气。你也许非常聪明，你也许能著书、作画，你也许是一个老练的律师或者政治人物，但是如果你不懂得何为冥想，那么你的生命就是极端肤浅的，是麻木迟钝的。一个麻木迟钝的心智总是想方设法走出它的麻木迟钝，却又因此为自己造出了更多的麻木迟钝。

当你看清了内在和外在种种东西的混乱状态，你就得净化自己的"已知"，不是在口头上、理智上说一说，而是真实的净化；你必须让每一样东西死掉。当心智是空无的——"空无"其实不是一个确切的词汇——但是如果你的心智空无一物，就像天空一样虚空，那么，人所不可测度的无限存在就会展现。

1960 年 5 月 29 日